collection tempus

Houchang NAHAVANDI
Yves BOMATI

MOHAMMAD RÉZA PAHLAVI, LE DERNIER SHAH 1919-1980

PERRIN

Secrétaire générale de la collection :
Marguerite de Marcillac

© Perrin, 2013,
et Perrin, un département de Place des Editeurs, 2019
pour la présente édition revue

12, avenue d'Italie
75013 Paris
Tél. : 01 44 16 09 00
Fax : 01 44 16 09 01

ISBN : 978-2-262-07881-2
Dépôt légal : janvier 2019

Mise en pages : Nord Compo

tempus est une collection des éditions Perrin.

Préambule

Au cours des années 1980, les deux auteurs de cet ouvrage, l'un iranien, l'autre français, déjeunaient ensemble les mercredis après leurs cours dans une faculté parisienne. De leurs conversations sont nées trois idées de biographies. La première sur Shah Abbas le Grand (1587-1629), cinquième Shah-in-Shah de la dynastie safavide : éditée en 1998 par les éditions Perrin, elle a été couronnée par l'Académie française l'année suivante. La deuxième sur Nader Shah, « le dernier conquérant asiatique » (1736-1747), non écrite à ce jour. La troisième enfin, sur le « dernier shah d'Iran », Mohammad Réza Pahlavi, dont le règne a débouché sur la révolution.

Après plusieurs années d'intense activité, le dernier projet a été remis à l'ordre du jour grâce au directeur des éditions Perrin, conscient qu'une meilleure compréhension de l'histoire contemporaine se révèle indispensable pour mieux cerner deux problèmes géopolitiques cardinaux du XXIᵉ siècle : le contrôle des sources d'énergie et l'émergence de l'islamisme radical.

Certes, les biographies relatives à Mohammad Réza Pahlavi ne manquent pas. A côté des *Mémoires* du shah, de Soraya et de la shahbanou, de nombreux hommes politiques, analystes, historiens, journalistes et intellectuels se sont lancés dans l'aventure de l'écriture avec plus ou moins de distance par rapport à une histoire passionnée et tragique.

Avec le recul nécessaire à une telle entreprise, il nous a semblé qu'il était temps à présent de reconsidérer, à la lumière des archives récemment ouvertes – documents diplomatiques et archives, surtout américains – et des *Mémoires* parus parfois après la mort de leurs auteurs, un personnage si controversé, défendu âprement par les uns, traité de dictateur par les autres. D'où cet ouvrage qui mêle deux voix : celle d'un témoin direct des événements, au cœur de la politique iranienne puis des tourmentes qui ont provoqué la chute, et celle d'un observateur français, trop jeune pour avoir vécu de l'intérieur ces événements, mais assez âgé pour confronter les sources diverses et rendre abordable pour un lectorat parfois néophyte une histoire souvent complexe.

Le règne de Mohammad Réza Pahlavi est en effet le reflet d'une histoire sur laquelle pèse le poids d'un passé peu connu des Occidentaux, les usages parfois déroutants d'une cour orientale tentée par l'Occident, les pressions d'un clergé chi'ite vigilant avant d'être révolutionnaire, les espoirs d'une population qui aspire à participer à l'enrichissement national… et les ambitions d'un shah de faire de son pays la cinquième puissance mondiale.

Comment ont réagi les Occidentaux face à ce monarque marquant peu à peu son autorité, cautionnant une hausse très importante du prix du pétrole qui les a déstabilisés et désireux d'ouvrir la voie à des pays du tiers monde, soudainement projetés par leurs ressources naturelles au-devant de l'actualité ? Comment les forces traditionnelles et le peuple iraniens ont-ils vécu la transformation profonde et brutale de leur pays et de leur mode de vie ? C'est ce que cet ouvrage se propose d'explorer au travers de la vie publique et privée d'un homme, le « dernier shah d'Iran », adulé puis critiqué avant de devenir cet empereur errant en quête d'une terre où mourir. Un destin hors du commun dont l'histoire n'a pas fini de dévoiler les arcanes.

Pour les auteurs, il ne s'agit pas de justifier une politique, de brosser un portrait hagiographique ou polémique du shah d'Iran, mais plutôt de donner au lecteur les éléments de compréhension afin qu'il forge son jugement sur des faits resitués dans leur contexte. C'est pourquoi ils ont voulu revenir d'abord sur les apports successifs des Qâdjârs, la dynastie précédente, et sur l'œuvre de Réza shah, le père de Mohammad Réza Pahlavi, afin d'éclairer les choix du dernier shah et les obstacles qu'il a dû affronter. C'est aussi à une rencontre avec Davar, Foroughi, Ghavam, Mossadegh, Saèd, Razmara, Zahédi, Mansour..., ces grands Iraniens qui ont marqué le siècle précédent, et avec Fawzieh, Soraya, Farah, ces impératrices qui ont successivement accompagné le shah et fait rêver les magazines, que le lecteur est aujourd'hui convié. Ainsi, à une simple chronologie du règne, se superposeront divers focus transversaux et synthétiques sur telle personnalité ou telle institution.

Pour y parvenir, le coauteur iranien n'a cessé, au cours de trois décennies, de prendre des notes, de rassembler une documentation importante souvent contradictoire sur la révolution iranienne et l'islamisme radical, de recueillir les témoignages des acteurs ou observateurs iraniens sur la vie du shah et sa politique. Il a ainsi constitué une base documentaire, entre autres en langue persane, à laquelle la plupart des commentateurs occidentaux n'ont pas accès, bien qu'ils écrivent sur l'Iran impérial. Le coauteur français, spécialiste d'histoire des religions orientales, passionné d'Iran, est allé dans ce pays lors d'un voyage quasi initiatique, a visité les lieux où Mohammad Réza Pahlavi a vécu, s'est passionné pour l'étude du chi'isme, du zoroastrisme, du baha'isme, a observé la vague révolutionnaire, ses hauts et ses bas. Ne connaissant pas le persan, il a travaillé sur les sources en français, anglais et espagnol, ainsi que sur les documents audiovisuels, complétant ainsi cette inestimable documentation. De ce fait, son esprit parfois plus distancié, sceptique et critique s'est aisément conjugué au souci de mémoire, de fidélité aux faits du coauteur iranien, attaché à la lucidité de l'universitaire qu'il est toujours, dans un dialogue fructueux entre l'Orient et l'Occident.

Trente-trois ans après la fin du règne de Mohammad Réza Pahlavi, les passions relatives à sa personne et à son règne se sont peu à peu estompées au profit d'une certaine objectivité historique, rendue possible par la communication d'archives publiques et privées. Aussi les auteurs tiennent-ils à exprimer leur profonde gratitude à tous ceux et celles dont les témoignages, les récits et les documents ont servi à leurs recherches.

Il leur faut commencer par deux disparus qui peuvent à présent être cités, leur sécurité n'étant plus menacée : le professeur Iradj Afshar et Médhi Astanéi pour les nombreux documents, publications et Mémoires qu'ils nous ont fait parvenir en Europe.

Un grand merci à l'ambassadeur Amir Aslan Afshar, au professeur Parviz Amouzegar, à Nour Mohammad Asgari, au général Hossein Azmoudeh (†), à Séda Aghassian, au colonel Hassan Aghilipour, à Amir Khosrow Afshar (†), au général Siavash Béhzadi, au général Manoutchehr Beyglari, au professeur Abolghassem Banihachemi, à Elahé Ghotbi, au prince Abdolaziz Farmanfarmaïan.

Au professeur Hadi Hédayati, dont les conseils et les informations ont été d'une grande pertinence durant toute la rédaction.

Au colonel Cyrus Khiltach, à Nader Malek, à Iradj Mobacher, à Mohammad Réza Moghtader, au professeur Ali-Réza Méhran, à Danièle Martin (†2011), au colonel Yazdan Névissi, au sénateur Ali-Rézaï (†2010).

A Mehrdad Pahlbod, beau-frère de Mohammad Réza Pahlavi.

A Manoutchehr Sanéï (†), au professeur Abbas Safavian, au docteur Darioush Shirvani, au docteur Mohammad Hassan Salémi, au professeur Joseph Santa-Croce, au général Djafar Sanéi, à Mohammad Réza Taghi-zadeh, à Pierre de Villemarest (†2008), à Touran Vakili, à Fereydoun Yazdan-panah, au prince Ali Qâdjâr (†2011).

A Emmanuelle Floret pour ses pertinentes relectures.

Au département des Centres documentaires de la Direction de l'information légale et administrative pour la consultation de la presse de l'époque.

Et à l'ambassadeur Ardéshir Zahédi, non seulement pour son témoignage, mais aussi pour l'accès à ses archives dont quelque deux cents lettres manuscrites du shah, de nombreux documents et photos...

Enfin, toute notre reconnaissance va à Benoît Yvert, directeur des Editions Perrin, qui nous a fait confiance, et à Cécile Majorel pour ses conseils toujours éclairés et son suivi sans faille durant toute la rédaction de cet ouvrage.

PREMIÈRE PARTIE

LE PÈRE ET LE FILS
LA NAISSANCE D'UNE DYNASTIE

1919-1941

PROLOGUE

« Moi, j'ordonne... »

23 février 1921. Alors que règne Ahmad shah Qâdjâr, Téhéran et l'Iran tout entier vivent un tournant de leur histoire. Dès la naissance du jour, devant les édifices publics, les mosquées, aux carrefours principaux et à l'intérieur du Grand Bazar, une proclamation écrite à la hâte la nuit précédente, affichée bien en vue de tous, vient changer les destins :

Moi, j'ordonne :

Tous les habitants de Téhéran sont tenus de garder le calme et d'obéir aux ordres des militaires.

L'état de siège est décrété. Passé huit heures du soir, hormis les militaires et les policiers, nul n'est autorisé à sortir de chez soi et à circuler dans les rues. [...]

La publication de tous les journaux et autres imprimés est suspendue jusqu'à la formation d'un nouveau gouvernement. [...]

Tout rassemblement dans les maisons et autres lieux est défendu. Dans les rues et lieux publics, tout rassemblement de plus de trois personnes sera dispersé par la force publique. [...]

Les débits de boissons alcoolisées, les théâtres, les cinémas, les lieux de jeu de hasard, seront fermés jusqu'à nouvel ordre. Toute personne prise en état d'ébriété sera traduite devant la justice militaire.

Jusqu'à la formation d'un nouveau gouvernement, les administrations publiques, y compris la poste et le télégraphe, seront fermées. Seule l'administration qui assure la distribution des vivres reste autorisée à fonctionner.

Toute personne contrevenant à ces dispositions sera déférée devant les tribunaux militaires et sévèrement punie. [...]

Commandant de la Division cosaque de Sa Majesté et commandant en chef des forces armées,

Réza

Par cette déclaration sans appel, acte fondateur d'une future dynastie – celle des Pahlavis, qui s'achèvera le 16 janvier 1979 –, un quasi-inconnu, un militaire sorti du rang, bouscule l'Histoire. Son « Moi, j'ordonne » restera, dans la mémoire des Iraniens, la formule symbole de son règne, comme plus tard, dans d'autres circonstances, le « Je vous ai compris ! » de Charles de Gaulle le sera pour les Français.

Le problème est qu'à cette époque, les forces armées de Sa Majesté, hormis la Division cosaque, n'existent pratiquement pas. Pas plus que les tribunaux militaires. Réza, de fait, ne peut être commandant en chef des forces armées. Risque-t-il le tout pour le tout en surjouant son rôle ? Sa nomination prochaine en tant que généralissime apportera la réponse à cette question.

Ce qui est sûr alors, c'est qu'il empoigne d'une main ferme le destin d'un pays disloqué, épuisé, vendu en partie à des intérêts étrangers, sur le point de disparaître de la carte malgré son histoire, sa civilisation, ses traditions millénaires.

Qui est cet homme ? D'où vient-il ? Qui est le père de Mohammad Réza, cet enfant né le 26 octobre 1919 ?

1

Le cosaque

Le coup d'Etat qui vient de secouer l'Iran, ce 23 février 1921, n'est pas le fruit du hasard. Pour mieux le situer dans son contexte historique, il convient de remonter le temps et de se projeter quarante-trois ans auparavant, le 16 mars 1878 précisément, à Âlâcht, un village important du Mazandaran, situé à 70 kilomètres au sud des côtes de la mer Caspienne, dans la région de Savad-Kouh. C'est en effet dans ce nid d'aigle isolé, perché à quelque 1 800 mètres d'altitude, que le futur généralissime Réza, le père de Mohammad Réza, voit le jour.

Cette terre, au même titre que sa voisine, la province du Guilan, survit à l'abri des sommets de l'Elbrouz qui l'entourent et la protègent. De mémoire d'homme, elle a toujours constitué un refuge contre les envahisseurs, une sorte de Vercors iranien où les patriotes ont organisé au fil des siècles leur résistance devant les assauts des Grecs d'Alexandre, des Arabes et des Mongols. Contrée à l'écart des grands axes de communication, bastion d'un certain nationalisme, elle a inspiré les plus grands poètes, et en tout premier lieu le lyrique Ferdowsi[1] qui en a célébré le « printemps éternel ».

La région de Savad-Kouh est très accidentée, couverte de forêts luxuriantes, à l'écart du monde, même en ce XIXe siècle où la province s'est ouverte au reste du pays.

A Âlâcht, une grande famille qui aurait compté près de trois cents membres, un clan, domine : les Pahlavan. Réza en est issu. Terriens à la morale très rude, ils ont donné au pays de nombreux militaires. Parmi eux, Morad Ali Khan, le grand-père de Réza, qui a rang de colonel. Il perd la vie lors de la reconquête d'Hérât en 1856, dernier grand fait d'armes des Iraniens avant que le déclin de ce qu'on appelle par habitude « l'Empire » ne s'enclenche, inéluctablement. Le plus jeune de ses sept fils, Abbas Ali Khan, né vers 1815 et connu également sous le nom de Dadash Beik, a perpétué la tradition familiale : officier lui aussi, il commande, dans l'armée des Qâdjârs, le premier régiment de Savad-Kouh. Marié plusieurs fois, il prend pour dernière épouse une « Géorgienne » au prénom persan, Nouche-Afarine, de vingt et un ans sa cadette. Cette femme est issue d'une de ces nombreuses familles qui ont fui la partie de la Géorgie la plus « persanisée » pour s'installer à l'intérieur du pays lorsque l'Iran en perdit la suzeraineté au profit de la Russie, à la suite du traité de Turkmanchai en 1828[2]. Une situation que l'on pourrait rapprocher de celle des Alsaciens et des Lorrains après l'annexion de leur province lors de la défaite de Napoléon III face à la Prusse en 1870.

Le 16 mars 1878, Nouche-Afarine donne un fils à Abbas Ali : on le prénomme Réza. La famille, bien que célèbre dans son clan, n'est pas riche. La maison où elle vit, d'une extrême rusticité, bâtie en terre, possède une seule pièce qui, durant les mois les plus rudes, est chauffée par un brasero installé sous la table commune. Pour lutter contre le froid, les Iraniens ont en effet développé une technique originale, millénaire sans doute : ils saupoudrent le brasero de cendres, recouvrent la table d'un tapis ; tout autour, sur un autre tapis, ils installent oreillers et matelas ; et chacun tire à soi un peu du tapis de table. On passe ainsi la période froide *zir-e-korsi* (« sous le tapis de table »). La petite famille a dû vivre ainsi durant quelques mois, l'Iran de cette fin de siècle étant d'une grande pauvreté, même pour les chefs de clan.

A cette rudesse, il convient d'ajouter le peu d'entraide que reçoit le couple dans les milieux fermés d'Âlâcht. Le mariage reste mal accepté par le clan, la nouvelle épouse étant encore considérée comme une « étrangère ».

Les choses n'ont guère le temps de s'améliorer : Abbas Ali meurt le 26 novembre 1878, laissant Nouche-Afarine dans une situation intenable, celle d'une femme avec un enfant en bas âge, de surcroît sans protection face à l'hostilité d'un clan.

Elle prend alors son destin en main. Sa propre famille vivant à Téhéran, « la Géorgienne », « l'étrangère », décide de quitter le village : elle emmaillote son nourrisson et part, à pied, pour la capitale. Plus de 100 kilomètres à travers montagnes et vallées avant de rejoindre des routes plus praticables. Elle suit une caravane de muletiers pour traverser les cols et les passages sur des chemins enneigés, difficiles d'accès. Ce qui importe, c'est la survie de Réza.

Peu d'informations sont vérifiables concernant ce périple. Elles fonderont cependant la légende des Pahlavis. L'enfant aurait manqué mourir de froid en route. Nouche-Afarine aurait alors fait halte dans un petit village sis à 3 000 mètres d'altitude et se serait abritée dans un *emanzadeh,* un de ces mausolées supposés être le tombeau d'un descendant du prophète Mahomet, l'*Emanzadeh Hachem.* Réza y aurait été soigné et sauvé miraculeusement. On l'appellera plus tard « l'enfant du miracle ». Ce dont on peut être sûr, c'est que mère et fils surmontent toutes les épreuves et parviennent à Téhéran.

Nouche-Afarine, qui ne parle que le dialecte *mazan-darani*, incompréhensible pour les habitants de Téhéran, n'est pas au bout de ses peines malgré sa détermination. Fort heureusement, elle finit par retrouver ses deux frères. Tous deux sont au service de l'armée qâdjâre. Elle s'installe chez l'un d'entre eux, Hakim Ali Khan, médecin capitaine affecté au service du prince Kamran Mirza, gouverneur de Téhéran que l'on appelle d'ordinaire « le régent », puisqu'il assure la régence lors des voyages de son père à l'étranger.

Nouche-Afarine et le petit Réza ont à présent un toit sous lequel ils vivent chichement. La mère n'a aucune ressource, pas même les moyens d'envoyer son fils dans une *maktabkhaneh,* petite école de quartier, pour qu'il apprenne à lire et à écrire. Elle s'occupe du ménage, son fils auprès d'elle.

Lorsqu'elle meurt, en 1885, Réza vient d'avoir sept ans. C'est Abolghassem Khan, son autre oncle, qui le prend en charge. Ce militaire finira sa carrière comme colonel. A dire vrai, il accepte seulement de l'héberger. La vie ne fait guère de cadeaux à Réza. Orphelin, quasi abandonné, oublié de l'amour familial, c'est un enfant vagabond, bagarreur, en jachère. Il *grandit dans la rue* comme on dit en persan, en connaît la dure loi, ce qui finit par inquiéter son oncle.

A quatorze ans, fier, intrépide, susceptible, Réza ne passe pas inaperçu. En outre, il mesure bientôt 1,90 mètre. Abolghassem Khan juge qu'il est grand temps de le prendre en main. Et, comme sa position le lui dicte, il le dirige vers l'armée.

En 1936, devenu empereur, lors d'un de ses voyages dans le Mazandaran où il se rend deux fois l'an – sans jamais retourner toutefois à Âlâcht –, Réza déclarera : « J'étais un soldat presque nu. Je n'avais rien, pas même de quoi manger. J'avais faim. Je n'avais jamais ressenti d'affection ni de mon père ni de ma mère. J'étais souffrant, affamé, sans un sou en poche, tout près de la mort. Personne ne me remarquait. Les difficultés de la vie m'ont appris la vie. J'ai décidé de ne plus avoir peur, de briser tous les obstacles et d'avancer avec force vers l'avenir. »

L'armée est constituée alors de quelques unités mal définies, très peu équipées, commandées par des officiers peu formés… La corruption y règne. Les soldats sont payés de manière aléatoire. Après avoir reçu une vague instruction, ils se voient attribuer un vieux fusil, parfois un cheval… Et on leur demande de gagner leur vie comme ils peuvent. Ils sont présents dans quelques cérémonies où ils font, d'après les témoignages, piètre figure. En fait, l'Iran de cette époque n'a pas les moyens d'entretenir de véritables forces militaires.

Cette armée errante, déguenillée, ne convient pas à Réza. Il préfère intégrer, avec l'appui de son oncle, la « Division cosaque ». Cette unité à part, bien entraînée, qui constitue la garde de la famille royale, avait été créée en 1879 par Nasser-ol-Din shah, à la suite d'un voyage officiel en Russie, l'année précédente. Impressionné par les manœuvres militaires que le tsar Alexandre II avait organisées en son honneur, le shah lui avait demandé de mettre à sa disposition des officiers russes afin de créer à Téhéran une division de la même qualité. Ce fut chose faite avec la création de la « Brigade cosaque persane », bientôt appelée « Division cosaque », qui fut commandée par des Russes, si bien qu'on y donnait les ordres et y obéissait en russe.

Réza – qui y entre à l'âge de quinze ans – doit donc, sous l'autorité de colonels russes, obéir à une discipline de fer, le moindre manquement étant puni par les châtiments corporels en usage dans l'armée des tsars. C'est le prix à payer s'il veut appartenir à la véritable armée, théoriquement iranienne, au service du shah.

Il se découvre vite d'autres ambitions que celle de rester un soldat de base, un « cosaque ». Pour cela, il lui faut apprendre à lire et à écrire ; il le tentera... sans jamais y exceller toutefois. On possède de lui, durant son règne, de nombreux exemples de son écriture : une calligraphie plutôt primaire assortie de nombreuses fautes d'orthographe. Il n'est pas, n'a jamais été un homme cultivé. Sa soif d'apprendre est cependant restée dans les mémoires. Il lui est souvent arrivé de demander au cours d'une réunion le sens d'un mot « savant » ; et il l'enregistre. Lors de ses nombreux voyages en province, où une dizaine de personnalités, souvent reconnues pour leur culture, l'accompagnent, s'il parle de lui, de son enfance, de sa pauvreté, de ses souffrances – car il sait qu'on note ce qu'il raconte et qu'il construit ainsi son image –, il aime par-dessus tout profiter du savoir de chacun pour poser des questions, en premier lieu sur l'histoire de l'Iran qu'il connaît trop peu.

On raconte même qu'un jour, lors d'un déjeuner sur l'herbe à Firouzkouh, ville située à plus de 2 000 mètres d'altitude, il questionna le grand poète Adib-ol-Saltaneh Samii sur l'invasion de l'Iran par Alexandre de Macédoine (356-323 av. J.-C.). Il fut si attentif à son récit qu'à l'évocation de la mort tragique de Darius III, du mariage forcé de sa fille avec Alexandre et de l'incendie de Persépolis, lui, le grand Réza, ce géant intraitable, cruel parfois, se mit à pleurer à chaudes larmes, fait rarissime, car on ne le vit plus jamais pleurer en public.

Réza pleura-t-il ce jour-là parce que le poète avait un talent hors normes pour émouvoir son auditoire ou parce que certains événements historiques restent présents dans la mémoire collective, et les émotions qu'ils véhiculent intactes ? Sans doute pour ces deux raisons, mais nul ne pourra jamais l'attester.

Versé dans cette « Division cosaque », Réza se fait vite remarquer : sachant lire et écrire malgré ses lacunes, connu pour le soin qu'il porte à sa personne, il est promu à vingt et un ans *nayeb*, c'est-à-dire lieutenant. Durant cette période, il est à trois reprises, au moins, affecté avec une petite équipe à la protection des ambassades britannique, hollandaise et allemande. Il en gardera un fort mauvais souvenir car on le traitera, lui, un officier iranien, comme un valet. Concomitamment, il commande l'escorte du prince Abdol Hossein Farmanfarma, nouveau gouverneur de Kermanshah, province située dans l'ouest iranien, à quelque 521 kilomètres de Téhéran, près de la frontière de l'Irak actuel. A la différence des humiliations connues plus tôt, il gardera de cette expérience un bon souvenir et ses relations avec le puissant prince seront excellentes.

On l'appelle alors Réza Khan Savad Kouhi, du nom de sa région d'origine, Savad-Kouh. Devenu responsable d'une unité de mitrailleurs dont les armes sont de marque Maxime, il reçoit en outre immédiatement le surnom de Réza Maxime. Si les choses s'agencent à merveille pour lui en apparence, les témoignages concordent cependant sur un point important : Réza supporte mal d'être commandé par des étrangers. Il n'apprécie guère que la langue utilisée dans sa division soit le russe, et non le persan ; il souffre enfin de l'état de délabrement de l'armée iranienne dont la seule unité organisée est la sienne. C'est alors sans doute qu'il se prend à rêver d'un autre Iran.

En 1894, Réza Khan se marie avec une certaine Maryam dont on sait peu de choses. De cette union naît, le 22 février 1903 à Téhéran, une fille, Fatmeh, que l'on appellera par la suite Hamdam-ol-Saltaneh[3]. Son épouse étant morte quelques mois plus tard, il l'élève seul.

Les années passent. Réza Khan participe à de nombreuses opérations de maintien de l'ordre durant lesquelles il est blessé à maintes reprises. Sa réputation est celle d'un homme pur et dur, d'une parfaite probité, doté d'une autorité naturelle, du sens du commandement. On l'apprécie, le craint et l'admire tout ensemble. En 1915, jouissant d'une grande renommée dans l'armée, il est nommé colonel de la Division cosaque. Il a trente-sept ans.

Il commence alors à envisager plus sérieusement son avenir : un mariage socialement valorisant ferait bien son affaire. Il place la barre très haut : il n'a ni titre ni fortune dans un pays et à une époque où cela compte, est déjà veuf et père d'une fille de douze ans. Une seule issue : mobiliser ses relations, faire jouer ses réseaux, emprunter de l'argent pour faire face aux dépenses du mariage escompté. C'est à ce prix qu'il épouse enfin une fille d'un *Amir Touman,* grade équivalent à celui de général, Teymour Khan – Teymour Ayromlou – qui, comme la famille maternelle de Réza, descend d'Iraniens du Caucase ayant fui l'occupation russe.

Teymour Khan a trois filles et un garçon. Une de ses filles, Nimtadj Khanum, née le 17 mars 1896, a dix-neuf ans. Pour l'époque, c'est déjà « une fille restée à la maison », autant dire une vieille fille. La nature ne l'a pas gâtée physiquement ; en outre, elle a mauvais caractère. Réza ne peut prétendre à mieux, et encore, il a de la chance d'être accepté dans un cercle social dont il n'est pas issu. Les négociations d'usage faites, le mariage est conclu. Plus tard, après le coup d'Etat de février 1921 et la nomination de Réza comme *Sardar Sepah,* généralissime ou « chef de l'armée », Ahmad shah, qui continue à régner, honorera Nimtadj Khanum du titre de *Tadj-ol-Molouk,* c'est-à-dire « Couronne des rois », nom que l'histoire retiendra.

Le 18 octobre 1917 naît l'aînée des quatre enfants du nouveau couple, Shams. Près de deux ans plus tard, le 26 octobre 1919, des jumeaux viennent au monde : un garçon, Mohammad Réza – futur héritier du trône – et une fille, Ashraf. Enfin, en 1922, voit le jour Ali Réza, un enfant promis à un destin tragique puisque, le 26 octobre 1954, jour anniversaire de la naissance de son frère, il perdra la vie lors d'un accident d'avion[4].

Le mariage, comme prévu, profite à Réza. Dès 1918, ce dernier s'illustre dans une campagne qu'il mène avec la Division cosaque contre des bandits dans la région de Kashan. En octobre 1920, il est enfin nommé commandant de la Division cosaque, en remplacement du colonel Starosselski, qui a rejoint les rangs de l'Armée blanche en Russie comme la plupart des officiers russes en poste en Iran. Cette nomination ne s'est pas faite sans mal. En effet, les Russes partis, les Anglais suggèrent au shah de nommer un prince qâdjâr très placide, acquis à leurs intérêts. Les officiers iraniens marquent leur opposition, lui préférant Réza. Pour obtenir sa nomination, ils se rapprochent de plusieurs hommes politiques respectés – dont le prince Abdol Hossein Farmanfarma – pour faire pression sur le shah... qui finit par céder. Réza Khan devient ainsi le premier officier persan à diriger la Division cosaque. Cette position lui permettra d'imposer son pouvoir militaire lors du coup d'État du 23 février 1921, sur lequel nous reviendrons[5]. Il la tiendra jusqu'en décembre 1921, date à laquelle il sera nommé par le shah ministre de la Guerre, négociant bientôt l'évacuation des troupes russes.

Son ambition ne peut que croître, ses quarante-quatre ans venant de sonner. Il repense alors à un autre mariage avantageux. Que peut-on refuser au nouvel homme fort de l'Iran ? Un de ses compagnons d'armes, le général Khodayar Khan, bien introduit dans la haute société iranienne de l'époque, est chargé d'en arranger les modalités en 1922. Ce dernier demande au prestigieux et fortuné prince Madjd-ol-Dowleh, oncle maternel de Nasser-ol-Din shah, chef d'une des branches importantes des Qâdjârs, la main de sa petite-fille, Touran Amir Soleimani, âgée de dix-huit ans. Touran n'est pas même consultée, pas plus que son père Madjd-ol-Saltaneh d'ailleurs, si ce n'est pour la forme. Elle doit cependant obtempérer, comme le veut la coutume. Elle donne naissance à un fils, Gholam Réza, en 1923.

Le mariage, cependant, dure fort peu. Par suite d'une sombre histoire de collier – elle a voulu vendre sur le marché un bijou que le généralissime lui avait offert et ce dernier a considéré cet acte comme un affront –, la princesse est répudiée sans ménagement peu après la naissance de son fils. Elle ne pourra se remarier qu'après la chute de Réza, en 1941. Néanmoins, même après cette autre « affaire du collier de la reine » et cette séparation, on continuera à l'appeler *Malakeh Touran* (« la reine Touran ») en privé.

Réza, dans la place, se rapproche peu à peu du pouvoir suprême par ses alliances de plus en plus intimes avec les Qâdjârs. Aussi, sans attendre et de nouveau par l'entremise du général Khodayar Khan, il demande la main de la princesse Esmat Dowlatshahi, fille du prince Mojalal-e Dowleh Dowlatshahi-Qâdjâr, et l'épouse en 1923. Cette quatrième épouse, sans recevoir de titre officiel, sera appelée *Malakeh Esmat* et parfois *Malakeh Iran* (« reine d'Iran »). On dit que Réza lui sera très attaché jusqu'à sa propre mort, en 1944. De cette union, il aura quatre fils et une fille : le premier, Abdol Réza, naît le 1er octobre 1924, alors que son père n'est pas encore roi ; suivront les princes Ahmad Réza et Mahmoud Réza, la princesse Fatmeh et le prince Hamid Réza[6].

Au total, Réza a eu de ses quatre mariages quatre filles et sept fils. Tadj-ol-Molouk, mère de son héritier, a cependant toujours été considérée comme la première épouse de Réza, qui, bien que tout-puissant, l'a redoutée. Elle seule reçoit le titre de reine après le couronnement de son mari en 1925. On l'appellera dès lors *Malakeh Pahlavi*, puis *Malakeh madar* (« la reine mère ») après l'avènement de son fils sur le trône. Elle se remariera une, et même deux fois dit-on, après le décès de son mari. Très respectée, voire crainte de son fils, elle entretiendra, jusqu'à la fin de sa vie, une petite cour de princes qâdjârs, de notables d'âge respectable, de poètes et d'artistes souvent démodés, recevra à dîner son fils et ses épouses successives une fois par semaine, donnera deux réceptions l'an : l'une pour le jour anniversaire de la naissance de son petit-fils, l'autre à l'occasion du retour sur le trône de son fils après la chute de Mossadegh.

Surprenant destin que celui de Réza : simple « cosaque », puis officier, général, généralissime et bientôt empereur ! On pourrait s'attendre que sa soif de pouvoir se soit accompagnée d'une vie fastueuse. Il n'en a rien été. Réza, dès son enfance, a été habitué à une existence stricte et mesurée ; son éducation militaire l'a endurci, lui que le dénuement aurait pu pousser vers le brigandage et la médiocrité. Aussi, sa vie privée, au faîte des honneurs, restera-t-elle extrêmement austère. Jusqu'à son abdication en 1941, il continuera à s'habiller en militaire, couchera par terre, mangera simplement – son plat préféré étant celui de tous les Iraniens, le poulet au riz. De temps en temps cependant, il se permettra un petit verre d'eau-de-vie – l'arak. On ne lui connaît aucune aventure féminine extraconjugale, il ne participera à aucune soirée, n'aura pas la moindre distraction en dehors de ses longues marches dans ses jardins ou sur les voies publiques.

Le pouvoir et une certaine idée de l'Iran semblent avoir été ses seules passions. Son héritier, Mohammad Réza, se devra d'être à cette hauteur.

2

Le généralissime

Les événements qui ont jalonné la dynastie des Qâdjârs depuis son avènement en 1794 permettent de mieux comprendre ce qui a conduit Réza Khan au coup d'Etat de 1921. Ils reflètent l'inéluctable déclin de l'Iran, incapable de sauver son indépendance autrement qu'en apparence, tout comme l'Empire ottoman voisin, qualifié d'« homme malade de l'Europe ». Ils offrent surtout un panorama complet de la situation dans laquelle les Pahlavis trouvèrent l'Iran, et permettent de mieux appréhender, par les contextes, les mesures et les risques qu'ils prirent au XXe siècle pour lui construire un autre avenir.

A la fin du XVIIIe siècle, les Qâdjârs étendirent leur pouvoir sur l'Iran. Ce fut l'œuvre d'Aga Mohammad. Né en 1742, castré à l'âge de sept ans, il connut durant seize ans les prisons de la dynastie Zand à Shiraz avant de s'enfuir. Profitant de l'instabilité installée en Iran, il fédéra autour de lui les tribus qâdjâres et se lança à l'assaut du pouvoir. Connu pour sa grande cruauté – à Kerman, il donna notamment l'ordre d'aveugler des milliers d'opposants –, son intransigeance et ses qualités de stratège, il réunifia l'Empire, reconstitua l'armée, imposa sa volonté aux féodaux et aux princes vassaux et réoccupa la Géorgie[1], mais aussi le nord du Caucase, la Tchétchénie, le Daghestan, l'Ingouchie, qui toutes redevinrent des terres iraniennes, ce qu'elles avaient été durant l'âge d'or des Safavides[2]. Le nord de l'Empire étant en permanence menacé par les ambitions tsaristes, il déplaça en 1783 sa capitale. Téhéran, alors modeste bourg à proximité de Rey (Ragès), lui sembla plus propice qu'Ispahan pour contrer les menaces venues du Nord. Couronné shah en 1794, il fut assassiné en 1797 par des serviteurs qu'il avait condamnés à mort pour vol.

Khan Baba Khan, son neveu, qui lui succéda sous le nom de Fath Ali shah le 17 juin 1797, inaugura le long déclin de l'Iran, incapable alors d'accéder à la modernité, encore moins à la révolution industrielle. Il n'avait ni vision stratégique ni volonté politique. Si l'immensité de son territoire, sa position géographique, ses richesses potentielles permettaient encore à l'Iran de conserver une place de grande puissance sur l'échiquier mondial, le pays devint l'objet des convoitises étrangères, au même titre que ses voisins, les empires ottoman ou moghol, que les Britanniques avaient déjà largement commencé à dépecer et coloniser. Les Russes ne furent d'ailleurs pas en reste : leurs incursions dans le Caucase, un débarquement raté sur les rivages iraniens de la Caspienne, diverses manipulations pour pousser quelques vassaux à l'insubordination décidèrent Fath Ali à réagir. Le problème, c'est qu'il n'en avait pas les moyens. Il tenta de s'allier à la France de Napoléon Ier. Ce fut un échec. Après la rencontre des deux empereurs, russe et français, à Tilsit, Paris abandonnait l'Iran. Fath Ali décida néanmoins de porter la guerre sur la frontière russe en 1804. Il mit sur pied une armée de 60 000 hommes dont il confia le commandement à son fils, le prince héritier Abbâs Mirza. Malgré les talents stratégiques de ce dernier et la bravoure des Iraniens, rien n'y fit. Au terme de dix ans de guerre, l'Iran sortit exsangue ; la Russie vainqueur. Par le traité de Golestân, signé le 24 octobre 1813, l'Iran fut amputé de la Géorgie et d'une partie du Caucase.

Abbâs Mirza, nommé gouverneur de la province limitrophe de la Russie, l'Azerbaïdjan, avait eu le temps d'analyser les faiblesses de l'Iran, leurs racines profondes. Son constat fut sans appel : le pays avait gardé une structure féodale avec une armée de type tribal dotée d'une artillerie désuète. Il fallait engager les premières réformes modernisatrices. Pour y parvenir, il envoya de nombreux jeunes Iraniens en Europe – Autriche, Russie, Angleterre – pour qu'ils y apprennent les sciences modernes, les techniques de la guerre, l'« art de fortification ». Son action eut d'ailleurs une conséquence indirecte dont il ne pouvait se douter : certains de ces jeunes gens furent initiés durant leur séjour londonien à la franc-maçonnerie, constituant ainsi le premier noyau des loges qui allaient bientôt influencer l'évolution de la société iranienne dès la fin du XIXe siècle.

Le prince ne s'en tint pas là ; il engagea de nombreux instructeurs autrichiens pour former l'armée dont il rêvait. Il entreprit en outre de réformer la justice, de faire traduire les livres scientifiques majeurs en persan et de rénover l'imprimerie. Un siècle plus tard, le généralissime Réza Khan reprendra ses réformes et ne cachera pas son admiration pour ce grand prince qui appartenait cependant à une dynastie qu'il contribua à renverser.

Les Russes comprirent très vite le danger qui, à terme, pourrait menacer leurs intérêts. Leur prise de conscience fut concomitante des appels au djihad, la guerre sainte, contre la Russie, qu'en 1820 un chef religieux fanatique, Sayed Mohammad, dit Modjahed, lança pour contraindre Fath Ali shah à entreprendre la reconquête des provinces perdues. Abbâs Mirza, pressentant le péril que courait son pays, supplia son père de n'en rien faire. Il invoqua l'extrême faiblesse de l'armée iranienne dont la modernisation, quoique en marche, n'était pas accomplie. Peine perdue. Fath Ali, débordé par les extrémistes, proclama l'état de guerre et nomma Abbâs Mirza, malgré son état de santé chancelant – une maladie osseuse allait bientôt l'emporter –, à la tête des armées. Le prince dut obtempérer. Cette fois, en l'espace de deux ans seulement (1826-1828), l'Iran fut battu. Aux termes du traité de Turkmanchai, le pays perdit, en plus des territoires cédés lors du traité de Golestân, le nord de l'Azerbaïdjan, la dernière partie de l'Arménie qui était encore sous sa suzeraineté, et ses places fortes au nord de l'Araxe[3]. Les nombreuses conséquences de cette défaite annoncée provoquèrent, entre autres, un afflux massif de réfugiés vers l'intérieur du pays ; la propre mère de Réza Khan ainsi que la famille de sa seconde épouse, la mère de Mohammad Réza Pahlavi, en firent partie. Les dommages de guerre imposés à l'Iran par la Russie furent très lourds et assortis de la menace, en cas de non-paiement, d'occupation par l'armée tsariste d'une partie du pays et de quelques places fortes.

Fath Ali, qui avait accepté le traité de crainte que l'armée russe n'occupe Téhéran, refusa de payer de ses propres deniers : « Le prince n'est-il pas gouverneur d'Azerbaïdjan – ou de ce qu'il en reste ? dit-il. Il n'a qu'à payer sur les revenus de la province. » De nouveau sous la contrainte, Abbâs Mirza décida de satisfaire aux clauses financières du traité, fût-ce au prix de sacrifices drastiques. L'argenterie de sa propre résidence, sa vaisselle, ses tapis y passèrent. Il fut suivi en cela par son entourage. Les Russes n'en pillèrent pas moins tout ce qu'ils purent dans les résidences princières. A Ardabil, ils volèrent même le fabuleux trésor du mausolée de cheikh Safi, ancêtre de la dynastie des Safavides, mort en 1334. De nombreuses pièces de cette collection patrimoniale se trouvent toujours au musée de l'Ermitage, à Saint-Pétersbourg.

Sitôt le traité conclu, Sayed Mohammad, dit Modjahed, disparut d'Iran. Abbâs Mirza avait vu juste, c'était
un provocateur. Quelques mois plus tard, on retrouva sa
trace à Moscou, somptueusement installé et considéré
par l'administration tsariste, marque incontestable de sa
mission télécommandée. Ses descendants profitèrent très
largement de ses turpitudes, bénéficiant d'une généreuse
pension jusqu'à la révolution d'octobre !

Quant au traité de Turkmanchai, il resta dans la
mémoire collective iranienne comme un affront fait à
tout un peuple, une « humiliation », devenant même
un terme générique – comme l'est devenu en Europe le
« voyage à Canossa ». La rancœur qu'il suscita marqua le
point de départ de la méfiance des Iraniens envers la Russie jusqu'à la Seconde Guerre mondiale, et même après.

Cinq ans plus tard, Abbâs Mirza mourut. Il avait
trente-six ans. Fath Ali, peut-être par mauvaise
conscience, peut-être par gratitude, offrit la couronne
au fils de son prince héritier décédé et non à l'un de
ses nombreux frères, comme l'ordre de succession le lui
dictait. Son long règne, commencé en 1797, se termina
en 1834. L'Histoire gardera de ses trente-sept ans de
pouvoir une image négative. Sous son autorité, alors
que le monde entier changeait, l'Iran était resté figé,
son territoire avait été dépecé. Seul un talent de poète
sera reconnu unanimement au shah au travers de son
divan (recueil de poèmes). Il fut aussi à l'origine d'un
mouvement de renouveau littéraire, finançant quelques
grands poètes de son temps. C'est à lui enfin que l'on
doit quelques palais à Téhéran ainsi que le début de la
construction du Golestân. Il est vrai qu'il devait loger son
immense harem.

Son successeur, shah Mohammad, régna de 1834 à
1848. Au cours de ses premiers mois de règne, Ghaem
Magham Farahani, l'homme de confiance de son père,

érudit et mécène visionnaire nommé chancelier, tenta de reprendre et d'étendre les réformes entreprises par le prince Abbâs Mirza. Il continua ainsi d'envoyer des étudiants à l'étranger, poursuivit la modernisation du pays et tailla sans pitié dans la liste civile[4]. Ce qui était à craindre arriva : la famille royale et les mollahs se liguèrent contre le réformateur, au point que le shah le fit assassiner le 26 juin 1835. Funeste présage : les réformes seraient-elles un jour possibles en Iran ? Un derviche ridicule et superstitieux, hadj Mirza Aghassi, précepteur du roi, le remplaça. Tout rentra alors dans l'immobilité politique.

A ce moment, les mutineries se multiplièrent dans la province iranienne d'Hérat, à l'ouest de l'Afghanistan actuel. Shah Mohammad envisagea d'y dépêcher un corps expéditionnaire afin de rétablir son autorité. Mais, devant la menace britannique d'envahir le sud de l'Iran et de voir canonner les ports du golfe Persique, il dut renoncer. Le déclin de l'Iran devenait inéluctable. Il est vrai que le shah souffrait d'une goutte très sévère, qui passait pour lui avant la politique. Le champ était ouvert pour les intrigues des princes ainsi que pour les manœuvres des Russes et des Britanniques, libres de tisser leurs réseaux d'influence et de grignoter le territoire.

Lorsque le shah mourut, en septembre 1848, son héritier, le prince Nasser-ol-Din, qui n'avait pas encore vingt ans bien que déjà gouverneur en titre de l'Azerbaïdjan, ne put même pas payer son voyage à Téhéran. Les caisses de l'Etat étaient vides et les argentiers de Tabriz, chef-lieu de sa province, refusèrent de lui faire crédit ! Fort heureusement pour lui, se trouvait à ses côtés un homme d'exception : Mirza Taghi Khan Farahani, qui avait été un collaborateur direct de Ghaem Magham Farahani et se situait donc dans la lignée idéologique d'Abbâs Mirza. Certes, il n'était que le fils du cuisinier de la famille de Ghaem Magham. Cependant, on lui avait fait suivre les mêmes études, chez les mêmes précepteurs que le chancelier assassiné, bien qu'il en fût parfois le souffre-douleur. Le fils du cuisinier se mua vite en érudit. Entrant au service du prince Abbâs Mirza, il gagna sa confiance au point de seconder bientôt Ghaem Magham jusqu'à son assassinat. A Tabriz, où il servit plus tard Nasser-ol-Din, il prit tout en main, dirigeant pratiquement la province d'Azerbaïdjan. A deux reprises, il fut envoyé en mission à l'étranger : en Russie, où il séjourna plusieurs mois en 1829, après le meurtre à Téhéran de l'ambassadeur Griboïedov, puis comme chef de la délégation iranienne à la conférence destinée à tracer les frontières toujours controversées avec le voisin ottoman[5]. Par ses contacts avec les Occidentaux, ses lectures, ses voyages diplomatiques, Mirza Taghi Khan prit conscience lui aussi des causes profondes de la crise iranienne, ayant observé les réformes d'Abbâs Mirza et partageant ses vues modernisatrices. Mais que pouvait-il faire contre l'inertie générale ?

A la mort de shah Mohammad, la reine mère, Mahd Olya, ayant décidé de prendre la régence à Téhéran pour préserver le trône de son fils, Mirza Taghi Khan Farahani entreprit de conduire le prince héritier – devenu théoriquement roi – à la capitale. A cette fin, il convainquit quelques hommes d'affaires du bazar de Tabriz de lui prêter personnellement de l'argent – ceux-là mêmes qui avaient refusé ce service à une dynastie à bout de crédit. Grâce à lui, Nasser-ol-Din, le jeune shah, quatrième de la dynastie des Qâdjârs, fut couronné avec faste le 13 décembre 1848 pour un règne lui aussi désastreux qui dura près de cinquante ans, jusqu'à sa mort, le 1er mai 1896. Ses premières années augurèrent cependant des jours fastes pour l'Iran. Il les dut à la nomination de Mirza Taghi Khan comme *Amir Nézam*, c'est-à-dire chef des armées, puis comme *Amir Kabir* (Grand Chancelier). En Iran, on l'appelle toujours ainsi, ou tout simplement

Amir. Un nom très court pour un destin hors du commun, celui d'un des fondateurs de l'Iran moderne, précurseur du mouvement constitutionnel pour les uns, autocrate pour les autres comme pour les adeptes du baha'isme[6] naissant qu'il combattit fermement.

De septembre 1848 à décembre 1851, soit en trois ans seulement, Amir Kabir, à qui le shah donna en mariage sa propre sœur, la princesse Ezat-ol-Dowleh, tenta d'accomplir une œuvre immense afin de transformer son pays en un Etat moderne. Avec une petite armée, il commença par écraser la rébellion de plusieurs provinces. Il engagea des instructeurs autrichiens pour former une armée nouvelle et l'organiser, et ce malgré l'opposition des Britanniques et des Russes. Des ateliers de fabrication d'armes virent le jour. Selon un rapport britannique, un an après l'arrivée au pouvoir d'Amir, l'Iran disposait d'une armée de 132 000 hommes, intendance comprise, régulièrement payée, ce qui constituait une nouveauté, voire une prouesse. On lui doit aussi la recréation de la garde des Immortels, lointain souvenir des Achéménides, en charge de la protection du roi.

Dès lors, l'inquiétude des Britanniques s'accrut. L'envoyé de la Couronne à Téhéran mit en garde lord Palmerston[7], à la tête du Foreign Office, sur les dangers que pourrait représenter la nouvelle force militaire du pays, capable de « réveiller les velléités éventuelles de l'Iran ». Aussi, lorsque celui-ci décida de se doter d'une marine de guerre dans le golfe Persique, Palmerston lui-même fit savoir à Amir Kabir que « Londres ne pouvait tolérer une telle entreprise ». Le chancelier de fer se tourna donc vers la France puis les Etats-Unis pour acquérir des bâtiments de guerre.

L'action d'Amir s'étendit aussi à d'autres domaines. Aux finances, il réduisit de façon drastique les dépenses de la Cour et la liste civile du roi. A la santé, il instaura la vaccination obligatoire contre la variole, bâtit le premier hôpital moderne du pays. A la communication, il fut à l'origine de la création de la poste. Il soutint en outre dès 1847 la fondation du premier journal du pays, *Vaghaye-e etefaghiyeh* (*Les Événements*). Le décret publié par Nasserol-Din shah à cette occasion ne laisse aucun doute sur les intentions royales : « Qu'il ne reste point inconnu des habitants de notre Empire que la volonté royale a décrété son souhait d'éduquer ses sujets, et comme l'éducation comprend notamment la connaissance des choses de ce monde, il a été décidé par Sa Majesté que sera désormais imprimé un papier d'information comprenant les nouvelles de l'Orient et de l'Occident. Ce journal sera envoyé dans toutes les provinces de l'Empire. [...] Ainsi augmenteront les connaissances des sujets. Ce journal sera mensuel. » La voie était ouverte vers l'alphabétisation généralisée du peuple et la connaissance des autres cultures. Notons aussi qu'Amir Kabir mit en place les services secrets iraniens, préposés à la surveillance des ambassades et des princes.

Sur le plan international, il se rapprocha de l'Autriche, de la Prusse et de la France afin de contrebalancer l'omniprésence britannique et russe, conclut deux traités d'amitié et de commerce avec les lointains Etats-Unis. Sur le plan juridique, il abolit le crime d'apostasie, le statut de dhimmitude[8] pour les adeptes des autres religions et créa les premiers tribunaux civils. C'est également à lui que Téhéran doit ses premiers plans d'urbanisme, et surtout la première université moderne de l'Iran, le *Dar-ol-fonûn*, institution phare, sorte d'école royale et militaire. Une mission fut dépêchée en Autriche pour en recruter le corps professoral. L'empereur François-Joseph la reçut et veilla personnellement à ce qu'on réponde aux demandes d'Amir. A Vienne, sept Autrichiens, deux Italiens, un Français et un Hollandais furent ainsi engagés. A Téhéran, des architectes iraniens dessinèrent et construisirent les bâtiments de l'université[9] qui devait compter sept sections, dont les arts militaires, la médecine et les sciences. Amir décida enfin que les cours seraient dispensés en français, chaque professeur se voyant adjoindre un interprète. Cette dernière mesure se révéla vite inutile, cinq cents étudiants, tous boursiers et au moins bilingues, formant la première promotion. Le *Dar-ol-fonûn* fut inauguré le 10 décembre 1851 par le shah en personne.

Amir Kabir ne fut pas présent à la cérémonie. Et pour cause. Ses ennemis se rassemblaient dans l'ombre autour de la reine mère et d'un personnage ouvertement soutenu par l'ambassade britannique, Mirza Agha Khan Nouri, qui rêvait de le remplacer. On remarquera que, de tout temps et partout, les puissances se sont servies d'hommes et de femmes à l'intérieur d'un pays pour subvertir ce même pays. Sayed Mohammad, l'homme des Russes, avait été le premier grand religieux acheté par une puissance étrangère pour trahir les siens. Mirza Agha Khan, lui, fut le premier homme politique à faire de même, cette fois au service de Londres. Précurseurs en la matière, ils ouvrirent la voie à bien d'autres après eux.

Tous ses ennemis, en tout cas, malgré leurs intérêts divergents, se liguèrent et firent pression sur le jeune et faible roi pour obtenir la destitution du chancelier. Qui gouvernait le pays ? lui demandait-on. Comment cet Amir Kabir avait-il osé – dans une note confidentielle au shah, il est vrai – traiter la reine mère de dévergondée ? Et s'il prenait le pouvoir, qu'adviendrait-il ? Etait-il sage d'indisposer les puissances étrangères ? Que resterait-il du pouvoir absolu du shah si les réformes aboutissaient ?

Amir, pour sa part, se croyait encore à l'abri de tout. N'était-il pas le beau-frère du shah ? C'était sans compter avec les diffamations colportées par les conjurés. Le shah finit par les écouter et démit Mirza Taghi Khan (Amir Kabir) de ses fonctions. Il l'exila à Kachan, au centre du pays, où on le retint pratiquement prisonnier dans le pavillon central de Bagh-é-Fin[10]. Il y fut assassiné le 10 janvier, sur ordre du shah.

L'Iran perdait ce jour-là un de ses plus grands serviteurs. Son meurtre bloqua les réformes... que les Pahlavis tenteront de réaliser au siècle suivant. S'il avait pu les engager, bien avant l'ère Meiji au Japon, elles auraient conduit au même résultat qu'au pays du Soleil-Levant, avec des spécificités iraniennes, et auraient fait de l'Iran une grande puissance moderne dès le XIXe siècle. Hélas ! elles inquiétaient trop de monde : la Cour d'abord, où la reine mère et les princes, critiqués ouvertement par le Grand Chancelier pour leurs mœurs dissolues, se trouvèrent privés de certains de leurs privilèges ; le clergé ensuite, inquiet des décisions d'Amir Kabir et de sa politique de sécularisation ; les deux puissances voisines de l'Iran, les Empires britannique et russe, enfin, qui ne voulaient voir dans l'Iran qu'un pays faible, arriéré, dépourvu de tout, un Etat tampon en quelque sorte.

Sir Percy Sykes écrira plus tard, en 1915, dans son *History of Persia* : « On dit que les peuples ont les dirigeants qu'ils méritent. Si c'est le cas, il faut avoir pitié de l'Iran car il est gouverné, comme l'Europe médiévale, par des gens dont le principal désir est d'amasser des richesses. Pourtant, les regrets que ressent le voyageur lorsqu'il visite le Palais et ses charmants jardins de Fin sont encore plus poignants lorsqu'il réfléchit que, si ce ministre [Amir Kabir] avait pu gouverner pendant vingt ans, il aurait pu former quelques hommes capables et honnêtes pour lui succéder. L'exécution de l'Amir-i-Nizam fut une vraie calamité pour la Perse. Elle arrêta net les progrès si difficilement accomplis. » Juste éloge et terrible analyse.

Amir Kabir éliminé, Mirza Agha Khan fut nommé chancelier. Le shah força sa sœur, jeune veuve, à épouser le fils de son nouveau chancelier ; elle en divorcera après la chute de Mirza Agha Khan. Quoi qu'il en soit, la famille royale, surtout la reine mère, le clergé et les ambassades – particulièrement celle de Grande-Bretagne – avaient gagné la partie, cependant que le nom d'Amir Kabir devenait un mythe et symbolisait le martyr, son assassinat constituant une tache indélébile pour les Qâdjârs. Quant à l'Iran, il eut désormais deux ennemis récurrents, les Russes et les Anglais, à l'instar des Polonais qui durent faire face aux Allemands et aux Russes pendant des décennies.

Une longue nuit s'installa sur l'Iran tout entier, dont le voile ne commença à se dissiper que soixante-dix ans plus tard, le 23 février 1921.

Au cours des années suivantes, Le pays affronta une fois de plus le problème de sa province d'Hérât. En janvier 1853, Téhéran signa avec Londres un traité par lequel il renonçait à ses droits sur Hérât et à toute prétention de suzeraineté sur l'Afghanistan. Néanmoins, mettant à profit les désordres qui éclatèrent dans ce pays, Nasser-ol-Din shah envoya des troupes pour reprendre Hérât. La Russie, en pleine guerre de Crimée, l'y encouragea discrètement pour nuire aux intérêts britanniques. Le prince Morad Mirza Hessam-ol-Saltaneh, fils d'Abbâs Mirza, prit la tête de l'armée iranienne et mit le siège devant la ville qui capitula le 25 octobre 1856. Londres voulut étouffer immédiatement ce nouveau « réveil persan ». Le 1er novembre, le gouverneur général des Indes déclara la guerre à l'Iran. Le 4 décembre, la flotte britannique débarqua sur l'île de Kharg, l'occupa puis enleva le port de Bouchehr. Elle reprit la mer vers le fond du golfe Persique, remonta le fleuve Karoun. L'Iran n'ayant pas les moyens de se protéger – Palmerston avait vu juste naguère en empêchant le pays de se doter d'une marine de guerre –, le shah donna l'ordre d'évacuer Hérât.

Avec la médiation de Napoléon III, le traité de Paris, signé en 1857, mit fin à la guerre. L'Iran renonça définitivement à l'Afghanistan. Ce ne fut que le début de ses revers. En 1881, il perdit le Tadjikistan, la plus grande partie de ses territoires turkmènes et ses possessions d'Asie centrale. Ces espaces furent annexés à l'empire des tsars. Entre-temps, les Britanniques imposaient leur domination sur une grande partie du Béloutchistan, qu'ils annexèrent à l'empire des Indes, et sur les îles de Bahreïn[11]. L'Iran en fut réduit à ses frontières actuelles, perdant l'essentiel du rayonnement qu'il avait connu sous les Safavides.

Les quarante-huit années du règne de Nasser-ol-Din constituèrent une longue période de régression pour l'Iran. Le shah n'avait que deux passions : les femmes et la chasse. Premier des shahs d'Iran à visiter l'Occident, il effectua trois longs voyages dispendieux en Europe – en 1873, 1878 et 1889 – pour trouver « des idées de réforme », lesquelles ne lui vinrent guère à l'esprit alors qu'elles étaient devant ses yeux... en Iran. Revenu à Téhéran, il tenta de fermer totalement le pays. Un seul journal fut désormais autorisé, celui créé par Amir Kabir, devenu une sorte de journal officiel paraissant sporadiquement. Fort heureusement, quelques publications persanes, livres et périodiques publiés à l'étranger, parvenaient à entrer dans le pays, cependant qu'une partie de la petite élite iranienne était gagnée à la franc-maçonnerie.

Faute d'homme providentiel, des Iraniens cherchèrent une autre voie, la démocratie à l'occidentale. Au cours des dernières années du règne du shah, le pays était agité en profondeur, même si le calme semblait régner en apparence. En mai 1896, tandis que la Cour prépa-rait à grands frais le jubilé d'un roi « qui aura[it] connu deux siècles », le shah fut abattu lors d'un pèlerinage par Mirza Réza Kermani, disciple d'un religieux réformateur et franc-maçon, Sayed Djamal-ol-Din Assad-Abadi, exilé à Istanbul, lequel fut empoisonné un peu plus tard sur ordre du sultan, qui craignait ses propos incendiaires.

Mozafar-ol-Din, prince héritier déjà âgé, lui succéda, et l'étau qui étouffait l'Iran se relâcha. Le nouveau souverain, désabusé, était de santé fragile, ce qui ne l'empêcha pas d'effectuer lui aussi trois voyages en Europe. Il emprunta pour cela des sommes considérables aux banques russes et britanniques de Téhéran. Ces voyages contribuèrent à ouvrir officiellement l'espace idéologique du pouvoir. Le shah qui était un homme pacifique, porté à la conciliation, accueillit dans son entourage quelques personnes aux « idées nouvelles ».

Téhéran et certaines grandes villes connaissaient alors des mouvements de mécontentement dus au prix des denrées alimentaires, à l'arbitraire des puissants, à l'ingérence étrangère et aux concessions accordées aux Européens. De nombreux Iraniens souhaitaient un renouveau de la justice et des réformes. Leur mouvement était encadré par une fraction du clergé et des loges maçonniques qui faisaient désormais surface sous diverses appellations. Tous militaient pour une clarification et une limitation des pouvoirs centraux.

Le shah céda et promulgua le 5 août 1906 une Constitution largement inspirée de celle de la Belgique. Ses principaux auteurs en étaient les deux frères Pirnia, Hassan Mochirol-Dowleh et Hossein Motamem-ol-Molk, ainsi qu'un jeune érudit, Mohammad Ali Foroughi. L'ordonnance « accordant au peuple » cette Constitution et abolissant la monarchie de droit divin fut rédigée et calligraphiée par Ahmad Ghavam, titré Ghavam-os-Saltaneh (« la force du pouvoir »)[12]. L'Iran fut ainsi doté d'une monarchie constitutionnelle libérale – la première de la région et du monde musulman. La « souveraineté nationale » appartenait désormais au « peuple iranien », qui l'exerçait par l'intermédiaire de ses représentants. Le peuple seul « confiait » le trône au shah, et pouvait donc le lui retirer.

Cet événement fondateur dans l'histoire de l'Iran fut une authentique révolution nationale, l'expression d'un grand rêve de justice, de modernisation, de sécularisation des institutions, une victoire des intellectuels. Les grandes idées d'Amir Kabir n'étaient pas mortes : indépendance nationale, développement de l'économie par l'industrialisation et la création des infrastructures, refondation de l'université…

Ces rêves eurent la vie courte. Mozafar-ol-Din mourut cinq jours après la signature de la Charte et l'inauguration du premier parlement élu, le *Majlis*[13]. Une anarchie plus ou moins révolutionnaire succéda alors à l'arbitraire du roi et des puissants. Rien ne se fit. Au contraire, la crise internationale et la rivalité des empires menèrent les Britanniques et les Russes, sous la médiation de la diplomatie française, soucieuse de constituer un front commun contre l'Allemagne, à signer, le 31 août 1907, un traité partageant l'Iran en deux zones d'influence avec une zone tampon au centre, autour de Téhéran. Les troupes russes et britanniques entrèrent derechef dans « leurs » zones d'influence. Les armées du tsar procédèrent à des arrestations et à des exécutions sommaires.

Téhéran protesta. Mais qui l'écouta ?

Mohammad Ali shah, fils de Mozaffar-ol-Din, désirant alors mettre fin au processus constitutionnel, tenta, avec l'aide des Russes, de s'emparer du pouvoir par la force. S'appuyant sur la Division cosaque, il fit bombarder le *Majlis* en juin 1908 et le ferma. Son despotisme ne dura qu'un an : en juillet 1909, les forces constitutionnalistes rétablirent la Constitution et le destituèrent. Il s'exila en Russie. Ahmad, son fils, fut alors proclamé roi. Comme il avait onze ans, une régence fut instaurée jusqu'à sa majorité. Des cabinets éphémères se succédèrent, avec pour point commun de n'être pas obéis dans la capitale, où des bandes de pilleurs se multiplièrent. Le pouvoir central n'étant plus qu'une fiction, le pays se désagrégea de nouveau. La guerre mondiale ne fit qu'aggraver les choses. Téhéran proclama sa neutralité sans avoir les moyens de la faire respecter : l'Iran fut occupé par les Russes, les Anglais et les Ottomans.

La révolution russe de 1917 suscita en Iran quelques espoirs vite déçus : à la suite du traité de Brest-Litovsk (3 mars 1918), les Soviétiques abandonnèrent tous les avantages et concessions obtenus par les tsars depuis 1813 sans pour autant se séparer des territoires annexés[14]. L'effondrement provisoire de la Russie puis la victoire des alliés sur les empires centraux firent de la Grande-Bretagne la puissance dominante unique de la région, bien implantée d'ailleurs depuis mai 1914, à la suite de l'acquisition de la majorité des parts de l'Anglo-Persian Oil Company, destinée à exploiter les gisements pétrolifères de la zone proche du golfe Persique. Pour cette raison, la quasi-anarchie qui régnait ne cessait d'inquiéter Londres : et si l'Iran tombait entre les mains des communistes ? Cette inquiétude se fondait entre autres sur les mouvements antibritanniques et les appétits révolutionnaires, souvent patriotiques, qui s'éveillaient dans plusieurs régions du pays. Londres avait bien envoyé des troupes, sous le commandement du général Ironside, pour soutenir les armées blanches et contenir la poussée bolchevique. Cependant, la déroute récente des « blancs » lui renvoyait de façon plus aiguë encore le problème relatif à sa position en Iran, la région constituant l'obstacle majeur à l'expansion bolchevique vers les Indes, dont la protection et la sécurité restaient la priorité absolue de la diplomatie britannique.

Dès lors, Londres tenta d'imposer un protectorat de fait à l'Iran afin de créer une zone tampon stabilisée aux frontières de l'« imprévisible » Russie bolchevique. Ce fut le traité irano-britannique de 1919. Quelques politiciens iraniens se prêtèrent à l'opération. On sut bientôt qu'ils avaient été « achetés ». Par ce traité, les Britanniques obtenaient le droit d'encadrer les armées, les finances et les services publics iraniens. Sa signature provoqua un fort mouvement national de protestation. Même le frêle Ahmad shah hésita, jusqu'à faire parfois semblant de s'y opposer lui aussi. Devant l'ampleur du mouvement populaire, le Parlement en refusa la ratification.

La confusion régnait toujours. Le 18 mai 1920, les troupes soviétiques débarquèrent à Anzali, port du Guilan, sur la Caspienne, et occupèrent Resht, capitale de la province, où un parti communiste se constitua. C'en était trop : Londres élabora alors un projet de « coup d'Etat » propice à l'instauration d'un pouvoir fort capable de restaurer l'Etat. Et surtout d'empêcher la dislocation du pays, d'endiguer les incursions bolcheviques dans le Nord et, en fin de compte, de permettre à Ironside de se retirer d'un théâtre d'opérations où ses troupes n'avaient plus rien à faire.

Trois hommes pouvaient convenir. Les deux premiers – un religieux populiste et ambitieux, Sayed Hassan Modaress, et un prince qâdjâr, Firouz Mirza Nosrat-ol-Dowleh, formé à Oxford, bloqué par les neiges dans les montagnes entre l'Irak et l'Iran – présentaient un inconvénient majeur : on connaissait leurs accointances avec les Anglais, le second ayant même été l'un des artisans du traité de 1919. Le troisième candidat était un homme neuf, mais sûr, journaliste de talent et polémiste ambitieux : Sayed Zia-ol-Din Tabatabaï. Approché, il prit la tête de l'opération. Il manquait cependant, pour que l'affaire réussît, un « bras armé ». L'Iran d'alors n'en possédait qu'un : la Division cosaque, créée naguère avec l'aide des Russes. Les officiers supérieurs avaient choisi à leur tête, on l'a vu[15], en octobre 1920 et pour la première fois, un général de brigade iranien : Réza Khan. Il était donc logique que l'ambassade de Grande-Bretagne pense à lui.

Ironside demanda donc à rencontrer Réza Khan, qui le reçut debout. L'entretien ne fut pas aisé tant ces deux hommes avaient des caractères bien trempés. Cependant, le pragmatique Anglais vit bientôt dans ce général négligé de sa personne l'homme charismatique qui convenait à la situation. Leur commune analyse du danger communiste et de la dislocation de l'Iran les rapprocha. Réza Khan comprit que l'heure d'embrasser son destin venait de sonner. En outre, dès sa première rencontre avec Sayed Zia, il fut convaincu que le bouillant polémiste ne ferait pas le poids face à ses ambitions. Il se savait indispensable aux yeux mêmes des Britanniques. Ce serait à qui utiliserait l'autre au mieux de ses intérêts. Si leurs objectifs divergeaient, ce n'était pas le moment d'en faire état.

23 février 1921 : Réza Khan à la tête de sa Division cosaque prend le contrôle de la capitale iranienne – un *putsch* qui aurait fait très peu de victimes –, s'autoproclame généralissime et fait encercler le palais royal. Une première mesure.

Les représentants de la couronne britannique font alors ce qu'ils avaient décidé de faire : ils obtiennent d'Ahmad shah la nomination de Sayed Zia comme Premier ministre, lequel exige immédiatement d'être proclamé dictateur. Le shah s'y refuse. Réza Khan, pour sa part, s'attend à recevoir le portefeuille de la Guerre. A sa grande surprise, Sayed Zia, craignant qu'il ne lui fasse de l'ombre et qu'il ne soit difficile à brider, nomme quelqu'un d'autre à ce poste. Bien malgré lui, Réza Khan se soumet.

La bataille entre les deux hommes est engagée. Huit jours plus tard, le shah en personne confie officiellement à Réza Khan le contrôle de l'armée – position hautement stratégique –, avec le titre de *Sardar Sepah* (généralissime), sans l'avis de son Premier ministre. Dans ce jeu pervers – ou politique –, le souverain utilise Réza contre son Premier ministre, dont il sent les appétits féroces. De son côté, Réza tente de manipuler le shah envers lequel il fait preuves d'égards excessifs et affiche une obéissance de façade pour affaiblir Sayed Zia.

Le Premier ministre ne comprend rien à l'affaire. Sûr de sa puissance, mais désireux de la renforcer, il commence par destituer quelques gouverneurs de province sans en référer au shah et fait arrêter une centaine de personnes, dont des princes, des hommes politiques, des journalistes. La violence de la situation devient insoutenable. Quarante-huit heures ne se sont pas écoulées que, déjà, le représentant de la Grande-Bretagne se présente chez le Premier ministre pour demander la libération du prince Firouz Mirza Nosrat-ol-Dowleh. Sayed Zia se contente de rédiger une petite note et le dirige sans même le voir chez le « généralissime », camouflet diplomatique pour la Couronne britannique. Réza le reçoit, comme à son habitude, debout, sans le prier de s'asseoir :

« Que puis-je pour vous ?

— Je suis venu chercher le prince Nosrat-ol-Dowleh.

— Et pourquoi, je vous prie ?

— Le prince a été décoré par Sa Majesté britannique et est donc sous notre protection. Vous ne pouvez le garder prisonnier.

— Qu'on lui retire donc sa décoration ! »

L'entretien s'achève sur cette fin de non-recevoir, indice fort du désir de Réza Khan de s'affranchir du contrôle des puissances étrangères.

Une autre affaire aigrira bientôt encore plus les relations entre l'Iran et la Grande-Bretagne. Le litige concerne une résidence d'été occupée par les ambassadeurs britanniques dans le nord de la capitale, à Gholhak. Pour qu'ils soient bien « entourés », le consul britannique a fait placarder alentour des avis précisant que toute transaction immobilière devait recevoir son aval avant d'être conclue. Ce point heurte Réza Khan, qui fait enlever soudainement les avis, notifiant au consul qu'il n'a aucun droit d'ingérence dans des affaires iraniennes. Bien que le coup d'État ne date que d'une semaine, la confrontation entre Réza Khan et les Britanniques est déjà engagée. Elle ne cessera jamais. Londres a vu juste : Réza Khan est bien l'homme de la situation... mais pas de celle qu'il souhaite.

En ce mois de février 1921, Mohammad Réza, fils aîné de Réza Khan et de Nimtadj Khanum – connue plus tard sous le nom de Tadj-ol-Molouk –, n'a pas encore deux ans. Il vit avec sa famille dans une modeste maison de trois pièces au centre de Téhéran, dans le quartier de Sandguéladj.

3

Le shah-in-shah

A présent que Réza Khan a pris le contrôle de la capitale, il lui faut s'assurer de la sécurité des habitants. Car l'urgence est là aussi.

A cette époque, on manque de tout à Téhéran. On en vient même à abandonner parfois ses morts dans la rue avec l'espoir que des agents d'une municipalité embryonnaire ou d'une police aléatoire dirigée par quelques officiers suédois les ramassent et les jettent dans une fosse commune. Les bandes armées, les brigands, ont fait main basse sur la ville. Chacun se terre chez soi bien avant la tombée de la nuit. Puis l'obscurité envahit Téhéran. De rares artères autour du palais royal profitent des lueurs tremblantes de lampes pendues à quelques réverbères, et seuls quelques hommes en vue, accompagnés de porte-lanterne et de gardes du corps, bravent les ténèbres. En province, c'est bien pire.

Réza Khan a mûri son plan de longue date. Avant même d'être nommé généralissime, il avait de son propre chef intégré aux forces armées du pays la modeste gendarmerie qui avait survécu et pris le contrôle de la police dans la capitale. Tout cela en sous-main. Quelques gradés de la Division cosaque dans lesquels il a grande confiance manquent-ils à l'appel un jour ? Ils réapparaissent trois jours plus tard. Entre-temps, on retrouve ici et là les corps des principaux brigands qui veulent imposer leur loi à Téhéran. Officiellement, nul n'y voit de coïncidences...

A force d'opérations de ce genre, les coupe-gorge reculent dans la capitale. On reparle d'ordre et de sécurité ; on en oublie les proclamations de Sayed Zia. Et les regards se tournent de façon de plus en plus insistante vers Réza Khan.

Entre Ahmad shah et le Premier ministre, rien ne va plus. Le dernier des Qâdjârs supporte mal ses manières cavalières. Il est vrai que Sayed Zia ne cesse de fumer en sa présence, s'assoit sans y être invité, se permet de le vouvoyer alors que l'étiquette voudrait qu'il utilise la troisième personne. Pis : sa décision de faire arrêter des princes et des personnalités proches de la Cour sans même l'en aviser est impardonnable à ses yeux.

La vengeance du shah est proche. Il sait que Sayed Zia tente d'affaiblir Réza Khan. Aussi, lorsque le Premier ministre lui propose, contre toute attente, de nommer Réza au ministère de la Guerre tout en lui retirant la direction des forces armées, il fait mine d'acquiescer et, le 22 avril 1921, remanie le gouvernement. Seul point de détail – et non des moindres –, s'il nomme bien Réza Khan à la Guerre, il ne lui retire pas son autre poste. Sayed Zia est doublé *de facto*. L'homme fort du pays, le centre de tout, c'est désormais Réza Khan... et cela pour vingt ans.

Les jours du Premier ministre sont comptés, malgré l'appui des Britanniques dont il bénéficie. Aussi, pour s'en débarrasser, le shah demande-t-il au généralissime son soutien en cas de besoin. Fort de cet appui, il convoque Sayed Zia au palais de Farah Abad, dans la banlieue de Téhéran, tout en priant Réza Khan de se tenir dans la pièce attenante à la salle d'audience. Le 25 mai, s'appuyant sur la Constitution qui, en l'absence de Parlement, lui donne le droit de destituer son Premier ministre, il lui signifie son congé. Selon les témoignages, Sayed Zia aurait réagi avec arrogance. Appelé en renfort, Réza Khan intervient, accompagné de plusieurs officiers : « Conduisez Monsieur à Khanégheyn ! » C'en est fini de la carrière de Sayed Zia, relégué aux frontières irakiennes. Sans ménagement, mais sans brutalité inutile, l'ex-Premier ministre, cigarette aux lèvres, quitte le shah pour s'engouffrer dans une voiture escortée de deux autres véhicules. De la frontière, il partira vers l'Europe, puis s'installera – ou sera installé – en Palestine. Il attendra 1942 pour rentrer en Iran.

Le shah va-t-il à présent nommer Réza Khan Premier ministre ? Il en aurait le droit, le Parlement n'étant pas encore installé. Son intérêt lui dicte une autre solution. Au lieu de choisir pour la fonction une personnalité que l'opinion attend, il se tourne vers un homme politique énergique qu'il sait ambitieux : Ahmad Ghavam-ol-Saltaneh.

Né en 1873 ou 1877 (le mystère demeure), cet homme très connu a trempé dans beaucoup d'affaires. Entré comme scribe à la cour qâdjâre de Mozafar-ol-Din shah, il avait gravi rapidement les échelons du pouvoir en acquérant son titre d'*ol-Saltaneh* lors de la révolution constitutionnelle iranienne de 1906[1], et était devenu ministre de la Guerre en 1911. Nommé gouverneur du Khorassan en janvier 1918 – où il avait régné en véritable vice-roi – pour contrer les forces bolcheviques et les mouvements communistes internes, il avait refusé de prêter allégeance à Sayed Zia après le coup d'Etat, avait été arrêté en avril, transféré à Téhéran, et emprisonné dans des conditions déplorables. La chute de Sayed Zia, cent jours plus tard, coïncide donc avec son retour à la lumière. Elégant, cultivé, richissime, imbu de lui-même, Ghavam est réputé pour son autoritarisme, son ambition et des idées bien personnelles en politique. Réza Khan constituera donc pour lui un obstacle vers la conquête d'un pouvoir qu'il croit seul mériter. Les deux hommes se détestent ; peut-être même Ghavam est-il le seul que le futur Réza shah ait jamais craint. Il est vrai que pour le nouveau Premier ministre, Réza est un parvenu, peu digne de frayer avec l'aristocratie qu'il représente.

Avant même l'annonce publique de la destitution de Sayed Zia, le roi envoie son maître du protocole, le prince Chahab-ol-Dowleh, le chercher en prison avec sa Rolls personnelle, un honneur exceptionnel… et pour le moins inattendu. L'ancien prisonnier arrive au palais dans un costume froissé, peu présentable à vrai dire. Abasourdi, il est chargé sur-le-champ de former le nouveau gouvernement. On est le 4 juin 1921 : c'est son premier mandat à ce poste, qu'il exercera cinq fois durant toute sa carrière politique.

Ghavam est marié. Son épouse est restée au Khorassan. Une histoire – brève il est vrai – la concernant mérite d'être contée ici. En effet, sans explication car c'est un secret d'Etat, on l'arrête et la dépouille de ses bijoux. Malgré le froid, et la fièvre qui l'envahit, on l'installe dans un chariot pour la conduire à Téhéran. A Sharoud, à mi-chemin de Mashhad et de la capitale, elle apprend que sa résidence a été mise sous scellés. Au comble de l'angoisse, elle demande à envoyer un télégramme au Premier ministre, dans lequel elle proteste contre la manière dont on la traite, ajoutant que, sans le moindre motif, on l'arrache de chez elle. L'épreuve dure plus d'une journée. Une réponse – laconique – lui parvient enfin : « Le Premier ministre sera heureux et honoré de vous accueillir chez vous et vous baise la main – *Ghavam-os-Saltaneh*. »

Sayed Zia limogé, la démocratie parlementaire est rétablie. Tout s'accélère alors. Six cabinets éphémères se succèdent, présidés par les mêmes hommes et composés d'une poignée de personnalités, les mêmes aussi la plupart du temps. Ghavam préside les deux premiers du 25 mai et du 30 septembre 1921 ; il est remplacé le 22 janvier 1922 par Hassan Pirnia, mais revient aux affaires du 22 juin 1922 au 14 février 1923, date à laquelle Hassan Mostofi prend la présidence jusqu'au 14 juin 1923 où, à son tour, il est remplacé par Hassan Pirnia.

Durant cette période agitée, l'Iran commence à changer de visage, et cela sans le roi qui, dépassé par les événements, réside en France la plupart du temps. Il ajoute ainsi au discrédit de la dynastie qâdjâre qui, épuisée, ne bénéficie plus – et depuis longtemps – du soutien de l'opinion, laquelle, dans sa grande majorité, lui attribue le long déclin du pays. Elle lui reproche à peu près tout : les défaites militaires du XIXᵉ siècle, l'amputation d'une grande partie du territoire national, l'assassinat d'Amir Kabir, le coup d'Etat manqué du père du souverain régnant, ses honteuses spéculations sur le blé, son goût immodéré pour les femmes…

Le gouvernement Ghavam a ainsi les mains libres. Il crée une faculté d'agronomie dont quelques enseignants viennent de France. La même année, une loi ordonne que les administrations publiques utilisent, en priorité, des produits nationaux ; une autre loi crée un Office national pour l'enregistrement des transactions immobilières, ce qui retire aux mollahs un privilège ancien dont le clergé tirait une partie de son pouvoir et de ses revenus. Le coup est rude pour la puissance religieuse qui se pensait intouchable. Le cabinet Pirnia fonde ensuite *Le Lion-et-Soleil-rouge* – la Croix-Rouge iranienne –, puis l'Institut Pasteur de Téhéran dont la direction est confiée à un Français. Les réformes tant attendues et le début de la modernisation du pays sont en route.

Le 28 octobre 1923, le Parlement appelle Réza Khan aux plus hautes fonctions. Il formera ainsi jusqu'au 8 août 1925 trois cabinets successifs. Durant les trois années précédentes, il a consolidé ses positions. Aidé par sa garde rapprochée, il a rétabli la sécurité dans le pays dont il a surtout empêché la désintégration car les rébellions sont nombreuses, parfois politiques, parfois féodales ou autonomistes, la plupart du temps soutenues de l'étranger. Durant ces mêmes années, Moscou n'a pu que constater sa montée en puissance. Il s'est rapproché alors de Téhéran, lâchant conjointement ses protégés dans les régions du Nord. Comme le rapportent des chroniques de l'époque, ses émissaires se sont entretenus, parfois quotidiennement, avec Réza, lequel constitue à présent un allié objectif pour l'URSS par son souci d'indépendance et son aversion envers les Britanniques. Posture provisoire jusqu'à ce que le vrai visage du généralissime se révèle.

Sitôt au pouvoir, Réza Khan accélère les réformes avec ses cabinets successifs. Militaire dans l'âme, dès 1922 d'ailleurs, il a réorganisé et modernisé les finances de l'Etat, contractant un emprunt de cinq millions de dollars aux Etats-Unis pour l'achat des équipements militaires nécessaires. Une de ses idées fortes concerne en effet l'armée qui, dans son esprit, modernisée et structurée, garantirait l'indépendance et la stabilité de l'Iran, voire son rayonnement. Il en a confié le projet au général Amanollah Mirza Djahanbani, prince qâdjâr éduqué dans la plus prestigieuse académie militaire de la Russie impériale. Mais comment donner une ossature à la nouvelle armée ? Il est décidé d'envoyer soixante, puis quarante et un jeunes hommes, rigoureusement sélectionnés, poursuivre des études militaires en France, à Saint-Cyr, Fontainebleau, Saumur ou encore à l'Ecole de médecine militaire de Lyon. Parallèlement est créée à Téhéran une académie militaire inspirée de Saint-Cyr. Ce n'est certes pas du goût des Britanniques, qui protestent de nouveau. On leur cache le fond des choses et on les tient à l'écart des décisions importantes.

Car le contentieux avec eux est important. L'affaire du cheikh Khaz'âl en montre aisément l'étendue. Ce dernier, peu respectueux du pouvoir central et méfiant envers Réza Khan, est pour les Anglais un allié de poids. Potentat de la province du Khouzistan, fort riche, il s'est allié aux tribus bakhtiaries qui protègent, en échange de quelques profits, les champs pétrolifères du Sud exploités par la British Petroleum et tiennent à rester maîtresses « chez elles ». Grâce à cette alliance et moyennant quelques accommodements de façade avec Téhéran, Khaz'âl signe un « traité de protectorat » avec Londres sans en référer au shah. Téhéran proteste, mais est impuissant. Khaz'âl, qui rêve d'indépendance, finit par lever l'étendard de la révolte contre le pouvoir central en 1924, comptant sur ses amis anglais pour le soutenir et faire sécession. A Téhéran, tout le monde ne voit pas d'un mauvais œil ce soulèvement : le prince héritier Mohammad Hassan Mirza, frère cadet du shah, et un mollah puissant, Sayed Hassan Modaress, soutiennent les séparatistes, par haine commune de Réza Khan. Khaz'âl réunit une force de 30 000 hommes, dotée d'une puissante cavalerie tribale et de quelques pièces d'artillerie. L'affaire devenant sérieuse, Réza Khan décide de la régler en personne, et choisit pour le seconder le plus jeune général de l'armée, Fazlollah Zahédi. Quittant la capitale avec son armée, il déclare : « Je pars liquider le dernier vestige de la féodalité et parfaire l'intégrité territoriale de notre patrie. Si je n'y parviens pas, que l'on m'ensevelisse sous les ruines de Suse. » Pour la première fois, il dispose de trois petits aéronefs, son « aviation ».

Londres proteste sans attendre, adresse un ultimatum à Téhéran, rappelle le « traité de protectorat » conclu, ses intérêts pétroliers, la sécurité de l'Irak, voisin placé sous son mandat. Rien n'y fait : Réza Khan, inflexible, affronte, le 1er novembre 1924, à Zeydoun, l'armée de Khaz'âl et de ses alliés, et l'emporte. Le 19 novembre,

par un télégramme adressé à Réza Khan, le potentat
« regrette le passé » et « demande pardon ». La réponse du
généralissime est claire : « Je n'accepterai qu'à condition
que vous vous rendiez. » Khaz'âl tergiverse, attendant
une intervention britannique, voire un ordre d'Ahmad
shah alors à Nice. Rien ne vient. Le potentat s'enfuit
sur son bateau de plaisance ancré sur le Shahat-al-Arab,
qui constitue la frontière entre l'Iran et l'Irak et qu'il
considère comme appartenant aux eaux internationales.
Réza dépêche sur place Zahédi qui, formant un véritable
commando, enlève Khaz'âl lors d'une nuit d'orgie. On
l'expédie à Téhéran. Pour ne pas déplaire à l'ambassade
britannique venue l'accueillir en grande délégation, on
ne lui fait aucun mal. Si les armes de ses forces militaires
et son bateau ainsi que de petites canonnières lui sont
confisqués, on lui attribue cependant une maison confortable sur les hauteurs de Téhéran. Il pourra y jouir de
son immense fortune et sera même reçu parfois par Réza
Khan devenu Réza shah.

Ces succès constituent pour Réza Khan un tremplin
décisif vers le pouvoir. Malgré les hostilités nombreuses
qu'il suscite, il obtiendra du Parlement, le 14 avril 1925,
le titre de chef suprême des armées, ce qui lui confère
la stature d'un héros national. Qui pourrait à présent lui
barrer la route ? Certes pas les Qâdjârs : Ahmad shah
est toujours à Nice ; son frère, le prince héritier, reste
très impopulaire. Seul l'ex-Premier ministre, Ghavam-
os-Saltaneh, peut lui faire obstacle. Pour l'éliminer, on
l'accuse d'avoir trempé dans un complot contre le généralissime. La police, toute dévouée à Réza Khan, produit
quelques documents et témoignages, peut-être fabriqués.
Ghavam est interrogé, sa maison perquisitionnée. Ahmad
shah intervient alors et fait cesser les humiliations. On
le libère ; il part pour l'Europe, où il voyage, puis se fixe
à Paris où il vivra jusqu'à la veille de la Seconde Guerre
mondiale un exil doré, à l'hôtel Raphaël entre autres.

Le dernier obstacle vient de tomber : le temps de l'ascension du *Sardar Sepah* est arrivé.

Un fort mouvement populaire – sans doute encouragé en sous-main par les pro-Réza Khan – se développe dans le pays, demandant la déchéance des Qâdjârs, l'abolition de la monarchie et la proclamation de la république. On brandit l'exemple turc ; partisans et détracteurs de la monarchie se battent jusque devant le Parlement.

Si les chances des Qâdjârs sont pratiquement nulles, le danger que représente une république laïque, voire anticléricale, sur le modèle de la Turquie kémaliste fait réagir la hiérarchie religieuse, tant à Nadjaf, cœur du chi'isme, où résident les « sources d'imitation » – les grands ayatollahs, comme on dirait aujourd'hui –, qu'à Qôm et à Mashhad. Aussi le clergé se mobilise-t-il pour faire plier les républicains et suggère-t-il à Réza Khan de « prendre la couronne ». Est-ce alors que le désir de royauté lui est venu ? C'est probable.

Le 4 avril 1925, le généralissime publie une proclamation solennelle où il demande à la population de s'abstenir de tout mouvement en faveur de la république. Il y insiste aussi sur la nécessité de continuer les réformes, de sauvegarder l'unité nationale et de « s'unir à lui » pour le salut de la patrie.

Pendant que se déroulent ces péripéties et ces tractations capitales, la loi qu'a fait voter le cabinet Pirnia en juin 1923 pour contraindre les Iraniens à se choisir un nom patronymique (loi dite de l'état civil) entre en vigueur. C'est le moment pour la classe dirigeante de montrer l'exemple, en particulier pour Réza Khan. Plusieurs choix s'offrent à lui. Choisira-t-il *Savadkouhi*, en rappel du nom qu'on lui donnait au début de sa carrière militaire et qui renvoie à sa région d'origine ? Préférera-t-il le nom de son clan, *Pahlavan*, comme toute sa famille ? Une troisième voie s'ouvre à lui, plus stratégique. Conseillé par son entourage, technocrates et intellectuels qui voient déjà en lui celui qui « changera le destin de l'Iran », il opte pour *Pahlavi*. Si ce patronyme rappelle à l'évidence celui de *Pahlavan*, il est encore plus directement lié à la dénomination de la langue parlée par les Iraniens avant l'invasion arabe du VIIe siècle et l'islamisation brutale du pays. Ce choix constitue déjà à lui seul la proclamation d'une ambition dynastique, d'un idéal, celui d'un retour aux sources de la civilisation iranienne, du nationalisme. Désormais, les choses s'accéléreront encore pour celui que l'on appellera Réza Pahlavi. Il est temps pour lui de jeter les dés de son avenir.

Le 7 avril 1925, soit trois jours après sa proclamation, pour faire taire le mouvement républicain, il adresse une courte missive au président de la Chambre, le très populaire Hossein Pirnia, où il se déclare « fatigué de tous les complots, de toutes les intrigues menés contre [sa] personne, contre les intérêts de la nation par les agents de l'étranger ». Il y offre sa démission et annonce son départ de la capitale pour sa petite propriété de Roudéhen, à une trentaine de kilomètres de Téhéran. Son projet est de se rendre, dit-il, à Karbala pour un pèlerinage au mausolée de l'imam Hussein, puis de s'installer peut-être à l'étranger. En Turquie, à ce qu'on avance.

De Nice, Ahmad shah croit voir là un signe du destin et imagine que le moment est venu pour lui d'agir. Par un télégramme au même président de la Chambre, il dit accepter la démission du Premier ministre, qui ne lui a cependant pas été adressée, et nomme Hassan Mostofi, homme d'Etat consensuel, à la tête du gouvernement. Ce faisant, le Parlement étant en fonction, il outrepasse ses droits. Il nomme ensuite Hassan Pirnia au ministère de la Guerre, autre abus de pouvoir puisque le Premier ministre désigné ne l'a pas proposé. Il « ordonne » même le maintien du général prince Djahanbani à la tête de l'état-major et lui confie la « responsabilité de l'armée », le nommant nouveau généralissime en quelque sorte. De tels ordres venus d'un souverain loin des réalités, voire oublié de tous, n'aboutissent qu'à une chose : faire naître une vague de manifestations hostiles dans tout le pays.

C'est cette faille que guette Réza depuis sa retraite. Une délégation de notables menés par le Premier ministre et le ministre de la Guerre – ceux-là mêmes que le shah vient de désigner – se rend à Roudéhen pour le « ramener » à Téhéran. Sitôt son arrivée, le Parlement le nomme de nouveau Premier ministre. Le shah est déconsidéré, ridiculisé définitivement. Réza Pahlavi, n'ayant plus rien à craindre de lui, lui adresse des messages respectueux, s'enquiert de sa santé, lui demande la date de son retour en l'assurant qu'il ira lui-même l'accueillir à la frontière. Les apparences sont sauves ; Machiavel n'aurait pas fait mieux. Pour Réza, l'important est de donner l'impression qu'il reste dans la légalité constitutionnelle. Cependant, afin de signifier son animosité au prince héritier, il refuse de lui présenter ses ministres, priant Mohammad Mossadegh, en charge des Affaires étrangères, de s'en occuper à sa place.

Les jeux sont faits. Réza tient le pays, l'opinion le soutient dans sa grande majorité. Quant à Ahmad shah, s'il semble s'être évanoui dans la nature, il reste cependant roi... Pas pour longtemps. Le 28 octobre 1925, un collectif de partis politiques, d'associations diverses, des membres du barreau, des représentants des trois grandes religions minoritaires – juive, chrétienne et zoroastrienne – ainsi que l'ensemble du clergé de la capitale réclament la déchéance des Qâdjârs. Le 31 octobre, c'est chose faite : la Chambre proclame cette déchéance à une écrasante majorité. Quatre députés expriment leur désaccord à la tribune, dont Mossadegh qui continuera toutefois à entretenir pendant des années des relations amicales avec Réza et se verra proposer la présidence de la Cour suprême, divers ministères et même le poste de

chef de gouvernement, toutes fonctions qu'il refusera[2].
Quant aux trois autres, ils feront de brillantes carrières
durant le futur règne.

Réza Pahlavi est à présent nommé président du gouvernement provisoire avec le titre d'Altesse sérénissime.
Une assemblée constituante est convoquée pour décider
de l'avenir des institutions. Une page est tournée : le
prince héritier prend le chemin de l'exil. Ordre est donné
de le traiter respectueusement, ainsi que tous les dignitaires de la Cour. On y verra l'une des caractéristiques
du futur règne durant lequel même les puissants d'hier se
verront confier des responsabilités et des postes importants. Réza Pahlavi veut éviter toute rupture brutale avec
le passé. Preuve en est cette audience populaire restée
dans les mémoires où un quidam venu lui exprimer son
admiration eut des paroles irrespectueuses pour le souverain déchu. Il reçut en guise de remerciement une gifle
magistrale de « Son Altesse sérénissime » et fut chassé
par les gardes. On fit remarquer immédiatement à « Son
Altesse » que ce geste était déplacé pour un chef d'Etat,
qu'on n'était plus dans une caserne ! Il répondit alors
que nul n'avait le droit d'insulter un roi, fût-il déchu ;
en contrepartie, il promit de se comporter désormais
« convenablement », promesse qu'il tiendra – presque –
pendant tout son règne.

La Constituante se réunit le 6 décembre 1925. La division règne chez les partisans de Réza. Les uns appellent
à une monarchie élective non héréditaire ; les autres à
une monarchie traditionnelle. Pour Réza, c'est la seconde
formule qui doit être retenue.

Le 12 décembre, « la couronne est remise à Sa Majesté
Réza Pahlavi », le nouveau shah-in-shah, un titre utilisé
par les souverains iraniens depuis Cyrus le Grand jusqu'à
l'invasion arabe au VIIe siècle et remis en usage par la
dynastie des Safavides en 1501. Dès l'annonce de cette
décision, le nouveau shah-in-shah se présente devant

le Parlement et prête serment de fidélité à la Constitution. Le 16, il reçoit au palais du Golestân, résidence construite sous les rois qâdjârs que certains Iraniens appellent le Versailles téhéranais, les corps constitués ainsi que les ambassadeurs et ministres des quinze pays représentés à Téhéran. Ironie du sort, le doyen du corps diplomatique, cette année-là, est britannique ; c'est donc à lui que revient la présentation des vœux d'usage.

Le 19 décembre, le nouveau shah appelle Mohammad Ali Foroughi pour constituer le premier gouvernement de son règne. Seize ans plus tard, ce sera son dernier chef de gouvernement, puis le premier de son fils, à qui en fait il donnera la Couronne en 1941.

Le 28 janvier 1926, en application de l'article 30 de la Constitution, Mohammad Réza Pahlavi, fils aîné du nouveau souverain, est officiellement proclamé héritier de la Couronne. Cette date marque son entrée officielle dans la cour des grands. Il n'a pas encore sept ans. Sa vie et son destin sont bouleversés par l'ascension de son père. C'est la fin de son enfance.

Le 25 avril 1926, le shah est couronné lors d'une cérémonie typiquement iranienne, inspirée des traditions des rois qâdjârs et safavides. On lui apporte en procession solennelle plusieurs couronnes des dynasties précédentes ainsi que les épées du shah Ismaïl, fondateur en 1501 de la dynastie safavide, de shah Abbas le Grand, de Nader shah le conquérant, ainsi que d'autres symboles appartenant aux souverains du passé. La couronne de Pahlavi Ier, comme certains appellent déjà le shah Réza, sort des mains d'un joaillier persan, Seradj-od-Din, qui s'est inspiré des couronnes sassanides. Le prince héritier Mohammad Réza se tient aux côtés de son père. Lorsque, des années plus tard, ce sera à son tour d'être couronné, il choisira un mode très « occidental », ce que beaucoup regretteront.

Réza, en digne continuateur des traditions iraniennes, apparaît sur les photographies officielles de l'époque assis sur le trône du Paon, drapé dans un lourd manteau surbrodé, l'étendard national dans la main droite. Sur sa couronne brille l'un des plus gros diamants du monde, le Darya-i-Noor (« mer de lumière »), d'une rareté extrême par sa couleur rose pâle et ses 186 carats[3]. Il provient des collections mogholes que Nader shah a rapportées comme trésor de guerre en 1739, après la conquête de Delhi, et dont le butin compte, entre autres, le propre trône de l'empereur moghol shah Jahan, dit trône du Paon[4]. Lors de la présentation du Darya-i-Noor, que Réza n'a pas encore vu, on s'empresse de lui raconter qu'un de ses prédécesseurs, Fath Ali shah Qâdjâr, avait fait graver son nom sur la pièce, ce qui avait diminué d'autant son poids et sa valeur. Fallait-il être « stupide » pour agir ainsi ! Pour avoir un « mauvais goût » si avéré ! A la grande surprise de l'assistance, Réza ne dit rien, mais réfléchit, le temps pour les commentaires de se tarir. Soudain, il lance : « Non, il a eu tout à fait raison ! » L'assemblée est abasourdie : le shah aurait-il déjà perdu la raison ? Et Réza d'ajouter : « S'il ne l'avait pas fait, les Anglais l'auraient volé à coup sûr aussi ! » La réflexion fait en un éclair le tour de Téhéran ; les chroniqueurs la consignent soigneusement. Ordre est donné cependant de ne pas la publier. Ce n'est pas le moment de créer un incident diplomatique supplémentaire avec Londres[5].

Les réformes n'ont pas attendu le couronnement de Réza shah. Sur le plan militaire, elles avaient été entamées dès le coup d'Etat de février 1921 et constitueront le domaine réservé du roi, qui possède en la matière une véritable expertise. Sa première action concrète est de mettre en place un service militaire obligatoire : deux ans pour l'ensemble des conscrits, un pour ceux qui possèdent au moins le diplôme d'études secondaires, ces derniers devant servir dans leur spécialité. C'est une véritable révolution sociale, d'autant plus qu'elle ne souffre aucune exception, aucun passe-droit, le roi y veillant personnellement. Elle vise à un véritable brassage social et culturel, à ce que des milliers de jeunes hommes venus de tout le pays, de toutes les classes, se rencontrent dans les casernes, entrent en même temps dans la vie sociale et soient soumis à la même discipline. Parmi ses opposants figure le clergé, qui engage une sérieuse fronde contre des dispositions qu'il juge contraires à l'islam. Ses manifestations, qui culminent entre autres à Qôm et à Mashhad, sont réprimées sans ménagement.

Réza ne s'en tient pas là. Il a à cœur de réaliser un vieux rêve iranien que Nader shah n'avait pas eu le temps de concrétiser et à cause duquel Amir Kabir avait été écarté : la création d'une marine de guerre. A cet effet, il commande des navires en Italie, où les officiers sont également formés. L'Angleterre regarde cette initiative d'un fort mauvais œil, attendant son heure pour réagir[6].

Réza crée également une petite aviation. Dans la banlieue de Téhéran, il installe quelques usines de fabrication d'armes légères, de munitions, et même un grand atelier de montage d'avions de chasse baptisé avec quelque exagération « usine ». Pour les Iraniens, la fierté n'est pas mince de voir voler des avions Shahbaz (« Aigle »), officiellement fabriqués sur place, mais qui y sont en fait seulement assemblés. Qu'importe d'ailleurs tant le progrès est considérable. L'orgueil national est flatté, le but atteint.

La puissance militaire n'est cependant pas la seule obsession du roi. Il tient aussi à marquer son époque par un développement économique rapide. Dès 1928, il nationalise l'émission des billets de banque, jusque-là concession des Anglais qu'il indemnise à hauteur de 200 000 livres. Dorénavant, ce monopole est confié à la Banque nationale d'Iran. Auparavant, la Banque Sepah avait été créée pour gérer les fonds de pension des militaires (1925), puis la banque Rahni, sur le modèle du Crédit foncier français, pour financer la construction de logements (1926). Enfin, le 1er mars 1932, le Zarrab-khaneh, l'hôtel des monnaies, voit le jour, ce qui permet à l'Iran de frapper désormais sa propre monnaie métallique.

Une véritable fièvre de développement et d'équipement s'étant emparée du pays, l'Iran est doté, à la veille de la Seconde Guerre mondiale, d'une véritable ossature industrielle, autosuffisante pour les principaux produits de consommation courante, le textile, le sucre... Réza commande en Allemagne la première aciérie du pays, base de l'industrie lourde. Mal lui en prend : alors que les bâtiments sont déjà presque terminés, les Britanniques saisissent sur la mer Rouge les derniers équipements comme biens appartenant aux Allemands et, malgré les vives protestations de Téhéran, les confisquent... L'Iran attendra.

Parmi les créations les plus symboliques figure en bonne place la construction du transiranien. Le 9 février 1926, le Parlement en vote la loi, malgré une forte opposition de quelques députés menés par Mohammad Mossadegh, qui qualifie le projet de « trahison envers la patrie ». Dessiné par des ingénieurs allemands, réalisés par des entreprises danoises, allemandes et iraniennes, le réseau, long de 1 394 kilomètres, est inauguré le 26 août 1938. Il relie désormais la mer Caspienne au golfe Persique et a coûté 17,5 millions de livres sterling – une somme colossale pour l'époque –, sans le moindre recours aux crédits extérieurs. « Un rêve iranien vieux de quatre-vingts ans vient de se réaliser », déclare le shah lors de l'inauguration. L'œuvre de sa vie. Réza veille tout particulièrement à ce que les trains soient à l'heure et les wagons propres, que les quatre-vingt-dix gares, dont celle de Téhéran construite par les Allemands, soient entretenues. Ce 26 août est un jour de liesse ;

de nombreux gouvernements étrangers adressent de chaleureux messages à Téhéran pour saluer la performance.

Le 30 octobre 1938 commence la construction du second transiranien qui, d'est en ouest, reliera Tabriz, chef-lieu de l'Azerbaïdjan, à Mashhad, capitale du Khorassan. Le 4 décembre ouvre le chantier du tronçon qui doit relier Téhéran à Ispahan et Yazd ; les travaux avancent vite, mais seront interrompus par la guerre.

Le visage de l'Iran se transforme aussi par la construction de milliers de kilomètres de routes carrossables reliant pratiquement toutes les villes du pays entre elles et à la capitale.

Sur le plan de l'urbanisme, les réalisations ne sont pas moindres. Téhéran, vieille capitale aux rues poussiéreuses et étroites, est redessinée et transformée sous l'impulsion d'un compagnon d'armes du shah, le colonel puis général Karim Bouzardjoméhri, qu'on pourrait rapprocher du baron Haussmann français, erreurs comprises. Le résultat est impressionnant. En l'espace de seize ans, la ville passe de 200 000 à 530 000 habitants à la veille de la Seconde Guerre mondiale. Electrifiée comme pratiquement toutes les villes iraniennes, elle est dotée du téléphone. D'imposants bâtiments sortent également de terre un peu partout pour les administrations, les ministères, l'armée. On n'oublie ni les écoles, qui s'installent par centaines, ni les centres culturels.

Réza, malgré son manque de culture, a un goût architectural sûr et un véritable sens de la beauté. L'architecture de son temps, qu'on appelle déjà à l'époque le style *rézashahi*, marquera l'histoire de l'Iran comme celle de shah Abbas. Le régime issu de la révolution islamique ne s'y est pas trompé : il a classé monuments historiques la plupart des bâtiments importants de cette époque.

L'urgence pour Réza avait été de remettre en ordre les finances publiques dès son accession à la tête du gouvernement. Il veillera d'ailleurs toujours à ce que le budget de l'Etat soit équilibré. Parvenu au trône, la question liée aux revenus pétroliers le préoccupe alors beaucoup. Pour y voir clair, il prend deux décisions : créer une comptabilité à part et affecter ces revenus exclusivement aux projets de développement et à l'achat d'équipements pour les forces armées. Or les sommes en jeu restent très faibles.

En effet, elles résultent d'un accord passé dès 1901 entre l'Anglais William Knox D'Arcy et Mozafar-ol-Din shah. D'un côté, concession est faite à D'Arcy de pouvoir prospecter sur une très grande partie du territoire iranien – 480 000 kilomètres carrés – et d'en retirer des bénéfices sur une période de soixante ans ; de l'autre, le shah reçoit 10 000 livres sterling, des actions dans la compagnie de D'Arcy et 16 % des bénéfices escomptés. L'affaire se révèle bientôt plus onéreuse que lucrative, car rien ne sort du sol iranien. D'Arcy se rapproche alors d'une compagnie de Glasgow, à qui il cède la plupart de ses droits : la Burmah Oil Company. Au moment où la nouvelle détentrice des concessions songe à abandonner les recherches, le miracle se produit : elle découvre, en 1908, d'importants gisements, crée en 1909 l'Anglo-Persian Oil Company (Apoc) et construit à Abadan la plus grande raffinerie du monde d'où le pétrole commence à jaillir abondamment en 1913. Durant la Première Guerre mondiale, elle se rapproche de l'amirauté de Londres *via* un certain Winston Churchill, son *First Lord*, lequel pousse le gouvernement britannique à injecter des capitaux et à en prendre le contrôle. Ce qu'il fait. Au terme de ces mutations, l'Iran est le grand perdant de l'affaire, lié par un accord ancien qui hypothèque son avenir et l'empêche de tirer des concessions tout le profit qu'il pourrait en attendre.

Réza juge la situation insupportable. Il lui faut montrer, par un premier geste spectaculaire, que sa politique

en la matière ne ressemblera pas à celle des Qâdjârs.
Mais lequel ? L'occasion se présente le 28 octobre 1932
à Abadan même, cœur névralgique des puits de pétrole
iraniens dont « les autochtones et les chiens » se voient
interdire l'accès dans certains espaces. Réza la saisit.
Improvise-t-il ou a-t-il prémédité son geste ? Ce qui est
sûr, c'est qu'au mépris des protocoles, il ordonne, à la
stupeur générale, l'ouverture du robinet d'un oléoduc
destiné à alimenter les pétroliers, provoquant immédiatement dans le fleuve Chat-ol-Arab une marée noire.

Les minutes s'écoulent, interminables – une demi-
heure, diront certains. Personne ne bronche. Soudain,
dans le mutisme abasourdi de l'assistance où l'on compte
nombre de Britanniques, le shah se retourne enfin et,
imperturbable, déclare : « Puisqu'on nous le vole, autant
qu'il soit perdu pour tout le monde. » La presse ne
manque pas de s'emparer de l'incident, photos à l'appui,
mais en y apportant une nuance pédagogique subtile : le
« puisqu'on nous le vole » est remplacé par un « puisque
cela ne nous rapporte rien ». Le message est clair, le sil-
lon tracé. La guerre du pétrole entre l'Iran et la Grande-
Bretagne est déclarée.

C'est le ministre des Finances, Hassan Taghi-zadeh,
qui lance la première offensive : il notifie à l'Apoc que
le gouvernement impérial refusera désormais d'encaisser
les royalties versées par la société pour deux raisons :
leur « insuffisance » et leur « disproportion » par rapport aux besoins de l'Iran. Le litige essentiel portant sur
l'accord de 1901, le shah, au cours d'une séance mémorable du Conseil des ministres, en jette une copie au
feu, ajoutant qu'à l'avenir, il sera interdit à quiconque de
prononcer devant lui le terme d'« accord ».

L'affaire prend une ampleur internationale le
27 novembre 1932, lorsque les « concessions » sont officiellement supprimées. S'ensuit une large campagne de
presse contre « l'impérialisme britannique ». Londres

proteste, repoussant tout aménagement d'un accord « rédigé dans les règles ». L'affrontement se précise. Pour intimider un adversaire devenu menaçant, le gouvernement iranien – qui vient de recevoir les neuf premiers « vrais » navires de guerre commandés à l'Italie dans deux nouveaux ports surgis du désert, Khorramchahr et Shapur – organise une manœuvre, démonstration de force qu'il croit dissuasive. Après notes et propos vifs, mais sans effet, Londres menace de porter l'affaire devant la Cour internationale de justice de La Haye, reconnue par Téhéran. L'Iran réplique qu'en la matière, la Cour est incompétente, puisqu'il s'agit d'une affaire intérieure au pays.

Londres ne désarme pas. Le 16 décembre, elle porte l'affaire devant la Société des Nations (SDN). On dépêche Mohammad Ali Foroughi, alors ministre des Affaires étrangères, pour défendre la cause de l'Iran. La pression diplomatique ne suffit pas aux Anglais ; ils y ajoutent la « politique de la canonnière ». Sa Majesté britannique envoie quelques bâtiments de guerre dans le golfe Persique. Depuis l'Irak, alors protectorat de fait de Londres, elle signifie qu'elle n'en restera pas là : des troupes terrestres s'ébranlent. Téhéran tente de garder la main : outre quelques manœuvres de sa petite marine de guerre, l'état d'alerte maximum est décrété le 2 février 1933 pour sa division du Khouzistan, puis, le 12, pour celle de l'Est, qui couvre la frontière des deux Béloutchistan, iranien et britannique.

La SDN donne quatre mois aux deux parties pour mettre un terme à leur différend. Edouard Beneš, ministre tchécoslovaque des Affaires étrangères, est désigné comme médiateur et facilitateur. Les négociations s'engagent à Genève, à Téhéran et à Londres. Du côté iranien, elles sont menées par Mohammad Ali Foroughi, Hassan Taghi-zadeh et Ali Akhbar Davar, appuyés par une trentaine d'experts.

Le 14 mai 1933, un accord en vingt-six points est conclu et approuvé par les Parlements après un bref débat. Certains observateurs iraniens s'étonnent que Réza shah, après avoir tant combattu toute forme d'accord, ait accepté cette révision. Quoi qu'il en soit, la part de l'Iran dans le bénéfice net d'exploitation passe de 16 à 20 %, une garantie minimum de revenus annuels lui étant accordée à hauteur de 750 000 livres. En outre, l'Etat iranien obtient un droit de contrôle sur les comptes, cependant que la zone d'exploitation accordée aux Britanniques est réduite de 480 000 à 260 000 kilomètres carrés, les Anglais gardant le droit de choisir leurs lieux d'exploitation, mais perdant le monopole du transport et de la distribution des produits pétroliers à l'intérieur du pays. Dernier point important : alors que l'accord de 1901 prévoyait une fin de concession en 1961, le nouvel agrément repousse cette date jusqu'en 1993, ce que l'on reprochera à Réza shah et à son ministre des Finances Taghi-zadeh.

Malgré les progrès importants que représente ce nouvel accord pour l'Iran, il reste en deçà des espérances : outre l'hypothèque posée jusqu'en 1993 sur les ressources financières issues du pétrole, il ne garantit toujours que de faibles revenus annuels au pays producteur et abandonne aux Britanniques des avantages qui se révéleront bientôt démesurés. Le long contentieux pétrolier qui aboutira à la révolution islamique, en passant par la nationalisation de 1951, vient en fait de s'ouvrir. L'occasion pour l'Iran de s'affranchir définitivement des Britanniques a été manquée.

Dans l'immédiat cependant, au-delà du fait que l'Apoc prendra en 1935 le nom d'AIOC – Anglo-Iranian Oil Company –, Réza voit surtout dans l'augmentation des revenus pétroliers la possibilité d'accélérer ses programmes de développement.

L'œuvre proprement révolutionnaire de son règne a sans doute été cependant l'élaboration, le vote et la mise en application des codes civil, pénal et de commerce, de procédure civile et de procédure pénale, la création d'un appareil judiciaire et d'un système notarial, l'ensemble étant inspiré des droits français et suisse. Cette œuvre, menée en moins d'une décennie, va aboutir à la sécularisation des institutions du pays et à l'abolition de la totalité des privilèges du clergé, dont c'était le domaine réservé. Hommage en soit rendu au juriste Ali Akbar Davar, de formation suisse, ministre de la Justice pendant une dizaine d'années, un homme que certains comparent à Amir Kabir, au moins pour ce qui touche aux réformes des institutions. Contrairement à son prédécesseur, il a pu compter sur le soutien et la volonté de Réza, ce qui lui a permis de mener à bien cette révolution.

Parallèlement, les privilèges juridictionnels dits « capitulation », obtenus au cours du XIXe siècle en faveur des étrangers, sont abolis. « Réza shah a apporté à son pays, écrit Hélène Carrère d'Encausse, une idéologie, celle d'une nation forte, surtout indépendante, qui renouait avec la tradition de grandeur des siècles passés. »

L'Iran de Réza est fortement – excessivement selon ses détracteurs – nationaliste. En témoignent le gigantesque effort de renouveau culturel, de promotion des arts et des lettres ainsi que le retour aux traditions. On peut s'étonner que cette volonté émane d'un homme si peu cultivé, mais c'est un fait qui influera sur les choix de son fils.

Cette piste était d'ailleurs tracée avant le couronnement de Réza shah, dès le début des années 1920. Ainsi, sur proposition d'Abdolhossein Teymourtash, de Mohammad Ali Foroughi et de certains hommes de lettres, il avait créé en 1921 l'Association pour la sauvegarde du patrimoine national, *Andjoman-é-assar-é-melli*, dont il accepta la présidence d'honneur. Elle s'assignait pour

première tâche la célébration du millénaire de la naissance de Ferdowsi, le poète du Xe siècle auteur du *Livre
des Rois* (*Shahnamè*), qui a fixé le persan moderne et
qui est considéré comme le père du nationalisme iranien. Tout un symbole car, comme le pense Teymourtash : « Les services rendus par Ferdowsi pour préserver
la nationalité iranienne et créer l'unité nationale sont
comparables à ceux de Cyrus le Grand. » Ainsi sont jetés
les fondements qui permettront la construction des mausolées de Ferdowsi en 1934 et de Hafez en 1935[7].

D'autres éléments qui pourraient paraître secondaires
vont dans ce même sens symbolique. Ainsi en est-il de
la modernisation du calendrier persan, décidé par décret
en 1925. Héritage des calendriers zoroastriens préislamiques, il a progressivement vu les noms persans de
ses douze mois tomber en désuétude pour être remplacés par des appellations arabes ou turques. Et pourtant,
on en devait le système au grand poète mathématicien
Omar Khayyâm qui, au XIe siècle, avait fixé la durée de
l'année à 365, 2 421 jours, ce qui le rendait beaucoup
plus précis que le calendrier grégorien. Réza décida alors
de restaurer les appellations anciennes.

Sur d'autres plans, une fois devenu roi, Réza se
démarque de plus en plus des Anglo-Saxons. Ainsi,
dès 1926, la centaine de jeunes boursiers iraniens qu'il
envoie chaque année en Europe poursuivre leurs études
supérieures le sont surtout en France, jamais en Grande-
Bretagne. La France en effet est choisie comme référence
pour l'armée, les institutions, la législation et l'enseignement. Le français devient en outre obligatoire au niveau
secondaire.

Dans cette lignée est créée le 20 mai 1935 l'Académie
iranienne, à l'instar de celle que Richelieu donna à la
France en 1635. Réza la charge de protéger et de promouvoir la langue persane, de l'adapter à la modernité,
et met à sa tête Mohammad Ali Foroughi. Cette académie

accomplira une œuvre remarquable ; elle périclitera cependant après la Seconde Guerre mondiale.

Autre grande réussite du règne : la refondation de l'Université. On retrouve là l'ombre du grand Amir Kabir, dont l'œuvre est alors en miettes : quelques étudiants désœuvrés, des locaux vétustes, des enseignants sans statut, mal payés. Tout n'est cependant pas en ruine dans l'enseignement supérieur iranien. A partir du début du XXe siècle, sous les Qâdjârs, avaient été créés quelques noyaux d'un enseignement supérieur moderne, l'Ecole supérieure des sciences politiques, fondée par les frères Pirnia (Hassan et Hossein) et Mohammad Ali Foroughi, mais aussi, en 1921, une petite Ecole supérieure de droit…

Devenu roi, Réza poursuit dans ces voies et encourage la mise sur pied d'une Ecole supérieure de commerce, d'une Ecole normale supérieure, d'écoles pour la formation des maîtres et d'une faculté technique. Il fait acquérir par l'Etat, en 1934, un terrain de 300 000 mètres carrés destiné à devenir un campus universitaire. Cette acquisition, jugée excessive par certains, soulève de vives critiques au Parlement, où l'on accuse le ministre, Ali-Ashgar Hekmat, de dilapider les fonds publics. L'occasion est vite donnée à Réza shah de motiver ce choix. Lors de la pose de la première pierre de la première faculté de l'université, celle de médecine, alors que le ministre ne sait plus que dire, il met un terme aux discussions en déclarant : « Vous verrez, bientôt vous serez à l'étroit dans ces 300 000 mètres carrés ; il vous en faudra des millions pour une université digne de notre capitale. » L'avenir lui donnera raison.

On choisit l'architecte français André Godard pour dessiner le plan général du campus. On lui doit également, et entre autres, les bâtiments du Musée national et de la Bibliothèque nationale. Fondateur de la faculté des Beaux-Arts, il en sera aussi le premier doyen. De même, à la tête de la nouvelle faculté de médecine, un professeur français est nommé, le cancérologue Charles Oberling, originaire de Strasbourg. Par voie de conséquence, dans toutes ces facultés, l'enseignement du français, jugé indispensable pour accéder à la modernité, est obligatoire.

Le renouveau de l'enseignement ne peut se comprendre qu'en liaison avec celui des arts et de la culture. Réza l'a bien compris, qui en fera une autre grande affaire de son règne. Ses équipes créent de nombreux centres et instituts dédiés aux arts traditionnels : calligraphie, enluminures, faïence... En outre, à l'instar des grandes capitales occidentales, l'orchestre symphonique de Téhéran est fondé, cependant que naissent deux conservatoires, l'un de musique, l'autre d'art dramatique. Enfin, en 1930, toujours sur l'initiative de Foroughi, le Parlement vote une loi réglementant les fouilles archéologiques. L'organisation à un niveau national de l'archéologie étant fondée, la direction en est confiée à André Godard.

Durant toutes ces années de renaissance culturelle, l'Etat finance et encourage l'exhumation et la publication du patrimoine « littéraire millénaire » du pays. Des centaines d'écrivains, philosophes, historiens et surtout poètes des siècles passés, jusque-là accessibles à un petit nombre, voient leurs œuvres éditées et mises à la disposition de tous. Parallèlement aux manuels scolaires, jugés à présent essentiels pour la diffusion de la culture, de nombreuses anthologies paraissent dans des éditions aujourd'hui recherchées par les bibliophiles. Les grands poètes et écrivains du XXe siècle ne sont pas pour autant oubliés. Ainsi Ali Dashti, Mohammad Hedjazi, Sadegh Hédayat, Saïd Nafissi, Bahar, Nima... pénètrent dans la culture vivante et voient leurs œuvres rayonner. « Traduisez, traduisez, traduisez », répète Réza à tous ses responsables, incitant à faire connaître aussi bien les œuvres d'un passé iranien dont la langue ancienne échappe parfois aux Iraniens eux-mêmes que les œuvres étrangères, essentielles pour se former un jugement.

Deux événements marquent la révolution culturelle de cette époque. Tout d'abord, la célébration du millénaire de Ferdowsi en octobre 1934 à Tus, dans le nord-est de l'Iran, devant son grandiose mausolée – un majestueux quadrilatère –, en présence des iranologues les plus éminents venus de tous les continents. Puis l'année suivante, en 1935, par un geste très courageux qui fait couler beaucoup d'encre aujourd'hui encore, l'interdiction du port du voile pour les femmes. Ce tournant dans l'histoire de l'Iran reste un symbole de leur libération. Immédiatement, le clergé proteste et riposte par des manifestations hostiles à cette libéralisation à Qôm, Mashhad et quelques autres villes. Le shah reste inflexible et réprime leurs actions sans ménagement. De son côté, la famille impériale donne l'exemple : la reine Tadj-ol-Molouk et ses dames d'honneur sortent du palais dévoilées. Quant aux hommes, ils étaient déjà invités auparavant à « s'habiller à l'occidentale ».

Ces multiples réformes, cette politique de restauration nationale et de développement économique n'ont pu être menées sans une volonté de fer appuyée sur une rudesse certaine, au mépris parfois d'oppositions naissant ici et là devant tant de nouveautés en un très court laps de temps. Certes, durant les premières années du règne, une certaine liberté d'expression est tolérée : ainsi, au Parlement, une minorité d'opposants conduite par Mossadegh peut s'exprimer. Cependant, l'autoritarisme du régime va prévaloir en se militarisant et le culte de la personnalité envahir l'espace politique.

Sans doute le long voyage qu'effectue en juin 1934 Réza en Turquie – son unique visite à l'étranger, si l'on excepte un court pèlerinage plutôt politique à Karbala[8] lorsqu'il n'était que chef de gouvernement – y est-il pour quelque chose. La Turquie de Moustafa Kémal l'accueille avec faste. Réza, qui perçoit le fossé toujours existant entre les deux pays, revient de son voyage apparemment transformé. La modernisation qu'il souhaite pour l'Iran, et qui recueillait un quasi-consensus jusque-là, il veut la mener tambour battant, en renforçant son autoritarisme. La première mesure qu'il prend à son retour, c'est-à-dire l'interdiction du port du voile pour les femmes, consomme sa rupture avec le clergé et affirme son désir d'un Etat laïc. Il est vrai que Réza, s'il est musulman et croyant, n'est guère pratiquant. En écartant le clergé, veut-il oublier qu'il lui doit sa couronne ?

Cela dit, durant tout son règne, la démocratie formelle et la séparation des pouvoirs ont été respectées ; le Parlement discute, amende et vote les lois. « Petit » bémol, les députés sont élus avec l'assentiment du pouvoir, ce qui restreint singulièrement leur champ de manœuvre. Parmi eux, on compte de nombreux grands propriétaires et des notables chargés d'assurer le relais entre le pouvoir central et la population, mais pratiquement aucun membre du clergé.

Quant à la liberté d'expression politique, elle reste limitée. Malgré les bonnes relations d'Etat à Etat que l'Iran continue d'entretenir avec l'Union soviétique, le parti communiste est interdit, ses leaders sont poursuivis en justice et condamnés, sans élimination physique cependant. Si, par ailleurs, on rappelle à juste titre la liquidation des chefs rebelles lors du coup d'Etat de 1921 et, au tout début du règne, quelques cas isolés et des exceptions de trop par la suite, on ne peut soutenir que, sur la durée, le gouvernement de Réza shah ait été sanguinaire.

Envers les grands hommes politiques de l'époque qâdjâre dont beaucoup lui ont manifesté une franche réserve, il a agi avec respect et discrétion. La Cour leur a été ouverte. Certains s'y sont rendus pour jouer au trictrac avec le souverain pendant les deux heures précédant le dîner, une pause que Réza s'accorde pour recevoir ses seuls intimes. N'oublions pas que tous ses Premiers ministres, à une exception près, ont été des personnalités de l'ancienne dynastie.

Parmi les actes que l'on peut lui reprocher au cours de ses dernières années de règne, il faut mentionner ses acquisitions – selon des modalités trop souvent injustes – de grands domaines fonciers dans sa province natale du Mazandaran. Réza a cru pouvoir faire accepter ces spoliations en faisant profiter les populations de nouveaux équipements, d'assainissement des terres, de constructions d'écoles et de dispensaires, d'une alphabétisation renforcée. La vie des paysans de base s'en est certes trouvée transformée, ce qui n'est pas le cas des propriétaires lésés, lesquels ont pu cependant récupérer leurs terres dès la fin de son règne. Pourquoi avoir voulu un enrichissement personnel ? Sa liste civile et les revenus traditionnels de la Couronne auraient dû lui suffire ainsi qu'à sa famille, d'autant plus que son train de vie est toujours resté simple.

Des décennies plus tard, beaucoup d'Iraniens ont mythifié l'époque de Réza, sa politique de développement, son attitude anticléricale, que l'on appellerait aujourd'hui laïcisme, la renaissance culturelle de son époque. D'autres ont violemment critiqué son autoritarisme.

Le déclenchement de la Seconde Guerre mondiale aboutira à sa déposition. Son héritier, Mohammad Réza Pahlavi, aura à choisir lesquels des nombreux sillons qu'il a creusés, lesquelles des réformes qu'il a initiées mériteront d'être poursuivis pour faire entrer définitivement l'Iran dans la modernité et le concert des nations.

4

« Faites-en des hommes ! »
(1926-1938)

Le 28 janvier 1926, l'enfance de Mohammad Réza Pahlavi, l'héritier, a pris fin. Une enfance particulière qui déterminera son attitude à l'égard de son propre fils et héritier.

A cette date, en effet, Réza shah s'enquiert pour lui d'un chef de maison en titre. Il nomme à cette fonction Tcheragh Ali Khan Amir Akram, le patriarche du clan des Pahlavan. Il ne s'agit en l'espèce que d'un honneur qu'il veut faire à son clan. Non seulement le vieil homme n'a aucune notion des charges qui devraient lui incomber, mais encore il est physiquement inapte à les remplir. Ce sera en définitive Soleiman Béhboudi, l'homme de confiance et l'intendant du shah, qui les assurera dans les faits.

Car Réza nourrit de grandes ambitions pour son fils : une éducation digne d'un futur roi, une instruction solide, un apprentissage du protocole, autant de savoirs qui lui ont toujours fait défaut. Le roi, en effet, ne connaît aucune langue étrangère, en dehors des quelques expressions russes apprises à la Division cosaque et de l'azéri, mélange de turc et de persan parlé dans le nord-ouest du pays, qu'il pratique quelque peu. Par ailleurs, il ne s'est jamais trop attaché au décorum de sa fonction : il s'habille presque toujours en militaire, avec une extrême simplicité ; sa table reste d'une rusticité certaine : il ne connaît guère les raffinements culinaires, même iraniens. Son écriture est rudimentaire, puisque apprise sur le tard. Signe de distinction incontestable cependant : il apprécie l'art de la calligraphie et l'architecture. Rien en effet ne le prédestinait à devenir roi, à la différence de son fils. Il est resté fils du peuple et le rappelle souvent.

Ce qu'il est, il ne le veut pas pour son fils. Mohammad Réza Pahlavi a eu « une enfance pas comme les autres », ainsi qu'il le dira plus tard. Pour être plus précis, il n'a pas eu d'enfance, connaissant une éducation stricte. Dès qu'il est proclamé héritier de la Couronne, Réza crée à son intention une école spéciale au sein même de la résidence impériale. Une vingtaine d'élèves, tous fils de militaires, triés sur le volet, s'y instruisent avec lui. Dans l'esprit du shah, les condisciples de son héritier sont promis au plus bel avenir au sein de la monarchie[1].

Une année s'écoule. Un *Dabéstan Nézami*, école primaire militaire, est créé afin de recevoir le petit groupe pour sa deuxième année. Les enfants, à présent en uniforme, ont un programme particulièrement chargé et ambitieux. Début des cours à 8 heures, trois heures d'enseignement ponctuées de pauses de dix minutes. Déjeuner à 11 h 30. Reprise des cours à 13 h 30, fin à 17 heures. La semaine s'écoule ainsi au rythme de ces six heures de cours quotidiennes, vendredi excepté, jour de congé hebdomadaire en Iran. Une semaine bien remplie par l'enseignement des matières principales : persan, histoire, géographie, arithmétique, instruction civique… et d'une langue étrangère obligatoire, le français à cette époque.

Les instructeurs ont reçu l'ordre d'appliquer une stricte discipline, sans faire aucune exception pour le prince. Mohammad Réza, bien que plutôt frêle, aime jouer, courir quand il le peut avec les enfants de son âge. C'est le

« polo cycliste » qu'il préfère, un jeu pratiqué avec de vieilles bicyclettes, souvent trop hautes pour la taille des enfants, et de longs maillets. L'objectif est de frapper une balle afin de marquer des buts contre l'équipe adverse. On y joue d'ordinaire à deux contre deux. Mohammad Réza apprend aussi à monter à cheval. Son instructeur est un Turkmène, Abolfath Âtâbaï, de l'ancienne cour des Qâdjârs : il sera son « grand veneur » lorsqu'il accédera au trône et lui restera fidèle jusqu'au bout.

Dès l'âge de neuf ans, Mohammad Réza est tenu de partager le déjeuner frugal et quasi militaire de son père. Souvent ensuite, le shah l'invite à l'accompagner dans ses promenades ; il lui parle alors des problèmes de l'Etat, enclenchant ainsi sa formation politique. Loin de ces images très – trop – sérieuses, voire protocolaires, on rapporte aussi que le père et le fils aiment à chanter ensemble de vieilles chansons persanes, mais aussi les dernières mélodies à la mode.

C'est aussi à cet âge que le shah choisit pour son fils une gouvernante française, Mme Arfa[2]. Elle lui enseignera la langue de Molière, bien sûr, mais aussi l'histoire de l'Europe et des grandes puissances. C'est une conteuse passionnante : devant les yeux curieux de l'enfant, elle fait défiler la vie et l'œuvre des personnalités les plus célèbres à ses yeux. On peut deviner que pour Mme Arfa, elles étaient souvent françaises... Mais elle ne s'en tient pas là : elle initie aussi le futur shah aux plaisirs de l'art culinaire français, si bien que, durant toute sa vie, Mohammad Réza Pahlavi appréciera particulièrement cette cuisine. Peu gourmand, il sera néanmoins fin gourmet et bon connaisseur des vins français. Mme Arfa reçoit pour consigne de ne parler à l'héritier qu'en français et de veiller à la qualité de son accent. Des années plus tard, le comte Alexandre de Marenches écrira : « Si ce n'était son apparence physique, bien connue, on était incapable de dire, même avec une oreille très fine, que l'on n'avait pas affaire à un Français au courant de tout, cultivé. »

Le *mens sana in corpore sano* de Juvénal n'est pas étranger à Mohammad Réza : bien qu'il délaisse vite l'escrime, la boxe et la lutte que, sur ordre de son père, on tente de lui apprendre, il aime l'équitation et restera un excellent sportif jusqu'à ses dernières années.

L'emploi du temps de l'« héritier » est lourd car il doit encore suivre des leçons particulières sur l'histoire de l'Iran, des connaissances qu'il dominera, mais qui feront cruellement défaut à son propre fils. On lui apprend aussi les lettres persanes et la calligraphie, d'où sa belle écriture. En fait, il « bénéficie » de tout ce qui avait manqué à son père. Ses professeurs sont parmi les meilleurs : pour n'en citer qu'un, Mirza Abdolazim Khan Gharib, homme de lettres et grammairien célèbre dont Mohammad Réza Pahlavi rappellera toujours avec un grand respect qu'il a été l'élève.

Ainsi s'envolent ses années d'école primaire, émaillées seulement de vacances au milieu des orangers du « palais » de Babol, dans le Mazandaran, où son père a acquis pour lui la villa du XIXe siècle de style russe d'un marchand nommé Toumaniantz, ruiné par la révolution d'octobre 1917[3].

Juin 1931 : le jeune prince de douze ans obtient son certificat d'études primaires. Que reste-t-il de ces années de prime jeunesse ? Une réelle timidité, une grande retenue dans ses relations avec son entourage, une très grande capacité à dissimuler ses sentiments et à se maîtriser. Dès cet âge, il peut paraître dans n'importe quelle circonstance et faire bonne figure. Déjà, il a une bonne connaissance du persan, des hommes de lettres, une belle écriture et de solides bases d'histoire iranienne. Parlant avec aisance le français, il admire Louis XI, « l'unificateur » dit-il parfois, Henri IV, « le réconciliateur », et surtout Richelieu, qui « sut faire passer l'intérêt national avant tout, même avant la religion ». L'œuvre de Louis XIV lui est de même bien connue, ainsi que les malheurs de Louis XVI et les campagnes napoléoniennes. Dès cette époque, outre une mémoire solide, il profite d'une double culture, iranienne d'abord, française ensuite. Son père, nationaliste sourcilleux, l'y encourage par ses choix pédagogiques, ce qui pourrait constituer un paradoxe ; mais il ne se méfiait à vrai dire que des Anglais et des Russes, guère des Français.

Sitôt les études primaires de son fils achevées, le shah décide de l'envoyer à l'étranger pour ses études secondaires. Mais où ? Pour certains, la voie royale, c'est Eton, la *gentlemen factory* des Britanniques. Jamais chez les Anglais ! Pour d'autres, c'est le collège de Sorèze près de Toulouse, une école catholique très recherchée, fondée en 1682. Mais le shah préférerait une institution laïque. On se concerte longuement, on consulte, on compare les expériences. Un nom finit par sortir : le collège suisse du Rosey, près de Rolle, entre Genève et Lausanne. C'est une école en tous points parfaite : située dans un pays neutre et accueillant, elle est francophone et fréquentée par les enfants des familles de l'aristocratie et de la grande bourgeoisie, surtout financière. Les réseaux d'anciens y sont très efficaces, un atout pour un futur roi. On s'est d'ailleurs bien renseigné : l'école privée, fondée en pleine nature par le Belge Paul Carnal en 1880, présente toutes les garanties de moralité et de sérieux ; elle justifie d'une discipline stricte ; elle est multilingue et internationale. Nul n'y est laissé livré à lui-même : on y vit selon des rites immuables du lever au coucher. La communauté mêle élèves et professeurs, chacun pouvant trouver aide et solidarité auprès de l'autre. En outre, l'austère bâtisse reflète toutes les ambitions qu'elle revendique. De quoi rassurer sur l'« exil » momentané de Mohammad Réza.

Aux premiers jours de septembre 1931, le prince doit préparer ses valises. Pour qu'il ne se sente pas trop seul, on lui adjoint trois autres jeunes garçons : son frère cadet, Ali Réza, le fils du ministre de la Cour, Mehrpour Teymourtash, et son camarade préféré, Hossein Fardoust, qu'il a fallu habiller et quelque peu cadrer pour l'intégrer au petit groupe. Deux précepteurs sont aussi du voyage : le docteur Moadab Nafissi, dit Moadab-ol-Dowleh[4], issu d'une grande famille de lettrés, de formation française, reçoit les fonctions de « chef de la maison » du prince et de médecin personnel ; M. Mostachar, lui, est préposé à parfaire ses connaissances en langue, littérature, calligraphie persanes et à continuer son éducation historique. Les ordres royaux sont clairs : être strict et envoyer chaque semaine des rapports sur la vie, les études et le comportement de l'héritier. A ces cinq personnes, on adjoint pour les accompagner jusqu'en Suisse le ministre de la Cour, Abdolhossein Teymourtash, le père de Mehrpour.

Le shah, la reine Tadj-ol-Molouk, les deux sœurs du prince, Shams et Ashraf, le prince Gholam Réza, son demi-frère issu du troisième mariage de Réza, font le voyage jusqu'au port d'Anzali (Pahlavi) d'où un bateau doit conduire le groupe à Bakou. Au moment de l'embarquement, le shah a ces mots pour les deux précepteurs : « Faites-en des hommes ! »

Avec ce périple vers l'Europe, l'enfance de Mohammad Réza s'achève définitivement. Ce n'est plus un enfant qui voyage, mais le fils aîné de Réza shah, l'héritier du trône. Son élégance de dandy le distingue autant que les attentions et prévenances dont il fait l'objet. Après son court trajet en bateau jusqu'à Bakou, l'Etat soviétique met à sa disposition un wagon spécial de grand luxe pour traverser l'URSS. Puis ce sont les paysages de Pologne et d'Allemagne qui défilent devant les fenêtres des voyageurs, accueillis officiellement à chaque arrêt du train par les autorités du pays. Le prince est parfait ; Teymourtash y veille.

Enfin Genève. L'ambassadeur d'Iran et les autorités suisses accueillent le petit groupe à la gare. Plus tard, Mohammad Réza Pahlavi dira : « Il fallait voir notre joie en découvrant tous ces paysages, toutes ces villes, toutes ces merveilles ; joie de quatre écoliers qui n'avaient jamais encore quitté leur pays. »

Durant cette première année scolaire 1931-1932, Mohammad Réza loge chez les Mercier, une famille suisse. C'est auprès d'eux, à Chailly, dans une école préparatoire, qu'il perfectionne son français et ses connaissances scolaires.

En septembre 1932, c'est la grande rentrée au collège du Rosey, qu'il intègre avec ses trois compagnons. Pas de commentaires sur les premiers pas de Mohammad Réza dans l'allée qui mène au château flanqué de sa tour à quatre étages devant laquelle un vénérable et majestueux cèdre du Liban monte la garde. On peut supposer qu'il est accueilli par le fils du fondateur, Henri, que les élèves – uniquement des garçons – appellent « Monsieur Carnal ». En 1917, ce dernier a déplacé le campus du Rosey à Gstaad pour la saison d'hiver, d'où le futur intérêt du prince pour cette région. Il est secondé dans sa tâche par son épouse, une Américaine. Détail important : le Rosey compte deux fois plus d'enfants venus des Etats-Unis – riches familles, enfants de diplomates surtout de la côte Est – que de tout autre nationalité. Cela dit, les familles princières sont elles aussi bien représentées. C'est dans ce contexte que Mohammad Réza connaît ses premières amitiés avec ses condisciples, dont un certain Ernest Péron, le fils de l'intendant de l'école dont il fera plus tard son confident[5].

Le fait d'être l'héritier en titre de l'empire d'Iran confère au prince quelques avantages : on lui attribue exceptionnellement une chambre particulière, ce qui soulève quelques protestations. Pourtant Mohammad Réza est loin de revendiquer des passe-droits. Il est l'exemple même de l'élève sans histoire. Il mange bien, grandit vite. A quinze ans, il a déjà atteint sa taille adulte : 1,70 mètre. Sa scolarité se déroule parfaitement bien. Il adore le sport, surtout le football, et devient le gardien de but de l'équipe du Rosey. Lors d'un championnat local, elle gagne. La photo du prince est publiée dans la presse. Il en est très fier ; son père aussi.

C'est aussi un bon élève en histoire et en géographie, en français bien sûr. Quant à l'anglais, il l'apprend convenablement et le parlera avec un léger accent français. Les mathématiques constituant son point faible, il suit quelques cours particuliers. Cinq fois par semaine, il est tenu d'assister aux leçons de M. Mostachar. Il obéit sans sourciller et, lorsque deux ans plus tard ses quatre demi-frères – plutôt turbulents – le rejoignent au Rosey et sont également tenus de suivre ces cours, il ne se laisse pas entraîner dans leurs gamineries, craignant les rapports hebdomadaires du docteur Nafissi, de M. Mostachar et de l'ambassadeur d'Iran en Suisse, qui accompagnent régulièrement ses propres lettres à son père. Ces documents, postés tous les mardis, parviennent trois semaines plus tard à Téhéran. S'ils tardent, le shah s'inquiète. Dès qu'ils arrivent, plus rien n'a d'importance que leur lecture : il laisse tout, même durant une audience politique, pour lire les nouvelles d'un fils dont il est si fier.

L'hiver venu, la communauté du Rosey tout entière migre donc à Gstaad, au pied des pistes de ski. Le docteur Nafissi, pour éviter toute fracture aux membres du groupe qui lui a été confié, interdit à tous de skier. L'ordre est difficile à respecter tant la tentation est grande. Le prince héritier passe outre. Il avait déjà pratiqué le hockey sur glace et s'y était blessé légèrement. Heureusement, rien ne lui arrive au ski. Réza shah a-t-il su que son fils désobéissait aux instructions de Nafissi ? On l'ignore : les courriers qu'ils ont échangés ne sont pas parvenus à ce jour. On peut cependant imaginer là aussi que, déjà passé maître dans l'art de la dissimulation, le prince cachait ses « incartades » à son père. Quoi qu'il en soit, son séjour suisse fera de Mohammad Réza un vrai sportif, excellant en équitation, ski, natation et tennis. L'enfant fragile s'est transformé en un homme agile, soucieux de son corps, à la démarche altière. Jusqu'au dernier jour de sa vie, alors qu'il pouvait à peine bouger, il tentait encore d'entretenir sa forme par quelques mouvements de culture physique, le matin.

Ses leçons particulières avec M. Mostachar ne figurent pas parmi les bons souvenirs du prince, même si plus tard il en comprendra l'utilité. Pareillement, l'obligation de mémoriser les noms des fleuves européens et américains, les spécificités climatiques africaines et asiatiques, si elle lui a déplu sur le coup, lui permettra, lorsqu'il gouvernera, de briller en société... Et, justice lui en soit rendue, il ne boudera pas ces moments de plaisir.

Il n'a pas gardé non plus de bons souvenirs des dimanches après-midi au rituel immuable. Tête de file de ses compagnons, il était accompagné de ses deux précepteurs, souvent de l'ambassadeur d'Iran, qui se déplaçait pour l'occasion, et toujours d'un ou deux diplomates guindés. Il s'agissait d'offrir au prince une gourmandise bien méritée, c'est-à-dire « deux tasses de chocolat et des pâtisseries suisses dans un bon salon de thé ». Si l'intention était louable, la réalité était moins tentante. On plaçait le prince en tête de table où il était traité en monarque oriental : « Mangez ceci, Altesse, c'est bon ; goûtez à cela, Altesse, c'est excellent, cela vous fera du bien... Attention, le chocolat va refroidir... » Inutile de dire que l'étrange compagnie attirait souvent le regard de ces Suisses si discrets. La réserve naturelle de Mohammad Réza lui rendait pénibles ces attentions et ces regards. Mais, né pour faire bonne figure, il se taisait, mangeait ses gâteaux, buvait son chocolat, comme si de rien n'était. Déjà, il assumait.

L'été 1936 voit le petit groupe rentrer en Iran pour les vacances. Mohammad Réza est ébloui par le nouveau visage de son pays, les routes, la ligne de chemin de fer que l'on emprunte pour se rendre de la capitale à Babol, les belles résidences baptisées « palais », l'urbanisation de la capitale et des villes qu'il traverse.

Son père le montre partout afin qu'il se familiarise avec ses devoirs futurs. A ses ministres il déclare : « J'ai rendu d'éminents services à mon pays, mais le plus grand, c'est le prince héritier que je lui donne. Vous ne pouvez pas le savoir maintenant, mais vous constaterez ses capacités lorsqu'il assumera ses fonctions. Vous ne pouvez pas encore savoir. »

Un an plus tard, en juin 1937, le prince réussit les épreuves de la « maturité fédérale », l'équivalent suisse du baccalauréat français. C'est l'heure de rentrer définitivement au pays. Il n'a pas encore dix-neuf ans. C'est le moment de dire adieu à toute sa jeunesse, une jeunesse encore insouciante, bien que bridée par l'ombre tutélaire d'un père attentif et autoritaire. Comme tous les Iraniens de cette époque, il doit faire son service militaire. En tant que diplômé de l'enseignement secondaire, il l'accomplit à l'Académie militaire de Téhéran. Le shah, qui l'y accompagne le premier jour, prononce quelques mots : « Voici mon fils, qui sera votre condisciple. Je vous considère tous comme mes propres enfants. »

L'unité dans laquelle le prince est versé compte trente jeunes conscrits, lesquels entretiendront par la suite des rapports parfois étroits avec Mohammad Réza Pahlavi : parmi eux, Oveyssi, Nassiri, Gharabaghi et… Fardoust, des noms qui deviendront bientôt familiers. Le régime auquel sont soumis les officiers de l'époque est sévère. Le prince n'y échappe pas : 5 h 30, lever, hiver comme été ; 7 heures-9 heures : culture physique ; 9 heures-midi : cours ; puis déjeuner à la cantine ; 14 heures-17 heures : cours ; 17 heures-19 heures : étude. Au programme des autres réjouissances : marches forcées de plusieurs jours ; simulations d'attaques de nuit. Un véritable entraînement de commando. Réza shah en a décidé ainsi sans la moindre concession. Il convient d'ajouter à cela les sauts en parachute : on rapporte que le prince a beaucoup hésité avant de se lancer dans le vide, mais s'il l'a fait, on sait qu'il n'a plus jamais recommencé. Six ans plus tard, le 17 octobre 1946, il obtiendra son brevet de pilote.

De cette époque datent sans doute sa manie de l'ordre et de l'exactitude, une certaine raideur dans son attitude, quelques gestes d'intolérance. Trois anecdotes, sans doute secondaires, mais révélatrices, en attestent. La première d'entre elles se déroule des années plus tard, lors d'une cérémonie militaire où son demi-frère Gholam Réza, militaire de carrière, alors général de brigade, se tenait à ses côtés. Pour son malheur, Gholam Réza portait des rouflaquettes, alors à la mode. Mohammad Réza Pahlavi, extrêmement fâché de le voir ainsi, adressa au Premier ministre décontenancé, Hoveyda en l'occurrence, ces paroles acides : « Dites à ce monsieur que quiconque se prétend général ne se coiffe pas comme un danseur de flamenco ! » Hoveyda n'eut pas besoin de dire quoi que ce soit à Gholam Réza. Tout le monde avait entendu la sortie du shah, y compris l'intéressé, que l'on ne vit plus désormais que « correctement » coiffé, c'est-à-dire comme un militaire[6]. Cette anecdote constitua un précédent.

Un autre jour, le neveu du shah, Ali-Patrick, portant une barbe lors d'un dîner officiel, ce fut le ministre de la Cour lui-même, Alam, qui fut chargé de lui dire : « Un prince impérial ne porte pas de barbe. Qu'il ne reparaisse pas devant nous s'il ne se rase pas convenablement ! » Le prince n'eut d'autre recours que de se raser[7].

La troisième anecdote est plus récente. C'était le 4 novembre 1976, à l'occasion de l'anniversaire du prince héritier, à qui le Premier ministre Hoveyda avait offert un concert privé du chanteur français Joe Dassin, geste fort coûteux et excessif sans doute. Il est vrai que c'était le chanteur préféré du prince Réza et que le shah l'appréciait beaucoup. Joe Dassin arriva en toute discrétion à Téhéran. Le dîner, en petit comité[8], fut très fin, comme Hoveyda savait en organiser. Le repas terminé, Joe Dassin interpréta ses succès, acccompagné parfois par le shah (c'était une exception) et son fils. Réza était aux anges. Le concert terminé, on voulut danser. Réza demanda alors à Joe Dassin s'il pouvait se mettre à la batterie. Le chanteur l'y encouragea. Réza s'y installa. L'affaire se gâta alors. Dès que le shah aperçut son fils, il devint rouge de colère et lâcha : « Le prince héritier ne doit pas se comporter ainsi ! » La soirée était gâchée... La joie s'était envolée.

Mais revenons aux années d'apprentissage militaire. C'est à cette époque que le futur shah acquiert ses premières connaissances dans l'art militaire, connaissances qu'il ne cessera d'élargir et qui étonneront ses interlocuteurs. A la fin du printemps 1938, il obtient son brevet de sous-lieutenant et est major de sa promotion. Il écrira plus tard à ce propos : « Je ne sais si les bonnes notes obtenues étaient dues à mes capacités et à mon mérite ou à ma position. » Son père juge en tout cas sa formation terminée. Il ne lui accorde désormais que peu d'instants de liberté et de loisir. Il lui demande de le suivre dans tous ses déplacements, d'assister, sans avoir le droit d'intervenir, au Conseil des ministres et à diverses réunions. Les visites protocolaires, les inaugurations, les audiences particulières se succèdent. Mohammad Réza assume son rôle sans faiblir. Le shah demande alors à certains de ses

ministres – Education et Culture ou Affaires étrangères –
de lui soumettre directement certains dossiers.

La vie officielle du jeune prince a pris définitivement
le pas sur sa vie privée, dont il reste peu de chose. Le
shah veille à ce que son fils soit irréprochable, et surtout
disponible. On lui prête cependant quelques aventures,
dont l'une aurait pu changer son destin. Il s'éprend en
effet d'une jeune fille d'excellente famille, Firouzeh Saèd,
la nièce de son futur Premier ministre, déjà diplomate de
très haut rang. Mais son souhait de l'épouser se heurte au
refus de son père devant lequel il cède, sans hésitation.

Le shah a en effet d'autres projets pour son héritier.

5

Fawzieh, la princesse oubliée
(1938-1948)

Dans tous les contes, les princes héritiers épousent des princesses. C'est un fait. Dans la réalité, il en va de même, à la seule différence que le prince héritier, alors qu'il se trouve en Suisse, n'y a pas encore pensé. Son père s'en est chargé pour lui : il en va des intérêts du pays[1] et il n'est pas de coutume de demander son avis à un fils au-dessus duquel plane une couronne.

Dès 1938 et le retour du prince en Iran, une cellule composée d'hommes de confiance supposés connaître l'actualité des familles royales est chargée de l'« affaire »[2].

Les premiers regards se tournent vers la fille d'Ahmad shah, le dernier souverain qâdjâr, décédé en 1931. Bien qu'il ait été déposé en 1925, les membres de sa famille, même les plus éminents, n'ont guère été persécutés : les épouses et filles d'Ahmad gèrent par mandataires interposés leurs propriétés et en perçoivent les revenus ; d'autres représentants de la famille occupent des postes importants, y compris dans l'armée. Un tel mariage s'inscrirait dans la tradition de la plupart des dynasties iraniennes depuis l'Antiquité et constituerait un geste de réconciliation des deux lignées. La Constitution ne permet cependant pas une telle alliance : un amendement voté en 1925 interdit à toute personne issue de la lignée qâdjâre de revenir sur le trône. A l'époque, Réza avait souhaité cette mesure en tant que « principe de précaution », sans en mesurer toutes les conséquences. L'idée qâdjâre est donc abandonnée, d'autant plus que la reine Tadj-ol-Molouk, ayant eu vent de l'affaire, n'y est pas favorable, les autres fils de son époux, tous de mères qâdjâres, risquant de devenir des concurrents potentiels pour « son » fils.

Mais qui donc serait digne du prince héritier ? Parmi les princesses musulmanes en âge de se marier, en Afghanistan, en Irak, dans le Maghreb, on s'arrête sur l'une des filles du bey de Tunis : *in fine,* elle n'est pas trouvée à la hauteur souhaitée, son père n'étant qu'un roi sous protectorat français. Les regards se portent ensuite sur l'une des princesses de la famille impériale ottomane, certes déchue, mais encore très prestigieuse. L'idée est cependant aussi écartée, car on ne veut pas indisposer l'allié turc, devenu républicain et laïc. Cela n'empêche qu'on consulte Ankara sur le sujet.

A ce moment-là – 1937 –, la presse internationale a braqué ses projecteurs sur la famille royale égyptienne qui prépare un grand mariage. Farouk Ier (1920-1965), roi d'Egypte et du Soudan, doit épouser, le 20 janvier 1938, la belle Farida, qui n'a que seize ans, au palais de Koubbeh, au Caire. Les regards iraniens se tournent donc presque naturellement vers une « option égyptienne », encouragés par les suggestions venues justement d'Ankara. Et cette « option », ce sera la sœur du jeune roi égyptien, Fawzieh, qui, née le 5 novembre 1921, est dans sa dix-septième année et dont les photos envahissent déjà la presse internationale. C'est aussi l'aînée des quatre filles de feu le roi Fouad Ier d'Egypte (1868-1936)[3]. Certes, ce dernier n'a pas laissé que de bons souvenirs : son autoritarisme envers ses ministres et le Parlement, ses frasques et démêlés avec ses deux épouses successives, que la légation d'Iran au Caire avait rapportés en leur temps, correspondent peu à la vie austère de Réza shah et à son sens de l'Etat. Il n'empêche que sa famille est de haute lignée, descendant du grand Méhémet-Ali. L'unique frère de Fawzieh, Farouk, n'a pas encore l'âge de régner – il n'a pas encore fêté ses dix-huit ans à l'heure de son mariage – ni acquis l'exécrable réputation qui sera la sienne des années plus tard, le conduisant à son abdication forcée en 1952. Le prince Mohammed Ali, septuagénaire, son grand-oncle, assure la régence, cependant que Mostafa Nahas-Pacha, futur grand chef nationaliste, est à la tête du cabinet égyptien et que, par le traité de 1936, la Grande-Bretagne contrôle le canal de Suez tout en exerçant une sorte de tutelle discrète sur la diplomatie égyptienne. Ce dernier point aurait pu détourner le shah du projet égyptien, car il craint fort les intrigues de Londres. Il passe cependant outre à ses réticences et ordonne le 14 juillet 1937 à Ahmad Rad, ministre de l'Iran au Caire, de sonder « avec la plus grande discrétion la cour égyptienne sur un éventuel mariage ». Il lui demande également d'envoyer à Téhéran un jeu de photos de la princesse Fawzieh, que l'on sait fort belle.

Il se trouve qu'à ce moment, la famille royale d'Egypte séjourne en France et que le prince régent se fait soigner dans une clinique à Lausanne. Cette situation impliquerait un délai certain dans la conduite de l'« affaire ». Aussi Rad – qui croit bien agir –, décidant de se fier aux bonnes relations qu'il entretient avec le Premier ministre Nahas-Pacha, va le trouver directement et lui pose la fameuse question. Nahas-Pacha trouve l'idée « excellente ». Il manque cependant de la réserve diplomatique nécessaire à ce type d'arrangement, si bien que l'enquête diligentée dans la discrétion se transforme en affaire d'Etat et s'ébruite dans la presse, provoquant des réactions mitigées. Réza shah, furieux, rappelle à Téhéran son ministre, lequel démissionne le 22 août 1937.

Comment réagir après cette malencontreuse publicité ? Donner le change dans la capitale iranienne en répandant la rumeur d'un « mariage iranien ». Comme on le fait d'ordinaire dans les grandes familles, la reine Tadj-ol-Molouk invite quelques jeunes filles bien nées, accompagnées de leurs mères et tantes, à prendre le thé. Si la diversion opère comme prévu, l'idée du « mariage égyptien » n'est pas oubliée pour autant. Mais qui envoyer pour reprendre les négociations dans la plus grande discrétion ? Le shah, qui craint un nouveau camouflet, désigne comme ministre au Caire un vieux diplomate de l'époque qâdjâre rompu aux jeux de la Cour, Djavad Sinaki, lequel rejoint son poste le 16 octobre 1937. Cet homme a un atout incontestable aux yeux du shah : sa femme, qui, parlant le français, l'anglais, le russe et le turc, saura seconder son mari efficacement. Ainsi, d'une démarche officielle fort imprudente, on passe aux jeux mondains habituels à la Cour. Pour parfaire le masque du missionné, un télégramme en date du 22 janvier 1938 lui est envoyé, lui annonçant officiellement que l'idée du mariage égyptien est abandonnée, cependant que des instructions secrètes lui parviennent pour poursuivre « l'affaire ».

Cette fois, la méthode se révèle fructueuse : le 18 mai 1938, par un télégramme « ultraconfidentiel », Réza shah est informé de l'accord de la famille royale égyptienne et de son gouvernement. A son tour, il notifie officiellement au prince héritier le choix qui a été fait pour lui de la princesse Fawzieh. Mohammad Réza – déjà au courant par les circuits officieux – accepte le parti choisi en déclarant qu'il est le fils obéissant de son père.

Tout est donc pour le mieux : le couple a toutes les chances de plaire, à la presse entre autres, qui trouvera dans la future reine d'Iran une image particulièrement flatteuse pour la monarchie. Fawzieh a en effet tous les atouts intellectuels, physiques et moraux pour se rallier les suffrages. En plus de l'arabe, elle parle le français, langue qu'elle pratique le mieux, mais aussi l'anglais et l'italien, et elle est d'une beauté éclatante : un visage à l'ovale parfait, encadré par de beaux cheveux noirs, des yeux envoûtants, une taille élancée. S'ajoutent à toutes ces qualités une réserve naturelle et une éducation remarquable. Bref, elle a le profil idéal pour épouser un prince héritier. Il est temps pour le Premier ministre iranien, Mahmoud Djam, d'officialiser le projet devant le Parlement, cependant que le ministre égyptien des Affaires étrangères, Yahya Pacha, fait de même de son côté.

Le Caire suggère qu'une délégation officielle iranienne, présidée par le Premier ministre, vienne « demander la main de la princesse ». Téhéran en convient. Fin juin 1938, une mission composée de Mahmoud Djam, du docteur Moabad Nafissi, ancien précepteur du prince devenu son directeur de cabinet, ainsi que des professeurs Rachid Yassemi et Ghassem Ghani, tous deux députés et hommes de lettres polyglottes, arrive dans la capitale égyptienne. Elle a traversé l'Irak, la Syrie et le Liban en voiture, puis a fait le trajet Beyrouth-Alexandrie sur le paquebot italien *Marco Polo*. C'est dans cette dernière ville qu'elle est reçue à déjeuner par le jeune Farouk, devenu roi entre-temps.

Un point semble préoccuper le cabinet égyptien : celui de la nationalité de Fawzieh, princesse égyptienne qui logiquement devrait donner naissance à un Pahlavi. Certes, la princesse pourrait acquérir la nationalité iranienne après son mariage et un certain délai de présence en Iran, comme l'exigent les règles de droit commun. Mais dans ce cas, l'enfant espéré du futur couple, possible prince héritier et roi, serait-il alors « iranien et d'origine iranienne » ? Devant ce doute qui touche à la succession monarchique, le cabinet demande que la question de la nationalité soit réglée *avant* les fiançailles officielles.

Mahmoud Djam promet de trouver une solution satisfaisante pour chacune des parties dès son retour à Téhéran, qui ne tarde pas. Fin novembre 1938, par une loi dite « de circonstance », la « qualité d'Iranienne » est reconnue et accordée à la princesse avant même son mariage. Son éventuel fils serait ainsi, sans que cela puisse être contesté, « d'origine iranienne ».

Tant de précautions se révéleront inutiles, ainsi en décidera le destin du futur couple.

Pour marquer l'événement, sur la suggestion de Téhéran, les légations des deux pays sont élevées au rang d'ambassades. A cette nouvelle, Londres proteste fermement, alléguant que l'envoyé de Sa Majesté avait reçu à la demande du Caire le titre d'ambassadeur en remplacement de celui qu'il avait jusque-là de haut commissaire, rappelant trop l'époque du protectorat britannique. Ce changement avait été accompagné du côté égyptien par la promesse qu'aucun autre pays ne bénéficierait de ce privilège. Devant la réaction britannique, le ministre Yahya Pacha hésite. Réza insiste, hausse le ton. Les Turcs auraient même appuyé la requête iranienne. Le Caire finit par céder.

Mohammad Réza Pahlavi peut dès lors se rendre dans la capitale égyptienne, accompagné d'une suite nombreuse, dont le président du Parlement et le ministre des Affaires étrangères. Il y rencontre pour la première fois la princesse Fawzieh au palais Koubbeh. Le 16 mars 1939, une première cérémonie de mariage est célébrée selon les rites sunnites au palais d'Abdine. A vrai dire, un « demi-mariage ». Quelques festivités bien maigres, les Egyptiens regardant le prince et sa suite avec un certain dédain. Surtout le jeune roi Farouk et sa mère, la reine Nazli Sabri. Le futur roi d'Iran n'oubliera pas cet accueil frileux : « Vous ne pouvez pas imaginer nos souffrances lorsque nous avons été en Egypte, dira-t-il des années plus tard. Nous étions humiliés devant l'étalage de leur luxe, le raffinement de leur Cour et de leurs palais. Mais tout cela est si lointain et les choses si différentes aujourd'hui. Heureusement[4]. »

A la suite de ces « réjouissances », la reine Nazli d'Egypte, les jeunes mariés et leurs accompagnateurs – Faiza, la sœur de Fawzieh, et leur suite – s'embarquent pour l'Iran à Alexandrie sur le yacht royal *Méhémet-Ali*, luxueuse embarcation à deux coursives digne de figurer dans un film tiré d'un roman d'Agatha Christie. Ils empruntent le canal de Suez, voguent sur la mer Rouge et le golfe Persique. Quelques jours plus tard, ils pénètrent en territoire iranien par le petit port de Shahpour, très loin des somptuosités et du cosmopolitisme d'Alexandrie, un port qui ne possède pas même un bâtiment digne de les recevoir. L'équipage qui touche le sol iranien est étonnant, si l'on en croit les photos de l'époque[5]. Le contraste entre les deux reines est saisissant, dénotant à merveille les différences de culture et de fortune : la reine Nazli est l'élégance même, avec sa robe décolletée et fuselée, cependant que la reine Tadj-ol-Molouk, venue accueillir les voyageurs, s'avance dans une jupe digne du puritain XIXe siècle avec sur les épaules une capeline de fourrure fort peu de saison. Quoi qu'il en soit, les reines et leur suite sont directement transférées dans le train royal, dont les voitures luxueuses auraient dû séduire les Egyptiens. Ce n'est pas assez pour eux cependant, et quelques remarques blessantes parviennent aux oreilles du jeune prince, émanant surtout de l'aigre reine Nazli, habituée à un luxe permanent et à une étiquette sans faille.

Sans avoir connaissance de ces détails, Téhéran se prépare fébrilement à recevoir ses hôtes et à célébrer, à son tour, le mariage royal. La capitale n'est certes plus l'agglomération quasi en ruine de la fin des Qâdjârs. Elle s'est dotée d'artères asphaltées ou pavées convenablement éclairées la nuit et de nombreux bâtiments modernes. Cependant, malgré ces mutations, elle est loin de soutenir la comparaison avec Le Caire et, encore moins, avec Alexandrie.

Réza shah veut recevoir dignement sa belle-fille et ses accompagnateurs. Aussi la ville s'est-elle parée d'arcs de triomphe ; on a repeint quelques façades ; les enfants des écoles ont appris à agiter les petits drapeaux des deux pays sur le passage du cortège ; la population est bienveillante. L'ensemble néanmoins n'est guère impressionnant. Le shah le sait. Aussi, en toute discrétion, convoque-t-il à son cabinet la princesse Fakhr-ol-Dowleh, tante paternelle du dernier roi qâdjâr Ahmad shah, qu'il tient en haute estime. « Dans la famille qâdjâre, a-t-il coutume de dire, il y a deux hommes : le prince Abbâs Mirza et la princesse Fakhr-ol-Dowleh. » Cette dernière, autoritaire et maniérée, est une femme d'exception qui a beaucoup voyagé et pratiqué le monde. Le shah est direct : « Vous savez, princesse, que nous faisons face à des problèmes protocolaires et que nous devons organiser de grandes réceptions pour la première fois. Or nous manquons d'expérience. Aussi voudrais-je vous confier l'organisation et la supervision des cérémonies mondaines et des réceptions. Faites-le pour l'Iran[6]. » La princesse accepte et organise au mieux les réceptions du (second) mariage princier célébré au palais du Golestân, le 25 avril 1939. On se garde bien d'évoquer le fait que Fawzieh est sunnite, en mettant notamment l'accent sur la seconde cérémonie, celle de Téhéran, célébrée en conformité avec les rites chi'ites.

Nazli continue à traiter de haut la famille royale iranienne[7] et la cour de Téhéran. Son caractère « difficile » est bien connu. Sans doute une réaction au fait que, du vivant de son époux, le roi Fouad, elle aurait été quasiment enfermée dans le palais royal ; on raconte même qu'à son décès, elle aurait vendu tous ses vêtements à un fripier en signe de vengeance. Depuis, encore très séduisante, elle mènerait une vie notoirement « libérée » et, faisant fi des critères moraux du temps, multiplierait les aventures et les amants.

On sait aussi qu'elle n'a pas l'habitude de pratiquer l'islam, même si elle est officiellement musulmane. Aussi, lorsqu'elle décide soudainement de faire ses prières rituelles et réclame le nécessaire à l'intendant du Golestân où elle réside, chacun est pris de court. On la satisfait néanmoins une demi-heure plus tard... une demi-heure trop tard. Elle fait un scandale et laisse éclater son mépris des Iraniens. Mais que n'accepterait-on pas pour conclure l'« affaire » ! C'est le prix à payer pour les Iraniens, leurs fourches Caudines. Pour Réza shah, cette union est une réussite, une bonne opération pour son héritier et le prestige de sa maison.

L'encombrante reine Nazli a enfin l'idée d'aller s'amuser en France, ces Iraniens étant décidément trop rustres pour elle. La Cour et les membres du gouvernement poussent un soupir de soulagement. Quant aux jeunes mariés, il est l'heure pour eux de partir en voyage de noces sur les bords de la Caspienne, où les attend le « palais » de Babol. Ils auraient peut-être rêvé mieux, mais au moins sont-ils assurés d'y trouver une tranquillité propice à mieux se connaître... ou plutôt à se connaître enfin.

Le jeune couple semble bien s'entendre. Aucun d'eux ne parlant la langue maternelle de l'autre, ils communiquent en français. Nulle critique sur leur compatibilité ne circule dans un Téhéran avide de nouvelles. Réza shah veille d'ailleurs personnellement à leur bonne intelligence et s'entretient chaque jour avec eux durant deux heures. Il explique à Fawzieh la vie sociale et politique de l'Iran, son fils lui servant d'interprète. Très vite cependant, la jeune femme se met à apprendre le persan, et fait de rapides progrès[8].

Pour lui permettre de s'intégrer plus rapidement à son nouvel univers, le shah invite régulièrement le jeune couple à partager son déjeuner, bien qu'il le prenne d'ordinaire seul. Au menu : riz, poulet, yaourt et thé. En l'honneur de la princesse, on ajoute un dessert ! Des attentions qui n'empêchent pas le roi de rester fidèle à ses habitudes. En vrai militaire et en maniaque de l'exactitude, un jour, alors que le prince est en retard, il commence à déjeuner à l'heure dite avec sa seule bru, conversant avec elle tant bien que mal en persan. Quand le prince se présente enfin, le shah le renvoie dans ses appartements. Autant dire que la leçon portera et que l'incident ne se répétera pas. Durant ces moments de partage – sur ce point, tous les témoignages concordent et sont confirmés par l'entourage de Fawzieh –, la jeune princesse, par sa patience et sa douceur, tisse peu à peu avec son rude beau-père de véritables liens d'affection.

Rien à voir avec les relations que Fawzieh entretient avec sa belle-mère, la farouche Tadj-ol-Molouk. Les deux femmes, qui appartiennent à des mondes fondamentalement différents, restent courtoises l'une envers l'autre, rien de plus. En outre, la reine en veut encore à Nazli, la mère de Fawzieh, pour ses incessantes humiliations. Mais comment se venger sur la fille des dédains de la mère ? Tant que son mari veille, elle ne peut rien tenter, seulement attendre…

Avec la princesse Ashraf, sœur jumelle de son époux, les relations de Fawzieh sont excellentes au début, très amicales, presque complices. Les deux femmes sont de la même génération, elles se comprennent. Fawzieh, qui a encore en mémoire les divertissements offerts au Caire, souvent qualifié de « Paris de l'Orient », s'aperçoit vite que les possibilités de sorties et d'amusements à Téhéran sont rares, voire inexistantes. Téhéran tient plus d'une triste ville de province que d'une capitale éblouissante. Aussi les deux belles-sœurs s'autorisent-elles quelques sorties chez Pirâyéch, un petit « grand magasin » à la mode sur l'avenue Lalézar, et dans les rares boutiques qui importent des marchandises de l'étranger, souvent de Paris. Leurs relations changeront cependant après l'abdication de Réza shah en 1941 et son départ en exil en Afrique du Sud où Ashraf le rejoindra un temps. A son retour, Fawzieh est la nouvelle reine, alors qu'Ashraf n'est que princesse. La différence protocolaire a bientôt raison de leur amitié. Les incidents se multiplient entre les deux femmes, et ce malgré la timidité et le comportement très réservé de Fawzieh. Des années plus tard, il se murmurera toujours à la Cour qu'une vive discussion au cours de laquelle Ashraf aurait jeté sur sa belle-sœur un vase de fleurs aurait fini par décider Fawzieh à quitter Téhéran pour n'y plus revenir.

Fort heureusement pour Fawzieh, ses rapports avec la sœur aînée de Mohammad Réza, la princesse Shams, ont toujours été excellents. Shams a d'ailleurs continué à voir Fawzieh après son divorce, ce dont cette dernière lui a toujours su gré.

Un « heureux » événement bouleverse la vie du couple : le 26 octobre 1940 naît une fille, Shahnaz[9]. Certes, on aurait souhaité pour l'avenir de la dynastie un enfant mâle. Il n'empêche que la joie règne à la Cour, et surtout dans le cœur de Réza shah, qui offre à sa petite-fille une belle villa et lui rend visite régulièrement, surveillant personnellement sa croissance et son état de santé.

C'est le temps pour Fawzieh de participer activement à la vie de son mari, d'autant plus qu'un second événement bouleversera leur quotidien : l'abdication forcée de Réza shah, suivie de son exil en 1941 et de l'accession au trône de son époux, le 16 septembre 1941. Ainsi, deux ans après son mariage, voici Fawzieh reine d'Iran, ce qu'elle restera jusqu'au 18 novembre 1948, date de son divorce iranien, soit plus de sept ans. Le magazine *Life* du 21 septembre 1942 lui offre sa première page avec une splendide photo en noir et blanc de Cecil Beaton. Elle y apparaît le regard perdu au loin dans une robe sombre piquée de fleurs claires, avec un commentaire pour le moins élogieux : la nouvelle reine est qualifiée de « Vénus de l'Asie », avec « un visage aux proportions parfaites, une étrange pâleur et des yeux bleus éclatants ». Au milieu des troubles de cette année-là, cet éclairage lui confère une notoriété qui fait, hélas ! trop d'ombre aux autres membres de la famille royale, peu désireux de passer après « l'étrangère ».

Alors que Fawzieh multiplie les visites de bienfaisance, se rend dans les orphelinats, participe aux nombreuses actions caritatives devenues si nécessaires avec l'invasion de l'Iran par les Britanniques et les Russes en ces rudes années de guerre, une cabale contre elle s'organise à la Cour, qui n'a pas oublié les humiliations de la reine Nazli. A présent que Réza est parti en exil, le temps de la vengeance a sonné. Le clan des Pahlavis s'unit face à une reine désormais isolée, qui parle cependant de mieux en mieux le persan et semble vouloir assumer son rôle royal. En outre, la rumeur court que Mohammad Réza Pahlavi, ayant retrouvé sa liberté loin du regard inquisiteur de son père, tromperait son épouse, ce que personne ne peut toutefois prouver. La Cour lance alors en contrepoids une première rumeur relative à l'infidélité de Fawzieh. Une seconde, plus fondée celle-là, donc plus assassine, fait passer un fait connu de tous pour un secret bien gardé : Fawzieh est sunnite, ce qui pourrait poser un problème en cas de naissance d'un héritier mâle. Argument infondé : ni Mohammad Réza ni Fawzieh ne sont alors pratiquants, et ce détail leur importe fort peu.

Fawzieh passe encore outre, assumant tout à la fois ses rôles de mère et de reine. Elle lit beaucoup, surtout des magazines importés d'Europe, mais aussi la presse locale, souvent critique à l'égard de son beau-père et de son autoritarisme. Malgré tous ses efforts, ses relations avec le shah se dégradent progressivement. Cela finit par se savoir dans la capitale, malgré leur habitude de n'en rien laisser paraître. Cette situation dont certains s'amusent désole surtout les Premiers ministres successifs, en cette période d'occupation où les dissensions royales ajoutent à l'instabilité politique du pays.

La reine décide de mettre un terme à cette morosité : à la fin du printemps 1945, elle se rend sans son époux en Egypte, la guerre étant terminée et les transports redevenus accessibles, sinon aisés. L'Iran traverse alors une des crises les plus graves de son histoire : les Soviétiques refusent de retirer leurs forces, malgré les engagements pris, et installent deux régimes séparatistes communistes dans le nord-ouest du pays[10]. Aussi, dans ce contexte explosif, le déplacement de Fawzieh pourrait-il paraître secondaire. Il n'en est rien cependant pour une partie des diplomates qui se mobilisent autour du voyage royal. En effet, il s'agit d'un déplacement officiel, la reine étant accompagnée d'une délégation importante présidée par le prestigieux général Yazdan-panah, son épouse, trois dames d'honneur, un chambellan de la Cour et deux officiers de la Garde. Un avion égyptien spécial vient la chercher à Téhéran, un autre étant affecté à la délégation.

L'ambassadeur d'Iran, Mahmoud Djam, ancien Premier ministre, son épouse et plusieurs membres de l'ambassade l'accueillent à l'aéroport d'Alexandrie. Fawzieh sera logée à la villa « Antoniadès » – qui appartient à son frère Farouk –, où quelques dames d'honneur égyptiennes se joignent aux Iraniennes. Quelques jours plus tard, elle se rend au Caire, dépose une gerbe sur le tombeau de son père, Fouad Ier, et une autre sur celui, provisoire, de son beau-père Réza shah, mort en 1942 et dont les restes seront bientôt transférés à Téhéran. C'est une des dernières fois où toute la délégation iranienne l'accompagne. Ensuite, progressivement, la reine s'isole.

Lorsqu'elle se rend en ville, lorsqu'elle assiste à certaines réceptions ou cérémonies, c'est sans ses dames d'honneur iraniennes, ce qui ne manque pas d'étonner. La cour de Téhéran demande de ses nouvelles. L'ambassadeur rend compte au shah du peu qu'il sait de la situation. Mohammad Réza Pahlavi lui-même envoie trois télégrammes à son épouse. Une seule réponse lui parviendra. Nouvelles demandes d'explications à Mahmoud Djam, lequel ne peut en fournir aucune. Et lorsque le shah interroge son épouse sur sa date de retour en Iran, elle lui oppose un nouveau silence…

De son côté, le général Yazdan-panah juge sa présence et celle de la délégation qu'il préside inutiles au Caire. Il demande à rentrer en Iran. Le shah lui ordonne de patienter quelque temps, mais finit par y consentir.

Les explications officielles arrivent enfin au mois d'août. Le roi Farouk convoque l'ambassadeur Djam et lui annonce que la reine Fawzieh est décidée à ne plus rentrer en Iran. Elle y aurait été maltraitée, humiliée et insultée. Qu'il rentre à Téhéran et explique au shah de vive voix la situation, pour le moins embarrassante.

Pendant que Djam demande l'autorisation de quitter son poste, le shah tente de nouvelles approches, multiplie les gestes d'affection envers son épouse, lui envoie des cadeaux, s'enquiert de nouveau de la date de son retour. En vain. En désespoir de cause, il dépêche au Caire son ministre de la Cour, Hossein Ala', qui, sitôt arrivé, demande à voir Fawzieh en compagnie de l'ambassadeur. Il lui est répondu qu'elle est en déplacement avec le roi Farouk.

Ala' et Djam sont enfin reçus par les plus hautes personnalités de la cour égyptienne, le prince Mohammad Ali, ancien régent devenu prince héritier de Farouk, le chef de cabinet du roi et le Premier ministre, Nokrachi Pacha. Ils tentent de plaider de nouveau pour le retour de Fawzieh en Iran, mais ne peuvent s'empêcher d'exprimer également les griefs du shah envers son épouse : elle se lèverait trop tard, vers midi ; s'enfermerait dans ses appartements ; ne s'intéresserait plus aux affaires iraniennes et refuserait même d'accomplir son devoir conjugal. Si le roi Farouk et la reine mère Nazli acceptaient de prodiguer leurs conseils avisés à leur sœur et fille, tout rentrerait peut-être dans l'ordre. Ils demandent enfin à être reçus par Nazli... qui refuse.

L'affaire d'Etat tourne au vaudeville. Fawzieh exige – ou on lui fait exiger – que ses avoirs en Iran, c'est-à-dire 929 101 rials – une somme importante à l'époque – soient transférés sur son compte en Egypte. Ce qui est fait. Elle réclame ensuite ses fourrures : un jeune diplomate en partance vers la capitale égyptienne se chargera de les lui rapporter. Du côté iranien, l'ambassadeur continue à multiplier les demandes d'audience auprès de la reine, sans succès, cependant que le shah ne cesse de lui envoyer des fleurs et des messages en français. Djam ne peut plus guère rester au Caire dans ces conditions : il est rappelé à Téhéran et l'ambassade confiée à un simple chargé d'affaires.

La rupture est pratiquement consommée. En octobre 1946, le professeur Ghassem Ghani, celui-là même qui avait participé au choix de Fawzieh et aux tractations autour du mariage, est nommé ambassadeur en Egypte. Sa mission : obtenir le retour de la reine, ou la séparation. Ghani, en homme de savoir et d'expérience, a l'avantage de parler non seulement le français, encore langue de cour au Caire, mais aussi l'anglais, et surtout l'arabe. Il multiplie les démarches, rencontre à plusieurs reprises le Premier ministre et le ministre des Affaires étrangères, se rapproche des autorités religieuses pour apaiser les querelles. Peine perdue. Après une audience de remise des lettres d'accréditation protocolaire et publique, il est enfin reçu par Farouk en audience privée. Le tête-à-tête dure cinquante minutes.

Deux argumentations s'affrontent de nouveau. L'ambassadeur plaide pour une réconciliation ; Farouk ne fait que répéter que sa sœur, dépitée et fatiguée, refuse de rentrer. Un compte rendu détaillé de l'entretien est envoyé au cabinet du shah. Le chef du cabinet demande à Ghani de ne pas lâcher prise.

Le malheureux, condamné à l'entêtement, finit par obtenir une audience de la reine Fawzieh. Durant une heure et vingt minutes, il insiste, invoque « l'amour maternel, le peuple iranien qui l'attend ». Il la quitte en lui demandant une nouvelle audience. « Pas encore », lui répond celle qui est toujours reine d'Iran.

Qui solliciter à présent ? Ghani se tourne vers l'ancien régent, Mohammad Ali, lequel appuie la réconciliation et le retour tout en critiquant violemment l'attitude de Farouk, sa jalousie, ses erreurs. Ghani profite également du passage au Caire de hadj Amine-ol-Husseini, ancien grand mufti de Palestine. Celui-ci, pourchassé par les Britanniques après l'insurrection qu'il avait organisée en 1939, s'était alors réfugié en Iran ; Téhéran avait ensuite organisé son départ vers la Turquie, d'où il avait gagné l'Allemagne, ce qui avait constitué un nouveau grief de Londres envers Réza shah. De ce fait, Husseini se sentait redevable envers les Pahlavis. Rescapé de Berlin à la chute du nazisme, il vient de réapparaître au Caire, où il a repris sa campagne contre les Britanniques et jouit d'un grand prestige. Ghani lui demande donc aussi d'intervenir auprès des plus hautes autorités égyptiennes pour obtenir la réconciliation. Ce qu'il fait... sans plus de succès.

A l'automne 1947, la cour d'Egypte demande officiellement un « divorce à l'amiable ». Le shah ne s'y résout toujours pas et tente, *via* son ambassadeur, une dernière proposition : si Fawzieh consent à rentrer en Iran, il s'engage à imposer à la Cour les changements qu'elle souhaite. On lui fait vite comprendre qu'en raison de l'opposition de Farouk, qui hait le shah, cette proposition, comme toutes les autres, est inutile.

Place alors à la diplomatie pour sauver au moins les apparences. Une interminable discussion s'engage sur les conditions du divorce et la restitution des bijoux offerts à Fawzieh : à l'exception de deux bagues qui ont appartenu à Réza shah, le reste lui est laissé. De son côté, la cour d'Egypte – Fawzieh n'y est pour rien – refuse de rendre à l'Iran l'épée et les décorations de Réza shah. « Bassesse inacceptable », rétorque le shah. Après de nouveaux palabres, il est convenu qu'elles seront restituées lors du transfert de ses restes.

Ainsi, à l'arrachée, les arrangements sont pris. En respect des « prescriptions de l'islam », le mari seul ayant le droit de répudier, le divorce sera formellement prononcé à Téhéran et annoncé dans un communiqué commun aux deux Cours. Il précisera que « le climat de l'Iran a mis en danger la santé de la reine Fawzieh et que, pour cette raison, il a été accepté que la sœur du roi d'Egypte divorce ». Les deux ministères des Affaires étrangères déclareront, dans un autre communiqué publié simultanément au Caire et à Téhéran, que ce divorce « n'affectera nullement les relations amicales existant entre les deux pays ». Des communiqués de pure forme. Le 18 novembre 1948, le divorce est officiel. Deux jours plus tard, Ghani reçoit une dépêche par laquelle il apprend que sa présence au Caire n'est plus souhaitable. Il est immédiatement nommé à Ankara.

Et Shahnaz, l'enfant du couple, dans tout cela ? Elle a huit ans lors du divorce de ses parents et en est la victime la plus manifeste. Selon l'accord intervenu, elle réside à Téhéran avec son père. C'est la reine mère Tadj-ol-Molouk qui s'occupe d'elle, avec une attention dont on la croyait peu capable. Bientôt, Shahnaz part pour la Belgique où, durant trois ans, elle suit les cours du très réputé collège-pensionnat Léonie-de-Waha, à Liège, dans un cadre exceptionnel datant du milieu des années 1930 « de type moderniste : monumental, fonctionnel, intégrant des espaces de vie exceptionnels pour l'époque (laboratoire, piscine, internat, salle des fêtes, salle de musique) et une vingtaine d'œuvres d'artistes liégeois contemporains[11] ». En février 1955, elle fera un voyage à Munich pour rencontrer son père qui y a fait halte durant une visite d'Etat en Allemagne avec sa nouvelle épouse, Soraya. Quant à sa mère, elle ne la reverra qu'après son mariage avec Ardéshir Zahédi[12] en 1957. Depuis ce jour, Shahnaz et Fawzieh se revoient régulièrement.

L'histoire pourrait se clore là, les relations entre les deux anciens époux royaux s'étant interrompues. En 1949, cinq mois après son divorce, Fawzieh, qui a vingt-huit ans, se remarie avec un homme de trente et un ans, le colonel Chirine, officier formé à Cambridge, brièvement ministre de la Défense lors des derniers jours de la monarchie égyptienne. Ironie du sort, l'homme est un proche du général Néguib, chef des « officiers libres » qui renverseront Farouk en 1952. Après l'élimination et l'éloignement de Néguib par le colonel Nasser, Fawzieh, ex-reine d'Iran, est autorisée à demeurer en Egypte, seul membre de l'ancienne famille royale égyptienne. Le couple disposera à Alexandrie d'une petite maison allouée par le gouvernement ainsi que d'une pension. Il aura un garçon et une fille et vivra modestement jusqu'à la mort de Nasser, en 1970. Selon son entourage, Fawzieh aurait souhaité rendre visite au shah lorsqu'il passa, en 1979, les derniers jours de sa vie en Egypte. « Je n'ai pas osé », aurait-elle dit, une confidence caractéristique de sa réserve naturelle. Nonagénaire, elle vit aujourd'hui la plus grande partie de l'année à Alexandrie, se rendant parfois en Suisse où elle possède un petit appartement près de Lausanne. Il lui arrive aussi de descendre à la villa « Les Roses », la résidence de son ex-gendre,

Ardéshir Zahédi, pour qui elle éprouve toujours une réelle affection.

Mohammad Réza Pahlavi gardera de son mariage avec Fawzieh une certaine amertume et une méfiance, sinon une réelle froideur vis-à-vis de l'Egypte de Farouk Ier. En effet, tout n'est pas clair à ses yeux dans l'épilogue de sa séparation. Après neuf ans de mariage, dont presque six effectifs avec la princesse d'Egypte, après les épreuves traversées avec elle durant les années de guerre, l'abdication forcée de Réza shah, son accession au trône avec un pouvoir réduit, voire symbolique, le départ de son épouse pour Le Caire, ses lenteurs à lui répondre, ses atermoiements lui paraissent largement dictés par son frère.

Certes, on peut comprendre que Fawzieh ait souffert de l'hostilité de la cour iranienne, et, peut-être, des rumeurs relatives aux premières infidélités de son époux. Il n'en reste pas moins étonnant que lors des derniers soubresauts de la guerre, en 1945, Fawzieh s'en aille retrouver son pays natal en laissant à Téhéran sa fille unique et une position prestigieuse.

Mohammad Réza sent derrière son attitude l'influence de la reine mère Nazli, et surtout de Farouk Ier. Sans doute, au départ, Farouk a-t-il mal admis leur trop grande différence avant de finir par jalouser son beau-frère. Joueur, alcoolique et corrompu, habitué des rubriques des faits divers et des scandales de la presse internationale, il ne peut que voir d'un mauvais œil la montée en crédibilité de Mohammad Réza Pahlavi. Grâce à l'habileté de ses Premiers ministres – de Ghavam en particulier –, l'Iran sort en effet presque indemne de la guerre, un scénario inimaginable en 1946.

Un beau-frère parti en outsider mais devenu le symbole d'un Iran au cœur des jeux géostratégiques et de la guerre froide, un shah reçu avec tous les honneurs dans le monde entier, aux Etats-Unis par Harry S. Truman, en Grande-Bretagne par le roi George VI, en France par le président Vincent Auriol et le président du Conseil André Marie, en Suisse, un pays qui lui est si cher, par les autorités confédérales, ne peut qu'irriter au plus haut point un Farouk Iᵉʳ en déclin, sinon en disgrâce.

Sans doute la belle Fawzieh a-t-elle fait les frais du regard aussi dédaigneux qu'envieux de son frère, roi en sursis... et a-t-elle été encouragée, voire poussée, à une séparation douloureuse... Son destin exceptionnel, rarement évoqué par les historiens probablement à cause de la très grande réserve de la première épouse du shah, reste encore à écrire.

DEUXIÈME PARTIE

A L'OMBRE DES GRANDS HOMMES

1941-1953

1

Foroughi, « le faiseur de roi »

Après la grande cérémonie du Golestân, au printemps 1939, Mohammad Réza et sa jeune épouse Fawzieh partent pour le « palais » de Babol en voyage de noces. Malgré l'attrait de son orangeraie, le « palais » est bien triste, et rares sont les possibilités d'excursions. Certes, le petit port de plaisance de Babolsar avec son nouvel hôtel est propice à la promenade, mais à cette époque de l'année, il n'y a pas grand monde. D'autres raisons, plus graves, font que les rivages de la Caspienne sont quelque peu délaissés : le monde occidental vit ses derniers moments de « quasi-paix » et les vagues de ses dissensions commencent à déferler sur l'Orient. Réza shah est inquiet. Son héritier, qui connaît deux langues étrangères et peut suivre sans truchement les affaires du monde, lui est un soutien nécessaire. Il prie donc le couple de rentrer à Téhéran deux semaines plus tard.

Le prince est d'office lié plus étroitement à l'exercice du pouvoir. Il assiste aux conseils, où il intervient à présent et donne son avis, avec prudence et retenue, certes, pour ne pas déplaire à un père qui a sur tout le dernier mot. Sans doute cette attitude lui est-elle dictée par son éducation qui l'a conduit à une introversion qu'on lui reprochera parfois par la suite. Réza shah l'encourage cependant à s'ouvrir au monde iranien, à voyager et à se montrer partout pour que la population le connaisse mieux. Aussi le prince inaugure-t-il souvent, visite-t-il des chantiers, reçoit-il. Son épouse l'accompagne la plupart du temps, toujours aimable et souriante : elle connaît son rôle, poussée par son beau-père à le tenir.

Le 24 avril 1940, date importante pour les Iraniens, voit la mise en service de Radio-Téhéran, la voix de l'Iran. Réza shah y trouve une occasion de plus pour faire connaître son héritier. Ce jour-là, les Iraniens entendent pour la première fois la voix de celui qui sera bientôt appelé roi... et se demandent si le shah en titre ne préparerait pas déjà sa succession[1].

Les nuages s'amoncellent en effet au-dessus de l'Iran depuis plusieurs mois, et plus particulièrement au-dessus de la tête du shah régnant. Le 1er septembre 1939, avec l'invasion de la Pologne par l'Allemagne, puis l'entrée en guerre de la Grande-Bretagne et de la France, le second conflit mondial a éclaté. Dès le lendemain, Téhéran a proclamé sa neutralité, demandant aux ressortissants des pays belligérants de s'abstenir de toute manifestation pouvant contrevenir à cette position, et a imposé de sévères contrôles sur leurs déplacements. Le 12 septembre, inaugurant la nouvelle législature, Réza, accompagné du prince héritier, a réaffirmé solennellement cette neutralité. Lorsque, le 24 novembre, le nouveau ministre plénipotentiaire de Grande-Bretagne viendra lui remettre ses lettres d'accréditation, il en répétera – sinon en martèlera – le principe, appuyé par ses ministres.

La diplomatie britannique, dont la méfiance, ou la haine, à l'égard de Réza shah est bien connue, n'a pas cru à la sincérité de ses positions officielles. Appuyée par la radio de Londres, elle commence à répandre de vives critiques à l'égard de l'Iran et, bien sûr, de son roi qui l'a déçue jadis, lorsqu'il n'était que généralissime. Le contentieux est lourd. Il y a longtemps en effet que les choix iraniens en matière de relations internationales hérissent la « perfide Albion », choix qui ont d'abord privilégié la France. L'Italie a été un autre choix que les Anglais ne peuvent cautionner. En effet, un vieux rêve iranien auquel Londres s'est toujours opposé s'est réalisé grâce à elle : la création d'une marine de guerre dans le golfe Persique et l'océan Indien. Bien que Réza ait une piètre idée de Mussolini, qu'il qualifie de « fanfaron qui a des visées sur l'Orient », il a commandé ses navires de guerre sur les chantiers italiens où il a envoyé se former de jeunes Iraniens. Pour les Anglais, il s'agit d'un nouveau camouflet. Plus grave encore, à partir de 1933, la puissance et la discipline de l'Allemagne séduisent le militaire qu'est resté Réza, lui qui n'éprouve aucune sympathie pour l'idéologie national-socialiste ni le moindre sentiment antisémite, les crimes nazis n'étant en outre connus de personne dans cette partie du monde à l'époque. Or, c'est un fait, à la veille de la Seconde Guerre mondiale, l'Allemagne occupe la première place dans le commerce extérieur et l'économie de l'Iran. Berlin le fournit en machines, en matériel ferroviaire et aérien, équipe son armée, acquiert, aux termes d'un accord d'échange très avantageux, la majeure partie des exportations non pétrolières du pays qui ne trouvent pas de débouchés dans un monde occidental plongé dans la grande dépression. Cinq mille ingénieurs, hommes d'affaires et techniciens allemands travaillent en Iran[2]. Après le pacte germano-soviétique, dit pacte Molotov-Ribbentrop, signé le 23 août 1939, puis l'invasion et l'écrasement de la Pologne, il est indéniable que le shah donne l'impression de se rapprocher, même politiquement, des puissances de l'Axe. Croit-il à leur victoire ? La souhaite-t-il, comme la majorité des Iraniens, par haine de l'impérialisme britannique ? La politique de balancier de l'Iran, favorisant l'un ou l'autre de ses adversaires endémiques – Angleterre ou URSS – ou pariant l'un contre l'autre, trouve-t-elle aussi, par l'introduction d'une troisième force dans le jeu politique, un moyen d'émancipation, la conduisant sans qu'elle en prévoie suffisamment les conséquences à une germanophilie qui « devait entraîner la chute du shah[3] » ?

Le 26 octobre 1939, Ahmad Matine-Daftari, réputé pro-allemand, est nommé Premier ministre à la place du très conservateur et très prudent Mahmoud Djam, qui occupait ce poste depuis des années. Ali-Asghar Hekmat, homme politique et universitaire, qui a, sans que l'on sache pourquoi, une réputation d'antibritannique, est nommé à l'Intérieur, poste très sensible. Enfin, Hassan Esfandiari, président du Parlement, vieil homme politique de l'époque qâdjâre connu pour son expérience et son ouverture sur les problèmes diplomatiques, est dépêché en « mission spéciale » en Allemagne, où Adolf Hitler le reçoit. Réza shah cherche-t-il des assurances en cas d'une attaque britannique ? C'est probable. Toujours est-il que Téhéran améliore également ses relations avec Moscou et, parallèlement, le 18 octobre 1939, signe un traité d'amitié et de coopération économique avec le Japon. Autant d'éléments qui ne manquent pas d'irriter Londres, d'intensifier la propagande anti-iranienne de la BBC et de provoquer quelques incidents, notamment l'arraisonnement par la marine britannique d'un navire de commerce transportant les machines de la première aciérie iranienne.

Devant l'amplification des critiques britanniques, Réza prend des mesures. Le 26 juin 1940, il remercie Matine-Daftari[4], qu'il fait arrêter sans aucun motif et sans que cela soit officiellement annoncé – pour quelques jours seulement, il est vrai. Ali Mansour, réputé probritannique, ministre du Commerce et de l'Industrie du cabinet précédent, le remplace à la tête du gouvernement, Ali-Asghar Hekmat n'en faisant plus partie.

En outre, le shah fait procéder à l'arrestation de Mohammad Mossadegh, tribun antibritannique notoire, et l'expédie loin de Téhéran – avec des égards, puisqu'il part dans sa propre voiture et accompagné de son cuisinier-valet de chambre. Il restera en exil quelques mois avant de rentrer à Téhéran sur l'intervention du prince héritier.

A partir de l'été 1941 et de l'extension du conflit à l'Union soviétique – le pacte qui la lie à l'Allemagne ayant été rompu le 22 juin 1941 à la suite de l'invasion de l'URSS par les troupes nazies –, la pression conjuguée des deux puissances désormais alliées se fait plus forte sur l'Iran. Une propagande conjointe sur les ondes radiophoniques de Moscou et de Londres s'attaque de nouveau au régime iranien. On y dénonce régulièrement la politique proallemande de Réza shah et on y envisage l'invasion militaire ainsi que le partage de l'Iran en zones d'influence, comme cela avait été le cas en 1907.

Les 26 juin, 19 juillet et 16 août 1941, les plénipotentiaires des deux pays présentent aux autorités iraniennes des notes de plus en plus sévères, pratiquement des ultimatums. L'aviation britannique viole à plusieurs reprises l'espace aérien iranien, ce à quoi la défense antiaérienne riposte par des tirs de sommation. Et, à son tour, Téhéran proteste auprès de Londres par des notes très sèches.

La spirale est engagée. Moscou et Londres demandent, puis « exigent » le départ de tous les ressortissants des pays de l'Axe et l'obtention de facilités de transport d'armes, de munitions et de matériel à travers l'Iran. La presse internationale se fait plus agressive, évoquant ouvertement une invasion de l'Iran par les troupes alliées. Ses articles sont fidèlement envoyés aux services impériaux par les représentations diplomatiques de l'Iran à l'étranger. Le roi Farouk va même jusqu'à informer personnellement son beau-frère Mohamed Réza des préparatifs d'une attaque imminente.

Devant ce jeu politique complexe, l'Iran tente de rassurer les Alliés et renforce la surveillance des ressortissants de l'Axe tout en refusant catégoriquement de les expulser. Des mesures sont prises pour assurer le fonctionnement des institutions et le ravitaillement de la population en cas de crise politique aiguë. L'armée renforce ses garnisons frontalières, surtout au nord, face aux Soviétiques. Toutes les permissions sont supprimées. L'état d'alerte est déclenché sans pour autant être officiellement annoncé. L'inquiétude gagne la population. Malgré de sévères contrôles, l'exode des provinces du Nord vers la capitale commence.

Malgré cela, Réza shah reste inflexible face aux pressions conjuguées de Londres et de Moscou. Présume-t-il de la puissance dissuasive de son armée ? Certaines déclarations pourraient le laisser penser. Veut-il gagner du temps pour voir dans quel sens les événements tourneront ? En cette fin d'été 1941, la progression allemande en Russie est spectaculaire. Cette situation connue, l'opinion publique iranienne n'aurait pas compris que l'on fasse des concessions aux ennemis historiques de l'Iran. En outre, selon certains témoignages, l'entourage du shah aurait cru majoritairement à la défaite rapide des Soviétiques et, par voie de conséquence, à un recul inévitable des Britanniques. La défaite de la France, dont les forces armées comptaient jusque-là parmi les plus puissantes du monde, aurait renforcé cette opinion et apporté une preuve supplémentaire de la faiblesse des Alliés.

Devant de telles rumeurs, ces derniers somment Téhéran de clarifier ses positions. Pour calmer le jeu, l'Iran fait officiellement appel aux Etats-Unis. Le secrétaire d'Etat américain Cordell Hull encourage alors les autorités iraniennes à coopérer avec les Alliés sous la menace de représailles. L'« invasion » devient inévitable.

25 août 1941, 5 heures du matin : les troupes britanniques envahissent le territoire iranien au sud et au sud-ouest ; celles de l'Union soviétique faisant de même au nord. Concomitamment, dans la capitale, le ministre de Grande-Bretagne et l'ambassadeur d'Union soviétique se rendent ensemble à la résidence privée de Ali Mansour. Vu l'heure matinale, ce dernier les reçoit en robe de chambre. Ils lui remettent une note selon laquelle « les deux Etats [sont] dans l'obligation de prendre des mesures unilatérales et militaires à l'encontre de l'Iran, ne devant aucunement porter atteinte à la souveraineté du pays mais empêcher tous les agissements subversifs des Allemands ». Le coup est sans appel. La conversation – brève – se déroule en français. Après leur départ, Mansour se rend au palais de Saad-Abad, à une trentaine de kilomètres au nord de Téhéran, résidence d'été de la famille impériale. Réza shah, matinal à son habitude, le reçoit immédiatement, puis fait convoquer les deux plénipotentiaires anglais et russe, ainsi que Djavad Ameri, le ministre par intérim des Affaires étrangères, qui fait aussi office d'interprète. La conversation se déroule également en français[5].

« Que cherchez-vous ? leur demande le shah. Si vous voulez la guerre, il n'y a plus lieu de discuter. Si vous voulez le départ des Allemands, je vous en avais donné l'assurance.

— Sire, lui répond l'ambassadeur de Grande-Bretagne, le temps de la diplomatie est passé. Les armes vont parler. Ce sont les chefs militaires qui mènent l'affaire à présent. »

Chacun campe sur ses positions... Un dialogue de sourds.

L'après-midi, l'ambassadeur d'Allemagne est convoqué à son tour, en présence de Nasrollah Entézam, chef du protocole au ministère des Affaires étrangères. Il lit solennellement un texte précisant que l'Allemagne apporte son soutien à la politique de neutralité de l'Iran.

Les jeux sont faits. Peu après, le shah réunit le Conseil des ministres. Mohamed Réza, désormais présent en permanence dans le bureau de son père ou les salons attenants, est invité à y assister. Le Conseil décide d'en appeler au président des Etats-Unis pour qu'il fasse cesser les hostilités. Avec la collaboration du prince est préparé un texte dans lequel le shah fait notamment état des premiers bombardements – surtout soviétiques – sur les villes iraniennes, ainsi que des pertes civiles. Réza paraphe le texte. Entézam le traduit immédiatement en français avant de l'envoyer à Franklin D. Roosevelt.

Nouvelle urgence : dans la soirée, le Parlement, convoqué, se réunit en toute hâte. Mansour y lit une déclaration très sobre relatant les événements... Déclaration que ne suit aucun débat.

Face à l'invasion de deux des plus importantes armées du monde qui la prennent en tenaille, que peut la petite armée iranienne, conçue et formée surtout pour maintenir l'ordre intérieur et l'intégrité du territoire ? Rien. Quelques garnisons résistent héroïquement. De nombreuses villes sont bombardées, dont Téhéran. La défense antiaérienne riposte. Baroud d'honneur.

Les Britanniques en profitent pour détruire presque totalement et par surprise la petite marine de guerre iranienne, basée à Khorramshahr, port situé au nord-ouest du golfe Persique, et tuent la majeure partie des officiers et marins, y compris leur commandant en chef, l'amiral Bayandor. Pot de fer contre pot de terre ! Un triomphe sanglant. Apprenant le carnage, Réza shah pleure amèrement devant tout le monde : « C'était la prunelle de mes yeux... » « Une si belle marine... » « Mais que vont-ils nous laisser ? »

La progression britannique est stoppée à l'ouest par la division basée à Kermanshah. On résiste ferme autour d'Ahwaz, le chef-lieu de la province pétrolière du Khouzistan, dans le Sud, où les duels d'artillerie font rage pendant plusieurs heures. Cependant, l'issue d'un conflit entre des forces si inégales ne fait pas de doute. Le 27 août, Téhéran demande « la cessation des combats », notifie la fermeture des légations allemande et italienne à leurs ministres respectifs, et organise le rapatriement de leurs ressortissants par la Turquie.

Réza sait désormais qu'une époque est révolue, qu'un changement radical se profile : « Ce que je savais être inévitable est arrivé. Les Alliés nous ont envahis. Je crois que cela sera ma fin. Les Anglais s'y emploieront. » Le 27 août 1941, Ali Mansour, qui avait omis de le prévenir de l'imminence d'une telle invasion, est prié de remettre sa démission, malgré sa réputation de probritannique. Manifestement, il n'est pas homme à affronter une crise grave.

L'heure des consultations est revenue. Réza shah reçoit quelques personnalités, se renseigne sur la présence à Téhéran de membres de l'ancien régime qâdjâr. Il consulte le prince héritier et décide enfin de faire appel à celui qui avait été son premier Premier ministre et qui sera le dernier, Mohammad Ali Foroughi (1877-1942), alors âgé de soixante-quatre ans. Les deux hommes sont brouillés depuis cinq ans. Respecté mais secret, Foroughi vit une sorte d'exil intérieur, ne se rendant jamais à la Cour. Ce n'est en tout cas pas un mondain, encore moins un arriviste. En outre, sa santé décline.

Réza shah a pris sur lui pour le rappeler. Son intelligence, sa rare qualité de reconnaître les hommes malgré leurs divergences de vues, lui permettent une fois de plus de sacrifier son orgueil personnel à l'intérêt de son pays. Ne s'est-il pas enquis, une heure auparavant, de savoir si Ahmad Ghavam, qu'il hait profondément, se trouve dans la capitale ? Ainsi, au soir du 28 août 1941, Nasrollah Entézam, récemment nommé également chef du Protocole impérial, téléphone à Foroughi. Ce dernier, qui devine le motif de cet appel, se dit « honoré de la délicate attention de Sa Majesté », mais ajoute : « Vous savez que je suis souffrant. Or il se fait tard [il est alors 19 heures] et je n'ai pas de voiture. Ne pourrait-on pas remettre l'entretien à demain, lorsque le roi viendra en ville ? » La Cour se trouve alors à Saad-Abad. Entézam a beau insister, rien n'y fait. Craignant le pire, il rapporte sa conversation au shah, lequel se fâche : « Mais allez donc le chercher vous-même, avec votre voiture ! »

A 21 heures, Foroughi arrive au palais. L'entrevue est longue ; rien n'en filtrera jamais. Dans l'antichambre, de nombreuses personnalités civiles et militaires et, naturellement, le prince héritier Mohammad Réza font les cent pas. Foroughi sort enfin, calme et indifférent. Il salue le prince héritier : « Par ces temps difficiles, je ne pouvais que reprendre du service. » Et il rentre chez lui.

Dès le lendemain, sa nomination est officialisée. On saura qu'il s'est mis d'accord avec le shah pour conserver tous les ministres sortants. Seul Ali Soheili, diplomate expérimenté et russophone, remplace aux Affaires étrangères Djavad Améri, nommé à l'Intérieur.

Issu d'une lignée d'érudits, Mohammad Ali Foroughi, titré Zoka-ol-Molk (la Lumière du royaume), est une gloire nationale. D'abord directeur de l'Ecole des sciences politiques d'Iran en 1907, il a été dès 1909 député, représentant de Téhéran, et a présidé un moment le Parlement. Plusieurs fois ministre – Affaires étrangères, Finances et même Guerre –, il connaît parfaitement le monde politique et les rouages de l'administration. Au-dessus des intrigues, ce notable à l'air si réfléchi, au crâne dégarni et aux lunettes cerclées n'est d'aucun clan – même si on le dit franc-maçon. Il mène une vie modeste et austère, fait souvent lui-même ses courses car il se passe de domestiques.

Comme ministre des Affaires étrangères, il a dirigé à trois reprises la délégation iranienne aux assemblées générales de la SDN, dont il a été élu président en 1928. L'étranger le connaît et le respecte, ce qui fait aussi de lui l'homme du moment. Par deux fois Premier ministre de Réza shah, il est surtout reconnu par les Iraniens comme savant, érudit et philosophe. Premier président de l'Académie iranienne, fondateur et premier président de l'Association de sauvegarde du patrimoine national, éditeur d'auteurs classiques persans – Ferdowsi, Khayyâm, Saadi, Hafez –, il a également beaucoup écrit : outre son histoire de la philosophie occidentale qui fait toujours autorité, il a traduit en persan des œuvres de Montaigne et de Descartes, dont le *Discours de la méthode*. Tel est l'homme, un monument national à qui vient d'être confié le destin d'un pays envahi, traumatisé, désespéré.

En nommant Foroughi, Réza shah est bien conscient que ses jours sont comptés, que son destin et celui de son fils peuvent basculer à tout moment. Il sait néanmoins pouvoir compter sur cet homme, qui, quelles que soient ses rancœurs, ne le trahira pas. Sa feuille de route vise trois objectifs : obtenir rapidement un armistice officiel sauvegardant l'indépendance et l'intégrité de l'Iran, rétablir une vie parlementaire moins formelle pour placer le pays sur la voie de la démocratie politique et sauver la monarchie, symbole de l'unité nationale. Foroughi associe d'emblée le prince héritier à toutes ses décisions, car cela ne fait aucun doute pour lui : le prix à payer pour atteindre ces objectifs sera de sacrifier le père afin de sauver le fils.

A peine installé, il doit affronter une première crise. Le 29 août 1941, le ministre de la Guerre, le général Ahmad Nakhdjavan, s'appuyant sur les délibérations d'un conseil informel composé d'officiers supérieurs – on saura qu'une moitié s'est opposée à sa proposition cependant qu'une autre a demandé un ordre express du shah lui-même –, dissout l'armée de terre et renvoie tous les soldats du contingent dans leurs foyers, sans en prévenir

Réza shah, Foroughi et le chef de l'état-major général, qui apprendront la nouvelle par la radio ! En quelques heures, c'est la confusion à Téhéran et dans les villes de garnison : des milliers de jeunes conscrits, souvent des paysans sans ressources, pratiquement en guenilles, affluent. La peur s'installe dans la population. Le shah réagit vivement : au cours d'une réunion houleuse à laquelle il a convoqué les chefs de l'armée, il dégrade le ministre et un officier accusé de connivence, demandant même qu'on aille chercher son arme pour abattre lui-même les deux traîtres. Le chef du Protocole et quelques officiers parviennent non sans mal à le calmer. Décision est cependant prise de rayer Nakhdjavan des cadres de l'armée et de le remplacer par son homonyme, le vieux général de division Mohammad Nakhdjavan, formé jadis dans les écoles militaires de la Russie impériale.

Malgré cette réaction énergique, le pouvoir vient de perdre un atout majeur. Le roi est nu et Foroughi n'a plus d'armée pour assurer l'ordre[6]. Le Premier ministre encaisse le coup. Réagissant promptement, il nomme gouverneur militaire de Téhéran le seul général trois étoiles de l'armée iranienne, Amir Ahmadi, placardisé depuis longtemps, mais réputé pour son autorité. Ahmadi dispose de quatre cents sous-officiers, dont certains ont été rappelés de la retraite. Un autre officier placardisé, le général Fazlolleh Zahédi, héros de la reconquête du Khouzistan, reçoit, après vingt ans d'attente, sa deuxième étoile et est nommé chef de la gendarmerie nationale, la seule force implantée dans tout le pays dont dispose encore le pouvoir. Sa mission : la réorganiser et la maintenir dans toutes les provinces.

« La cessation des hostilités » décidée par le cabinet démissionnaire est effective en quelques jours malgré des incidents sporadiques. Dès lors, Foroughi et son ministre des Affaires étrangères s'attellent à une autre tâche, autrement plus importante : le règlement des problèmes posés par la présence des troupes alliées dans le pays.

Le 30 août, les trois gouvernements, britannique, soviétique et iranien, mettent en place les jalons de leur coopération : il est admis que les troupes soviétiques demeureront essentiellement dans le Nord et le Nord-Ouest, que celles de la Grande-Bretagne stationneront dans le Sud et le Sud-Ouest, leur présence dans la capitale devant rester « symbolique », avant qu'un traité tripartite ne soit signé[7]. Par ailleurs, les Alliés, comme par le passé, devront régler à l'Iran les redevances provenant, pour les Britanniques, de l'exploitation du pétrole du Sud, et pour les Soviétiques, des pêcheries de la Caspienne[8].

Si les hostilités sont à présent officiellement terminées, la Grande-Bretagne et l'Union soviétique exigent encore l'abdication de Réza shah et la fin de la monarchie. Pour les Britanniques, il s'agit de régler leurs comptes avec un shah qui a favorisé l'Allemagne, la France et même l'Italie. Ce qu'ils veulent oublier, c'est qu'aucun de ces trois pays n'a de contentieux de type colonial avec l'Iran. Les Soviétiques, pour leur part, ne pardonnent pas au souverain son anticommunisme viscéral. Malgré leurs divergences, les deux puissances s'accordent sur le fait qu'elles préfèrent en Iran l'instauration d'un régime républicain, qu'elles imaginent sans doute plus malléable.

Leurs fortes pressions diplomatiques se conjuguent à des actions qui n'ont rien de symbolique : des détachements soviétiques progressent lentement vers Téhéran, cependant que des avions alliés survolent la capitale et, malgré la cessation officielle des hostilités, lâchent quelques bombes qui, fort heureusement, font plus de peur que de mal. Les médias s'en mêlent : la BBC, les radios de Moscou et de New Delhi – l'Inde étant alors une colonie britannique – lancent une intense campagne de presse[9] pour déstabiliser le souverain, qualifié de « dictateur », dénonçant toujours une alliance avec les nazis, confortée en cela par les émissions de Radio-Berlin qui pousse le shah à résister. Devant ce déferlement médiatique, Réza shah, semble-t-il, faiblit, craignant d'être arrêté puis déporté par les Russes.

Officiellement, Foroughi fait la sourde oreille aux pressions diplomatiques des deux puissances, déclarant à leurs émissaires que les Alliés n'ont pas à intervenir dans les affaires intérieures iraniennes. Pour le faire fléchir, ces derniers lui proposent de proclamer la république et d'en prendre la présidence. Le refus de Foroughi est à la hauteur de son exaspération. Mohammad Saèd, un diplomate de renom alors ambassadeur à Moscou, est approché à son tour. On lui propose la régence. Il refuse aussi. Londres suggère alors un retour des Qâdjârs. Or, Ahmad shah n'ayant pas eu de fils, le trône devrait revenir de droit à son frère Mohammad Hassan Mirza, lequel est décédé. Le prétendant officiel ne pourrait donc être que son fils, Hamid Mirza, un homme, dit-on, élégant, cultivé, polyglotte et « tout à fait présentable », d'autant plus qu'il sert dans l'armée de Sa Majesté britannique. Reste un problème : il ne parle pas le persan. Or, on n'est plus au xixᵉ siècle, lorsque les « Puissances » imposaient des souverains à des pays dont ils ne connaissaient pas même la langue[10] ! La mort dans l'âme, on repousse l'idée de ce prince parfait pour les intérêts étrangers, sans pour autant abandonner le projet d'écarter les Pahlavis du trône.

Le 15 septembre 1941, le Premier ministre, souffrant, garde le lit. Son ministre des Affaires étrangères, Ali Soheili, l'informe par téléphone de la visite conjointe des plénipotentiaires britannique et soviétique qui exigent l'abdication du shah et son départ de la capitale dans les vingt-quatre heures. En cas de non-respect de cet ultimatum, les troupes alliées occuperaient Téhéran et « régleraient » le problème à leur manière. Réza shah en est informé.

Vers 14 heures, à l'heure de la sieste, on frappe à la porte de la résidence privée de Foroughi, avenue Sepah. Son fils Mohsen ouvre. Devant lui, le shah en personne, en uniforme. L'ayant conduit au salon, Mohsen court prévenir son père qui s'habille à la hâte[11]. Les deux hommes s'installent face à face, seuls. Peu après 16 heures, le shah se retire. Rien ne filtrera de leurs propos. Foroughi confiera seulement à Mohsen : « Sa Majesté a allumé une cigarette. Constatant que je toussais beaucoup, elle l'a immédiatement éteinte en s'excusant. »

Le lendemain, 16 septembre 1941, vingt-deux jours après l'invasion alliée, les deux hommes se retrouvent au palais. Le shah prie Foroughi de s'installer derrière son bureau et de rédiger l'acte d'abdication. Il quitte ensuite la pièce pour aller marcher dans le jardin. Mohammad Réza et quelques personnalités sont là, dans un silence pesant. Réza shah ordonne alors que l'on tienne prêtes des voitures et quelques valises. Agité, le prince héritier lui demande :

« Et si les Russes entrent dans la capitale, ce sera la révolution ?

— Il ne se passera rien, ils veulent seulement ma peau, rétorque le shah en riant. Ils l'ont eue. »

Foroughi apporte le texte qu'il a écrit de sa belle calligraphie de lettré persan ; le shah y appose sa signature :

« ... Je me sens las ; le temps est venu qu'une force jeune poursuive la tâche qui exige tant de vigueur... »

Le règne de Réza shah vient de prendre fin.

Au prince héritier qui s'est approché, Réza dit : « J'ai pris les arrangements nécessaires avec le Premier ministre. » Puis, se tournant vers Foroughi, il ajoute : « Je vous confie mon fils. Et vous deux, je vous confie au Tout-Puissant. » Il serre son fils dans ses bras, puis se détourne pour qu'il ne le voie pas pleurer, se dirige vers les voitures qui l'attendent déjà et prend le chemin d'un exil sans retour.

Tant de dignité n'empêchera pas le colosse de 1,90 mètre qui en imposait à tous de se briser. Dans ses *Mémoires*[12], sa fille Ashraf écrira : « Comme j'étais assise devant la fenêtre de notre maison à Ispahan, regardant la cour, je vis un très vieil homme qui se promenait avec deux compagnons. Comme il se rapprochait, je fus frappée d'étonnement en apercevant que ce "vieil homme" en civil était mon père. En moins d'un mois, il semblait avoir pris vingt ans. Rétrospectivement, je pense qu'il avait peut-être eu une petite attaque immédiatement après son abdication. »

Ispahan n'est cependant pas l'ultime refuge du roi en exil. Bien qu'il soit déchu, les Alliés le craignent toujours. Il faut qu'il parte loin, très loin. Appuyé par Foroughi, Réza demande à se rendre en Argentine. Les Alliés semblent y consentir. Le voilà donc de nouveau sur les routes, à Yazd, à Kerman, puis au port de Bandar Abbas, sur le détroit d'Ormuz. Un voyage épuisant de plus de 1 000 kilomètres qu'il accomplit avec ses enfants, Mohammad Réza excepté. Ce sera la dernière fois qu'il foulera la terre persane. Il le sait. Il se penche et ramasse une poignée de cette terre qu'il conservera jusqu'à la fin de ses jours. Il appelle ensuite les douaniers, à qui il ordonne d'ouvrir ses bagages pour leur faire constater que ne s'y trouvent que ses effets personnels et, pour éviter toute polémique ultérieure, leur demande de rédiger un procès-verbal. Ce qu'ils font.

Un petit vapeur britannique – très inconfortable –, le *Bandara*, est à quai. Il y embarque pour Bombay, croit-il, malgré une oreille inflammée et quarante de fièvre. Ce n'est qu'en mer qu'il apprend que les Anglais ont changé d'avis et que le gouverneur des Indes lui refuse l'entrée du pays. Sa destination finale est en fait l'île Maurice, un endroit dont il ignore jusqu'à la localisation. Réza proteste, rédige trois télégrammes qu'on ne l'autorise pas à envoyer[13]. Il n'est plus qu'un prisonnier. On l'embarque alors sur un autre bateau, le *Burma*.

Il atteindra l'île Maurice le 19 octobre 1941. Le gouverneur a le tact de faire hisser le drapeau iranien sur le bâtiment où l'ex-roi est assigné à résidence. Son séjour sur l'île durera six mois, jusqu'à ce que, sur intervention de Téhéran, Réza et son entourage reçoivent l'autorisation de partir pour l'Afrique du Sud. Le 30 mars 1942, ils débarquent à Durban, où ils restent quelques jours avant le dernier départ pour Johannesburg, où une grande villa plutôt vétuste a été louée. Réza, qui ne sort pratiquement jamais, s'y consume lentement. Il meurt le 26 juillet 1944.

A Téhéran, la Cour déclare un deuil discret. La dépouille du roi est transférée et enterrée provisoirement au Caire, à la mosquée El-Rifaï. Ses restes seront de retour en Iran, en grande pompe cette fois, au printemps 1950. Après la Révolution islamique, Khomeyni ordonnera la destruction de son mausolée, mais on n'y trouvera rien. Mohamed Réza avait pris la précaution de faire déplacer les restes de son père bien avant, dans un endroit d'Iran tenu encore secret.

La route est à présent libre pour que les puissances étrangères puissent faire main basse sur l'Iran. La situation ressemble à s'y méprendre au scénario qui s'est joué aux derniers temps de la dynastie qâdjâre. Qui pourra reprendre le flambeau ? Il y a bien Mohammad Réza, mais, en ces temps troublés, l'Iran, officiellement, n'a pas plus de roi qu'il n'a de prince héritier.

Foroughi seul peut infléchir désormais le destin d'un pays au bord du chaos. Dès le départ de Réza, il appelle son ministre des Affaires étrangères et le prie de transmettre la nouvelle de la vacance du pouvoir aux envoyés soviétique et britannique. Ali Soheili qui les convoque immédiatement rapporte en ces termes la scène :

— Vous voulez sans doute faire prêter le serment[14] au prince héritier. Nous sommes venus vous signifier que nos deux gouvernements ne le reconnaîtront pas.

Je leur rappelai alors que les deux puissances s'étaient engagées à ne pas s'ingérer dans les affaires intérieures iraniennes.

— Peu nous importe, rétorqua l'envoyé britannique, nous sommes venus vous dire que nous n'accepterons pas qu'il accède au trône[15].

Durant cette conversation, Foroughi a regagné en toute hâte son bureau provisoire, au troisième étage du ministère des Affaires étrangères, situé non loin de là. Soheili, qui le sait, prie les deux diplomates de répéter directement la position de leurs gouvernements respectifs au Premier ministre. Ils s'exécutent, avec véhémence pour le plénipotentiaire britannique. La réponse du Premier ministre ne se fait pas attendre : « Nous n'attachons aucune importance à la position de vos gouvernements. La décision est prise. Le prince héritier se rendra demain au Parlement. » L'Anglais, interloqué, garde contenance : « Vous connaissez notre position. Tirez-en les conclusions qui s'imposent. » Et les deux diplomates se retirent. La négociation – si négociation il y eut – est arrivée à un point de non-retour.

Pour Foroughi, la course de vitesse est engagée. Heure par heure, grâce aux rapports des postes de gendarmerie et des bureaux de télégraphe et téléphone disséminés sur tout le territoire, il peut suivre la progression des troupes alliées vers Téhéran. L'important est de ne pas fléchir. Il lui faut à présent s'assurer de celui qui, selon la Constitution, n'est plus le prince héritier et ne peut être considéré comme le nouveau shah. Il trouve un jeune homme triste et fort agité, déjà au courant des affaires : « Je sais ce que vous voulez me dire. Mais ils ne vont pas reconnaître mon règne. Si vous pensez que l'intérêt de la

Nation exige que je renonce, j'y suis prêt. Faites ce qu'ils veulent. » Un Foroughi sec et plutôt fâché lui répond : « La décision est prise. Vous irez demain au Parlement. Cela sera notifié aux représentants russe et anglais. » Prenant congé du prince interloqué, il va s'entretenir en toute discrétion avec le président du Parlement, Hassan Esfandiari. L'entrevue, qui dure une dizaine de minutes, lui permettra de caler les manœuvres du lendemain.

Le 16 septembre 1941, une étrange atmosphère, nourrie de peur, de rumeurs et d'expectative, règne sur la capitale, où l'on craint l'entrée des troupes étrangères et de nouveaux bombardements. Dans la matinée, le Parlement, convoqué à la hâte par Esfandiari, se réunit au Baharestan, dont les issues ont été fermées. Au général Amir Ahmadi échoit la tâche de garantir la sécurité de la capitale. Il dispose à cet effet de quatre cents sous-officiers qu'il fait tourner dans les rues, montés sur quelques camions et accompagnés des rares véhicules blindés encore en état de marche. Le général a en outre renforcé la protection du Parlement.

Dès que les députés sont réunis, le Premier ministre leur donne lecture de l'acte d'abdication de Réza : « Moi, shah d'Iran par la volonté de Dieu et de la Nation, ai pris la grave décision de me retirer et d'abdiquer en faveur de mon fils bien-aimé Mohammad Réza Pahlavi... » L'Iran n'a plus de roi ; pour quelques heures, c'est un vieil érudit frêle et souffrant qui en assume seul le destin. Un destin bien compromis, car Foroughi vient d'apprendre que l'armée Rouge a dépassé la petite ville de Karadj, située à 40 kilomètres de la capitale.

Reste à mener le prince héritier au Parlement sans attirer l'attention des collaborateurs favorables aux Alliés infiltrés dans la capitale. Il est 14 heures : une torpeur de fin d'été s'est abattue sur les rues que les hommes ont désertées en partie et où quelques boutiques ont baissé leurs rideaux. Foroughi, qui a rejoint Mohammad

Réza à quelques kilomètres de là, le convainc de monter dans une voiture discrète, habillé tout comme lui « en civil ». Certes, pour prêter le serment nécessaire, les uniformes d'apparat sont indispensables. Aussi l'unique voiture d'escorte les tient-elle enfermés dans une valise. Les véhicules pénètrent enfin dans l'enceinte du Parlement par une porte latérale. Les deux hommes s'isolent chacun dans une pièce pour s'habiller, avec l'aide d'un chambellan.

Entre-temps, les députés, bloqués depuis le matin dans le bâtiment, ont été convoqués en séance plénière. Ignorant ce qui se trame, ils sont en costume de ville, et non en jaquette, comme l'exige le protocole pour les séances solennelles. Ils ont tous étés élus grâce à Réza shah, ou tout au moins avec son aval. Depuis quelques semaines cependant, certains ont commencé à le critiquer, parfois vertement, parlant – déjà – de république.

L'attente dure peu. A 15 h 10, le prince Mohammad Réza, en tenue d'apparat, fait son entrée dans la salle. Il porte les insignes de Grand Maître des Ordres impériaux ainsi que l'épée à pommeau d'or et d'argent de son père. Il monte à la tribune, pratiquement soutenu par le Premier ministre et le président de la Chambre, et prête serment sur le Coran de respecter et de défendre la Constitution, de veiller à l'indépendance et à l'intégrité de la patrie. Il prononce enfin une courte allocution, rédigée par Foroughi dans un style alerte, empreint de toute l'émotion de ce moment historique, pour confirmer son serment. L'effet de surprise est total. Tous les députés sans exception se lèvent et applaudissent le nouveau shah avec chaleur.

15 h 30. Mohammad Réza Pahlavi quitte la salle et, peu après, le Parlement. La nouvelle s'est répandue dans la ville comme une traînée de poudre. La foule s'amasse déjà sur la place Baharestan et dans les rues adjacentes. Le jeune prince, arrivé en catimini au Parlement, retourne

au palais dans la Rolls royale. Une foule immense accompagne le nouveau shah.

16 heures. Quelques éléments des troupes alliées font leur entrée dans Téhéran. Sont-elles venues arrêter Réza ? Il n'est plus là. Ou pour empêcher l'accession de Mohammad Réza au trône ? C'est trop tard. Foroughi peut se frotter les mains : il s'est joué des Britanniques et des Russes. C'est un faiseur de roi.

Né le 26 octobre 1919, en ce 16 septembre 1941, le nouveau shah d'Iran Mohammad Réza Pahlavi n'a pas encore vingt-deux ans.

Ghavam, le vainqueur de Staline

Le règne de Mohammad Réza Pahlavi commence le lendemain de cette journée historique, le 17 septembre 1941. Le jeune roi prend la couronne par devoir et sans grand enthousiasme, ressemblant sur ce point à Louis XVI et Nicolas II. Dès son avènement, il fait preuve d'une extrême courtoisie associée à une grande réserve, ce qui contraste avec la rudesse de son père.

Ce n'est pas un novice sur la scène publique. Associé de près à l'exercice du pouvoir dès son retour de Suisse, il est l'habitué des Conseils, a participé à nombre de cérémonies officielles, connaît le personnel politique et militaire. Il sait en outre que, quoi qu'il puisse penser, il doit se taire. Le serment qu'il a prononcé d'observer et de protéger la Constitution lui indique ses limites. L'exercice du pouvoir revient au gouvernement, au Parlement en premier lieu, le *Majlis*, ou Chambre des députés, qui représente la souveraineté nationale.

Dès son accession au trône, Mohammad Réza doit d'emblée affronter une situation paradoxale, sinon complexe. La Constitution iranienne stipule que le Premier ministre et les ministres sont « nommés et destitués » par le shah, une disposition inspirée de la Constitution du royaume de Belgique. Or, dès 1906, l'usage s'était établi que le souverain consulte le Parlement avant la nomination du Premier ministre et se conforme à son avis. A deux reprises cependant, jusqu'en 1925, Ahmad shah Qâdjâr avait usé de son pouvoir sans consulter le Parlement pour une raison fort simple : il n'était pas en fonction. On admettait donc depuis lors qu'en l'absence d'Assemblée, cette prérogative revenait de droit au souverain. Monté sur le trône, Réza shah, s'abritant derrière la lettre de la Constitution, avait désiré passer outre l'avis de l'Assemblée et nommé directement son Premier ministre qui, ensuite, avait formé le gouvernement avant de se rendre auprès de l'Assemblée pour un vote de confiance automatiquement accordé. Cela avait été la pierre angulaire de son pouvoir autoritaire.

Tout change après que Mohammad Réza a prêté serment. Foroughi, mission accomplie, exige en effet que le Parlement soit saisi pour la désignation de son successeur. Cet usage, tombé quasiment en désuétude durant seize ans, marquerait un premier pas vers le retour à une certaine démocratie... Et le nouveau shah ne s'y oppose pas. Foroughi présente alors, comme c'est la règle, sa démission. Mohammad Réza consulte, comme il vient de s'y engager, Hassan Esfandiari, le président du Parlement, lequel demande en séance privée l'avis des députés sur le choix du Premier ministre. Lesquels, à leur tour, « préconisent » de choisir... Foroughi. Le Premier ministre reçoit donc, dès ce moment et en toute légalité, un firman[1]. Cette procédure entérine pour le shah la perte d'un droit majeur que son père s'était arrogé sans consulter personne.

Un de moins, car, à bien en faire le compte, on s'aperçoit que les vrais pouvoirs ne sont pas entre ses mains : les Premiers ministres, qui se succéderont à un rythme rapide dans une « démocratie » parlementaire assez chaotique, désigneront dès lors leurs ministres en marchandant avec les députés, parfois sous pression des ambassades des puissances « alliées » – les Britanniques surtout –, leur souci premier étant d'obtenir le vote de confiance et de durer quelques mois. En outre, alors que, constitutionnellement, Mohammad Réza aurait dû être le commandant en chef des forces armées, Foroughi fera abroger, le 9 octobre 1941, la loi qui, en 1924, avait conféré le titre de chef exécutif des armées à son père avant même qu'il n'ait accédé au trône. Désormais, le ministre de la Guerre[2], sous l'autorité du Premier ministre, gérera les forces armées, proposera les nominations et les promotions, le chef de l'état-major général coordonnant le commandement. En conséquence, le shah, simple chef constitutionnel des armées sans pouvoir réel, n'aura plus qu'à signer les ordonnances de promotion et de nomination qu'on lui présentera.

Sa liberté de mouvement sera en outre singulièrement bridée : dans un pays pratiquement occupé, tenu de ne pas quitter la capitale, il restera sept à huit mois dans son palais de Téhéran, puis, de la fin du printemps au début de l'automne, il résidera à Saad-Abad, sur les hauteurs de l'Elbrouz. Il se trouvera même dans l'impossibilité de se rendre dans le Mazandaran, au « palais » de Babol, sa villégiature préférée. Toute la région étant occupée par les Soviétiques, Mohammad Réza refusera – et ses gouvernements successifs le lui déconseilleront – d'aller dans des lieux où, dans son propre pays, les troupes étrangères pourraient lui rendre les honneurs militaires.

Que peut faire dès lors un jeune shah sans pouvoirs réels ? Accorder des audiences ! Beaucoup d'hommes politiques – chefs communistes compris –, d'acteurs importants de la société civile, de dignitaires religieux, d'intellectuels vont ainsi défiler dans ses résidences. C'est à cette époque aussi qu'il apprend que des hommes de lettres, des érudits et des politiques, férus de culture, se réunissent chaque mardi à l'heure du thé pour discuter librement de l'actualité littéraire, de poésie et d'histoire.

Par l'intermédiaire de son Grand Maître de la Cour, le poète Hossein Sami'i, il demande à participer « humblement » à ces réunions et, lorsque viendra son tour, à en recevoir tous les acteurs. Le principe en étant acté, il se rend donc à ces rendez-vous le plus régulièrement possible. Et il pose des questions : un jour, il se fait expliquer le sens caché d'un poème de Hafez ; un autre, il interroge sur la philosophie d'Avicenne[3]... Puisqu'il n'a aucun poids politique, au moins peut-il continuer à s'instruire et à renforcer ses réseaux ! On sait en outre très vite partout qu'il n'a pas coutume de répéter ce qu'on lui dit. Aussi lui confie-t-on ce qu'en d'autres temps on n'aurait pas osé confier à un souverain. Si on avait peur de son père, on ne se défie guère de lui.

Il est vrai que l'image du shah a aussi changé : Mohammad Réza, qui est doté d'une mémoire prodigieuse, est avenant, sait écouter en fixant ses interlocuteurs, témoignant un grand intérêt même pour des propos anodins. Progressivement, ce jeune homme éloigné de tous deviendra un fin connaisseur des hommes, des intrigues politiques, des amitiés et inimitiés qui régissent une société.

En a-t-il pour autant le sens du peuple, un peuple dont il a été séparé durant une partie importante de sa jeunesse ? Cette question fait encore aujourd'hui débat. Ce qui est sûr, c'est que, bien que sa nature introvertie ne le prédispose pas à l'exubérance, il va au-devant des gens. Loin de rester confiné dans ses palais, il profite au mieux du peu de liberté qui lui est concédé. Au cours des deux années qui suivent son accession au trône, il visite ainsi – presque toujours avec la reine Fawzieh – établissements d'enseignement, hôpitaux, maternités, soupes populaires, orphelinats ; il participe aux soirées et aux galas de bienfaisance... Homme sans pouvoir, il est aussi sans adversaire et sans ennemi officiels. Il est donc populaire, symbole de l'unité d'un pays en danger, de son existence même. Qui plus est, il est jeune et beau, à l'instar de son épouse. Alors on l'accueille avec une grande chaleur, on l'applaudit, on se rapproche de lui ; on l'embrasse même. Faute de mieux, il vit pleinement ces moments d'humanité, îlots d'espérance au milieu du chaos d'une guerre imprévisible.

Sa vie privée, elle, est réduite à peu de chose. Tadj-ol-Molouk, désormais reine mère, vit à Téhéran, tout comme sa sœur jumelle, la princesse Ashraf. La première, femme de – mauvais – caractère, autoritaire, n'apprécie guère sa belle-fille. La seconde voit au fil du temps ses relations avec Fawzieh se dégrader. Aussi la cellule familiale est-elle au bord de l'implosion, et les discussions au coin du feu sont peu fréquentes.

Tel est le contexte dans lequel le jeune shah évoluera désormais. Un shah que personne n'attend sur le plan politique.

Foroughi, le « faiseur de roi », et ses ministres sont aux manettes de l'Etat. Chacun espère beaucoup d'eux, en ce temps où il faut de toute urgence régler définitivement les rapports avec les puissances étrangères. Foroughi, bien que déjà malade et diminué, et Soheili, son ministre des Affaires étrangères, qui, le 30 août, ont jeté les bases d'une coopération avec les envoyés de Moscou et de Londres, aboutissent, onze semaines plus tard, à un traité tripartite par lequel l'Iran se range officiellement dans le camp des Alliés. C'est un risque énorme que prend le Premier ministre durant cet automne 1941. Téhéran reconnaît en effet formellement aux puissances alliées le droit de faire stationner et passer leurs troupes sur le sol iranien, « leur stationnement ne pouvant être considéré comme une occupation militaire », et accepte de leur fournir assistance au besoin. En contrepartie, les Alliés reconnaissent la souveraineté, l'indépendance politique et l'intégrité territoriale de l'Iran. Ils promettent d'assurer sa défense contre toute agression éventuelle et, surtout, « s'engagent à quitter le territoire au plus tard six mois après la suspension des hostilités, consacrée par un armistice entre les Alliés, l'Allemagne et ses partenaires ; ou à évacuer ce territoire au moment de la conclusion de la paix, si celle-ci se produisait avant l'expiration des six mois ». Quatre ans plus tard, cet engagement, arraché grâce à la pugnacité conjointe de Foroughi et de Soheili, se révélera d'une importance extrême pour l'avenir de l'Iran.

Enfin, les Alliés acceptent de consentir de « grands efforts » pour sauvegarder la vie économique du pays malgré les difficultés et les privations causées par la guerre. Un engagement qui ne sera jamais tenu.

Le Parlement reste réticent envers ce traité, tandis que l'opinion y est clairement hostile. Les députés doutent encore de la victoire des Alliés ; l'opinion est, quant à elle, très majoritairement antibritannique et antirusse. *In fine*, le traité est néanmoins ratifié et, signé par le shah, entre en vigueur. Paradoxalement, l'Iran, envahi et occupé, devient un allié, un partenaire reconnu de forces qui, hier encore, lui étaient contraires.

Foroughi récolte pour fruit de ses efforts une grande impopularité, un de ces retournements brutaux que seule la politique sait parfois réserver aux visionnaires. Il doit en outre affronter la rancune des pays de l'Axe, *via* leurs radios, celle de Berlin surtout – très écoutée en Iran. Pour les unes, il est juif – ce qui est faux –, pour les autres, franc-maçon – ce qui est vrai. Il serait aussi vendu aux Britanniques ou aux Russes, ou encore aux Américains. Les paroles ne suffiront bientôt plus à ses opposants. En pleine séance du Parlement, le 25 janvier 1942, alors qu'il se trouve à la tribune, Foroughi est victime d'un attentat. Légèrement blessé, il quitte la séance et revient après avoir été pansé. Ses premiers mots sont pour les députés : « Je vous demande pardon, ce n'était qu'une

parenthèse, elle est fermée. » Ce grand homme d'Etat
poursuit alors son discours, d'une voix faible mais ferme.

Une satisfaction lui parvient enfin des Etats-Unis. Le
6 février 1942, F. D. Roosevelt déclare dans un message
solennel que son pays s'engage à défendre l'indépendance
et l'intégrité de l'Iran. Un geste très apprécié par Foroughi, qui recherche depuis longtemps une tierce présence
étrangère sur la scène diplomatique. Cette promesse, qui
sera tenue, comptera beaucoup dans les années futures.

La tâche du Premier ministre n'est pas encore achevée.
Il lui faut éliminer les séquelles de la dictature de Réza
shah. Il soumet à cet effet une ordonnance de « grâce
amnistiante » à Mohammad Réza Pahlavi qui la signe :
tous les prisonniers politiques et assignés à résidence
pour délit d'opinion sont libérés. Par ailleurs, la censure
de la presse est abolie. Le Parlement vote enfin une loi
destinée à rendre à leurs propriétaires d'origine les nombreux biens immobiliers « acquis » par Réza shah, ou à
les indemniser. Beaucoup de propriétaires ayant effectué
– parfois sous la contrainte, disent-ils – des échanges
de terres refusent cependant la proposition gouvernementale. L'affaire des « spoliations foncières » qui agite
l'opinion depuis trop longtemps et empoisonne le débat
public est néanmoins close.

Une affaire chassant l'autre, Foroughi est à présent
confronté à une rumeur. Réza shah aurait emporté avec
lui les joyaux de la Couronne, propriété inaliénable de
l'Etat. Lors de son départ en exil, il avait certes fait inspecter ses bagages au poste frontière afin que personne
ne puisse l'accuser de vol, mais peu connaissaient alors
cette précaution. La presse, redevenue libre – surtout les
petits journaux surgis ici ou là –, s'empare de la rumeur et
l'amplifie. Jusqu'à en faire presque une « affaire d'Etat ».
Le Premier ministre charge en urgence une commission
mixte composée de parlementaires et de juges de la Cour

suprême de vérifier la présence des joyaux de la Couronne, des meubles, des objets d'art des palais royaux et de tout ce qui est jugé précieux. Leur constat est sans appel : tout est là, intact. Un rapport est transmis au Parlement ; l'opinion publique se calme.

Un autre front s'ouvre, celui des milliers de prisonniers iraniens – soldats, officiers et sous-officiers – détenus par les Alliés. Si les Britanniques ne font guère de difficultés pour les libérer, les négociations avec les Soviétiques sont difficiles et longues.

La libéralisation du régime ne s'arrête pas là. La création des partis politiques est enfin autorisée. Le Parti communiste iranien, le plus ancien du monde avec celui de Chine, puisque fondé en 1917[4], réprimé sous l'ancien shah, renaît de ses cendres. En outre, de nombreux chefs de petites ou grandes tribus du Sud et de l'Est, incarcérés ou assignés à résidence loin de chez eux, bénéficient de la grâce impériale. Ils regagnent leur région d'origine et, presque toujours soutenus par les Britanniques, commencent à semer l'agitation dans certaines villes et campagnes.

Un nouvel Iran naît en même temps que se crée une nouvelle mosaïque politique avec ses partis renaissants et son agitation tribale. Foroughi, fatigué et usé, sait que ses jours sont comptés. Sa tâche est à présent accomplie. Il est temps de passer le relais. En quelques semaines, il remanie deux fois son cabinet. Malgré un vote de confiance de la Chambre, il remet sa démission au shah, qui l'accepte avec regret le 7 mars 1942. Trois jours plus tard, il est nommé ministre de la Cour impériale, un poste honorifique, la petite administration étant dirigée par le Grand Maître Hossein Sami'i. Le shah le garde ainsi à ses côtés, une présence symbolique qui rehausse son propre prestige et le protège, surtout face aux étrangers.

Ali Soheili, ministre des Affaires étrangères du cabinet démissionnaire, qui le remplace le 9 mars 1942, poursuit sa politique visionnaire. Le 12 avril 1942, l'Iran suspend ses relations diplomatiques avec le Japon, dont les ressortissants sont expulsés et regagnent leur pays en traversant le territoire soviétique. Un peu plus tard, le 10 juin 1942, il suspend ses relations diplomatiques avec le régime de Vichy et reconnaît le général de Gaulle comme représentant de la France[5]. Avec le temps, c'est-à-dire l'entrée en guerre des Etats-Unis et les coups portés aux avancées allemandes et italiennes, l'opinion publique elle-même change une nouvelle fois de bord : elle commence à douter de la victoire des puissances de l'Axe et à mesurer la force visionnaire, stratégique et politique de Foroughi. Une reconnaissance bien tardive, certes, car l'état de santé de l'érudit ne cesse de se dégrader. Pensant qu'il pourrait être mieux soigné aux Etats-Unis, Mohammad Réza Pahlavi prie Ahmad Ghavam, qui a remplacé au poste de Premier ministre Soheili en août 1942, de demander l'agrément du département d'Etat pour la nomination de Foroughi comme ambassadeur à Washington.

Foroughi, à l'article de la mort, se met à apprendre l'anglais. Un mois plus tard, le 29 novembre 1942, il s'éteint. Cette fois, l'Iran tout entier le pleure, et le shah en personne conduit les funérailles nationales. Une belle âme, une âme rare, s'en est allée.

Une autre, plus ténébreuse, la remplacera, six mois plus tard, au sommet du pouvoir : Ahmad Ghavam. Entre-temps, Ali Soheili, le nouveau Premier ministre depuis mars 1942, affronte, comme tous ceux qui lui succéderont, trois problèmes majeurs : les relations avec les troupes alliées, l'insécurité dans les provinces et les désordres provoqués par les tribus contestataires et, surtout, l'insuffisance des approvisionnements conduisant, dans la capitale et quelques grandes villes, à des émeutes de la faim, ce que l'Iran n'a pas connu depuis longtemps.

L'armée iranienne, amputée et affaiblie, a bien du mal à faire face à tout cela, gênée dans ses mouvements par les troupes alliées elles-mêmes.

Malgré leurs engagements, ces dernières ont en effet peu de scrupules. Il n'est pas rare qu'elles réquisitionnent des stocks de produits alimentaires pour assurer leur propre ravitaillement ou pour les envoyer sur le front russe, où sévit une pénurie totale. Et cela sans se soucier des dommages qu'elles causent aux populations locales. Les autorités régionales s'opposent parfois à ces exactions. Mais comment résister aux occupants, surtout si ce sont des « alliés » ? Mal en prend au général Fazlollah Zahédi qui, à Ispahan, tente d'empêcher les saisies par la force : un commando britannique l'enlève, puis le déporte par avion en Palestine où il croupira dans une cellule à l'isolement durant trois ans, jusqu'à la fin de la guerre. Pour Londres, son action le désigne comme « l'ennemi le plus dangereux de l'Empire britannique en Iran ». Zahédi n'est pas le seul à subir ces sévices : des centaines d'Iraniens sont arrêtés, sous prétexte d'être « favorables aux puissances de l'Axe ». Téhéran proteste, les députés s'agitent. En vain.

Devant des situations aussi préoccupantes, Soheili appelle aux Affaires étrangères un grand diplomate, Mohammad Saèd. Polyglotte, notamment russophone, connu pour sa patience et son sens de l'humour, c'est lui qui s'était vu proposer par les Alliés, juste après l'invasion du pays, la « régence de l'Empire » en évinçant les Pahlavis, ce qu'il avait refusé. Au ministère de la Guerre, un autre militaire prestigieux, le général-prince qâdjâr Amanollah-Mirza Djahanbani, remplace Amir Ahmadi, qui conserve cependant le gouvernorat militaire de la capitale. Djahanbani, polyglotte lui aussi, formé à l'Académie militaire impériale russe, est plus diplomate qu'autoritaire ; sa mission est d'apaiser les conflits internes avec les tribus et les dissensions avec les Alliés. Vains efforts ici aussi.

Dans cette tourmente, Mohammad Réza Pahlavi tente, quant à lui, d'exister médiatiquement. Outre les réceptions auxquelles il participe avec Fawzieh, il distribue « l'argent de la Couronne » aux œuvres caritatives et aux municipalités qui en font la demande. Une goutte d'eau, certes, mais qui renforce sa popularité. Il apparaît ainsi comme un recours pour les nécessiteux dont le nombre augmente.

Durant six mois, Soheili résiste à tous les assauts. Bien qu'il n'ait pas démérité, il finit par tomber le 9 août 1942 : en ces temps incertains, il suffit d'une poignée de députés insatisfaits par quelques nominations en province ou réclamant en vain un poste de ministre pour un de leurs amis pour faire basculer une majorité.

Exit Soheili. On cherche à présent un nouveau Premier ministre. C'est alors que les députés « suggèrent » la nomination d'Ahmad Ghavam. L'homme a un lourd passé : accusé – à tort ou à raison – d'avoir ourdi un complot contre Réza shah en 1923, il avait dû s'exiler. Réza shah avait fini par accepter son retour en Iran, à deux conditions : qu'il reste sur ses terres du Guilan, au milieu de ses plantations de thé sur les bords de la Caspienne, où il dispose d'une belle propriété, et qu'il ne se mêle pas de politique. Certes, il possède aussi plusieurs résidences à Téhéran dont l'une, un véritable palais, sur une avenue baptisée Raphaël mais que tout le monde continue d'appeler avenue Ghavam-os-Saltaneh, reste ouverte pour ses amis, bien qu'il n'ait pas le droit d'y résider. Une manière d'entretenir ses réseaux, toujours actifs depuis le règne de Réza shah. De sombres anecdotes circulent à son sujet : conspirateur dans l'âme, il aurait demandé en 1940 l'aide des nazis pour renverser le shah... En 1944, on lui prêtera même le projet d'essayer d'utiliser les Anglais puis les Soviétiques dans sa lutte pour renverser Mohammad Réza Pahlavi[6]... Mais rien n'étaiera jamais ces rumeurs.

En résumé, les députés pressentent un homme au talent indiscutable, mais dont la vie est tout entière tournée vers la conquête du pouvoir et dont l'arrogance a toujours été le talon d'Achille.

Mohammad Réza Pahlavi connaît le personnage et s'en méfie, bien qu'il ne l'ait pas encore rencontré... Mais que faire contre la volonté du Parlement ? Il doit composer, dans un jeu à l'issue incertaine. A l'ambassadeur britannique, il confie : « Ghavam a quitté ses terres et est revenu à Téhéran. Cela m'inquiète. »

En cet été 1942, Ghavam est donc convoqué en audience royale pour être nommé officiellement. Sa rencontre avec le shah se déroule mal. Lorsque les deux hommes se serrent la main, Ghavam, hautain, dit au shah : « Dieu soit loué, vous avez beaucoup grandi[7]. » Une remarque que Mohammad Réza goûte fort peu, croyant que derrière ces mots transpirent l'ambition du nouveau Premier ministre et son désir de le rabaisser. La cohabitation commence donc dans un climat glacial et, à la Cour, quelques intrigues ne tardent pas à se nouer contre le chef de l'exécutif. Pour la première fois, le nom d'Ashraf est prononcé. Ghavam déteste la princesse, qui le lui rend bien. Elle en fera d'ailleurs dans ses *Mémoires* un portrait peu flatteur :

> Aristocrate jusqu'au bout des ongles, Ghavam avait aussi quelque chose du garde-chiourme. Il ne permettait pas que l'on installe des chaises dans son bureau, excepté la sienne, de sorte que personne, pas même ses ministres, ne pouvait s'asseoir en sa présence. Il ne permettait pas non plus aux membres du Parlement de lui parler directement. Ghavam insistait pour que les remarques soient adressées à son secrétaire, qui à son tour transmettait à « Son Excellence ». Si quelqu'un oubliait de se conformer à cette règle, il se tournait vers son secrétaire en demandant : « Que dit ce monsieur[8] ? »

Le témoignage semble excessif : la princesse n'a jamais été une source fiable, n'appréciant que ce qui était à la gloire de son frère ou d'elle-même. Certes, Ghavam était hautain, mais poli, voire courtois, et parfois affectueux : l'anecdote des chaises semble relever de la pure invention.

Mohammad Réza pour sa part n'entretient pas un tel dédain envers son ministre, tenu qu'il est par son devoir de neutralité... du moins en apparence. On peut l'imaginer en tout cas, car ses *Mémoires*[9], rédigés en exil, ne font guère référence à cette période particulière où le pouvoir lui était pratiquement confisqué.

Dans ce contexte morose, le jeune shah, vêtu de son uniforme de commandant en chef constitutionnel, préside pour la première fois la cérémonie de consécration d'une promotion de l'Académie militaire. Piètre consolation. Puis, le 29 septembre 1942, on le retrouve au ministère de la Guerre, recevant des rapports sur l'armée. Ghavam l'accompagne – une manière de montrer encore une fois que le vrai chef, c'est lui. Il est toujours – et encore – là lorsque Mohammad Réza rencontre Winston Churchill, qui, sur le chemin de Moscou, fait halte à Téhéran pour déjeuner avec le jeune roi. Certes, le shah et le Premier ministre britannique échangent en anglais, ce qui les rapproche en isolant Ghavam. Ce ne sont que de maigres contreparties pour le shah qui doit composer avec son amour-propre.

Les relations entre la famille royale et le Premier ministre ne sont pas au centre des débats, à ce moment. La première préoccupation du gouvernement est d'assurer au plus vite l'approvisionnement de la population, de la capitale particulièrement, en denrées de première nécessité, l'inflation durant ces années étant de 400 %. Les Alliés sont alors prioritaires en tout. Ils contrôlent pratiquement l'ensemble des réseaux routiers et ferrés menant du golfe Persique aux frontières russes, un axe qu'ils utilisent jour et nuit pour acheminer leurs troupes et leur matériel. Il en est de même pour les camions, qui ne peuvent s'approvisionner en pièces de rechange que s'ils travaillent pour eux.

Dans ce contexte, l'Iranien, devenu un « citoyen de deuxième classe[10] », un « quasi-citoyen » de pays vaincu alors qu'il n'a pas fait de guerre, est comme mis sous tutelle : s'il veut se déplacer, il doit obtenir un visa spécial des autorités militaires étrangères, puis attendre, durant des heures, dans la poussière, au bord de la chaussée, que les convois des Alliés soient passés. A-t-il des marchandises à débarquer dans un port ? Il doit aussi patienter, quitte à voir ses marchandises se périmer. Face à toutes ces humiliations et privations, le marché noir se développe ; les uns, un petit nombre, ont tout et s'enrichissent ; les autres commencent à manquer même de pain. La capitale est au bord de l'implosion.

Des bombardements allemands se profilant, Ghavam demande que les troupes alliées évacuent la capitale et que Téhéran soit déclarée ville libre. Il essuie une fin de non-recevoir. A sa nouvelle demande d'aide alimentaire, second camouflet : 120 000 tonnes de blé auraient été nécessaires pour endiguer la pénurie ; Moscou et Londres ne lui en proposent que 1 000 ! Pourtant de longues files se forment à Téhéran devant les boulangeries et les épiceries, alors que l'on sait que les Soviétiques détournent le riz des provinces du Nord à leur seul profit et que l'on voit les murs de la capitale s'orner d'étranges affiches annonçant que les libérateurs de l'Iran importent du blé du Canada pour nourrir la population ! Pis encore, quarante mille Polonais déportés par les Soviétiques puis libérés des camps de Staline arriveront bientôt à Téhéran. Les Iraniens se serreront de nouveau la ceinture et leur offriront l'hospitalité, selon leurs coutumes ancestrales... avec des moyens quasi inexistants. A force d'opiniâtreté,

Ghavam finira cependant par signer un accord d'achat de blé avec les Etats-Unis. Mais trop de temps s'écoulera avant que les cargaisons salvatrices n'arrivent à bon port.

Le 8 décembre 1942, Téhéran se rebelle. Des étudiants, des lycéens, des chômeurs, rassemblés devant le Parlement, jettent des pierres, brisent des vitres. Quelques députés, que l'on dit proches de la Cour ou de la princesse Ashraf, sortent du palais Baharestan et suggèrent aux manifestants d'aller se plaindre directement au shah. Ce qu'ils font. Leurs délégués sont reçus par le Grand Maître de la Cour impériale qui les assure de la compassion du souverain. Une compassion vite transformée en appui. L'émeute de la faim, ou, comme on l'a nommée alors, « du pain », éclate.

Ghavam est court-circuité. Il avait pourtant donné l'ordre à l'armée d'empêcher les déplacements de manifestants dans la capitale, mais le général de brigade Hassan Arfa, chef de l'état-major, a passé outre. Dans les jours qui suivront, il sera promu par le shah directement général de division ! L'acte – inhabituel à l'époque – est clair : c'est un désaveu du Premier ministre. Les émeutiers mettent à sac la résidence de Ghavam ; ce n'est pas la première fois, et ce ne sera pas la dernière[11]. « Broutilles ! » commente la victime, qui interdira que l'on évoque désormais cet incident devant lui.

Cela dit, la réaction du Premier ministre ne se fait guère attendre ; elle est autoritaire, comme d'habitude. Il charge le général Amir Ahmadi, ministre de la Guerre, de rétablir l'ordre. On évoquera quarante morts et cent blessés, mais nul n'en connaîtra jamais le nombre exact. A ce prix, trois jours plus tard, la capitale retrouve son calme. La liberté de la presse est provisoirement suspendue ; l'état-major se voit retirer son autonomie opérationnelle, et sa gestion est confiée au ministère de la Guerre. Amir Ahmadi réussit même à retrouver une partie des objets pillés par les émeutiers, et les fait restituer à leurs propriétaires. Ghavam fait voter une loi pour indemniser les autres ; il y fait préciser que ses propres biens sont exclus de son champ d'application. Elégance d'aristocrate.

Le gouvernement instaure le rationnement du pain, du sucre, du thé, de la viande et de quelques autres denrées. Les Téhéranais font connaissance avec les tickets de rationnement. Ghavam se croit alors tout-puissant. Une dernière marche reste à franchir : il demande à gouverner par décrets. Le Parlement y rechigne. Avec, semble-t-il, l'accord tacite du shah.

Au fond, Ghavam, comme César à Rome, n'accepte pas d'être le second à Téhéran : il veut gouverner seul. Aussi, ayant trébuché sur sa dernière requête, le 15 février 1943, il offre sa démission au shah... qui s'empresse de l'accepter.

Ecarté du pouvoir, Ghavam désire quitter la capitale. Fin politique cependant, il reste en observation, par l'intermédiaire de ses puissants réseaux politiques. Le shah, qui n'entend pas, même s'il règne sans gouverner, se voir voler la vedette par son Premier ministre, aurait-il eu tort de se brouiller avec lui ? Ghavam croit que son heure ne tardera pas à sonner de nouveau, la situation du pays étant à ses yeux inextricable.

L'Histoire lui donnera raison : ce sera bientôt la valse, lente d'abord puis accélérée, des gouvernements, jusqu'à son retour en janvier 1946. Le shah observera, impuissant, ces péripéties et leurs épilogues. En apprenant chaque jour un peu plus, il sera dès lors convaincu de la nécessité pour l'Iran d'un pouvoir fort, d'un exécutif stable capable de mener à bien le développement politique, social et économique du pays.

Ghavam parti, le Parlement suggère la nomination de Ali Soheili, son prédécesseur, pour un second mandat. Le 17 février 1943, le nouveau Premier ministre présente ses ministres : le général Amir Ahmadi reste à la Guerre, Mohammad Saëd obtient les Affaires étrangères. Le shah trouve quelque répit durant cet intermède, car l'intransigeance de Ghavam, son ambition et surtout son attitude dédaigneuse n'ont cessé de lui peser. Le 3 octobre 1943, il décide de sortir de sa capitale pour effectuer un pèlerinage à Mashhad, ville sainte où se trouve le mausolée de l'imam Réza, huitième imam chi'ite. Il effectue la première moitié du voyage jusqu'à Shahroud en train, la seconde en voiture. A chaque étape, il reçoit un accueil chaleureux de la population. A l'entrée de Mashhad, il doit subir, sans rien laisser paraître, les honneurs que lui rend un détachement de l'armée Rouge, qui devance ses propres services d'ordre, postés quelques centaines de mètres plus loin.

Le pèlerinage fait, le shah visite hôpitaux, musées, établissements d'enseignement, usines, et reçoit des représentants de la population. Il se rend ensuite à Touss, au mausolée de Ferdowsi[12], où il dépose une couronne de fleurs en hommage à celui qui a fixé mille ans auparavant la langue persane. C'est un symbole fort qu'il adresse au pays. Il se sent enfin – et pour la première fois depuis le 17 septembre 1941 – non plus le roi de Téhéran, mais le shah d'Iran.

De retour dans la capitale, il reçoit le secrétaire d'Etat américain, Cordell Hull, dont un léger zézaiement renforce l'« impression d'inoffensive bienveillance qui se déga[ge] de sa personne[13] », et le ministre des Affaires étrangères britannique, Anthony Eden, l'un et l'autre en route pour Moscou. Du 28 novembre au 1er décembre doit se tenir en effet la grande conférence de Téhéran réunissant les trois grands Alliés et destinée à jeter les bases du monde d'après-guerre. Staline en a imposé le lieu, l'Iran étant le seul pays frontalier de l'URSS où il peut se rendre sans danger en avion.

Dès le 26 novembre 1943 donc, Staline et sa suite, notamment Molotov, numéro 2 de la hiérarchie soviétique, et le maréchal Vorochilov, débarquent à Téhéran, rejoints le lendemain par Churchill et sa délégation. Puis voici Roosevelt, accompagné lui aussi d'une délégation impressionnante. Staline et Churchill s'installent dans leurs ambassades respectives situées à quelques centaines de mètres l'une de l'autre. Quant à Roosevelt, il accepte de séjourner à l'ambassade soviétique avec son gendre, son fils, son médecin et son valet de chambre ! Les puissances alliées sont à présent au complet ; la conférence peut commencer.

Pour le shah, elle comptera parmi les épreuves les plus humiliantes de sa vie. En effet, contre toute règle protocolaire ou tout respect élémentaire pour le pays d'accueil, ni l'Anglais ni l'Américain ne lui rendent visite. Churchill le reçoit pratiquement entre deux portes, le 30 novembre, à l'ambassade soviétique, une situation qui fait de Mohammad Réza un quémandeur. Roosevelt lui accorde une plus longue audience. A son grand étonnement, il lui demande de l'engager, lorsqu'il aura achevé son mandat présidentiel, comme expert en reboisement. « Comment interpréter une pareille requête ? » s'interrogera plus tard le shah[14].

Staline, paradoxalement, sans doute parce que oriental, semble beaucoup plus attaché que les autres au protocole. Le 1er décembre, il se rend au palais de Marbre, ancienne résidence de Réza shah, avec son ministre des Affaires étrangères, Molotov, et son ambassadeur à Téhéran, Maximov. Le shah les y reçoit en présence de Soheili et de Saèd. Staline pousse la délicatesse jusqu'à attendre, le thé servi, que le shah prenne sa tasse pour saisir la sienne. Mohammad Réza sait bien que ce geste est intéressé, mais c'est le seul que le représentant d'une des grandes puissances lui concède, et il ne l'oubliera jamais.

Staline et Molotov reçoivent ensuite Soheili et Saèd qui, étant tous deux russophones, les persuadent de signer la déclaration de Téhéran, de réitérer l'engagement de faire évacuer les armées alliées à la fin de la guerre – ce qui assurerait au pays le retour à une entière souveraineté – et de reconnaître le rôle de l'Iran, « pont de la victoire », dans l'issue favorable du conflit. Ce document constituera une victoire diplomatique pour l'Iran et un succès pour les deux hommes, succès d'autant plus précieux qu'inespéré.

Malgré ces quelques signes, l'Iran apparaît comme politiquement négligeable et exclu des intérêts qui agitent le monde. Durant les quatre jours que dure la conférence, le conflit étant pratiquement gagné pour les trois Grands, de somptueuses réceptions sont données dans leurs ambassades, auxquelles le shah n'est même pas convié.

L'instabilité institutionnelle s'installe durablement dans le pays. Le 6 avril 1944, Soheili est contraint de démissionner. On pressent Mohammad Mossadegh, chef des nationalistes, qui renonce au bout de trois jours. Vient alors le tour de Mohammad Saèd : il tiendra neuf mois, jusqu'au 25 novembre. Mossadegh pousse alors son propre neveu, le paisible et respecté Morteza Gholi Bayât qui, lui, ne sera mis en minorité que le 13 mai 1945. Entre-temps, le 6 septembre 1944, l'Union soviétique a demandé la concession d'une exploitation pétrolière dans le nord de l'Iran, ses visées sur l'énergie se dessinant de plus en plus clairement. Alerté, Mossadegh présente une proposition de loi au *Majlis* interdisant aux ministres de signer sans accord parlementaire toute autorisation de concession pétrolière, ce qu'entérine le Parlement le 2 décembre 1944. Ce point aura bientôt son importance.

C'est dans ce contexte chaotique qu'a lieu une rencontre historique pour le shah. En effet, en route pour

Moscou où il projette de rencontrer Staline, le général de Gaulle fait halte, le 27 novembre 1944, à Téhéran, où il loge à l'ambassade de France, qui a le mérite à ses yeux d'être un territoire français[15]. Il se souvient que l'Iran a dès 1942 rompu ses relations avec le gouvernement de Vichy et qu'il a reconnu au mois de juillet dernier son gouvernement provisoire de la France libre. Sa rencontre avec le shah inaugurera une confiance et un respect mutuels qui perdureront entre les deux hommes. Il écrira : « Au cours du conflit mondial, j'ai rencontré le shah à Téhéran, quand, tout jeune souverain, il héritait d'un Empire en proie aux pressions rivales des étrangers et aux complots des factions intérieures[16]. » Il apprécie en lui le chef d'un « Etat aussi ancien que l'histoire du monde, sa connaissance approfondie de toutes les réalités de son pays » et ne cessera dès lors de lui prodiguer des conseils pour résister aux pressions et exigences étrangères. Quant au shah, il se dit « subjugué par sa personnalité hors du commun. En l'écoutant parler de la France, j'entendais comme l'écho des ambitions que je nourrissais pour ma patrie : la retrouver indépendante à l'intérieur de ses frontières... Cet ardent patriote aura été pour moi un guide[17] ». Ardéshir Zahédi, qui fut, pendant cinq ans, son ministre des Affaires étrangères et qui, à ce titre, rencontra le général de Gaulle à plusieurs reprises, écrit à ce propos : « J'ai parfois entendu de Gaulle parler du shah sur un ton paternel, comme s'il s'agissait d'un fils. Le roi avait pour lui une admiration et un respect qu'il n'eut pour aucune autre personnalité internationale[18]. »

Après le triomphe de la révolution islamique et lors de son exil douloureux, on entendit le shah déclarer à plusieurs reprises, tant en privé que dans les entretiens qu'il accorda à la presse, que si de Gaulle avait encore été là, la France n'aurait pas eu l'attitude qu'elle eut à l'égard de l'Iran lors du séjour à Neauphle-le-Château de Rouhollah Khomeyni.

Mais on ne réécrit pas plus l'Histoire que les destins.

Mai 1945 marque la fin de la guerre en Europe, septembre 1945 en Asie. L'Iran espère un renouveau. Sur le plan intérieur cependant, rien ne change fondamentalement : trois gouvernements se succèdent de mai 1945 à janvier 1946. Ebrahim Hakimi[19], ancien ministre d'Etat sous Ghavam, assure un premier mandat jusqu'au 6 juin 1945. Lui succède jusqu'au 30 octobre 1945 – sans jamais obtenir le vote de confiance de la Chambre qui l'a pourtant pressenti – Mohsen Sadr, un juriste fort pieux, très opposé aux idées communistes montantes dans le pays. Ebrahim Hakimi revient ensuite aux affaires pour un deuxième mandat jusqu'au 28 janvier 1946.

Sur le plan international, une grave crise se prépare, consécutive à l'application du traité tripartite signé à l'automne 1941 entre les Alliés d'hier. Le 21 octobre 1945, en effet, le gouvernement Sadr rappelle officiellement Londres et Moscou à leurs obligations d'évacuer leurs troupes avant le 2 mars 1946, soit au plus tard six mois après la fin des hostilités. Washington, de son côté, a déjà entamé les préparatifs de retrait. L'annonce américaine produit son effet, du moins auprès des Britanniques qui, le 29 octobre, commencent à partir. Quant aux Soviétiques, ils font la sourde oreille. Indice alarmant pour la suite, esquissant le début d'une nouvelle période où l'Iran servira de test politique entre deux courants à présent antagonistes, le « bloc soviétique » et le « monde libre », que l'on appellera bientôt la « guerre froide » entre l'Est et l'Ouest.

Son théâtre en est l'Azerbaïdjan, nouvelle pomme de discorde mondiale. Le pétrole est l'un des enjeux qui poussent l'armée Rouge à ne pas se retirer de la région. Mais ce n'est pas le seul. Dès 1918, K. M. Troianovski indiquait que, pour les bolcheviks, l'Iran devait constituer à terme un « avant-poste de la révolution orientale ». « Le terrain révolutionnaire en Perse a été préparé de longue date ; il a été préparé par les impérialistes d'Angleterre et de Russie ; il ne manque maintenant qu'une impulsion de l'extérieur, l'initiative et la détermination. La révolution en Perse peut devenir la clef d'une révolution générale… Compte tenu de la position géographique particulière de la Perse et à cause de la signification de sa libération pour l'Est, elle doit être conquise politiquement la première. Cette précieuse clef pour les révolutions à l'Est doit être dans nos mains. A tout prix la Perse doit être nôtre. La Perse doit appartenir à la révolution[20]. » La crise d'Azerbaïdjan s'inscrit donc clairement dans la stratégie expansionniste du communisme – puis de Staline – de faire de la Caspienne une mer intérieure russe.

Or, avec la Seconde Guerre mondiale, l'instabilité s'est réinstallée en Iran. Le pays – mûr à présent pour tomber dans l'escarcelle soviétique et réaliser un dessein ancien – partage 2 500 kilomètres de frontières terrestres et maritimes avec l'URSS, ce qui n'est pas sans conséquence dans le mouvement des idéaux révolutionnaires marxisants d'alors. Depuis les années 1905-1907, ces derniers ont fait leur chemin ici aussi, et de forts jalons communistes s'y sont implantés. Ainsi, le 2 octobre 1941 a été créé le *Hezb-é Toudé* (le Parti de la masse), appelé *Toudeh* en Occident et, par amalgame, Parti communiste, qui rassemble bien des oppositions. L'a rejoint un groupe azerbaïdjanais conduit par Jafar Pishévari, un des membres fondateurs du Parti communiste d'Iran, établi à Resht en 1920, lequel n'appartiendra d'ailleurs jamais au Toudeh. Après guerre, le Toudeh et ses alliés avancent donc avec force dans l'opinion publique[21], contrôlant en outre de nombreuses usines textiles dans le Mazandaran, dont une partie de la production est expédiée vers l'Union soviétique et l'autre vendue sur le marché national au profit de ses caisses.

L'URSS se sent alors légitimée à réclamer son dû – idéologique et énergétique – en tant que nation ayant permis la victoire, et s'appuie à cette fin sur ses alliés iraniens. Une des voies qu'elle choisit est de pousser à la création de républiques séparatistes, en 1945 dans l'Azerbaïdjan iranien[22] et en 1946 au Kurdistan, régions où certains voient aussi d'un bon œil l'aide que peuvent leur apporter les Soviétiques dans la réalisation de leurs projets.

Dès le 5 novembre 1945, l'URSS engage les hostilités en armant les membres du Parti communiste iranien dans plusieurs localités d'Azerbaïdjan. Equipés, les hommes attaquent les postes de gendarmerie et les commissariats de police. Au moindre signe de résistance, l'armée Rouge leur vient en aide, participant presque partout à l'assassinat des forces de l'ordre. L'heure est à la conquête du sol. On se soucie fort peu des morts ; les cadavres sont traînés dans les rues, pendus aux réverbères. Puis on s'en prend aux « bourgeois » et aux propriétaires fonciers : pillages, assassinats, viols se succèdent, avec le soutien sans faille de l'armée Rouge. Le gouvernement populaire d'Azerbaïdjan (GPA), dirigé par le Parti démocratique azerbaïdjanais de Pishévari, naît dans le sang. Le 20 novembre, c'est la partie du Kurdistan iranien occupé par les Soviétiques qui reçoit des armes et fait sécession pour devenir, le 22 janvier 1946, la République de Mahabad[23]. Le 24, plusieurs villes des deux provinces passent sous contrôle communiste. L'armée Rouge prend alors définitivement la main, ôte aux plus infimes garnisons des forces de l'ordre leurs armes qu'elle remet aux communistes, à qui elle livre de surcroît gendarmes et policiers, massacrés sur-le-champ.

Ce même 24 novembre, Washington proteste vigoureusement auprès de Moscou contre ses ingérences, suivie par Londres. En Iran, la réaction de la rue est unanime. On manifeste partout contre les insurrections du Nord. Le shah, symbole de l'intégrité du territoire national, entreprend où il peut des « visites royales ». Sa popularité à cette époque est grande : on l'acclame, on expose son portrait dans les maisons, les boutiques, les rues.

Le 26 novembre, par un vote quasi unanime, auquel manquent les voix communistes, les députés réclament l'évacuation des forces soviétiques. Coup d'épée dans l'eau : ce même jour, l'armée Rouge, qui pense avoir gagné la partie, empêche deux cents gendarmes et une petite équipe médicale de l'armée d'accéder à la province caspienne du Mazandaran. C'est la confusion dans le nord du pays… et l'escalade de la violence.

Le 29, la garnison de Tabriz, capitale de la province de l'Azerbaïdjan iranien, est attaquée à son tour. Attaque repoussée. L'armée Rouge n'est pas intervenue, ce qui permet à l'ambassade soviétique et à Andreï Vichinsky, vice-ministre soviétique des Affaires étrangères et délégué auprès des Nations unies, de démentir toute implication de Moscou dans les événements d'Iran.

Le 2 décembre, le Parlement, par le vote d'une motion, déclare que la mutinerie est un « soulèvement armé contre l'indépendance et l'intégrité territoriale du pays », ce qui rend ses acteurs passibles de poursuites devant les cours martiales. Mais le Parlement, à ce moment, manque de crédibilité aux yeux de l'armée Rouge, qui poursuit ses exactions en arrêtant à une centaine de kilomètres au nord-ouest de Téhéran un corps expéditionnaire – deux unités de l'armée de terre, une de gendarmerie et six chars datant des années 1930 – envoyé pour renforcer la garnison de Tabriz. Ce sont de nouveau des pillages et des meurtres, aussi bien en Azerbaïdjan qu'au Kurdistan.

Le gouvernement désigne Morteza Gholi Bayât, ancien Premier ministre, connu pour son art du dialogue et son esprit de conciliation, comme gouverneur général d'Azerbaïdjan. Devant le refus des Soviétiques qu'il s'y rende dans un avion iranien ou même par la route, il est contraint d'emprunter un avion militaire russe. Le voilà pour quelques jours sur le terrain... Quelques jours seulement, car il est bientôt renvoyé à Téhéran comme il est venu. Nouveau camouflet.

Tout échappe au pouvoir iranien, impuissant devant des Soviétiques déterminés et des provinces divisées. Comment répondre aussi aux diverses revendications – l'enseignement du turc dans les écoles, des réformes décentralisatrices, la reconnaissance des particularismes azéris – encouragées par Moscou pour attiser le feu[24] ? Le Premier ministre, Ebrahim Hakimi, et son cabinet constatent l'inutilité de négocier avec les séparatistes qui viennent d'élire une assemblée et de constituer un gouvernement à Tabriz. Une seule solution leur paraît jouable : porter l'affaire devant les Nations unies, organisation à peine née qui siège encore à Londres.

Cette décision soulève un tollé immédiat parmi les communistes iraniens. Hakimi tient bon : sa prudence, son sang-froid sont légendaires. Il use même de son âge : ainsi, devant l'ambassadeur soviétique venu protester contre sa politique, il feint la surdité, joue à ne pas comprendre ce qu'on lui dit, s'endort ! Gagner du temps à tout prix jusqu'à ce que l'affaire soit inscrite à l'ordre du jour du Conseil de sécurité avec l'appui des Etats-Unis, de la Grande-Bretagne et de la France de De Gaulle, devenue membre permanent, voilà son obsession. Et il réussira sur ce point. Malgré cela et le soutien – symbolique – du shah, de l'opinion publique, d'hommes politiques comme Mossadegh – dont une partie des fidèles préfère cependant l'alliance avec les communistes –, Hakimi tombe le 21 janvier 1946 devant les intrigues parlementaires. La crise réclame un homme d'une autre trempe.

Les choses vont de mal en pis dans le Nord. A Tabriz, l'un des derniers atouts du régime s'écroule. La garnison – plus de 2 000 hommes disposant d'une petite artillerie et de véhicules blindés –, contrevenant aux ordres de Téhéran qui prescrivaient de saborder armes et munitions et de rapatrier officiers et sous-officiers, se rend au pouvoir séparatiste, le GPA, sur l'ordre d'un général félon, Dérakhchani[25], lequel invoque la décision d'un « conseil d'officiers » ! Le GPA, implanté durablement, se livre à une rude répression. Des contre-pouvoirs se constituent aussitôt dans la région : d'un côté, les frères Zolfaghari prennent la tête d'une guérilla ; de l'autre, sur des instructions venues de Qôm de la part du grand ayatollah Sayed Hossein Boroudjerdi, bientôt chef suprême de la communauté chi'ite dans le monde, le clergé d'Azerbaïdjan organise la résistance civile contre les communistes, avec à sa tête un prélat de Tabriz, Sayed Kazem Shariat-Madari – deux religieux dont on entendra parler au cours des années suivantes.

Durant ces quatre années d'instabilité politique (été 1942 – janvier 1946), l'armée iranienne n'a plus eu les moyens d'endiguer l'agitation en province : au nord, elle s'est heurtée au Toudeh et à son allié soviétique ; au sud, au désordre tribal et aux Britanniques opposés à toutes ses tentatives d'action.

Les « Alliés » ont en effet été pour beaucoup dans la confusion ambiante. Ils ont pris le contrôle d'une partie des gares et du réseau ferré, de quelques centres de télécommunications, et des petites usines d'armement, promettant un dédommagement… qui ne viendra jamais ! Par ailleurs, ils ont poursuivi l'arrestation de personnalités civiles, et surtout militaires, supposées hostiles à leur cause. Téhéran a protesté. Sans résultat. On craignait que les personnalités arrêtées par les Soviétiques ne soient déportées dans les camps de Sibérie, une psychose installée depuis que les Polonais émigrés s'étaient mis à raconter le quotidien de ces camps. Sur ce dernier point, Téhéran avait obtenu que les prisonniers soient regroupés à Arak, au centre du pays, loin des forces soviétiques, et que quelques-uns le soient dans la capitale. De ce fait, la police iranienne pouvait vérifier leur identité ; en outre, tant que la justice n'avait pu consulter leur dossier, la législation iranienne ne les considérait pas comme accusés.

Cependant, les Soviétiques étant soumis à une discipline de fer, la moindre de leurs incartades était lourdement sanctionnée. A Resht, dans la province caspienne du Guilan par exemple, un industriel rapporte qu'alors qu'il avait proposé du thé, des gâteaux et des cigarettes à des soldats de l'armée Rouge venus prendre livraison de marchandises, ils lui avaient répondu qu'il leur était interdit d'accepter, que si l'on apprenait qu'ils avaient pris quelque chose chez l'habitant, ils seraient immédiatement envoyés au front. L'un d'eux avait même ajouté en riant : « Si la police militaire [russe] me voit entrer dans une *maison interdite*, je serai fusillé sur-le-champ[26]. »

L'armée britannique, surtout composée de soldats indiens, obéissait à une discipline moins stricte. On ne signalait rien de particulier à son sujet. Et pourtant, elle aurait pu s'irriter lorsque de jeunes Iraniens affichaient leur satisfaction devant la défaite anglaise face aux Japonais !

Et les soldats américains ? Contrairement aux Anglais, ils ne véhiculaient pas avec eux un passé colonial lourd de contentieux. Aussi, malgré la différence de mœurs des GI et leur attitude parfois cavalière, les Iraniens trouvaient leur présence rassurante. Outre le fait qu'ils alimentaient le marché noir en produits introuvables, ils apportaient avec eux, comme en Europe, des modes de vie bien différents, voire déroutants, qui feraient souche. La princesse Ashraf se rappelle :

> Quand les troupes américaines arrivèrent en Iran, les hommes avaient de l'argent à dépenser quand ils n'étaient pas de service, et les bars et les night-clubs se multiplièrent dans la capitale pour la commodité des GI. Des femmes affamées se mirent à faire le trottoir pour gagner assez d'argent pour pouvoir manger. Ce genre d'influence occidentale dans un pays musulman alimenta l'indignation des mollahs. [...] Avant la venue des soldats américains, les seules musiques que nous connaissions étaient françaises ou iraniennes. Les Américains établirent leur propre station de radio, partie de leurs installations militaires à Amirabad, quartier du nord-ouest de Téhéran. Nous fîmes alors connaissance avec les musiques populaires, les variations exotiques de Dixieland et le jazz[27].

Si les mœurs iraniennes – surtout dans la capitale – évoluent durant ces années difficiles de liberté surveillée, le moment reste épineux pour le pouvoir iranien, sur le plan tant politique qu'institutionnel, après le départ de Hakimi. Bien que la durée de la législature touche à sa fin, personne n'envisage de nouvelles élections. Il faut cependant choisir un nouveau Premier ministre. A une faible majorité, et malgré de discrètes interventions du shah, les députés pressent Ahmad Ghavam pour diriger le gouvernement. Le 27 janvier 1946, c'est chose faite : Ghavam reçoit pour la quatrième fois le firman le chargeant de « résoudre la crise » et de « ramener l'ordre dans le pays ». Comme il l'avait prédit, son heure est revenue.

C'est à un nouveau combat entre David et Goliath qu'il doit se préparer. Dans le rôle de Goliath, le vainqueur de Hitler, Joseph Staline, qui fait déjà trembler le monde. Dans celui de David, Ghavam, dirigeant d'un pays faible, partiellement occupé, à la tête d'une petite armée à peine opérationnelle, et qui doit affronter en même temps deux régimes séparatistes, épaulés par l'URSS. Autant dire que la partie est inégale et les chances de réussite infimes pour l'Iranien. Mais Ghavam est joueur.

Dès son installation, il ordonne aux diplomates iraniens en poste à Londres et à Washington de poursuivre leurs efforts devant l'Onu, sans couper les ponts avec l'URSS. Le 4 février 1946, Hassan Taghi-zadeh, ambassadeur d'Iran à Londres, reçoit Andreï Vichinsky en sa résidence, assisté de Ali Soheili, l'ancien Premier ministre russophone. Sont également conviés comme observateurs les ambassadeurs des Etats-Unis et de Grande-Bretagne à l'Onu. Malgré une séance de plus de trois heures et demie, les positions respectives ne changent guère. L'armée soviétique n'entend pas quitter le nord de l'Iran ; Moscou déclare qu'« il ne juge pas nécessaire cette évacuation », piétinant ses engagements solennels, mais qu'il est prêt à accueillir une délégation iranienne pour en discuter. Piètre résultat.

Après avoir présenté, le 14 février, ses ministres au Parlement et obtenu la confiance des députés, Ghavam part le 18 pour Moscou, à la tête d'une délégation soigneusement choisie, à bord d'un bimoteur russe. Il fait escale à Bakou, en Azerbaïdjan, encore iranienne un siècle auparavant avant d'être annexée par la Russie des tsars, et visite la ville. Tout un symbole. Le 19, arrivée à Moscou. Le 20, première séance de travail au Kremlin avec Molotov. Chacun campe sur ses positions.

Enfin, le 21 février 1946, Staline et Ghavam se rencontrent en tête à tête, cependant que les délégations des deux pays se réunissent dans une autre salle. Tout laisse à penser que durant cette entrevue cruciale, la crise a commencé à être désamorcée et le grand *deal* entre les deux hommes esquissé. Car c'est bien à un marchandage que se résument les stratégies politiques auxquelles le fort et le faible se livreront. Ce n'est pourtant pas la sympathie pour Staline qui étouffe Ghavam. De retour à Téhéran, en privé, il aura un jugement peu amène sur le dictateur soviétique : « Il sentait mauvais – un mélange d'odeurs de cuir et de mauvais tabac. » « Ses dents avaient besoin d'être soignées. » « Par ses petits yeux d'assassin, il voulait intimider son interlocuteur[28]. » Pour un aristocrate et un esthète comme lui, tant de défauts chez un seul homme – petit de surcroît – sont difficiles à supporter.

Le 5 mars, Staline l'invite à un grand dîner d'apparat au Kremlin. Au moment de quitter la résidence que les Soviétiques réservent à leurs hôtes de marque et où sa délégation l'a rejoint, Ghavam constate que ses journalistes n'ont pas été conviés. Refusant de partir, au risque de créer un incident diplomatique, il déclare : « Si tous ceux qui m'accompagnent ne participent pas au dîner, je n'irai pas. » Comme l'ordre vient de Staline, les officiers russes du protocole n'osent pas y contrevenir. On supplie l'hôte d'honneur de changer d'avis : rien n'y fait. Après de nombreuses tractations, le Kremlin cède. Ghavam a remporté la première manche.

Le dîner commence avec retard, dans une ambiance guindée. Selon des sources directes, Ghavam reste hautain[29] lorsque le « petit père des peuples » lui présente ses convives, quarante personnes triées sur le volet : dirigeants soviétiques, maréchaux de l'armée Rouge. Ces écrans de fumée mondains ne sauraient obscurcir sa pensée. Il sait que le principal objectif de Moscou est d'obtenir de nouveau le droit exclusif d'exploitation du pétrole et des ressources minières du nord de l'Iran[30], position stratégique qui lui permettrait d'étendre son influence idéologique. Quelle chance l'Iran aurait-il alors de survivre, avec un parti communiste puissant, deux régimes séparatistes pro-URSS et une présence militaire importante de son puissant voisin ? Staline est pour sa part persuadé que ce qu'il a réussi en Pologne et en

Roumanie, il peut l'obtenir aussi en Iran. Reste à ins-trumentaliser Ghavam, dont il sous-estime sans doute la finesse. Ce dernier, qui n'a rien à perdre, choisit d'entrer dans son jeu et le rassure par tous les moyens possibles sur les intentions iraniennes relatives à l'exploitation du pétrole entre autres. Son objectif n'a pourtant pas changé : l'évacuation des troupes soviétiques. Sitôt cette décision obtenue, il ne doute pas qu'il saura quoi faire.

Trois semaines plus tard, le voici de retour à Téhéran. Officiellement, rien n'est réglé. Cependant, à partir du 25 mars 1946, ses tractations encore secrètes semblent porter leurs fruits : l'armée Rouge commence à évacuer ses troupes. Chaque parcelle libérée est un gain pour les Iraniens. L'ensemble se clarifie lorsque le nouvel ambas-sadeur soviétique à Téhéran, Sadtchikov, et les autorités iraniennes publient, le 5 avril, un communiqué commun précisant que l'armée Rouge aura totalement évacué le pays dans les quarante-cinq jours, que la loi permettant l'exploitation du pétrole et des ressources minières du nord de l'Iran sera votée par le Parlement[31], et, enfin, que l'affaire d'Azerbaïdjan est un problème intérieur iranien que Téhéran résoudra avec « bienveillance et compré-hension ».

Deux jours plus, le shah accorde à Ghavam le titre de *déjnabé achraf*, que l'on pourrait traduire par « séré-nissime ». Malgré leur antipathie avérée, le shah et son Premier ministre ont ainsi su jouer leur rôle et colla-borer utilement... pour un temps, en tout cas, dans la mesure où l'intégrité de l'Etat était menacée. Ainsi, lorsque Ghavam était embarrassé par une question, il invoquait la nécessité de « demander l'avis impérial ». Quant au shah, lorsqu'il faisait l'objet d'une sollicitation, surtout politique et diplomatique, il répondait : « Voyez notre Premier ministre. La décision lui appartient », ce qui n'était pas dans ses habitudes.

La stratégie de Ghavam n'est alors qu'esquissée. Toujours dans l'optique de rassurer les Soviétiques, en août 1946, il remanie son gouvernement, y faisant entrer trois chefs communistes – à l'Education nationale, à la Santé et à l'Industrie, et au Commerce –, ainsi qu'un « compagnon de route » à la Justice. Aux communistes, il fait comprendre qu'ils sont là en tant que « représentants » de l'URSS, ce à quoi Moscou applaudit. Avant même la présentation protocolaire au shah, à la résidence de Ghavam, deux des ministres communistes téléphonent d'ailleurs à l'ambassadeur soviétique pour se faire préciser leur mission[32]. Outre ces « aménagements », plusieurs personnalités connues pour leur opposition à la politique soviétique sont arrêtées en vertu de la loi martiale toujours en vigueur... pour être libérées quelques semaines plus tard. L'essentiel est que Staline morde à l'hameçon machiavélique forgé par Ghavam. Et c'est ce qu'il fait. L'armée Rouge évacue l'Iran, non sans avoir auparavant surarmé les troupes des deux régimes séparatistes du Nord-Ouest et mis en place un commandement unifié, confié à un colonel du KGB de la République soviétique d'Azerbaïdjan, Gholam Yahya, promu général pour l'occasion. Staline, à coup sûr, croit ainsi avoir réuni tous les atouts pour neutraliser l'Iran.

L'affaire est si bien menée dans le secret qu'elle fait craindre le pire, même dans les milieux iraniens les plus autorisés. Le propre frère de Ghavam, Vosug-ol-Dowleh, lui-même ancien Premier ministre sous les Qâdjârs, s'en émeut au point de prier Afshar[33] de s'en ouvrir au chef du gouvernement, qui en rit : « Dites à mon frère tout mon étonnement de constater qu'il ignore mon savoir-faire en politique. » De même, lorsque Abolhassan Ebtéhadj, gouverneur de la Banque nationale et conseiller économique très écouté, lui fait part de ses inquiétudes et de celles des milieux d'affaires, relativement à la présence de ministres communistes dans le gouvernement, il s'entend répondre : « Ils ne sont rien, je les chasserai bientôt[34]. »

Au milieu de ces microtempêtes, Ghavam, imperturbable, continue sa route trouble, appuyé par le shah. Il invite ainsi une délégation du régime séparatiste de Tabriz à venir discuter avec le gouvernement. Des échanges interminables qui n'aboutissent à rien, sinon à gagner du temps. Ghavam pousse même la perfidie jusqu'à participer à un banquet donné par le parti communiste en son honneur... mais où il arrive en retard et durant lequel il adresse à peine la parole à ses trois ministres, pourtant obséquieux à son égard.

Tout change avec la fin de l'évacuation soviétique du pays. Le shah, qui ne veut pas rester dans l'ombre, nomme, sur proposition de Ghavam, le général Razmara[35] à la tête de l'état-major général des armées, avec mission de les préparer à un affrontement éventuel avec les séparatistes du Nord. Il est temps d'agir, et vigoureusement, car l'exemple du Nord s'étend au Sud où des tribus entreprennent de marcher sur Téhéran pour exiger le retrait des éléments de gauche du cabinet[36]. Un autre général, Fazlollah Zahédi, à peine libéré des prisons britanniques[37], reçoit les pleins pouvoirs civils et militaires, et parvient rapidement à mater la rébellion tribale sans trop de pertes pour les uns ni les autres. A présent, l'ensemble de l'armée, bien que mal équipée et dotée d'une faible aviation, peut s'organiser et faire face aux séparatistes du Nord.

D'autant plus que Ghavam vient de « chasser » les communistes du gouvernement, sous la pression, affirme-t-il, des troubles du Sud. Pour y parvenir, il a démissionné de son poste, passé un court délai de convenance. Le shah, en l'absence de Parlement dont la législature s'est achevée sans que des élections aient pu se tenir, l'a « rappelé » immédiatement, usant de son droit constitutionnel de nommer directement le chef du gouvernement. Et dans le nouveau gouvernement que Ghavam lui a présenté, plus de communistes ! Un geste fort... qui pourrait sembler hostile aux Soviétiques.

Ghavam, une fois de plus, les rassure sur ses intentions. Ils veulent le pétrole du Nord ? Ils l'auront, et lui, Ghavam, se montrera bienveillant envers les séparatistes que Moscou, prudent, continue à soutenir. Il leur glisse aussi que des élections sont indispensables pour que le Parlement approuve l'accord de concession pétrolière. Et aux dirigeants de Tabriz, au GPA, il martèle que la présence des forces de l'ordre loyalistes est une condition incontournable pour que des élections aient lieu. Avec ce double langage, l'affrontement militaire est inévitable. Ghavam mise sur le pragmatisme des Soviétiques. Dans un entretien avec l'ambassadeur des Etats-Unis, George Allen, il déclare : « Ils veulent notre pétrole à tout prix. Ils sont prêts à sacrifier les communistes pour le pétrole[38]. » L'armée iranienne peut donc se mettre en ordre de bataille sur la « frontière », sans crainte excessive.

Parallèlement, le 9 novembre 1946, Harry Truman, président des Etats-Unis, envoie un message très ferme à Staline, le mettant en garde contre toute ingérence militaire si un conflit armé venait à éclater entre les deux parties. Est-ce le fait que Truman dispose d'une force dont Moscou est privé, la bombe atomique, qui incitera Staline – aux prises avec d'autres problèmes dans son propre pays – à la prudence ? On peut le penser. A la mi-novembre, l'armée de Razmara coupe les lignes de chemin de fer, bloque les routes, contrôle les liaisons téléphoniques et télégraphiques des provinces rebelles, sans être inquiétée par les Soviétiques.

Tandis qu'à Téhéran et dans plusieurs grandes villes, les communistes manifestent leur soutien aux séparatistes et occupent des usines, Ghavam adresse des messages aux dirigeants de Tabriz pour leur signifier que toute résistance devant l'installation en leur province des forces loyalistes sera considérée comme un acte de rébellion. En même temps, il continue à rassurer Moscou : ses engagements seront tenus... relativement au pétrole. Son machiavélisme va jusqu'à faire demander à l'ambassadeur soviétique de calmer les communistes qui compliquent son jeu. Une fois de plus, les Soviétiques se laissent abuser.

Les événements se précipitent le 13 novembre. A la suite d'une révolte populaire et de l'intervention de la guérilla antiséparatiste, la ville stratégique de Zandjan, sise à mi-chemin entre Téhéran et Tabriz, est libérée. Les autorités séparatistes de Tabriz s'entêtent : « La mort, proclament-elles, mais ni la renonciation ni le retour ! » Multipliant leurs fanfaronnades, elles déploient des forces considérables sur les monts Ghaflankouh, leur plus sûr rempart. Mais la défaite est déjà écrite.

Le trio Mohammad Réza, Ghavam et Razmara continue de fonctionner à la perfection. Le 6 décembre, le shah se rend à Zandjan et prend « personnellement » la direction des opérations. Venant d'obtenir son brevet de pilote, il survole les lignes du front dans un petit avion à deux places, Razmara à ses côtés. Assez bas pour que les soldats les reconnaissent et les saluent. Il est important qu'ils sachent leur shah auprès d'eux, un geste d'une témérité folle que ce dernier saura exploiter et qui restera dans sa légende.

La pression monte à Tabriz. Plusieurs personnalités poussent Jafar Pishévari à désigner un officier compétent à la tête de ses troupes, lui demandant la destitution du général Gholam Yahya, piètre stratège. « Vous savez que je ne le peux pas, répond Pishévari, c'est un ordre de Moscou[39]. » Au premier assaut des troupes régulières, précédées des résistants locaux, l'armée de Pishévari se disloque. Tabriz se soulève alors contre ceux que la population considère comme des occupants. C'est la débandade : de nombreux fidèles de Gholam Yahya se livrent à des pillages durant leur fuite, chargeant tout ce qu'ils peuvent dans des camions et abandonnant leurs compagnons à la vindicte populaire.

A Téhéran, l'ambassade soviétique est en émoi. Sadtchikov demande à voir d'urgence le Premier ministre. On lui répond qu'il est « parti se reposer » dans ses terres. Peut-on lui téléphoner ? « Il n'y a pas de lignes téléphoniques dans ce coin perdu de campagne ! » Demande-t-il une audience de toute urgence au shah ? « Il est au front. » Quant aux ministres, ils disent n'avoir aucune compétence dans cette affaire. En conséquence, l'ambassadeur est invité à patienter !

Le 12 décembre, Tabriz est libérée ; le front kurde tombe à son tour. Le shah peut rentrer à Téhéran. Les « vacances » de Ghavam ayant pris fin, une fête « discrète » est organisée, le soir même, au palais, à laquelle quelques proches sont conviés et dont tout le milieu politique parlera.

Le lendemain, Ghavam reçoit ensemble les ambassadeurs de l'Union soviétique et des Etats-Unis, et leur annonce la fin de la crise d'Azerbaïdjan. Il ordonne ensuite à son ambassadeur aux Nations unies de retirer sa plainte contre Moscou, plainte qui n'a plus de raison d'être.

L'affaire n'est pas finie pour autant. Pour Pishévari, il est temps de repasser la frontière irano-russe avec ses fidèles. Quarante voitures, une centaine de camions de marchandises diverses, trente-cinq Jeep, sept autobus composent sa longue caravane que l'armée Rouge protège. Quelques mois plus tard, le 3 août 1947, on annoncera à Bakou sa mort « à la suite d'un accident de voiture ». On saura très vite qu'il a été exécuté sur ordre de Staline qui ne lui a pas pardonné sa déconfiture[40]. Le 16 décembre 1946, une partie des armes et des munitions prises aux séparatistes avaient été exposées à Tabriz devant les nombreux représentants de la presse internationale venus suivre les opérations : plus de 50 000 fusils, 5 000 mitraillettes et mitrailleuses lourdes, des centaines de pièces d'artillerie, des chars... d'origine russe. Quant aux séparatistes kurdes de l'éphémère République de Mahabad, après leur défaite conjointe, Qazi Mohammad, leur leader, sera exécuté avec presque tous les chefs de la rébellion. « La répression dans le nord du pays a été terrible en 1947 et les cours martiales ont siégé sans désemparer[41] », écrit Hélène Carrère d'Encausse.

Reste, pour clore définitivement la sanglante crise d'Azerbaïdjan, les promesses faites par Ghavam à Staline. Si la victoire de David contre Goliath est consommée, Ghavam doit encore régler l'affaire de la concession pétrolière, seconde partie du marché passé avec le dictateur russe. A présent, plus rien ne l'empêche de tenir ses promesses : les élections législatives ont eu lieu ; son Parti démocrate y a remporté une écrasante majorité. Réinvesti à la tête du gouvernement, il dépose un projet de loi pour faire valider la procédure de la concession promise aux Soviétiques. En sous-main, il rencontre en tête-à-tête de nombreux députés à qui il déclare que l'engagement pris ne concerne que « lui » et qu'« eux » n'y sont guère tenus. Puis il accorde à son ami Edouard Sablier, envoyé spécial du journal *Le Monde*, un entretien où il tient le même discours : « Une promesse est une promesse : l'accord de principe que nous avons signé demeure une obligation. Je me refuse d'avoir la réputation d'un homme sans parole ; aussi soumettrai-je au Parlement le projet en question... Mais les circonstances ont changé. Les représentants élus au suffrage universel jouissent d'une entière liberté de pensée et d'appréciation[42]... » Au moment où il prend congé, Ghavam demande à Sablier d'adresser une copie complète de l'interview à la presse locale, qui la publiera *in extenso*. Ce qui fait l'effet d'une bombe.

L'ambassadeur soviétique demande à être reçu immédiatement par Ghavam, lequel lui confirme avec un geste d'impuissance que la décision appartient désormais à la représentation nationale. Laquelle, le 5 novembre 1947, refuse à l'unanimité moins deux voix, communistes, tout accord de concession. Par cette « astuce persane », Staline est encore une fois floué. C'est pour le pétrole qu'il avait évacué ses troupes... et le pétrole lui échappe ! En l'occurrence, *Le Monde* et Edouard Sablier ont été d'efficaces messagers.

Mais ce n'est pas le dernier tour du machiavélique Ghavam : à la dernière minute, son ami le professeur Réza-zadeh Chafagh a fait ajouter à la loi rejetant l'accord un « amendement » qui charge le gouvernement d'engager les mêmes négociations avec les autorités de Londres et l'AIOC, filiale de la British Petroleum (BP), détenue majoritairement par l'Etat britannique, afin d'assurer « les droits légitimes de la nation iranienne » dans l'exploitation des gisements pétroliers du sud du pays. Ghavam, par cette manœuvre, signifie aux Soviétiques que leurs rivaux britanniques seront traités comme eux. Sans doute aussi veut-il faire coup double : après Moscou, Londres.

Le shah, qui en apparence n'est pas « responsable » et n'a qu'à approuver, applaudit à cette dernière disposition, étant peu enclin à oublier les nombreux obstacles que les Britanniques ont mis sur le chemin des Pahlavis ainsi que leur dédain. Il goûte déjà sa revanche sans être en première ligne, position idéale. Et si Ghavam disparaissait de la scène politique, il s'en réjouirait plus encore.

A présent que le ciel politique s'est dégagé pour le pouvoir iranien, la vie peut reprendre son cours. Ghavam fait voter une loi d'amnistie concernant tous ceux qui ont aidé les séparatistes d'Azerbaïdjan et du Kurdistan, pas décisif vers une réconciliation nationale. Par ailleurs, hyperactif, ayant créé son propre mouvement politique, le Parti démocrate, doté d'un programme très progressiste, réunissant sous sa bannière presque tout l'Iran non communiste, c'est-à-dire l'immense majorité, il a initié, outre un projet de loi sur l'égalité hommes-femmes, de nombreux projets de développement dans les domaines du logement, de la rénovation urbaine et des infrastructures en général, entre autres la réfection des routes endommagées durant la guerre et l'électrification du pays. Il a organisé la planification de l'économie, fondé la banque de développement industriel et minier, et fait voter la première loi de sécurité sociale, imposant ainsi un jour de congé hebdomadaire dans les usines et la semaine de quarante-huit heures. Des progrès quasi révolutionnaires pour l'époque et pour cette région du globe. Il amorce en outre, modestement certes, un projet de partage des terres agricoles. Autant de réformes et de pistes qui seront suivies d'effet sous la forme de ce que l'on appellera la « Révolution blanche » à partir de 1963.

Négligeant tous ces apports, le shah, maintenant que l'ordre est rétabli, laisse libre cours à son antipathie pour son arrogant Premier ministre. Quant à sa sœur, la princesse Ashraf, elle mène clairement une cabale contre lui. Sous son égide, les scandales destinés à l'abattre se multiplient : on lui reproche la nomination d'un ami comme ambassadeur en France ; on l'accuse d'avoir été trop complaisant envers les Soviétiques et les Azéris, ce qui provoque la colère de Sadtchikov et de la radio de Moscou. Derrière toutes ces intrigues se dessine la volonté royale de s'attribuer le bénéfice exclusif de la libération de l'Azerbaïdjan iranien[43]. Aussi, presque tous ses soutiens l'abandonnant, le cabinet démissionne le 4 décembre 1947.

Ghavam, qui avait organisé son propre échec pour piéger Staline, fait face, avec sa force de caractère habituelle, aux cabales et à l'ingratitude de son souverain, dont d'ailleurs il n'espère pas grand-chose vu le peu d'estime qu'il lui porte. Et lorsque, le 10 décembre, il se présente devant le Parlement pour lui demander sa confiance, guère surpris qu'elle lui soit refusée, il déclare attendre désormais le jugement de l'Histoire pour lui rendre une justice dont il ne doute pas.

Il connaîtra ainsi la même ingratitude que Bismarck, Clemenceau et de Gaulle. Démissionnaire – un départ nécessaire pour dépasser le « malaise » qui s'est installé entre l'URSS et l'Iran –, il décidera de s'exiler à Paris et demandera le passeport diplomatique auquel, selon la loi, a droit tout ancien Premier ministre. Le shah le lui fera refuser, son inélégance s'ajoutant à son ingratitude. Il fera même en sorte, lorsqu'il sera devenu tout-puissant, que le nom de Ghavam ne soit plus mentionné nulle part. De son exil européen, Ghavam continuera cependant à suivre la politique iranienne[44].

Depuis, si les historiens étrangers ont reconnu à l'unanimité le rôle de Ghavam, il faudra attendre la chute des Pahlavis pour que les chercheurs iraniens lui rendent l'hommage qu'il mérite. Ils seront suivis par l'impératrice Farah et le propre frère du souverain. Son œuvre immense, tant interne qu'internationale, sera alors célébrée. Cependant, il ne connaîtra pas de son vivant ce retour en grâce : l'ingratitude et la haine le poursuivront jusqu'au soir de sa vie, en 1955, malgré les quatre jours de juillet 1952 où on le retrouvera aux commandes de l'Etat.

L'affaire d'Azerbaïdjan n'aura pas que des conséquences internes à l'Iran. Elle marquera l'un des points de départ de la guerre froide entre l'Est et l'Ouest. Par les choix du gouvernement Ghavam, Staline a pris conscience *in fine* que l'Iran se détournait de l'URSS pour privilégier ses relations avec les puissants Etats-Unis, concluant avec eux des accords de coopération stipulant l'envoi de matériel et de missions militaires ainsi que la réorganisation de la gendarmerie sous l'égide d'un général américain, le Toudeh étant soupçonné d'être un avant-poste de l'Union soviétique en Iran.

Ce choix de l'Iran est, à ce moment, capital sur les plans stratégique et géopolitique. Au niveau international, il contribuera à réviser les équilibres mondiaux et à orienter le destin de la monarchie.

En attendant ce mois de décembre où l'éviction de Ghavam sera acquise, Mohammad Réza Pahlavi entreprend, le 24 mai 1947, un véritable voyage impérial dans ses frontières. Puisque le Premier ministre dirige le pays d'une main ferme, l'écartant des affaires autant que possible, il peut donc jouir en toute sérénité de la victoire sur les séparatistes, à laquelle il a contribué, du moins sur la fin, et mettre en avant son rôle symbolique de souverain constitutionnel. A Ghavam les soucis, à lui les applaudissements des foules libérées !

Il se souviendra de ces heures grisantes avec émotion jusqu'à la fin de sa vie, lorsque les enfants de ceux qui l'avaient acclamé ce jour-là se retourneront contre lui[45]. Qazvin, ancienne capitale de l'Empire[46], l'accueille avec ferveur ; puis Zandjan où, moins d'un an auparavant, il était venu quelques jours pour exercer symboliquement le commandement en chef des armées. Le 27 mai, le voici à Tabriz. Liesse générale. Devant l'hôtel de ville, la foule lance des slogans flatteurs, l'applaudit jusque tard dans la nuit. Le shah apparaît plusieurs fois au balcon illuminé : « Vous êtes fatigués ; je suis tellement touché… », finit-il par dire pour qu'elle se disperse. A Marand, autre grande ville au nord-ouest de Tabriz, trois cents arcs de triomphe faits de fleurs et de tapis ont été dressés à la mémoire d'autant d'innocents tués dans la cité par les séparatistes. Villes, villages, hameaux se succèdent. Le shah s'arrête partout, serre des mains, embrasse des enfants, recueille des doléances, transmises immédiatement au gouvernement afin que soient bientôt construits ou réparés écoles, gymnases, hôpitaux... Il engage avec son peuple un travail de proximité que Ghavam, l'aristocrate, ne pense pas à faire.

Son périple est sur le point de s'achever en Azerbaïdjan. Reste une dernière ville, Resht, dans le Guilan. Il y bat un record de popularité : une heure et demie pour parcourir le kilomètre entre l'entrée de la cité et l'hôtel de ville. La voiture décapotable où il s'est installé avec un seul aide de camp avance péniblement au milieu de la foule compacte – réputée pour sa réserve – qui a envahi la chaussée, débordant le service d'ordre. Pour le remercier, le toucher, lui baiser les mains, quelques habitants sautent même dans sa voiture qui tangue dangereusement ; Mohammad Réza s'inquiète. La foule elle-même improvise alors un cordon de protection autour de son véhicule.

Le 12 juin 1947 marque la fin du plus long voyage de son règne à l'intérieur de l'Iran. C'est le retour à Téhéran et la longue attente jusqu'à ce que, le 10 décembre, Ghavam, la tête haute et la conscience tranquille, lui laisse le champ libre.

Comme entre 1941 et 1946, les gouvernements se succéderont de nouveau, composés plus ou moins des mêmes hommes[47]. Pendant cette période politiquement agitée, le shah décide de reprendre ses voyages engagés en 1947 puis interrompus.

Il commence ses visites, en mars 1948, par les provinces du Baloutchistan et du Sistan, au sud-est du pays. C'est la première fois qu'un shah se rend dans ces vastes territoires quasiment oubliés, à l'écart des routes, surtout peuplés de tribus sunnites et dominés par des clans jaloux de leur autonomie, mais traditionnellement attachés à la

Couronne. L'accueil y est triomphal. Au milieu des témoignages de sympathie émergent cependant des revendications de fond pour la construction d'écoles, d'hôpitaux et pour la mise en place d'un urbanisme moderne. Le shah promet qu'il donnera « ses ordres » au gouvernement. Il fait ensuite une longue halte dans le Khorassan, au nord-est, traverse le pays en avion, réapparaît à Tabriz, où il réside deux jours. L'occasion pour lui d'inspecter les casernes, d'assister aux défilés des garnisons. Les événements d'Azerbaïdjan sont en effet toujours vivaces dans les esprits et Moscou entretient encore une forte tension dans les relations bilatérales. Le shah se fait donc un devoir de témoigner, par sa présence et la force de ses armées, de la puissance retrouvée de l'Iran et de la renaissance de l'unité nationale.

Réellement populaire, car les problèmes hérités ou nés de la guerre ne lui sont pas imputés, il s'installe résolument dans un rôle de symbole, respecté sinon aimé. Il serait faux cependant de croire que cette situation le satisfasse pleinement. Le pouvoir réel commence en effet à le tenter, devant le tableau affligeant d'une scène politique où les Premiers ministres, presque toujours en difficulté avec les députés, recherchent son appui, où il lui faut convoquer le bureau de la Chambre et les chefs des groupes parlementaires pour leur rappeler l'intérêt général et les mettre en garde contre des ingérences contraires à la Constitution. A la suite de ses audiences, ses paroles sont rendues publiques et leur écho le confirme dans l'idée qu'elles plaisent à l'opinion. Et s'il intervenait davantage ? A la Cour, cette tentation est encouragée, surtout dans le cercle de la princesse Ashraf, politique-née que la presse étrangère surnommera bientôt « la Panthère noire ». Malgré son jeune âge, elle est déjà la cible d'une partie de la presse encore libre. Elle trouve dans le prince Ali-Réza, seul frère du shah du même lit, de retour en Iran le 9 février 1948 après six ans d'absence, un allié de choix. Marié à une Française, le prince a servi la France libre, dans les rangs de la Légion où il a obtenu le grade de lieutenant. Il a participé à la campagne d'Italie sous les ordres du maréchal Juin et combattu en Allemagne aux côtés du maréchal de Lattre de Tassigny. Ces années lui ont valu d'être souvent comparé à son père, d'autant plus qu'il ne cachait pas son goût pour une monarchie autoritaire, son aversion envers les jeux des partis et des députés, les intrigues de la presse. Il désirait en fait que son pays soit vraiment « commandé » car, pour lui, il ne l'était pas. Rapidement, avec Ashraf, il devient à la Cour le centre de menées que le shah n'approuve pas mais qu'il laisse faire.

Mohammad Réza, de son côté, a bien conscience que les alliances ont été bouleversées, que l'Iran devient l'une des pièces maîtresses sur l'échiquier mondial grâce à son pétrole, et que les Occidentaux s'y intéressent de près. Il est donc temps pour lui de s'ouvrir politiquement et de rencontrer les puissants du monde de l'après-guerre. Il se trouve qu'il a été élevé en grande partie à l'occidentale, qu'il parle le français aussi bien que sa langue maternelle et pratique un excellent anglais, même si sa connaissance du monde se limite à la Suisse et à quelques provinces françaises limitrophes de la Confédération helvétique.

Il décide donc de commencer ses visites à l'étranger par le Vieux Continent. Le 18 juillet 1948, c'est le grand départ de Téhéran. Le 19, le voici à Malte, encore britannique. Il y visite les bases militaires et les fortifications d'une guerre encore récente. Le 20, Londres le reçoit. La diplomatie britannique joue alors son rôle à plein, tentant de lui faire oublier l'hostilité de la Grande-Bretagne à l'égard de son père, l'affront que lui-même a reçu de Churchill lors de la conférence de Téhéran, et surtout de le séduire au moment où le sentiment antibritannique s'amplifie encore dans son pays. Rien n'est donc négligé. Mohammad Réza est logé à Buckingham et décoré du

Cordon et de la décoration Victoria, la plus haute distinction militaire britannique. Le roi George VI et la reine le convient à un dîner de gala au palais, auquel assiste la très populaire reine mère Mary ; le Premier ministre Attlee l'invite lui aussi à un déjeuner officiel. Puis ce sont les visites de bases militaires, de l'université d'Oxford, de centres de recherche. Le shah est partout... à la cérémonie officielle d'inauguration des jeux Olympiques, aux courses hippiques les plus huppées... L'essentiel cependant se joue en coulisses. Même durant sa rencontre avec Winston Churchill, l'évocation du passé est soigneusement évitée au profit de banalités.

Après Londres, Paris, le 1er août. André Marie, président du Conseil, accueille le shah au Bourget. Bien que les stigmates de la guerre y soient toujours visibles, la découverte de la capitale française est un éblouissement, dira Mohammad Réza. La République a déployé tous ses ors, tous ses fastes pour séduire elle aussi ce roi « si sympathique », si ouvertement francophile. Ici aussi, les déjeuners et les dîners officiels se succèdent. Le shah dépose une gerbe sur la tombe du soldat inconnu, fait une longue halte aux Invalides en hommage à Napoléon Ier, s'attarde au musée du Louvre, où il inaugure, en compagnie du président Auriol et d'André Marie, une exposition d'art iranien. Vincent Auriol lui remet la croix de guerre avec palmes : le shah n'était-il pas le commandant en chef des forces armées d'un pays allié lors de la Seconde Guerre mondiale ? Ce geste, hautement symbolique, est particulièrement apprécié pour la reconnaissance officielle de la position iranienne qu'il souligne. Puis ce sont les plages normandes, lieu du débarquement allié. L'épisode français se clôt par quelques jours de villégiature sur la Côte d'Azur, une découverte pour le shah.

Le marathon officiel engagé depuis près de trois semaines n'est pas terminé pour autant. Le 10 août, il est en Suisse pour une visite semi-privée, sans doute la plus émouvante puisqu'elle le ramène aux années de sa jeunesse. Son programme reste néanmoins lourd : réceptions, audiences, usines. A Genève, après un passage à l'université, il se promène longuement à pied, sans doute en quête d'images anciennes.

Le temps de respirer un peu, et le voilà à Rome, le 18 août, où le président de la République, mais aussi le président du Conseil et l'homme fort du pays, Alcido de Gasperi, l'accueillent. Musées et monuments historiques l'attendent ici comme ailleurs. Infatigable, il se rend aussi à Florence, Milan, Venise et Naples. Dans cette agitation protocolaire, mondaine autant que culturelle, un des moments privilégiés sera son entrevue avec le pape Pie XII à Castel Gandolfo, où le Saint-Père lui décerne l'Eperon d'or, saluant ainsi le souverain d'un pays qui entretient des relations officielles avec le Vatican depuis le XVIe siècle, fait unique dans l'histoire du catholicisme avec les pays d'islam.

Enfin, le 27 août 1948, c'est le départ définitif d'Italie et d'Europe. Son rôle d'ambassadeur itinérant de l'Iran s'achève. Après un court séjour à Chypre, le shah atterrit à Téhéran où l'attendent tous les médias... et toutes les rumeurs.

3

Soraya, le grand amour

C'est un souverain quasi célibataire qui rentre à Téhéran. Depuis la fin du printemps 1945, son ex-épouse, la reine Fawzieh, a quitté la ville pour n'y plus reparaître. L'annonce officielle du divorce du couple impérial est imminente : elle se fera le 18 novembre 1948. De ce fait, l'opinion est avide de connaître les détails de la vie privée du roi, car des rumeurs ont couru à Téhéran et ailleurs durant son séjour européen. On lui attribue des liaisons féminines. Bien que la presse, même celle du parti communiste, l'ait épargné par tradition, des allusions à certaines de ses « aventures » ont paru dans des journaux satiriques. La presse populaire européenne n'a pas eu en effet les mêmes préventions que les médias iraniens. Photos à l'appui – souvent anodines d'ailleurs –, elle a évoqué ses supposées liaisons. Certains articles n'ont pas échappé aux Iraniens qui les ont fait circuler dans le pays... sans pour autant les apprécier vraiment, une telle liberté de mœurs heurtant leur culture, d'autant plus lorsqu'elle concerne leur roi.

Le 4 février 1949, les feux de la rampe se focalisent encore plus intensément sur le shah : alors qu'il va participer à la cérémonie de remise des diplômes à l'université de Téhéran, il échappe à un attentat commandité par le parti communiste[1]. Un de ses membres, Nasser

Fakhrarai, s'est glissé parmi les journalistes grâce à la carte de presse d'un journal, *Le Drapeau de l'islam*. Ayant dissimulé dans sa caméra un petit revolver, il attend que le roi parvienne à sa hauteur et tire cinq coups, dont deux l'atteignent, l'un à la joue, l'autre à l'épaule. Mohammad Réza, qui perd beaucoup de sang, insiste pour poursuivre la cérémonie. On le convainc néanmoins de se rendre à l'hôpital[2]. Blessé, mais pas grièvement, il se rétablit vite. Devant son courage, un élan de sympathie populaire se soulève, en même temps que la question de sa succession et de la continuité dynastique. Qu'adviendrait-il s'il venait à disparaître ?

Plusieurs hommes politiques s'autorisent à le conseiller sur sa vie privée, certains, il est vrai, poussés par les messages du grand ayatollah Boroudjerdi de Qôm, dont l'autorité ne se discute pas. Il faut, disent-ils, pour acquérir une dimension nationale, que le roi se range, qu'il mène une vie plus « convenable » et… qu'il prenne femme, critère de respectabilité incontournable dans un pays musulman. Tout un programme auquel Mohammad Réza a déjà goûté lorsque son entourage a trouvé sa première épouse !

Les mois passent. A l'été 1950, la reine mère Tadj-ol-Molouk décide de prendre les choses en main et demande à son amie et confidente Forough Zafar Bakhtiari, fille de Sardar Zafar, chef de tribu bakhtiarie, de trouver dans sa famille une épouse convenable pour son fils. Forough Zafar se souvient qu'une de ses nièces a rencontré en Suisse la fille de Khalil Esfandiari Bakhtiari, Soraya, et qu'elle l'a trouvée parfaite. La reine mère lui demande des photos. Soraya se trouvant à Londres, Forough Zafar charge un de ses cousins, Goodarz, photographe qui séjourne alors dans cette ville, de réaliser des portraits d'elle. Il s'exécute et les envoie à Téhéran par la poste, ce qui prend quelques jours. Dans le même temps, la princesse Shams, également en Angleterre en quête de prétendantes pour son frère, est contactée par Forough Zafar qui lui demande de rencontrer Soraya.

Shams saisit l'occasion d'une réception qu'elle doit donner dans ses appartements privés[3] pour inviter la jeune femme, alors âgée de dix-huit ans – elle dira qu'elle en avait seize, ce qui n'est pas vraisemblable. Malgré quelques réticences dues aux persécutions subies par les Bakhtiaris sous Réza shah, Soraya accepte de s'y rendre. « Caviar, champagne, effluves de l'Orient, écrit-elle. La princesse sait se montrer exquise. » Les jeunes femmes conversent, échangent des impressions sur Ispahan, où Soraya est née. Rendez-vous est pris pour une soirée au théâtre dès le lendemain soir, puis pour des expositions, pour un thé... Shams envoie bientôt un message à la reine mère : « Je n'ai plus besoin de voir d'autres jeunes filles. Cette femme est née pour être reine. Elle est belle, très bien éduquée et a d'excellentes manières[4]. » Les photos viennent alors de parvenir à Téhéran. Le shah les voit et exprime le désir d'une rencontre. Shams reçoit alors un message lui demandant d'accompagner Soraya à Téhéran. Elle invite dans un premier temps la jeune femme à Paris, désirant mieux la connaître avant de la présenter au shah, le cas échéant. Etonnée et prudente, Soraya répond qu'elle doit d'abord obtenir l'autorisation de son père, tout en devinant que quelque chose se trame.

L'autorisation parentale obtenue, elle part en compagnie de la princesse et de sa tante – qui lui sert de chaperon – pour Paris, où le trio s'installe au Crillon. Au programme : galeries d'art, théâtres, salons de thé ; on « passe de longues heures et de plus longues encore chez les couturiers, Dior, Balmain, Fath ». L'intermède parisien dure quinze jours. Un dimanche, au jardin des Tuileries, Shams parle de son frère, « raconte à quel point il se sent solitaire et aspire au bonheur familial », et ajoute : « Ce serait merveilleux si une jeune fille comme vous était prête à partager la vie de Mohammad Réza. » Soraya apprend que de nombreuses photos d'elle ont été envoyées au palais, que la princesse a brossé son portrait à son frère, lequel a hâte de la rencontrer, et qu'en fait, la destination finale de son voyage est Téhéran. Shams lui confie aussi : « C'est Ashraf qui a fini par faire sombrer le mariage de la reine [Fawzieh] ; il faudra vous méfier d'elle ; elle est ambitieuse. »

Quelques jours plus tard, les trois femmes s'envolent pour Téhéran, *via* Rome où elles retrouvent le père de Soraya. La jeune femme y est dûment éclairée par sa famille sur la manière de se comporter en présence de Sa Majesté, sur son caractère, son entourage. Mais Soraya n'en fera qu'à sa tête. Son naturel séduira le shah au premier regard.

Soraya est issue d'une famille respectée : son père, Khalil Esfandiari, appartient à un clan de la tribu des Bakhtiaris, et son grand-oncle, Sardar Assad[5], a été l'un des acteurs principaux du mouvement constitutionnaliste iranien au début du xxᵉ siècle. Plusieurs de ses membres occupent en outre des postes importants dans la politique, les affaires et l'armée.

Khalil a fait ses études à Berlin. En 1924, il y a rencontré Eva Karl, une Balto-Allemande, née à Moscou, qu'il a épousée deux ans plus tard. Ses études finies, le couple est rentré en Iran et s'est établi à Ispahan, l'ancienne capitale de l'Empire où la famille a des attaches depuis longtemps et qui compte une petite communauté allemande. Soraya y est née le 22 juin 1932, dans une clinique tenue par des missionnaires anglaises (English Missionary Hospital) et y a passé une partie de sa jeunesse. De 1933 à 1937, la famille a dû s'exiler à Berlin, à la suite des persécutions dont sont alors victimes de nombreux leaders bakhtiaris, soupçonnés par Réza shah d'aspirer à une semi-autonomie. La vie y est agréable. La petite « Raya » y développe son goût pour les animaux, comme le rapporte son grand-père maternel, Franz Karl : « Je me souviens d'une promenade dans le Grünewald. Soudain un énorme chien nous a poursuivis. J'étais effrayé par son aspect sauvage et ses violents aboiements, mais Soraya courut au-devant de lui et le prit dans ses bras. J'étais terrifié. Il n'y avait pas de quoi. Le chien et la petite fille devinrent immédiatement amis. »

A cette époque cependant, le ciel de Berlin s'obscurcit. Devant la montée du nazisme, Khalil décide de retourner à Ispahan où la famille se réinstalle dans une maison mi-persane, mi-européenne, entourée d'un jardin où s'ébattent un berger allemand et un lévrier greyhound. Soraya vient d'avoir cinq ans. Son persan sera ainsi teinté d'un accent *esfahani* (d'Ispahan) dont elle ne se départira jamais. Elle est inscrite à l'école allemande de Mme Mentel, tout en soignant son apprentissage du persan. 1937 est aussi l'année de la naissance de Bijan, un frère dont Soraya sera toujours très proche.

Dix ans plus tard, en 1947, la famille retourne en Europe et s'installe à Zurich. Khalil, polyglotte, y représente quelques hommes d'affaires iraniens et s'occupe d'importation de tapis. Soraya est placée dans un pensionnat, *La Printanière*, à Montreux, puis à l'Ecole des Roseaux, à Lausanne. Elle parle déjà le français et l'allemand, en plus du persan. Pour qu'elle soit une jeune fille accomplie, seul l'anglais lui fait défaut. A cette fin, elle est envoyée durant l'été 1950 à Londres où plusieurs membres de sa famille résident. C'est là que la présentation à la princesse Shams scellera son destin. A dix-huit ans, Soraya, cultivée, bien éduquée, d'un caractère bien marqué, est d'une beauté rayonnante : grande, brune, avec des yeux d'un bleu-vert intense en forme d'amande, comme sur les peintures persanes de la haute époque.

Dès son arrivée à Téhéran, elle s'installe chez un oncle paternel. Le soir même, et malgré la fatigue du voyage, Shams organise une « présentation » au cours d'un dîner chez la reine mère. « Je suis magnétisée... Il est très beau et il sait sourire... Il est très bien proportionné... Oui, je l'avoue, j'ai eu le coup de foudre sur-le-champ », écrira plus tard Soraya. De son côté, le shah connaît le même trouble.

Désormais, pour mieux se connaître, ils se verront dans le cadre des convenances bourgeoises autorisées à cette époque à la Cour, et qui avaient tant étonné – voire choqué – la reine Fawzieh. Des dîners en famille, mornes et protocolaires, où « le repas est frugal, sans vin et sans autre alcool », où « les paroles sont feutrées, faussement innocentes », rien à voir en tout cas avec les complicités des dîners londoniens ou parisiens. Après le repas, des canapés raides, « comme chez le notaire », accueillent les convives au salon. Tadj-ol-Molouk trône, entourée de ses filles. Elle propose des jeux de société, souvent à dominante géographique. C'est le moment des regards croisés. On épie discrètement la future reine. Tiendra-t-elle le coup ? Sera-t-elle à la hauteur de sa position ? Car personne n'est dupe : le shah est amoureux.

Un soir, Soraya reçoit la visite de son père venu lui demander si elle est prête à épouser Sa Majesté. Mohammad Réza veut en effet annoncer son choix dès le lendemain. « Dis au shah que j'accepte. Je serai son épouse », répond la jeune femme. « C'était la première fois que je tombais amoureuse d'un homme », confiera-t-elle plus tard.

La cérémonie des fiançailles est sans apparat. Les Iraniens n'auraient pas apprécié des dépenses inconsidérées et, en ces temps difficiles, la Cour et le gouvernement y sont très attentifs. Désormais, Mohammad Réza et Soraya peuvent se promener sans chaperon. Et ils ne s'en privent pas, à cheval dans le parc car Soraya est une excellente cavalière, en avion car Mohammad Réza est déjà un excellent pilote.

Un jour, ils décident d'aller se baigner à Ramsar, petite station balnéaire de la Caspienne. Réza shah y avait fait construire un petit palais, en fait une belle villa de taille moyenne, dotée d'une façade de marbre rose, d'une large terrasse d'où l'on peut jouir d'une vue imprenable sur la mer, et d'un jardin, quelque peu délaissé depuis quelques années. « Pour me frayer un passage, il écartait les branches des orangers... Je ne saurais dire si ce fut lui ou moi qui s'approcha le premier de l'autre. Nos lèvres se sont jointes et se sont séparées très, très longtemps après. »

Les deux jeunes gens ne semblent guère se soucier alors de l'image qu'ils renverront aux générations futures. Ils profitent du temps qui passe. Pour piéger sans malice sa future épouse, Mohammad Réza joue avec elle au jeu des questions-réponses – une vraie manie chez lui : « Qui était le premier souverain qâdjâr ? Qui était la femme de Louis XIV ? Quel était le véritable nom de Raspoutine ?... »

Leur mariage est fixé aux premiers jours de novembre 1950. Le tout-Téhéran officiel s'y prépare, malgré la grave crise du pétrole dans laquelle est englué le pays, les tensions avec Londres et l'agitation intérieure[6]. A ces nuages, un autre, plus intime, s'ajoutera soudain : le 26 octobre, après une promenade à cheval, Soraya tremble de tous ses membres et s'écroule, presque inconsciente.

La typhoïde, dont une épidémie sévit à Téhéran, vient de terrasser la future reine. Des rumeurs – fausses – se répandent à la Cour comme en ville : la princesse Ashraf aurait empoisonné Soraya en lui faisant absorber une décoction de microbes de salmonellose pour l'éliminer et ne pas perdre l'influence qu'elle exerce sur son frère. Plus tard, d'autres rumeurs, plus graves encore, viseront de nouveau Ashraf : on l'accusera d'être à l'origine de l'infé-condité de la reine. Elle s'en défendra : « Bien que j'aie vécu en Europe à l'époque où Soraya tentait vainement de donner au shah un héritier, les colporteurs de potins allèrent jusqu'à prétendre – et je compris alors qu'ils ne reculeraient devant rien – que je lui avais administré une drogue pour la rendre stérile[7]. »

Les plus grands praticiens de Téhéran sont convo-qués au chevet de Soraya. Karim Ayadi, médecin formé à l'Ecole de médecine militaire de Lyon dans les années 1930 et qui veille depuis des années sur la santé du shah, impose un repos absolu à la future reine et lui prescrit des antibiotiques, que d'autres praticiens refusent encore d'administrer à cette époque. Le shah lui rend visite deux fois par jour, pleure souvent devant ses amis – fait étrange pour un homme si maître de soi en public –, consulte les autorités médicales tout en faisant confiance à son médecin personnel. Peu à peu, Soraya se rétablit et se remet à manger. Chacun croit le mal définitivement vaincu. Caviar, chocolats suisses, repas plantureux... Et Soraya rechute, souffrant cette fois de complications gastriques, aggravées d'une congestion pulmonaire. Trois jours durant, elle est entre la vie et la mort. Son fiancé, dépressif, refuse de la quitter un seul instant. Cette fois encore, le Dr Ayadi la sauvera. Soraya sort de cette épreuve décharnée, fatiguée, abattue. Adieu les excès de tous ordres. On lui prescrit des fortifiants et un régime approprié. Quelques semaines se passent, et la revoilà sur pied, ressuscitée pour la deuxième fois. Cha-cun respire. Les épisodes dramatiques qui ont entouré les fiançailles du roi ont attiré sur Soraya la sympathie générale, au point que son prénom sera le plus répandu chez les nouveau-nées cette année-là.

Le mariage a dû être retardé. Il est fixé au 12 février 1951, au palais de Marbre, bâtisse d'un seul étage de 3 000 mètres carrés au total, plantée au milieu d'un beau jardin. Toute la haute société iranienne – près de 1 600 invités – s'est donné rendez-vous dans la salle des Miroirs. « La robe de Soraya, une création de brocart de lamé argent ornée d'une magnifique traîne, pesait plus de vingt kilos, rapporte la sœur du shah, et l'infortunée fiancée manqua s'évanouir avant d'atteindre le palais. La cérémonie fut très simple, dans la tradition persane séculaire. La fiancée et son futur époux étaient assis dans un sofa, face à une table ornée d'accessoires symboliques : un miroir, deux chandeliers d'argent et d'or, une grosse miche de pain iranien, des œufs, des herbes aromatiques, le Coran, des friandises persanes, du *nabat* (sortes de bonbons persans de sucre cristallisé), des pièces d'or[8]. » Les deux ayatollahs les plus importants de Téhéran reçoivent le consentement des époux.

Une fois le mariage célébré, et selon une tradition iranienne, la reine mère, tenant une coupe de cristal emplie de sucre en poudre et de pièces d'or, en déverse le contenu sur la tête des jeunes époux : « Que douce et riche soit votre union. De sucre vos pensées », dit-elle. La phrase est certes convenue, et la tradition respectée… mais Soraya relèvera plus tard un détail important à ses yeux : « Mauvais présage : on aurait dû choisir une épouse comblée, c'est la coutume. » Or, ce n'était pas le cas de la reine mère.

La cérémonie terminée, chacun passe dans une pièce voisine où sont exposés les cadeaux de mariage : on y remarque, outre les deux vases en cristal offerts par Ashraf, la coupe de cristal de Harry Truman. Le cortège s'ébranle ensuite pour le dîner de gala au Golestân. Cet ancien palais qâdjâr est à lui seul tout un symbole : c'est le palais des fleurs – *gol* signifiant en persan « fleur ». En été, ses jardins, agrémentés çà et là de bassins de faïence turquoise, débordent de parterres fleuris. Ses arbres, de toutes les essences, offrent d'ordinaire le dégradé de leurs verts si harmonieux. Mais en ce 12 février, il fait très froid, et les jardins ne sont qu'une étendue de neige ; le turquoise des bassins a disparu sous la glace épaisse ; les oiseaux s'en sont allés. « Pour fêter mon événement, le temps s'est suspendu, les roses ont disparu », écrira Soraya. Encore un mauvais présage ?

Le spectacle de la reine épuisée inquiète les convives. Le shah et le Dr Ayadi comprenant que le poids de ses atours est une cause de sa fatigue font signe à une couturière qui, par un habile jeu de ciseaux, libère Soraya des plus lourds ornements de sa robe. Malgré ses vertiges qu'elle masque grâce à la fiole de sels qu'Ayadi lui a donnée, la jeune femme continue à remplir son rôle de reine sans se plaindre et salue ses centaines d'invités.

A 2 heures du matin, les lampes s'éteignent. Soraya est toujours debout. Dans la voiture qui ramène les souverains vers leur résidence, le shah, ému, lui dit : « Ce matin, vous êtes la reine d'un peuple de vingt millions d'âmes. »

A présent dans sa chambre, la nouvelle reine se déshabille avec l'aide d'une dame de compagnie qui lui tend sa chemise de nuit et une « chasuble horrible ». Quelques minutes plus tard, son époux la rejoint. La nuit « fut intense de bonheur partagé... Cette nuit du 13 février, il était doux de se noyer », confie-t – elle dans ses Mémoires.

Soraya aurait rêvé d'un voyage de noces à Capri, de barcarolles, de promenades en bateau, accoudée au bastingage, au cours desquelles elle aurait pu trouver le temps de lire Pierre Benoît et Maurice Dekobra[9]... mais le rêve est une chose, la réalité une autre. Son état de santé, mais aussi la situation intérieure de l'Iran, les devoirs de l'Etat – un roi ne peut se permettre d'effectuer un voyage de noces à l'étranger – font que la montagne iranienne, au nord de la capitale, sera leur refuge. Même là, Soraya est sous surveillance : elle ne peut ni skier ni se promener longuement dans la neige, car elle risque toujours une rechute. Aussi reste-t-elle emmitouflée dans leur appartement, regardant son époux dévaler les pentes sans elle : « Je l'avais vu, écrit-elle, aux commandes de son avion exécuter des figures fantastiques ; je l'avais vu à cheval pareil à un centaure, mais jamais je n'aurais pu me douter qu'il était digne de figurer parmi les plus grands champions de ski de l'époque. Dans toutes les disciplines sportives, Mohammad Réza était un athlète complet. »

Déjà fort réduit dans son ambition, le voyage de noces doit être écourté le 7 mars 1951, en raison de l'assassinat du Premier ministre Razmara par un terroriste islamiste radical[10]. Le couple est rappelé d'urgence dans la capitale. La vie de reine de Soraya commence sous de sombres auspices. Pendant plus de deux ans, elle connaîtra un période de turbulences : exaltation d'un mouvement national antibritannique auquel Mohamed Réza s'associe, du moins au début, nationalisation du pétrole par Mossadegh, avec les difficultés de tous ordres qui s'ensuivront, chute de Mossadegh et arrivée au pouvoir du général Zahédi. Tous les signes semblent réunis pour faire craindre le pire au couple le plus en vue d'Iran.

La vie au palais doit cependant se poursuivre. Soraya se découvre autoritaire. La cuisine est, paraît-il, exécrable ? Elle chasse les deux chefs, améliore et occidentalise l'ordinaire, fait moderniser et adapter l'ameublement ainsi que la décoration des résidences d'hiver et d'été par la maison parisienne Jansen[11]. Ce faisant, elle s'aliène une partie de sa belle-famille, ses initiatives n'étant guère concertées. Très vite, ses relations se refroidissent avec la reine mère qui aurait voulu voir sa bru chaque jour, attendu qu'elle est la « femme de *son* fils », et qui supporte mal une autorité outrepassant la sienne. Or Soraya veut être *la* reine. Deux exigences incompatibles, ce qui n'empêche pas les deux femmes de tenter de sauver les apparences. Avec la princesse Shams, toujours attentive et aimable, l'agacement finit par l'emporter. Soraya croit, que son principal souci est de l'éloigner d'Ashraf. « Les deux sœurs ennemies », comme elle les appelle, se battent entre elles : « La première, plus émotive, se bat pour obtenir [son] amitié. La seconde veut [sa] place. »

Malgré l'admiration de Soraya pour Ashraf, son intelligence et sa vie passionnée, leurs relations se tendent. « Je ne me suis jamais disputée avec elle. Elle est trop intelligente pour se dresser publiquement contre moi. Je suis trop loyale pour croiser le fer avec elle », écrit Soraya. Cependant, selon des témoignages fiables, elle finit par ne plus lui adresser la parole et oblige son mari à refuser ses invitations à dîner. Les consignes ne dureront pas longtemps, puisque Ashraf sera contrainte, sous la pression de Mossadegh, de quitter Téhéran pour aller vivre à Paris.

L'atmosphère à la Cour devient détestable, d'autant plus que le shah ne tient guère à contrarier son épouse. Soraya s'en évade, préférant s'investir dans des activités caritatives, des visites de crèches, d'écoles, d'orphelinats. Elle ne reçoit pas beaucoup de personnalités politiques, mais accompagne souvent le shah dans ses déplacements à Téhéran ou en province.

Le couple semble épanoui. Pour Soraya, Mohammad Réza est « Mouchi », un sobriquet quasi équivalent au français « chouchou ». Quant au roi, il préfère appeler son épouse par son prénom. Lorsqu'ils se promènent, ils le font main dans la main, même en public. En privé, ils utilisent presque toujours le français pour converser, ainsi que le tutoiement, alors que dans leur vie officielle, ils se vouvoient, parlent en persan et utilisent leur titre de « Majesté ».

On les voit partout : dans les magazines italiens, turcs, américains, français... lors de l'inauguration du mausolée de Saadi, le 1er mai 1952, à Shiraz, par exemple. Ainsi se passeront les sept ans que durera leur mariage et pendant lesquels Mohammad Réza Pahlavi, grand amateur de femmes, restera fidèle à son épouse, par amour.

L'image idéale que projette le couple dans le monde a cependant son revers. La reine n'a pas encore donné d'héritier au trône. Dès 1954, le couple décide d'en connaître les raisons et de partir pour l'étranger, plus propice à des consultations discrètes et à l'établissement d'un diagnostic[12]. Le 5 décembre, à bord d'un appareil KLM de location, un quadrimoteur aménagé pour la somme de 14 000 dollars, il fait escale à Beyrouth, où Camille Chamoun, président du Liban, ami de l'Iran et surtout du général Zahédi encore Premier ministre, l'accueille avec son gouvernement. Puis c'est une halte à Amsterdam, où, à l'aéroport, la famille royale néerlandaise organise un repas très protocolaire pour montrer qu'après l'affaire Mossadegh, les Occidentaux sont de nouveau favorables à un rapprochement avec l'Iran. Le 6 décembre, arrivé à New York, le couple s'installe au Waldorf Astoria. Le shah y était déjà venu une fois en 1949, mais pour Soraya c'est une première. « Tout de suite, j'aime New York où l'on peut flâner sans être importuné par des journalistes indiscrets, où le ciel reflété par l'acier et le verre se dresse à la verticale. Un ciel à la Magritte. »

Premiers examens médicaux. Alors qu'à Téhéran on déclare pour faire diversion que, dans un grand hôpital new-yorkais, le shah a été examiné par cinq « sommités » médicales et que son état de santé ne présente rien d'anormal, la visite, assez pénible, concerne Soraya[13]. Tests divers, examens, prises de sang, tout est vérifié. Résultat : tout est « délicieusement normal », écrit-elle. Les chocs, les tracas, les contrariétés des dernières années peuvent être l'une des causes de sa stérilité. « Ce n'est que passager, tout rentrera dans l'ordre. » Peut-être qu'une petite opération serait salutaire ? Mais Soraya, dont l'espoir renaît, repousse d'emblée cette idée.

Après New York, les voici à Washington, une étape cette fois officielle. Ils s'y posent dans l'avion spécial du Président le 13 décembre. Le vice-président Nixon les accueille à l'aéroport, puis le Président et Mme Eisenhower les reçoivent à la Maison-Blanche. Un déjeuner les y attend, puis un dîner de gala offert par John Foster Dulles.

Le 17 décembre, le couple impérial arrive à San Francisco. Il passe le réveillon du 24 décembre chez le magnat de la presse Randolph Hearst. Un incident marque le dîner : une inondation au premier étage infiltre le plafond de la salle à manger, salissant la magnifique table dressée pour l'occasion. De ce fait, le cocktail s'éternise : il faudra une heure pour rendre à la salle de réception son état d'origine. Après le dîner, Hearst, conduisant le couple dans ses appartements, précise à Soraya qu'elle dormira dans le lit de « Dioubeyri », la *girlfriend* de Louis XV. Il voulait bien sûr parler de Mme Du Barry !

Le 25 décembre, arrivée à Los Angeles pour un long séjour consacré surtout à des mondanités et à la découverte des studios de Hollywood. Tous deux, écrit Soraya, sont « émerveillés ». Le tout-Hollywood est venu les saluer. Judy Garland, Barbara Stanwick, Greer Garson et Kim Novak les invitent chacune chez elle. Soraya sait bien que la presse à sensation a prêté des aventures à son mari avec certaines d'entre elles, probablement avec raison ; elle constate d'ailleurs que « Mohammad Réza les couve du regard ». Quant à elle, elle est très courtisée par Robert Taylor et reçoit les compliments de Gary Cooper. Tout cela sans conséquence. « Au fil des jours et des nuits, jamais le shah ne s'est montré plus amoureux, plus ardent », écrit-elle. Mais une ombre continue de planer sur le couple : l'attente de l'héritier. Soraya n'en finit pas de compter jours, semaines et mois, entre angoisse et devoirs.

Et le voyage se poursuit : Floride, Idaho, Texas, Detroit, Chicago... Partout, c'est une succession de visites d'usines, de centres de recherche, de chantiers, de bases militaires. Le shah, qui sait désormais qu'il veut et va gouverner, et non plus seulement régner, ne cache plus ses rêves pour l'Iran. Il sait aussi que, grâce aux accords pétroliers signés récemment, son pays disposera de moyens financiers immenses. Rien ne sera trop beau pour l'Iran, le plus grand amour du shah. Avec des ambitions parfois insensées.

C'est enfin le retour du couple à New York où la prestigieuse Columbia University décerne un doctorat *honoris causa* en droit au shah. Le premier d'une longue série. Dans cette ville, il revoit Grace Kelly, qui n'est pas encore princesse de Monaco. Soraya se rappelle à cette occasion qu'on a aussi prêté au shah une aventure avec elle... Avant de quitter le sol américain, le couple doit affronter ses dernières grandes réceptions : celle du gouverneur de l'Etat, Averell Hariman, un vieil habitué de l'Iran ; de Robert Wagner, le maire de la grande cité ; des dirigeants du *New York Times*, du Club de la presse... C'est aussi une émouvante rencontre avec plus de cinq cents jeunes Iraniens. Partout, le shah dévoile ses ambitions pour l'Iran, son attachement au monde libre dans lequel il souhaite ancrer solidement son pays. Soraya, toujours à ses côtés, accomplit avec grâce son rôle d'ambassadrice. Elle joue de sa parfaite maîtrise de l'anglais, de son charme, de sa beauté et de ses yeux verts si profonds. Partout on la photographie, on l'interviewe. La presse ne parle que d'elle.

Le 12 février 1955, c'est le départ pour le Royaume-Uni à bord du *Queen Mary*. Le périple américain aura duré plus de deux mois, le plus long voyage jamais entrepris par le shah. Cinq jours plus tard, Southampton est en vue. Pour Soraya, l'émotion est au rendez-vous. En lieu et place de la simple et jeune étudiante qu'elle fut, c'est à présent un grand pays qui s'incarne en elle. Pour le shah, l'enjeu est autre. Après avoir séduit les Etats-Unis, il désire renouer des relations avec la Grande-Bretagne, non conflictuelles. « Je compte sur vous, dit-il à son épouse, qui le rapporte dans ses Mémoires. La partie ne sera pas facile. Les Anglais sont fiers et vindicatifs. Après la déconvenue d'Abadan, ils ne doivent pas nous porter dans leur cœur. » Il se trompe. Les Britanniques, avant tout pragmatiques, marquent, dès l'arrivée du couple, leur volonté de renouveau diplomatique. Signal fort, sinon exceptionnel, lord Louis Mountbatten en personne les accueille au nom de la reine. Bientôt, à Londres, après quelques heures de train, le duc de Gloucester, oncle de la reine, leur rend les honneurs, avec de nombreuses personnalités, à la gare Victoria. Il accompagne ensuite le couple jusqu'à la résidence de l'ambassadeur d'Iran, à Kensington. Le lendemain, la reine Elisabeth II et le prince Philippe les convient à un dîner officiel à Buckingham. Malgré la présence de Churchill et de son ministre Eden, aucun sujet politique n'est abordé. La reine règne, mais ne gouverne pas… elle non plus. A la fin du repas, deux enfants, le prince Charles et la princesse Ann, viennent saluer l'assistance. Révérences, sourires, petits regards espiègles. Mohammad Réza regarde Soraya : l'allusion est claire et l'espoir présent. Il est en effet question qu'elle consulte de nouveau quelques grands spécialistes britanniques. Ce qu'elle fera en toute discrétion avant de quitter l'Angleterre. Le diagnostic sera lui aussi sans appel : elle n'a rien ; cela viendra.

Le 19 février, la reine mère, « délicieuse vieille dame », écrit une Soraya qui ne peut savoir alors qu'elle lui survivra et mourra centenaire, les convie à prendre le thé. Puis les réceptions s'enchaînent, comme d'habitude. Parmi elles, le banquet offert par Winston Churchill, redevenu Premier ministre après la défaite des travaillistes, ne manque pas de sel. Clement Attlee, son prédécesseur et concurrent malheureux après l'avoir vaincu au lendemain de la Seconde Guerre mondiale, est présent. Durant tout le repas, les deux hommes se taquinent avec un humour très *british*. Le shah en est frappé et s'amuse de ces pratiques, inconnues à la cour d'Iran. Le repas tourne cependant à l'épreuve : à cette époque, Churchill est presque sourd, « irréparable outrage des ans », dit-il, mais refuse de porter un appareil acoustique. Il faut donc quasiment crier pour s'en faire entendre. Résultat : il ne cesse de parler et pose des questions dont il n'entend ou ne comprend pas les réponses. De retour à Kensington, le jeune couple est exténué, et en plus, il a faim... Ardéshir Zahédi, le fils du général, court à l'hôtel Dorchester où il loge, et en revient avec fromages, charcuteries, pâtisseries, pain et vin... L'on se remet à table, mais cette fois avec beaucoup plus d'entrain.

Le 23 février 1955, départ pour Hambourg, en avion. Cette visite en Allemagne avait fait débat au sein du Conseil de régence et du gouvernement. Certains l'avaient jugée prématurée. Le général Zahédi l'avait imposée et, avant même que le couple n'arrive en Allemagne, avait fait lever le séquestre imposé aux biens allemands depuis la guerre, geste politique audacieux que peu de pays avaient encore eu. A Hambourg, le couple impérial descend à l'hôtel Atlantic, le plus prestigieux de la ville. Malgré le froid et la neige, une foule imposante s'est massée devant le bâtiment, acclamant Soraya, en quelque sorte enfant du pays. « Ce n'est pas la femme du shah qu'on acclame, mais la petite Allemande revenue au pays », écrit-elle. Mohammad Réza lui lance : « Ils *te* réclament. Qu'attends-tu pour te montrer ? » Elle sent son regard lourd, sa mâchoire serrée. Un autre de ses traits de caractère : il ne supportait pas qu'un autre Iranien, fût-ce son épouse, l'éclipsât. Ghavam et surtout Mossadegh l'avaient constaté à leurs dépens. Quant au général Zahédi, il allait bientôt en faire l'expérience.

Le séjour allemand dure deux semaines. Cologne, Munich, Baden-Baden, Bonn, la capitale de l'« Allemagne de l'Ouest », une rencontre avec le chancelier Konrad Adenauer... Et toujours de discrètes consultations de spécialistes pour Soraya qui obtient sans cesse les mêmes réponses : il faut laisser le temps agir.

A l'occasion de son passage en Allemagne, le général Zahédi demande au shah, ou plutôt « exige », qu'il reçoive et rencontre sa fille Shahnaz, née de son union avec la reine Fawzieh. Elle étudie non loin de là, à Liège, en Belgique. Mohammad Réza hésite. « Il est impensable, lui mande son Premier ministre, que vous passiez en Europe sans rencontrer votre fille. Les Iraniens ne le comprendraient pas[14]. » Le shah cède : une rencontre est organisée à Munich, où Shahnaz restera une nuit avant d'être ramenée en voiture à Liège par l'ambassadeur d'Iran en Belgique. Cette rencontre sera la cause d'une petite brouille dans le couple. Soraya, troublée, refusera d'accompagner son époux à l'Opéra.

Le couple se rend ensuite à Bagdad. La reine, épuisée, ne s'y attarde pas et repart pour Téhéran. Le shah désire, lui, y faire une halte plus longue pour préparer la création du pacte défensif de Bagdad, prolongement de l'Otan, que l'Union soviétique voit bien sûr d'un mauvais œil en ces temps de guerre froide. Cette décision constituera un nouveau sujet de dissension entre Mohammad Réza et le général Zahédi qui y est opposé, tout autant d'ailleurs qu'il l'est aux excès de dépenses militaires préconisées par les Américains dans le dispositif de défense du « monde libre » face au communisme.

Les mois passent. Des médecins suisses sont consultés sur la « stérilité » de Soraya. Malgré les assurances de jours prolifiques futurs, l'enfant tant attendu ne vient pas. La vie du couple se déroule cependant comme si ce lancinant problème ne le taraudait pas : réceptions de chefs d'Etat, cérémonies à la Cour, visites d'institutions culturelles et caritatives. Soraya brille, jalousée par une belle-famille reléguée au second plan. Les bavardages, les allusions à sa stérilité et les paroles de compassion faussement amicales se répandent. Le couple fait front, uni.

Bientôt les voyages officiels à l'étranger s'enchaînent de nouveau. Le 15 février 1956, les époux[15] partent pour une visite d'Etat en Inde, où ils rencontrent le Pandit Nehru et sa fille Indira. Là aussi, réceptions fastueuses, visites, chasse au tigre à dos d'éléphant, un exercice peu apprécié du couple impérial, le shah n'aimant pas la chasse et Soraya, bien que la pratiquant comme tous les Bakhtiaris, étant peu attirée par le gros gibier, de surcroît sur un éléphant !

Au cours de ce voyage, Mohammad Réza reçoit deux nouveaux doctorats *honoris causa*. Après vingt et un jours en Inde, puis une escale à Karachi, alors capitale du Pakistan, le couple se repose quelques semaines à Téhéran avant de repartir, le 15 mai, pour une visite d'Etat en Turquie : le shah se rend dans les lieux où son père a séjourné vingt-deux ans auparavant, puis reçoit, à l'université d'Istanbul, un autre doctorat *honoris causa*. Comme toujours, il en est très flatté.

Retour à Téhéran, le 29 mai 1956, puis nouveau départ, le 25 juin, pour une visite d'Etat très sensible en URSS où Soraya est appelée en renfort car la conclusion du pacte de Bagdad, le 3 novembre 1955[16], et le rapprochement iranien avec les Etats-Unis ont sérieusement envenimé les relations entre les deux pays. Son charme aidera-t-il à dépasser les clivages et à amadouer Khrouchtchev ? La reine s'y emploiera en tout cas durant ce voyage à Moscou, à Stalingrad, en Crimée, en Asie centrale soviétique – régions naguère iraniennes où l'on parle encore ici et là le persan. Tout d'abord avec les épouses des dirigeants, qui ne ressemblent que de fort loin à celles des leaders occidentaux. Ensuite avec les gens qui viendront à sa rencontre, accompagnés d'enfants qu'elle embrasse volontiers, avec la presse, les photographes, les télévisions, aux jeux desquels elle se prête également de bonne grâce. Moscou réserve à la visite impériale iranienne les réceptions les plus fastueuses au Kremlin ou au Bolchoï. Et l'on y consulte aussi des spécialistes. Si pour eux aussi tout semble normal, ils préconisent cependant une petite opération, que Soraya refuse encore une fois.

Le voyage s'achève le 13 juillet 1956. A Téhéran, devant l'amplification des rumeurs sur sa stérilité, Soraya aurait répété au shah qu'elle ne voudrait en aucun cas être un obstacle à la stabilité de l'Iran et à l'avenir de la dynastie. Elle lui aurait même suggéré de désigner comme héritier l'un de ses frères, né d'une mère qâdjâre, quitte à faire amender la Constitution, ce que peut faire le shah à présent. Mohammad Réza refuse catégoriquement. En revanche, il lui propose, avec maintes précautions, de prendre « une autre épouse, le temps qu'elle soit enceinte et qu'elle mette au monde un enfant ». Soraya refuse violemment cette situation de polygamie officielle : et si ce n'était pas un garçon ? Mais aussi comment se séparer ensuite de la mère du futur roi ? L'affaire en reste là, mais le problème de la succession dynastique demeure.

Passé la crise du pétrole et l'affrontement avec Mossadegh puis le gouvernement autoritaire du général Zahédi[17], cette question hante littéralement certains milieux, en particulier le microcosme de la Cour, au point de devenir un drame national, voire une affaire d'Etat le 26 octobre 1954, lorsque le prince Ali-Réza, qui, n'étant pas né d'une mère qâdjâre, peut, aux termes de la Constitution, succéder à son frère, se tue en avion. L'émotion est vive dans le pays : le seul héritier légitime du trône des Pahlavis disparu, qui pourrait assurer la succession ? Le cas dépasse désormais le simple cadre privé, et de cela, les ennemis du couple, à l'affût, voudront tirer parti.

Pour résoudre le problème dynastique, on pense un moment au fils d'Ali-Réza, Ali-Patrick. Le 3 novembre, la Cour annonce officiellement que l'enfant, alors âgé de sept ans, a été reçu par la reine mère Tadj-ol-Molouk, ce qui l'introduit ainsi indirectement dans le jeu de la succession. Dès le lendemain, l'ambassadeur Abdolhossein Méftah, ministre par intérim des Affaires étrangères sous Mossadegh puis sous le général Zahédi, est approché par son ministre qui lui demande de devenir intendant et précepteur de Ali-Patrick, ce qu'il refuse dans un premier temps. Plusieurs raisons à cela : la mère, qui n'est pas reçue à la Cour, et la grand-mère de Ali-Patrick sont connues pour leur caractère difficile et leur insupportable discourtoisie ; en outre, tous trois n'habitent pas la résidence officielle du prince Ali-Réza, mais logent dans une maison plutôt modeste. En réalité, chacun sait le poste peu enviable. Aussi fait-on un effort et propose-t-on à Méftah le titre pompeux d'« aide de camp civil de Sa Majesté » avec rang d'ambassadeur... et un bon traitement[18]. Ce dernier cède et est officiellement « présenté » au roi, ce qui donne à sa mission un certain lustre. Durant les dix mois qu'elle dure, il se bat contre Ali-Patrick, enfant indiscipliné, tout en affrontant sa mère et sa grand-mère. Il obtient néanmoins quelques satisfactions : le transfert de ses trois protégés dans une confortable villa sur les hauteurs de la capitale et des professeurs de renom pour Ali-Patrick.

Entre-temps, on s'est aperçu que l'accession du prince Ali-Patrick au rang d'héritier de la Couronne nécessiterait une loi accordant à sa mère la qualité d'Iranienne, donc une « naturalisation » particulière. On l'avait fait pour la princesse Fawzieh alors qu'elle était encore princesse d'Égypte, musulmane sunnite de surcroît. Mais comment faire voter une telle loi pour une personne dont la lignée est ordinaire, née d'une étrangère et, qui plus est, catholique pratiquante ? L'idée est abandonnée, sauf par Ali-Patrick qui continuera longtemps à revendiquer ses droits à la Couronne. Méftah est en conséquence dégagé de ses responsabilités et nommé ambassadeur en Tunisie. Quant à Ali-Patrick, on le dote d'une confortable pension et la situation de sa mère est régularisée. Naturalisée, elle aura seulement le droit de se faire appeler Mme Pahlavi.

Sept ans ont passé depuis le mariage impérial qui a atteint ses limites... pour raison d'Etat. « C'est étrange, écrit Soraya, jamais le shah ne s'est montré plus passionné et ses étreintes plus fougueuses », et d'ajouter beaucoup plus loin : « Nous nous sentons peu à peu des parias. » Dernier cadeau du shah à son épouse : un voyage à Capri, à partir du 15 juin 1957. Soraya a obtenu, alors que tout est déjà perdu, les trois semaines en amoureux dont elle rêvait pour son voyage de noces. Puis un saut à Paris pour visiter le Salon aéronautique du Bourget. « Encore des blouses blanches. » Mais rien de nouveau. En Iran, ces voyages à l'étranger ont rapproché la reine du peuple. Au Parlement, on rend hommage à ses qualités de représentante de l'Iran, à ses efforts pour être à la hauteur de l'histoire de son pays. Et puis, le problème de Soraya ressemble à celui de tant d'autres couples. On lui envoie des « talismans », des gris-gris, des exemplaires du Coran achetés dans un lieu saint, supposés ouvrir « les nœuds de la vie ».

En mars 1958, après une longue conversation, Mohammad Réza conclut : « Nous n'avons plus qu'à nous séparer ! » Il suggère à Soraya de partir pour l'Europe, afin de ne pas subir de plein fouet les réactions populaires, médiatiques et politiques, l'annonce officielle n'étant pas faite. Soraya choisit de se réfugier en Suisse, à Saint-Moritz, le temps que les choses s'apaisent.

Mais comment divorcer pour la seconde fois ? Moham-mad Réza, perplexe, demande à son gendre Ardé-shir Zahédi[19] de se rendre auprès de son père – dont l'influence en Iran reste grande – pour lui exposer la situation. Le général Zahédi, qui habite en Suisse depuis qu'il a quitté ses fonctions officielles le 7 avril 1955, est formel : une seconde séparation risquerait d'avoir des effets désastreux sur l'opinion. Il suggère cependant de convoquer un conseil suprême des « sages » du pays, incluant quelques chefs des tribus bakhtiaries, afin de lui demander son avis. Le shah s'y résout, réunissant dans ce nouveau conseil deux militaires de haut rang, des mollahs importants, le Premier ministre, des personnalités politiques et deux chefs des Bakhtiaris.

Soraya, qui sait que son destin se joue à Téhéran, attend le coup de fil quotidien du shah. Or, un jour, le téléphone ne sonne pas. La reine, pressentant le pire, cloîtrée dans sa suite du Palace Hôtel de Saint-Moritz, finit par appeler son époux. A l'autre bout du fil, la voix est neutre, détachée. « Je vais voir ce que je peux faire. Je vous rappellerai quand tout sera conclu. »

A Téhéran, les discussions s'éternisent : réunions, suspensions de séance, retours autour de la table, tergi-versations… *In fine*, le conseil donne son aval à la sépa-ration du shah. Aussitôt, le grand-oncle de Soraya, qui en a fait partie, le docteur Ayadi, que la reine appelle « mon ami », et le général Yazdan-Panah, qui avait déjà parti-cipé au règlement du divorce avec Fawzieh, sont envoyés en délégation auprès de Soraya, qui les reçoit avec la plus grande dignité. Le shah pour sa part s'enferme dans le silence, refusant de téléphoner à la reine. Il annoncera son second divorce à la radio : « Je suis très malheureux de devoir divorcer d'avec ma femme avec qui je n'ai pu avoir d'enfant… » Le registre est pathétique et l'émotion perceptible.

Le professeur Mohammad Ali Hedayati, juriste de renom, est ensuite dépêché auprès de Soraya pour régler les suites du divorce. Elle reçoit le titre d'« Altesse impériale ». Ses bijoux et affaires personnelles lui seront envoyés. Elle percevra, tant qu'elle ne se remariera pas, une pension. La fondation Pahlavi achète en outre, dans la banlieue de la capitale, un terrain de 40 000 mètres carrés appartenant à son père – qui avait été nommé ambassadeur à Bonn –, ce qui garantit son avenir. Tout est réglé.

Selon la légende[20], sept wagons auraient été nécessaires pour emporter les trésors de Soraya dans son exil européen. Parmi les pièces les plus remarquables, un diamant de 22,37 carats, cadeau de fiançailles du shah, des parures signées des plus grands orfèvres, Van Cleef & Arpels, Piaget, Boucheron, Lalaounis, Cartier, un collier Bulgari composé de vingt saphirs sertis de diamants, une imposante collection de turquoises de Perse, des tapis rares, comme ce « très fin tapis d'Ispahan, chaîne de soie, velours en laine kürk, fond ivoire à décor de fleurs et volatiles[21] »... Peu de lettres car, avant son départ, Soraya a brûlé sa correspondance intime.

Poursuivie par la presse, Soraya se cache, puis entreprend en compagnie de sa mère et de son frère Bijan un périple autour du monde. Elle s'établit un temps à Rome, puis, à partir de 1976 et définitivement, à Paris, au 46-48, avenue Montaigne, dans un appartement de 261 mètres carrés décoré par Serge Robin, qu'elle habitera jusqu'à son décès en 2001.

La vie mondaine internationale finit par la happer. Soraya est partout. Son malheur attire les journalistes, sa vie agitée fait vendre les magazines. Elle ne veut pourtant pas s'enfermer dans sa tristesse, qui restera cependant en toile de fond de sa vie. Attirée par l'industrie cinématographique, elle rencontre, lors d'une réception à Rome, Dino de Laurentis, qui lui ouvre les portes des studios. Elle tourne ainsi deux films. Le premier en 1965, *I tre volti* (« Les trois visages »), sous la direction de Michelangelo Antonioni, où elle joue le rôle principal ; le second, en 1965 également, *She* (« La déesse du Feu »), sous la direction de Robert Day, où elle tient un rôle mineur. Pour les besoins du premier, elle acceptera une opération de chirurgie faciale compliquée, alors qu'elle avait naguère refusé de se faire opérer dans son combat contre sa stérilité. *I tre volti* se révélant un désastre commercial, sa carrière cinématographique s'arrêtera là. Grâce à ce film, cependant, elle rencontre en 1964 l'homme avec qui elle vivra cinq ans, l'acteur puis réalisateur Franco Indovina, qui en réalise l'un des trois segments. Marié et père de deux enfants, il divorcera pour vivre avec elle. Le 5 mai 1972, il sera l'une des cent quinze victimes de l'accident du DC68 d'Alitalia parti de Rome à destination de Palerme.

Quant au shah, à peine le divorce annoncé, la rumeur lui prête des aventures : on parle entre autres de l'épouse d'un diplomate de l'ambassade de France. Elles se calmeront avec l'entrée en scène de Farah Diba.

Mohammad Réza et Soraya ont toute leur vie durant continué à avoir des sentiments l'un pour l'autre. Parfois, Soraya demandera de l'aide au shah, *via* le docteur Ayadi ou Alam. Elle le priera ainsi en 1973 de réévaluer sa dotation après la chute des cours de la Bourse ou, en 1976, de lui acheter l'appartement de l'avenue Montaigne. Le shah ne lui refusera jamais son aide.

Ils se rencontreront plusieurs fois. Notamment à Paris, lors d'un séjour du shah au Plaza Athénée, durant trois heures selon les témoins. Une autre fois, sur les bords du lac Léman, pendant une demi-journée au Beau Rivage Palace d'Ouchy, quartier résidentiel de Lausanne. Après la chute de la monarchie et lors de l'exil du shah, ils s'écriront par l'intermédiaire de trois personnes ; on ne connaît pas la teneur de leurs lettres, peut-être encore cachées dans des archives. Jusqu'aux derniers jours de sa vie, au Caire, le souvenir de Soraya hantera le shah. Devant ses souffrances, son ex-gendre, Ardéshir Zahédi, lui dira à un moment où ils seront seuls : « Bientôt, ça ira mieux ; nous irons en Suisse où vous pourrez vous reposer… Vous pourriez revoir Soraya. » Mohammad Réza se mettra alors à pleurer : « Je ne voudrais pas qu'elle me voie dans cet état[22]. »

Au décès du shah, Soraya exprimera son désir d'être présente aux funérailles, de « l'accompagner jusqu'à sa dernière demeure ». Ardéshir Zahédi l'en dissuadera avec peine, tant ce choix aurait posé problème. Elle se contentera donc d'envoyer une couronne. Quatre ans plus tard, lors d'un voyage en Egypte en compagnie de son frère Bijan, elle se rendra sur le tombeau du shah et, écrit-elle, y pleurera.

Soraya est décédée à Paris le 25 octobre 2001, à l'âge de soixante-neuf ans. Peu avant, elle s'était convertie au catholicisme. Un office donné à la cathédrale américaine de la Sainte-Trinité, avenue Georges-V, a rassemblé près de quatre cents de ses amis, dont le prince Gholam Réza Pahlavi, le comte de Paris et quelques représentants des Bakhtiaris. A l'extérieur de la cathédrale, une foule l'a attendue, ainsi qu'une armée de photographes et de cameramen venus du monde entier. Le service a commencé à 15 heures, à l'arrivée du cercueil drapé dans une soie bleue sur laquelle une simple rose avait été posée. Après la cérémonie, son corps a été transféré en Allemagne, au cimetière de Westfriedhof, à Munich, où Soraya repose dans le caveau familial.

L'histoire ne s'arrête pas là. Soraya avait souhaité que tous ses biens soient vendus aux enchères à Paris, comme si elle voulait que sa vie intime disparaisse, éparpillée ici et là. Durant trois jours, du 29 au 31 mai 2002, tout a été dispersé, pièce par pièce, jusqu'à sa Rolls

Royce Silver Spur de 1985 qui a trouvé acquéreur pour 60 500 euros. Quant aux autres objets, ils ont dépassé les estimations, tant leurs acheteurs les ont investis d'une force particulière : celle de l'inoubliable « princesse aux yeux tristes[23] ».

4

Mossadegh, le monstre sacré

Mohammad Réza Pahlavi s'est débarrassé avec inélégance, fin décembre 1947, de Ghavam, dont la personnalité dominante, malgré ses qualités, a fini par l'indisposer. Son rôle de figurant sur l'échiquier politique iranien, à quoi Ghavam aurait tenté, à ses yeux, de le réduire, lui pesait trop. Il doit cependant continuer à taire ses ambitions, dans le cadre d'une Constitution qui ne lui donne pas encore les moyens de les concrétiser.

A ce moment de l'après-guerre, l'Iran vit dans une instabilité politique quasi chronique : les députés, à la faveur de coalitions hétéroclites, font et défont les cabinets. En contradiction avec la Constitution, qui établit une stricte séparation des pouvoirs, les Premiers ministres désignés sont obligés de les consulter à huis clos avant de choisir les membres de leur gouvernement. Les résultats sont désastreux : les cabinets se succèdent, impuissants.

Dans ce contexte tendu, entre le 18 décembre 1947 et le 30 avril 1951, sept Premiers ministres se succéderont. Après un passage éclair de Réza Sardar Fakher Hekmat, du 18 au 28 décembre 1947, Ebrahim Hakimi est nommé Premier ministre pour la troisième fois, et pour six mois, sur la « suggestion » du Parlement. Le 20 juin 1948, son ministre des Finances, Abdolhossein Hagir, rigoureux mais peu populaire, lui succède... jusqu'au 9 novembre 1948. La Chambre pressent alors le vieux diplomate Mohammad Saèd. Trois fois contraint de démissionner et trois fois rappelé – pour un mois la dernière fois –, il reste aux affaires jusqu'au 23 mars 1950.

C'est sous son gouvernement que, le 4 février 1949, le shah est victime d'un attentat orchestré par le Toudeh, dont il se sort par miracle avec de légères blessures[1]. Profitant de l'émotion créée dans l'opinion, par ailleurs mécontente de l'instabilité politique, le shah et le gouvernement prennent conjointement l'initiative d'une grande réforme constitutionnelle destinée à renforcer les prérogatives du chef de l'Etat : il aurait ainsi le droit de dissoudre le *Majlis* en motivant sa décision et de demander, motifs à l'appui, une seconde lecture d'une loi déjà votée, la décision finale revenant toujours à la représentation nationale. Aux termes de cette réforme constitutionnelle, la durée d'une législature passerait de deux à quatre ans et le Sénat, qui existe théoriquement, mais n'a jamais été mis en place, fonctionnerait réellement, la moitié de ses membres étant désignés par le shah.

La gauche, alors affaiblie, discréditée et frappée par une loi votée en urgence rendant illégal le Toudeh à la suite de l'attentat contre le shah, s'oppose immédiatement à cette réforme, sans trouver de relais dans l'opinion. Seul Ghavam, en résidence à Paris, exprime avec courage, dans une lettre ouverte au shah, ses vives critiques à l'égard des nouvelles prérogatives « antidémocratiques » qu'il s'arroge, « lui rappelant qu'il serait alors en première ligne, et non plus son cabinet[2] ». « Même votre père n'aurait pas osé. »

Sa lettre, datée du 17 mars 1950, d'un style précieux, est intégralement publiée et commentée dans la presse, encore libre à l'époque. La réponse du shah ne tarde guère. Le 8 avril 1950, Ebrahim Hakimi, nouveau ministre de la Cour, réplique par une épître plutôt maladroite où le vainqueur de Staline est accusé, sans preuves, de malversations et de faiblesse face aux Soviétiques lors de la crise d'Azerbaïdjan. Parallèlement, et toujours à l'instigation de la Cour, le ministre de la Justice fait ouvrir une enquête judiciaire sur les « malversations » prêtées à Ghavam. En outre, dans la lettre de Hakimi, et « sur ordre de Sa Majesté », Ghavam se voit retirer le titre de *déjnabé-ashraf* qui lui avait été accordé le 7 avril 1946 pour services rendus. La lettre est elle aussi rendue publique dans la presse. Ghavam, hospitalisé sur la Côte d'Azur, en prend connaissance tardivement. N'étant pas homme à reculer, il adresse le 15 juin une seconde lettre, cette fois directement au shah. Il y rappelle notamment, sur un ton très dur, « une lettre manuscrite » où Mohammad Réza lui avait attribué « le mérite exclusif » de la libération de l'Azerbaïdjan. « Je conserverai cette lettre à jamais comme un insigne honneur », écrit-il encore. Cette seconde lettre fait l'effet d'une bombe. Le shah, pris de court, se garde de répondre. Ghavam choisit alors de rentrer en Iran. Accueilli à l'aéroport par une foule immense, il se rend directement au palais, où le shah lui accorde une audience de deux heures. L'affaire est close ; l'enquête judiciaire est abandonnée. Mohammad Réza n'a manifestement pas compris que son désir d'être en première ligne contribuerait à l'affaiblir à terme, ce que Ghavam a tenté de lui expliquer.

L'« affaire Ghavam » ne constitue cependant qu'un épisode d'un processus constitutionnel déjà bien engagé. Malgré les remarques prémonitoires de l'ancien Premier ministre, le shah a déjà fait voter sa réforme sans que personne n'y prête plus attention. Il en défendra l'intérêt plus tard, dans l'ouvrage qu'il publiera en 1979[3] : « En février 1950, j'indiquai dans le discours du Trône mon désir de promulguer une nouvelle Constitution. Celle de 1906 était inspirée de la Constitution belge. Cependant nos constitutionnalistes avaient refusé de donner au souverain le pouvoir de dissoudre la Chambre des députés. La Constitution de 1950 me rendit ce pouvoir, absolument nécessaire. » Il pensera ainsi avoir porté un coup fatal à une sorte d'« oligarchie parlementaire ». Victoire dont il refusera de voir, même avec le recul, les conséquences fâcheuses pour sa dynastie.

Cette réforme, bien que passée, ne change rien à son attitude dans l'immédiat : il est toujours « irresponsable », ne gouverne pas – sinon en sous-main – et reste populaire, contrairement aux gouvernements successifs auxquels le pays demande des comptes, la réparation des blessures de la guerre et le redressement d'une économie stagnante. Il continue à courtiser le peuple, à accorder de fréquentes audiences, et à recueillir les fruits de sa popularité lors de ses déplacements... tout en grappillant peu à peu les outils d'un futur pouvoir réel.

Durant la passe d'armes entre le shah et Ghavam, le cabinet Saèd n'est pas resté inactif, car il doit assainir d'urgence une situation intérieure peu brillante. Hélène Carrère d'Encausse écrit[4] :

> Des difficultés économiques considérables surgissent après le départ des troupes étrangères. Au chômage, à la crise des finances s'ajoute, dès 1948, le drame des récoltes désastreuses. A la propagande du Toudeh font écho les accusations de députés nationalistes du *Majlis*. Si l'on nationalise le pétrole de l'Anglo-Iranian, les problèmes économiques de l'Iran ne seront-ils pas résolus ? La disparition de l'AIOC ne mettra-t-elle pas fin aux ingérences britanniques dans les affaires intérieures de l'Iran ? L'amertume des vaincus[5] de 1946, les convulsions sociales, tout conduit une fois encore la conscience populaire iranienne à poser le problème en termes de revendication nationale.

Pour répondre à ceux qui réclament de nouveaux ajustements avec la British Petroleum sur l'exploitation des gisements pétroliers du Sud, comme l'avait prévu l'amendement ajouté par le professeur Réza-zadeh Chafagh lors du rejet de la loi sur l'accord pétrolier irano-soviétique le 5 novembre 1947[6], Saèd demande l'ouverture de négociations avec l'AIOC[7] pour obtenir un contrat plus avantageux pour son pays. Dans sa tentative de ne pas reproduire l'important litige qui opposa la Grande-Bretagne et l'Iran en 1933[8], il finit par proposer un « accord additif » à celui intervenu à cette époque avec l'AIOC Ses principales clauses en sont une augmentation de la part de l'Iran dans les bénéfices de l'exploitation, une meilleure formation des cadres et plus de dépenses sociales pour améliorer notamment le logement des ouvriers. Cependant, du fait que la quinzième législature, celle qui a renversé Ghavam, touche à sa fin et que la décision appartient à celle qui lui succédera, la seizième, il lui faut attendre les nouvelles élections pour que l'accord soit entériné. Cet impératif laisse donc quelque temps à ses opposants pour réagir. Et ils seront nombreux à considérer l'accord proposé comme bien trop tiède.

Les négociations ont en effet déclenché dans la capitale une nouvelle vague de revendications nationalistes contre l'Empire britannique, l'opinion poussant à un vigoureux face-à-face diplomatique entre les deux pays, lequel devient inévitable.

Quatre jours avant la fin de la quinzième législature, quatre députés, naguère proches de Ghavam et faisant à présent partie du cercle d'un tribun populaire et influent, Mohammad Mossadegh, déposent une motion de censure contre le très prudent Saèd. Ils accusent le Premier ministre – qui visiblement souhaite se retirer des affaires – de manquement au patriotisme et de « faiblesse envers l'impérialisme britannique ». Le pays s'enflamme aussi : manifestations, bagarres et troubles en tout genre éclatent.

Les opposants réclament des accords pétroliers analogues ou proches de ceux encadrant l'exploitation des gisements d'Arabie saoudite par les compagnies américaines. Ils impliqueraient un partage équitable des bénéfices entre les deux parties prenantes, à savoir 50/50 au lieu des 20 % octroyés à l'Iran, mais aussi l'augmentation des investissements sociaux, un droit de contrôle sur les comptes d'exploitation et l'« iranisation » progressive des cadres. Alors que le docteur Henri Grady, nouvel ambassadeur des Etats-Unis à Téhéran, soutient les positions des nationalistes et que Washington approuve ces propositions, Londres les juge inacceptables, notamment sur le point de l'« iranisation » des cadres : à cette époque, même les contremaîtres de la raffinerie d'Abadan sont en majorité indiens ! Figé dans une posture de refus, le gouvernement britannique repousse tout compromis honorable.

Face à lui : Mossadegh, « un bien curieux vieillard aux cheveux argentés, au nez fort, aux lourdes bajoues, immensément riche, qui ne sait vivre que passionnément, un émotif[9] », « décharné, au teint olivâtre, à la santé délicate, patriote convaincu qui alterne les larmes et les déclamations, s'évanouit à la tribune et vit en pyjama. A sa boutonnière, un insigne représente un derrick sur une carte d'Iran[10] ». C'est ce personnage qui va devenir en peu de temps le symbole du mouvement nationaliste et connaître une popularité jamais égalée depuis. D'après les recherches les plus récentes[11], il aurait trouvé dès cette époque un appui auprès du shah lui-même. D'un côté, le vieux[12] et inflexible tribun veut symboliser la revanche iranienne sur plus de un siècle d'influence britannique. De l'autre, le roi cherche, *via* cet homme qui le fascinera longtemps par son origine, sa culture et son sens politique, à régler ses comptes avec Londres.

Sous prétexte de protester contre des fraudes supposées aux élections législatives, essentiellement dans la capitale, et surtout pour faire tomber le cabinet Saèd, Mossadegh, suivi par plus de deux cents personnalités politiques, recourt à une vieille tradition irano-islamique, le *tahasson*. Se rendant à la Cour avec tous ses partisans, il déclare, par lettre au shah, son intention d'y rester tant que le souverain ne prendra pas des mesures concrètes garantissant la liberté des élections et « ne nommera pas un gouvernement respecté par l'opinion[13] ». Il entamera un jeûne avec ses compagnons si satisfaction ne lui est pas donnée ! Cependant que la foule grossit, il incite ainsi le shah, « irresponsable » par statut, à intervenir dans les affaires de l'Etat. Question qui sera trois ans plus tard au cœur d'un contentieux et d'un débat houleux.

Une heure après avoir reçu cette lettre, Mohammad Réza adresse à Mossadegh une réponse que la presse qualifiera d'« affectueuse » : « Je ne pense pas qu'un *tahasson* soit nécessaire, mais, si vous le souhaitez, je n'y vois aucun inconvénient. En outre, je suis disposé à vous recevoir ou à recevoir les délégués des personnalités [présentes] à la Cour. » Connivence ? Accord tacite ?

Le *tahasson* dure quelques jours, puis les protestataires adressent, par la plume de Mossadegh, une lettre très explicite à Abdolhossein Hagir, ministre de la Cour : « Sa Majesté impériale est la seule à pouvoir initier les réformes souhaitées. Puisque, en absence de Parlement, la désignation d'un nouveau Premier ministre ne nécessite pas une consultation préalable, nous lui demandons de nommer un autre gouvernement capable de satisfaire les aspirations nationales. » Par ce message, Mossadegh admet ce jour-là encore qu'en cas de vacance du Parlement, le shah peut destituer un Premier ministre et en nommer un autre à sa place. La lettre remise, l'assemblée des opposants quitte la Cour.

La tension ne retombe pas pour autant. Le 4 novembre 1949, Hagir est victime d'un attentat lors d'une cérémonie religieuse. Le terroriste arrêté appartient aux Fedayin de l'islam, section iranienne des Frères musulmans ; il avait assassiné peu de temps auparavant l'historien Ahmad Kasravi, auteur d'études très critiques sur les dérives d'un islam qu'on n'appelait pas encore intégriste, puis avait été libéré « provisoirement » sous la pression d'une partie du clergé[14].

Le Premier ministre Saèd réagit en instaurant la loi martiale à Téhéran. Une quarantaine de personnes sont arrêtées ; aucune ne sera jugée, le pouvoir n'ayant pas l'autorité suffisante pour affronter les extrémistes, qu'ils appartiennent à la droite religieuse ou à la gauche. Alors que Mossadegh et ses alliés viennent de fonder un mouvement baptisé *Jabhe-ye Melli* (Front national), Saèd prend deux décisions pour calmer l'opinion : la suspension puis l'annulation des élections législatives dans la capitale ; la nomination, à la tête de la Police nationale, du général de division Fazlollah Zahédi, proche du Front, bien connu pour ses sentiments antibritanniques, chargé d'assurer la régularité des nouvelles élections à Téhéran. Zahédi s'exécute, notamment en préposant les jeunes élèves officiers de l'Académie de police à la surveillance des urnes. Le shah approuve ce choix, même si le général ne fait pas partie de son cercle. Il craint en effet surtout l'influence grandissante de son chef d'état-major, l'ambitieux Razmara. Au moment où il part pour les Etats-Unis, le contrepoids que représente Zahédi dans la course au pouvoir de Razmara le met théoriquement à l'abri d'un coup d'Etat, du moins le croit-il.

Le scrutin se déroule donc dans ce contexte, sans le moindre litige. Zahédi en récolte prestige et solides amitiés politiques au sein du Front national. Quant à Mossadegh, il choisit ce moment pour former, avec des députés de Téhéran et un autre de Kachan, un groupe parlementaire. Trop tard cependant car, avant qu'il n'arrive au Parlement, les députés ont déjà pressenti, pour un nouveau mandat à la tête du gouvernement,

Saèd, lequel tergiverse avant d'offrir un mois plus tard sa démission, préférant se retirer définitivement de la vie politique active. Ambassadeur puis sénateur, il ne reviendra jamais plus dans un cabinet.

Ali Mansour, chef de l'exécutif lors de l'invasion de l'Iran par les Alliés en 1941, est alors choisi, le 23 mars 1950. A l'évidence, il n'est plus l'homme de la situation : probritannique selon la rumeur, il constitue un mauvais choix politique au moment où l'opinion publique, très agitée, appelle à une revanche contre Londres. Il n'est en outre pas de taille à affronter un tribun aussi brillant que Mossadegh. Quant au shah, qui joue son rôle de monarque constitutionnel bien qu'il ait vu ses pouvoirs élargis depuis peu, il n'est pas sûr qu'il le soutienne.

L'épisode Mansour dure peu : le Premier ministre commet l'erreur de destituer le général Zahédi, que l'opinion apprécie, et de nommer à sa place un pâle politicien, une première dans la police traditionnellement dirigée par un militaire de haut rang. Incapable de prendre des décisions efficaces, n'expédiant guère que les affaires courantes, empêtré dans les négociations sur le pétrole, Mansour se voit contraint de présenter sa démission le 26 juin 1950.

L'heure du général Razmara a sonné. Malgré une opposition violente du Front national, des manifestations de rue et la défiance du shah, il obtient un vote de confiance massif des deux Chambres. A cinquante ans, ce saint-cyrien polyglotte – il pratique couramment le français, l'anglais et le russe – est un homme redoutable, un « apprenti dictateur », le « Franco de l'Iran », disent ses détracteurs. Un document récent[15] révèle qu'au lendemain de la libération de l'Azerbaïdjan, il aurait été tenté de renverser le shah. « Une affaire de deux heures », aurait-il déclaré, à condition que Ghavam, « son maître en politique », le couvre et accepte la présidence de la République. Ce dernier, approché, aurait jugé l'opération « prématurée ».

Sitôt nommé Premier ministre, Razmara lance des projets spectaculaires destinés à marquer son territoire. Il se rapproche de l'URSS : « Ces négociations aboutissent au renouvellement du traité de commerce de 1940[16]. » Il négocie aussi en secret avec les Britanniques et l'AIOC, pour sortir de l'imbroglio pétrolier. Il en aurait obtenu des concessions importantes : l'application du principe 50/50, une avance de 28,5 millions de livres sterling sur les recettes futures et un dépôt de 10 autres millions à la Banque nationale, ce qui aurait permis une relance immédiate de l'activité économique et l'augmentation du volume de l'émission monétaire, autre facteur de relance. Pourquoi n'a-t-il pas révélé ce très honorable compromis ? Pour les uns, les sentiments antibritanniques étaient tellement ancrés dans l'histoire iranienne que cela n'aurait pas calmé l'opinion. Pour les autres, il aurait attendu son heure, c'est-à-dire le renversement du shah, ce qui lui aurait permis ensuite de présenter son plan comme un atout majeur.

Malgré ces négociations « secrètes », la question du pétrole iranien reste une plaie ouverte sur le plan international, mais n'occupe pas encore le devant de la scène. Les regards se tournent plutôt vers l'Extrême-Orient où, en Chine, le Kuomintang s'est effondré sous les coups des communistes de Mao Tsé-toung, soutenus par les Soviétiques. Lequel Mao Tsé-toung a proclamé la République populaire de Chine le 1er octobre 1949, cependant que la guerre de Corée, où Onu et Etats-Unis sont engagés, vient d'éclater le 25 juin 1950 pour ne s'achever – par un retour au *statu quo ante* – qu'en 1953 !

Les Anglais, pour leur part, mesurent, note Paul Balta, « l'importance de ces gisements » qui ont servi durant la Seconde Guerre mondiale « à ravitailler la Navy et la RAF, dans les bases d'Aden, de Singapour et de l'Inde. [...] L'Anglo-Iranian [AIOC] ne songe nullement à renoncer à la part du lion qui est la sienne ». Or, ajoute le journaliste, « en 1950, l'Iran, quatrième producteur mondial, n'a touché que 450 millions de royalties, soit 9 % des bénéfices avoués par la compagnie ».

Quant aux Américains, ils sont plus préoccupés – politiquement et financièrement – par la Corée (et la Chine) que par l'Iran. « Aussi, lorsque le shah s'était rendu à Washington pour obtenir un prêt, les Américains lui avaient-ils conseillé d'entreprendre des réformes. Rentré les mains vides, il s'efforce de suivre leurs conseils, dans un pays qui supporte de plus en plus mal de vivre dans la misère[17]. »

L'opposition iranienne trouve donc à ce moment une opportunité pour agir. Le 29 novembre 1950, Mossadegh et quatre députés du Front national déposent une proposition de loi : « Pour le bonheur et la prospérité de la nation iranienne et pour contribuer à la paix du monde, il a été décidé de nationaliser l'industrie pétrolière sur l'ensemble du territoire, ce qui veut dire que toutes opérations d'exploration, d'extraction et d'exploitation seront désormais exercées par le gouvernement. » S'il est question ici de nationalisation du pétrole iranien, c'est bien *in fine* de l'indépendance de l'Iran qu'il s'agit. Personne n'aurait pu cependant ce jour-là en déterminer les contours et les conséquences, mais dès lors, le mouvement national dont l'influence croît irrésistiblement dans le pays a trouvé son slogan légendaire. Qui est à l'origine de cette idée ? Quelques personnalités du Front national l'ont revendiquée, mais l'Histoire l'attribue à celui qui en sera désormais le symbole et le fer de lance : Mossadegh.

Certes, le général Razmara tentera, par la voix de son ministre des Finances, d'en expliquer les difficultés, voire l'impossibilité d'application pour l'Iran, pensant, contrairement à Mossadegh, que le pays n'est pas en mesure d'extraire et de vendre lui-même son pétrole. Mais rien n'y fera : les dés sont déjà jetés, et il ne récoltera en retour qu'une impopularité probablement imméritée.

Quant au shah, on s'interroge à juste titre sur son rôle dans cette affaire. Si les recherches récentes suggèrent qu'il aurait continué à soutenir discrètement, mais efficacement, Mossadegh, ses visées restent doubles : affaiblir son ambitieux Premier ministre et contrecarrer les politiques britanniques en Iran. En outre, il n'est pas indifférent à la gloire qu'il pourra tirer de l'opération proposée par son Premier ministre si elle réussit[18].

Toutes les spéculations relatives aux ambitions de Razmara s'écrouleront bientôt : le 7 mars 1951, alors que le général se rend à une cérémonie funéraire à la grande mosquée royale, au cœur du bazar de Téhéran, il est abattu, comme l'ancien Premier ministre Hajir, par un terroriste appartenant aux Fedayin de l'islam[19].

L'assassinat de Razmara déclenche un véritable séisme politique. La peur s'installe dans la capitale, au point qu'on n'ose lui organiser ni funérailles publiques ni cérémonie religieuse convenable. Avec une certaine indécence, plusieurs députés du Front national s'en félicitent publiquement.

Le Premier ministre disparu et le pays de nouveau sans gouvernement, la Chambre hésite à se réunir. Le shah, outrepassant ses prérogatives constitutionnelles, charge le ministre d'Etat Khalil Fahimi, doyen du cabinet Razmara, d'expédier les affaires courantes et de tenter de trouver une issue à la crise. Après quelques tentatives infructueuses, Fahimi renonce. Le *Majlis* se réunit enfin et pressent Hossein Ala' pour former un nouveau gouvernement – un premier mandat pour lui. Le 13 mars 1951, ce dernier présente ses ministres au Parlement.

Le 15 mars, l'incroyable se produit : le *Majlis* approuve à l'unanimité la proposition de loi soumise par le Front national sur la nationalisation du pétrole. Un véritable coup de tonnerre dans le ciel politique. Tous les présents applaudissent, ce qui est interdit par le règlement du

Parlement ; le public saute par-dessus les barrières pour embrasser les députés. Jamais l'enceinte n'a connu pareil enthousiasme. Deux heures plus tard, Téhéran explose de joie, puis la province : on pavoise, on allume des lampions, on danse dans les rues !

Le 19, le Sénat approuve le texte à l'unanimité. Bien que, selon les usages, le shah ne doive signer la loi qu'après un délai de quelques jours, il le fait dans les heures qui suivent le second vote. L'Iran tout entier exulte de nouveau. L'excitation est à son comble, le 21 mars 1951, pour la célébration de *Nowrouz,* le nouvel an iranien. Ce jour-là, le message impérial évoque un événement destiné à rester gravé dans les annales. Le peuple a – ou croit avoir – remporté une victoire sur l'impérialisme britannique. L'heure de la revanche semble avoir sonné. En fait, les difficultés ne font que commencer.

Première réplique britannique : l'AIOC s'abstient de payer la totalité des salaires de ses employés iraniens d'Abadan. En signe de protestation, les syndicats, noyautés par le Toudeh, déclenchent une grève violente, manipulés qu'ils sont aussi par l'AIOC, comme l'attesteraient certains documents publiés ces dernières années[20]. Lors des manifestations, trois Britanniques trouvent la mort, assassinés, d'après les Anglais. A Ispahan, les ouvriers des usines textiles se mettent en grève par solidarité. A Téhéran même, le Toudeh réussit à pousser quelques centaines d'étudiants et de lycéens dans la rue pour protester contre l'« attitude proaméricaine » du pouvoir et de Mossadegh, qualifié de « minable valet de Washington[21] ». Pour calmer la tension, le gouvernement Ala', avant même d'avoir obtenu la confiance des Chambres, instaure la loi martiale dans les villes, et envoie des troupes dans les régions pétrolifères afin d'en protéger les installations, désormais propriété nationale.

Ala' n'a pas la carrure pour affronter la crise : dix jours après avoir obtenu la confiance, le 30 avril, il démissionne. Son gouvernement n'a pas tenu deux mois. L'ambassade de Grande-Bretagne croit le moment propice pour pousser ses pions. Elle tente de faire pression sur le shah et, surtout, engage de grandes manœuvres au Parlement, où elle ne manque pas d'appuis, pour faire « pressentir » son candidat, c'est-à-dire l'éternel Sayed Zia-ol-Din Tabatabaï, l'homme du coup d'Etat de 1921 !

L'opinion et de nombreux députés souhaitent pour leur part la désignation de Mossadegh, rejoints par le shah lui-même : « De toutes parts, on me pressait d'utiliser un homme aussi habile. J'avais quelques doutes, mais je résolus de le mettre, comme on dit, au pied du mur[22]. » Le chef de la majorité parlementaire, Djamal Emami, proche de la Cour, sert alors d'intermédiaire entre Mohammad Réza et le leader nationaliste.

Le 28 avril 1951, la Chambre se réunit en séance privée pour pressentir un nouveau Premier ministre. Tabatabaï, sûr de l'efficacité du lobby britannique, s'est déjà rendu à la Cour où il attend, confiant, le résultat des votes. Coup de théâtre : Djamal Emami, excellent orateur à l'humour redoutable, suggère devant les députés le nom de Mossadegh... qui accepte, « sans la moindre hésitation[23] », de se porter candidat. Sa victoire est sans appel : 79 bulletins sur 100 se portent sur son nom. Il se lève, remercie ses collègues, mais exige qu'avant de recevoir le firman, la loi organisant la nationalisation du pétrole et l'« évincement » de l'AIOC soit votée et signée par le shah[24]. Djamal Emami et des députés du Front national se mettent au travail. Des neuf articles, Emami en rédige sept dans la journée ; la loi est alors votée, dans l'urgence, à l'unanimité. Plus rien ne s'oppose à l'accession au pouvoir de Mossadegh.

Le 29 avril 1951, le shah convoque ce dernier au palais et le charge de former le nouveau gouvernement. Le

2 mai, la loi étant déjà publiée au *Journal officiel*, Mossadegh lui présente son gouvernement. Que Mohammad Réza ait joué un rôle déterminant dans sa nomination est certain. En revanche, les avis divergent sur le fait qu'il s'agirait d'une tactique de sa part pour le déconsidérer ensuite ou bien de son désir sincère de frapper Londres sans être directement impliqué. La seconde hypothèse semble la plus vraisemblable. En effet, durant les mois qui suivront, l'appui du shah à son Premier ministre et leur convergence de vues seront sans faille. Ils feront en tout cas tout pour le montrer, car l'opinion, dont ils ont tous deux besoin, l'exige.

Et Tabatabaï dans tout cela ? A vrai dire, plus personne ne s'en soucie. L'affaire, si elle a prouvé la cécité de Londres quant au choix de son candidat, a surtout démontré que plus aucun autre homme politique iranien n'était prêt à se sacrifier pour ses intérêts.

En ces jours de liesse, Mossadegh est devenu l'idole du peuple. Aristocrate richissime, né à Téhéran le 16 juin 1882, l'homme, qui a donc soixante-neuf ans, est le fils de Mirza Hedayat Ashtiani, haut fonctionnaire des Finances sous Nasser-ol-Din shah, et de Malek Taj Firouz Najm-ol-Saltaneh, princesse qâdjâre. En 1903, il épouse la princesse Zia-os – Saltaneh[25], lointaine cousine de descendance qâdjâre. Connu pour sa probité, franc-maçon depuis sa jeunesse, c'est un tribun redouté, un opposant éternel incarnant le sentiment antibritannique.

Premier Iranien docteur en droit de l'université de Neufchâtel en Suisse, diplômé de l'Ecole libre des sciences politiques de Paris, il avait occupé, dès son retour en Iran, en 1914, de nombreux postes administratifs sous les Qâdjârs : trésorier-payeur général du pays, gouverneur de diverses provinces, ministre des Finances puis des Affaires étrangères. Lors de l'accession au trône des Pahlavis, en 1925, s'étant opposé au couronnement de Réza Khan, il s'était tenu loin du pouvoir durant la crise politique qui s'était ensuivie, malgré les propositions que le nouveau shah lui avait faites[26]. Un point reste cependant trouble dans l'attitude de Réza shah à son égard : son arrestation en 1940 et sa détention dans une petite ville du sud du Khorassan[27]. Gage de la bonne foi du shah auprès des Britanniques ? Sanction des relations que Mossadegh aurait entretenues avec une puissance étrangère, comme l'écrira, des années plus tard, Mohammad Réza Pahlavi, sans étayer son affirmation[28] ? Pour Mossadegh lui-même, cette accusation est restée un mystère : au pouvoir, il a fait enquêter sur le sujet sans trouver de réponse.

Lors des élections qui se tinrent après l'abdication forcée de Réza, en 1941, il fut élu député de Téhéran. Dès lors, le rôle de tribun national, adversaire de toute ingérence étrangère, russe ou britannique, dans la politique iranienne, lui fut largement reconnu. Porte-parole des revendications nationalistes, il faisait montre d'un art consommé pour flatter le peuple et soigner son image. Sa fortune immense lui permettait en outre un désintéressement total, en même temps qu'une liberté de parole et d'actes impossible pour bien d'autres. Avec son salaire de député, il offrit à la bibliothèque de la faculté de droit de Téhéran de nombreux livres, le « fonds Mossadegh ». En outre, il donna à de nombreux étudiants nécessiteux la possibilité de poursuivre leurs études supérieures. Premier ministre, il ne toucha jamais son traitement, entretint lui-même ses gardes, voyagea à ses propres frais, reçut dans sa propre maison. Il le fit savoir, et l'opinion l'en apprécia d'autant plus.

Quant à ses adversaires, ils l'accusaient d'être un populiste démagogue au comportement irrationnel, haïssant les Pahlavis, animé d'un nationalisme teinté de xénophobie, surtout antibritannique. Il est vrai que certaines des décisions qu'il prendra, une fois au pouvoir, apporteront de l'eau à leur moulin. Mohammad Réza pour sa part a fait de lui un portrait insolite : « Officiellement, il était le défenseur du sentiment nationaliste anticolonialiste, le champion du patriotisme le plus intransigeant, déclarant qu'il ne fallait accorder aux puissances étrangères ni concessions ni avantages d'aucune sorte. Il appelait sa doctrine l'"équilibre négatif", et son plus grand défaut était bien d'être en effet négative. [...] Les contradictions de ce rhéteur – contradictions perpétuelles – entre discours et actes, ses changements d'attitude à vue – de l'exaltation à la dépression –, ses passages de certitudes violemment exprimées dans des discours hystériques, aux larmes, sanglots, maladies "diplomatiques" et comédies macabres : "Je me meurs...", etc., en font un politicien difficile à juger. Certains l'ont comparé à Robespierre, d'autres à Rienzi, d'autres encore à quelque personnage de la *commedia dell'arte*[29]. » Ce jugement condescendant, voire caricatural, n'est-il pas aussi dicté par un certain dépit devant un homme généreux, à la culture immense, libre de ses pensées, de ses paroles et de ses actes, issu de la vieille aristocratie qâdjâre qui rappelle, par sa survivance même aux plus hauts niveaux de l'Etat, l'origine plutôt modeste de la propre dynastie du shah ? De son côté, jamais Mossadegh ne se permettra la moindre attaque contre la personne du roi, même au temps où, en résidence forcée, il désapprouvera ses choix autocratiques.

Les événements se précipiteront désormais. Le gouvernement présenté par Mossadegh au shah le 2 mai 1951 ne comporte qu'une personnalité encore peu connue sur la scène politique : Karim Sandjabi, juriste renommé, fils d'un chef de tribu kurde et alors doyen de la faculté de droit. Ses autres membres sont tous réputés pour leur intégrité. Parmi eux, le général de division Fazlollah Zahédi obtient le ministère de l'Intérieur, avec la haute main sur la police, la gendarmerie et les services de renseignement.

La mise en application de la loi de nationalisation du pétrole et de « l'évincement » de l'AIOC donne lieu à des mouvements de foule sur tout le territoire. L'AIOC, symbole de l'« impérialisme honni » – telle était l'expression consacrée –, est présente dans chaque ville, chaque village, sur toutes les pompes à essence. Les signalétiques en sont alors arrachées pour être remplacées par celles de la toute nouvelle Société nationale iranienne de pétrole (Snip)[30], un geste patriotique de première importance. Le moment est propice aux réunions de masse où des orateurs, voire des prédicateurs, prononcent des discours enflammés, énumérant les « crimes » de Londres depuis le XIXe siècle.

A Téhéran, le 21 juin 1951, le couple impérial se rend au siège central de l'AIOC pour assister à la cérémonie de changement de signalétique. La presse relaie abondamment l'opération : les photos seront placardées durant des mois dans tout le pays. De son alliance « tactique » avec Mossadegh, le roi retire ainsi un prestige grandi auprès du peuple, le drapeau iranien sur toutes les pompes à essence constituant la revanche tant attendue sur le passé.

Mossadegh nomme à la tête de la Snip un conseil d'administration « national » présidé par son neveu, l'ancien Premier ministre Morteza Gholi Bayât. Mehdi Bazargan, doyen de la faculté technique de l'université de Téhéran, est chargé de prendre en main et de gérer les installations pétrolières. Diplômé de l'Ecole centrale de Paris, spécialiste d'irrigation et de canalisations urbaines, Bazargan qui ne connaît rien à l'industrie pétrolière se fait épauler, fort heureusement, par de solides équipes.

Une mission parlementaire est dépêchée à Abadan, centre de l'AIOC et plus grande raffinerie au monde, pour présider à l'« évincement ». Les ingénieurs et techniciens britanniques refusent de travailler sous les ordres des « autochtones ». « Qu'ils s'en aillent tous ! » décide alors Hossein Makki, chef de la mission et député de la capitale. C'est ainsi qu'en toute hâte, des milliers de logements de fonction sont vidés, qu'une caravane de Britanniques et de quelques Indiens prend la direction de l'Irak, situé à quelques kilomètres de là. De nouveau, c'est l'exaltation. Aucun incident ne se produit, l'ordre et même une certaine courtoisie prévalent. Ce qui importe pour Hossein Makki, ce sont les photos, bien cadrées, qui le haussent soudain au rang de héros national.

Les Britanniques jugent humiliantes les positions iraniennes. Ils n'ont pas encore abandonné leurs prétentions impériales, même s'ils ont toujours reconnu l'Iran comme pays souverain et indépendant. Parmi les anecdotes qui fusent alors dans tout le pays, l'une fait particulièrement sourire les Iraniens : à Winston Churchill, dans l'opposition, déclarant : « On ne joue pas avec la queue du lion [britannique] », Mossadegh aurait répliqué dès le lendemain : « Mais que fait la queue de votre lion chez nous ? »

Londres, qui ne goûte guère cet humour, porte l'affaire devant la Cour internationale de justice de La Haye, laquelle décrète des « mesures conservatoires », un *statu quo* déjà dépassé dans la mesure où l'exclusion des Britanniques est une réalité. Téhéran refuse de les valider. Devant cet échec, les Britanniques haussent le ton, menacent, puis décident de passer à la politique de la canonnière. La 16e brigade parachutiste de Sa Majesté est mise en état d'alerte à Chypre. Des troupes britanniques stationnées en Irak, protectorat de fait de Londres, se massent sur la frontière iranienne. Un escadron de la flotte est envoyé dans le golfe Persique et le croiseur *Mauritzius*, l'un des plus puissants de la Royal Navy, s'approche d'Abadan, braquant, écrit la presse, ses canons sur la ville. Téhéran réagit à son tour et renforce ses troupes dans la région, mettant en état d'alerte sa petite marine de guerre et massant ses soldats autour de la raffinerie. Pour la presse internationale, l'intervention militaire britannique en Iran est imminente.

C'est l'heure pour le shah d'entrer en scène. En présence du ministre des Affaires étrangères, il convoque l'ambassadeur de Grande-Bretagne et déclare : « Sachez qu'en cas d'invasion de l'Iran, je me rendrai immédiatement dans le Sud et prendrai le commandement de mes armées pour la défense de la patrie. » Un geste théâtral qui lui vaut tous les suffrages à l'intérieur du pays et fait pleurer dans les chaumières. L'heure de l'« épreuve » a sonné, on va enfin régler son compte à « l'arrogant ennemi historique ».

Nul doute que le shah est sincère, qu'il jubile de pouvoir enfin parler ainsi à l'envoyé de Londres. Ce faisant, il sait aussi qu'il pose un nouveau jalon dans la construction de son image devant l'Histoire : après le serment prêté devant la Chambre à son avènement, après son vol périlleux sur le front de l'Azerbaïdjan pour encourager son armée, après l'arrachage en sa présence des signalétiques de l'AIOC à Téhéran, il est convaincu que ses paroles symboliseront son règne. Au fond de lui-même, ne se pose-t-il pas déjà en rival de Mossadegh ?

Devant la détermination de l'Iran, Londres proclame que les Iraniens seront incapables d'« extraire une seule goutte de brut » des « puits du Khouzistan », qu'ils pourront encore moins faire fonctionner les raffineries de Kermanshah (dans l'Ouest kurde), et surtout d'Abadan. Erreur : les ingénieurs et techniciens iraniens ainsi que les ouvriers exaltés de la Snip arrivent à leurs fins : le brut sort des puits ; les raffineries tournent de nouveau… et Bazargan gère convenablement l'ensemble. A ceux qui avaient prédit aux Iraniens une pénurie de pétrole, l'arrêt de la circulation automobile et des trains, le blocage des centrales électriques…, la réalité s'impose : rien de tel ne se produit, et Londres a perdu la main.

Si les Britanniques se sont trompés, les Iraniens, de leur côté, se sont fait de graves illusions. Leurs « experts » ont fait croire à Mossadegh que sitôt la raffinerie d'Abadan sous leur contrôle, les économies britannique et occidentale chuteraient, que Londres l'implorerait et que les richesses ruisselleraient sur l'Iran, ce que le « Vieux Lion[31] » avait fini par croire. Or d'autres pays producteurs de pétrole – l'Irak, le Koweït, l'Arabie saoudite – ont pris le relais de l'Iran à des prix très compétitifs à la production : « 900 contre 13, je crois », écrit Mohammad Réza Pahlavi[32]. C'est une évidence : le marché a su corriger et adapter l'offre et la demande. Il convient d'ajouter cependant que le shah – mieux informé que son Premier ministre car il lit la presse étrangère alors que Mossadegh se contente d'écouter l'exaltation de la rue – n'a jamais partagé les « avis d'experts » ; il s'est seulement contenté de laisser faire sans mot dire, préférant ne pas apparaître défaitiste et faible devant les diktats londoniens, se rangeant à l'ombre de Mossadegh. Au moins, sur ce dernier point, trouve-t-il quelque intérêt à avoir pour rempart et en première ligne un Premier ministre.

La situation intérieure de l'Iran est à cette période très incertaine. Déjà, dans l'entourage du shah, un petit cercle commence à intriguer contre Mossadegh. Dans ses rangs, Ala', qui, avec sa discrétion habituelle, dit craindre les conséquences d'un affrontement, même politique, avec Londres. Il est rejoint, sinon précédé, par le prince Ali-Réza, qui conteste au « Vieux Lion » la détention du pouvoir, et par la princesse Ashraf, qui n'a jamais caché son antipathie envers lui. Hajir lui-même l'ayant déjà mise en garde contre Mossadegh après l'attentat du printemps 1950[33], elle rapporte, dans ses Mémoires, une discussion orageuse avec celui-ci qui déboucha, lorsqu'il fut nommé Premier ministre, sur un message lui ordonnant de quitter l'Iran dans les vingt-quatre heures.

Sur le plan international, le conflit irano-britannique inquiète Washington. En effet, les Britanniques n'ont pas renoncé à une intervention militaire, ce qui entraînerait automatiquement l'entrée des troupes soviétiques dans le conflit, Moscou pouvant invoquer le traité de 1921 lui donnant la possibilité d'intervenir militairement si l'Iran était victime d'une agression étrangère. Les risques pour l'équilibre mondial ne sont donc pas minces en ces temps de guerre froide. De plus, l'Iran pourrait être facilement séduit par le Toudeh, aux ordres de Moscou, durant la crise économique et financière sévère qu'il traverse.

Sur les conseils de l'ambassadeur des Etats-Unis, Henry Grady, qui ne cache pas ses sympathies pour Mossadegh, et sur décision de Washington, Averell Harriman, administrateur du plan Marshall, est dépêché à Téhéran. Le colonel Vernon Walters l'accompagne comme conseiller et interprète, car il parle le français que Mossadegh utilise dans ses négociations diplomatiques[34]. Le jour de l'arrivée de Harriman à Téhéran, le 14 juillet 1951, le Toudeh déclenche de violentes manifestations anti-américaines. Ses partisans pénètrent dans le jardin du Parlement qu'ils tentent de prendre d'assaut. La police intervient. On comptera un mort et quelques blessés. Le « Vieux Lion » inaugure alors une politique ambiguë qui le desservira par la suite : il réprime les excès des communistes qu'il déteste, mais les laisse libres de leurs mouvements pour effrayer les Occidentaux, les Américains surtout, et les amener à faire des concessions.

Face à ces événements, que grossissent la propagande communiste à l'intérieur et les radios de Moscou, de Bakou mais aussi de Londres, Mossadegh commet ses premières erreurs graves. Il destitue le chef de la police nationale qu'il a lui-même nommé, et annonce à la radio qu'il sera jugé pour avoir fait tirer sur la foule. Son ministre de l'Intérieur, le général Zahédi, qui apprend ainsi la nouvelle, critique sa décision le soir même au Conseil des ministres – affirmant que la police n'a fait que son devoir – et sa manière d'agir – l'un de ses subordonnés ayant été destitué sans qu'il en ait été préalablement informé. Il offre sa démission. Mossadegh temporise, plaisante, voulant montrer à Harriman une équipe soudée. Il prie donc le général de ne pas publier sa démission, d'aller défendre la position du gouvernement devant les députés et de rester à son poste jusqu'à la fin des négociations engagées avec Washington. Zahédi obtempère par discipline et « dans l'intérêt de la nation ».

Harriman – qui est logé au Sahébgharanieh[35], à Niavaran – reçoit beaucoup, notamment le prince Ali-Réza, le frère du shah. Il se présente aussi devant une instance créée par les deux Chambres, la Commission mixte du pétrole, dont l'ignorance en matière d'économie pétrolière mondiale stupéfie l'expert pétrolier qui l'accompagne. Le 16 juillet, avec Grady et Walters, il est reçu par Mossadegh. Le « Vieux Lion », se prétendant souffrant, les accueille dans son lit, en pyjama ! S'il fait preuve à leur endroit d'une extrême courtoisie, son discours cependant passe mal. Il se lance en effet dans une interminable diatribe contre l'ingérence des étrangers dans les affaires iraniennes, s'étendant sur l'invasion d'Alexandre le Grand, « le début de tous nos malheurs ». Un discours sibyllin pour un Américain de cette époque. Harriman déploie des trésors de patience, revient le voir à plusieurs reprises, fait un saut à Londres, arrache aux Britanniques la reconnaissance du principe de nationalisation si un accord est trouvé avec les Iraniens, ramène avec lui un ministre britannique, Stocks, et fait des propositions. Mohammad Réza, qui ne peut naturellement prendre position sinon en approuvant son gouvernement, le reçoit aussi, d'abord seul, puis avec Stocks.

Après six semaines, il faut se rendre à l'évidence : la mission Harriman n'a abouti à rien de concret. S'appuyant sur la décision conservatoire, bien que dépassée, de la Cour de La Haye, Londres instaure un quasi-blocus pour empêcher toute exportation du pétrole iranien, déclaré « bien britannique », menaçant d'arraisonner tout « bateau pirate » qui en transporterait. Selon Paul Balta, « une firme italienne, l'*Ente Petrolifere Italia Medioriente*, conclut néanmoins le premier gros contrat pour l'achat de deux millions de tonnes par an pendant dix ans. Un cargo battant pavillon du Honduras, le *Mary Rose*, effectue le premier chargement […]. Surveillé par les avions de la RAF, il finira par être arraisonné et obligé de gagner Aden [alors possession de Londres], où il est mis sous séquestre[36] ». En conséquence, les exportations iraniennes se réduisent à quelques milliers de tonnes d'essence vendues à l'Afghanistan et transportées par camions-citernes !

L'Iran entre dans une période de récession économique. Mossadegh fait front, lance un emprunt d'Etat, dont le shah sera l'un des premiers souscripteurs. Washington, de son côté, consent un prêt de 25 millions de dollars pour empêcher l'effondrement du pays, ce qui aurait fait le jeu de Moscou, mais rien de plus. L'opposition intérieure relève la tête, menée, à la Chambre, par Djamal Emami, le même qui avait œuvré pour la nomination de Mossadegh. Ses bonnes relations avec la Cour ne sont pas un secret. La question se pose alors avec plus d'acuité : le shah et Mossadegh sont-ils toujours d'accord ?

Voulant frapper un grand coup, et peut-être obtenir la possibilité d'une intervention militaire, Londres porte l'affaire devant le Conseil de sécurité de l'Onu, lequel se déclare compétent le 1er octobre 1951. A la surprise générale, et avec une maîtrise certaine dans l'art de la communication – ainsi que l'aval du shah –, Mossadegh, que l'on dit malade et détestant les voyages, se rend aux Etats-Unis pour défendre le peuple iranien, « victime de l'impérialisme britannique ». L'émotion et l'union populaires des débuts de la nationalisation renaissent. L'opposition parlementaire déclare se ranger derrière son Premier ministre « pour défendre la patrie ».

Le 5 octobre 1951, Mossadegh se présente devant le Conseil de sécurité, les caméras du monde entier braquées sur lui. « Old Mossie[37] », comme l'appellent les journaux américains, fait la une de la presse internationale. Pendant une heure, d'« une voix tremblante et d'un air triste[38] », il s'adresse en français au Conseil, rappelant les souffrances de son peuple, les ingérences britanniques, le sort du tiers monde. Ensuite, pendant deux heures, Allahyar Saleh, membre éminent de la délégation, plaide en anglais devant le Conseil la cause de l'Iran sur le plan juridique et économique. L'envoyé britannique lui répond. Jugé arrogant, il déplaît surtout à la presse américaine. Sur l'initiative du représentant permanent de la France, et à l'issue des débats, le Conseil décide de clore les discussions et de ne pas inscrire le sujet à son ordre du jour. Les Américains s'abstiennent.

« Une défaite humiliante », écrit Anthony Eden dans ses *Mémoires*. Mais une victoire éclatante pour l'Iran, et surtout pour Mossadegh. Le 20 octobre, dans un message enthousiaste, le roi le félicite, s'enquiert de sa santé, se réjouissant de le revoir bientôt. Mossadegh lui répond que les succès obtenus l'ont été grâce à son appui bienveillant, que les compliments de Sa Majesté l'honorent[39]. Téhéran exulte.

Mossadegh et sa mission se rendent ensuite à Washington. Bien que le voyage ne soit pas officiel, le président Truman reçoit le Premier ministre, offrant en son honneur un déjeuner somptueux. Washington, pressé de résoudre la crise, charge le numéro 2 du département

234 MOHAMMAD RÉZA PAHLAVI, LE DERNIER SHAH

d'Etat, George McGee, de négocier avec « Old Mossie ». En vingt-cinq jours, ce dernier le verra vingt fois en compagnie de Vernon Walters[40]. Mais rien n'aboutit cette fois encore, les Iraniens demandant un crédit de 120 millions de dollars pour sortir le pays du marasme et faire face au danger communiste. Néanmoins, sur l'initiative du Pakistan, encouragé par Washington, et à la suite de plusieurs séances de travail avec les experts de la Banque mondiale, il est convenu que celle-ci envoie une mission d'urgence en Iran pour trouver une issue à la crise[41].

Sur le chemin du retour, Mossadegh fait halte au Caire, où le Premier ministre, Nahas Pacha, est lui aussi en lutte contre Londres pour abroger le traité de 1936 instaurant une sorte de droit de regard du Royaume-Uni sur la sécurité et la diplomatie de son pays. Si l'accueil de la capitale égyptienne est triomphal, le résultat des échanges, en revanche, ne bouleverse en rien le rapport des forces en présence.

De retour à Téhéran en fête pour l'occasion, le Premier ministre se rend directement au palais, où le shah l'invite à s'allonger sur un canapé durant les six heures de leur tête-à-tête afin de lui éviter une fatigue excessive. Tous deux partagent ensuite un repas. Cependant, ni le succès remporté à New York, ni l'accueil triomphal au Caire pour celui qui s'est posé en héraut du tiers monde, ni encore l'affection – sincère ? – que le shah lui témoigne encore ne résolvent les problèmes du pays, qui s'enfonce chaque jour davantage dans la crise.

Sur le plan international, aux Etats-Unis, les républicains, bien moins favorables à Mossadegh et surtout partisans d'une grande fermeté face à Moscou, remportent les élections présidentielles de novembre 1951. Eisenhower remplace Truman. John Foster Dulles est nommé à la tête de la diplomatie. Peu après, à Téhéran, Loy Henderson remplace Henry Grady. En Grande-Bretagne, l'évolution est comparable. Winston Churchill remporte les élections et revient au pouvoir. Les conservateurs, ouvertement hostiles à Mossadegh, parlent du « vol du pétrole britannique » par les Iraniens. La thèse britannique est désormais claire : tant que Mossadegh sera au pouvoir, la crise perdurera. De son côté, l'administration américaine désire par-dessus tout « stabiliser l'Iran », pièce maîtresse dans l'échiquier mondial face à l'Union soviétique ; de préférence avec Mossadegh, mais sans lui s'il est intraitable. Le shah, élément stable de la scène intérieure iranienne, devient ainsi à ses yeux un pion de plus en plus important dans le ballet diplomatique. Le « Vieux Lion » sait désormais qu'on ne lui fera plus de concession. Le shah le sent et commence à jouer plus ouvertement son jeu, pensant son heure proche.

Devant le durcissement britannique, la réaction de Téhéran est immédiate : les relations diplomatiques avec la Grande-Bretagne sont rompues, l'ambassade et les consulats – « foyers d'intrigues contre les intérêts de la nation iranienne » – fermés, l'ambassadeur de Sa Majesté est renvoyé, dans les règles de la bienséance diplomatique. Mossadegh déclare, devant le Parlement dont le mandat va prendre fin, qu'il faut désormais envisager une économie sans pétrole, « comme l'Afghanistan ». Il confie à quelques députés qu'il pense que la crise ne durera pas plus de deux mois, sûr que les Anglais céderont.

Sur le plan intérieur, les dernières séances à la Chambre sont houleuses. Non seulement les députés, partisans et adversaires de Mossadegh, s'opposent avec virulence, mais les spectateurs sautent souvent dans l'enceinte, théoriquement inviolable, du pouvoir législatif et molestent les députés. Un certain nombre de ces derniers, accusés – déjà – d'être proches de la Cour et des manigances de la princesse Ashraf, qui bien qu'en exil devient peu à peu la bête noire des partisans de Mossadegh, se réfugient dans l'enceinte du Parlement, prétextant l'insécurité ambiante. Journalistes et hommes politiques de tous bords les y rejoignent. Parmi eux, de nombreuses personnalités et quelques fondateurs du Front national. Avec une extrême prudence, le shah les écoute. Il ne veut pas et ne peut pas encore rompre avec Mossadegh. La force du mouvement l'incite cependant à jouer sur les deux tableaux. Les élections législatives qui se déroulent alors reflètent les divisions de l'opinion. Un an ne s'est pas écoulé depuis l'arrivée au pouvoir de Mossadegh, que déjà l'unanimité au sein du mouvement national s'est brisée.

En 1952, une nouvelle Chambre est élue, sans que soit vraiment contestée la régularité des élections, les partisans de Mossadegh y obtenant une courte majorité. Son installation est cependant suspendue, le temps que la Cour de La Haye, de nouveau saisie par Londres, puisse instruire et juger sur le fond le différend irano-britannique relatif à l'AIOC.

Fort de son expérience réussie devant le Conseil de sécurité, Mossadegh prend la tête de la délégation nationale. De nombreux Iraniens habitant en Europe se rendent dans la capitale hollandaise pour le soutenir. Sur place, cependant, les Iraniens essuient un affront inattendu : les réservations faites à l'Hôtel des Indes ont été annulées à la dernière minute sous la pression de Londres et de la compagnie Shell[42]. Ils trouvent refuge au Palace, autre grand hôtel de la ville[43]. Bientôt, devant la Cour, l'aisance de Mossadegh est manifeste. Son intervention, d'ordre juridique, dure une heure. Lui succède un juriste belge, Henri Rollin, l'avocat de Téhéran, qui plaide le caractère « privé » de l'AIOC et le droit iranien à la nationalisation, posant ainsi la question de la compétence de la Cour dans ce domaine.

Le 22 juin 1952, la Cour se déclare incompétente, ce qui pour l'Iran constitue une nouvelle et grande victoire,

sans rendre cependant sa décision publique immédiatement. Mossadegh, ignorant le résultat de son intervention, rentre à Téhéran le 24. C'est lors de son entretien
avec le shah que Hossein Ala' apporte aux deux hommes
la dépêche annonçant officiellement l'arrêt de la Cour. Le
shah adresse immédiatement un message aux Iraniens,
félicite son Premier ministre, tout en lui demandant en
privé de saisir cette occasion pour résoudre définitivement le problème, puisqu'il est en position de force.

Quelques jours plus tard, le magazine *Time* de New
York décerne à « Old Mossie » le titre d'« homme de
l'année 1951 » pour « avoir réussi à vaincre un empire
par ses larmes ». Deux victoires consécutives et excep-
tionnelles qui constituent l'apogée de l'action diplomatique de Mossadegh. Pour le shah, c'est encore une ombre
portée sur sa personne, lui qui aurait tant aimé obtenir
ce même titre. Ne serait-il pas temps de se démarquer
officiellement de son Premier ministre ?

Les semaines suivantes seront très agitées. Certes,
Mossadegh a réussi la partie « négative » de son programme : bouter les Anglais hors d'Iran et briser le tabou
de la toute-puissance de l'Empire britannique. Mais il
peine à engager une partie « positive », repoussant tout
compromis pour sortir de l'impasse. Sans doute parce
qu'il ne sait plus quoi faire !

Lors de l'inauguration officielle de la nouvelle législature,
le shah lui renouvelle en termes chaleureux son soutien et
la gratitude de la nation envers lui. Il glisse cependant :
« Le futur chef du gouvernement que vous aurez à me
proposer, quel qu'il soit, devra suivre son chemin, satisfaire les aspirations nationales des Iraniens et résoudre
cette crise dans l'intérêt du pays », laissant ouverte la possibilité d'un changement de Premier ministre.

Après l'élection de son bureau, la nouvelle Chambre
pressent Mossadegh à une très faible majorité. Au Sénat,

sur les 36 élus présents (sur 60), seuls 14 votent pour Mossadegh. La majorité prie alors Sa Majesté « de choisir son Premier ministre selon son auguste volonté ». Le shah n'a guère le choix ; il convoque Mossadegh pour le charger de former le nouveau gouvernement et signe officiellement son firman, sans doute à contrecœur, comme il le suggérera plus tard : « En juillet 1952, il m'apparaît que je ne saurais davantage faire crédit à un homme qui mène le pays à la débâcle : nous n'avons pas vendu notre pétrole depuis la nationalisation, aucun accord n'est en vue, le plan de sept ans a dû être pratiquement abandonné, nous allons à la ruine[44]. »

C'est à ce moment que Mossadegh tentera de forcer le destin par un coup politique très audacieux. Avant toute présentation de ses ministres, il demande au cours d'une séance privée que le Parlement lui accorde les pleins pouvoirs pour six mois, dont le droit de gouverner par décrets-lois. Refus des parlementaires, rétorquant que l'on peut accorder ce droit à un gouvernement investi, mais pas à une personne seule, serait-elle chef de gouvernement. Le lendemain, au cours d'une longue audience, Mossadegh, qui ne s'avoue pas vaincu, demande au shah l'autorisation de diriger lui-même le ministère de la Guerre, de procéder à toutes les nominations dans l'armée et d'en avoir la direction. Mohammad Réza, sentant venir un coup d'Etat, « refuse net », invoquant l'inconstitutionnalité d'une telle demande, voulant oublier sans doute que son père, lorsqu'il était Premier ministre, avait obtenu ce même droit et que Ghavam l'avait exercé de fait lorsqu'il était aux affaires.

Devant ces refus, le 17 juillet 1952, Mossadegh adresse au shah une lettre parfaitement déférente notifiant sa renonciation, rentre chez lui et refuse tout rendez-vous ainsi que l'obligation constitutionnelle d'« expédier les affaires courantes ». On annonce qu'il va se retirer dans ses terres à une centaine de kilomètres de la capitale.

Le shah lui demande de ne pas publier sa lettre de renonciation. Mossadegh passe outre : la lettre paraît dans la presse de ses partisans, mettant le souverain et les Chambres devant le fait accompli.

En toute discrétion, le shah demande alors aux députés de pressentir Allahyar Saleh, du Front national, un proche de Mossadegh connu pour sa modération et son esprit de conciliation. Les députés ne le suivent pas, sachant bien qu'aucun compagnon de Mossadegh n'acceptera ce poste sans son aval, lequel n'est guère acquis d'avance. Des noms circulent : ceux des anciens Premiers ministres Ali Mansour et Ebrahim Hakimi, et même celui de Tabatabaï ! A la surprise générale, et malgré la réticence ouvertement manifestée par le souverain, les députés pressentent à une faible majorité... le « très vieux[45] » Ahmad Ghavam, que le shah a si mal remercié en son temps et qu'il déteste ouvertement.

5

Le plan Ajax

Voilà quelque soixante ans qu'Ahmad Ghavam est revenu pour cinq jours à la tête de l'exécutif. Avec le recul, il apparaît clairement que cette brève alternance au gouvernement Mossadegh aurait pu changer le cours de l'histoire iranienne, lui éviter les suites fâcheuses qu'elle a connues depuis, et ce jusqu'à nos jours. Elle compte parmi les occasions manquées par le shah – qui n'en a pas saisi assez l'intérêt – pour asseoir son pays sur des bases stables.

Car Ghavam a une vision politique, étayée par une pratique de l'Etat et une connaissance fine de son histoire et de ses limites, et aurait pu imposer une solution équitable à la crise pétrolière. Cette solution, il l'a exposée dès sa nomination au poste de Premier ministre dans un manifeste écrit de sa main, d'une prose facilement reconnaissable par son style précieux frisant parfois l'arrogance. S'il y rend hommage au mouvement national et à son symbole, Mossadegh, il condamne la thèse d'une « économie sans pétrole », tout en insistant sur les exigences d'un développement économique rapide, qu'il avait initié lorsqu'il était aux affaires pendant la crise d'Azerbaïdjan, dès 1945.

Pour lui, l'« affaire » relative au pétrole relève du droit privé entre l'Etat iranien et une compagnie étrangère, en aucun cas d'un litige entre deux Etats. Il se sent capable de la résoudre, à une condition toutefois : que l'ordre soit rétabli, l'Etat de nouveau obéi et la loi respectée, au prix, s'il le faut, de l'imposer énergiquement, par des peines de prison. Il dénonce surtout, avec une grande franchise, « la maudite alliance entre les extrémistes rouges et noirs » et proclame la nécessité de séparer la religion des affaires de l'Etat, vision prophétique. Il conclut sa déclaration par une phrase restée célèbre : « Le capitaine du navire va changer de cap. » Ce texte, sans doute l'un des plus importants de la littérature politique iranienne du siècle dernier, montre que le vainqueur de Staline n'a rien perdu de ses facultés.

Malgré cela, l'action que le nouveau Premier ministre désire engager est très aléatoire pour plusieurs raisons. A plus de soixante-dix ans, âge avancé pour l'époque, Ghavam est physiquement diminué et a besoin de se reposer fréquemment dans la journée[1]. Le shah constitue le deuxième obstacle dressé devant Ghavam, tant son rôle, durant les quelques jours qui suivront son investiture, sera pour le moins ambigu. Alors que le Premier ministre lui demande la dissolution du Parlement, qu'il en obtient la promesse et qu'il consulte pour former son cabinet, Mohammad Réza, qui le craint bien plus encore que Mossadegh[2], consulte lui aussi ouvertement pour réunir un autre cabinet, si possible dans l'entourage modéré du « Vieux Lion ». Et puis il y a le Toudeh, puissant et bien organisé malgré l'interdiction théorique le frappant depuis la tentative d'assassinat du shah en 1949, qui reçoit l'ordre de l'ambassade soviétique de barrer la route à Ghavam, quitte à s'allier à Mossadegh. On comprend pourquoi : le vieux contentieux ouvert depuis l'affaire Staline n'est pas cicatrisé. Par ailleurs, une fraction importante du clergé, menée par l'ayatollah Kachani[3] et constituée d'extrémistes proches des Frères musulmans, s'oppose farouchement à Ghavam, craignant surtout qu'il tienne les mollahs à l'écart de la politique. Enfin, il faut compter avec les partisans de Mossadegh. Bien que leur leader se soit cloîtré dans sa résidence, peu désireux d'endosser l'impopularité d'un accord avec les Britanniques, mais aussi d'entrer en lutte ouverte contre Ghavam, avec qui il a toujours entretenu des relations d'amitié depuis le temps où il était ministre dans son gouvernement, ils se mobilisent cependant et préparent des manifestations de rue.

Ghavam se trouve donc bien isolé pour accomplir la mission que les parlementaires lui ont confiée. Deux jours de manifestations d'une extrême violence – ordre de grève générale, appel à la guerre sainte, slogan « A mort, le traître Ghavam ! » –, auxquelles la police s'oppose dans un premier temps – et qui fera quelques victimes –, puis qu'elle laisse se dérouler sur ordre du shah[4], ont raison du vieux politicien visionnaire. L'alliance « contre nature » entre la Cour, les communistes, le clergé extrémiste et les partisans de Mossadegh porte ses fruits amers : Ghavam est écarté avant même d'avoir pu agir.

On ne lui laisse même pas le temps de se rendre au palais pour présenter son désistement ; l'annonce en est faite à la radio nationale sur intervention personnelle du shah.

Mossadegh, rappelé le 22 juillet 1952, a l'élégance de demander à la police de protéger Ghavam, poursuivi par les communistes, les hommes de main de Kachani et quelques partisans du Front national. Sa résidence est cependant mise à sac et incendiée ; sa famille obligée de demander asile à la veuve du prince Farman-farma[5]. Quant à Ghavam, n'étant plus en sécurité nulle part, il change régulièrement de cachette. Un envoyé de l'ambassade des Etats-Unis lui propose de se réfugier à l'ambassade, le temps qu'un avion américain le sorte du pays. A quoi Ghavam répond : « Je préfère être lynché par mes compatriotes plutôt que de me réfugier chez des étrangers. » La phrase est éloquente, mais le danger persiste.

Si Mossadegh feint de le couvrir, il n'en laisse pas moins ses partisans le pourchasser, fait confisquer ses biens et organise une campagne officielle contre lui. Ce ne sera qu'après l'arrivée au pouvoir du général Zahédi qu'une loi restituera à Ghavam ses biens – ou ce qu'il en reste – et qu'il pourra enfin vivre en sécurité au milieu des siens.

Ahmad Ghavam décédera le 23 juillet 1955, à l'âge de soixante-dix-huit ans. Zahédi n'étant plus aux affaires à cette époque, la Cour interviendra pour que ni cérémonie religieuse ni funérailles officielles n'aient lieu. Un exemple supplémentaire de l'ingratitude, sinon de la haine du shah à l'égard d'un homme qui, même mort, continue à le gêner.

Peu après son rappel, Mossadegh forme un nouveau cabinet qu'il présente au shah et obtient des deux Chambres la confiance ainsi que les pleins pouvoirs qu'elles lui avaient refusés moins de dix jours auparavant. Il est à présent le véritable maître de l'Iran. Ses succès remportés à New York et à La Haye, ainsi que les conclusions du rapport des Français Charles Gidel, juriste et professeur à la faculté de droit de Paris, et Henri Rousseaux, expert-comptable, « démontrant que les bénéfices et les malversations de l'Anglo-Iranian compensent largement la valeur des biens nationalisés[6] », le confortent dans l'idée qu'il incarne l'intérêt national.

Le shah, quant à lui, a beaucoup perdu, par le vote des nouvelles orientations politiques : il se trouve soudain dépouillé de ses prérogatives de commandant en chef des armées. En conséquence, interdiction est faite aux différents chefs des armées, parmi lesquels on pratique une sévère purge, de lui demander audience. En outre,

Mohammad Réza est « prié » de ne recevoir les personnalités étrangères qu'en présence du ministre des Affaires étrangères ou de son remplaçant. Il est donc sous surveillance, voire sous tutelle[7].

Concomitamment, les secrétariats des princes impériaux sont dissous. Mossadegh finit même par obtenir la démission de Hossein Ala', ministre de la Cour, qu'il juge hostile à sa politique. Ce départ lui permet de tailler à l'envi dans les dépenses de ladite Cour. Cette mesure, destinée autant à prouver sa rigueur budgétaire qu'à être la vitrine de sa nouvelle politique, n'épargne pas le shah, lequel s'en plaint en privé à quelques visiteurs, contraint, dit-il, de vendre des objets personnels pour maintenir son train de vie.

Néanmoins, les apparences restent sauves : Mossadegh et le shah se rencontrent régulièrement et longuement… et le font savoir. Pour le Premier ministre, c'est une manière d'agir en douceur, dans le cadre constitutionnel. Pour le shah, un désir de montrer qu'il est toujours là et de tester sa popularité. Il paie d'ailleurs de sa personne en assistant à quelques cérémonies, à des matchs, à des visites de chantiers…

Pendant ce temps, l'agitation gronde dans le pays. « La lutte contre l'impérialisme » se transforme peu à peu sur le plan intérieur en guerre de factions. On en vient aux mains, à Téhéran comme en province, entre partisans et adversaires du Premier ministre. S'il conserve toujours un grand capital de popularité, malgré ses divergences avec l'ayatollah Kachani et les dissidences nombreuses au sein de son propre mouvement, le Front national, que des leaders historiques quittent pour rejoindre le général Zahédi, certains de ses adversaires commencent progressivement à se réclamer du shah. Si bien que dans les rues, on entend autant de « Vive Mossadegh ! » que de « Vive le shah ! ».

Pour vider l'abcès, quelques voix s'élèvent autour du Premier ministre, réclamant le départ provisoire du couple impérial. Le 24 février 1953, durant une audience de quatre heures, Mossadegh aurait obtenu du shah qu'il s'éloigne d'Iran discrètement, par la route, afin d'éviter les manifestations. Une version contredite par les rapports diplomatiques américains : Mohammad Réza se serait dit fatigué à l'époque et aurait voulu lui-même prendre du recul. Quoi qu'il en soit, les deux hommes se mettent secrètement d'accord sur la date du 28 février pour ce départ temporaire.

Le 27 février, le ministre des Affaires étrangères Hossein Fatémi signe et tient prêts les passeports spéciaux pour le shah et l'impératrice. La Banque nationale leur remet une belle somme pour l'époque et pour les caisses vides de l'Etat, c'est-à-dire 11 000 dollars, selon Soraya.

Ces préparatifs attisent à Téhéran la rumeur du départ imminent du couple impérial. L'inquiétude se répand. Ghavam, de sa cachette, et malgré ses rancœurs personnelles contre le shah, fait fonctionner en toute hâte ses réseaux pour empêcher ce départ qu'il juge inopportun, voire dangereux pour le pays. L'ayatollah Kachani, pour sa part, envoie un émissaire auprès de l'impératrice pour la prier de s'y opposer. Soraya transmet le message au shah, irrité par ces diktats : « Je ne reçois d'ordres de personne. »

Dès le 28 février au matin, la rumeur atteint son paroxysme. Cette fois, Kachani, en tant que président de la Chambre basse – le *Majlis* –, poste stratégique auquel il vient d'être élu, adresse une lettre officielle au roi pour lui demander de renoncer à son départ. Nouveau refus du shah. Devant cette situation, les *bazaris*[8] ferment leurs boutiques, quelques clubs sportifs mobilisent leurs membres et se rassemblent autour du palais, bientôt rejoints par les membres de l'association des officiers et des sous-officiers de réserve, que préside le général Zahédi.

Le palais progressivement encerclé, des ministres en jaquette y pénètrent les uns après les autres pour faire leurs adieux au couple impérial, car personne ne connaît la durée de son voyage. Mossadegh, en jaquette lui aussi, déclare devant tout le monde combien il regrette la décision impériale d'« aller se reposer à l'étranger ». On sert le thé et les gâteaux. On bavarde comme si de rien n'était. Dehors, les bagages sont déjà dans les coffres des voitures.

Vers onze heures, la ville s'agite : un imposant groupe d'hommes, habillés de drap blanc et mandatés par l'ayatollah Kachani, vient s'opposer au départ du shah. A sa tête, un inconnu qui vocifère déjà beaucoup : Rouhollah Mostafavi Moussavi Khomeyni. Vers midi, un autre ayatollah très influent de Téhéran, Sayed Mohammad Béhbahani, arrive à pied au palais, à la tête d'une nombreuse colonne venue du bazar. La résidence royale est à présent totalement encerclée. Les rues avoisinantes sont bondées, la population scande des slogans hostiles à Mossadegh et demande que le shah reste en Iran.

L'atmosphère est explosive. Les ministres quittent un à un les lieux par une porte dérobée. Non loin de là, on tente d'enfoncer le portail de la résidence de Mossadegh, sans succès. Devant de tels débordements, le Premier ministre prend peur, quitte précipitamment le palais en passant par une résidence voisine et se réfugie dans le bâtiment de l'état-major général, puis au Parlement. Ce qui lui attire immédiatement les critiques et les sarcasmes de ses adversaires : étrange situation que celle d'un Premier ministre dont les forces de l'ordre ne peuvent assurer la protection et qui se réfugie au Parlement, dit-on et écrit-on.

Le shah se rend bien compte que la situation lui échappe à lui aussi. Il fait lire un communiqué annonçant qu'il renonce à partir et se voit contraint de sortir du palais. Dehors, la foule l'attend, savourant son triomphe ; il s'y mêle. Prenant un porte-voix, il répète qu'avec l'impératrice, il restera dans la capitale.

A 16 heures, Khomeyni lit devant les micros de nombreux médias un message de l'ayatollah Kachani demandant la dispersion des manifestants et le respect dû à la résidence du chef du gouvernement[9]. Tout redevient calme. Le shah est rassuré : il existe encore aux yeux du peuple et des forces politiques... malgré tout.

Quelle a été l'importance numérique de cette manifestation, la première contre Mossadegh et en faveur du shah, deux hommes qui commencent à s'opposer ? L'historiographie officielle des Pahlavis prétendra qu'elle compta « plusieurs centaines de milliers » de participants. Une évaluation aussi fausse que celle que Mossadegh rapportera plus tard dans ses *Mémoires*, évoquant « une poignée de voyous ». En fait, il y aurait eu une trentaine de milliers de manifestants.

Le shah ne reverra plus son Premier ministre, et ceux que l'on appellera désormais les partisans du shah constateront qu'ils disposent d'un pouvoir sur la rue.

Mossadegh et son gouvernement, dans un processus de fuite en avant, font arrêter ce même jour des centaines d'opposants. Parmi eux, le général Zahédi, qu'ils considèrent comme le principal meneur des manifestations. Sous la pression d'une partie de l'opinion, Zahédi est cependant bientôt libéré et rentre pratiquement dans la clandestinité.

Le lendemain, 1er mars, les « partisans du shah » ou les « adversaires de Mossadegh » manifestent contre le Premier ministre et tentent de nouveau de prendre sa résidence d'assaut. La police et l'armée tirent sur la foule, faisant une vingtaine de blessés graves, usant pour la première fois de gaz lacrymogènes. Le 2 mars, des scènes identiques se produisent devant le Parlement. Encore un mort, de nombreux blessés, des arrestations d'officiers de réserve et de journalistes. Les partisans de Mossadegh avaient eu leurs « martyrs » lors des événements de juillet. Ceux du shah auront désormais les leurs. La province s'enflamme à son tour : le 30 mars, les Bakhtiaris se soulèvent, puis les régions kurdes. Shiraz est à son tour le théâtre de rixes sanglantes : les partisans du Toudeh y incendient des banques, des magasins, le centre culturel américain, faisant plusieurs victimes. A Dezfoul, petite ville du Khouzistan, les mêmes scènes se reproduisent, faisant quatre morts et de nombreux blessés. Dans les deux villes, la loi martiale est proclamée.

Le gouvernement ordonne de nouveau l'arrestation du général Zahédi et met sa tête à prix.

Le 10 mai, la violence s'invite au Parlement : des spectateurs se battent entre eux et avec les députés lors d'une séance publique. L'union nationale vole en éclats. La rue s'en mêle. Les uns brandissent le portrait de Mossadegh ; les autres celui du shah, et parfois de l'ayatollah Kachani. Ce dernier démissionne de la présidence de la Chambre, où il est remplacé par un partisan déclaré de Mossadegh, le professeur de droit Abdollah Moazami. Le 1er août, la résidence de Kachani sera dynamitée : un mort et de nombreux blessés de plus.

Le pays désormais à la dérive plonge dans le marasme économique, l'insécurité et la peur de l'avenir. Le shah a cessé d'être le symbole de l'unité nationale et Mossadegh ne fait plus désormais figure que de chef d'un courant de l'opinion.

Les communistes du Toudeh en profitent pour étendre leurs réseaux et organiser des manifestations de masse, toujours très encadrées pour éviter tout débordement. L'Iran n'est-il pas devenu « le fruit mûr » que Moscou s'apprête à croquer avec l'aide du Toudeh, mettant ainsi la main sur ses richesses et accédant enfin aux « mers chaudes », le vieux rêve de Pierre le Grand, de tous les tsars et de Staline ? Ce dernier avait déclaré lors de la conférence de Yalta qu'« il n'[était] pas content de [ses] frontières sud ». On le craint de plus en plus à Washington, à Londres et à Téhéran. Sur ce point en tout cas, le shah et Mossadegh s'accordent, car, contrairement à ce que Londres prétend, le « Vieux Lion » n'est pas un dirigeant manipulé par Moscou, mais seulement un homme débordé par le mouvement qu'il a mis lui-même en branle.

Le tribun l'emporte alors définitivement sur l'homme d'Etat, gouvernant de plus en plus par décrets-lois. Entre le 11 août 1952 et le 16 août 1953, il en signera plus de deux cents, pour la plupart bien élaborés, certains même fort utiles pour les réformes qu'ils présentent, notamment en matière fiscale ou agraire. Le problème, c'est qu'ils restent pratiquement tous sur le papier. Le pays, lui, est exsangue ; les caisses de l'Etat, privées des revenus du pétrole, restent vides. Quelques manipulations monétaires subtiles permettent seulement de payer les fonctionnaires et d'assumer les dépenses des forces de l'ordre. L'urgence n'est plus aux réformes.

Mossadegh veut avoir les mains encore plus libres pour gouverner. Sur sa route, outre le shah, se trouvent encore les deux Chambres. Par un tour de passe-passe, législatif cette fois, il parvient à suspendre la Chambre haute, le Sénat. Reste la Chambre basse, le *Majlis*[10], qui, en raison de l'impasse politique dans laquelle Mossadegh s'est engouffré et d'une rumeur invérifiable relative à un plan anglo-américain contre lui, pourrait voter une motion de censure pour renverser le gouvernement. Malgré les avis de certains de ses conseillers[11] arguant qu'en l'absence de Parlement, le shah pourrait le démettre de sa fonction, Mossadegh, après avoir obtenu la démission d'une petite majorité de députés, propose la dissolution pure et simple du pouvoir législatif par le recours à une procédure référendaire.

Début août, on installe à cet effet dans la capitale des urnes séparées pour les votes pour ou contre, ce qui est illégal, et l'on photographie les personnes venant voter contre. Même un âne est invité à voter contre ! Les résultats du vote sont éloquents : 155 544 votes pour la dissolution et, tout de même, 115 contre.

Mossadegh a joué gros, ce jour-là, et pense avoir réussi. Le 3 août, il dissout le *Majlis* et annonce de nouvelles élections. Ce défenseur de la Constitution, soutenu par une population qui projette sur lui ses espoirs de liberté, devient malgré lui otage des communistes prônant l'abolition de la monarchie et l'alignement sur Moscou[12].

A l'issue du scrutin, les adversaires de Mossadegh se sentent démunis, voire vaincus. D'autant plus que, durant tout le processus référendaire, le shah et l'impératrice Soraya se sont éloignés de Téhéran et résident au Mazandaran, dans le petit palais de Kalardasht, construit par Réza shah. Certes, Mohammad Réza est toujours décidé à se séparer de Mossadegh, comme il l'a confié à un diplomate américain qu'il a reçu discrètement, tout en ajoutant que, sans l'aval du Parlement et le vote d'une motion de censure, il n'agirait pas. Privilégiant le cadre constitutionnel, il préférerait, une fois de plus, remplacer le « Vieux Lion » par une autre personnalité du Front national, plus modérée.

C'est sans doute parce qu'il a eu vent de ces tractations que le Premier ministre a décidé de mettre fin à l'activité du *Majlis*. Ce qu'il ne veut pas voir, c'est que s'il rend impossible le vote de la censure, il ouvre au souverain son droit de destitution. Il en prend le risque, croyant encore que le shah « n'osera pas ».

Selon les documents diplomatiques américains et britanniques, on peut avancer que dès le printemps 1953, Washington et Londres ont décidé de mettre fin à l'« expérience » Mossadegh[13]. A Washington, et bien que les républicains aient remplacé les démocrates, si l'on espère encore, sans trop y croire, un arrangement avec le Premier ministre, la crainte d'une prise de pouvoir par les communistes du Toudeh – et par suite de l'Union soviétique – domine largement. En outre, les Etats-Unis arrivent au terme de la guerre de Corée : ils regardent donc de nouveau vers l'Iran.

Londres est plus catégorique. Winston Churchill, fondamentalement opposé au mouvement national iranien, déteste Mossadegh, qui a « osé » chasser les Britanniques, et reprend à son compte les accusations d'Anthony Eden, son ministre des Affaires étrangères, évoquant le « vol » par les Iraniens du « pétrole britannique ». Dès lors, les scénarios pour remplacer Mossadegh à la tête de l'Etat iranien se multiplient. Les Britanniques auraient apprécié que Sayed Zia Tabatabaï le remplace, mais ce dernier, trop proanglais, trop impopulaire, ne peut toujours pas être retenu. Ils se tournent alors vers Ali Mansour, déjà deux fois Premier ministre. Approché, Mansour accepte, à condition de se retirer auparavant dans sa ville natale de Tafrech, dans le centre du pays, afin de rester loin des troubles causés par le gouvernement Mossadegh et le problème de son éviction. Une fois la situation normalisée, il retournerait à Téhéran pour s'occuper de la gestion du pays et de la crise pétrolière. Londres accepte, n'ayant pas d'autres atouts en main. Le candidat des Britanniques ne séduit cependant guère Washington, qui hésite d'ailleurs toujours à intervenir si ouvertement.

Parmi les candidats encore possibles se profile alors le général Zahédi, qui ne manque pas d'atouts. Il a été ministre et compagnon de Mossadegh, à défaut d'avoir été « son ami », comme l'a écrit plus tard le shah[14]. Il fait figure de chef incontesté de l'opposition, réunissant les anciens du Front national, la majeure partie du clergé, la bourgeoisie d'affaires, de nombreuses tribus... Il a des sympathies et quelques réseaux dans l'armée et peut mobiliser les officiers et sous-officiers de réserve dont il préside l'association. Enfin, sa solide réputation d'anti-britannique[15] le sert en définitive auprès de l'opinion.

Washington, qui se soucie en priorité du danger soviétique et qui sait le général anticommuniste, incline-rait plutôt pour lui. D'autant plus que les cortèges antiaméricains et antibritanniques orchestrés à Téhé-ran par le Toudeh se multiplient. Hélène Carrère d'En-causse confirme : « Le 21 juillet 1953, une manifestation énorme encadrée par le *Hezb-é Tudé* éclate à Téhéran, au cours de laquelle les manifestants crient leur hosti-lité aux Etats-Unis et acclament l'URSS. Les formes du pouvoir sont, pour la première fois, mises en question, le shah est accusé de trahison. [...] Cette fois, les Etats-Unis réalisent l'ampleur de la catastrophe : le pays tout entier bascule et le chef du gouvernement s'évertue en vain à le retenir[16]. »

Mossadegh devenant de plus en plus imprévisible et Washington y mettant tout son poids, l'« alternative Zahédi » s'impose. Le shah est encore une fois discrète-ment approché. Il reste hésitant envers le général, qu'il trouve « peu intelligent », et martèle qu'il n'agira que dans le cadre constitutionnel. Ce qui lève en définitive les derniers obstacles à l'éviction de Mossadegh, c'est la dissolution, après référendum, du *Majlis*.

Américains et Anglais se liguent : le plan Ajax voit le jour.

A vrai dire, ce plan et son déroulé pourraient consti-tuer la trame rocambolesque d'un film d'aventures. L'un des protagonistes en est la princesse Ashraf, qui en fait le récit dans ses *Mémoires*. Contactée à Paris – où elle vit en exil – durant l'été 1953, elle rencontre dans le plus grand secret deux représentants de John Foster Dulles et de Winston Churchill qui lui demandent de transmettre au shah un courrier de la plus haute importance. Pour cela, elle doit se rendre en Iran sans visa[17], avec un passeport ordinaire au nom de Mme Shafiq, le patronyme de son second mari, l'aristocrate[18] et homme d'affaires égyptien Ahmad Shafiq.

Sans hésitation, le 26 juillet 1953, Ashraf s'embarque dans un avion d'Air France, à Orly. La voici huit heures plus tard à Téhéran. Tremblant devant le scandale que pourrait provoquer son retour illicite, elle évite la douane grâce à ses « amis » et se retrouve dans une voiture qui la mène chez « un de ses demi-frères dans une villa des bâtiments du palais de Saad-Abad ». Une demi-heure ne s'est pas écoulée que le responsable de la loi martiale dans la capitale arrive et lui apprend que le Premier ministre a été prévenu de son arrivée et lui demande de quitter le pays immédiatement. La princesse s'en offusque et se justifie par un demi-mensonge : « Je suis iranienne et je resterai dans mon pays aussi longtemps qu'il me plaira. Je suis revenue uniquement pour réunir des fonds afin de payer les frais d'hospitalisation de mon fils. » Il est vrai que ce dernier doit subir en Europe une opération coûteuse.

Elle est convoquée le lendemain à la résidence du « Vieux Lion » chez qui elle reste deux heures – ce qui ne signifie pas que l'entrevue ait duré autant. Elle en sort bouleversée, blême, abattue. Elle a cependant évité le pire : Mossadegh aurait pu la faire arrêter et la garder en otage. La loi martiale alors en vigueur lui en donne le pouvoir. Il ne l'a pas fait pour deux raisons : c'est contraire à son éducation aristocrate, et il ne cherche pas à envenimer davantage ses relations avec la famille royale.

Il a même permis à Ashraf de rester à Téhéran une journée pour régler ses problèmes, avec ordre cependant de ne pas quitter le palais. Pour éviter tout conflit ouvert, il demande au ministre de la Cour de publier un communiqué radiodiffusé, car la nouvelle du retour d'Ashraf s'est déjà répandue. « La Cour impériale d'Iran déclare par la présente que la princesse Ashraf est rentrée en Iran sans l'autorisation préalable et l'approbation de Sa Majesté impériale. Elle a été priée de quitter le pays immédiatement après avoir réglé certaines affaires personnelles[19]. »

Le lendemain, Ashraf peut remettre au shah l'enveloppe que les services secrets étrangers lui ont demandé de délivrer. Mission accomplie, elle restera dix heures à Saad-Abad avant d'être reconduite à l'aéroport sous escorte militaire.

On a pu écrire qu'elle a, lors de son bref séjour, rencontré le général Zahédi. Rien n'est plus faux. Ce dernier, recherché par la police, ne pouvait se permettre une telle imprudence, dans la mesure où les allées et venues de la princesse étaient surveillées de près.

Que contient la précieuse enveloppe ? Sans nul doute, la demande conjointe des Américains et des Britanniques au shah de rédiger le firman d'éviction du Premier ministre. Sans lui, le plan Ajax, qui prend le nom de code TP AJAX, n'aurait pu être mis sur pied.

C'est donc dans ce contexte qu'au cours des premiers jours du mois d'août 1953, Allen Welsh Dulles[20], patron de la CIA, et son épouse se rendent dans les Alpes suisses pour prendre officiellement des vacances. Ils y sont rejoints par le général de brigade H. Norman Schwarzkopf, qui avait été pendant la guerre conseiller de la gendarmerie iranienne, par Loy Henderson, ambassadeur des Etats-Unis à Téhéran, en congé depuis deux mois, et par la princesse Ashraf, fraîchement rentrée de Téhéran. Il est convenu au cours de leurs rencontres discrètes que Kermit « Kim » Roosevelt[21], chef des opérations de la CIA au Proche-Orient, basé au Caire, se rendra en Iran pour superviser la mise en œuvre du plan, tandis que le général Schwarzkopf sera expédié à Karachi pour gagner ensuite Téhéran avec mission de rencontrer le général

Zahédi qu'il connaît. Du côté britannique, Christopher Montague Woodhouse, agent du British Intelligence Service (MI6)[22], est désigné pour faire partie de l'opération. Les archives britanniques étant moins accessibles, son rôle reste à ce jour mal connu.

Kim Roosevelt, plus disert, se rend donc sur place et prend des contacts. Il y rencontre le shah, qui le confirmera dans ses Mémoires. En revanche, il prétendra avoir rencontré le général Zahédi, dans un ouvrage[23] où il évoque une discussion, en « tête à tête » et sans présence d'un tiers, avec le général, « en allemand ». Or le général, qui parle russe et français convenablement, n'a pas la moindre notion d'allemand. Kim Roosevelt, sachant qu'il a été arrêté et déporté pendant la guerre comme « pro-allemand » et présumant sans doute qu'il maîtrise la langue de Goethe, a inventé cette rencontre, ce qui ne constitue pas la seule et la moindre affabulation de son récit[24]. En revanche, il est avéré qu'après le retour du shah sur le trône, Mohammad Réza présentera Roosevelt à Zahédi dans son palais de Saad-Abad et qu'ils y prendront le thé ensemble, mais cela semble avoir été leur seule rencontre.

Quoi qu'il en soit, le shah signe le 13 août 1953 à Kalardasht deux ordonnances, l'une évinçant Mossadegh de son poste de Premier ministre, l'autre nommant « Son Excellence Fazlollah Zahédi » – le titre de général étant évité – à la tête du gouvernement :

Nous, Mohammad Réza PAHLAVI, shah-in-shah d'Iran,

désignons comme nouveau Premier ministre

Son Excellence Fazlollah ZAHEDI

Attendu que la situation du pays rend impérieux que Nous désignions une personne avisée et expérimentée pour prendre les rênes du gouvernement, par conséquent, et, informé que Nous sommes de vos compétences et mérites, en vertu de cette ordonnance manuscrite,

Vous êtes désigné au poste de Premier ministre et Nous ordonnons que vous mettiez tout en œuvre afin de réformer les affaires de l'Etat, d'enrayer la crise actuelle et d'élever le niveau de vie du peuple.

22 Amordad 1332 (= 13 août 1953)

Mohammad Réza PAHLAVI

Une question centrale se pose, éludée par beaucoup de commentateurs[25] : le souverain avait-il le droit de procéder à ces deux actes ? Presque soixante ans plus tard, le débat se poursuit. En voici les éléments.

Selon la Constitution, le roi nomme et destitue les ministres, donc le Premier d'entre eux. Mais ce faisant, il n'est pas responsable, ses actes et décisions devant être contresignés et validés par un ministre ou le Premier ministre, qui, eux, sont responsables devant le Parlement. Dans la pratique constitutionnelle cependant, l'habitude avait été prise, et transformée en tradition, tout comme en Belgique, que le roi consulte les députés avant chaque nomination de Premier ministre, lequel, une fois nommé, « proposait » ses ministres avant qu'ils ne reçoivent leur firman. Le Parlement votait ensuite la confiance, se gardant le droit de renverser le gouvernement par le vote d'une motion de censure.

Durant les périodes d'absence de pouvoir législatif – l'une d'elle dura sept ans sous les deux derniers souverains qâdjârs –, d'ordinaire, le Premier ministre offrait sa démission afin que le shah puisse nommer quelqu'un d'autre – ou le renommer – à la tête du cabinet. A deux reprises, Ahmad shah avait ainsi destitué ses Premiers ministres. Profitant de cette procédure, Ghavam avait été nommé le 4 juin 1921[26] après la destitution de Sayed Zia Tabatabaï, qui avait été lui-même nommé par le shah le 23 février 1921 à la suite du « coup d'Etat ». Il avait alors pris Mossadegh dans son cabinet qui, à cette époque, n'avait pas mis en cause la légitimité de cette procédure. Bien plus, sous Mohammad Réza Pahlavi, lorsque le Parlement n'était pas en fonction, Mossadegh lui avait demandé lui-même, à deux reprises et par lettre, de destituer le Premier ministre en place et d'en nommer un autre. Il avait à chaque fois précisé : « ... Puisque le Parlement n'est pas en fonction. » D'ailleurs, lorsque Mossadegh décide de dissoudre par référendum la Chambre basse à l'été 1953, quelques-uns de ses conseillers l'appellent à la prudence, ayant sans doute meilleure mémoire que lui de l'histoire constitutionnelle de l'Iran.

On peut donc conclure de ces éléments que, selon la lettre de la loi fondamentale, la nomination et la destitution du chef de gouvernement reviennent au chef de l'Etat, que ce droit est tombé en désuétude et soumis à une tradition contraire lorsque le Parlement est en fonction, mais qu'en son absence, le shah, en tant que garant de la continuité de l'Etat, reprend en quelque sorte sa prérogative. De ce fait, la Chambre ayant été mise hors d'état de fonctionner par la volonté même du gouvernement, le chef de l'Etat a le droit constitutionnel d'évincer son Premier ministre, ce que Mossadegh lui-même admettra à plusieurs reprises lors de son procès, mais contestera en d'autres occasions.

Il est donc, constitutionnellement parlant, incorrect d'accuser Mohamed Réza Pahlavi de forfaiture, de coup d'Etat en la matière, comme on l'a fait et continue à le faire parfois. Sans doute aurait-on pu demander un avis consultatif de constitutionnalité à la Cour suprême, mais comment procéder puisque Mossadegh l'avait également suspendue ? En revanche, la manière plutôt vaudevillesque dont les événements se sont déroulés a pu accréditer la thèse du « coup d'Etat ».

Les deux firmans signés le 13 août, ordre est donné au colonel Nématollah Nassiri, commandant de la Garde impériale, de les notifier à Mossadegh et à Zahédi. Pour Zahédi, l'affaire est aisée. Sans doute le général, très protégé par ses partisans, se cache-t-il de la police. Mais le shah, qui l'a rencontré secrètement le 2 août pour la première fois comme candidat à l'alternance, indique au colonel les contacts nécessaires pour le trouver. Nassiri quitte donc immédiatement Kalardasht pour Téhéran en voiture banalisée et en civil. Il est reçu par Fazlollah Zahédi, entouré de quelques proches, chez l'homme d'affaires Mostafa Moghaddam, qui lui a ouvert sa maison. C'est là que le général, déjà Premier ministre en quelque sorte, lui confirme l'ordre du shah d'apporter lui-même l'ordonnance d'éviction à la résidence de Mossadegh, à 23 heures précises, car l'on sait que le Conseil des ministres s'y tient de 20 à 23 heures. Ordre est aussi donné que les ministres soient mis au courant du processus de destitution, afin qu'aucun doute ne subsiste sur les modalités de la transmission du pouvoir[27].

Les choses ne se passeront cependant pas comme prévu, pour des raisons que l'on ignore encore. En effet, c'est peu après minuit, le Conseil étant déjà terminé et les ministres dispersés, que Nassiri, en uniforme cette fois et installé dans une Jeep suivie par deux camions de soldats de la Garde et d'un véhicule blindé des années 1930[28], se présente à l'entrée de la résidence du « Vieux Lion » et s'annonce, en retard sur les ordres reçus.

Il se trouve que, par cette chaude nuit d'été, un ami de Mossadegh, dont la maison est située à un kilomètre en amont de celle du Premier ministre, sur la même avenue, prend le frais sur son balcon. Lorsqu'il aperçoit l'étrange procession de véhicules, il téléphone au personnel de la résidence de son ami et signale ce convoi insolite. On peut donc supposer que Nassiri et sa « force de frappe » sont déjà attendus par Mossadegh et sa garde, forte d'un millier d'hommes et de plusieurs chars modernes, positionnés alentour.

Le colonel Momtaz, commandant de la garde de Mossadegh, reçoit le colonel. « Je suis porteur d'un message de Sa Majesté que je dois remettre en main propre à Son Excellence le Premier ministre. » Momtaz l'invite à entrer, puis lui demande de lui remettre son revolver « par respect des consignes de sécurité que nous connaissons tous les deux ». Nassiri s'exécute : n'est-on pas entre militaires, de même rang de surcroît ? Le thé est servi. A cette heure, Mossadegh dort. Momtaz se propose de le réveiller et prie Nassiri d'attendre pour être reçu. Peu après, il revient avec la réponse du Premier ministre : « Prenez l'enveloppe et apportez-la-moi. » L'enveloppe remise prend le chemin de la chambre de Mossadegh. Momtaz reste à la porte du Premier ministre, qui ouvre l'enveloppe et lit sa lettre de destitution. Se gardant bien d'en divulguer le contenu, il prend un papier sur lequel il écrit : « A une heure du matin [16 août 1953], j'ai reçu la "Sainte Ecriture" de Sa Majesté. » Signé : « Docteur Mohammad Mossadegh. » Il remet la note à Momtaz puis ajoute, imperturbable : « Arrêtez Nassiri et faites désarmer les soldats qui l'accompagnent. » Il tire ensuite la couverture sur sa tête pour signifier au colonel qu'il est temps pour lui de se retirer.

De retour dans le bureau où Nassiri continue à boire son thé sans se douter de rien, Momtaz lui annonce que, sur ordre de Mossadegh, il est en état d'arrestation. Il le fait conduire sur-le-champ dans le bureau du général Riahi, chef de l'état-major des armées, son chef hiérarchique. Nassiri s'y constitue prisonnier : c'est un officier discipliné, qui n'a d'ailleurs pas le choix. Quant aux soldats de la Garde impériale qui l'accompagnent, ayant rendu leurs armes sans discuter, ils sont versés dans les différentes unités militaires de la capitale.

Avant cet épisode – est-ce par pure coïncidence ? –, le colonel Nassiri avait ordonné qu'une Jeep pouvant transporter de huit à dix soldats se rende à la résidence de Riahi pour l'arrêter. Fatale erreur : le général passe

ses nuits dans son bureau, c'est de notoriété publique…
sauf pour Nassiri, si bien que le général ne sera pas
appréhendé ce soir-là[29]. Trois autres véhicules de la
Garde impériale sont aussi allés se saisir du ministre
des Affaires étrangères, Hossein Fatémi, l'homme fort
du régime Mossadegh, d'un ex-député de Téhéran et
du ministre des Routes et Chemins de fer, Djahanguir
Haghchénasse, technicien brillant mais sans grand rôle
politique. Pourquoi ces deux dernières personnalités ?
Aucune explication. Seule l'arrestation de Fatémi aurait
pu se comprendre en cas d'un vrai projet de coup d'Etat,
comme il sera dit par la suite.

Ainsi se termine lamentablement l'opération appelée
dès le lendemain le « coup d'Etat de la Garde impériale »,
que Kim Roosevelt dirigeait depuis un sous-sol de l'avenue Bahâr à Téhéran. Coup d'Etat ou vaudeville ? Le
plan Ajax vient de sombrer dans la comédie. Plus tard,
au cours du procès conjoint de Mossadegh et du général
Riahi, leurs avocats et le procureur militaire tenteront
de démêler ce qui s'est vraiment passé cette nuit-là. Sans
succès. Un peu plus tard encore, le shah verra dans son
échec une « manipulation britannique[30] » sans qu'on
sache pourquoi.

« Semi-coup d'Etat de la part de quelqu'un [Nassiri]
qui a cru pouvoir jouer un rôle », notera des années après
le général Riahi. « Coup d'Etat par lettres », selon l'essayiste Elahé Boghrat. « Le coup d'Etat le moins coûteux
de l'Histoire », pour l'historien Ali Mir Fatross.

Le fait est que, durant cette nuit du 15 au 16 août
1953, le shah, la CIA, les diplomaties américaine et britannique viennent de connaître un cuisant échec.

Cependant, les dés ne sont pas définitivement jetés. Le
feuilleton Ajax a une suite et un épilogue.

6

Le général et la « source d'imitation »

Le 16 août 1953, à 4 heures du matin, le shah apprend, à Kalardasht, par un bref message que lui transmet la Garde impériale, l'échec de la mission confiée au colonel Nassiri, mis en état d'arrestation sur ordre de Mossadegh et de Riahi[1]. Craignant l'imminence d'une arrestation, il réveille Soraya, qu'il met au courant, et décide de quitter immédiatement les lieux.

Kalardasht ne possède qu'une piste d'atterrissage pour les petits avions. C'est là que se trouve le « coucou à quatre places » du souverain. Y prennent place le shah, son épouse, un officier de l'aviation, le commandant Khatam, futur beau-frère de Mohammad Réza, et Abolfath Âtâbaï, intendant de la maison du roi.

5 heures. Direction Ramsar où stationne le bimoteur impérial, un Beechcraft de fabrication américaine. Le shah est soucieux : l'aéroport de la petite station balnéaire toute proche ne serait-il pas déjà occupé par les forces de l'ordre mandatées par Mossadegh ? Il n'en est rien ; tout est calme.

6 heures. Réservoir plein, l'appareil sort du hangar et quitte la piste. Destination Bagdad. En fin de matinée, l'aéroport de la capitale irakienne est en vue. La tour de contrôle demande l'identité de l'avion et de ses passagers. Par mesure de prudence, le shah élude une partie des

réponses : « Avion de tourisme… sommes en panne de moteur… demande autorisation d'atterrir. » Les minutes passent… longues. Enfin, l'autorisation est accordée et l'avion touche l'extrémité de la piste. Dès l'extinction des moteurs, des hommes en armes encerclent l'appareil. Et si Téhéran avait prévenu le gouvernement irakien ? s'inquiète le shah. Il descend seul de l'avion, impassible. Un officier irakien s'avance vers lui et, à sa grande stupéfaction, lui explique, dans un anglais approximatif, que l'avion de Fayçal II d'Irak est attendu et qu'en conséquence, le terrain doit rester dégagé. Chacun respire. A la hâte, Mohammad Réza griffonne quelques mots sur une feuille qu'il arrache de son calepin et demande à l'officier de la remettre au roi dès sa descente d'avion.

Les quatre occupants du Beechcraft sont alors conduits dans un hangar où la température est montée à plus de 40 degrés. En quelques minutes, ils sont couverts de sueur et leurs vêtements trempés. Personne n'a reconnu le shah derrière ses grosses lunettes noires, ni l'impératrice. « D'ailleurs, savent-ils qui sont le shah et l'impératrice d'Iran ? » se demande Soraya.

L'avion du roi Fayçal atterrit. Une fanfare entame l'hymne national. Encore une demi-heure d'attente dans la chaleur torride de l'entrepôt… jusqu'au départ du roi. Le chef de l'aéroport, alerté de la présence d'étrangers, se présente, libéré de ses obligations. Plus avisé que ses collègues, il reconnaît immédiatement la famille impériale, décroche le téléphone mural et passe un appel en arabe – une langue que les quatre Iraniens ne comprennent pas.

Tout s'accélère alors : le ministre des Affaires étrangères irakien arrive rapidement et conduit le groupe jusqu'au Dar-al-Ziafa, pavillon royal réservé aux invités de marque. Dans la voiture, le froid glacial de la climatisation remplace la fournaise du hangar. Soraya tremble de froid. Le ministre transmet aux visiteurs l'invitation du roi Fayçal à venir prendre le thé à 17 heures. Soraya, qui est partie d'Iran en catastrophe, s'inquiète, car à part « une méchante robe de lin » fripée et presque sale, elle n'a rien à se mettre, ni gants ni chapeau ! Coquetterie féminine étonnante vu les circonstances, à laquelle le ministre répond courtoisement : « Sa Majesté sait bien que vous ne venez pas d'un défilé de haute couture. » L'impératrice en est blessée, confie-t-elle dans ses Mémoires, croyant percevoir que, sous des apparences de politesse, on lui fait sentir déjà qu'elle n'est plus rien.

Malgré la robe fripée, le thé royal se passe bien : Fayçal les invite à rester à Bagdad aussi longtemps qu'ils le désirent, mais leur apprend aussi que l'ambassade d'Iran, mise au courant de leur présence, vient de protester et pourrait demander qu'on « les retienne », autrement dit, qu'ils soient mis aux arrêts. Le shah remercie Fayçal pour son hospitalité mais, par prudence, préfère décliner son offre. Après un pèlerinage qu'il effectue seul à Karbala, ville sainte où se trouve le mausolée de l'iman Hussein, le troisième imam des chi'ites, et une nuit sans sommeil, il quitte, avec sa modeste suite, Bagdad pour Rome, le 17 août, dans un avion plus fiable que le Beechcraft, qu'il laisse à l'aéroport en cas d'un retour pour l'instant bien compromis.

L'arrivée des « fugitifs » à l'aéroport de Ciampino, en Italie, ne passe pas inaperçue. La presse les y attend. L'ambassadeur d'Iran, Nézam-ol-Soltan Khadjénouri, ancien Grand Maître du Protocole impérial, le même qui avait organisé le mariage du shah et de Soraya, est absent, obéissant aux ordres de son ministre. Pis, et on l'apprendra quelques heures plus tard, par une mesquinerie bien politique, il a fait mettre les scellés sur la voiture personnelle que Soraya gare dans l'enceinte de l'ambassade et qui n'appartient donc pas à l'Etat.

Un représentant du protocole italien se trouve au pied de l'avion, accompagné de trois Iraniens : un employé de l'ambassade non diplomate, un fonctionnaire de la FAO, Hossein Sadegh, et l'homme d'affaires Morad Erieh. Ce dernier leur a réservé à ses frais une petite suite au quatrième étage de l'hôtel Excelsior, célèbre palace romain[2]. Il pousse la délicatesse, une fois sur place, jusqu'à leur tendre un chèque en blanc : « Remplissez-le, Sire, au nom que vous voulez. Je connais la situation. » L'émotion est tangible en ce moment d'exil où les amis se font rares. Le shah rend le chèque, mais n'oubliera jamais le geste, sachant faire preuve de gratitude, surtout envers les hommes de la société civile qui ne peuvent lui faire de l'ombre. Cloîtré dans sa suite, le couple impérial – dont les moyens financiers sont limités – est suspendu aux nouvelles d'Iran.

Mossadegh est un lève-tôt. Le 16 août, alors que le shah quitte l'Iran, debout dès 6 heures, il a convoqué par téléphone le patron de l'information et de la radio nationale, Ali Asghar Bachir-Farahmand[3]. « J'ai un message à la Nation à enregistrer », lui dit-il. Bachir-Farahmand, fidèle parmi les fidèles du « Vieux Lion », n'est au courant de rien. Lorsqu'il se présente à sa résidence, Mossadegh lui apprend que, sur ordre du shah, il est démis de ses fonctions et qu'il désire avant son départ adresser un dernier message aux Iraniens. Le message est prêt : Mossadegh y déclare que le shah vient de le démettre et « demande au peuple iranien de prendre son destin en main ». Il est enregistré, séance tenante.

Sur ces entrefaites arrivent plusieurs personnalités, des « compagnons », écrit le directeur de la radio, et parmi eux, Hossein Fatémi, curieusement « en pyjama ». Ce dernier sera désormais le principal rouage du jeu politique et sans doute, par ses excès, contribuera largement à la tragédie qui se nouera, au prix de sa vie. A l'annonce de la décision de Mossadegh, il proteste énergiquement : « Vous êtes le Premier ministre légal et légitime, et personne ne peut vous démettre. » D'autres proches sont appelés par téléphone, dont le juriste Ali Shayégan qui abonde dans le même sens. Apparemment, Mossadegh est ébranlé.

Bachir-Farahmand regagne son bureau où il est prié de rester vigilant et d'attendre de nouvelles instructions du Premier ministre. Vers 7 heures du matin, Fatémi l'appelle et lui dicte le texte d'un « communiqué du gouvernement », annonçant qu'entre 23 h 30 et 1 heure du matin, la Garde impériale a tenté un coup d'Etat, arrêté trois personnalités, tenté également d'arrêter le chef de l'état-major général, puis s'était rendue avec deux Jeep, deux véhicules blindés et quatre camions de soldats, l'ensemble commandé par le colonel Nassiri, à la résidence de Son Excellence le Premier ministre pour l'occuper et se saisir de sa personne (ce qui était aussi faux que le nombre de véhicules). Il y est ajouté que l'armée, fidèle au gouvernement, a fait échouer le coup d'Etat, que ledit colonel et de nombreuses personnalités ont été arrêtés ou sont sur le point de l'être. Fatémi demande que ce communiqué soit diffusé sur les ondes toutes les demi-heures.

Bachir-Farahmand est perplexe. Il appelle Mossadegh directement et lui demande lequel des deux textes – son message ou le communiqué – il doit diffuser. Le Premier ministre confirme l'ordre de Fatémi. La radio obtempère : le sort en est jeté.

Un peu plus tard, dans la matinée, Mossadegh ordonne à l'état-major général de se saisir du « général de division en retraite Zahédi » et de « prendre toutes dispositions pour qu'il ne puisse pas quitter le pays ». Le général a bien sûr déjà quitté par prudence sa dernière résidence, et l'opération fait chou blanc.

Ainsi, en quelques heures – entre 6 heures et midi –, le plan Ajax est qualifié de coup d'Etat sans qu'il soit jamais fait mention que le « Vieux Lion » a été démis par le shah, comme la Constitution l'y autorise, bien que toutes les radios étrangères, et même une partie de la presse locale, l'aient annoncé. Même le cabinet n'en sera pas officiellement informé. Peu avant midi, le général Riahi se rend chez Mossadegh et l'informe du départ du couple impérial :

« Et maintenant, que devons-nous faire ?

— Il faut faire en sorte qu'ils veuillent bien rentrer », rétorque le Premier ministre[4].

Durant les heures qui suivent, les forces de l'ordre opèrent près de trois cents arrestations parmi les opposants à Mossadegh, dont plusieurs de ses « compagnons » ralliés au général Zahédi. Sur ordre de Fatémi, les palais du shah, tant en ville qu'à Saad-Abad, sont mis sous scellés. On fait rapidement l'inventaire de leur mobilier et objets de valeur. Une mission est parallèlement dépêchée à la Banque nationale pour vérifier si les joyaux de la Couronne n'ont pas été partiellement emportés, ce qui n'est pas le cas. La Garde impériale est ensuite désarmée, et ses membres versés dans différentes unités de la capitale.

A partir de ce moment, la presse pro-Mossadegh charge avec une extrême violence le shah et la monarchie. Hossein Fatémi, directeur du journal *Bâkhtar Emrouz*, dont il rédige toujours les éditoriaux malgré sa fonction aux Affaires étrangères, montre la voie. Il dénonce le « traître qui voulait ensanglanter la patrie et a été contraint à la fuite », emploie des mots orduriers contre la famille Pahlavi, particulièrement contre la princesse Ashraf. Il donne enfin l'ordre à son second, Abdolhossein Méftah, de télégraphier ses éditoriaux à toutes les représentations diplomatiques iraniennes à l'étranger, avec instruction de les considérer comme l'expression de la politique gouvernementale. Méftah a beau lui rappeler que le shah n'a ni abdiqué ni été démis par le *Majlis*, seul habilité par la Constitution à lui retirer « la charge que la Nation lui a confiée », rien n'y fait : Fatémi lui intime l'ordre d'obéir.

Au soir de ce 16 août, tout semble consommé et la messe d'un changement de régime dite.

Le 17 août, le général Walter Bedel Smith, numéro 2 du département d'Etat, écrit dans un rapport secret à Eisenhower, le président des Etats-Unis : « Notre opération a échoué. Si nous voulons conserver quelque chose de notre position en Iran, nous serons probablement obligés de nous rapprocher de Mossadegh à n'importe quel prix[5]. » Cependant que les agents de la CIA chargés de mettre en œuvre le plan Ajax se retirent du circuit[6], il envoie une directive fort claire à l'ambassade des Etats-Unis à Téhéran : « Le département d'Etat confirme qu'il penche vers une amélioration des relations des Etats-Unis avec Mossadegh, et ce, au prix de concessions mineures. »

Mandaté, Loy Henderson, ambassadeur depuis 1951, se rend chez Mossadegh, lequel le reçoit « en costume de ville », et non « en pyjama, dans son lit », comme on l'a écrit parfois, dans la résidence de son fils, attenante à la sienne. Selon le rapport d'Henderson[7], à la question que lui pose l'ambassadeur sur l'« aventure Nassiri », Mossadegh répond qu'il est bien venu dans la nuit du 15 au 16 août, « vraisemblablement » pour l'arrêter, mais que c'est lui-même qui a été mis aux arrêts, comme beaucoup d'autres. « Il avait prêté serment de fidélité et d'obéissance au shah. Il est clair qu'il obéissait à ses ordres et ce, sur les manigances des Anglais. » A la question : « Est-il exact que le shah vous avait évincé de votre poste ? », Mossadegh répond : « Je n'ai jamais vu ce firman. Et même si cela est vrai, il [le shah] n'avait pas le droit de le faire. » L'ambassadeur d'ajouter alors : « Puisque je dois rendre compte avec précision à mon département, je vous pose de nouveau deux questions précises : a) Le shah vous a-t-il destitué ? » Mossadegh répète qu'il n'en a pas eu connaissance ; « b) Si tel était le cas, est-ce que, dans les circonstances présentes, vous considéreriez une telle éviction comme nulle et non avenue ? – Exactement, répond Mossadegh. Le mouvement national est décidé à conserver le pouvoir en Iran et le fera jusqu'à son dernier souffle… même si les chars britanniques et américains devaient écraser et anéantir tous ses membres. » Loy Henderson ajoute : « J'ai réagi par un léger mouvement de sourcils… il a mis fin à l'entretien par un grand éclat de rire. » Un entretien qui a duré une heure.

Avant cette rencontre, Mossadegh avait demandé à son fils de retenir l'ambassadeur et de lui offrir une seconde tasse de thé. Ce qu'il fait. La conversation, portant sur des considérations générales, dure une petite demi-heure. La radio nationale déclare le soir même dans son bulletin que « Son Excellence le Premier ministre a reçu pendant deux heures l'ambassadeur des Etats-Unis », l'objectif affiché de cette communication étant de faire croire à une entente bilatérale cordiale.

Durant les dernières heures du 17 et toute la journée du 18, le shah et l'impératrice Soraya, toujours à Rome, vivent une épreuve angoissante. Echappant aux journalistes, ils parviennent à sortir de l'hôtel par une porte de service pour s'acheter quelques vêtements : un complet gris pour le shah et une robe rouge à pois blancs pour l'impératrice. Ils écoutent avidement les informations en provenance de Téhéran. Mohammad Réza fait des projets d'avenir : auront-ils assez d'argent pour s'installer aux Etats-Unis et acheter un ranch pour y réunir toute leur famille ? Un quart de siècle plus tard, après son départ forcé de Téhéran, il pensera de nouveau vivre aux Etats-Unis. Etrange fascination de cet homme pour un pays dont le gouvernement l'aura alors abandonné, voire trahi. Le sort de ses proches l'inquiète beaucoup aussi, à l'exception de celui d'Ashraf, qui partage son temps entre un petit hôtel de l'avenue Victor-Hugo à Paris et Cannes, où elle se trouve alors.

Soraya pour sa part ne garde pas que de mauvais souvenirs de son séjour romain : « Seuls la plupart du temps, nous nous découvrions des habitudes : celle de boire notre thé à heure fixe, celle de lire les mêmes livres et les mêmes articles de presse, celle de nous taire en nous regardant dans les yeux. Notre amour en était renforcé. Incalculables étaient les petites attentions que nous avions l'un pour l'autre, celles que se prodiguent un homme et une femme qui aiment être ensemble. »

Le 17, la nouvelle de la destitution de Mossadegh n'est toujours pas officiellement annoncée alors que c'est un fait acquis pour les radios étrangères. Ardéshir Zahédi, fils très actif du général, ayant réussi à faire prendre en photo par un studio ami le décret destituant le Premier ministre et nommant son père à sa place, le fait circuler dans le bazar. Puis, dans les collines proches de la capitale, il tient une conférence de presse avec quelques médias étrangers pour annoncer que son père prendra bientôt le pouvoir. Reste à savoir comment...

Dans l'entourage de Mossadegh, si officiellement on reste discret sur son éviction, on n'en est pas moins divisé. Autour de Hossein Fatémi, le plus extrémiste de tous, Ali Shayégan, le vice-président de la Chambre dissoute, Ahmad Razavi, et quelques autres sont ouvertement favorables à un « front commun » avec le Toudeh et à un changement radical de régime. D'autres y restent opposés.

L'ayatollah Kachani[8], dont l'entourage est idéologiquement proche de la mouvance des Frères musulmans, envoie à Mossadegh, dont il a été compagnon de route puis frère ennemi, une députation chargée de lui remettre une lettre pleine de reproches où il l'alerte d'une prise de pouvoir imminente du général Zahédi. Il l'accuse même d'en être secrètement le complice ! Ce qui ne l'empêchera pas, dans les heures suivantes, de soutenir publiquement le général avant de se retourner contre lui.

Téhéran est fébrile. Des manifestations violentes éclatent, à l'initiative tant du Front national que des communistes. La première d'entre elles, transmise en direct par la radio nationale, aurait rassemblé quarante mille personnes selon les organisateurs, probablement beaucoup moins. Fatémi, toujours ministre des Affaires étrangères, y prend la parole : son discours est encore plus injurieux que d'habitude envers les Pahlavis. Ali Shayégan est à peine plus modéré. Tous deux réclament la proclamation immédiate de la république.

Le lendemain, 18 août, le Toudeh, avec plus de cent mille personnes, réussit une démonstration de force. Il réclame la création d'un « Front uni des forces démocratiques et anti-impérialistes », la distribution d'armes au peuple et la mise en place de milices populaires.

Sur ordre du gouvernement ou de Fatémi, les portraits du shah sont décrochés des murs des administrations. Sur les places publiques, des groupuscules déboulonnent les statues de Réza shah et de son fils. Au cours de son procès, Mossadegh admettra qu'il avait donné son aval à cette opération symbolique. Les artères portant les noms du shah ou de son père sont débaptisées. Riahi ordonne enfin que le nom du shah, commandant en chef constitutionnel des armées, ne soit plus prononcé lors de la cérémonie de salut au drapeau.

Sur quelques bâtiments publics, en lieu et place du drapeau iranien, flotte à présent le drapeau rouge. La chasse aux partisans, vrais ou supposés, du shah et du général Zahédi est ouverte, avec ses inévitables règlements de comptes et bavures. Dans certaines villes industrielles du Mazandaran, province côtière de la Caspienne traditionnellement acquise aux communistes, des « soviets » locaux sont proclamés et installés dans les mairies. Ils tentent de s'emparer de l'administration de ces villes, désertées par la police. Une grande partie de la population a peur, surtout à Téhéran.

L'échec du plan Ajax a laissé le général Zahédi dans une situation périlleuse. Les risques qu'il court dans la capitale sont énormes. Il ne peut s'appuyer *a priori* sur aucune unité militaire basée à Téhéran, la plupart d'entre elles étant commandées par des officiers acquis à Mossadegh, les autres attendant prudemment la suite des événements[9]. Comme, à Ispahan et Kermânchâh, les commandants des garnisons lui sont restés fidèles, Zahédi leur envoie en vingt-quatre heures deux émissaires, dans l'idée qu'il pourrait s'y replier en cas de besoin, au risque d'ailleurs d'initier une guerre civile. Ispahan, dont il a été le commandant, aurait sa préférence. En outre, la ville, située au milieu d'espaces peu accessibles, est proche des tribus bakhtiaries dont les chefs, tous des alliés, sont aussi parents de l'impératrice Soraya.

Il décide cependant, pour le moment, de rester à Téhéran, de relever le défi avec ses propres moyens sur le terrain de son ennemi et de mobiliser ceux de ses réseaux qui ont subsisté, beaucoup de ses partisans étant recherchés par la police ou déjà en prison. De plus, les deux ayatollahs les plus influents, Kachani et Béhbahani, bien qu'ennemis, se sont unis en la circonstance et lui sont acquis, leur capacité à mobiliser les foules constituant un atout sérieux. Rien n'est donc totalement perdu. Malgré les apparences, la résistance s'organise.

Mossadegh s'est pour sa part retranché dans sa résidence, transformée en bunker et protégée par un bataillon de soldats dévoués et plusieurs chars lourds, l'ensemble commandé par le fidèle colonel Momtaz. Le Premier ministre est, selon tous les témoignages, dubitatif, dans un état proche de la prostration. Comment trouver une issue légale et constitutionnelle à la crise qui s'est installée, à l'absence du shah, qui, bien qu'à Rome, n'a ni abdiqué ni mis en place un Conseil de régence ? En somme, comment réfléchir après avoir agi ? Mossadegh décide de mettre en place le Conseil de régence, si nécessaire en s'appuyant sur la Constitution – écartant par là un changement de régime – et de faire approuver sa décision par un référendum. Il donne l'ordre à Gholam Hossein Sadighi, ministre de l'Intérieur et vice-président du gouvernement, de l'organiser promptement. Lequel s'aventure à objecter qu'une telle démarche nécessite l'aval du Conseil des ministres... et se heurte à une fin de non-recevoir : « On le fera plus tard[10] ! »

L'esprit de Mossadegh est ailleurs. Il lui faut à tout prix trouver un président pour ce Conseil de régence. Et si la princesse Shams acceptait ? C'est la sœur aînée du shah, et il lui a souvent témoigné publiquement son respect et son admiration. Son intégrité est connue de tous, et elle se tient loin des intrigues de la vie politique. Certes, lui objecte-t-on, mais ce serait au prix d'un désaveu du clergé, pour lequel la désignation d'une femme, catholique de surcroît, serait inacceptable. Mossadegh y renonce donc.

Le nom du prince Gholam Réza circule alors. Mossadegh y aurait été favorable si sa mère n'était pas qâdjâre, car il ne veut pas être accusé, comme le shah le lui reprochait parfois, de vouloir restaurer sur le trône l'ancienne dynastie. L'idée est donc rejetée, sans doute aussi parce que le Premier ministre n'exclut pas un arrangement ultérieur avec Mohammad Réza Pahlavi. Finalement, il fait appel à une personnalité apolitique consensuelle, Ali Akbar Déhkhodâ[11], un équivalent du Littré français, lequel accepte la fonction. Il est cependant déjà trop tard.

Alors que la nuit tombe sur la capitale ce 18 août, les premiers rapports sur l'imposante manifestation du Toudeh, dont certains participants se sont livrés à des actes de violence « révolutionnaires », parviennent à Mossadegh, foncièrement anticommuniste et ne tenant surtout pas à inquiéter outre mesure les Américains. Ordre est donc donné à la police et à l'armée de les disperser, au besoin en utilisant massivement les gaz lacrymogènes. C'est alors que, contre toute attente, voyant l'armée se déployer contre ceux qui étaient censés jusque-là être des partisans de Mossadegh, plusieurs centaines de personnes commencent à pactiser avec l'armée autour de la place Sepah, au centre de la capitale, sur les avenues Bab-Homayoun et Nasser-Khosrow. On entend soudain s'élever de nouveaux slogans : « Vive le roi ! » « Vive Zahédi ! » La foule grossit. On applaudit ceux qui répriment les manifestants, lesquels lancent des slogans en faveur de la république et, de temps en temps, de Mossadegh. La confusion règne. Le scénario qui se dessinera le lendemain, mais à l'inverse – car c'est alors l'armée qui fraternisera avec la foule – s'esquisse déjà.

La nuit est à présent tombée ; la ville s'apaise, dans l'attente inquiète d'événements dont nul ne saurait prédire l'issue.

Le 19, dès le début de la matinée, le premier souci de Mossadegh est d'organiser le référendum approuvant la création d'un Conseil de régence. Son premier coup de téléphone est pour Sadighi. Il s'entretient avec lui, puis le convoque à son domicile. Le ministre lui fait part de son inquiétude devant les mouvements divers de la capitale. A peine de retour dans son bureau, il reçoit un nouveau coup de téléphone : cette fois, Mossadegh décide de nommer un nouveau préfet de police pour Téhéran. Sadighi prépare la lettre de nomination. Avant même qu'elle ne soit signée, nouvel appel : « J'ai changé d'avis, déclare Mossadegh. Je vais nommer le général Daftari[12] chef de la police et en même temps administrateur de la loi martiale. » L'ordre est passé au chef de l'état-major qui ignore encore que Mohammad Daftari s'est déjà rallié au général Zahédi… qui l'a nommé lui-même à la tête de la police. Quelques années plus tard, le général Riahi, qui ne cache pas un certain regard critique sur Mossadegh, écrira que, dès ce matin du 19 août, la transition du pouvoir était faite : Daftari détenait son ordre de nomination de deux Premiers ministres en même temps. Riahi croit en outre savoir que le « Vieux Lion » ne l'ignorait pas davantage, mais voulait jouer sur cette nouvelle provocation pour assurer sa protection et celle de sa famille. Sadighi, mis au courant, écrira de son côté : « La confusion était totale. » Au ministère de l'Intérieur, il reçoit un rapport sur les événements les plus récents de la capitale : des groupes importants venus des résidences des ayatollahs Kachani et Béhbahani, des militants dissidents du Front national, des membres de clubs sportifs, des officiers et sous-officiers de réserve manifestent un peu partout, encerclant certains ministères. Il appelle alors les responsables de la police et de la loi martiale pour que la radio nationale soit protégée à tout prix : « Si on en prend le contrôle, tout sera perdu ; la province bougera ! »

Mossadegh le convoque de nouveau. Par prudence, il veut s'éloigner de son bureau. Dans une voiture banalisée de la municipalité, il profite du calme relatif régnant encore sur le nord de Téhéran pour s'esquiver, toutes les rues autour de la résidence du Premier ministre étant sous le contrôle de l'armée qui lui est toujours favorable. Bientôt, il est prié de continuer à pied car la circulation automobile est interdite, même pour lui. Autour de Mossadegh se regroupe le bastion des jusqu'au-boutistes qui ont eu la haute main sur les événements des trois derniers jours : Hossein Fatémi, Ahmad Razavi, Ali Shayégan et Ahmad Zirak-zadeh, secrétaire général du Front national. Tous serrent les rangs face à une situation qui leur échappe.

Jusque vers 11 heures, les manifestations se multiplient, orchestrées par l'entourage de Zahédi. La police et l'armée tentent de les endiguer, sans user toutefois des armes dont elles disposent, ou laissent faire, n'ayant pas reçu ordre de réagir fermement. Des rapports alarmants pleuvent de toutes parts. Plusieurs fonctionnaires, dépêchés en ville pour rendre compte au ministère des Affaires étrangères, sont unanimes : le mouvement monte en puissance face à des forces de l'ordre quasi passives.

A 11 heures, les chefs du bazar de Téhéran établissent un contact téléphonique direct avec le grand ayatollah Boroudjerdi, « source d'imitation » (*marja-e taqlid*), celui qui dit le droit, et demandent quel parti prendre. Ils reçoivent alors l'autorisation de fermer leurs boutiques et de rejoindre la manifestation.

Peu avant midi, un rapport du ministère des Affaires étrangères[13] confirme qu'une foule en provenance du bazar et évaluée à plus de 10 000 personnes converge vers le centre-ville. Le grand ayatollah a retourné l'opinion en faveur de Zahédi. Les manifestations dispersées se transforment soudain en « mouvement général[14] ». A peu près aux mêmes heures, dans plusieurs villes de province restées calmes jusque-là, les manifestations anti-Mossadegh et proshah se multiplient, preuve de l'influence extrême de Boroudjerdi.

Les réseaux du Toudeh pour leur part ne bougent pas, arguant qu'il s'agit d'une lutte entre « tendances opposées de la bourgeoisie ». Leur stratégie est de laisser faire, en attendant que le mouvement s'épuise de lui-même. Ils règlent en outre un certain contentieux avec celui qui passait naguère pour un de leurs alliés.

Midi sonne. L'armée reste encore neutre et, dans l'ensemble, favorable au « Vieux Lion », qui contrôle la radio jusqu'à 14 heures. L'équilibre est précaire, nul ne peut l'ignorer.

Le grand ayatollah Boroudjerdi et le général Zahédi seront, de fait, les deux artisans du retournement complet de la situation. Par la suite, le shah tentera d'en tirer les leçons. Boroudjerdi, dans la lignée des chefs suprêmes chi'ites, se tenait d'ordinaire à l'écart de la politique politicienne. Cependant, il avait laissé le clergé soutenir le mouvement national, qu'il considérait lui-même avec sympathie. C'était un patriote. N'avait-il pas mobilisé ce même clergé contre les séparatistes communistes d'Azerbaïdjan ? En l'occurrence, c'est la crainte d'une mainmise communiste sur le pays, rendue crédible par les excès du Toudeh au cours des derniers jours, qui l'a poussé à prendre ses décisions et à autoriser le bazar, à Téhéran comme ailleurs, à manifester.

Quant à Zahédi, officier quelque peu marginalisé, sympathisant, voire compagnon de Mossadegh durant une grande partie de son aventure, antibritannique viscéral, téméraire, il ne cache pas son ambition de sortir l'Iran de l'impasse dans laquelle il est engagé. C'est le prix à payer pour entrer dans l'Histoire.

Faisant allusion au jeu politique autour de Mossadegh, le journal *Le Monde*, qui par la suite avancera une autre version des faits, écrit le 21 août 1953 :

> Le 19 août à l'aube, le Dr Mossadegh contrôlait la situation, après l'échec du coup d'Etat militaire d'il y a trois jours en Iran. Le même jour à midi, son régime s'écroulait... A la stupéfaction générale, ni la police ni l'armée n'ont réagi pour défendre le Dr Mossadegh. La foule, un instant indécise, a pris parti pour les plus forts, c'est-à-dire les royalistes. Ce renversement prodigieux est dû à la défection du parti Toudeh. Pas un seul extrémiste de gauche n'est descendu dans la rue pour défendre le régime de Mossadegh... En réalité, depuis longtemps déjà, l'idéal nationaliste soutenu par le Dr Mossadegh avait été vidé de son contenu : il ne restait plus sous cette terminologie que la lutte contre l'impérialisme, c'est-à-dire le mot d'ordre par excellence du parti d'extrême gauche.

Ce même 19 août, la foule, déjà immense, converge vers la résidence de Mossadegh, qu'elle attaque d'abord par des jets de pierres. La garde fait feu, cependant que les chars entrent en action, leurs canons dirigés sur les manifestants. A quelques centaines de mètres de là, les équipes de Zahédi réussissent à faire changer de camp d'autres soldats qui, approchant leurs chars de la maison de Mossadegh, tirent sur son entrée.

A 16 h 40, le général Fouladvand, envoyé par Riahi, se présente devant le « Vieux Lion », qui n'a toujours pas quitté son lit : « Il faut éviter de diviser l'armée, lui dit-il, au garde-à-vous. – Je veux être tué ici, rétorque Mossadegh. – Monsieur, songez à la vie de tous ceux qui vous entourent, et à vos voisins », répond le général, toujours au garde-à-vous, et en claquant des talons cette fois pour souligner la gravité de ses propos.

Mossadegh hoche la tête. On rédige un communiqué dans lequel sa demeure est déclarée « sans défense » et qui ne peut évidemment pas être diffusé. S'ensuit une scène quelque peu surréaliste. Mossadegh quitte son lit. Un morceau de drap est arraché et hissé sur sa demeure en guise de drapeau blanc. L'ordre est clair : sa garde cesse sur-le-champ de tirer sur la foule. Puis Mossadegh est hissé sur une échelle, suivi du dernier carré de ses fidèles : Sadighi, ministre de l'Intérieur, et Seyfollah Moazzami, ministre des Postes, dont l'obésité rend l'opération périlleuse. Grâce à ce stratagème, ils gagnent la maison voisine, qui est vide, puis une autre, où ils sont fort bien reçus. Alors que l'insurrection gronde dehors, les voilà attablés : thé, friandises puis dîner, que Sadighi trouve excellent compte tenu des circonstances. On offre à Mossadegh et à ses compagnons des chambres pour la nuit. C'est de cet observatoire que Mossadegh découvre que sa résidence est passée aux mains des insurgés qui y mettent le feu. Il pleure : « Cela n'a pas d'importance, mais j'ai honte quand je vois que, ce soir, ma femme n'a pas même une maison à elle pour faire ses prières ! » La princesse Zia-os-Saltaneh, son épouse, était en effet très pieuse.

La résidence de Mossadegh connaît le même sort que celui que ses partisans, un peu plus d'un an auparavant, avaient réservé à celle de Ghavam sans qu'il s'y oppose. Mme Ghavam avait trouvé refuge chez des amis, Mme Mossadegh fera de même. La maison de son fils, mitoyenne, sera elle aussi endommagée. Toutes deux seront reconstruites à l'identique, comme celle de Ghavam d'ailleurs.

Mossadegh en fuite, le général Zahédi sort de sa cachette. Pour la circonstance, il a revêtu son uniforme de général de division alors que, retraité de la fonction, il n'en a plus le droit. Mais qui y verrait à redire ? On lui trouve un char sur lequel il monte. Des centaines de véhicules l'entourent dans un bruyant concert de klaxons ; la foule, pour sa part, brandit des portraits du shah. Zahédi parvient enfin au siège de la radio nationale. Il s'y proclame Premier ministre légal de l'Iran et déclare avoir la situation en main.

Dans les heures qui suivent, installé d'abord à la préfecture de police puis au Cercle militaire, Zahédi procède aux premières nominations civiles et militaires, et fait libérer tous les prisonniers politiques, vite remplacés – provisoirement – par l'équipe Mossadegh.

L'attaque de la résidence du « Vieux Lion » a coûté la vie à quarante et une personnes, presque toutes parmi les assaillants, une tuerie inutile et affligeante, comme celles qui l'ont précédée.

Le 19 août au soir, la page Mossadegh est tournée : son gouvernement aura duré deux ans, deux mois et vingt jours. « Coup d'Etat militaire », comme on l'a souvent dit d'un côté ; « résurrection nationale », comme d'autres l'ont prétendu. Si la tentative vaudevillesque du colonel Nassiri pouvait être considérée comme un putsch, soutenue et pratiquement organisée par les services secrets américains et britanniques, le mouvement du 19 août, œuvre d'un général astucieux et atypique, et surtout d'un grand dignitaire religieux, ne peut recevoir la même appellation.

Il se trouve que les documents de la CIA concernant ces événements ont pris feu ou ont été détruits en 1960. Etait-ce le résultat d'une volonté délibérée d'occulter la réalité de ce qu'on a continué d'appeler le « coup d'Etat » de la CIA ? Quoi qu'il en soit, les documents du département d'Etat ont, eux, été déclassifiés et nous les avons cités largement[15]. Depuis ces premières publications, des copies de certains rapports de la CIA, envoyés au même département d'Etat, ont été aussi déclassifiés et rendus accessibles à partir de 2016-2017. Les révélations qu'ils contiennent ont donné lieu à de multiples discussions dans les milieux concernés et confirment l'analyse que nous avions livrée dans la première édition de 2015 de notre ouvrage, à savoir : 1) Le plan Ajax a bel et bien existé malgré les dénégations portées par certains auteurs, surtout iraniens d'ailleurs ; 2) Son exécution a échoué de manière rocambolesque et, à la suite de son échec, les agents américains ont reçu l'ordre de se retirer de l'opération[16] ; 3) Kermit (Kim) Roosevelt, haut fonctionnaire de la CIA, chargé de mettre en œuvre l'opération, s'est montré totalement incompétent. Il ignorait même l'adresse de la résidence de Mossadegh, celle de l'ambassade des Etats-Unis et les données de base de la situation iranienne ; 4) Après l'échec du plan Ajax et la réorientation de l'attitude américaine en faveur de Mossadegh, ce sont les partisans dispersés du général Zahédi, Premier ministre désigné, et surtout l'impulsion décisive donnée par le grand ayatollah Boroudjerdi[17] qui provoquèrent le mouvement populaire en faveur du tandem Shah-Zahédi et le renversement du « vieux lion ».

Ce dernier aurait pu, selon tous les documents disponibles et des témoignages concordants, donner l'ordre aux unités de l'armée et à ses partisans de résister et d'écraser la révolte, mais il ne le fit pas afin d'éviter un bain de sang et la guerre civile[18] ; 5) Le général Eisenhower, alors président des Etats-Unis, nota, dans son carnet privé, la position du département d'Etat et l'échec de Kim Roosevelt.

A la lumière de ces nouvelles informations, on peut se demander légitimement pourquoi les Américains ont souhaité assumer officiellement cet événement qui fut en fait un échec. On pourrait avancer que sans doute la CIA ne souhaitait pas reconnaître, surtout dans l'ambiance de guerre froide qui prévalait alors, autre chose qu'un succès.

Une autre question se pose : pourquoi le shah qui n'ignorait rien des dessous de l'affaire continua-t-il de parler de Kim Roosevelt comme de son « ami »[19] ? Serait-ce parce qu'il préférait faire semblant de devoir son retour à la puissance américaine plutôt qu'à un général atypique et à la hiérarchie chiite, les ayatollahs de Téhéran Béhbahani et Kachani qui obéissaient aux instructions de la « source d'imitation », le grand ayatollah Boroudjerdi ?

Il convient d'ajouter que la propagande ultérieure du régime impérial a tenté d'accréditer l'idée que les trois jours qui ont suivi la notification de sa destitution à Mossadegh ont donné lieu à un soulèvement contre l'Etat, un véritable « coup d'Etat », comme l'écrira le shah[20], chargeant surtout le général Riahi.

Mohammad Réza Pahlavi, pendant ces dernières heures, se trouve toujours à Rome, dans l'angoisse. A 15 heures, il se rend avec l'impératrice dans la salle à manger de l'Excelsior pour déjeuner. Âtâbaï et Khatam sont également à table, lorsque soudain un reporter de l'agence Associated Press se précipite, excité, et tend au shah, méfiant, une dépêche qui vient de tomber. On y annonce la chute de Mossadegh et la prise de pouvoir de Zahédi[21].

C'est l'emballement : le déjeuner est expédié en quelques minutes. On retourne dans la suite du shah pour écouter les nouvelles sur la radio égyptienne, plus audible que celle de Téhéran : « Confirmation... démenti... une attente... intolérable », écrit Soraya. Peu à peu les choses se précisent. Le shah, hier déchu, abandonné, prisonnier d'une suite « ordinaire » à l'Excelsior, se trouve projeté dans l'actualité la plus brûlante. Le standard de l'hôtel est pris d'assaut, bloqué par des appels venus du monde entier. Les télégrammes affluent. « Le shah est devenu un autre homme, écrit son épouse, sa propre estime est revenue et le pousse quelquefois à l'orgueil... Il est redevenu le shah-in-shah. Il est le Roi des Rois. » *Vanitas vanitatum*.

L'ensemble reste fragile. Le shah prend certes la posture du vainqueur, mais sans aucune assurance sur son avenir politique. En effet, s'il avait donné son accord lors du plan Ajax, pensant en récolter les bénéfices, ce plan « ayant échoué », son retour sur le trône dépend à présent de la seule fidélité d'un homme, le général Zahédi, auquel l'Iran s'est rallié en cette soirée du 19 août, et cela bien qu'une large partie du pays reste encore fidèle au souvenir d'un Mossadegh qui l'a fait rêver, le premier à oser se dresser contre les « ennemis héréditaires », spoliateurs des richesses du pays.

Il sait aussi que Zahédi est à présent courtisé et que les conseillers ne lui manqueront pas. Ce en quoi il a raison. En ce soir du 19 août, le général reçoit déjà des visites insignes. Celles d'abord des trois vétérans de la politique iranienne : Hassan Taghi-zadeh, qui fut ministre de Réza shah, ambassadeur à Londres durant la crise d'Azerbaïdjan puis député, sénateur et président du Sénat lorsque

Mossadegh a suspendu la Chambre haute ; Adle-ol-Molk Dadegar, ministre sous les Qâdjârs, président de la Chambre sous Réza shah, sénateur durant ces dernières années ; et enfin Nassr-ol-Molk Hédayat, homme politique en vue depuis les Qâdjârs. Tous trois conseillent à Zahédi de ne pas se précipiter pour inviter le shah au retour, de prendre les choses en main et de mettre en œuvre « sans encombre » les réformes qui s'imposent. Le général écoute sans réagir, ayant trop de respect pour contredire les « trois sages ».

Bientôt, dans la nuit, une autre personnalité, venue en avion spécial et qui a sollicité l'autorisation d'atterrir d'urgence, demande audience au général. Il s'agit de Denis Wright, diplomate britannique fin connaisseur de l'Iran, futur sir Denis, qui sera nommé ambassadeur à Téhéran puis sous-secrétaire au Foreign Office. Zahédi racontera lui-même l'entrevue dans une note au shah dont le fac-similé a été publié depuis :

> Il insistait pour que j'empêche votre retour afin que l'on puisse en décider le moment venu... Je lui dis que cela n'était pas possible. Le shah, face aux Soviets, avec nos longues frontières indéfendables, est la clé de l'indépendance de l'Iran. Une clé rouillée, m'a-t-il dit, c'est une personne intrigante, inconstante et sans volonté. Razmara avait des projets utiles, il ne l'a pas soutenu... Il pouvait contrôler Mossadegh, il ne l'a pas fait. Il n'a pas de parole. Il vous évincera sans ménagement au bout de quelques mois, comme il l'a fait de Ghavam. Je lui répondis avec fermeté. Je lui ai dit que je n'avais pas agi par ambition personnelle ni par intérêt, mais que je voulais éviter la chute de mon pays. J'ai été formé sous son père [Réza shah]. Je ne suis pas un homme qui trahit...

Un rapport interne de l'ambassade britannique confirme ces propos : il y est précisé que « le chargé d'affaires [Denis Wright sera nommé à ce poste] n'aimait pas le shah, qu'il considérait comme comploteur, mais [que] le général [Zahédi] ne cessait de répéter qu'un roi est nécessaire pour l'Iran, puisqu'on ne pouvait le changer à tout instant »...

Le général reste impassible. Le 20, il adresse un télégramme au shah, signé « le Premier ministre, général de division Zahédi », l'invitant à rentrer dans son pays où l'attendent le peuple, l'armée et lui-même.

Dans la soirée du 19 au 20, il procède à de nombreuses nominations militaires, un privilège certes réservé au shah. Le 20, il publie le nom de ses ministres et désigne quelques gouverneurs de province. Un certain nombre de personnalités – moins d'une centaine, semble-t-il – du régime Mossadegh sont interpellées ; certaines libérées après quelques heures ; d'autres incarcérées plusieurs semaines ou plusieurs mois. Sans les excès des trois jours d'incertitude qu'a connus le pays, le général, homme au réalisme politique avéré, n'aurait sans doute pas agi ainsi. L'atmosphère, encore très tendue, lui dictait cependant cette « prudence ».

Alors qu'il était en position d'écarter le shah du trône, il ne l'avait pas fait, agissant exactement comme Foroughi, Ghavam et Mossadegh. Erreur, disent les uns ; patriotisme, rétorquent les autres. Sans doute croyait-il aussi que la monarchie était une garantie de stabilité, d'identité et d'unité nationales. Foroughi était un homme sans ambition politique personnelle ; Ghavam et Mossadegh n'appréciaient pas le shah, mais croyaient comme lui que la monarchie était indispensable.

Mossadegh, Sadighi et Moazzami, après avoir passé la nuit du 19 au 20 août dans la maison de leur voisin, se rendent tôt le matin au domicile de la mère de Moazzami, où ils écoutent les dernières informations à la radio. Le « Vieux Lion » contacte ses neveux, les frères Daftari, Ahmad, Premier ministre sous Réza shah, et Mohammad, le général nommé préfet de police par Zahédi et administrateur de la loi martiale par lui-même, pour les informer de la situation afin de chercher une issue. Dès cet instant, Zahédi le localise[22].

Dans la matinée, le général Dadsétan, que le nouveau Premier ministre vient de nommer administrateur de la loi martiale, fait diffuser à la radio un communiqué où il enjoint au « civil Mohammad Mossadegh » de se rendre aux « autorités compétentes ». Mossadegh désire obtempérer immédiatement, mais ses compagnons l'en dissuadent : « Attendons les démarches des Daftari. »

Le général Zahédi se fâche en entendant lui aussi le communiqué. Comment peut-on manquer de respect à ce point à Mossadegh ? Deux heures plus tard, il fait diffuser un nouveau communiqué qu'il signe lui-même : « Son Excellence le Dr Mossadegh est prié de bien vouloir se présenter aux autorités. » Il se porte personnellement garant de sa sécurité et de la considération due à un ancien Premier ministre.

A 14 heures, note Sadighi, « un déjeuner somptueux est servi », puis Mossadegh va se reposer. A 17 h 15, des voitures banalisées s'arrêtent devant la maison où il se trouve. On frappe à la porte. Le valet de chambre vient dire que « des inspecteurs sont venus visiter la maison », lesquels patientent dehors. Mossadegh et ses deux ministres sortent. Immédiatement installés dans des voitures différentes, ils sont conduits au Cercle militaire où Zahédi a prévenu chacun : « Si quelqu'un s'avise de manquer de respect au docteur Mossadegh, je le ferai fusiller ici même dans le jardin. »

Les voitures arrivent. Mossadegh, en pyjama, sa tenue d'intérieur habituelle devenue quasi mythique, descend du premier véhicule. Le général Batmaughélitch, nouveau chef d'état-major général des armées, et un groupe de personnalités l'attendent devant l'escalier monumental

du Cercle. Le général fait un salut militaire à Mossadegh, qui lui serre la main sans un mot. Il l'aide ensuite
à monter l'escalier jusqu'à l'ascenseur, cependant que
les autres montent à pied, accompagnés des généraux
Dadsétan et Daftari. A l'étage où se trouve le bureau du
général Zahédi, un autre général, Fouladvand, et Nassiri,
qui sitôt sorti de prison a été promu général de brigade
par Zahédi[23], les attendent. Ils saluent militairement
Mossadegh qui n'y prête pas attention, avant d'entrer
dans le bureau. Zahédi est debout, en uniforme, chemise ouverte, « cheveux mal peignés », comme le note
Sadighi. Il est entouré de quelques personnalités, dont le
prestigieux général de corps d'armée Shahbakhti, compagnon de Réza shah, qui vient d'être libéré de prison.

Mossadegh prend la parole le premier : « Vous êtes
vainqueur et je suis votre prisonnier. – Vous êtes mon
hôte », lui répond le nouveau Premier ministre[24].

Les deux hommes se serrent longuement la main.
On s'assied, on sert rapidement le thé, puis, sur ordre
de Zahédi, Mossadegh est conduit dans la suite royale
du Cercle. Ses deux ministres disposeront chacun d'une
chambre. Les téléphones sont branchés. Celui de Mossadegh le restera durant les huit jours de son séjour ;
ceux des ministres seront coupés après qu'ils auront
appelé leur famille. « A 20 heures, écrit Sadighi, toujours attentif aux repas, on sert à dîner dans la salle à
manger. » A 21 h 30, on va se coucher. Sadighi demande
quelques livres, qu'on lui apporte de la bibliothèque du
Cercle. Le colonel-médecin Moghaddam, chirurgien bien
connu de la capitale, est chargé de veiller sur la santé
du « Vieux Lion ».

Pendant ce temps, à Rome, le shah adresse des
messages de remerciement aux grands acteurs de sa
renaissance : au peuple iranien, avec un hommage au
général Zahédi, à l'ayatollah Béhbahani, qui lui répond

immédiatement d'un ton déférent et chaleureux, et surtout au grand ayatollah Boroudjerdi, principal artisan
du mouvement de foule ayant provoqué le retournement
de situation en sa faveur, à Téhéran, mais aussi dans
les provinces. La réponse du grand ayatollah est moins
protocolaire. Elle conclut sur cette phrase étrange :
« Ton retour va sauver l'islam et la sécurité de l'Iran. »
En persan, on s'adresse au roi soit en le tutoyant – privilège des poètes –, soit à la troisième personne du
pluriel. La presse publie les deux textes. Plus tard, les
histoires officielles gommeront ces échanges. Un oubli
majeur pèsera sur la suite des événements et causera
des ennuis aux autorités : le shah n'a pas remercié l'ayatollah Kachani, alors que lui aussi a pris une part non
négligeable à ces faits. Or c'est un homme d'influence
au service duquel travaille déjà un certain Rouhollah
Khomeyni.

Avant de quitter la capitale italienne, Mohammad
Réza, dans l'emballement, voire le harcèlement des
médias occidentaux, reçoit aussi la visite *in extremis* de
sa sœur Ashraf, toujours soucieuse d'exister politiquement auprès de son jumeau. Le 21 août enfin, il prend
un vol KLM à destination de Bagdad, laissant Soraya en
Italie, car s'il est certain que son retour rapide à Téhéran est une garantie pour son avenir, il sait aussi que la
situation est instable. L'impératrice ne rentrera que le
7 septembre.

L'accueil à Bagdad n'a rien à voir avec celui qu'il a
connu la semaine précédente. Plus de hangar surchauffé,
plus d'attente anxieuse. Le régent Abdolelah, tous les
ministres du gouvernement irakien et les corps constitués
sont présents. Les honneurs militaires lui sont rendus en
grande pompe. Même l'ambassadeur d'Iran, qui six jours
plus tôt avait demandé son arrestation, rédigé des communiqués de presse ainsi qu'un message à Fatémi, tous
désobligeants, surmontant sa gêne, a revêtu sa jaquette

et est présent, entouré de ses collaborateurs. Peine perdue : le shah refuse de les recevoir. Après une nuit passée à Bagdad, il prend son avion personnel qu'il avait laissé à l'aéroport et décolle pour Téhéran.

Là aussi, une foule enthousiaste l'accueille, avec aux premiers rangs la famille impériale, le corps diplomatique au complet, les autorités civiles et militaires... dont les nouveaux ministres, qui théoriquement ne peuvent avoir d'existence légale qu'après présentation officielle au shah, alors qu'ils ont déjà pris possession de leurs ministères, et que le shah le sait. De même pour les autorités militaires, nommées sans qu'il soit consulté. Bien qu'irrité d'avoir été ainsi ignoré dans le processus constitutionnel, et sans doute inquiet de la suite des événements, le shah ne dit mot jusqu'à ce qu'il soit en face du tout nouveau général de brigade Nassiri : « Qui t'a promu général ? » Tout le monde entend sa question. Le général Zahédi répond à sa place, de façon qu'on l'entende aussi : « Sa nomination lui a été notifiée avec l'autorisation de Sa Majesté impériale. » A quoi Mohammad Réza répond, de manière audible également : « Ne pouviez-vous pas attendre mon retour ? » La guerre d'usure – très feutrée au début – entre les deux hommes est déclarée.

Le 23 août, le général présente au shah les ministres qu'il a choisis. Le même jour, lors de la première audience accordée à l'ambassadeur des Etats-Unis, le shah lui exprime son mécontentement à la suite de ces nominations. Dès 22 heures, l'ambassadeur transmettra ces remarques à son département. Les jours passent, dans une ambiance de plus en plus lourde[25]. Cela n'empêche pas le shah d'accorder sa troisième étoile au général Zahédi le 25 août, soit douze ans après que Foroughi lui a donné sa deuxième étoile, en 1941, la première ayant été obtenue vingt ans plus tôt, sous Réza shah. En outre, le général est réintégré de fait dans l'active. Il a alors soixante ans. Ce même jour, Mohammad Réza lui décerne la grande croix de l'ordre de Tadj, le grade le plus élevé parmi les ordres honorifiques de l'empire d'Iran.

Deux autres décisions marquent cette journée particulièrement chargée : le shah ordonne la promotion du colonel Nassiri au grade de général de brigade, fait unique dans les annales militaires puisque la même personne reçoit la même promotion deux fois en moins d'une semaine ! Téhéran commence à trouver la situation fantasque.

En revanche, la deuxième décision n'appelle aucune critique : elle rétablit le fonctionnement de la Cour suprême, dont la « suspension » avait été décrétée par Mossadegh, rendant au pouvoir judiciaire toute sa puissance. Le général-Premier ministre seul en fait l'annonce, sans référence au souverain. Il entend ainsi monter sa volonté de gouverner seul… comme Ghavam et Mossadegh avant lui… mais à sa manière, remettant le shah à la place que la Constitution lui a réservée.

Et Mossadegh dans tout ce tourbillon ? A vrai dire, l'opinion reste profondément divisée à son égard, bien que personne ne se soit levé pour le défendre. Le « Vieux Lion » ne se serait-il pas senti dépassé par les événements ? Jusqu'à 14 heures, grâce à la radio qu'il contrôlait encore, il aurait pu appeler ses fidèles à la résistance, ce qu'il n'a pas fait. Au fond, ne se serait-il pas laissé renverser ? Cela dit, sans l'intervention de sa garde, qu'il n'a pas empêchée, cette journée du 19 n'aurait fait aucune victime. Comment expliquer son attitude ? Par le souci d'éviter une guerre civile ? La peur de voir les communistes occuper le devant de la scène politique ? Un désir de se transformer en martyr ? La vérité se situe sans doute dans un amalgame de toutes ces options.

Le calme étant revenu en Iran et le pouvoir central ayant réinstallé son autorité partout, la question qui se pose à présent est complexe : que va-t-on faire de Mossadegh ?

En « résidence surveillée » au Cercle militaire, le leader du Front national est encombrant par son passé, sa stature et à présent sa personne. Zahédi[26] en outre ne cache pas son estime pour lui. Comme les deux hommes partagent pendant quelques jours la même résidence – le général n'ayant pas encore installé son bureau de l'autre côté de l'avenue Foroughi, au ministère des Affaires étrangères, dans la pièce où travaillait jadis Ghavam –, tout un symbole là aussi –, cela pose des problèmes de sécurité et entrave l'activité habituelle du Cercle. En conséquence, Mossadegh est transféré, huit jours après son arrivée, au Club des officiers de la division blindée de Saltanat-Abad, dans un ancien palais qâdjâr, alors que ses ministres sont envoyés dans une prison – où ils ne resteront pas longtemps.

Son sort n'est encore pas décidé car personne ne s'accorde[27]. Le général Zahédi, dès sa prise de pouvoir, a précisé son point de vue : « Tout le peuple iranien, dont Sa Majesté et moi-même, a été à ses côtés lors du mouvement pour la nationalisation du pétrole. Comment le traduire en justice ? [...] Son emprisonnement et son procès en feront un héros antirégime et ne serviront à rien. Toute résolution en ce sens se transformera en scandale. » Il suggère donc qu'il soit conduit dans son domaine d'Ahmad-Abad... On avisera par la suite.

Pour le shah, une telle solution est inenvisageable. Quels que soient les mérites qu'on lui reconnaisse, Mossadegh ne peut être dispensé d'un jugement public ; ce serait cautionner une tentative de coup d'Etat. En outre, pour lui, voilà un prétexte en or pour s'opposer à Zahédi, auquel il doit certes tout, mais auquel il ne veut surtout rien devoir. Et puis, le nouveau Premier ministre le gêne, comme tant d'autres auparavant : n'a-t-il pas nommé sans son accord des ministres et désigné des chefs militaires, outrepassant ses droits ?

Le shah décide de s'en remettre à une sorte de « conseil des sages », en présence des deux hommes. Rendez-vous est pris après 19 heures au palais de Marbre. Le général, voulant éviter une confrontation directe avec le shah, décide de ne pas s'y rendre et envoie pour le représenter son propre fils, Ardéshir. Participent à cette réunion, entre autres, Mohammad Sadjadi, déjà ministre sous Réza shah, juriste reflétant l'opinion de la classe politique ; Ali Héyât, ancien ministre de Mossadegh et surtout procureur général de la Cour suprême ; et le général Abdollah Hédâyat, ministre de la Guerre. Personne ne pense à ce moment-là que le thé, seule collation offerte, durera jusqu'à 4 heures du matin. Soraya, qui vient de rentrer à Téhéran, téléphonera d'ailleurs à plusieurs reprises à son époux durant cette longue nuit, témoignant de son impatience.

Hédâyat, en accord avec le shah, insiste pour que le « Vieux Lion » soit traduit en justice, ce sur quoi le conseil finit par s'accorder. Un obstacle majeur s'y oppose cependant : tout ministre ayant commis une infraction majeure ne peut être jugé que par la Cour suprême, et encore après une décision de la Chambre basse. Force est donc de décider, pour contourner l'obstacle, que le procès de Mossadegh ne soit instruit que pour les trois jours où il a exercé le pouvoir après son « éviction » et durant lesquels il n'était plus, selon le droit, Premier ministre. Il serait donc poursuivi pour exercice illégal du pouvoir, non-respect de la Constitution, etc. L'angle d'attaque trouvé, et bien que le montage puisse être contesté, le shah respire. D'autant plus que Zahédi est désavoué malgré les efforts de son fils qui, encore trop ignorant des hypocrisies politiques, déclare : « Mon père saura tirer les conséquences de cette décision. Il reste opposé à toute sanction dure contre Mossadegh. » Baroud d'honneur pour une bataille perdue. Pas pour le shah qui, vexé, encaisse, mais ne dit rien, n'étant pas encore en position de contredire à lui seul son puissant Premier ministre.

Le procès aura donc lieu, malgré l'avis du général qui ne démissionne pas, voulant éviter une crise de régime préjudiciable à l'Iran. Il recule donc devant le shah – ce ne sera pas la seule occasion –, s'abstenant de toute déclaration publique à propos du futur procès, lors duquel son nom ne sera d'ailleurs jamais cité. N'est-ce pas une affaire entre le shah et Mossadegh ? Cela n'empêche pas le Tout-Téhéran politique de connaître par le menu ce qui s'est passé la veille au palais de Marbre. Les échos en sont même parvenus aux oreilles de Mossadegh, qui ne peut qu'apprécier l'attitude de son ancien compagnon et en mesurer le courage.

Le procès du « Vieux Lion » s'ouvre le 8 novembre 1953[28] au palais de Saltanat-Abad. Tour à tour pathétique, menaçant, ironique, méprisant, Mossadegh déploie les mêmes talents oratoires qui avaient fait sa renommée internationale. S'il est parfois blessant, ce n'est jamais envers le shah, car il reste monarchiste. Il ne citera jamais non plus le général Zahédi. Se déclarant au début « Premier ministre légal et légitime du pays », il exige le dessaisissement du tribunal militaire. On le lui refuse, au motif que sont jugées seulement ses actions commises durant les trois jours fatidiques où tout aurait pu basculer et où il était démis de ses fonctions. Mossadegh ne désarme pas : il conteste à plusieurs reprises le droit du shah de le destituer et met en cause la manière dont le fameux firman lui a été notifié : en pleine nuit, par un colonel.

Ses arguments ne sont cependant pas toujours de ce niveau : il proteste contre l'étroitesse de la chambre où on l'a confiné (4 mètres sur 6), ou encore contre les menus qu'on lui prépare. En bref, il brouille les pistes, soufflant le chaud et le froid, mêlant le politique et le quotidien. Au final, il réussit à retourner la salle contre le pouvoir, transformant le procès en grand spectacle médiatique pour la presse nationale et internationale, largement présente, qui se délecte de ses écarts habilement improvisés. Le 11 novembre 1953, S. T. Kennedy, conseiller de l'ambassade américaine, souligne, dans le rapport détaillé envoyé à l'ambassadeur Loy Henderson que, dès le 10 novembre, Mossadegh a pris le contrôle du procès et l'a transformé en réquisitoire politique contre le régime impérial. Ce même jour, l'ambassadeur s'en ouvre à Zahédi, dont la réponse est claire : cela n'a aucune prise sur le déroulement des événements ; c'est l'affaire de l'armée et du shah. L'ambassadeur en rend compte à Washington, précisant qu'un des collaborateurs du shah aurait essayé de convaincre le souverain de la nocivité de la situation qu'il provoquait, sans succès.

Mohammad Réza, très gêné par les échos médiatiques du procès, veut à présent en écarter la presse. C'est sans compter avec l'énergie de Mossadegh. En effet, le jour où ce dernier trouve vides les bancs réservés aux journalistes, il quitte le tribunal, menaçant d'entamer une grève de la faim. L'écho médiatique est alors assourdissant. Le shah, informé, prend peur et fait intervenir des amis communs pour retourner la situation. Il y réussit par une reculade : la presse revient couvrir l'événement et Mossadegh, qui ne parle que pour la postérité, reparaît, reprenant le rôle du martyr, dans lequel il excelle.

Durant le procès, le procureur général militaire ne l'appelle que l'« accusé ». En retour, Mossadegh le désigne par une expression tout aussi désobligeante : « Cet individu. » A vrai dire, le rôle de ce procureur, le général Hossein Azmoudeh, homme très urbain et intègre, dont la consigne est de rester dans le cadre des trois jours de *pouvoir illégal*, est ingrat, surtout face au brillant juriste qu'est Mossadegh. Hors procès cependant, même si les séances se sont achevées par des propos acerbes, les rapports entre les deux hommes se métamorphosent : ils se rencontrent parfois le soir avant de dîner pour prendre le thé. Mossadegh, connaissant la raideur militaire d'Azmoudeh, le taquine, au point que tous deux rient comme si de rien n'était. En fait, chacun sait quelle est sa place dans le jeu de rôles imposé par le shah ; chacun sait aussi appartenir au même monde, celui de l'aristocratie de l'esprit, un monde encore façonné par les Qâdjârs et dont les derniers remparts éthiques s'écroulent.

Quatorze témoins sont appelés à la barre, ministres, proches de Mossadegh et autres acteurs des événements. Quelques-uns, cherchant avant tout à se disculper, se comportent peu honorablement. Le général Riahi, par exemple, coaccusé, n'a de cesse que de démontrer qu'il n'était qu'un simple exécutant. La lâcheté d'Abdol-Ali Lotfi, ministre de la Justice, fait même pleurer le « Vieux Lion ». En revanche, trois témoins font exception : Ahmad Razavi, qui qualifie Mossadegh de « chef historique de la Nation » ; Ali Shayégan, qui tente d'établir que la destitution de Mossadegh est anticonstitutionnelle ; et surtout le professeur Sadighi, qui, s'inclinant cérémonieusement devant l'accusé, prend sur lui la responsabilité de toutes les décisions retenues durant les « trois jours ». Lorsque ce dernier quittera la salle, Mossadegh s'écriera : « C'est un maître ! » Le procureur lui-même, ému par sa dignité, ira le voir dans sa cellule, le félicitera pour sa loyauté, puis demandera et obtiendra rapidement sa libération.

Quelques jours avant la clôture des débats, Youssef Mochar, ami personnel et ancien ministre de Mossadegh, resté proche de la Cour, demande audience au shah. Il le prie d'« ordonner » la suspension d'un procès qui a déjà causé trop de dommages – à cette époque, on pouvait encore parler ouvertement à Mohammad Réza Pahlavi – et de renvoyer Mossadegh chez lui, à Ahmad-Abad. Le shah semble acquiescer, à condition que les apparences soient sauves : « Si Mossadegh accepte, dit-il […] Prenez contact avec son avocat. » Ce que fait Mochar. On consulte en outre deux juristes, qui trouvent dans le code de procédure la possibilité de suspendre le procès pour « cause de maladie » sur certificat médical de médecins désignés par le tribunal. On transférerait alors l'ex-Premier ministre sur ses « terres » et on n'en parlerait plus.

Mossadegh ne refuse pas, mais craint « une nouvelle perfidie du shah ». Les palabres reprennent donc, cependant que la fin du procès approche. Les juges militaires retiennent tous les chefs d'accusation, ce qui était prévisible[29]. Le « Vieux Lion » est *in fine* condamné à trois ans de prison, « eu égard au grand âge de l'accusé, aux services rendus à la patrie avant sa destitution » et à « la mansuétude de Sa Majesté », notifiée aux juges, ce qui est théoriquement illégal, le shah ne pouvant jouer de son droit de grâce qu'après qu'un jugement a été rendu définitif. Or Mossadegh désire faire appel, malgré les efforts souterrains pour le prier de s'en tenir là. Nouveau camouflet pour le shah.

8 avril 1954, palais de Saltanat-Abad. Retour devant la Cour d'appel militaire, même scénario, mêmes témoins, mêmes arguments, avec cependant quelque lassitude du côté de la presse internationale. Le général Djavadi, président de la Cour d'appel, déclare « ouvert le procès de Son Excellence le docteur Mossadegh », qui n'est donc plus appelé « l'accusé ». Malgré cela, la condamnation est confirmée. Mossadegh utilise le dernier argument juridique : le pourvoi en cassation pour vice de forme. Mais la Cour suprême n'accède pas à sa demande et confirme le jugement, désormais définitif.

Trois années durant, Mossadegh réside au Club des officiers de la division blindée, où l'on tente de rendre son séjour le moins pénible possible en aménageant son espace avec des effets personnels. Il peut y recevoir des visites, et on lui livre ses repas, préparés chez lui. En 1956, sa peine purgée, il est transféré dans sa propriété d'Ahmad-Abad, en résidence surveillée, mesure illégale car la condamnation ne le stipulait pas... mais le régime impérial est déjà devenu autoritaire. Il peut y recevoir sans restriction sa famille et quelques amis proches, dont on relève cependant l'identité[30]. Il s'y adonne à de longues promenades, à des lectures essentiellement juridiques et de vulgarisation médicale, et procure même des soins à « ses » paysans. Il entretient par ailleurs une importante correspondance avec des amis, en Iran et à l'étranger – en partie publiée –, tel Voltaire en France dans son exil presque volontaire à Fernet. Sa belle-fille Chirine rapporte qu'elle joue au backgammon avec lui. De partout, on vient lui demander des photos dédicacées, au point que son épouse confie à Chirine : « Dieu me pardonne de dire cela ; les gens croient que c'est un prophète ; ils lui demandent constamment son portrait... »

La princesse, qui, durant les trois années d'emprisonnement de son mari est restée près de lui tout le temps, à présent qu'il est à Ahmad-Abad, vient le voir en famille le week-end, ce qui le réjouit. Et lorsque, à l'été 1965, elle est hospitalisée pour une pneumonie, Mossadegh demande l'autorisation exceptionnelle de lui rendre visite. On la lui refuse. Elle meurt le 26 juillet, sans qu'il ait pu lui dire adieu. La frustration ne s'arrête pas là : on interdit aux journaux de publier les témoignages de condoléances qu'il reçoit, car le nom de Mossadegh reste proscrit. « J'ai perdu ma dernière raison de vivre », confie-t-il à ses proches.

Abolfath Âtâbaï, « grand veneur » de la Cour impériale (*Mir Akhor*), vieillard aux manières d'une autre époque puisqu'il avait servi les Qâdjârs, lui rend régulièrement visite « pour baiser la main de Monsieur », confie-t-il à quelques rares proches, et « demander de ses nouvelles de la part de Sa Majesté ». Etrange dialogue à distance entre deux personnages qui se détestent, sans nul doute, mais qui s'estiment peut-être aussi.

Lorsque, au début des années soixante, la réforme agraire est lancée, le shah demande au gouvernement d'en exclure les terres de Mossadegh, l'un des plus grands propriétaires fonciers du pays, tant qu'il sera en vie. Autre signe énigmatique, comme si la grandeur de l'homme continuait à l'impressionner, malgré le coup fatal qu'il lui a porté.

Vers le milieu de l'hiver 1966, Mossadegh, qui a dépassé sa quatre-vingt-cinquième année et souffre d'un cancer de la mâchoire, voit son état de santé s'aggraver. Ses médecins décident de le transférer chez son fils, à Téhéran, puis dans une clinique de la capitale, Nadjmieh, appartenant à une fondation caritative créée par sa propre mère. Son fils demande ensuite au shah qu'il soit transféré en France, ce que le souverain accepte immédiatement. Une fois encore, Mossadegh refuse : il veut mourir en Iran, où il s'éteint le dimanche 7 mars 1967. Par crainte de débordements populaires, sa famille est tenue d'organiser ses funérailles dans l'intimité. Ce qu'elle fait, entourée d'une cinquantaine de proches. Le corps de Mossadegh est enterré dans la salle à manger de sa propriété d'Ahmad-Abad, où il se trouve toujours. De 1968 jusqu'à la révolution, un petit groupe de fidèles s'est joint à la famille pour une cérémonie du souvenir, chaque 7 mars.

Le 7 mars 1979, plusieurs centaines de milliers de personnes y ont participé, la transformant vite en manifestation contre le régime islamique. La seule évocation du nom de Mossadegh, à peine tolérée sous la monarchie, sera alors interdite pendant des années par le nouveau pouvoir – qualifié, à tort ou à raison, de théocratique –, qui le considère comme le support de tout ce qu'il abhorre : le nationalisme et la laïcité. L'interdiction qui le touche connaîtrait cependant aujourd'hui un certain assouplissement. Car le mythe perdure toujours, même si certains commentateurs, dans le sillage de l'idéologie iranienne dominante dont ils sont les porte-parole, prétendent qu'il n'est pas en phase avec la réalité du personnage, que cet « aristocrate libéral n'avait pas le profil d'un chef politique au sens moderne[31] ».

Mossadegh, malgré certains de ses choix condamnables dans une démocratie, reste, aujourd'hui encore et partout dans le monde, celui qui a su dire non à des puissances jusque-là intouchables et qui, même s'il n'y a pas réussi, a gravé pour longtemps dans la mémoire collective son courage, sa témérité et son sens de l'Etat, à l'instar de ce qu'avaient su faire en leur temps Amir Kabir, Foroughi et Ghavam – ailleurs Gandhi pour libérer l'Inde de la tutelle britannique. Son action a marqué, pour les pouvoirs qui se succéderont, une fracture politique avec le passé.

Restent ses paroles prophétiques, prononcées le 19 décembre 1953, à l'issue de son procès :

> Oui, ma faute, ma très grande faute, et même ma plus grande faute est d'avoir nationalisé l'industrie pétrolière de l'Iran et enrayé le système d'exploitation politique et économique du plus grand empire du monde… Cela au prix de ma personne, et de ma famille ; au risque de perdre ma vie, mon honneur, mes biens. Avec la bénédiction de Dieu et la volonté du peuple, j'ai foulé ce système sauvage et mortel d'espionnage et de colonialisme international. […] Je suis bien conscient que mon destin doit servir d'exemple dans le futur à travers le Moyen-Orient pour briser les chaînes d'esclavage et de servitude forgées par des intérêts coloniaux.

L'attitude du shah à son égard après sa chute constitue probablement une grave erreur. Pourquoi le roi s'est-il obstiné, alors que la partie était gagnée pour lui, et malgré les avertissements de Zahédi ?

Peut-être, à force de réactions semblables devant les grands hommes qui l'ont soutenu et maintenu au pouvoir, à force d'analyses sur sa tendance à vouloir les éliminer une fois qu'il s'en était servi, une image de Mohammad Réza Pahlavi s'impose-t-elle : celle d'un homme qui a étouffé peu à peu les forces vives de son royaume, par dépit sans doute, par aveuglement peut-être, par ambition assurément. Au risque de manquer d'atouts le jour venu, lorsque le désert remplacera le choix ?

TROISIÈME PARTIE

L'EMANCIPATION

1953-1963

1

« Enfin, je vais prendre les choses en main »

Le procès Mossadegh, s'il a focalisé l'intérêt international sur l'Iran, ne résume pas toute l'actualité du pays en cette année 1953.

A peine installé dans ses nouvelles fonctions, le général Zahédi doit affronter une grave crise interne. Nasser Khan Qashqai, chef de la puissante tribu des Qashqai[1] et ancien ministre, envoie un message adressé au « général de division » Zahédi, « son vieil ami depuis trente et un ans », ignorant alors sa promotion et son titre ainsi que les derniers événements autour de Mossadegh. Après les compliments d'usage, il lui dit que la quasi-totalité des gens croient en lui, le considérant comme un « recours ». « Je sais, ajoute-t-il, que Son Excellence Mossadegh a eu un comportement inconvenant envers vous et quelques autres de vos compagnons. Méfiez-vous : on va vous instrumentaliser et on vous réservera le même sort qu'à tant d'autres. Vous avez maintenant la force et la puissance. Prenez la tête d'un mouvement salvateur… » L'invitation à chasser le shah est explicite. Nasser Khan Qashqai diffuse en outre un communiqué appelant l'ensemble des tribus du Sud à un soulèvement contre « le pouvoir illégitime qui [vient] de s'installer à Téhéran ».

Zahédi ne lui répond pas tout de suite. Bien que des militaires lui suggèrent de s'armer contre les tribus, il se contente d'ordonner à l'armée de l'air de survoler les régions tribales et d'y répandre des milliers de tracts invitant la population à respecter le gouvernement légal. Par ce geste inattendu, il pense frapper davantage les esprits, connaissant le point faible des tribus : leur peur de l'aviation. Il demande ensuite à la présidence du Conseil d'adresser un télégramme au commandant de la garnison de Shiraz, chef-lieu de la province quasiment déjà encerclée, où il est dit que « sur ordre de Son Excellence le Premier ministre [on ne faisait délibérément aucune mention du shah], il devrait informer Son Excellence Nasser Qashqai que lui-même et sa famille n'avaient aucune raison de s'inquiéter, que leur famille était considérée comme la sienne ». Des rencontres secrètes suivent le télégramme, diffusé partout. Les tribus organisent alors un grand rassemblement pacifique afin de ne pas perdre la face.

Un autre message parvient directement à Nasser Qashqai. Il y est fait allusion à la « possibilité » d'un malentendu au cours des dernières semaines – la chute de Mossadegh, à l'évidence ignorée par les tribus. Y est également annoncée la venue dans la région d'un représentant doté des pleins pouvoirs, Ali Héyât, procureur général de la Cour suprême et surtout ancien ministre, et donc compagnon de Mossadegh, chargé de lui demander de coopérer à l'amélioration de la situation générale du pays sans rien envenimer. Le message est signé Fazlollah Zahédi, sans aucune mention ni de général ni de Premier ministre. Par ce geste, Zahédi se présente toujours comme un ami des Qashqais.

Héyât se rend à Shiraz, négocie longuement avec les chefs de tribus, dont Nasser Khan, leur leader national. La tension retombe. Les frères Qashqai et leurs familles partent pour l'Europe avec une généreuse pension. Les tribus sont progressivement désarmées. Le feu s'éteint. La catastrophe et le sang sont évités.

Le Premier ministre vient de remporter une grande victoire et sort renforcé de la crise. Le shah, lui, n'est pas satisfait : n'étant guère aimé des tribus qui croient toujours avoir un compte à régler avec les Pahlavis[2], il aurait préféré la manière forte. En outre, il s'est encore senti écarté des décisions prises par Zahédi. Ce en quoi il n'a pas tort.

Fazlollah Zahédi est né en 1893 dans une famille de grands propriétaires fonciers de la région de Hamadan, ancienne capitale des Mèdes. Il commence sa vie professionnelle en intégrant à seize ans la Division cosaque. Au vu de son origine sociale, on le verse immédiatement dans le séminaire de formation des officiers. Une formation brève dont il sort avec le grade de lieutenant. Homme cultivé, doté d'une belle écriture, il apprécie la poésie, les livres d'histoire, aime par-dessus tout la chasse et l'équitation. En outre, il acquiert très vite une réputation de grand séducteur. Par deux fois il se mariera ; par deux fois il divorcera. C'est de son premier mariage avec une jeune fille de la haute aristocratie, Khadijeh Pirnia, fille de Hossein Pirnia, qu'il aura deux enfants, dont Ardéshir, qui lui aussi deviendra célèbre et jouera un rôle dans l'Iran moderne.

Nommé général à vingt-cinq ans, Fazlollah Zahédi est réputé pour un franc-parler dont il ne se départira pas, même avec les deux Pahlavis qu'il servira. Antibritannique notoire, arrêté par les Anglais et enfermé dans une cellule à l'isolement durant la Seconde Guerre mondiale, c'est un militaire atypique, ambitieux et doté d'un sens politique très pratique.

A cinquante-sept ans, le voilà à la tête du gouvernement à un moment grave, avec une double feuille de route : liquider la crise du pétrole et remettre le pays sur les rails. En cette fin août 1953, l'économie du pays, soumise au blocus britannique, est exsangue et les caisses de l'Etat sont vides. Le chômage sévit. La quasi-totalité des projets lancés après la guerre sont au point mort. Les fonctionnaires n'ont pas été payés depuis plusieurs mois. Bref, les enthousiasmes unanimes nés avec le Front national ne sont plus qu'un lointain souvenir. Si Mossadegh garde une bonne image, ses idéaux ont sombré face à la réalité.

Le chantier face auquel se trouve Zahédi est immense. Soumis aux contingences économiques, il doit faire preuve de courage politique pour relancer l'industrie pétrolière, principale ressource du pays. Un seul recours subsiste : Washington. Est-ce le bon choix ? N'y a-t-il pas risque de passer d'une domination de fait britannique à une influence américaine plus insidieuse, mais tout aussi aliénante ? Le problème ne se pose pas alors en ces termes, mais en termes de survie.

Le 26 août donc, le général adresse un premier message au président des Etats-Unis. Une réponse, chaleureuse, lui parvient deux jours plus tard. Eisenhower[3] joint l'acte à la parole : une semaine ne s'est pas écoulée que, déjà, une mission d'aide d'urgence à l'Iran débarque à Téhéran. 45 millions de dollars sont débloqués par les Américains, auxquels s'ajoutent 60 autres millions pour équiper essentiellement l'armée. Le 19 octobre 1953, cinq millions de dollars sont remis directement à Zahédi en présence du ministre des Finances, du gouverneur de la Banque nationale, du Trésorier-Payeur général et de la presse. La remise de ce « chèque » soulèvera d'ailleurs bientôt de vives controverses[4]. Pour l'heure, ces soutiens font l'objet d'une campagne de communication dans laquelle les Etats-Unis affirment leur soutien sans partage à l'Iran et au Premier ministre. Ils redorent ainsi leur blason après l'échec du plan Ajax, à un moment décisif de la guerre froide.

Le gouvernement, qui grâce à ces aides peut attendre la reprise de l'activité dans le secteur pétrolier, prend une première décision : il fixe le taux de change du dollar américain après la hausse vertigineuse qu'il a connue et le stabilise à la hauteur de soixante-dix rials, un taux qui restera inchangé jusqu'à la révolution islamique de 1978-1979 et fera de l'Iran un pays économiquement stable et fiable.

Il est temps aussi de se pencher d'urgence sur un problème autrement plus épineux, car touchant au pétrole : les relations diplomatiques avec Londres, suspendues par Mossadegh. Le 28 novembre 1953, Anthony Eden, ministre des Affaires étrangères, adresse au général Zahédi un courrier dans lequel il exprime son souhait d'une reprise des relations bilatérales. Le 30 novembre, le cabinet autorise le Premier ministre à étudier le sujet, une extrême prudence prévalant en la matière. Zahédi commence donc par consulter quelques « vieux sages », ses conseillers habituels, puis des députés et sénateurs, bien que le pouvoir législatif soit encore dissous ou suspendu. Tous jugent cette reprise inévitable pour normaliser la situation du pays. Annonce en est faite le 5 décembre, simultanément à Londres et à Téhéran. Les réactions ne se font pas attendre : cinq jours plus tard, l'ayatollah Kachani déclare son hostilité à cette initiative et proclame une journée de deuil national. Le conflit est à présent ouvert entre les deux hommes.

Un minimum de normalisation s'étant installé malgré les freins précités, le gouvernement annonce son intention d'affronter le « problème du pétrole », clé de la reprise économique. Un audit, diligenté par Zahédi et publié le 5 octobre 1953, souligne l'état catastrophique dans lequel se trouve l'Iran, ce que tout le monde sait déjà : Trésor vide, réserves de change quasi inexistantes, Etat surendetté. Chacun en convient : si l'on peut vivre quelques semaines sur les subsides américains, on ne peut être suspendu durablement à une aide étrangère.

Zahédi décide donc la réouverture des négociations auxquelles Mossadegh avait fermé la porte. Le 22 octobre, Herbert J. Hoover, conseiller spécial du président Eisenhower pour les Affaires pétrolières, se rend à Téhéran où il s'entretient avec le shah, le Premier ministre et le ministre des Finances, Ali Amini, ancien ministre de Ghavam et de Mossadegh. Il suggère qu'afin d'éviter tout conflit direct entre Etats, un « groupe de compagnies » choisies parmi les pays « amis ou alliés » prenne en main la commercialisation extérieure et l'exploitation du pétrole iranien. Les Américains se trouvent ainsi introduits dans un jeu dont, jusque-là, ils étaient exclus. Afin de donner un « aspect occidental » à l'affaire, Français et Hollandais y sont également associés. Les Britanniques, pour leur part, accueillent la proposition sans enthousiasme. Pour avoir publiquement exprimé leur position, sir William Fraser, président de l'AIOC, est écarté des négociations. De son côté, l'administration américaine autorise, dès le début de l'année 1954 et malgré sa propre législation antitrust, ses cinq plus grandes compagnies pétrolières à s'unir au sein d'un cartel.

C'est ainsi que se constitue officiellement, le 9 mars 1954, le Consortium international de distribution du pétrole iranien. L'ex-AIOC (donc la British Petroleum) en détient 40 %, le cartel américain 40 %, la Royal Dutch Shell 14 % et la Compagnie française du pétrole 6 %. Les négociations avec ce nouveau consortium, menées par Ali Amini, qui préside la délégation iranienne, débutent le 14 avril. Un accord général sous la forme d'un document de 64 pages est conclu le 5 août pour vingt-cinq ans. Il est rendu public le 21 septembre.

Le principe de nationalisation y est solennellement reconnu et l'indemnisation des Britanniques organisée sur plusieurs années. L'accord précise les modalités techniques, économiques et commerciales de la gestion des ressources pétrolières. La Snip, créée par Mossadegh lors de l'évincement de l'AIOC, devient propriétaire et vendeur du pétrole, les huit compagnies étrangères étant considérées comme ses agents. L'Iran peut désormais compter sur 25 % des bénéfices engrangés, alors que l'AIOC ne lui en octroyait que le cinquième. Le Consortium verse en outre à l'Etat iranien un impôt fixe de 25 % sur ses propres bénéfices. On parvient ainsi au fameux 50/50 que Londres avait refusé trois ans auparavant et qui aurait permis d'éviter la crise. La Snip dispose également des produits pétroliers nécessaires à la consommation intérieure du pays à prix coûtant – ce qui constituera un facteur important du développement économique – et bénéficiera d'une part croissante de la production de brut, avec la possibilité de le commercialiser sur le marché international sans passer par le consortium. La distribution des produits pétroliers à l'intérieur sera exclusivement iranienne. Enfin, la petite raffinerie de Kermânchâh, dans l'Ouest kurde, ainsi que celle d'Abadan seront gérées par les Iraniens.

Ces dispositions, qui auraient été satisfaisantes trois ans auparavant, restent cependant en deçà de celles proposées par la Banque mondiale au gouvernement Mossadegh et que le « Vieux Lion », à présent en cage, avait même refusé de discuter, alors qu'il aurait pu sans doute obtenir plus. Le shah et le général Zahédi ne sont donc pas pleinement satisfaits. Le Premier ministre s'en ouvre sans ambages dans un message radiodiffusé, mais l'Iran n'est alors pas en position de force pour négocier plus avant. Au cours des vingt-cinq années qui suivront, tous les efforts du shah et de ses gouvernements successifs tendront à assurer à l'Iran une meilleure position sur le front du pétrole.

Le 20 octobre 1954, le Parlement entérine les nouveaux accords pétroliers. De sa prison, Mossadegh adresse au Premier ministre et au Parlement une longue lettre critique qui ne sera pas publiée, mais ne restera pas longtemps confidentielle. Son heure est cependant passée.

Malgré les restrictions encore visibles et les difficultés de tous ordres, les autorités ont en effet pour objectif majeur de faire redémarrer au plus vite et coûte que coûte l'économie du pays. Des centaines de logements sociaux, souci prioritaire du Premier ministre, sortent ainsi de terre à Téhéran ; des milliers de tracteurs achetés à l'étranger sont revendus, à crédit et sans intérêt, aux paysans pour initier la mécanisation de l'agriculture ; des locomotives neuves qui dormaient dans les entrepôts sont remises en état si nécessaire et livrées à l'établissement public des Chemins de fer ; la construction de la ligne transiranienne Est-Ouest, en panne depuis la guerre faute de crédits, repart après que le général Zahédi a frappé du poing sur la table.

En même temps qu'il lance ou relance de très nombreux programmes de développement, le général doit assainir d'urgence quelques points restés litigieux. En premier lieu, et malgré la posture nettement anticommuniste du pouvoir, il tient à améliorer les relations bilatérales avec l'Union soviétique. Alors que le gouvernement Mossadegh semblait à Moscou d'une stabilité douteuse, les dirigeants soviétiques prennent acte de la crédibilité du régime, si bien que les négociations se concrétisent rapidement par le retour des prisonniers iraniens, dont certains avaient été déportés durant la guerre, d'autres durant la crise de l'Azerbaïdjan. Parallèlement, après l'accord de principe du 11 janvier 1954, les négociations sur le tracé des frontières, ancienne pomme de discorde, reprennent et trouvent une solution qui satisfait les deux parties. Enfin, Moscou accepte de reconsidérer la dette qu'il avait contractée envers l'Iran[5] et rembourse, en or comme convenu, les dépenses de l'armée Rouge pendant la guerre, dépenses que l'Iran avait supportées seul. Le 1er juin 1955, 11 tonnes d'or, réparties dans 191 boîtes, parviennent à la frontière, puis traversent le pays jusqu'à Téhéran. Le gouvernement lance pour l'occasion une large campagne de communication. C'est une grande victoire. Seule ombre au tableau : le nom du général Zahédi qui s'est beaucoup impliqué dans l'affaire n'est jamais cité, à la différence de celui du shah, qui récupère les fruits d'une action qui n'est pas vraiment la sienne.

Autre chantier important : après la tragi-comédie de la réduction du mandat du Sénat puis la dissolution du *Majlis* par référendum, reste à régler le sort du pouvoir législatif. Que faire du Sénat ? Tout le monde s'accorde à penser que la réduction de son mandat de quatre à deux ans est anticonstitutionnelle. Mais le shah a signé la loi ! Le flou subsiste, un certain nombre de députés se proclamant toujours représentants de la nation alors qu'ils ne le sont plus. Pour mettre un terme à des débats houleux, Zahédi propose au shah que, dans le cadre de la Constitution, il dissolve officiellement les deux Chambres composant le Parlement, chambres qui avaient cessé d'exister. Si, dans les semaines qui ont précédé sa chute, Mossadegh n'avait pas mis fin au fonctionnement du pouvoir législatif et suspendu la Cour suprême, on n'en aurait pas été réduit à cette absurdité. Les plaisanteries sur ce point fusent cependant de tous côtés, mais le nœud est tranché car il faut à tout prix sortir de l'impasse. Les dissolutions actées le 19 décembre 1953, de nouvelles élections générales sont organisées, contestées surtout par l'ayatollah Kachani. Passant outre, le 18 mars 1954, le shah ouvre solennellement les travaux des deux Chambres nouvellement élues. La vie politique du pays peut reprendre son cours normal.

Un autre événement important marque ces mois difficiles : la découverte, au sein de l'armée, d'un réseau du parti communiste que l'on appelle officiellement l'« Organisation ». Tout commence à l'automne 1953 avec l'arrestation d'un jeune capitaine, Abolhassan Abbassi, qui coopère vite avec les enquêteurs de l'administration de la loi martiale, dirigée désormais par le général Teymour Bakhtiar[6]. L'enquête fait apparaître qu'un peu moins de six cents officiers des forces armées font partie de l'« Organisation », y compris des colonels, mais aucun officier général. Quant aux sous-officiers impliqués, la liste ne peut en être saisie. Quatre cents membres du groupe sont déférés à la justice militaire, dont plusieurs officiers de la garde de Mossadegh, des hauts gradés de la Garde impériale, des officiers de la police nationale, dont certains sont responsables de la protection du général Zahédi, des médecins militaires... L'affaire fait grand bruit : l'URSS préparerait-elle un coup d'Etat militaire contre l'Iran ?

Très rapidement, le réseau militaire de l'« Organisation » est démantelé : on découvre des dépôts d'armes, des imprimeries clandestines, et même des listes de membres civils. Le parti a même imprimé des timbres de la République démocratique populaire d'Iran, ce que confirme le shah, qui les aurait vus[7]. La justice militaire prononce des condamnations, suivies des exécutions capitales de vingt-sept responsables. Le général Zahédi obtient néanmoins que la peine de son officier garde du corps soit commuée en détention perpétuelle. Quant au capitaine Abbassi, à l'origine des fuites et des dénonciations, après avoir subi une opération faciale et pris une nouvelle identité, il partira vivre aux Etats-Unis, où l'on perdra sa trace[8].

La découverte de ce réseau fait la une de la presse internationale. L'opération constitue un grand succès dans le climat de guerre froide. Menée à bien par les services iraniens seuls, elle leur vaudra la considération de leurs collègues occidentaux[9].

Que devient, dans tout cela, Hossein Fatémi, journaliste et ministre des Affaires étrangères de Mossadegh, allié du Toudeh et sans doute ennemi numéro 1 du shah ? En fuite, il s'était placé sous la protection du Parti communiste iranien, qui l'avait caché chez le médecin-lieutenant Monzavi[10]. Vers la mi-mars 1954, la police parvient à l'arrêter. Dans la plus grande discrétion, il est transféré au quartier général de la police. Or, contre toute attente, le fourgon qui le transporte est attaqué et Fatémi grièvement blessé. Qui a pu divulguer l'information ? Cette question constitue vite une nouvelle pomme de discorde entre le shah et son Premier ministre. Pour ce dernier, une enquête judiciaire doit être diligentée. Le shah, lui, est plus indécis. Une querelle quasiment publique éclate entre les deux hommes[11]. En fin de compte, un vieux haut fonctionnaire de la Cour, Soleyman Béhboudi, qui n'était peut-être pour rien dans cette histoire, se présente devant le général et endosse la responsabilité de l'« indiscrétion ». Zahédi n'est pas dupe, mais que faire ? Il recule de nouveau devant le shah. Béhboudi est seulement blâmé. L'affaire est close. Pourquoi le shah n'a-t-il pas voulu d'une enquête judiciaire ? Lesquels parmi les notables auraient pu craindre les révélations de Fatémi ou de ses agresseurs ?

Le procès de Fatémi dure dix jours et se termine le 10 octobre 1954. Fatémi est condamné à mort en première instance et en appel. Ses deux coaccusés, Ali Shayégan et Ahmad Razavi, sont condamnés à dix ans de prison. Ils envoient de leur cellule une demande de grâce au shah, qui la leur accorde. Shayégan obtient un passeport et part pour les Etats-Unis. Razavi se rend en France. Mohammad Réza attend sans doute la même demande de Fatémi, qui s'y refuse et ne se pourvoit pas en cassation. Son sort est dès lors scellé.

Hassan Taghi-zadeh, président de la Chambre haute, et les sénateurs Adle-ol-Molk Dadgar et Djamal Emami prient Zahédi d'intercéder en faveur de Fatémi. Le Premier ministre en convient et demande à son fils Ardéshir, qui fait la navette plusieurs fois par jour entre le bureau de son père et la Cour, de transmettre au shah leur requête. Apparemment, le shah s'y montre favorable[12]. Mais le 10 novembre 1954, s'étant rendu au palais, Ardéshir voit circuler dans les antichambres des photos de Fatémi, passé par les armes à l'aube. Il demande audience au shah. Avant qu'il ne puisse s'exprimer, Mohammad Réza lance : « Malheureusement, avant même que nous intervenions, la sentence concernant Fatémi a été exécutée. » Et il ajoute, comprenant le trouble d'Ardéshir qui craint que son père lui reproche de ne pas avoir transmis le message au shah : « Le chef d'état-major en a déjà personnellement informé le Premier ministre. »

Encore une erreur politique du shah. Gracié, Fatémi aurait été probablement oublié. Mort, il devient un héros anti-Pahlavis par les propos terribles qu'il a tenus envers le shah et surtout envers la princesse Ashraf, sa cible principale. Le shah, de nature très clémente, se serait grandi à le gracier plutôt que de céder aux pressions de son entourage. Une occasion manquée de plus pour lui ; et, pour le général-Premier ministre, une nouvelle reculade.

Malgré ces soubresauts et ces choix contestés, l'Iran va mieux au regard du monde. Cependant, ses avancées, si elles concrétisent son entrée progressive dans une ère nouvelle, se font au prix d'une lutte entre le shah et son Premier ministre, dont tous les gestes sont épiés. Mais tout n'est que faux-semblant. Ainsi, début avril 1954, alors que Zahédi inaugure seul le congrès international organisé pour célébrer le millénaire d'Avicenne, le grand philosophe et médecin, l'absence du shah est commentée. Deux jours plus tard, à Hamadan où Avicenne a passé une partie de sa vie et repose, les deux hommes se retrouvent pour inaugurer, ensemble cette fois, sa statue et son grandiose mausolée. Or, contrairement au protocole qui veut que le Premier ministre marche légèrement en retrait du shah, Zahédi se tient à côté de lui, « épaule contre épaule », à la manière de Ghavam. Les courtisans s'en offusquent. Le shah peut-être aussi, mais, à son habitude, garde le silence.

Peu après, le 19 juin, Zahédi fait voter par le Parlement une loi restituant les biens de Ghavam, confisqués sous Mossadegh, réparation d'une injustice criante. C'en est trop pour la Cour, qui aurait préféré que la vengeance contre l'ancien Premier ministre continue et que son nom ne revienne plus sur le devant de la scène.

Le 27 octobre, enfin, c'est l'inauguration du siège social de la banque Sepah, gestionnaire des fonds de pension de l'armée, qui alimente la rumeur : le shah et son Premier ministre y apparaissent encore une fois « épaule contre épaule ». Indice d'une prise de pouvoir du Premier ministre ? Résignation du shah ?

Selon un procès-verbal du Conseil national de sécurité des Etats-Unis du 23 décembre 1953, issu des documents diplomatiques américains[13], lors de la visite officielle en décembre du vice-président Richard Nixon en Iran, le shah lui aurait déjà exprimé ses intentions politiques, avant de s'en ouvrir plus tard au président Eisenhower : « Lorsque le problème du pétrole sera résolu, je veux enfin prendre les choses en main. » Nixon s'en était d'ailleurs inquiété quelques jours plus tard : « Zahédi fait face à de sérieux problèmes. Sa position est en danger en raison de la méfiance congénitale du shah à l'égard de tout Premier ministre puissant[14]. » A vrai dire, Zahédi n'a pas seulement le shah contre lui : pour les Britanniques, qui multiplient depuis quelque temps les intrigues à son encontre, il représente aussi l'homme à abattre. Le 19 novembre 1953, l'ambassadeur Loy Henderson avait même dû demander à son département d'intervenir auprès de Londres pour faire cesser ses manœuvres « destinées à affaiblir et faire chuter le gouvernement

Zahédi ». Zahédi est donc cerné depuis longtemps : par la Cour, les Britanniques et le shah.

Les sujets de friction se multiplient à la tête du pouvoir. Sur le plan militaire, le shah désire une augmentation rapide et considérable du budget des forces armées, quitte à y affecter une part importante des revenus pétroliers ou à augmenter la pression fiscale par une hausse des impôts sur la consommation. Pour Zahédi, il n'en est pas question : « Je m'engage à maintenir l'ordre public et la sécurité intérieure avec une armée à son niveau actuel », écrit-il au shah. Seules concessions qu'il est prêt à faire : une amélioration restreinte des équipements et une hausse légère des salaires des militaires. Le tout à pression fiscale constante. Le shah se sait cependant soutenu par les Américains, qui poussent à la modernisation de l'armée iranienne face à l'Union soviétique, estimant y avoir droit par l'aide financière qu'ils ont octroyée au pays. L'ambassade américaine ne tarde d'ailleurs pas à alerter la Maison-Blanche d'un esclandre provoqué par Zahédi sur un sujet qui la concerne. En effet, fortuitement, le général apprend que le shah discute, dans son cabinet, avec le ministre de la Guerre et le chef de l'état-major général d'un projet américain… sans qu'il en soit prévenu. Il s'y rend immédiatement et, sans se faire annoncer, au mépris là aussi du protocole, pénètre dans la pièce, d'où il chasse les deux hommes. Puis, s'adressant au shah : « Sire, je travaille pour vous et pour l'Iran. Il ne faudrait pas que vous ayez un Premier ministre qui exécuterait les yeux fermés les ordres des Américains ! »

Les relations s'enveniment davantage encore lorsque Washington et Londres tentent d'organiser un pacte de défense et de coopération militaire au Moyen-Orient, en miroir de l'OTAN, le futur Traité d'organisation du Moyen-Orient, que l'on nomme communément pacte de Bagdad, et qu'ils font pression pour que l'Iran y adhère. Le shah y est favorable ; Zahédi s'y oppose. Pour ce dernier, l'Iran n'a guère d'intérêt à pratiquer une politique de confrontation avec son grand voisin du Nord. Pour Mohammad Réza, un rapprochement avec l'Occident est essentiel, d'où ses négociations directes avec Washington et Londres sur cette orientation majeure, dont il écarte le cabinet et le ministre des Affaires, au grand dam de Zahédi. Le shah n'a pas tort de jouer à ce moment la carte des puissances occidentales, le danger venant alors plutôt du Nord ; quant au général, le « front intérieur » est sa préoccupation majeure, ce qui peut aussi se concevoir. Le grand écart n'étant pas possible à ce niveau de l'Etat, cette situation pollue l'ensemble de la vie politique, d'autant plus que le pacte de Bagdad sera signé par l'Irak et la Turquie dès le 24 février 1955. L'Iran suivra le 3 novembre[15]. Son adhésion aura pour conséquences majeures son intégration dans le système de défense occidental, la révision de sa position face à l'URSS et l'évolution de ses rapports avec les pays du Moyen-Orient[16].

Sur le plan de la politique économique aussi, les deux hommes manifestent rapidement leurs désaccords. Le Premier ministre est favorable à la réalisation en priorité de petits et moyens projets : construction de logements, d'écoles, d'hôpitaux, de barrages de taille moyenne pour améliorer l'irrigation des terres. Il veut marquer rapidement les esprits par des actes visibles, participer au mieux-être social de la population. Le shah, quant à lui, est déjà hanté par ses rêves de grandeur, une grandeur qu'il confond déjà avec le grandiose. Il est donc partisan de ce qui se voit de loin, de projets spectaculaires, donc de long terme, pouvant flatter l'imaginaire populaire, rester dans l'Histoire. Comment accorder deux visions stratégiques si opposées ?

A ce moment, Mohammad Réza reçoit le soutien d'Abolhassan Ebtéhadj, ancien gouverneur, très autoritaire mais compétent, de la Banque nationale avant d'être nommé ambassadeur à Paris sous Mossadegh. Dès son retour en Iran, Ebtéhadj estime que la position impériale – bien plus que celle de Zahédi – permettrait une association avec le FMI et la Banque mondiale, ainsi qu'un recours plus direct aux compétences des ingénieurs conseils occidentaux, américains surtout. Alors que Zahédi a prévu de le renommer à la tête de la Banque nationale, Ebtéhadj en appelle au shah pour prendre plutôt la direction de l'organisation du Plan, gestionnaire du budget du développement, poste éminemment stratégique. Zahédi résiste quelques jours, puis est contraint de céder. Une fois de trop. Sa position devient alors intenable.

Lorsque, le 5 décembre 1954, le shah et l'impératrice Soraya partent en voyage officiel pour les Etats-Unis[17], le Premier ministre, contrairement aux usages, leur souhaite par un message radiodiffusé un bon voyage et assure le souverain qu'en son absence, l'exécutif et le législatif coopéreront au développement du pays et à la réalisation des « objectifs fixés par Sa Majesté ». Une manière de calmer le jeu. Pour Mohammad Réza, ce voyage doit asseoir sa position de monarque sur l'échiquier politique mondial. C'est vraisemblablement à cette occasion qu'il obtient l'accord d'Eisenhower pour se séparer de son trop puissant Premier ministre. Certes, les Américains gardent leur confiance en Zahédi qu'ils continuent à estimer. Cependant, une instabilité au sommet du pouvoir iranien peut contrarier leurs intérêts dans la région. Aussi bien l'industrie américaine d'armement, les grands intérêts économiques que la Banque mondiale ou le FMI préfèrent le modèle économique porté par le shah dont les rêves de grandeur conviennent au fond à tous. Pour le moment.

Aussi le choix se pose-t-il en termes crus. Certes, le général Zahédi incarne l'intégrité – malgré quelques hommes peu scrupuleux de son entourage –, les valeurs terriennes, le désir de ne pas affronter les Soviétiques et de « ménager les petites gens », comme il se plaît à le répéter. Mais – un rapport diplomatique le rappelle aussi – il n'a « pas oublié ses idées nationalistes », et il ne connaît pas l'anglais ! Or, face à lui se dresse un souverain, élément institutionnellement stable, qui parle parfaitement l'anglais et porte un projet ambitieux favorable aux intérêts occidentaux. Entre les deux, les puissances de l'Ouest choisiront le shah. Peut-être à contrecœur pour les Américains ; avec soulagement pour les Britanniques. Reste à mettre en place le scénario d'éviction de Zahédi.

Un scénario plus facile à écrire qu'à jouer. Le général est bien en place à Téhéran, gouvernant avec autorité et disposant d'une large majorité au Parlement. C'est aussi avec une certaine distance qu'il affronte les attaques d'un groupe de députés et de sénateurs ouvertement encouragés par la Cour pour qui tout est bon : l'escorte motorisée avec laquelle il se déplace en ville et qui équivaut à celle du shah constitue pour eux l'indice d'un retour à l'époque – humiliante pour le shah – de Ghavam. Chacun espère en outre lui faire endosser l'impopularité du traitement réservé à Mossadegh. Espoir déçu : Zahédi a su dès le début se dégager habilement de l'affaire et, lors de ses déplacements en province, en lieu de critiques, il reçoit un accueil chaleureux du « petit peuple ». De plus, le 21 février 1955, alors que le shah et l'impératrice sont encore à l'étranger, il fait un geste symbolique, aussi spectaculaire qu'inhabituel. Accompagné par plus d'une centaine d'officiers supérieurs et de généraux, il dépose une gerbe au mausolée de Réza shah en souvenir du coup d'Etat de 1921. Pourquoi a-t-il choisi ce jour particulier si chargé d'histoire ? Veut-il ainsi démontrer son emprise sur l'armée ? Désire-t-il rappeler au shah son domaine réservé ? Les supputations vont bon train.

L'opposition de la Cour au général est désormais sur la place publique. Comme d'habitude, la princesse Ashraf est à sa tête, bien qu'elle soit souvent absente de la capitale, en raison de ses mauvaises relations avec Soraya. Un comité spécial pilote la campagne anti-Zahédi : il comprend le ministre des Affaires étrangères Abdollah Entézam, le ministre des Finances Ali Amini, le directeur du Plan Abolhassan Ebtéhadj, le nouveau sénateur Djafar Sharif-Emami, un ancien ministre, ami personnel du shah, dirigeant l'organisme appelé Propriétés de la Couronne, future Fondation Pahlavi, Assadollah Alam, et le ministre de la Cour impériale Hossein Ala', qui se présente comme candidat à la succession de Zahédi. Une telle opération peut-elle avoir lieu sans l'aval du shah ? C'est fort peu crédible.

De toute façon, éjecter Zahédi de son poste reste impossible tant que le *Majlis* est en fonction. Comment d'ailleurs évincer un homme à qui le shah doit son retour sur le trône et dont la fidélité ne s'est jamais démentie ? Seule une guerre d'usure peut avoir raison de lui. Une partie de la presse, télécommandée par le fameux comité, s'y emploierait. Comme Ghavam, Zahédi reste imperméable, voire méprisant, face à ces attaques répétées[18], ayant des préoccupations plus essentielles. Ainsi, avant le 21 mars 1955, fin de l'année iranienne, son gouvernement fait voter un budget en équilibre assorti de dispositifs très populaires, rendus possibles par la reprise de l'activité pétrolière : des crédits au logement, au secteur agricole, à la construction de routes... Il prévoit aussi de substantielles augmentations pour les salaires des fonctionnaires civils et militaires. C'est la fin des années difficiles.

Ses adversaires ne désarment cependant pas. Le shah étant loin de Téhéran, ils lui envoient au moins à trois reprises des télégrammes chiffrés pour l'avertir d'un éventuel coup d'Etat du Premier ministre, et même lui demander de précipiter son retour. Comme les ambassadeurs d'Iran à Washington, Londres et Bonn n'osent pas montrer eux-mêmes au shah les textes décodés, Ardéshir Zahédi est envoyé au front. Mission délicate, car c'est son propre père qui est visé. Il la remplit néanmoins, obéissant à l'ordre paternel de ne jamais oublier qu'il sert le shah, uniquement, et que dans cette fonction, les liens familiaux doivent passer au second plan. A chaque remise de télégramme, Mohammad Réza semble s'amuser des nouvelles qu'il lui apporte. En fait, c'est sa méthode de gouverner : faire semblant de ne pas croire aux calomnies, et laisser faire. A Munich, il achètera même un très beau cadeau – un fusil de chasse avec des accessoires en ivoire – pour son Premier ministre, manière de montrer à tous qu'il méprise les ragots, d'où qu'ils viennent. Il en reste là, ne sanctionnant personne dans cette affaire. Machiavélisme, trait de caractère ou simple calcul politique ?

Peu après le retour du couple impérial à Téhéran, la cérémonie de présentation des vœux de *Nowrouz* au shah, immuable depuis Cyrus le Grand, se déroule avec un faste inhabituel sur ordre du Premier ministre, une façon pour lui de montrer que les années de vache maigre sont révolues. Dès le lendemain, Mohammad Réza et Soraya prennent le train pour le Sud afin d'y passer leurs vacances. Ardéshir Zahédi, désormais Chambellan d'honneur, les y accompagne. Quelques minutes plus tard, dans la même gare, son père prend la direction du Nord. Aux yeux du Téhéran politique, les directions opposées choisies par les deux hommes symbolisent leurs divergences. La suite des événements accréditera cette appréciation.

Sur le chemin du retour du couple impérial à Téhéran, un fait invraisemblable se produit. Le shah fait arrêter le train en rase campagne, convoque son Grand Maître du Protocole, Mohsen Gharagozlou, et lui annonce sur un ton dramatique qu'un télégramme de Nassiri[19] vient de lui parvenir : un coup d'Etat a eu lieu à Téhéran ; Ala'[20] vient d'être arrêté. Bien que le nom de l'auteur du coup d'Etat ne soit pas mentionné, tout le monde croit comprendre de qui il s'agit. Gharagozlou, blême, encaisse la nouvelle. Sûr à présent de son effet, le shah éclate de rire et déclare : « Mais c'était une plaisanterie. Faites redémarrer le train ! » Plaisanterie, caprice royal ou message indirect adressé au général Zahédi *via* son fils Ardéshir ?

En vérité, la décision est déjà prise d'écarter le Premier ministre, sans doute depuis Washington. Le scénario s'est mis en place peu à peu et attend sa conclusion. La machine à broyer sera bien huilée durant les trois jours qui suivront.

Dans la matinée du 4 avril 1955, Alam, émissaire du shah, fait la navette entre le palais et le ministère des Affaires étrangères, où se trouve le bureau du général, pour lui signifier que le shah lui ordonne de quitter ses fonctions. Zahédi écrit alors sa lettre de démission qu'il remet à Alam. Quelques heures plus tard, Alam revient avec la proposition du shah de le faire nommer à une grande ambassade en Europe et, connaissant ses difficultés financières, de lui octroyer une « gratification royale » de cinq millions de rials (environ 70 000 dollars), somme considérable à l'époque. Le général décline la première proposition et rejette avec colère la seconde. En présence d'Alam, il téléphone à son vieil ami Mostafa Tadjadod, président fondateur de la Banque Bazargani, et lui demande un prêt en devises équivalent à cette somme. Il lui propose en garantie une hypothèque sur un terrain qu'il possède à Téhéran. L'affaire est conclue sur-le-champ. « Dites à Sa Majesté que j'ai des amis, mais pas besoin d'aumône », aurait-il ajouté.

La troisième visite d'Alam à Zahédi concerne la mise en place d'un scénario de départ afin de déjouer les inquiétudes, voire les manifestations, que ce départ pourrait provoquer. Il est convenu que le général partira en Europe officiellement pour se soigner et qu'une fois parti, sa démission sera rendue publique. Les apparences seront sauves. Reste une dernière formalité : que le shah prévienne lui-même son Premier ministre. Ce qu'il fera dès le lendemain, durant un déjeuner auquel l'impératrice Soraya, seul témoin de la scène, assistera[21]. C'est grâce à son témoignage que l'on connaît quelques détails de ce moment crucial : « On vint annoncer l'arrivée du général. Mohammad Réza le reçut avec chaleur, comme si de rien n'était. Soudain, au milieu du repas, il lui lança : "Général, je vous remercie pour tout ce que vous avez fait pour moi et pour l'Iran, mais je pense que les charges de votre fonction sont devenues trop lourdes pour vous. Vous devriez aller vous reposer quelque temps." » L'impératrice n'a été témoin que de l'annonce protocolaire de la décision. Cela dit, elle mesure à cette occasion la brutalité de son époux, qui, sous une façade de politesse, assène de rudes coups à ses meilleurs amis. Mais a-t-il des amis ?

Zahédi prend congé sans attendre le café qu'on lui propose.

L'après-midi de ce déjeuner, malgré les précautions prises, le scénario dérape. *Ettélâ'ât*, le grand journal du soir, annonce en une la démission et le départ imminent de Zahédi, et son remplacement par Ala'. Un coup probablement monté par le comité de pilotage. A la Cour, on craint en effet que l'annonce, si elle venait de la presse étrangère, ne provoque des remous dans l'armée et ne mécontente le grand ayatollah Boroudjerdi, qui apprécie beaucoup Zahédi. Mieux vaut faire place nette tout de suite, et ce malgré le scénario initial.

Le 7 avril, après avoir reçu les chefs de l'armée, le général préside, à 9 heures du matin, son dernier Conseil des ministres et prend congé de ses collaborateurs directs. Les événements « dérapent » de nouveau.

Des manifestations spontanées se déroulent sporadiquement. A 10 heures, la majorité des membres des deux Chambres arrivent à la présidence du Conseil et, en présence de la presse, rendent hommage au général. Le sénateur Arsalan Khalatbari, un des fondateurs du Front national, prend la parole au nom des députés et sénateurs pour le remercier « de la stabilité politique qu'il a rendue au pays ». Des délégations syndicales succèdent aux représentants, puis un groupe de « vieux hommes » politiques, parmi lesquels Abolhassan Haéri-zadeh, compagnon de Mossadegh rallié au général. Soudain, on annonce que la reine mère en personne désire recevoir le général. On sait qu'elle le respecte beaucoup. Il se rend auprès d'elle sans attendre. L'audience qu'elle lui accorde durera vingt minutes.

La nouvelle est à présent officiellement annoncée : le Premier ministre démissionnaire est attendu au palais à 16 h 30 pour prendre congé, puis partira pour l'aéroport, où l'attendra un avion à destination de Beyrouth. L'audience impériale est courte, mais courtoise. Une photo est prise.

L'avion de Zahédi doit décoller à 18 h 30. Tout le long du trajet jusqu'à l'aéroport, l'armée déploie une garde d'honneur. Une escorte motorisée impressionnante, « royale » pour certains, entoure la voiture du général. A l'aéroport, la foule des personnalités venues le saluer est grande. Beaucoup de militaires. La piste est envahie. Applaudissements, embrassades, pleurs. Les honneurs militaires, un privilège réservé au souverain, lui sont rendus. Au lieu du départ discret souhaité par le shah, c'est à une journée spectaculaire, où l'ordre prévaut, certes, mais où l'émotion est palpable, que chacun assiste.

Mais le shah a gagné : Zahédi est enfin hors d'Iran.

Durant les deux jours suivants, autre surprise, les deux Chambres rendent hommage au Premier ministre démissionnaire... ou démis. Certains demandent la raison de son départ : « Pourquoi n'a-t-on pas consulté ou même informé le Parlement ? » Ces indélicats ne retrouveront pas leur siège lors des prochaines élections.

Le gouvernement Zahédi a plié après à peine deux ans d'existence. Arrivé au pouvoir dans des circonstances controversées, il part sous les acclamations, avec un bilan positif. Ce départ inaugure l'ère de la monarchie autoritaire de Mohammad Réza Pahlavi. Avec des nuances, certes, et toujours dans le respect des règles constitutionnelles.

Le général Zahédi s'installe définitivement en Suisse dans une villa de location, à Genève d'abord, dans une maison bourgeoise et confortable, à Montreux ensuite. Cette demeure, acquise pour un peu plus de 200 000 francs suisses grâce au crédit hypothécaire à long terme contracté sur place, sera entièrement payée en 1985 par son fils Ardéshir. Les documents retrouvés dans la maison du général à Téhéran après la révolution et publiés partiellement témoignent des soucis financiers constants de l'ex-Premier ministre, qui aspirait à rentrer un jour en Iran pour y vivre modestement. Ils remettent à leur juste place la campagne de dénigrement et les insinuations, orchestrées par la Cour dont le général a été victime, accusé d'avoir détourné une partie des cinq millions de dollars que les Américains lui avaient remis le 19 octobre 1953, dans le cadre de l'aide d'urgence à l'Iran.

Deux ans après son départ, à la suite du mariage de son fils Ardéshir avec la princesse Shahnaz et sur les insistances de cette dernière, il accepte le titre d'ambassadeur itinérant et de chef de la mission de l'Iran auprès du bureau européen des Nations unies à Genève, une fonction qui le soulagera financièrement, mais qu'il n'exercera jamais dans les faits, puisque toujours secondé par un ministre conseiller, diplomate de carrière. Il assiste néanmoins au mariage de son fils à Téhéran et, en empruntant, une fois de plus, « tient son rang[22] ».

Par deux fois, il recevra le shah et l'impératrice Soraya à Montreux, avant de s'y éteindre le 2 septembre 1963, à l'âge de soixante-dix ans. Sa dépouille sera transférée à Téhéran et enterrée dans le mausolée familial après des funérailles solennelles.

Un homme d'exception s'est éteint, qui avait un projet pour l'Iran. Certes, il aura été mieux traité sur le plan protocolaire que Ghavam ou Mossadegh ; il aura eu droit à des funérailles nationales, son fils étant le gendre du shah. Cependant sa correspondance, publiée aujourd'hui, révèle un homme amer, pensant ne pas avoir mérité le sort que le shah lui a réservé et inquiet de l'orientation politique de son pays. Mohammad Réza Pahlavi, ingrat jusque dans sa propre biographie *Réponse à l'histoire*, omettra même de citer son nom, n'hésitant pas à dire « je » là où il aurait dû rendre hommage à l'action de son trop fidèle serviteur.

2

La Savak, un instrument du pouvoir ?

Durant ces années clés naît l'une des institutions les plus controversées du règne du shah : l'Organisation de renseignement et de sécurité du pays (on pourrait dire de l'Etat), la *Sazemzan-é-étélat-va-Amniat-é-Kechvar*, mieux connue sous son acronyme, la Savak. Elle est issue de la conjonction de deux éléments qui ont doté le pouvoir impérial, bien qu'il s'en soit défendu, d'un aspect fort peu démocratique et a ouvert la voie à la répression d'éléments déclarés « subversifs » et d'adversaires politiques : le décret-loi que Mossadegh a promulgué sur la « Sécurité nationale », politiquement et moralement indéfendable, et l'« état de siège », ou plus exactement le règne de la loi martiale, que Mossadegh – encore lui – a fait mettre en place, la rendant permanente alors qu'elle était auparavant utilisée occasionnellement. La Savak devient ainsi, entre 1957 et 1978, un instrument du pouvoir autoritaire du shah, critiquée tant à l'extérieur qu'à l'intérieur de l'Iran, cristallisant la gangrène d'un régime soupçonné d'atteinte aux droits de l'homme[1].

Elle recrute ses collaborateurs ou indicateurs rétribués dans tous les milieux, aussi bien parmi les membres du clergé, les opposants notoires, que les plantons de bureau ou de résidence de fonction, les chauffeurs de maître, bref, tous ceux qui peuvent alimenter les « rapports blancs » sur des personnalités. Leur nombre est toujours objet de spéculations et de fantasmes : « Les Iraniens vont jusqu'à dire – en privé – qu'un individu sur cinq rencontrés dans les lieux publics est, de près ou de loin, lié à la Savak, un sur trois dans les universités[2]. » Quelques semaines avant le triomphe de la révolution islamique, *Le Monde*, pourtant très critique à l'égard du régime impérial et soutien de l'ayatollah Khomeyni, évaluera à quelque 4 000 permanents le nombre des fonctionnaires de la Savak, à 5 000 ses informateurs salariés et à 1 million ses collaborateurs bénévoles. Yves Bonnet, ancien directeur de la DST, lance, lui, le chiffre de trois millions, tout en ajoutant qu'il est forcément exagéré. Notre propre enquête rejoint plutôt les chiffres du *Monde*, si l'on tient compte des forces spéciales. Le nombre des informateurs bénévoles est par nature invérifiable, et sans nul doute toujours exagéré.

L'anarchie des estimations montre à l'évidence la focalisation de l'opinion publique sur l'institution, le mal-être qu'une telle suspicion organisée a pu faire peser sur les individus, classes dirigeantes comprises. Qu'en est-il en réalité de ces vingt-deux années durant lesquelles l'organisation s'est développée ?

C'est par une loi de mars 1957[3] que le gouvernement d'Hossein Ala', alors Premier ministre, crée la Savak. On a pu écrire[4] que l'institution est née sous le général Zahédi : c'est impossible, puisqu'il est éloigné des affaires depuis avril 1955 et a quitté le pays. La Savak a pour fonction principale de collecter et d'exploiter les renseignements concernant la sécurité de l'Etat pour empêcher tout complot, toute machination. Elle s'occupe aussi d'espionnage et de contre-espionnage, ce qui en fait une concurrente du Deuxième Bureau de l'état-major général des armées. Ce genre de rivalités plaît au shah, qui aime « diviser pour mieux régner », comme beaucoup de puissants.

Dans le climat de guerre froide qui règne alors, la Savak est organisée avec le concours de la CIA, des services spéciaux israéliens et de divers autres pays du camp occidental où les fonctionnaires de l'organisation font, surtout au début, des stages de formation et de perfectionnement. L'activité de la Savak, sur le plan du renseignement et de la lutte contre le terrorisme, se coordonne donc avec celle des services spéciaux des pays alliés.

La Savak existait déjà dans les faits, mais sous une autre forme, au sein même de l'administration de la loi martiale que dirigeait, un an après la chute de Mossadegh, le général Teymour Bakhtiar. Le décret-loi du « Vieux Lion » sur la « Sécurité nationale » en avait renforcé les attributions. Dès sa création officielle, elle était constituée essentiellement de militaires – officiers ou sous-officiers. Par la suite, elle recrutera de nombreux civils, en grande partie diplômés de l'enseignement supérieur[5]. Parmi eux, on trouvera plusieurs transfuges des partis d'opposition, surtout d'extrême gauche.

Quatre personnalités dirigeront successivement la Savak de 1957 à 1978, imprimant leur marque et recourant à des méthodes parfois opposées.

La première d'entre elles est Teymour Bakhtiar, administrateur de la loi martiale. Né le 14 février 1914, il est le fils de Sardar-Moazzam, un des chefs des tribus bakhtiaries, et cousin de Soraya Esfandiari, l'impératrice. Adolescent, il part en compagnie de son cousin germain Shapour, futur dernier Premier ministre de la monarchie, faire ses études secondaires à Beyrouth, puis intègre Saint-Cyr dans le cadre des arrangements conclus avec la France. Sa culture générale, son sens de l'organisation et de la discipline s'allient à une parfaite maîtrise du français. En revanche, il ne pratique pas l'anglais, ce qui, curieusement, causera indirectement sa perte.

Teymour Bakhtiar est un brillant militaire qui s'illustre lors de la campagne d'Azerbaïdjan comme officier de liaison auprès des maquis anticommunistes où il noue d'excellentes relations. Lors de la chute de Mossadegh, il est colonel, commandant de la brigade blindée établie à Kermânchâh, dans le sud-ouest du pays. Il bénéficie ainsi de la confiance de l'équipe du « Vieux Lion », qui, chef des forces armées, le nomme alors à tous les postes de commandement. Aussi, prétendre – comme cela a été le cas – qu'il est entré dans la capitale à la tête de ses blindés pour chasser Mossadegh du pouvoir fait partie de la désinformation répandue autour de cet événement majeur.

Malgré son engagement auprès de Mossadegh, le général Zahédi, son successeur, l'estime : il l'appelle quelques mois plus tard dans la capitale et le nomme adjoint du général Dadsétan, administrateur de la loi martiale, afin de superviser plus spécialement la lutte contre les réseaux communistes. Par un pur hasard[6], ses services découvrent un important réseau infiltré dans les forces armées, ce qui sauve probablement le pays d'un coup d'Etat militaire prosoviétique et lui vaut la considération des services spéciaux occidentaux, surtout américains, ainsi qu'une accélération fulgurante de sa carrière.

Nommé à son tour administrateur de la loi martiale, puis directeur de la Savak, il acquiert cependant très vite une réputation détestable. Son amour immodéré pour l'argent et les femmes, le recours à la violence qu'il encourage ou couvre – on murmure à Téhéran qu'il ne dédaigne pas d'assister parfois aux séances d'interrogatoire – et surtout son ambition démesurée y sont pour beaucoup. Outre que ses méthodes vont jeter un sérieux discrédit sur l'institution qu'il dirige, ses goûts provoqueront bientôt sa chute.

Le contexte mérite d'être rappelé brièvement. A partir de 1960, le shah commence en effet à connaître des difficultés : ses relations avec Washington se refroidissent, voire s'enveniment, sous la pression du FMI, désireux que certains projets de développement iraniens jugés trop onéreux restent dans les cartons, à cause aussi de l'antipathie de Washington pour le gouvernement Eghbal, alors aux affaires. La création de l'Opep, lors de la conférence de Bagdad, le 14 septembre 1960, à laquelle le shah a largement poussé avec le Vénézuélien Juan Pablo Perez Alfonso, afin que les pays producteurs puissent mieux contrôler le commerce du pétrole, n'arrange rien. Mohammad Réza devient soudainement gênant pour les intérêts des Américains, qui pensent sérieusement à lui trouver un successeur – scénario qui rappelle celui que les Etats-Unis déploieront au Vietnam le 1er novembre 1963 contre le régime du leader sud-vietnamien, Ngo Dinh Diem, qu'ils avaient cependant jusqu'alors largement soutenu[7].

John F. Kennedy est alors président des Etats-Unis[8]. Aussi, Teymour Bakhtiar, dont les ambitions ne sont pas un mystère, ferait-il un candidat rêvé, malgré son implication dans une Savak critiquée jusque dans les rangs américains. Il est donc convié à Washington, officiellement reçu par le Président, son secrétaire d'Etat Dean Rusk et Allen Dulles, le directeur de la CIA. Qu'un chef d'Etat reçoive le maître espion d'un pays allié et ami, cela se conçoit et se fait, mais qu'il soit reçu avec solennité à la Maison-Blanche, cela étonne... au point que certains y voient déjà une sorte d'adoubement pour Bakhtiar. Le général se fait accompagner pour l'occasion par un collaborateur anglophone. Ce sera son erreur, car sa conversation avec Kennedy ne tardera pas à parvenir aux oreilles de Mohammad Réza. « Trahison » de l'interprète, qui connaîtra bientôt une ascension fulgurante, ou information donnée à Téhéran par quelques militaires américains opposés au complot, comme l'écriront des commentateurs d'outre-Atlantique ? Ce qui est sûr, c'est qu'à son retour à Téhéran, Bakhtiar est convoqué immédiatement au palais, en janvier 1962. Il s'y voit signifier sa destitution et l'ordre de quitter le pays sur-le-champ, cependant que certains de ses amis sont brièvement incarcérés et interrogés, d'autres définitivement mis à l'écart de la vie politique ou sociale. A n'en pas douter, Bakhtiar a effrayé le shah par ses ambitions et ses soutiens. Quant aux Etats-Unis, ils viennent sans doute de signer leur première tentative de coup d'Etat contre le régime du shah.

Bakhtiar se résigne à émigrer : il se réfugie en France, puis en Suisse, fait une longue halte au Liban. En 1961, il s'installe enfin en Irak, centre de toutes les intrigues contre le shah, où le gouvernement irakien lui attribue le palais de l'ancien Premier ministre, Nouri Saïd Pacha. Bakhtiar, entouré de nombreux Iraniens, y prépare avec des experts irakiens une invasion partielle de l'Iran et l'établissement d'un gouvernement dans les provinces de l'Ouest. Il ignore que la Savak a infiltré auprès de lui huit agents, en communication constante avec Téhéran. En 1971, avec son conseiller iranien Davoud Monchi-zadeh, ultranationaliste, chef d'un parti d'idéologie nazie, Bakhtiar, voulant concrétiser son projet et montrer la bonne implantation de ses réseaux, invite Saddam Hussein, alors vice-président de la République irakienne, à se rendre avec lui en Iran, dans la province frontalière d'Elam. L'Irakien accepte. L'accueil de la population s'y révélant excellent, Saddam ne doute pas de la crédibilité politique de l'Iranien. Ce qu'il ne sait pas, c'est que ses déplacements sont suivis à la trace, et même filmés par la Savak, qui laisse faire. Le groupe décide alors de poursuivre la reconnaissance des lieux au Luristan, où Bakhtiar a aussi des relais importants. C'est semble-t-il à ce moment que la décision est prise en haut lieu de liquider Bakhtiar, le jeu devenant trop dangereux. Les infiltrés attendent le moment propice. Lors d'une partie de chasse, l'occasion leur en est donnée : ils l'abattent.

A l'hiver 1962, le général de division Hassan Pakravan succède à Teymour Bakhtiar. Bien qu'il ait été son adjoint pour le secteur espionnage et contre-espionnage, il ne partage en rien ses conceptions et ses méthodes. Né en 1911, il est issu d'une vieille famille iranienne aux origines multiples. Son père, Fathollah Pakravan, a été, entre autres, gouverneur de province et ministre d'Iran au Caire, où la famille a vécu dix ans. Sa mère, Eminèh, est la fille de Hassan Khan, diplomate de père iranien et de mère française, et d'Alice von Herzfeld, de père autrichien et de mère française. C'est dire que l'éducation de Hassan Pakravan est multiculturelle, entre Orient et Occident, d'autant plus que sa mère se sépare de son père en 1923 et part vivre avec ses deux enfants en Belgique puis à Paris, jusqu'en 1933, avant de rentrer définitivement en Iran. Eminèh est une femme de lettres, romancière et historienne. En 1951, elle obtient le prix Rivarol pour *Le Prince sans histoire*. Elle enseigne aussi le français à l'université de Téhéran.

C'est donc dans ce milieu culturel que Hassan se découvre une passion pour l'archéologie, contrecarrée par un père absent mais autoritaire qui l'en détourne pour qu'il suive la carrière militaire. Il obéit et fréquente les écoles militaires de Poitiers et de Fontainebleau. En 1933, il rentre en Iran, *via* Moscou où son père est ambassadeur. Bien malgré lui, il finit par exceller dans l'armée, où il se spécialise dans le renseignement, fait sa carrière au Deuxième Bureau de l'état-major général, tout en enseignant à l'Académie militaire de Téhéran où il compte parmi ses élèves... Mohammad Réza. Par sa formation et ses origines familiales, c'est un militaire atypique. Mathématicien, philosophe, féru d'histoire, polyglotte, c'est aussi un humaniste dont l'intégrité est restée dans les mémoires, un « saint », comme l'ont même qualifié les adversaires du pouvoir. En tout cas, un homme très éloigné des méthodes « musclées » de Teymour Bakhtiar.

Rapidement, il réorganise les services, en exclut les éléments corrompus ou compromis, change les méthodes, et donc l'image de la Savak, déjà trop écornée par son prédécesseur. Bakhtiar était craint et détesté, Pakravan sera respecté. Désirant une gestion irréprochable, il proscrit rigoureusement et sanctionne les mauvais traitements – un colonel sera ainsi chassé des services et officiellement blâmé pour avoir giflé un prisonnier. Il contrôle aussi en permanence l'intégrité de ses subordonnés. Si Bakhtiar était méprisé pour sa vie privée, Pakravan mène une vie sans scandale, se contentant de son salaire et de celui de son épouse, haut fonctionnaire, très appréciée également.

Homme sans autre ambition que le service du pays et du shah, ayant su gérer avec modération la crise engendrée par la réforme agraire et la « libération » des femmes contre laquelle se dressera pour la première fois en opposant farouche un certain Khomeyni, le général Pakravan est cependant écarté de la direction de la Savak après l'assassinat du Premier ministre réformateur Hassan Ali Mansour par Mohammad Bokharaï[9], le 22 janvier 1965. On lui reproche, en privé, l'incapacité de ses services à prévenir l'attentat, et son manque de poigne. Une autre hypothèse se chuchote dans la capitale ou, du moins, dans le microcosme politique. Certes, personne ne veut douter que le shah soit affecté par l'assassinat de son Premier ministre dont l'indépendance l'« irritait », c'est sûr, mais dont il admirait le zèle réformateur, le sens de la communication, les efforts pour réamorcer l'économie du pays. Cependant, nul n'ignore non plus que la rectitude morale de Mansour, qui dénonçait les abus, prescrivait à ses ministres de ne céder à aucune pression, indisposait fortement certains proches du shah. Sa disparition n'aurait-elle pas été pour eux un « soulagement » ? Avec le général Pakravan à la tête de la Savak, il y aurait eu risque d'aller au bout de l'enquête, ce qui aurait peut-être compromis des personnalités haut placées[10].

Après trois ans de service exemplaire, Pakravan, désapprouvé, est nommé ministre de l'Information. Il y retrouve ses ennemis, qui se liguent lorsqu'il décide d'abolir progressivement la censure : certains jugements prononcés à la radio nationale contre la politique américaine au Vietnam auraient choqué l'ambassade des Etats-Unis ; l'ouverture prudente des ondes à des intellectuels peu conformistes aurait indisposé les milieux conservateurs et risqué de compromettre l'appareil sécuritaire. Accusé de jouer avec le feu, Pakravan est de nouveau déplacé un an après sa prise de fonction et nommé ambassadeur au Pakistan, poste stratégique auquel il reste jusqu'en 1969, puis à Paris pour quatre ans, fonction de prestige où il se heurte à certains membres de la famille impériale et de l'entourage du shah et de la shahbanou, habitués à ce que l'ambassade soit à leur service. Atteint par la limite d'âge et après avoir subi une opération cardiaque importante, il rentre en Iran en 1976.

Peu de temps avant la chute du régime, considéré à juste titre comme une autorité morale, il est nommé premier vice-ministre de la Cour impériale. Arrêté après la révolution, jeté en prison, humilié, atrocement torturé, privé de médicaments et de soins, il sera mis à mort sur ordre de Khomeyni[11], malgré la mansuétude dont il avait fait preuve en 1963 à l'égard de l'ayatollah[12] et de tant d'autres personnes du nouveau pouvoir.

L'heure est venue pour le général d'armée Nématollah Nassiri d'entrer en scène, le même qui, alors colonel commandant de la Garde impériale, avait été chargé en 1954, avec l'insuccès que l'on sait, de la notification à Mossadegh de sa destitution[13]. Il sera, de 1965 à 1978, le troisième et avant-dernier directeur de la Savak. C'est sous sa direction, surtout à partir de 1970 et dans un contexte de violence terroriste qui touchera l'Iran comme la France, l'Italie, l'Allemagne de l'Ouest notamment, que la Savak sera accusée de méthodes expéditives et de bafouer les droits de l'homme.

« Homme limité », écrira de lui Darioush Homayoun[14] qui l'a beaucoup pratiqué, très peu cultivé, ne connaissant rien aux affaires internationales, ne pratiquant aucune langue étrangère, sinon un peu de français, corrompu et cruel, selon la rumeur, Nématollah Nassiri témoigne cependant d'une grande fidélité au shah, dont il a été camarade de promotion, et ce jusqu'à son dernier souffle.

Durant ses années de pouvoir, il inflige à l'institution une réorganisation « énergique », orientant progressivement la Savak vers la collecte de renseignements disparates, parfois futiles, voire fabriqués par une sorte de cabinet noir selon certains, au détriment d'une analyse lucide des informations récoltées. Etant ou passant pour être un partisan du « tout-répressif », il omet de rapporter au shah certains faits, sous prétexte de « ne pas inquiéter Sa Majesté ». Sous ce couvert, il tait ses méthodes et ses manipulations, instaurant peu à peu un Etat dans l'Etat, comme certains se sont plu à le souligner. Aussi, rien d'étonnant à ce que, au cours des dernières années de la monarchie, « la perception occidentale du régime du shah soit passée trop souvent à travers le miroir déformant de la Savak, qui, d'après les uns et les autres, était une espèce de Gestapo, plus le KGB multiplié par dix – ce qui est faux », écrit le comte Alexandre de Marenches[15]. Ce qui est vrai, en revanche, c'est que la désastreuse image de la Savak permettra aux opposants internes et à l'Occident de discréditer le régime impérial dans sa globalité.

Personnage déroutant que ce général, « cet âne, cet idiot », ainsi que le qualifie la princesse Ashraf[16]. Comme il pratique le soufisme et que son maître habite à Gonabad, dans la province du Khorassan, haut lieu du soufisme iranien, il prend chaque mois l'avion de la Savak pour lui baiser la main, s'agenouiller à ses pieds et écouter respectueusement ses enseignements. On rapporte qu'un jour, des personnes pourchassées par ses services s'étant réfugiées chez son maître, il ordonna, au mépris de toute logique, qu'on ne les inquiète pas, et surtout qu'on ne viole pas le domicile de l'éminent soufi ! Les fuyards purent ainsi s'évanouir dans la nature. Personne n'osa en vouloir à Nassiri.

Il est vrai que le général a toujours bénéficié d'une sorte d'immunité, s'appuyant d'abord sur le ministre de la Cour, Alam, puis sur Hoveyda, Premier ministre puis ministre de la Cour. Ce dernier, à l'inverse d'Alam, l'a surtout encouragé à ne pas « indisposer Sa Majesté » pour qu'elle s'occupe des affaires à sa mesure : le développement dans le monde, le partage des richesses planétaires, la crise de l'énergie, l'équilibre des forces... Choix qui coûtera cher et à l'un et à l'autre.

Aux côtés de Nassiri, durant les dernières années, on trouve, au poste stratégique de directeur de la Sécurité intérieure, Parviz Sabéti. Issu d'une famille bourgeoise très aisée de Sémnan, à l'est de la capitale, d'excellente éducation, Parviz Sabéti est de religion baha'ie sans être pratiquant[17]. Licencié en droit, formé à son métier aux Etats-Unis, élégant, d'une parfaite courtoisie, mondain, il acquiert une certaine notoriété grâce à la télévision, où il participe à des émissions très suivies sur le terrorisme et les réseaux de subversion menaçant l'Iran. On le voit même un jour à l'université de Téhéran débattre avec des étudiants très critiques envers la Savak et s'en tirer avec succès. C'est un homme brillant, mais redoutable, qui veut donner l'impression de tout savoir sur tous. Certains le disent mégalomane. A tort. En revanche, il est ambitieux. Mais que désire-t-il, au fond : la direction de la Savak ? Un ministère ? Nassiri, pour sa part, le redoute, mais le garde à son poste. A plusieurs reprises, Sabéti a demandé à être reçu en audience privée par le shah. En vain. Il s'est alors tourné vers la shahbanou[18], qui a accepté de le rencontrer une fois. Il lui a exposé sans fard ses craintes sur l'avenir du régime et ses jugements sur certaines personnalités influentes, car son objectif n'était pas de « ne pas indisposer Sa Majesté ». Lorsque le shah l'a appris, il s'est fâché et a interdit à son épouse de le recevoir désormais. Parviz Sabéti fut l'une des proies du Premier ministre Hoveyda, grand corrupteur devant l'éternel, qui réussit à le compromettre par des cadeaux somptueux, des terrains appartenant à l'Etat vendus à vil prix.

Nassiri est remercié en mai 1978, dans le cadre de la libéralisation du régime exigée par les Américains et des efforts du shah pour en améliorer l'image[19]. En moins de trois jours, Téhéran obtient l'agrément d'Islamabad pour qu'il soit nommé ambassadeur au Pakistan[20]. Nassiri obtempère, mais demande à bénéficier de quatre gardes du corps choisis par lui-même parmi les hommes des forces spéciales de la Savak. Son successeur en admet le principe, mais refuse qu'il les choisisse lui-même. Dès sa mise à l'écart, Nassiri fait acquérir une grande villa à Juan-les-Pins. Ses ennemis répandent le bruit qu'il a l'intention de déserter. Mais les derniers mois de sa vie montreront qu'il n'est pas homme à le faire. A Islamabad, il ne quitte pratiquement jamais sa résidence, ne se mêlant que très peu des affaires, pourtant nombreuses, de son poste. Il se sait en exil. Convoqué à Téhéran six mois plus tard, bien qu'averti quarante-huit heures plus tôt par ses amis qu'il sera arrêté dès sa descente d'avion, il retourne dans la capitale, « pour ne pas désobéir », dit-il.

Dans la nuit du 11 au 12 février 1979, un commando de son ancien service, où il a conservé des fidèles, vient le délivrer de sa prison. Il refuse : « Ce serait indigne de ma part. » Devant les juges islamiques, il reste inébranlable, malgré les tortures qu'on lui fait subir. Il fera même preuve d'une grande dignité lorsqu'on l'exhibera à la télévision, le visage tuméfié et la voix inaudible, peu avant sa mise à mort sur le toit de la résidence de l'ayatollah Khomeyni.

Après la mise à l'écart de Nassiri, deux candidats sont en lice : le général de division Ali Motazed, son adjoint direct pour le secteur du renseignement extérieur et du contre-espionnage, et le général de corps d'armée Nasser Moghaddam. Le shah choisit Moghaddam[21]. Le nouveau directeur, pris dans la tourmente de cette année 1978, tente d'améliorer rapidement l'image de la Savak : il écarte Sabéti et de nombreux responsables, négocie *in fine* avec Mehdi Bazargan – que Khomeyni vient de nommer à la tête du gouvernement – pour sauver son organisation. Il tentera même de troquer sa propre survie contre la remise des archives de la Savak à Ebrahim Yazdi, mentor de l'ayatollah. Ce qu'il oublie, c'est que trop de documents, trop de révélations, trop de noms auraient pu compromettre les révolutionnaires. Sa proposition ne le sauvera donc pas, non plus que le refus opposé à ses forces spéciales qui lui demanderont de faire exploser le quartier général de la Savak. Il sera mis à mort, comme Pakravan et Nassiri.

Si, de 1957 à 1978, quatre directeurs ont modelé la Savak à leur image, ils n'ont toutefois pratiquement pas modifié son organigramme d'origine. A la tête de l'institution, le directeur a traditionnellement rang de secrétaire d'Etat auprès du Premier ministre, qui le reçoit régulièrement. Le shah fait de même une ou deux fois par semaine. Ce directeur supervise plusieurs directions, dont les plus emblématiques sont restées celles du Renseignement extérieur et du contre-espionnage et celle de la Sécurité intérieure, dirigée, presque jusqu'à la fin, par Parviz Sabéti. Une Force spéciale de plus de cinq cents personnes, en général d'anciens paracommandos, dépend directement du chef de la Savak. Les hommes de cette Force sont chargés de lutter sur le terrain contre le terrorisme et de procéder à des arrestations, parfois violentes, ainsi qu'à des perquisitions. Ils ne participent cependant pas aux interrogatoires. Le dernier chef de cette unité fut un civil. Universitaire issu d'une famille connue, il avait fait toute sa carrière à la Savak après son service militaire.

Jusqu'à la fin des années 1960, les différentes directions de la Savak, très compartimentées et dispersées à travers la capitale, étaient plus nombreuses dans le nord de la ville, autour des avenues Général-Zahédi et Iranchahr. Elles ont ensuite été regroupées dans un *compound*, situé dans le quartier excentré de Méhran. Pour les quelques visites de personnalités étrangères ou, plus rarement, iraniennes, un petit bâtiment situé non loin de l'entrée principale avait été aménagé avec goût. Le service de table, bien que militaire, y était très sophistiqué : belle vaisselle, serviteurs en gants blancs. Mais il était en général peu utilisé, car les fonctionnaires de la Savak se rendaient chez les personnes qu'ils voulaient rencontrer ; pour les plus importantes, ils organisaient de discrets déjeuners en ville.

Les locaux de la Savak sont interdits à toute personne non autorisée. Seul le Premier ministre a le droit d'y pénétrer à n'importe quelle heure, un droit dont, à notre connaissance, aucun chef de gouvernement n'a usé pendant les vingt et un ans d'existence de l'institution. L'organisation dispose en outre de centres de détention. Le plus connu est la prison d'Evin, dont la surface aurait été décuplée après la révolution islamique.

La Savak étend aussi ses réseaux en province, où les directeurs sont des militaires détachés, parfois en retraite. La tradition veut qu'ils restent de longues années en place, quelques-uns devenant des notables respectés.

Toutes les informations que l'organisation peut recueillir font théoriquement l'objet de rapports[22] remis quotidiennement au shah et au Premier ministre, rapports supposés identiques. Etait-ce vraiment le cas ? Certains de ces rapports sont signés, d'autres dits « en blanc », c'est-à-dire anonymes.

Selon le shah, le budget annuel de la Savak est de 800 millions de riyals (12 millions de dollars de l'époque). Chiffre inscrit dans le budget de l'Etat, donc public et approuvé par le pouvoir législatif, ajoute-t-il. Un chiffre qui n'a pas bougé sur une période de dix ans. Cela est vrai, mais ce que l'on oublie de dire, c'est que la Savak est également alimentée par une partie des fonds secrets de la présidence du Conseil et du ministère de la Guerre. On pourrait de ce fait avancer, pour l'année 1977 par exemple, une somme globale de quelque 75 millions de dollars, alors que les revenus pétroliers du pays dépassent les 34 milliards de dollars.

Ce budget est alloué au seul fonctionnement de l'organisation. En effet, les bâtiments et propriétés qu'elle utilise appartiennent à l'Etat et sont soumis au droit commun. Ne possédant ni entreprises industrielles et commerciales, ni compagnies d'aviation, elle contrôlerait, semble-t-il, une agence de voyages[23], et dispose au bord de la Caspienne d'un centre de vacances réservé à ses fonctionnaires.

Parallèlement à la Savak, d'autres organismes s'occupent de sécurité nationale. La police tout d'abord, dont le service de renseignements, l'*Agahi*, est orienté vers la criminalité, le trafic de stupéfiants et les délits de droit commun. Ensuite, le Deuxième Bureau de l'état-major – indépendant et représenté à l'étranger par des attachés militaires –, qui s'occupe de coopération avec ses homologues étrangers, rédige des rapports sur les questions militaires ou de défense. Enfin, la gendarmerie nationale, qui dispose également d'un réseau de renseignements couvrant les provinces. En somme, une situation assez semblable à celle des autres pays.

Un Bureau spécial, le *Daftar-é-Vigeh*, créé en 1961 avec une majorité de militaires, est chargé de coordonner toutes ces instances du renseignement[24], où les rivalités, les guerres de polices sont fréquentes. Sa direction en est confiée au général d'armée Hossein Fardoust, ami d'enfance du shah et confident de la première heure[25]. Mohammad Réza l'a envoyé en 1959 en stage à Londres, où ce type de bureau existe, afin qu'il puisse en créer un semblable à Téhéran. Il aurait dû s'en méfier. Déjà, après la chute de Mossadegh, il a reçu quelques rapports dénonçant ses relations suspectes avec les services soviétiques. Le général Nassiri lui-même nourrit quelques doutes sur la probité du personnage. En 1968, alors que Fardoust est son adjoint direct, il met en place un dispositif pour que des rapports ultrasensibles ne puissent lui parvenir ; cependant, par crainte d'une réaction brutale de Mohammad Réza Pahlavi, il n'informe pas le shah de ses soupçons. C'est donc un homme sulfureux qui prend la responsabilité du Bureau spécial, avant de trahir le shah en 1978[26].

Dans le système centralisé de renseignements mis en place par l'Iran, la Savak n'a aucune fonction exécutive en dehors de la collecte d'informations et de la lutte contre le terrorisme et la subversion armée. A la différence de ce qui a pu être écrit, elle n'a pas plus en charge la protection du couple impérial, qui revient à la Garde impériale, que celle des bâtiments officiels, dévolue à la police. Cependant, on lui a reproché de jouir de pouvoirs exorbitants excédant le droit commun, ce qui fera le lit de rumeurs, de protestations et de suppositions diversement étayées.

Le problème des « mauvais traitements », des « victimes de la Savak » et des prisonniers politiques a été l'argument principal et récurrent des adversaires, voire des ennemis du shah, à la fin de son règne.

Un rapport d'Amnesty International[27] daté de 1975 – année d'une virulente campagne internationale contre Mohammad Réza Pahlavi et son régime – chiffre entre 25 000 et 100 000 les prisonniers politiques iraniens, répartis dans quelque 6 000 prisons ! Ce même organisme déclare qu'entre 1972 et 1977, il y a eu 400 exécutions capitales en Iran, dont 260 pour trafic de drogue. Une publication clandestine, *Chronique de la répression*, utilisée par les adversaires de la Savak, précise pour sa part que, « de 1968 à 1977, c'est-à-dire en neuf ans, le chiffre des personnes *arrêtées* pour des raisons politiques fut exactement de 3 164[28] ». De son côté, Abolhassan Bani-Sadr, alors président de la République islamique, affirme, dans une lettre à Kurt Waldheim, secrétaire général des Nations unies, qu'au cours « des dernières années de son règne, le shah s'est livré à des massacres dans toutes les villes du pays ». L'ayatollah Khomeyni annonce pour sa part qu'il y a eu 350 000 prisonniers politiques en Iran, dont 100 000 ont été assassinés sur ordre du shah. Il écrira même au pape Jean-Paul II que le shah « rôtissait les jeunes gens dans des marmites, les grillait sur des braises[29] ». Plus précise, l'ambassade de la République islamique au Mexique, durant l'exil du shah à Cuernavaca, publie un communiqué officiel selon lequel 365 995 personnes ont été assassinées sur ordre du shah durant son règne. Par ailleurs, au moment de la promulgation de la Constitution de la République islamique, l'un des principaux dirigeants révolutionnaires, depuis lors dissident, maître Abdolkarim Lahidji, se réfugie derrière « 40 000 martyrs » pour justifier la répression sanglante déclenchée par le régime de l'ayatollah Khomeyni. Enfin, un « chiffre officiel » est inscrit dans le préambule de la nouvelle Constitution : 60 000.

Dans ce macabre exercice d'arithmétique, l'écart est grand entre 400 et 365 995 « victimes de la Savak ». L'Histoire ne peut se contenter de ces données si disparates, d'autant moins qu'elle dispose aujourd'hui de documents permettant de rétablir de manière plus précise les faits et les responsabilités.

A la prise du pouvoir par l'ayatollah Khomeyni, une commission d'enquête officielle établit un bilan de la répression politique durant les quinze années précédentes, autrement dit depuis le soulèvement fomenté par l'ayatollah et avorté en 1963. Bien qu'elle n'ait publié aucun rapport, un communiqué officiel, paru le 20 mars 1979 dans la presse, dressait une liste de 234 noms assortis de « la date et [du] lieu d'inhumation des victimes du régime du shah ». Une grande partie des personnes citées étaient connues pour avoir été tuées au cours de combats de rue ou exécutées à la suite de sentences prononcées par les tribunaux. D'autres étaient totalement inconnues, ou parfois identifiées par un simple prénom, rien ne prouvant *a priori* qu'elles aient été victimes de la répression. En tout cas, alors que la tendance du moment était de gonfler le nombre des « martyrs », le document ne dénombrait qu'un maximum de 234 victimes, ce qui est certes terrible, mais sans commune mesure avec les chiffres avancés ici et là.

Une étude menée par un universitaire américain de renom, Ervand Abrahamian, connu pour son opposition systématique au régime impérial, et publiée en 1982 délivre des chiffres partiels qu'il convient aussi de considérer[30]. Il se penche sur les victimes dénombrables depuis le 8 février 1971[31] jusqu'en octobre 1977, lorsque les opposants commencent à protester dans les rues de Téhéran. Il aboutit à un total de 341 victimes, dont 177 mortes au combat, 164 exécutées, disparues, suicidées ou décédées en prison. Ces chiffres couvrent tous les mouvements d'opposition : communistes orthodoxes, diverses tendances marxistes, marxistes islamiques (Moudjahidin du peuple) et islamistes[32].

Pour l'un des principaux mouvements, les Moudjahidin, le chiffre retenu par Abrahamian est de 73, dont 36 morts au combat, 15 exécutés, 20 morts en prison, un disparu et un cas de suicide. Or, sur ce dernier mouvement, on dispose d'un document officiel : le *Recueil des proclamations et prises de positions politiques du Mouvement des Moudjahidin du peuple d'Iran*[33]. On y lit les noms, prénoms, dates et circonstances du « martyre » des victimes revendiquées par cette organisation. Elles seraient 25, dont 7 exécutés, 2 tués par les « opportunistes » mais réhabilités depuis, 3 morts en prison, 11 au combat et 2 sans précision de cause. L'étude d'Abrahamian attribue donc aux Moudjahidin presque trois fois plus de victimes qu'ils n'en revendiquent eux-mêmes ! Une autre organisation, très active aussi par son recours à la violence et aux attentats, les *Fedayin-e-Khalgh* (Fedayin du peuple), groupe marxiste révolutionnaire, revendique pour la même période 155 victimes, en précisant aussi leurs noms, prénoms, professions et dates de « martyre », dont 106 morts au combat et 36 exécutés.

Le nombre total des victimes présumées de ces deux organisations importantes se situe donc autour de 230, un chiffre élevé, certes, mais bien en deçà de ceux qui ont circulé, et sans rapport même partiel avec les 60 000 « martyrs » inscrits dans la Constitution.

Cela posé, il n'est pas question de nier ici la réalité des victimes de la Savak, pas plus qu'on ne saurait nier les multiples exécutions décidées par les tribunaux islamiques depuis la révolution jusqu'à nos jours. Il s'agit seulement d'en préciser les fondements et la chronologie.

1970 est sans nul doute une année clé. Lorsque, parallèlement à la montée du terrorisme rouge en Europe et à l'approche des célébrations de l'année Cyrus le Grand, la campagne contre le régime impérial s'intensifie sous les coups, entre autres de diverses tendances marxistes ou marxistes-islamiques, un Comité de coordination[34] est créé. Parviz Sabéti en est le chef de fait. Dès lors, les mauvais traitements infligés aux personnes arrêtées puis amenées dans les locaux de ce comité deviennent un thème récurrent de la propagande contre le shah. Les responsables, qui ne nient rien en privé, mais qui trouvent l'image donnée à l'étranger très exagérée, avancent comme arguments de défense que l'urgence exige le recueil d'informations coûte que coûte, qu'il s'agit de sécurité de l'Etat, que les mouvements prokhomeynistes sont devenus de plus en plus virulents depuis la mort de Mustafa Khomeyni, le fils de l'ayatollah, le 23 octobre 1977 – mort que les islamistes attribuent à la Savak[35] sans preuve formelle et malgré les démentis de l'ayatollah lui-même –, et qu'il faut en conséquence leur opposer une réponse sans faille. Ces « justifications » sont âprement discutées par les tenants des droits de l'homme, à l'intérieur comme à l'extérieur de l'Iran.

Il est établi aujourd'hui que Sabéti ne participa jamais aux interrogatoires auxquels, c'est vrai aussi, il ne s'opposa pas. De même, on sait qu'ont été demandés et obtenus des « conseils techniques » auprès de certains spécialistes américains. Guantanamo à Cuba et Abou Gharaïb en Irak, pour ne citer que ces deux références encore récentes, montreront par la suite que les services spéciaux américains étaient experts en la matière.

Le shah n'a pu ignorer ces pratiques : il lit la presse occidentale. Bien que, devant lui, on ait pu minimiser, parfois avec raison, ce que rapportent les médias étrangers sur le sujet et sur la nécessité d'empêcher la répression, il en a été particulièrement affecté, détestant par nature la violence. A chaque occasion, il s'en est ouvert à son confident Alam[36]. Cependant, durant l'année 1971, l'année Cyrus le Grand, un enjeu essentiel à ses yeux

pour le rayonnement de l'empire, il ne veut aucun attentat – et il n'y en aura aucun malgré quelques tentatives[37].
Alors il laisse faire.

Le Comité de coordination est progressivement démantelé dès 1975 et dissous en 1978. Ce qui n'empêche pas
la propagande anti-Savak et antigouvernementale de
continuer, voire de s'intensifier. Hautain et méprisant,
sûr de son bon droit, le régime impérial n'a pas vraiment
tenté de la contrecarrer, sa communication sur le sujet
ayant été en outre particulièrement mal conduite, voire
inexistante.

Au printemps 1977 cependant, la shahbanou fait dire
au général Nassiri qu'elle désire se rendre de manière
impromptue à la prison d'Evin pour constater par elle-
même ce qui s'y passe et, surtout, discuter avec les prisonniers. Elle ajoute qu'elle sera seulement accompagnée
de son directeur de cabinet[38] et du général Ali Neshat,
commandant de la Garde impériale. Nassiri, fort embarrassé, invoque d'abord un problème de sécurité et lui
demande une date précise. Elle refuse d'en fixer une,
ajoutant qu'elle est décidée à assumer un risque éventuel. Rien n'y fait : on lui rétorque que seul le Premier
ministre a le droit de pénétrer sans préavis dans n'importe quel local de la Savak, qu'elle peut lui demander
une inspection. La réponse de la shahbanou est brutale :
« J'irai néanmoins, et j'aimerais bien savoir qui osera
ne pas ouvrir la porte à l'impératrice d'Iran. » Nassiri
en informe le Premier ministre Hoveyda. Tous deux se
voient contraints d'en référer au roi, lequel se fâche et
prie son épouse d'« abandonner cette idée farfelue » :
« On pourrait vous prendre en otage, vous manquer de
respect. » L'affaire en reste là. Pourtant, à cette époque,
il restait peu de prisonniers dans la prison d'Evin, où la
situation avait été, semble-t-il, normalisée.

Devant le manque de réaction du shah, la propagande
anti-Pahlavi et anti-Savak ne désarme pas. Elle perdurera

bien après la chute de la monarchie. Lorsque Kurt Waldheim, secrétaire général des Nations unies, se rend à
Téhéran en janvier 1980 pour négocier la libération des
otages américains, des cohortes de personnes estropiées
lui sont présentées comme des victimes des « tortures
de la Savak », si bien que la presse internationale s'empare de l'affaire sans en vérifier les fondements et que
l'Occident s'en émeut. Tout n'est en fait que mise en
scène. Kurt Waldheim en conviendra plus tard, s'étant
prêté alors à la manipulation : « La scène de l'enfant
dont le bras aurait été coupé par la Savak m'a fait trembler d'horreur. Mais le ministre des Affaires étrangères,
Ghotbzadeh, qui se trouvait à mes côtés, m'a murmuré
à l'oreille : "Ne soyez pas gêné. Cet enfant a perdu son
bras dans un accident de voiture, et non du fait de la
Savak." Depuis cet instant, mes doutes sur la réalité des
souffrances endurées par les autres victimes n'ont fait
qu'augmenter[39]. » Son témoignage sera confirmé par
maître Bourguet, avocat du gouvernement de Téhéran
qui, à la commission des droits de l'homme de l'Onu,
sera bien obligé de convenir aussi de la mise en scène[40].
Il admettra par ailleurs que « des Iraniens rencontrés à
Téhéran n'avaient pu lui montrer le moindre document
déjà préparé sur le sujet [de la torture][41] ».

Toutefois, il faut admettre que les mauvais traitements
infligés par la Savak à certains prisonniers sous la direction du général Teymour Bakhtiar puis à l'époque de
Nassiri, surtout à partir de 1970, sont allés inévitablement au-delà des « inévitables bavures »[42] admises *a*
posteriori par le souverain iranien, qui n'était pas nécessairement au courant de tout. Néanmoins, la part de
désinformation, d'idéologie et de fantasmes joue ici un
rôle incontestable. L'étude d'un contexte politique explosif peut seule faire la part des choses, toute violence restant déplorable par nature.

Ce qui est reproché à la Savak dans sa lutte contre les courants révolutionnaires iraniens ne saurait cependant faire oublier que sur le plan de la défense, de la sécurité intérieure de l'Etat et du contre-espionnage, elle a obtenu des succès importants, restés par définition secrets, mais que des enquêtes et recoupements permettent aujourd'hui d'établir.

Face à l'Irak d'abord, qui depuis le renversement du roi Fayçal II et la chute de la monarchie, le 14 juillet 1958, jusqu'au traité d'Alger en 1975, a été un des plus rudes adversaires de l'Iran. Les aventures auxquelles ont participé Teymour Bakhtiar, Saddam Hussein et Monchi-zadeh en 1971 pourraient à elles seules servir de trame à un thriller tragi-comique. L'affaire ne s'arrête cependant pas avec la mort de l'ancien directeur de la Savak, car Téhéran décide de rendre à Bagdad la monnaie de sa pièce. Deux officiers supérieurs, supervisant l'« opération » sous l'autorité du général Ali Motazéd, ourdissent un faux complot autour d'un militaire irakien de haut rang, le général Aarabi, réfugié en Iran. La Savak s'arrange pour que l'affaire parvienne aux oreilles du commandement de la révolution irakienne, qui donne ordre d'abattre sur-le-champ le général félon. Des tueurs sont dépêchés de Bagdad à Téhéran, où ils sont logés à l'ambassade d'Irak. Leur plan est simplissime : surveiller la villa de la Savak où vit Aarabi et attendre qu'il en sorte pour l'assassiner. Le sachant, les services secrets iraniens préparent un mannequin qu'ils habillent comme le général Aarabi, l'installent dans sa voiture qu'ils font rouler hors de la résidence. Sitôt celle-ci en vue, les Irakiens mitraillent le véhicule qui prend feu. Victoire : l'ambassadeur d'Irak vient même prendre une photo. On laisse faire. Le soir, Saddam Hussein en personne annonce à la radio le « châtiment du traître »... lequel invite le lendemain la presse à une conférence. Objectif atteint : Saddam est ridiculisé. Le général irakien restera en Iran, même bien après les accords bilatéraux de 1975. Au moment du triomphe de la révolution, il y sera encore.

Les services spéciaux iraniens ont une autre mission : la lutte contre l'espionnage soviétique. Au cours des deux années qui précèdent la chute du régime, ils réussissent dans ce domaine un coup de maître : l'arrestation du général de brigade Mogharrabi, numéro 2 du bureau des projets de l'état-major général, en charge de l'achat d'armes... aux Etats-Unis.

C'est à la suite d'une filature, grâce à la captation accidentelle d'un message radio par l'une de ses trois voitures de détection que la Savak fait régulièrement tourner dans la capitale, que le général est arrêté alors qu'il remet les photocopies de documents ultra-confidentiels au deuxième secrétaire de l'ambassade soviétique[43]. Sa maison est perquisitionnée en sa présence. On y découvre, dans un piano, des appareils radio de transmission ultra-sophistiqués.

Parallèlement, le vieux général Dérakhchani, celui-là même qui avait remis en 1945 les clés de la garnison de Tabriz aux communistes[44], est arrêté près de l'ambassade soviétique en train de remettre des documents sans importance à un autre diplomate. Puis c'est au tour d'un sous-secrétaire d'Etat à l'Education nationale, un homme brillant et particulièrement apprécié, d'être arrêté, ainsi qu'un diplomate de haut rang et de très bonne famille, traité, lui, par des Roumains. Plusieurs coups de filets fameux qui resteront longtemps secrets.

Mogharrabi sera condamné à mort et exécuté. Dérakhchani restera en prison ; libéré à la révolution, il serait parti pour l'Union soviétique. Le sous-secrétaire d'Etat, condamné à dix ans de prison, n'en fera pas trois : il quittera l'Iran en 1979 et changera de nom. Il habite actuellement en Grande-Bretagne. Quant au diplomate, lui aussi libéré après la révolution, il disparaîtra.

On a tant dit et écrit sur la Savak que nous laisserons le temps aux archives de dévoiler de nouveaux arcanes. L'exécrable réputation qu'on lui a faite et qu'elle a méritée en partie a largement contribué à la mauvaise image du règne du shah avant le triomphe de la révolution et à sa chute. Shapour Bakhtiar, dernier Premier ministre du shah, cousin germain du plus critiqué directeur de l'organisation, écrira même qu'elle semblait « au-dessus du gouvernement », lieu terrible et mystérieux où « on mettait des écouteurs au suspect et on augmentait la puissance du son jusqu'à ce qu'il fût prêt à faire n'importe quel aveu. Une telle technique voisinait avec les tortures nazies, chocs électriques, cigarette, etc.[45] ».

Doit-on pour autant réduire le règne tout entier à cette image ? Au moment où les médias occidentaux avaient les yeux braqués sur l'Iran et pointaient ses excès, pourquoi la Savak n'a-t-elle pas changé de cap avant qu'il soit trop tard ? La menace était-elle si grande qu'elle ne pouvait l'anticiper ? Ne pouvait-elle que s'engouffrer dans la spirale de terreur dont on l'a bientôt gratifiée et face à laquelle une autre spirale se mettait en place ? Et le silence du shah ? Les pressions étaient-elles si fortes pour que son aveuglement s'installe durablement ? Comment se fait-il enfin que la Savak, véritable « Etat dans l'Etat », avec tous les moyens qu'on lui a prêtés, ait rendu possible le retour de l'ayatollah Khomeyni en Iran et sa prise de pouvoir ?

3

Farah, la shahbanou

Farah Tabatabaï Diba, qui reçoit en 1967 le titre de « shahbanou », c'est-à-dire épouse royale[1], est née le 1er octobre 1938 à Téhéran. Elle entre dans l'histoire de l'Iran à vingt et un ans, en épousant le 20 décembre 1959 Mohammad Réza Pahlavi, alors dans sa quarante et unième année. Ni sa naissance ni l'histoire de sa famille ne la prédisposaient à ce destin exceptionnel.

Du côté paternel, on trouve les Tabatabaï Diba, originaires d'Azerbaïdjan, qui disent descendre du prophète Mahomet[2]. L'arrière-grand-père de Farah, hadj Nézam-ol-Olama, fut un mollah respecté de Tabriz, auteur de quelques ouvrages de théologie et de jurisprudence islamiques. Quant à son grand-père, Choa-ol-Dowleh, il choisit la diplomatie, terminant sa carrière comme consul général à Paris. De lui, on rappelle surtout la passion pour les antiquités et, plus particulièrement, pour la peinture sur verre. A sa mort, dans les années 1940, il offrit curieusement sa collection au musée de L'Hermitage de Leningrad. Ses deux fils, Sohrab et Bahram, poursuivirent leurs études à Paris. L'aîné, le père de Farah, passa quelques années à Saint-Cyr. De retour en Iran, il devint capitaine de l'armée impériale, poste qu'il quitta brusquement, pour des raisons restées mystérieuses aujourd'hui encore. Certains avancent que ses dettes de jeu auraïent poussé la hiérarchie militaire à se séparer de lui. Ce qui est sûr, c'est qu'il fut alors engagé comme « employé indigène » par l'ambassade de la République populaire yougoslave, nouvelle venue à Téhéran.

Par sa mère, Farah est apparentée aux Ghotbi Guilani, originaires de Lahidjan, ville importante de la province caspienne du Guilan. Son grand-père maternel, le propriétaire foncier Amdjad-ol-Soltan, eut de nombreux enfants. Parmi eux, Mohammad-Ali, qui, après des études techniques, créa une affaire prospère de travaux publics, et sa sœur, Tadji (Tadj-ol-Molouk), qui épousa Sohrab Diba, liant selon les traditions deux familles aisées et honorablement connues.

De ce mariage naît une fille unique, Farah. Son père décède alors qu'elle a neuf ans. Ce malheur, qu'on lui cache quelque temps, plonge la famille dans un désarroi moral et pécuniaire. Mohammad-Ali Ghotbi, l'oncle fortuné, propose alors à sa sœur et à sa nièce de venir vivre sous son toit. Farah y retrouve Réza, son cousin, qui devient son « presque frère » et restera son conseiller le plus proche.

Elle fréquente dès lors l'Ecole italienne, puis le collège Jeanne-d'Arc, tenu par des religieuses françaises, avant d'entrer au lycée Razi de la mission laïque française, où elle obtient son baccalauréat. Son projet est de poursuivre sa carrière universitaire à Paris, où elle a été admise à l'Ecole spéciale d'architecture du boulevard Raspail. Aussi, au début de l'automne 1957, elle s'envole pour Paris où son cousin Réza l'a précédée.

Hébergée au pavillon néerlandais de la Cité universitaire, elle mène la vie libre des étudiantes de son âge, fréquentant théâtres et expositions, cafés du quartier Latin et de Montparnasse, pestant contre le régime de son pays, comme il était de bon ton de le faire alors. On a prétendu qu'elle avait participé, durant cette période, à des activités d'extrême gauche et avait été membre de la Confédération des étudiants créée par la gauche iranienne[3]. Si la première allégation semble excessive, la seconde est fausse puisque la Confédération ne sera constituée que bien plus tard. Dans ses *Mémoires*, Farah évoque d'ailleurs cet hiver 1958-1959 où une amie lui présente des militants communistes qui, dénonçant l'impérialisme français, veulent l'entraîner dans des manifestations contre la guerre d'Algérie : « Je garde de cette rencontre un souvenir lugubre et profondément déprimant. Le monde était noir aux yeux de ces filles et de ces garçons. Si jeunes, ils donnaient le sentiment d'en vouloir à la terre entière, d'être pleins d'amertume et d'aigreur. On aurait dit qu'à leurs yeux, il n'y avait rien à conserver de cette planète, à l'exception de l'Union soviétique[4]. » Pressée par ce cercle, elle se rend cependant à un rassemblement, mais en ressort atterrée, en découvrant les armes cachées sous les blousons.

Son court séjour parisien consolide ses liens avec son cousin Réza Ghotbi et un groupe d'anciens du lycée Razi. Les relations qu'elle tisse à cette époque joueront un rôle certain, que d'aucuns jugeront néfaste, durant les dernières années du règne du shah, surtout en 1978.

Son destin s'éclaircit vers la fin du printemps 1959. Le shah, qui a divorcé en mars de Soraya, réside pour quelques jours à Paris où il est venu s'entretenir officiellement avec le général de Gaulle. L'ambassade d'Iran organise alors une réception afin qu'il rencontre les étudiants iraniens les plus « méritants ». Parmi eux, Farah Diba. Bien plus tard, en novembre 1976, le shah confiera à un journaliste français : « Je savais dès ce jour-là que cette jeune fille, Mlle Diba, serait ma troisième épouse[5]. »

L'histoire ressemble à nouveau à un conte des *Mille et Une Nuits* : une jeune inconnue rencontre un roi fortuitement dans une ambassade et s'en fait aimer à l'instant.

La réalité semble cependant moins romantique. En effet, selon le témoignage publié après la révolution par Djahanguir Taffazoli, alors chargé à l'ambassade de superviser le séjour en France des étudiants iraniens, et les *Mémoires* d'Ardéshir Zahédi, si Farah était bien présente à l'ambassade au printemps 1959, le shah et elle n'ont pas conversé. Pour la suite des événements en revanche, tous les témoignages concordent.

A cette époque, le divorce de Mohammad Réza et de Soraya a ouvert le champ à bien des pronostics. Qui sera la future impératrice ? Beaucoup de jeunes filles sont sur la liste, que la presse internationale ne se prive pas de rallonger. Un temps, la princesse Marie-Gabrielle, fille du dernier roi d'Italie Umberto II, est en lice. Bien que les rapports entre le shah et la famille de Savoie soient excellents, le mariage ne se concrétisera pas pour diverses raisons. La différence d'âge tout d'abord : il a quarante ans, elle en a dix-huit. La religion surtout : Marie-Gabrielle est catholique, il est musulman. Le pape Pie XII, consulté, meurt avant de donner sa réponse. Jean XXIII, qui lui succède, s'oppose à l'union, le Vatican précisant que tout mariage contracté avec un non-catholique sera frappé de nullité. Du côté iranien, les choses ne vont guère mieux : si la haute société occidentalisée n'y aurait rien eu à redire, le peuple iranien, lui, n'aurait pas accepté qu'une étrangère, non musulmane de surcroît, monte sur le trône. Les chefs religieux de Qôm et de Nadjaf font en outre part de leur opposition au shah. Des deux côtés, en février 1959, on enterre le projet : Umberto II évoque la « trop grande différence d'âge entre Sa Majesté le shah d'Iran et [sa] fille » ; Téhéran met en avant des « raisons religieuses ». Et le shah reste seul.

Vient l'été. Farah rentre à Téhéran, où elle cherche à obtenir une bourse du gouvernement afin de poursuivre ses études. Un de ses oncles, le docteur Esfandiar Diba, haut fonctionnaire à l'Organisation mondiale de la santé (OMS), la présente à Ardéshir Zahédi, responsable de l'octroi des bourses d'Etat aux étudiants résidant à l'étranger. Il lui aurait demandé, selon les *Mémoires* du gendre du shah lui-même, de la présenter à Sa Majesté. L'entretien se déroule bien. Ardéshir, fin stratège, invite Farah pour le thé le surlendemain. Farah y rencontrerait son épouse, la princesse Shahnaz, aussi jeune qu'elle.

Le jour dit, à 17 heures, Farah se présente chez les Zahédi, qui résident alors à Hessarak, sur les pentes de l'Elbrouz. Tout se passe pour le mieux ; les jeunes femmes sympathisent, au point que Shahnaz invite Farah pour le lendemain. A peine Farah est-elle arrivée qu'on annonce la visite- « surprise » du shah lui-même, le père de la maîtresse de maison.

Les entrevues se multiplient. Vingt jours plus tard, le mariage est décidé et le tourbillon commence. Farah s'envole pour Paris le 3 novembre, non pour reprendre ses études, mais pour préparer son mariage. Déjà la presse internationale est au rendez-vous, autant à l'aéroport d'Orly qu'à l'hôtel Crillon où elle descend, en compagnie de sa mère et de son oncle. Au programme : Dior pour la constitution du trousseau et la commande des robes de fiançailles et de mariage, confiées à un jeune styliste, Yves Saint Laurent ; les sœurs Carita pour des soins esthétiques et une nouvelle coiffure.

Pendant que la future impératrice fait le tour des grands couturiers, la presse iranienne célèbre l'idylle à sa manière : L'OISEAU DU BONHEUR PLANE SUR LA FAMILLE DIBA. Les journaux parisiens sont moins lyriques : ils précisent que Farah a vingt et un ans, mesure 1,74 mètre, a 59 centimètres de tour de taille pour 88 centimètres de tour de poitrine, que ses cheveux sont noirs, ses yeux foncés et que sa peau est mate.

Le 21 novembre 1959, le ministre de la Cour impériale publie le communiqué annonçant officiellement le mariage : « Aujourd'hui, à 17 heures, au palais

Ekhtessassi, ont lieu les fiançailles de Sa Majesté le shah-in-shah Mohammad Réza Pahlavi, souverain d'Iran, et de Mlle Farah Diba. Le mariage sera célébré dans un mois, le 29 azar 1338 suivant le calendrier solaire iranien, ou le 21 décembre 1959 selon le calendrier chrétien. »

Entre-temps, les Ghotbi ont quitté leur maison familiale de la rue Hélali, non loin du palais impérial, pour une demeure acquise en hâte à Darouss, dans le quartier Apadana, bien plus vaste, dotée d'une piscine et, surtout, plus conforme à leur futur statut. La presse du monde entier pourra y photographier la presque-reine.

Le 21 décembre, comme annoncé, le chef religieux de Téhéran, le professeur Hassan Emami, unit les destins du shah et de Farah. Le docteur Manoutchehr Eghbal, Premier ministre, et Mohsen Sadr, président du Sénat, sont les témoins du roi ; Réza Hekmat, président de la Chambre, et Hossein Ala', ministre de la Cour impériale, ceux de Farah. Maître Mir-Escandari, alors notaire officiel de l'état-civil de Téhéran, enregistre le mariage.

Dans l'acte officiel, du fait que la mère du shah se prénomme Tadj-ol-Molouk, la mère de Farah est désignée sous un nouveau prénom, Farideh, les deux mères du couple impérial ne pouvant être confondues.

Le mariage dans un cercle plus intime et la réception qui le suit au palais du Golestân avec plus de mille invités confirment la nouvelle place de l'Iran sur l'échiquier mondial. L'impératrice apparaît dans sa robe créée par Yves Saint Laurent ; les sœurs Carita se sont déplacées à Téhéran pour la coiffer et faire tenir, dans ses cheveux, la couronne de deux kilos sortie tout spécialement du trésor impérial, ce qui pour ces artistes représente une somme de prouesses et d'angoisses incalculable. Farah, avec sa raie très droite partageant sa chevelure de jais, offre à la presse un visage qu'allongent deux larges bandeaux sages et lisses. Une mode est lancée, un culte se bâtit. La presse est désormais à ses trousses. *Paris Match* inaugure l'année 1960 avec, pour son numéro 560 daté du 2 janvier, une couverture titrée MARIAGE DU SHAH ET DE FARAH DIBA. Durant cette seule année, cinq couvertures du magazine seront consacrées au couple impérial : le 22 octobre, FARAH DIBA À L'HEURE DE SON DESTIN, le 5 novembre, LE BERCEAU DE L'HÉRITIER D'IRAN, le 12 novembre, LE PRINCE RÉZA-CYRUS D'IRAN et le 31 décembre, nouvelle consécration avec *la* photo tant attendue LA FAMILLE ROYALE D'IRAN. En concurrence avec la famille royale d'Angleterre, avec les noces de Diane de France et du prince de Wurtemberg, de Fabiola et de Baudouin, avec Jeanne Moreau, le général de Gaulle et la reine du Siam, Farah Diba entre de plain-pied dans le gotha, faisant quelque peu pâlir l'image médiatique de Soraya. Dans un Orient mythique, le romantisme triomphe de nouveau. On y célèbre, de la nouvelle impératrice, la beauté, la prestance et le sens de l'apparat. Un goût du luxe et de l'image dont Farah ne se départira jamais et qu'on lui reprochera violemment plus tard, après l'avoir tant célébré.

Pour l'heure, c'est une jeune fille presque inconnue qui entre dans l'Histoire pour un peu plus de dix-neuf ans, jusqu'à ce 16 janvier 1979 où l'exil l'emportera vers un troisième destin.

En se mariant avec Farah Diba, le shah veut assurer sa dynastie. Certes, il a déjà une fille de l'impératrice Fawzieh, mais le trône des Pahlavis ne peut revenir qu'à un enfant mâle. Aussi, lorsque le 20 mars 1960, après avoir patienté trois mois, le couple annonce un heureux événement, chacun retient son souffle car la science de l'époque ne peut encore déterminer le sexe de l'enfant. Lorsque enfin, le 31 octobre 1960, la jeune femme donne naissance au prince Réza, c'est la liesse dans tout le pays. L'accouchement s'est déroulé dans un hôpital public, l'Institut de la protection des mères et des nouveau-nés, situé dans les quartiers populaires du sud de la capitale. Un choix dicté par la volonté de montrer que les femmes défavorisées peuvent y recevoir gratuitement les mêmes soins qu'une impératrice. Un signe et un symbole, déjà. Dans la salle d'accouchement, c'est cependant le professeur Djahanshah Saleh, l'un des meilleurs gynécologues du pays, ancien ministre de la Santé, et la célèbre pédiatre Lioussa (Lucie) Pirnia qui ont veillé à ce que tout se passe au mieux.

Trois autres naissances suivront : Farahnaz, le 12 mars 1963 ; Ali-Réza[6], du nom du frère cadet du roi, mort dans un accident d'avion, le 28 avril 1966, et Leila[7], le 27 mars 1970, la préférée du shah, dit-on.

La vie du couple est, au cours des premières années de leur mariage, plutôt calme et conventionnelle : cérémonies, voyages à l'étranger, visites en province. La rumeur publique ne prête alors aucune aventure extraconjugale au shah. Seules commencent à circuler des remarques désobligeantes sur la vie et le comportement de certains membres de la famille impériale, auxquelles s'ajoutent désormais des insinuations sur les « appétits » de quelques parents et proches de Farah.

Les infidélités du shah[8] vont bientôt changer la donne, entraînant sans doute dans leur sillage des tensions à l'intérieur du couple. Rien ne filtre cependant officiellement, le shah et son épouse étant conscients de leur obligation de « paraître », où qu'ils soient. Pour la Cour, le *darbar*, c'est une autre histoire : tout ce qui s'y dit à voix basse s'y répercute, parfois amplifié, souvent déformé lorsque ces propos sont colportés à l'extérieur.

Farah est au début une reine plutôt discrète, ce qui s'accorde peu avec son tempérament, son goût pour la médiatisation. Mais peu à peu, le shah, pour « compenser » ses infidélités, dit-on, pour l'occuper ailleurs, lui laisse davantage de champ dans l'action sociale, culturelle et sanitaire. Il veut avoir les coudées franches pour mener sa politique, une politique que la shahbanou n'approuve pas toujours.

Aussi, pendant presque vingt ans, et de plus en plus, « cette jeune femme alerte et spontanée, intelligente et issue du peuple », comme il le dira plus tard, sera une reine active, dynamique, toujours suivie d'une cohorte de journalistes, en Iran comme à l'étranger où elle bénéficiera d'une image très positive.

La liste des associations, institutions et fondations dont elle est présidente d'honneur s'allonge d'année en année, près d'une trentaine à la veille de la révolution, avec entre autres deux universités et le prestigieux Institut Pasteur de Téhéran. Ces présidences ne sont pas toujours seulement honorifiques ; Farah aime à suivre les affaires de près, tente de résoudre les difficultés, de quelque ordre qu'elles soient. Les abus existent, certes, mais dans l'ensemble ils sont peu nombreux, les institutions qu'elle cautionne ayant en général un meilleur fonctionnement que les autres. Ses activités préférées sont liées à la bienfaisance, à la solidarité, à la protection de l'enfance et de la jeunesse, aux droits des femmes et, davantage encore, à la sauvegarde et à la promotion de la culture nationale.

Elle suggère ainsi la création du Festival des arts de Shiraz, puis le préside. Ce rendez-vous de la fin de l'été, au milieu des ruines de Persépolis, attirera les célébrités du monde entier impliquées dans les arts contemporains, la musique, la danse ou le théâtre. S'y produiront de 1967 à 1977 les compositeurs Karlheinz Stockhausen, Iannis Xenakis, Ravi Shankar, les chorégraphes Merce Cunningham et Maurice Béjart, le pianiste Arthur Rubinstein, le metteur en scène Peter Brook, le chef d'orchestre Herbert von Karajan... A propos de ce dernier, une anecdote est restée dans les annales. Lors de l'un de ses passages dans la capitale iranienne, peu de temps après le couronnement, il fut invité à diriger l'Orchestre philharmonique de Téhéran, à l'Opéra, salle Roudaki. Il était d'usage que, lorsque les souverains assistaient à de telles soirées, ils prennent à l'entracte une coupe de champagne dans le « Salon impérial ». C'était l'occasion des présentations au shah de la ou des vedettes de la soirée. Ce soir-là, Karajan résista : si Leurs Majestés voulaient le voir, qu'elles viennent le saluer dans sa loge ! Impensable pour le Protocole ! Les coupes de champagne attendaient donc, désespérément vides, la suite des négociations. Le shah, faisant mine de ne s'apercevoir de rien, discutait. La shahbanou, pour sa part, commençait à s'énerver. En coulisses, on tentait de faire comprendre à Karajan que s'il ne se déplaçait pas, la photo avec les souverains iraniens qu'il désirait serait impossible. Le maestro menaça alors d'interrompre le concert. On lui rétorqua que, dans ce cas, il ne recevrait pas le cachet – conséquent – fixé, qu'on le poursuivrait en outre pour rupture unilatérale de contrat. Ainsi poussé dans ses retranchements, Karajan parut enfin. Le shah lui réserva un accueil courtois, gardant sa main un instant dans la sienne ; la shahbanou sourit. On le complimenta. Une photo fut prise. Karajan apparemment ne tint pas rigueur au Protocole persan de cette épreuve de force... Il revint à Téhéran pour trois concerts avec l'Orchestre philharmonique de Berlin en novembre 1975.

Tous les artistes invités au festival de Shiraz n'ont pas toujours été de la meilleure qualité, amenés là par des coteries ou sur un caprice. Un incident aux répercussions politiques inattendues marquera l'avant-dernière année du festival, en 1976. Sous prétexte de porter la culture plus près encore de la population, un groupe de mimes quasi nus venus d'un pays balkanique se produira un soir dans la vitrine d'un grand concessionnaire automobile sur une artère de Shiraz. Les spectateurs croiront soudain deviner une scène ou une tentative de sodomie. Des cris, des protestations fuseront de partout, au point de générer une petite émeute. La police interviendra, embarquera les acteurs et dispersera la foule. Le lendemain, dans quelques mosquées, à Shiraz, à Téhéran et ailleurs, les prédicateurs s'empareront du sujet, devenu scandale public. Le shah, informé, se mettra en colère, traitera les organisateurs du festival, Réza Ghotbi – qui n'y était probablement pour rien – et les autres, de communistes, de saboteurs, et les menacera. La shahbanou interviendra pour calmer le jeu. Mais l'incident laissera des traces.

Quelques semaines plus tard, l'ambassadeur du Royaume-Uni, sir Anthony Parsons, évoquera en aparté le sujet avec le shah. « Après tout, ce n'était qu'un jeu », s'entendra-t-il répondre. Comme à son habitude, le shah assumera.

Dans son rôle de reine, Farah a souvent innové, quitte à s'attirer les critiques de certains membres de la famille impériale, et même du shah.

Lors de ses déplacements en province, surtout durant les trois dernières années de la monarchie, elle visite souvent à l'improviste les quartiers populaires et les centres d'activité principaux. Elle en fait annoncer la décision à la dernière minute à la garde, demande un dispositif de protection réduit, interdit les uniformes et se fait accompagner par son seul chef de cabinet[9], excluant journalistes et cameramen. L'efficacité de ces visites était à ce prix. Ainsi, un jour, Farah se trouve à Resht, chef-lieu de la province du Guilan. Dans une petite rue du vieux quartier de Saghari-sazan, on aperçoit par la fenêtre toute une famille réunie autour de la table pour prendre le thé. Décision est prise de se faire inviter. Le directeur de cabinet frappe à la porte : « C'est Sa Majesté la shahbanou. Elle veut demander des nouvelles de votre santé[10]. » Les habitants sont encore plus abasourdis lorsqu'ils aperçoivent Farah. Une scène très émouvante de larmes, d'embrassades s'ensuit, avant que le thé ne soit servi. La proximité symbolique de Farah avec le peuple sera le meilleur signe de son inépuisable bonne volonté, lui attirant une bienveillance de l'opinion publique qui vaudra toutes les photos officielles répandues sur le territoire. Rapportée au shah, l'anecdote attirera cependant au shah quelques reproches, semble-t-il, devant son insouciance sécuritaire.

Au cours du printemps 1978, alors que la révolution gronde déjà aux portes du palais, elle décide, avec seulement quatre gardes du corps, en civil, de visiter dans un minibus banalisé les quartiers défavorisés avec leurs quasi-bidonvilles, au sud de la capitale, là même où elle a mis au monde son premier enfant. Sont également présents, outre son directeur de cabinet, un jeune conseiller municipal de Téhéran, l'architecte en chef de son cabinet et le professeur Kazém Vadii, sociologue-géographe spécialiste de Téhéran, que l'on prie de faire un exposé sur les problèmes de la capitale. A la surprise générale, l'accueil est partout enthousiaste. Farah savait oser, malgré les critiques de certains membres de la Cour qui la taxeront parfois de démagogie.

A partir de 1976 et jusqu'au printemps 1978, elle décide d'inviter, par groupes d'une trentaine maximum, des personnalités de la société civile que l'on ne convie pas d'ordinaire à la Cour, inaugurant ainsi une sorte de politique d'ouverture pour mieux connaître le climat social et intellectuel du pays. C'est ainsi que des écrivains, des intellectuels, des universitaires – parfois contestataires –, des hommes d'affaires, des chefs d'entreprise... se retrouveront dans la bibliothèque du palais pour « prendre le thé avec Sa Majesté la shahbanou ». Si de tels cénacles rappellent les « séries » organisées par l'impératrice Eugénie à Compiègne à partir de 1856, à Téhéran, l'initiative plaît beaucoup. En moins de deux ans, les « thés de la shahbanou » deviennent une institution et l'on veut y être convié, car on y sait l'ambiance conviviale. Farah veut aller plus loin encore. Un jour, ce sont des chefs de l'armée et leurs épouses qui se pressent à son thé ; une autre fois, des députés et sénateurs. L'impératrice met ainsi le pied dans le domaine réservé du shah, ce qui est une audace périlleuse. Au cours de l'hiver 1977, pratiquement sans prévenir, elle assiste même à une séance de la Chambre, lors de la discussion assez animée du budget. Ces choix osés, s'ils plaisent aux uns, les plus nombreux, sont la cible des autres, surtout à la Cour. Mais Farah n'en a cure. Elle se fait bientôt l'avocate des universités et de leur franchise traditionnelle contre les assauts conjugués du Premier ministre Hoveyda, pourtant homme de culture, et de la Savak, surtout de son chef Nassiri, qui y voit un foyer de subversion. Ce faisant, la shahbanou a constitué un bouclier efficace contre certains arbitraires, et cela n'a pas été toujours aisé.

Toute médaille a son revers. L'opinion critique souvent le goût excessif de Farah pour le luxe. On lui attribuera, non sans raison d'ailleurs, la tournure que prendront les fêtes de Persépolis à l'automne 1971. En outre, personne n'ignore à Téhéran ses achats, jugés trop dispendieux, dans les maisons de luxe, surtout parisiennes. Les déplacements réguliers du couturier italien Valentino dans la capitale iranienne pour exécuter ses robes ne passent pas inaperçus. « Mais qui paie ? C'est nous ! » dit-on, relayant même quelques rumeurs en provenance directe de la Cour. La shahbanou reste sourde à ces remarques, au point que, lors de son départ en exil, elle portera encore un tailleur Valentino.

Si son image résiste malgré ces dénégations, ce n'est pas le cas pour certains de ses proches, franchement détestés par l'opinion, un peu comme les Polignac, amis intimes de Marie-Antoinette. Il s'y trouve bien sûr quelques exceptions, des gens irréprochables, comme le recteur de Hamadan, un camarade du lycée Razi, un vice-recteur de Téhéran devenu président d'une petite université de la capitale. Cependant, son cercle est mal vu. Certains de ses membres sont ouvertement critiqués par le shah lui-même qui ne mâche guère ses mots, allant jusqu'à traiter publiquement trois des amies de son épouse de « p… ». La tante par alliance de Farah, Louise Samsam Bakhtiari Ghotbi, n'a pas non plus ses faveurs. Quant à sa belle-mère, Mme Diba, le shah s'en moque souvent[11].

Durant les trois ou quatre dernières années de son règne, Mohammad Réza finira par porter une haine étrange à Réza Ghotbi, le « presque frère » et principal conseiller de la shahbanou, qu'il avait pourtant fort apprécié durant des années[12].

Ces rancœurs plus ou moins affichées auront leur poids durant les derniers mois précédant la révolution. Libérées, elles conduiront à des intrigues et connivences qui nuiront beaucoup à l'image du régime, à la cohérence et à l'efficacité de son action, et la shahbanou en paiera le lourd tribut. Moins lourd, certes, que celui que paieront le pays tout entier et le shah.

En 1966, sur initiative du souverain, et malgré quelques réticences exprimées par la hiérarchie religieuse que les « fonds secrets » de la présidence du Conseil calmeront dans la plupart des cas, une Assemblée constituante inclut dans la « loi fondamentale » le principe d'un Conseil de régence présidé de plein droit par la « reine, mère du prince héritier », en cas de disparition du roi, d'abdication, d'absence prolongée ou d'incapacité d'exercer sa fonction avant que l'héritier du trône n'ait atteint l'âge légal de succession, c'est-à-dire vingt ans.

Certes, ce n'est pas un système de régence avec dévolution de toutes les prérogatives du shah à son épouse, puisque la reine peut seulement « agir en Conseil ». Mais cette disposition, révolutionnaire dans un pays musulman – l'islam accordant une place nettement inférieure à la femme dans la société –, met Farah à l'abri d'une séparation et consacre la place de la femme en Iran. Elle constitue aussi un hommage indirect à Farah elle-même, qui, attendant alors son troisième enfant, a vingt-huit ans, cependant que le shah en a quarante-six. « Je perçus la portée symbolique de ce geste, écrit-elle : l'homme qui avait incité le pays à donner le droit de vote aux femmes venait de remettre potentiellement les rênes de l'Iran à l'une d'entre elles[13] ! »

Avant l'islamisation du pays au VIIe siècle, l'Iran avait connu quelques impératrices régnantes. Après le VIIe siècle et à plusieurs reprises, les reines mères des princes héritiers mineurs ayant accédé au trône avaient exercé des régences de fait. Ce fut notamment le cas de la mère de shah Abbas Ier, qui commanda en chef l'armée impériale lors d'une grande bataille contre les Ottomans.

Cela dit, le geste du shah et le vote de la Constituante sont une réelle innovation. Ils trouveront une résonance largement amplifiée le 26 octobre 1967 lorsque, durant son sacre, Mohammad Réza Pahlavi désirera couronner lui-même la shahbanou. « Il n'y avait pas d'exemple d'un tel honneur dans la longue histoire de la Perse[14] », commente Farah.

4

« Xerxès[1] et Fidel Castro »

C'en est fait. Le général Zahédi est parti. Certes, dans des conditions que le shah aurait voulues différentes... mais parti. Hossein Ala', ministre de la Cour, en profite : il est choisi le 9 avril 1955 pour former le nouveau gouvernement. Cette nomination, la seconde pour Ala' à ce poste, marque une rupture non avec le texte de la Constitution, mais avec la tradition constitutionnelle et l'esprit de la loi fondamentale, diront certains. En effet, l'usage voulait que le shah consulte le Parlement avant de désigner le chef de l'exécutif. Mohammad Réza Pahlavi désire à présent s'affranchir de cette pratique[2]. Ce faisant, il inaugure l'ère d'une monarchie autoritaire, en même temps qu'il proclame sa propre émancipation.

Le choix de Hossein Ala' compte parmi les signes forts de cette nouvelle orientation. Issu de l'ancienne aristocratie qâdjâre, gendre d'un régent de l'Empire[3], Ala' est diplomate de carrière. Sa culture est impressionnante : il parle et écrit le persan, le français et l'anglais avec une élégance et un maniérisme parfois surannés. C'est un homme d'esprit, dont les saillies font vite le tour des salons politiques et mondains et que les mauvaises langues surnommeront bientôt « la dame d'honneur » (en français), appuyant ainsi sur ses penchants courtisans. Pourtant, dans le passé, il a souvent fait preuve de courage politique. Lors du changement de dynastie en 1925, député au Parlement, il s'est ouvertement opposé à Réza Khan, emboîtant le pas à Mossadegh et à quelques autres. Réza, dès son accession au trône, ne lui en a pas tenu rigueur, si bien que Ala' a pu faire sous son règne une brillante carrière politique et diplomatique. La crise d'Azerbaïdjan lui a permis d'acquérir une stature internationale. Ambassadeur à Washington entre 1946 et 1950, représentant l'Iran lors de deux séances du Conseil de sécurité des Nations unies, il a répliqué avec brio aux violents discours d'Andreï Vichinsky, le procureur tristement célèbre des procès de Moscou[4], représentant alors l'URSS. Ministre de la Cour, brièvement Premier ministre en 1951 avant d'être remplacé par Mossadegh, il s'est ensuite rangé dans le camp des adversaires du « Vieux Lion ». On l'a vu enfin dans le complot visant à évincer le général Zahédi du pouvoir.

En ce printemps 1955, il récolte les fruits de ses choix. Le voilà au premier plan des affaires, avec le soutien… ou plutôt sous la tutelle du shah. Une situation qui lui convient : ceux qui l'ont connu témoignent de son désir d'assumer son rôle de Premier ministre dans l'esprit d'un ministre de la Cour, soucieux avant tout d'exécuter les volontés du souverain.

Malgré son désir d'apaisement, voire d'effacement, durant cette période, le courage de ses jeunes années ne l'a pas totalement quitté : le 16 novembre 1955, sur le chemin de la Grande Mosquée royale de Téhéran, il est victime d'un attentat perpétré par un membre des Fedayin de l'Islam, mouvement terroriste. Blessé, mais pas grièvement, il reçoit les premiers soins dans une pièce de la mosquée. Le surlendemain, la tête bandée, mais encore très affaibli, il prend la direction de Bagdad pour participer à la réunion des chefs de gouvernement du pacte de Bagdad.

Hossein Ala' reste aux affaires jusqu'au 4 avril 1957, renouvelant son équipe le 16 juin 1956. Sur le plan intérieur, il gère avec son gouvernement les suites de la découverte du réseau militaire du Toudeh, la montée en puissance de la Savak, le début des grands travaux et divers projets de développement initiés par l'Organisation du Plan. Du moins le tente-t-il, car il est vite débordé par l'impétueux directeur du Plan, Abolhassan Ebtéhadj.

Ce dernier, très proche des milieux économiques américains, est fort attentif aux directives de la Banque mondiale et du FMI. Entouré de jeunes diplômés des universités américaines, il dirige d'une main de fer le Plan qui montre progressivement son indépendance. N'étant pas ministre, il aurait dû se placer sous l'autorité de Hossein Ala'. Feignant de l'ignorer, il rencontre le shah au moins une fois par semaine et gère son secteur sans rendre de comptes à Ala'. Le vent lui est favorable, car les revenus du pétrole ne cessent d'augmenter et les institutions internationales se montrent généreuses, voyant dans l'Iran un pays de nouveau stable, aux avant-postes du monde libre, un pays qui obtient de surcroît des résultats économiques spectaculaires. Sa personnalité aurait pu cependant le desservir : il accuse ouvertement de corruption des membres de l'entourage du shah, il est irascible et trop sûr de soi[5]. Mohammad Réza le laisse faire, mais viendra un temps où il s'en lassera.

La pratique qu'il développe de passer par-dessus l'autorité du Premier ministre – qui perdurera avec quelques nuances jusqu'à la fin du règne – s'installe sous le gouvernement Ala' : la plupart des ministres se rendent directement chez le shah, puis, après son mariage avec Farah Diba, chez la shahbanou. Et cela presque toujours sans en avertir leur chef, et sans l'informer des décisions prises alors ou des ordres reçus. Le résultat ne se fait pas attendre : court-circuitant le Premier ministre, le pouvoir du shah se renforce au prix d'une certaine incohérence.

Mohammad Réza prend peu à peu, tant face à l'étranger que devant l'opinion publique, les rênes du pays, exposant toujours davantage sa fonction aux critiques plutôt que de rester le recours du régime et le garant de sa stabilité, comme la Constitution l'a prévu. Ala' ne s'y oppose pas : sa petite cour lui suffit, avec les honneurs et la représentation attachés à son titre. Honnête, mais aveugle et muet devant la disparition progressive du fusible que constitue sa fonction, il creuse le lit qui permettra à la révolution islamique de triompher.

Durant ces années, une société nouvelle émerge peu à peu. Autour de la Cour, ou tout du moins de certains membres de la famille impériale, du Premier ministre, d'Ebtéhadj et de Teymour Bakhtiar, des coteries et des clans aux relents souvent affairistes se créent. Des bruits, amplifiés par l'opinion publique, commencent à ternir l'image de certaines personnalités sans que l'on puisse démêler le vrai du faux. Les perspectives d'argent facile, de contrats juteux, de projets rémunérateurs attirent toujours plus de spéculateurs et d'aventuriers à la marge de la loi et des convenances. Le mirage de l'or noir – sa malédiction peut-être – trouble les esprits.

En Iran et dans certains milieux à l'étranger, la rumeur commence à se répandre d'une prétendue corruption infiltrée dans tous les pores de la société impériale. De ces rumeurs souvent sans preuve qui, quoi que l'on fasse, perdurent.

C'est aussi une période où le shah voyage beaucoup à travers l'Iran : pèlerinage à la ville sainte de Mashhad, voyages à Ispahan, Shiraz, Ahwaz… Partout la population l'accueille chaleureusement. Pour assurer sa sécurité, on déploie, comme dans les autres pays, un service d'ordre important, sans commune mesure cependant avec ce que l'on peut observer dans les régimes totalitaires ou dictatoriaux, même si une certaine presse a tenté l'amalgame.

Mohammad Réza tient à garder un contact direct avec ses compatriotes et s'irrite rapidement lorsqu'on veut l'isoler ou empêcher les gens d'approcher. Il en sera ainsi jusqu'à la fin de son règne.

Lorsqu'il est en province, des officiers de sa garde, à pied, le précèdent, rangés des deux côtés de l'artère qu'il traverse. Ils sont chargés de ramasser les *arizeh*, ces lettres que ses concitoyens lui adressent et qui contiennent des demandes de toutes sortes, des plaintes ou parfois des mots aimables. Chaque fois, l'officier demande : « Est-ce que votre nom et votre adresse sont bien indiqués ? Sa Majesté lira votre lettre et vous recevrez une réponse. » Evidemment, le shah ne la lira pas, mais le Cabinet impérial y répondra avec courtoisie. Si la lettre nécessite qu'une suite soit donnée dans un ministère, il l'y transférera et veillera à ce qu'une seconde réponse soit apportée, remplissant en quelque sorte le rôle du service des interventions qui existe en France à l'Elysée. Parfois, les gens offrent au shah des petits cadeaux, friandises, dessins, images pieuses. Réponse est toujours faite que le cadeau a été fort apprécié. Nombreux sont ceux qui, surtout dans les villages et petites villes, encadrent ces lettres à en-tête impérial et les suspendent dans leur maison.

Après son mariage avec le shah en 1959 et la naissance du prince héritier l'année suivante, Farah commence elle aussi à se déplacer dans les provinces. Ce qui arrive pour le shah se produit progressivement pour elle aussi. On collecte les missives qui lui sont adressées et, vers la fin du règne, des spécialistes les classifient pour en tirer des enseignements sociopolitiques : si les plaintes contre l'administration sont nombreuses, les demandes d'aide matérielle, de logement, d'exemption de service militaire pour un fils, de grâce pour un prisonnier le sont bien plus encore. Le shah et son épouse ne négligeront jamais cette part de leur métier et de leur devoir.

S'il voyage souvent, Mohammad Réza reçoit aussi beau-coup, car l'Iran explose économiquement. Chefs d'Etat, Premiers ministres, ministres, universitaires, hommes d'affaires et journalistes affluent à Téhéran. Le protocole impérial et celui des Affaires étrangères s'adaptent à ces nouvelles réalités. Les consignes du shah en la matière sont strictes : l'Iran doit tenir son rang avec dignité sans verser dans l'excès ou l'ostentation ; les réceptions en ville des représentations étrangères ne doivent en aucun cas troubler la population, malgré d'inévitables mesures de sécurité[6].

Quelques-unes des visites d'Etat, durant le gouverne-ment Ala', ont revêtu un aspect exceptionnel. Pour n'en citer qu'une : la visite, entre le 9 et le 17 août 1955, du roi Abdel-Aziz ben Séoud d'Arabie saoudite. Des pro-blèmes de tous ordres surgissent à cette occasion, faute d'expérience. Problème d'hébergement : la délégation saoudienne est si nombreuse qu'on ne sait où la loger. Problème de représentation : aucune femme ne faisant partie de la suite royale, quels doivent être le rôle et la conduite de l'impératrice Soraya en pareille occasion ? Il sera décidé, après maints conciliabules, qu'elle recevra le roi d'Arabie aux côtés de son époux. Autre casse-tête : peut-on servir des boissons alcoolisées lors des dîners d'Etat ? Le protocole est muet sur ce point. Aussi s'en abstient-on... officiellement. Dans la coulisse, demande est faite aux responsables du protocole iranien que, dans les chambres et appartements des invités, soient disposés discrètement des alcools – du whisky surtout. Les offi-ciers, constatant au petit matin le succès incontestable de ces dépôts, les remplacent régulièrement. Autre embar-ras lorsque des membres de la délégation réclament la présence de « compagnons de plaisir » des deux sexes. Du côté iranien, la surprise est grande, car on n'a pas pensé à cet usage diplomatique... enfin, pas encore. De ce fait, on ne peut répondre que partiellement à la demande car, sur place, les gens jugés « convenables » ne sont pas légion. La leçon porte cependant : pour certaines visites étrangères, on sollicitera des agences parisiennes, expertes en la matière, une pratique courante dans de nombreux pays[7].

Dans tout Téhéran, l'arrivée massive de ces troupes de charme suscite plaisanteries, mais aussi critiques, car on se doute qu'elles ne sont pas destinées aux seules visites étrangères. Les Iraniens n'étaient ni naïfs ni prudes à cette époque, mais ces pratiques libertines n'étaient pas encore entrées dans les mœurs aussi ouvertement. Les temps ayant changé, la capitale iranienne adopte désormais les usages des autres grandes capitales, de l'Est ou de l'Ouest, ce qui ne va pas sans provoquer des remous.

Le roi d'Arabie saoudite bénéficie donc de tous les honneurs, car Téhéran tient à améliorer sa position dans le golfe Persique. Un privilège exceptionnel lui est même réservé : un discours devant les deux Chambres réunies du Parlement. Le roi repart donc comblé dans son pays, après un dernier échange de cadeaux de prix.

Au printemps 1957, le cabinet Ala' a atteint les limites de ses compétences. Au poste de Premier ministre, le besoin se fait sentir d'un homme plus apte à diriger un pays en pleine mutation économique. Ala' a surtout l'envergure d'un bon ambassadeur ou d'un bon ministre de la Cour ; en outre, il est fatigué. Si son gouvernement a laissé au shah la direction des affaires et des forces armées, de la police, de la gendarmerie nationale, la maîtrise des orientations diplomatiques majeures, entre autres l'ancrage dans le camp occidental, on attend de lui qu'il se charge au moins de l'intendance, dont l'importance est croissante. Or il n'en semble plus capable. Ala' est donc déchargé de son poste et retrouve son bureau de ministre de la Cour. L'a-t-il jamais vraiment quitté, d'ailleurs ?

Le 4 avril 1957, le professeur Manoutchehr Eghbal[8], ancien recteur de l'université de Téhéran, le remplace. Bien qu'il soit un habitué de la vie politique iranienne, il fait figure d'homme neuf. Issu d'une vieille famille bourgeoise et propriétaire terrien à Mashhad, diplômé de la fameuse école Dar-ol-Fonoum en 1926, puis envoyé à Paris à la faculté de médecine, diplômé en 1933, ancien interne des Hôpitaux de Paris, il s'est marié à une Française, ce qui fait de lui un francophone, et même un francophile[9]. Il a été le médecin personnel de Ghavam, qui l'a nommé ministre de la Santé. Administrateur toujours rigoureux, il a été de tous ses cabinets. Ministre de l'Intérieur lors de l'attentat contre le shah en 1949, il a conduit lui-même le blessé à l'hôpital. C'est encore lui qui, à la suite de cet attentat, a fait voter au Parlement la loi déclarant la dissolution et l'interdiction du parti communiste Toudeh. Durant toute la crise pétrolière, il s'est tenu à l'écart de la vie politique, se consacrant à son cabinet et à la Faculté de médecine dont il a été élu doyen. Après l'arrivée de Zahédi au pouvoir, alors que l'université de Téhéran traverse une période d'agitation, il en a été élu recteur. Y ayant rétabli le calme, il a lancé de nombreux programmes de développement. Il a enfin été nommé brièvement ministre de la Cour, avant de succéder à Hossein Ala'.

Autant dire que c'est un homme expérimenté qui vient apporter son talent au réveil de l'Iran. Plutôt rude et sec, d'une intégrité proverbiale, courtois, voire charmeur avec les femmes – on lui prêtait quelques aventures, au début de sa carrière politique –, travailleur acharné, il est à son bureau dès 6 h 30. D'une absolue fidélité au shah, il n'est l'homme d'aucune puissance étrangère. A l'instar de son mentor politique Ghavam, il se montre hautain avec les diplomates et hommes politiques étrangers, à l'exception peut-être des Français. A l'inverse de Ghavam cependant, il n'a pas volonté à gouverner seul, préférant être « un exécutant fidèle de la politique de Sa Majesté ». D'ailleurs, lors d'une séance au *Majlis*, chahuté par des députés, il avait cru faire un bon mot en paraphrasant Mirabeau : « Je suis ici par la volonté de Sa Majesté et je resterai en fonction tant qu'Elle le voudra ! », une phrase qu'on lui reprochera souvent par la suite.

Il a toutefois quelques « faiblesses » : des connaissances très sommaires en anglais et le fait de n'avoir pas été formé dans les universités américaines, ce qui lui attire dès le début la méfiance de Washington... méfiance qui se transformera en suspicion lorsque, sans ménagement, il congédiera en février 1959 Abolhassan Ebtéhadj, le directeur du Plan, privant Washington, le FMI et la Banque mondiale de leur meilleure courroie de transmission en Iran. Autre faiblesse : son indulgence envers les agissements de la famille impériale et des courtisans. Elle nourrira les reproches de laxisme qui lui seront bientôt adressés.

Durant les années Eghbal, l'Iran connaît une période de prospérité. Le pays se transformant en un immense chantier, le shah passe d'une inauguration à l'autre. Si partout poussent des écoles, des bâtiments administratifs et des logements sociaux, les transports sont au cœur des projets car, grâce à eux, le pays peut espérer exploiter ses richesses, faire du commerce, communiquer plus rapidement. Ainsi, le transiranien Est-Ouest, initié sous Réza shah, est enfin achevé, avec des gares monumentales à Tabriz et à Mashhad. Les vieilles locomotives à vapeur sont remplacées par de flambants diesels. On accélère par ailleurs la construction de la ligne devant relier Ispahan, Kerman et Bandar Abbas, sur le détroit d'Ormuz. Les transports routiers suivent : on redessine et asphalte les voies entre les plus grandes cités du pays. L'aéroport international de Mehrabad est agrandi et doté d'une aérogare digne de la « capitale de l'Empire ». C'est le début des voyages en Iran pour bon nombre d'Iraniens.

Les grands barrages, commencés après la chute de Mossadegh, sortent eux aussi de terre, impressionnants. Ils répondent peu à peu aux besoins en eau de nombreuses provinces arides et fournissent au pays une large part de son électricité.

Des fonds spéciaux, richement dotés, sont créés, l'un pour aider au développement de l'industrie dans le secteur privé, l'autre pour moderniser l'agriculture. C'est ainsi que naissent des entreprises privées là où il n'existait rien et qu'émerge une nouvelle classe entrepreneuriale. Le véritable décollage de l'économie iranienne date des années Eghbal.

Le Premier ministre est épaulé par une instance nouvelle, le Haut Conseil de l'économie, dont la direction est confiée fin 1957 à un jeune diplomate, Hassan Ali Mansour, avec rang de secrétaire d'Etat[10]. Pour le shah, cette initiative constitue un acte politique fort. En effet, l'influent Bureau économique de l'organisation du Plan reste, même après l'éviction d'Ebtéhadj, « très américain », comme il le dit parfois, et oriente la politique économique du pays selon des instructions venues d'outre-Atlantique, particulièrement du FMI et de la Banque mondiale. Au Haut Conseil de l'économie, les économistes, juristes, sociologues et experts viennent d'autres horizons, de France, d'Allemagne et de Suisse. Mohammad Réza commence en effet à avoir une vision plus précise de l'avenir qu'il conçoit pour un Iran plus indépendant : s'il désire toujours gouverner en s'appuyant sur des technocrates, il veut être maître des choix. Le Haut Conseil de l'économie, qu'Eghbal soigne particulièrement, lui en donne l'occasion, par sa composition, dans un secteur qu'il juge stratégique[11].

Deux projets sont particulièrement importants pour le cabinet Eghbal. Le premier est la création de la Banque centrale d'Iran, en charge de l'émission monétaire, qui se faisait depuis Réza shah sous la supervision de la Banque nationale d'Iran. Cette dernière devient, à la faveur de la réforme, une banque d'Etat orientée vers le développement de l'économie et de l'aide au secteur privé. Le second projet concerne la « vieille » Banque de développement de l'Industrie et des Mines, fondée par Ghavam, qui végète alors. A la suite de sa réforme, de grandes banques d'affaires occidentales, notamment la Banque de Paris et des Pays-Bas, y détiennent une part, minoritaire certes, mais qui leur permet d'apporter leur expertise et leurs capitaux. La nouvelle banque ainsi constituée emprunte auprès de la Société financière internationale (filiale de la Banque mondiale) et de l'Import-Export Bank of the United States. Elle peut ensuite prêter à son tour des sommes considérables à l'industrie et au secteur minier.

Le Haut Conseil de l'économie prépare enfin un projet de loi « révolutionnaire » que d'aucuns disent contraire à l'islam – on ne sait pourquoi –, mais qu'Eghbal fait voter : la copropriété dans les immeubles d'habitation, une mesure phare qui entraîne rapidement un renouveau inespéré dans le secteur du bâtiment. Parallèlement à cette mesure, une Banque du bien-être des travailleurs est mise en place pour favoriser l'accession à la propriété privée des ouvriers de l'industrie et des mines.

Pour le développement de l'économie, les mesures prises aboutissent à un bilan très positif. L'étranger ne s'y trompe pas : en 1960, la France organise à Téhéran sa première grande exposition industrielle après le retour au pouvoir du général de Gaulle.

Le tableau pourrait sembler idyllique si l'exposé s'arrêtait ici. Il comporte cependant des zones d'ombre. Les universités, à présent nombreuses, sont parfois agitées. Mossadegh, bien qu'en exil à Ahmad-Abad, rassemble et symbolise l'opposition au mode de gouvernance du shah. Pour en neutraliser les effets, la Savak de Teymour Bakhtiar agit avec brutalité. Le shah, trop absorbé par le développement de son pays et sensible aux honneurs qui lui viennent de l'extérieur, ne prête qu'une oreille distraite à ce qu'il qualifie de « broutilles » et ne remarque pas les fissures, encore limitées, mais bien présentes, de l'édifice qu'il construit.

Or la violence de la Savak ne constitue en aucune manière une réponse acceptable aux revendications qui s'élèvent. Le développement économique, les réformes structurelles et l'urbanisation ont en effet donné naissance à une classe moyenne désireuse de participer activement à la vie politique, à la gestion des affaires publiques. La paysannerie se réveille elle aussi, la grande propriété, parfois de type féodal, ne correspondant plus aux impératifs de cette société en mutation. Il aurait fallu initier d'urgence des réformes. Mohammad Réza, grand lecteur des journaux étrangers, ne pouvait l'ignorer.

Sa réponse à ces problèmes reste cependant très timorée, voire décalée. Alors que le bazar, force politique encore influente, se tient à l'écart, le shah crée deux partis supposés promouvoir l'alternance politique et encourager le débat public. Le premier, Mellioun (Parti des nationalistes), dirigé par Eghbal lui-même, rassemble ministres, députés, fonctionnaires et médecins, l'influence du Premier ministre sur le corps médical restant grande[12]. Son programme n'est guère neuf : des généralités allant de l'indépendance nationale au développement économique. Le second parti, Mardom (Parti du peuple), est dirigé par Alam, l'ami du shah, « la voix de son maître » en quelque sorte. Ce dernier a la « bonne idée » de réunir autour de lui des intellectuels de gauche, un poète célèbre, quelques écrivains, des repentis ou dissidents du Toudeh. Grand féodal du sud du Khorassan, compatissant envers « ses paysans », il tient parfois un discours réformateur, sinon gauchisant, évoque la nécessité du dialogue social, voire d'une réforme agraire, fait de brèves allusions à la participation des femmes aux affaires publiques. Son programme ressemble cependant à s'y méprendre à celui du Mellioun, la référence des deux partis à la « pensée royale » étant omniprésente. L'opinion ne s'y trompe pas : elle les surnomme bientôt Pepsi-Cola et Coca-Cola.

Le shah désire également initier une grande loi de réforme agraire. Son nouveau ministre de l'Agriculture, Djamchid Amouzegar, docteur en irrigation formé à l'université américaine Cornell, mais connaissant peu la sociologie et les réalités iraniennes, s'entoure, en technocrate méticuleux, d'un petit comité d'experts, dont quelques Américains, et élabore un projet tellement détaillé que personne ne le comprend. La première phase, consistant en un relevé cadastral de toutes les propriétés foncières par des méthodes scientifiques de pointe, prendrait à elle seule au moins quinze ans. Les experts d'outre-Atlantique applaudissent chaudement au projet. Le shah donne son aval. Le Premier ministre laisse faire, tout en reconnaissant en privé que le projet est irréaliste.

A la Chambre où les propriétaires fonciers composent un groupe influent, les députés discutent longuement du projet de loi puis, par amendements successifs, ajoutent à sa complexité. Une manière de montrer qu'il est inadapté à la situation, si bien que le monstre dont a accouché le pouvoir législatif, approuvé par le shah, sombre dans les pages du *Journal officiel*. Un nouvel échec en matière de réformes.

Sur le plan économique, les projets du gouvernement, bien que spectaculaires et destinés au mieux-être de tous, provoquent des poussées inflationnistes. Le gouvernement tente d'y faire face en grande partie par la coercition et crée à la hâte quelques coopératives de distribution. Mais le mécontentement grandit. Le shah s'en inquiète enfin, alerté par des réserves de change qui commencent à décroître pour les mêmes raisons.

Le FMI est appelé à la rescousse. Son rapport est accablant. L'Iran veut aller trop vite, est trop ambitieux, développe trop de projets gigantesques comme la création d'une industrie lourde, la pétrochimie étant particulièrement visée. Il lui faut d'urgence tailler dans les dépenses publiques, accepter une décélération de la croissance, réduire ses ambitions et bloquer les salaires. Le FMI promet une petite aide dont l'Iran, avec ses revenus pétroliers en augmentation malgré un prix du brut dérisoire, n'a pas vraiment besoin. Ce qui lui manque, mais que le FMI ne peut lui proposer, c'est plutôt une gouvernance réaliste, capable d'évaluer les dommages collatéraux d'une croissance désordonnée.

Mohammad Réza Pahlavi semble avoir pris conscience que ses amis d'outre-Atlantique pourraient cesser de l'être s'il ne révisait pas ses ambitions à la baisse. Comprenant qu'on veut le tenir sous tutelle, loin d'écouter les conseils qu'il a pourtant sollicités, il prend cependant en grippe l'équipe iranienne qui a négocié avec les experts du FMI, traitant même en privé ses membres de « valets de Washington ».

Le résultat ne se fait pas attendre. Au printemps et à l'été 1960, tous les ingrédients d'une crise politique interne majeure sont réunis. Aux Etats-Unis, la fin du mandat du président Eisenhower approchant, la campagne présidentielle bat son plein, donnant l'occasion aux démocrates de critiquer le régime iranien, d'encourager ses adversaires internes et de les financer indirectement. En Iran également, les élections législatives en cours durant le printemps et l'été sont vivement contestées, surtout dans les milieux politiques de Téhéran. Les Américains font alors ouvertement pression sur le shah pour obtenir le départ d'Eghbal, lequel rechigne toujours à appliquer les mesures drastiques exigées par le FMI, qui auraient cassé la dynamique de la croissance. Le shah se range alors du côté des Américains, reculant sur ses propres positions, et prie sans ménagement celui qui a dirigé son gouvernement pendant quarante et un mois et dont le bilan est positif sur de nombreux points de démissionner. Ce qu'Eghbal fait, le 31 août 1960.

Djafar Sharif-Emani est alors nommé Premier ministre : c'est son premier mandat. Ancien ministre de l'Industrie et des Mines, critiqué pour ses relations avec les milieux d'affaires, dont on le dit l'homme de confiance, ce dernier présente ses ministres directement au shah le 31 août, la durée de la législature étant expirée, ce qui lui permet d'éviter l'épreuve du Parlement. Les députés déjà élus sont sommés de renoncer à leur mandat, qu'ils n'exercent pas encore puisque le processus de votation n'est pas achevé. Bien qu'ils jugent le procédé cavalier et discutable, la plupart s'exécutent. Sharif-Emani décide ensuite de procéder à de nouvelles élections durant l'hiver suivant. Aux « élections estivales », comme les appelle malicieusement la population, succèdent les « élections hivernales », encore plus contestables que les précédentes. L'argent y coule à flots pour obtenir des sièges. Fermant les yeux une fois de plus, car pressé d'avoir une façade parlementaire, le shah cautionne la procédure et inaugure le nouveau Parlement. Sharif-Emani démissionne, comme le veut la Constitution, et est rappelé le 11 mars 1961.

Normaliser la vie économique et la maîtrise du processus inflationniste étant plus ardu que s'offrir des élections favorables, Sharif-Emani cède aux exigences du FMI et met en place un « plan de stabilisation » traditionnel : réduction rapide des dépenses publiques, gels des salaires, arrêt brutal des investissements publics, suppression de la majeure partie du crédit au secteur privé productif. Le gouvernement s'engage en outre à renoncer à ses projets en matière d'industrie de base. L'application brutale du plan provoque rapidement une récession économique, la baisse de l'activité et une forte recrudescence du chômage. Des personnes de tous âges déambulent dans les rues, sans emploi. Un très mauvais climat social vient renforcer le malaise politique. Pour donner le change et apaiser l'opinion, le Premier ministre s'en prend à son prédécesseur, qui fut aussi son chef. Lors d'une rencontre avec l'ambassadeur de Grande-Bretagne, il le rend responsable de la situation, sans épargner le shah[13].

Pendant que Sharif-Emami règle ses comptes, l'anti-américanisme se développe à Téhéran. Le nouveau ministre du Plan, beau-frère du Premier ministre, prononce même devant le Parlement des discours antiaméricains d'une virulence inouïe jusque-là.

C'est dans ce contexte de tension qu'un envoyé spécial du président Kennedy fraîchement élu[14], l'ambassadeur Averell Harriman, atterrit à Téhéran. Selon la presse américaine, il est venu exiger un « changement radical » de la politique du shah, lequel le reçoit en audience, puis l'invite à un déjeuner en comité restreint au palais de Marbre. Harriman s'endort au cours du repas : décalage horaire, excellence du bordeaux après le dom pérignon de l'apéritif ? Ardéshir Zahédi, alors ambassadeur à Washington, et qui fait partie des rares convives, renverse un verre sur la table pour le réveiller, ne supportant pas que l'on manque à ce point de respect au shah. Ce dernier se fâche, cependant que Harriman remercie Ardéshir[15]. Cet incident dépassé, l'envoyé américain transmet le message qu'il est venu délivrer, ainsi qu'une invitation à la Maison-Blanche pour le shah et sa jeune épouse Farah.

L'intervention de Harriman marquera un tournant dans la politique du shah qui, comme à son habitude, ne fera aucun commentaire, effectuant un repli tactique, mais réagira à long terme.

A partir de 1955 et du limogeage maquillé du général Zahédi, le shah s'implique aussi davantage dans les relations internationales. Comme il devient le personnage central de la politique iranienne, ses déplacements à l'étranger[16] et les visites qu'il reçoit à Téhéran acquièrent une nouvelle dimension.

En Inde du 15 février au 9 mars 1956 avec l'impératrice Soraya, il rencontre Nehru, tiers-mondiste socialisant qui n'a pas une très haute opinion de la monarchie iranienne, devenue trop autoritaire et trop pro-occidentale à son goût. Mohammad Réza en profite pour valoriser l'Iran, multiplie les déclarations caressant l'opinion dominante indienne, exagère ses hommages à Gandhi. Dans cette entreprise de séduction, il compte sur le soutien de la communauté parsie d'origine iranienne et de tradition zoroastrienne dont le poids économique rayonne depuis Bombay sur tout le pays.

Ayant quitté l'Inde dès qu'il apprend l'élection du major-général Iskander Mirza, quatrième gouverneur général du Pakistan, comme premier président de la République le 23 mars 1956, il lui adresse de chaleureuses félicitations, car les deux hommes se connaissent depuis longtemps. Le nouveau président, ami de l'Iran, parle persan comme beaucoup de Pakistanais cultivés. Bien qu'ayant épousé Nahid Kalali, fille d'un ancien ministre ami de Mossadegh, il est resté proche de la cour persane et du shah, qu'il invite avec Soraya à lui rendre visite. Ce qu'ils font. L'accueil est triomphal ; le Pakistan restera jusqu'à la fin de la monarchie un allié privilégié de l'Iran.

A peine rentré de Karachi et après un voyage en Turquie en mai, le couple impérial s'envole le 25 juin 1956 pour l'Union soviétique, où il doit séjourner jusqu'au 13 juillet, avec des étapes à Moscou, Stalingrad, Tachkent et Kiev. Cette visite revêt une dimension politique toute particulière : c'est la première visite d'un shah en URSS depuis l'époque qâdjâre et la chute des tsars. Les relations bilatérales ne sont pourtant pas excellentes. Tous les efforts de rapprochement ont été pratiquement annulés par l'adhésion de l'Iran au pacte de Bagdad en 1955, par son ancrage systématique au camp occidental et sa répression anticommuniste. Malgré tous ces obstacles, le shah désire renouer un dialogue avec le bloc de l'Est. Egalement avec Moscou, sans aucun doute. Le Kremlin, de son côté, en abandonnant ses partisans iraniens à leur sort, a su faire lui aussi la part des choses.

Les autorités soviétiques ont prévu de loger le couple impérial à l'extérieur du Kremlin, dans un pavillon construit par Staline pour accueillir Churchill pendant la guerre. Pour Abdolhossein Massoud Ansari, ambassadeur d'Iran à Moscou, il ne saurait en être question : les souverains iraniens doivent résider dans l'enceinte du Kremlin ! Dans un premier temps, il se heurte à un refus : « Nous n'avons pas d'appartement adéquat et le Kremlin est un lieu de travail, non de résidence », avancent les autorités. Il réplique : « Je ferai alors annuler le voyage. » Moscou cède. Peintres et décorateurs se succèdent durant deux semaines dans les appartements alloués au couple impérial. Tout est enfin prêt pour accueillir les Pahlavis.

La délégation iranienne a été choisie fort soigneusement. Outre Ardéshir Zahédi – qui est de presque tous les voyages impériaux –, plusieurs russophones en font partie : l'ancien Premier ministre Mohammad Saèd – qui avait tenu tête aux Soviétiques pendant la guerre –, Ebrahim Kachani[17], ministre du Commerce, ainsi que deux généraux prestigieux, Morteza Yazdan-panah et le prince qâdjâr Ammanollah Mirza Djahanbani, tous deux formés dans les meilleures écoles de la Russie impériale et mariés à des Russes.

La première séance de négociations se déroule au Kremlin, dans une salle aux volumes impressionnants et aux plafonds peints. En face du shah, les dirigeants soviétiques : Nikita Khrouchtchev, Anastase Mikoïan, le maréchal Klementi Vorochilov, Nicolaï Boulganine et Andreï Gromyko. Khrouchtchev attaque d'emblée violemment la politique de l'Iran, surtout son adhésion au pacte de Bagdad et son allégeance à Washington. Le shah soutient l'assaut sans sourciller. Il s'aperçoit soudain, tout comme Khrouchtchev qui lui fait face, que Saèd, dont l'humour est légendaire, regarde le plafond. Curieux, il demande discrètement : « Monsieur Saèd, qu'avez-vous à regarder tout le temps le plafond ? – Sire, lui répond Saèd, je le compare au plafond du bureau du maire de Maragheh[18], qui est décoré de peintures autrement plus jolies et éclatantes ! » Le shah ne peut longtemps réprimer un éclat de rire[19]. Le but est atteint : Khrouchtchev est déstabilisé. Cela donne le temps au shah de se préparer : avec le plus grand calme, il répond que l'Iran n'a pas la moindre intention belliqueuse envers l'URSS, qu'il ne recherche avec elle que des relations harmonieuses. « Mais, ajoute-t-il, avez-vous oublié ce que vous nous avez fait : l'occupation illégale de notre pays après la guerre, l'appui que vous avez fourni aux tentatives séparatistes de l'Azerbaïdjan et du Kurdistan, le rôle subversif qu'a joué le Toudeh ? Dans ce contexte, n'est-il pas légitime que nous soyons prudents, que nous nous protégions ? » Khrouchtchev bat en retraite, change de cap, plaisante, avance qu'il a dû être mal compris ou mal traduit : « Votre ambassadeur à Moscou parle mieux le russe que moi. Il a étudié chez les aristocrates et parle leur langue précieuse. Moi, je viens d'une famille d'ouvriers ; j'étais moi-même ouvrier ; je parle la langue du peuple. » La réplique du shah est immédiate : « Ne chargez pas M. Aliev[20], il a fort bien traduit ; mon ambassadeur me le confirme. » On en reste là. On se sépare.

Le jour suivant, les Soviétiques modifient le programme des visites. Le shah et sa délégation, sans l'impératrice, sont invités à voir les installations de l'armée Rouge et à assister à des exercices militaires. L'objectif est d'impressionner les Iraniens en leur montrant la force de l'URSS. Lors de cette visite, l'attitude des officiers soviétiques devant Mohammad Réza étonne les généraux iraniens :

ils se comportent comme devant le tsar de leur jeunesse, ne lui parlant qu'au garde-à-vous.

Le lendemain, un grand banquet d'apparat est donné dans le légendaire salon Saint-Georges du Kremlin. A la fin du repas, Khrouchtchev prend un verre de vodka, le vide d'un trait et le renverse sur la table pour montrer qu'il est bien vide. Le ton est donné. Il s'en prend ensuite à l'Iran et au shah : « Vous dites que vous êtes notre ami. Vous venez renouer avec nous, mais votre attitude est celle d'un ennemi. Avez-vous bien vu votre puissance militaire ? Nous pouvons vous envahir à l'instant même. Quelles que soient vos forces, quelles que soient vos alliances, vous ne pourrez nous résister. Sachez que l'Union soviétique ne restera pas indifférente devant le pacte de Bagdad. »

Le coup est rude, le manque de diplomatie rare. Dans un silence impressionnant, le shah se lève. Il vide lui aussi d'un trait son verre de vodka (il avait absorbé de l'huile d'olive auparavant pour se prémunir des effets secondaires de l'alcool qu'il savait couler à flots), fait mine de le renverser dans un vase de fleurs, mais esquisse soudain un geste de la main pour signifier qu'il ne faut pas maltraiter les plantes. Puis il déclare : « C'était une excellente journée. Nous nous réjouissons d'être venus ici et d'avoir entendu ce que vous venez de dire. Vous n'avez pas changé. Vos idées sont toujours celles de l'époque stalinienne que par ailleurs vous dénoncez. Nous avons de ce fait eu raison d'entrer dans le Pacte [de Bagdad]. Je vous le dis, monsieur Khrouchtchev, si vous attaquez l'Iran, moi et mon peuple lutterons jusqu'à la dernière goutte de notre sang pour la défense de notre patrie. »

La tension est extrême. Anastase Mikoïan, qui joue au modéré, se lève et s'adresse au shah : « Il y a malentendu. Les propos du camarade Khrouchtchev ont été mal traduits. » Le shah ne désarme pas : « N'accablez pas encore M. Aliev injustement. Mon ambassadeur, que vous-même admirez pour sa parfaite maîtrise du russe, a traduit mot pour mot les propos de monsieur le secrétaire général. Je sais ce qu'il a dit. » Le banquet se termine dans une ambiance détestable, note Ardéshir Zahédi.

Le soir venu, dans leur résidence du Kremlin, Soraya confie à son époux : « Avec ce qui vient de se passer, il ne faut pas attendre de cadeaux ! » L'appartement étant sur table d'écoute et le voyage se terminant, le shah reçoit un avion russe et l'impératrice un manteau de fourrure ! Mohammad Réza Pahlavi n'utilisera jamais son avion, mais l'offrira à son futur beau-frère, le général Khatam. Quant au manteau de fourrure, il suivra Soraya dans son exil parisien.

Quelques jours plus tard, les Soviétiques lancent une guerre de propagande contre l'Iran *via* les radios de Moscou et de Bakou, et installent à leur frontière, limitrophe du territoire iranien, des haut-parleurs pour l'intensifier. Les Iraniens font de même. A la longue, Moscou constatant la fermeté de Téhéran, les choses se tassent et les deux pays apprennent à travailler ensemble et à se supporter malgré leurs différences, au point d'indisposer Washington.

Durant le printemps 1958 – le shah est de nouveau célibataire, séparé de Soraya depuis mars –, les visites officielles reprennent. Du 15 au 19 mai, il se rend en république de Chine, qui traverse une crise grave[21]. Il y rencontre le maréchal Tchang Kaï-chek et y visite installations militaires, musées et usines d'aluminium. Puis, du 20 au 27 mai, il part pour l'Espagne, où il rencontre le général Franco : Madrid, Séville, Grenade, Palma de Majorque s'égrènent, avec des visites de tous ordres, dont les installations militaires et portuaires. Ces visites d'Etat sont suivies à l'été d'un bref passage aux Etats-Unis à titre privé, puis sur la Côte d'Azur.

Le 14 juillet, le shah est encore au Carlton de Cannes, d'où il doit partir pour Nice afin de s'envoler pour

Istanbul, où se tient le lendemain la conférence des chefs d'Etat et de gouvernement du pacte de Bagdad. Il est 5 heures du matin. Dans sa suite l'ont rejoint sa fille Shahnaz et son gendre, Ardéshir Zahédi. Tout le monde est prêt pour partir à 6 heures. Soudain, le téléphone sonne. Un journaliste demande à parler au shah. Ardéshir lui répond de s'adresser plutôt à l'ambassadeur d'Iran à Paris, Nasrollah Entézam, qui se trouve dans le même hôtel, tout comme d'ailleurs le général Zahédi, désormais ambassadeur auprès des Nations unies. Dans l'heure qui suit, Entézam et le général Zahédi apprennent qu'un coup d'Etat vient de se produire à Bagdad. Le shah, informé à son tour, prend l'avion pour Istanbul, mais lorsqu'il traverse l'espace aérien grec, les autorités turques informent le commandant de bord que l'atterrissage se fera à Ankara, et non à Istanbul. L'inquiétude monte. Que se passe-t-il à terre ?

L'arrivée à l'aéroport d'Ankara est pleine de surprises. Non seulement le président turc Celâl Bayar, mais aussi le président pakistanais Iskandar Mirza et des personnalités des deux pays attendent le shah à sa descente d'avion, ce que le protocole ne prévoit pas. La situation est grave. Les conciliabules s'engagent entre les trois chefs d'Etat. L'annonce est tombée : ce 14 juillet 1958, le roi Fayçal d'Irak et le prince régent Abd al-Ilah[22] ont été massacrés ; Nouri-Saïd, l'homme fort du pays, est en fuite[23]. La monarchie irakienne est abolie, le pouvoir revenant à une entité tripartite, la « souveraineté du Conseil », composée des représentants des trois principaux groupes ethniques du pays.

Le shah convoque sur-le-champ à Ankara le Premier ministre Eghbal et le chef de la Savak, Teymour Bakhtiar. De son côté, le président du Liban Camille Chamoun[24] envoie un émissaire à Ankara pour exprimer son inquiétude devant une situation qui empire. En effet, depuis le 26 juillet 1956, date de la nationalisation par Nasser du canal de Suez[25], la tension monte pour protester contre le pacte de Bagdad et le régime du roi d'Irak. L'armée irakienne, jusque-là contenue par les largesses royales, vient de se retourner contre Fayçal, portant un coup fatal et collatéral à la Fédération arabe d'Irak et de Jordanie, créée le 14 février 1958. La Jordanie du roi Hussein se trouve de ce fait dans une situation politique dramatique, Hussein étant le cousin germain de Fayçal, l'aîné de la famille Hachémite.

Mohammad Réza Pahlavi réagit de façon plutôt étrange. Oublieux des conditions de la mise à pied du général Zahédi en avril 1955, il lui demande dans un message secret s'il accepterait de présider de nouveau le gouvernement, éprouvant le besoin d'avoir à ses côtés un homme capable de gérer une situation explosive et de contrôler l'armée, car il craint une contamination partie d'Irak et remontant jusqu'à l'Iran. Le général accepte immédiatement, mais rassure le shah sur l'attitude de l'armée : après l'élimination du réseau militaire du Toudeh, le risque d'un coup de force de type égyptien ou irakien est à exclure en Iran. En fait, par le renversement de Fayçal, Moscou a mis en sous-main son projet à exécution : rendre inopérant le pacte de Bagdad. L'Irak, bientôt dirigé par le général Abdul Karim Qasim, s'en retirera le 24 mars 1959. Les archives du Pacte saisies, son siège sera transféré à Ankara, où il prendra le nom de CENto (Central Treaty Organisation) après l'adhésion des Etats-Unis.

La nuit du 14 au 15 juillet, Zahédi préconise une intervention turco-iranienne par la frontière entre l'Iran et l'Irak, s'appuyant sur les engagements du pacte de Bagdad[26]. Il propose ensuite que la Jordanie, prétextant de son alliance militaire de février avec l'Irak, agisse de même et que le roi Hussein, à l'issue des opérations, soit mis sur le trône irakien, en vertu de ses droits dynastiques. Le projet, très ambitieux, suscitant l'inquiétude du shah, Zahédi s'engage à assurer personnellement le commandement des opérations. Si elles échouaient, le shah n'aurait qu'à le traduire devant une cour martiale et le faire fusiller.

Le « plan Zahédi » est cependant rejeté par la conférence, à laquelle se sont joints des représentants des Etats-Unis et de la Grande-Bretagne, observateurs du Pacte. Les Soviétiques avaient fait passer un message à Londres et à Washington les menaçant d'une riposte armée en cas d'intervention de leur part. On s'abstient donc. Le shah n'insiste pas, montrant durant cet épisode quelques traits de son caractère : ses atermoiements, une certaine faiblesse devant les décisions à prendre.

Pour écarter toute menace de déstabilisation de la région, le général Eisenhower fait débarquer 4 500 marines au Liban et naviguer des navires de guerre au large de ses côtes. Les Britanniques, pour leur part, dépêchent une brigade de parachutistes en Jordanie. Quant aux Iraniens, ils renforcent la sécurité à leurs frontières avec l'Irak.

Pour le shah, ce coup d'Etat est un avertissement. Il prend conscience que si, dans l'immédiat, une alliance avec les Etats-Unis peut le garantir des visées soviétiques, à moyen et surtout long terme, la protection qu'il peut en espérer est toute relative. Au cours des années suivantes, il opérera lentement, mais avec constance, un virage très « gaullien » vers une politique d'indépendance nationale, qui se traduira par un recentrage de ses relations avec le bloc de l'Est, et surtout Moscou, en consolidant le front intérieur grâce à des réformes structurelles – ce sera la « Révolution blanche » – et en renforçant sa puissance militaire afin de faire de l'Iran un acteur majeur et souverain dans le jeu des forces régionales, voire mondiales.

Le 11 mai 1961, au cours d'une manifestation d'enseignants devant le Parlement, orchestrée par une association présidée par Mohammad Derakhshesh[27], lequel ne cache pas ses liens avec le Centre culturel américain

de Téhéran, un instituteur trouve la mort dans des circonstances obscures. Tirant les leçons de cet avertissement, le cabinet Sharif-Emami présente immédiatement
sa démission au shah, qui l'accepte. Malgré un discours
antiaméricain, il a pourtant satisfait à toutes les exigences
économiques de Washington, appliqué les plans du FMI,
renoncé aux projets d'industrialisation rapide et surtout
à la mise sur pied d'une industrie lourde. Mais cela ne
suffit pas au pouvoir américain, qui continue, du côté
démocrate surtout, à critiquer la « corruption » supposée
régner autour de la Cour impériale, la mauvaise réputation du Premier ministre s'y prêtant, ainsi que les exactions de la Savak de Bakhtiar, lequel sera, avec un certain
cynisme, encouragé par le président Kennedy à renverser
le shah[28] !

Ali Amini, ancien ministre des gouvernements Ghavam,
Mossadegh et Zahédi, puis ambassadeur à Washington
– malgré ses connaissances rudimentaires de l'anglais –,
est chargé de former le nouveau gouvernement. Très vite,
on le considère comme le relais de la nouvelle administration américaine, des frères Kennedy surtout. « Les USA
voulaient qu'il [Sharif-Emami] s'en allât pour laisser la
place à leur homme », écrira plus tard le shah[29]. Il poursuit : « Je me rappelle encore ma première rencontre
avec John Kennedy et sa femme à la Maison-Blanche.
Devant moi, Jacqueline Kennedy évoqua les magnifiques
yeux étincelants d'Ali Amini et me confia qu'elle espérait
vivement que je le nommerais Premier ministre. Avec le
temps, les pressions augmentaient et je finis par céder. »
Deux ans avant la révolution, il confiera également à
Newsweek que le président Kennedy avait proposé 35
« pauvres » millions de dollars d'aide à l'Iran en échange
de la nomination d'Ali Amini[30].

Connu pour son ambition démesurée, le nouveau
Premier ministre, né en 1905, est diplômé en droit de
l'université de Grenoble et docteur en économie de

l'université de Paris. C'est un aristocrate richissime, dont les ancêtres sont liés aux Qâdjârs. On le dit compétent dans le domaine des finances, libéral et ouvert au dialogue. Mais il ne bénéficie pas vraiment de la confiance du shah, qui le trouve trop inféodé au président américain. Au moment de son accession au pouvoir, assez bon orateur, il déclare : « C'est une véritable croisade contre la corruption que je vais entreprendre. Soyez vigilants comme je le suis. C'est avec l'appui populaire que nous chasserons les incompétents, les traîtres et les parasites et que nous conduirons la nation à la prospérité[31]. »

Son cabinet est hétérogène. A côté de Djahanguir Amouzegar, haut fonctionnaire au FMI, au Commerce, et de Hassan Arsandjani, ancien collaborateur de Ghavam, à l'Agriculture, on y remarque à la Justice un ancien secrétaire général du Toudeh, à l'Education nationale le meneur des manifestations d'enseignants, Mohammad Derakhshesh, et à l'Industrie Gholam Ali Farivar, sympathisant de Mossadegh..., des visages nouveaux, clins d'œil à l'opposition.

Dès qu'il est installé, Ali Amini obtient du shah la dissolution du Parlement et gouverne par décrets-lois. Ses premières mesures sont des règlements de comptes. Elles visent d'abord l'ancien directeur du Plan, Abolhassan Ebtéhadj. Accusé de corruption, il restera en prison sept mois durant, avant d'être assigné à résidence à Téhéran, dans l'attente de son procès. Après des débats interminables, toutes les charges contre lui seront abandonnées, faute de preuves[32]. Le général Hossein Azmoudeh, procureur du tribunal qui avait jugé Mossadegh, n'est pas plus épargné. Déjà en retraite, il est accusé de « complot contre la monarchie », mais sera relâché vingt jours plus tard, faute de preuves également. D'autres généraux sont inquiétés puis libérés, malgré les efforts du ministre de la Justice pour prouver leur prétendue culpabilité. En contrepartie, les adversaires d'Amini accusent à leur tour l'épouse du Premier ministre et quelques-uns de ses intimes. Ces manœuvres n'aboutissent qu'à une chose : alourdir le climat de délation ambiant. Pour certains milieux américains en revanche, Amini acquiert une réputation d'incorruptible.

Naviguant au milieu de tous ces écueils, le Premier ministre se croit habile, laissant d'abord à ceux qui se réclament de l'héritage de Mossadegh une certaine liberté de manœuvre, bien qu'il sache que, depuis sa retraite, le « Vieux Lion » désavoue leur supposée entente avec lui. Puis, dès qu'il essuie leurs premières critiques, Amini procède à des arrestations dans leurs rangs. Une stratégie à la limite de l'absurde.

Ayant obtenu les 35 millions de dollars promis par le président Kennedy en échange de sa nomination, fidèle à ses engagements, Amini applique avec rigueur le plan du FMI, tente d'obtenir l'aide de l'Allemagne fédérale, sans succès immédiat tangible, et proclame même la faillite du pays, démarche infondée et surtout humiliante pour les Iraniens, et qui lui sera toujours reprochée. Alors qu'il bénéficiait d'une certaine sympathie à ses débuts, son gouvernement s'enfonce peu à peu dans les difficultés. Le marasme économique s'aggrave. Son absence de programme crève les yeux. Le shah finit par le détester, ce que personne n'ignore.

Amini, malgré sa bonne volonté, n'est ni Ghavam, avec son autorité innée et son sens de l'Histoire, ni Mossadegh, avec son immense popularité et son charisme, ni encore le général Zahédi, avec sa droiture mais aussi son autoritarisme militaire. Certes, il parle, fait parfois deux discours par jour... mais pour ne rien dire. Comme Mossadegh lorsqu'il se sépara du Parlement, il reste à la merci du shah, qu'il croit trop fin tacticien pour le démettre à cause de ses appuis auprès des Kennedy. En fait, son désir le plus profond, à lui aussi, est de gouverner seul, en ne laissant au shah que des prérogatives limitées. Or seuls les Américains peuvent l'y aider. Il remanie alors son cabinet, nomme Djahanguir Amouzegar aux Finances, un poste clé, sans doute pour plaire au FMI, puis demande au shah de consentir à des économies drastiques dans le budget des forces armées, ce qu'il refuse. Amini offre alors sa démission, sûr que le shah ne l'acceptera pas. Il se trompe lourdement. Le souverain saisit l'occasion pour s'en débarrasser, le 16 juillet 1962. Il avait auparavant assuré ses arrières en destituant le chef de la Savak, le proaméricain et contesté Teymour Bakhtiar.

Amini n'a rien vu venir. La destitution de Bakhtiar a enlevé aux Américains un élément de pression majeur sur l'Iran ; son successeur, le général Pakravan, n'est pas homme à entrer dans leur jeu. De ce fait, pour les Etats-Unis, entre le shah, élément stable et central, appuyé sur une armée fidèle, disposant désormais de la Savak, et un Premier ministre en perte de popularité, le choix est clair : laisser faire le plus fort.

L'expérience Amini a duré quatorze mois. Même si le shah ne cessera jamais de le détester, il réapparaîtra en 1978, juste avant la chute du régime, parmi ses principaux conseillers.

De cette première et véritable épreuve de force avec Washington, le shah sort renforcé, mais aussi déterminé à étendre davantage son pouvoir personnel et à prendre tout le monde de vitesse : les Américains, qui le mettent en garde contre une situation semblable à celle de Cuba avant la révolution castriste, ses adversaires politiques, les intellectuels progressistes, les nostalgiques de Mossadegh et le peuple. Il invente alors *sa* Révolution blanche. Avec des succès remarquables, mais aussi un futur échec retentissant : la révolution islamique.

Le professeur Mohammad Nassiri, ancien compagnon de Mossadegh, dit alors au sujet du shah – et le Tout-Téhéran politique répétera ce bon mot : « Il veut être en même temps Xerxès et Fidel Castro. »

La « Révolution blanche »
et la « réaction noire »

La séparation d'avec Ali Amini, « l'homme des Américains », et la nomination d'Amir Assadollah Alam en juillet 1962 à la tête du gouvernement constituent un nouveau tournant dans le positionnement politique du shah. Elles témoignent de sa volonté de s'affranchir davantage de la protection, voire de la quasi-tutelle, de Washington. Le shah compte ainsi apposer sa marque sur l'histoire de l'Iran, en dirigeant directement les affaires de l'Etat.

Né en 1919, Alam appartient à une vieille famille influente du sud de la province du Khorassan. Ingénieur agronome de formation, c'est un politicien connu, déjà plusieurs fois ministre, mais personne ne le pense alors premier-ministrable. Directeur de la Fondation Pahlavi, une institution parapublique et caritative dépendant de la Couronne, il est surtout le plus proche ami du shah, et peut-être le seul véritable. Entre eux, les relations sont souvent fusionnelles. Ils partageront, entre autres, et pendant plusieurs années, les mêmes femmes, comme le raconte Alam lui-même dans son journal, avec quelque exagération sans doute. Ces aventures ne constituent certes pas l'épisode le plus glorieux de leur connivence. Elles sont surtout déplaisantes pour leurs épouses,

Malektadj Alam, une femme issue de l'aristocratie de Shiraz, avec qui Alam s'est marié sur ordre de Réza shah en 1939 et dont l'éducation est irréprochable ; et bien sûr Farah, la shahbanou, qui a dû fermer les yeux sur bien des frasques de son époux. Alam a souvent été l'organisateur d'escapades qui ne sont guère restées secrètes. C'est sans doute ce rôle d'entremetteur, voire de compagnon des aventures extraconjugales du shah, qui est à l'origine de la détestation que lui voue la shahbanou.

Grand, mince, il est toujours habillé dans un style très *british*, amateur de chevaux, joueur de tennis, connaisseur des bons crus, lisant et écrivant couramment l'anglais, parlant convenablement le français. En l'appelant aux affaires, le shah lui donne une liberté de manœuvre et de décision dont aucun de ses prédécesseurs immédiats n'a joui. Alam en usera, n'ayant guère l'habitude de se référer dans ses conversations, voire ses discours, à la « volonté de Sa Majesté ». En contrepartie, il prendra sur lui certaines décisions du souverain qu'il n'approuvera pas ou saura impopulaires.

Lorsque, le 19 juillet 1962, il présente son gouvernement, l'opinion constate un renouveau des élites dirigeantes. A côté d'anciens collaborateurs et compagnons de Mossadegh, de communistes convertis ou repentis, de technocrates sans passé politique, des politiciens plus conventionnels font leur apparition.

A côté de Hassan Arsandjani, bouillant ministre de l'Agriculture d'Amini, bête noire des grands propriétaires, qui reste à son poste, son expérience, même controversée, s'avérant indispensable, un ancien communiste, Mohammad Bahéri, brillant juriste de formation française, est nommé à la Justice. Jeune, « simple » professeur de droit pénal à l'université, il n'est ni avocat, ni ancien magistrat. Aussi sa nomination est-elle plutôt mal perçue au début par la magistrature. Le professeur Parviz Natel Khanlari,

nommé à l'Education nationale, est le moins convention-
nel des nouveaux ministres : homme de lettres, poète,
essayiste, il est le directeur de la revue littéraire *Sokhan*.
Quant au poste le plus stratégique, celui des Finances,
il échoit à un technocrate austère, Abdolhossein Béhnia,
connu pour son opposition aux thèses du FMI.

Sur le plan constitutionnel, malgré des discours
enthousiastes sur le consensus iranien autour de la
monarchie, le paradoxe règne en maître. Ali Amini avait
fait dissoudre les Chambres sans procéder à de nouvelles
élections et gouverné par décrets-lois. Alam est donc
contraint de gouverner de la même manière. En effet, il
reste délicat de procéder à de nouvelles élections. L'idée
de réforme agraire progressant, l'agitation s'est emparée
de la campagne, et la priorité est de l'apaiser. Economi-
quement, c'est la crise. La proclamation par Ali Amini de
la faillite du pays ainsi que l'application du plan de stabilisation imposé par le FMI et soutenu par les Etats-Unis,
dont les aides à l'Iran ont en outre reflué, ont abouti
au marasme des affaires, à la montée du chômage, à
la précarité de milliers de gens et à l'insécurité dans
les grandes villes. Certes, les ressources pétrolières du
pays sont « immenses, bénéficiant de facilités d'extrac-
tions *prodigieuses*[1] », mais, loin de profiter seulement aux
Iraniens, aux termes des accords de 1954, elles ne permettent pas d'assurer un décollage économique durable
et des échanges équilibrés. Le pouvoir est donc sur la
défensive, presque démuni. L'opinion attend ou redoute
ce qui peut se passer : coup d'Etat militaire, désordres
dans les campagnes, manifestations incontrôlables dans
les villes...

C'est dans ce contexte de crise majeure que la *Révolution blanche*, idée peut-être inspirée de la première
réforme agraire de Mao Tsé-toung, est véritablement
lancée.

Il a souvent été dit que le shah aurait été contraint à cette réforme par l'administration Kennedy, le spectre de Cuba hantant les dirigeants américains qui s'en seraient ouverts au souverain. C'est inexact, car le projet d'une grande réforme agraire, élément phare de la Révolution blanche, était déjà envisagé en Iran depuis Ghavam. Sous Mossadegh, il avait été repoussé, pomme de discorde entre le « Vieux Lion » qui n'en voulait pas et le shah qui avait proposé la distribution des « terres de la Couronne ». « Dès 1941, écrit Mohammad Réza Pahlavi[2], je pris l'initiative dont j'attendais beaucoup en transférant au gouvernement les terres arables qui m'appartenaient. Sans doute parce que cela constituait une petite révolution en modifiant les structures de la société rurale, le gouvernement de l'époque préféra ne rien faire. Je repris donc mes terres pour les distribuer moi-même aux paysans. L'arrivée de Mossadegh au pouvoir vint, encore une fois, contrecarrer mes projets, et ce ne fut qu'après son élimination que je pus enfin les mener à bien. »

Ce fut donc par la fondation d'une Banque de crédit et de reconstruction qu'en 1955, 200 000 hectares de terres du domaine public furent partagés entre 42 000 paysans. Restait à aller plus loin par une loi sur la limitation de la propriété individuelle. L'enjeu était de taille. « Pour une agriculture iranienne qui faisait vivre 75 % de la population, soit 16 millions d'habitants, qui produisaient à eux seuls les 4/5e du revenu national (à l'exclusion des revenus pétroliers), la question fondamentale était en effet celle de la répartition des terres. Au début de l'année 1963, plus de 60 % des paysans iraniens étaient encore sans terres, fermiers dépendants ou *serfs,* selon la terminologie persane. Les gros propriétaires fonciers, eux, se partageaient 65 % des terres arables et 55 % des villages[3]. »

Pour le shah, cette réforme agraire globale marque de façon décisive la réorganisation de son pays et constitue un acte politique délibérément théâtralisé, l'œuvre majeure de son règne. Hassan Arsandjani en est le bras armé, usant autant de l'écho médiatique que d'une certaine brutalité parfois, pour faire avancer les choses.

Son premier acte aurait pu en être le dernier. En effet, le premier combat s'engage le 7 octobre 1962, lorsque le gouvernement approuve un décret-loi organisant la mise en place des conseils départementaux et régionaux prévus par la Constitution de 1906. Une décision en principe incontestable. Deux dispositions cependant, incluses dans le texte, initieront la montée de la contestation cléricale. La première énonce que tout Iranien peut être électeur et élu, incluant de ce fait les femmes et les non-musulmans, ce qui est d'une audace sans précédent. La seconde précise que quiconque est élu doit prêter serment sur *son* livre saint, et non pas nécessairement sur le Coran, autre décision novatrice.

C'en est trop pour les radicaux islamistes, les « fanatiques », comme on les appelle déjà. La ville de Qôm, centre névralgique du chi'isme iranien, entre en ébullition. Ce n'est pas encore l'émeute, mais on n'en est pas loin. Des pétitions sont envoyées au shah par des religieux, parmi lesquels un certain Rouhollah Moussavi Khomeyni, encore titré *hodjatoleslam*[4]. Ce dernier commence par lui adresser son respect et ses prières avant de poursuivre : « D'après ce qu'on dit dans la presse, on va accorder le droit de vote aux femmes. Cela inquiète les oulémas[5] et d'autres strates de la population. Je vous prie humblement de bien vouloir donner des ordres afin que ce genre de mesures soient supprimées des programmes du gouvernement et des partis politiques. Le peuple musulman vous en sera reconnaissant[6]. »

Le shah répond par un télégramme unique adressé à tous les pétitionnaires : « Nous sommes, plus que tout autre, attentif au respect des préceptes religieux. Votre message a été transmis au gouvernement. Nous saisissons cette occasion pour attirer votre attention sur les exigences du temps, l'évolution de l'Histoire et la situation des autres pays du monde. »

Ce texte anodin ne calme ni les pétitionnaires ni les manifestations sporadiques, et surtout pas la rumeur persistante d'éventuelles émeutes. Le shah prend peur et recule. Le gouvernement adresse alors des messages aux protestataires et à de nombreux dignitaires religieux pour signifier la suspension du décret, ce qui suscite d'autres manifestations importantes, notamment des féministes, en faveur des réformes.

Le shah n'a pas dit son dernier mot, et s'il recule, il ne s'incline pas définitivement. En fait, le pouvoir – le shah, le gouvernement, une grande partie de l'élite du pays – ne veut pas renoncer à de véritables réformes structurelles. Le début de l'application de la réforme agraire a créé dès 1955 une classe de petits propriétaires enthousiastes qui soutiennent le shah. Les grands propriétaires, en revanche, craignant entre autres d'être mal indemnisés[7], ne sont guère disposés à laisser faire. La population urbaine est elle aussi divisée et beaucoup de *bazaris*, sous l'influence du clergé traditionnel, sont sceptiques. Sorti des réserves de certains grands propriétaires, des chefs de tribus menacés par la réforme agraire et des mollahs gestionnaires des œuvres et des terres dédiées à l'action caritative (*vaghf*) – dont ils tirent profit faute de contrôle –, l'argent s'infiltre partout pour susciter l'agitation des quartiers pauvres et acheter quelques plumes.

Le shah s'aperçoit vite que son recul a été une erreur politique. Tandis qu'Alam se démène pour relancer l'activité économique, notamment par des projets de construction de logements – le Trésor est donc moins vide que certains l'affirment –, et qu'il se déplace en province pour rencontrer les populations, Mohammad Réza est fébrile et fait montre d'une volonté farouche d'avancer et d'agir

– une des marques de son caractère cyclothymique. Il consulte beaucoup, affirmant vouloir frapper un grand coup pour sortir le pays de l'impasse où il l'a engagé.

Trois mois se passent en observations, entrevues et réflexions. Le 9 janvier 1963, une opportunité se présente d'engager le second acte du processus de réforme agraire, lors du Congrès national des coopératives agricoles. Dans son discours d'ouverture, le shah proclame sa volonté d'entreprendre une transformation radicale des structures socio-économiques du pays « sur la base de la participation[8], de la coopération[9], de la démocratisation progressive, pour parvenir à une société juste, équitable et fraternelle » qu'il entend fonder « non sur des idéologies importées, mais en respectant les traditions et les croyances profondes du peuple iranien et en œuvrant à l'épanouissement de la culture nationale ».

Le 12 janvier, il dîne avec les 4 800 participants au Congrès, dont l'immense majorité n'est jamais venue dans la capitale, pas plus qu'elle n'a vu le roi en personne. De simples et modestes paysans pour qui il est un être mythique. L'événement est considérable. Chacun observe le shah, qui, fin gourmet d'ordinaire, prend le même plateau-repas que tout le monde, s'assied à une table au milieu des participants et mange, semble-t-il, de bon appétit. Il prend ensuite la parole dans un registre lyrique : « Mon cœur bat pour vous. Je ne puis réussir qu'avec votre appui, grâce à votre unité. Ce pays est le vôtre. Il est à tout le peuple iranien. Il n'appartient pas à une classe particulière, pas à une personne. »

Le 13, le Congrès lui accorde le titre de Juste. Le 14, lorsque le shah en reçoit le Bureau en son palais, il déclare refuser le titre : « Je n'ai fait, je ne fais que mon devoir. J'agis selon mes croyances, pas pour les titres. Je voudrais que tous les Iraniens soient prospères et heureux. »

Les principes les plus importants de ce qu'on appellera « la révolution du shah et du peuple » ou, plus communément, « la Révolution blanche », s'ils touchent à la réforme agraire déjà entamée et à l'abolition de la grande propriété de type féodal, concernent aussi la nationalisation des forêts, des pâturages et des ressources d'eau naturelles, l'égalité des droits politiques entre hommes et femmes, même si le pouvoir vient de reculer, la participation des ouvriers aux bénéfices des entreprises industrielles, l'instauration d'une justice élective populaire au niveau des villages et de médiateurs urbains élus par les habitants de quartiers, et enfin la création des « armées du savoir, de l'hygiène et de la santé, et du développement », en vue de transformer les structures traditionnelles des villages.

Outre le shah, les trois acteurs principaux de ces réformes sont les ministres Hassan Arsandjani, Mohammad Bahéri et Parviz Natel Khanlari. Le premier lance le partage des terres sur la base des contrats de fermage et de métayage déjà existants. Un choix qui ne peut que plaire aux paysans[10]. Le deuxième est à l'origine de la mise en place de tribunaux électifs dans les campagnes pour résoudre à l'amiable les milliers de différends locaux et désengorger l'appareil judiciaire. Il crée aussi dans les villes des conseils d'arbitrage élus, mais avec moins de succès. Par le renforcement de l'indépendance de la justice, et surtout des pouvoirs de la Cour suprême, Bahéri acquerra bientôt le respect et la sympathie des magistrats qui lui étaient plutôt hostiles au début. Enfin, Khanlari met sur pied l'« armée du savoir », une des réformes les plus réussies : les conscrits titulaires du baccalauréat, après une formation accélérée, se voient proposer de lutter contre l'analphabétisme et de créer des écoles rurales. Ainsi, chaque année, des milliers de jeunes en uniforme sillonneront les campagnes et s'installeront dans les villages les plus reculés pour enseigner aux enfants ou créer des classes pour adultes.

La proclamation théâtralisée des grands axes de la Révolution blanche provoque dans des milieux intellectuels de Téhéran, chez les religieux, mais aussi dans des cercles plus traditionnels, et même au bazar, des discussions passionnées : le shah, symbole des traditions millénaires, point d'ancrage de la société, garant de la stabilité politique et sociale, peut-il être à l'origine d'un bouleversement total ? La « monarchie » et la révolution pourront-elles coexister à long terme ? Sont-elles compatibles ? Xerxès peut-il entrer dans les habits de Fidel Castro ?

Ces discussions parviennent bien sûr aux oreilles du shah et de son Premier ministre, lui-même issu d'une grande famille seigneuriale, aristocrate jusqu'à la moelle et paternaliste. La réponse de l'un comme de l'autre est invariablement la même : la sclérose des structures rurales et agraires, l'étendue de l'analphabétisme, surtout dans les campagnes, la ségrégation à l'égard des femmes constituent des goulets d'étranglement pour tout processus de développement harmonieux, pour toute mutation ou transformation socio-économique. On ne peut s'en sortir que par une « révolution ». Et si elle ne venait pas d'en haut, elle viendrait d'en bas, violente et sanglante comme les révolutions française ou bolchevique. Le cas « cubain » n'est cependant pas cité, pour ne pas déplaire aux Américains. Les événements qui suivront, puis la révolution islamique feront relativiser ces réflexions. Mais la question demeure, au moins pour l'islam : tradition et révolution sont-elles compatibles ?

Les principes posés, reste à les valider sur le plan légal et constitutionnel. Or l'Iran, à ce moment, est gouverné par décrets-lois. Que faire ? En appeler directement au peuple par référendum ? Si Mossadegh en avait usé pour dissoudre le Parlement[11], son recours n'est pas prévu

par la Constitution de 1906, qui précise pourtant que
« la souveraineté nationale appartient au peuple iranien[12] ». Cette mention étant retenue, contre tout pro-
nostic, il est décidé, malgré les risques de dérapage, de
faire appel directement au « peuple souverain ».

Le 27 janvier 1963, les principes de la Révolution blanche, énoncés dans une charte en six points,
sont approuvés à une écrasante majorité des votants :
5 598 711 pour, 4 115 contre. Bien encadré, le référendum est un succès populaire, l'enthousiasme de la
paysannerie et des femmes – donc de la majorité de la
population – étant réel. Les médias du monde entier en
font le constat.

Les réactions sont immédiates. Certains chefs de tribus
du Fars, au sud, entrent en rébellion ouverte contre le
pouvoir central. Cette fois, c'est le fondement même de
leur autorité et de leur puissance qui vacille : la perte
de la propriété de vastes domaines amoindrit leurs
richesses, et l'intrusion de l'armée du savoir dans leurs
fiefs risque d'apporter ce qu'ils ont toujours combattu,
l'alphabétisation de leurs vassaux.

Au long désordre qui s'installe dans cette région du
Sud s'ajoute la rébellion d'une partie du clergé, menée
par Rouhollah Khomeyni. Mollah de base, *akhound* que
l'on commence tout juste à appeler *hodjatoleslam*[13], il
est né en 1900[14] à Khomeyn, une bourgade au centre
de l'Iran, d'une mère de souche iranienne et d'un père
d'origine indienne né au Cachemire. Cette filiation
indienne fera que Rouhollah, tout comme son père
Mostafa entré comme scribe chez un féodal local, sera
surnommé *Hindi*, l'Indien, une appellation qu'il utilisera
pour signer quelques *ghazals*[15]. Il aura trois cartes d'identité, obtenues dans les années 1920, période durant
laquelle la centralisation des états civils n'existait pas
en Iran. Une première au nom de Khomeyni, du nom de

sa ville d'origine ; une deuxième au nom de Mostafavi Khomeyni, renvoyant au prénom de son père Mostafa, et une troisième au nom de Moussavi Khomeyni, renvoyant au septième imam, Moussa Kazém, et donc au prophète Mahomet. C'est cette troisième appellation, la plus prestigieuse, qu'il utilisera le plus souvent.

Deux ou trois ans après sa naissance, le malheur frappe à la porte des Khomeyni : un petit propriétaire local, Bahram Khan, s'estimant lésé dans une transaction imposée par l'employeur de Mostafa *l'Indien*, décide de se faire justice. Comme il ne peut atteindre le potentat, il s'en prend au scribe rédacteur de l'acte et l'assassine dans une embuscade sur la route d'Arak, une cité voisine. Arrêté, transféré à Téhéran, il est jugé et pendu en place publique en présence de quelques membres de la famille. Rouhollah est-il présent ? On l'a prétendu, mais c'est invérifiable[16].

Avant sa mort, Mostafa avait accumulé une petite fortune, laissant à chacun de ses trois fils – il avait aussi deux filles – un petit village. Celui que Rouhollah reçoit en héritage s'appelle Zourghan. Les orphelins de père trouvent alors protection auprès de quelques familles aisées de la région et entament des études. Rouhollah apprend à lire et à écrire, d'abord avec son frère aîné puis dans les écoles traditionnelles. Son éducation se poursuit à Mahallât, Arak, villes voisines plus importantes, puis à Qôm, où il suit les enseignements de l'un des grands théologiens de l'époque, l'ayatollah Haéri. A l'abri du besoin, il commence à donner quelques leçons, puis exerce la fonction de prédicateur (*Rozé khan*) pendant les mois de ramadan, de *moharram* et de *safar*[17], ce dont il tire un revenu supplémentaire.

En 1928, il épouse Khadidjeh Saghafi, âgée de onze ans selon certaines sources, de seize ans selon d'autres[18], laquelle, issue d'une famille bourgeoise, restera dans son ombre. A la différence des autres mollahs, Rouhollah restera monogame[19], menant une vie familiale austère. Des sept enfants du couple, cinq survivront, deux garçons, Mostafa et Ahmad, et trois filles, qui feront des mariages bourgeois.

Parti pour l'Irak afin de progresser dans la connaissance de l'islam, il s'installe à Nadjaf, l'une des villes saintes. En 1941, après l'exil de Réza shah, il y publie un ouvrage, *Kachf al-Asrar (La Clé des mystères)*, où il énonce les grandes lignes de son idéologie.

Au milieu des années 1940, de retour en Iran, avec ses frères – l'un notaire ; l'autre avocat –, il crée une petite compagnie de transport de voyageurs. A cette époque, Rouhollah n'a pas d'activité politique évidente. Il enseigne sans attirer l'attention, est modestement rétribué sur la caisse du grand ayatollah Boroudjerdi, et exerce à l'occasion le métier de prédicateur. Depuis quelques années cependant, il fréquente le cercle de l'ayatollah Kachani, chef religieux extrémiste de la capitale que l'on dit proche des Frères musulmans, et s'y fait remarquer par ses prises de parole.

Le 28 février 1953 marque un tournant dans sa vie. Il occupe en effet brièvement ce jour-là le devant de la scène en prenant la tête des manifestants partis de la résidence de Kachani pour rejoindre le palais du shah qu'ils veulent empêcher de quitter le pays, comme Mossadegh l'exige[20]. Lorsque, quelques mois plus tard, le général Zahédi succède à Mossadegh, il attend peut-être quelque reconnaissance officielle pour son action, autant d'ailleurs que l'ayatollah Kachani... mais rien ne vient, ni pour l'un ni pour l'autre. Première déception.

Le 30 mars 1961 décède le grand ayatollah Boroudjerdi. Le 13 mars 1962, c'est au tour de l'ayatollah Kachani. Dans le jeu compliqué des successions ouvertes, Rouhollah Khomeyni, qui n'est pas titré, reste hors jeu. Que peut-il espérer ? Le trépas de Kachani lui ouvre cependant une perspective : devenir le porte-parole d'un certain extrémisme religieux, ce qui serait conforme à son orientation et lui permettrait de sortir enfin de l'ombre.

La publication des mesures décidées par la Révolution blanche lui en donne l'opportunité. Si la mutinerie tribale a ses chefs et ses méthodes d'action, la révolte urbaine manque de porte-parole, de fédérateur. Qui pourrait se mesurer à un souverain déjà puissant, à sa police, à l'armée, et, qui plus est, bénéficiant d'un soutien majoritaire de l'opinion ? Khomeyni est prêt à en assumer les risques, qu'il ne mesure sans doute pas complètement. Mais surtout, seul d'entre tous les opposants, il est prêt à oser. Coûte que coûte.

Bien qu'il ne soit pas encore ayatollah, il rend une *fatwa*, « ordonnance religieuse » déclarant le référendum « contraire à l'islam » : « Je proclame que la procédure référendaire et le recours à une approbation nationale sont sans valeur en islam… Le texte [des principes mis à la votation populaire] est confus. Les délais sont courts. Les votants n'ont pas assez de discernement pour comprendre sur quoi ils votent. Il existe seulement quelques personnes en province capables de comprendre. Elles sont toutes contre. Pourquoi n'applique-t-on pas le programme de l'islam ? Pourquoi ne consulte-t-on pas les experts de l'islam ? »

Après le décret-loi sur l'émancipation – ou plutôt les droits politiques – des femmes, une seconde *fatwa* tombe : « Le pouvoir tyrannique va proclamer l'égalité des hommes et des femmes et la mettre en œuvre. Il va ainsi violer les préceptes de l'islam et du Saint Coran. Il va envoyer les filles âgées de dix-huit ans au service militaire obligatoire et dans les casernes. Il va envoyer les jeunes filles musulmanes pures dans les casernes. Il va les envoyer dans les centres de prostitution. Les étrangers visent le Coran et le clergé[21]. »

Par cette rupture consommée avec le régime, Khomeyni acquiert enfin la notoriété recherchée. Ses partisans le comparent déjà à son mentor, l'ayatollah Kachani. Il se sent pousser des ailes, envoie des messages aux Grands Ayatollahs pour leur demander de condamner le « viol de l'islam » par le pouvoir. Peu de soutiens lui parviennent, mais il attire l'attention de tous. L'école (coranique) Feyzieh de Qôm, la ville sainte, devient le centre de l'agitation. Les éléments les plus radicaux s'y réunissent. Khomeyni s'y exprime souvent, durcissant le ton. Le 3 mai 1963, il y prononce une violente diatribe contre Israël :

> Israël ne veut pas que le Coran existe dans ce pays. Israël ne veut pas que les oulémas de l'islam existent dans ce pays. Israël ne veut pas que les préceptes de l'islam règnent dans ce pays. Israël ne veut pas que les hommes de science existent dans ce pays. Israël veut opprimer le peuple. Il veut accaparer votre économie, votre commerce, votre agriculture, s'approprier votre patrimoine (…)
>
> Monsieur le shah, Son Excellence le shah, je te conseille de changer de manière d'agir (…). Pauvre type, tu as quarante-cinq ans. Réfléchis un peu, sois raisonnable.
>
> Monsieur le shah, on te dit de faire tout ça pour que l'on puisse te considérer comme un juif et que j'ordonne que tu sois chassé de ce pays comme impie, comme scélérat, que ton sort soit ainsi réglé (…)

Dans un autre discours : « Pensez-vous qu'avec l'élection de quelques femmes à l'Assemblée, le pays va progresser ? Ces projets israéliens ne serviront à rien. » Et dans une autre *fatwa* : « Nous proclamons que tous vos programmes de réforme sont préparés par les Israéliens (…) Nous ne savons pas quel lien ont ces gens [au gouvernement] avec Israël et ses agents. N'est-ce pas honteux pour un vieux pays comme l'Iran d'être soutenu par Israël ? Le grand Iran est-il un protectorat d'Israël ? »

Faut-il voir dans ce discours violemment antisémite et antisioniste, cette soudaine virulence contre Israël, l'aide que lui apporte déjà – mais on ne le saura qu'un peu plus tard – l'Egypte du colonel Nasser ?

L'agitation à Qôm est quasi permanente. Les manifestants réclament surtout l'abrogation des dispositions touchant aux droits politiques des femmes. S'ils critiquent la réforme agraire, jugée contraire à l'islam, puisque mettant en cause le droit « sacré » de propriété, ils omettent bien sûr de dire qu'elle porte un coup fatal à la puissance matérielle du clergé, grand propriétaire.

Des sommes importantes commencent à circuler pour recruter des hommes de main afin de soutenir les paroles par la violence physique. Parallèlement, l'agitation des chefs de tribu du Fars grandit.

Il est temps pour le shah et son gouvernement de réagir. Le Premier ministre Alam et les chefs de l'armée optent pour la fermeté. Le shah, bien que par nature porté à la conciliation, ne veut pas voir « gâcher ses réformes ». A Qôm, Khomeyni, présumant de son influence et de ses forces, et voyant quelques centaines de personnes prêtes à tout pour empêcher que « l'islam ne soit trahi », cherche l'épreuve de force : « Une simple chiquenaude peut renverser le régime », proclame-t-il.

Le 15 juin 1963, à l'aube, les forces de l'ordre se présentent à son domicile pour l'arrêter. Or il a passé la nuit chez l'un de ses fils. On l'informe ; il se présente de son plein gré. Transféré à Téhéran, il est incarcéré dans une résidence dépendant des services spéciaux. On le dit non pas « prisonnier », mais « privé de liberté ».

La nouvelle se répand à Qôm. Quelques manifestations y éclatent. Elle parvient ensuite à Téhéran, Mashhad, Shiraz et Ispahan. La capitale connaît trois jours d'émeutes. Des groupes dirigés par un certain Tayeb Hadj Rézaï, un caïd de la pègre, s'en prennent à quelques bâtiments, symboles de la « modernité » : des cinémas, le siège social du service des transports urbains,

deux clubs sportifs réputés pour être fréquentés par des
« royalistes », des agences bancaires, le siège de l'Association culturelle irano-américaine, l'usine Pepsi-Cola
que Khomeyni proclame appartenir à des juifs – ce qui
est faux. A vrai dire, il s'agit plus d'une guérilla urbaine
que de manifestations politiques. Ses effets psycholo-
giques sont cependant dévastateurs. La peur s'empare
de la capitale. Les gens se barricadent chez eux. Pillages,
incendies. La police est débordée. La première journée
d'émeutes s'achève dans la confusion. Le shah, soucieux
d'éviter l'effusion de sang, abattu, envisage de céder de
nouveau.

Alam, assuré du soutien des forces armées et d'une
grande partie de l'opinion, mais inquiet devant les hésitations du shah, fait suspendre pendant trente-six heures
les lignes téléphoniques du palais et interdit aux responsables des forces de l'ordre de rendre compte au shah.
Avec l'approbation du Conseil des ministres, il déclare
l'état de siège et l'application de la loi martiale à Téhéran, puis enjoint à l'armée de rétablir l'ordre. De son
côté, la gendarmerie nationale reçoit pour mission de
couper la route de Qôm par laquelle, le 16 juin, des
centaines de manifestants, souvent armés, parfois habillés de linceuls blancs (*kafans*), tenteront en vain de
rejoindre la capitale.

Le deuxième jour d'émeutes, le plus dur, est aussi le
plus décisif. La gendarmerie, au prix de sérieux combats,
réussit à contenir les renforts venus de Qôm. Dans la
capitale, près de l'entrée du bazar, sur la place Ark, un
groupe de manifestants – deux cents de source officielle,
bien plus selon les partisans de Khomeyni – tente de
prendre d'assaut les bâtiments de la radio nationale.
S'il réussissait, la situation serait difficilement contrô-
lable. Le responsable des militaires postés devant le
bazar demande alors des ordres au Premier ministre. Sa
réponse restera célèbre : « Coupez vos communications.

Ne demandez pas d'instructions. Faites intervenir les chars. Rendez compte lorsque ce sera achevé. » En moins d'une demi-heure, la place est dégagée et l'émeute contenue.

Le troisième jour, 17 juin, quelques accrochages en ville opposent émeutiers et forces de l'ordre, qui opèrent de nombreuses arrestations.

Les journées des 15, 16 et 17 juin 1963 ont fait en tout 75 victimes, 68 selon certains[22], en majorité des manifestants qui ont trouvé la mort sur la route de Qôm et sur la place Ark. Les forces de l'ordre auraient, en outre, procédé à quelque 400 arrestations. A l'apogée des manifestations, le nombre de participants n'a jamais dépassé les 5 000, et ce dans une ville dont la population est alors supérieure à un million et demi d'habitants. Les arrestations opérées après les émeutes et les investigations de la police et de la justice permettent d'établir rapidement la collaboration active des réseaux clandestins du Toudeh, en particulier lors de la guérilla urbaine. Le shah, reprenant les termes de Ghavam, évoquera désormais souvent la « maudite alliance du rouge et du noir ».

Quelques jours plus tard, à la faveur d'une arrestation à l'aéroport international de Téhéran, des documents, rendus publics, attestent qu'une partie importante des fonds dépensés lors des émeutes provenait des services spéciaux du colonel Nasser, alors très proche des Soviétiques. Dix-huit ans plus tard, Mohammad H. Heykal, ministre et confident de Nasser, devenu fervent admirateur de Khomeyni, admettra sans ambages que l'Egypte avait alors soutenu financièrement ces émeutes[23].

Un décret-loi indemnisant les ayants droit des victimes, de quelque bord qu'elles soient, est immédiatement approuvé et appliqué. Il convient, au plus vite et autant que faire se peut, de panser les blessures. Une idée personnelle d'Alam qui lui vaudra une grande considération. C'est à ce personnage, très controversé par ailleurs, que le shah devra alors – après Zahédi quelques années auparavant – son trône, puis les quinze années de pouvoir personnel qui suivront, avec des hauts et des bas.

Dans la villa où il est détenu, Khomeyni reçoit beaucoup. Il peut même suivre les événements de la ville. Sa situation va vite changer. Alam déclare au cours d'une conférence de presse que les responsables et acteurs des « trois journées sanglantes » et des désordres seront déférés devant la justice. Khomeyni est ainsi transféré de sa résidence à une prison militaire, à Echrat-Abad, désormais « prisonnier ».

Il est accusé de « provocation, fomentation de troubles, incitation au meurtre, apologie du crime » et surtout de « connivence avec les puissances étrangères », c'est-à-dire de haute trahison. Comme d'autres personnages clés de la mutinerie, il risque théoriquement la peine de mort. La menace est sérieuse, mais la classe politique et l'entourage du shah se montrent très divisés sur la sanction. La matérialité des faits est certes avérée : une coalition d'intérêts, parfois non contingents, a provoqué les émeutes. L'*hodjatoleslam* Rouhollah Khomeyni, par dépit peut-être, par ambition et certainement par conviction, mais aussi par grande méconnaissance des réalités économiques du monde, s'y est prêté et en est devenu l'éphémère porte-drapeau, entend-on ici ou là. Faut-il pour autant en tirer les conséquences juridiques, traduire Khomeyni et ses compagnons devant la justice ? Faut-il aller jusqu'au bout ? Personne ne peut prédire à cette époque le destin du personnage dont le sort est en balance.

Alam et son entourage sont pour la fermeté. Une fois la sentence prononcée, le shah pourrait accorder une remise de peine en utilisant ses prérogatives constitutionnelles. D'autres, autour du général Pakravan, le chef de la Savak, et quelques anciens compagnons de Mossadegh comme Mozaffar Baghaï, plaident en faveur de l'« apaisement ». L'ambassadeur de Grande-Bretagne intervient également en ce sens. C'est alors que quelques ayatollahs de premier ordre – dont Shariat-Madari – accordent à Khomeyni le titre de *modjtahéd* – docteur de la loi –, en en faisant ainsi un *ayatollah*, titre qui, pensent-ils, le met à l'abri de la peine capitale.

Le shah finit par opter pour l'« apaisement », craignant, semble-t-il, que la condamnation du nouvel ayatollah ne provoque d'autres désordres, et ne voulant pas plus être amené à le gracier sous la pression de la rue. Khomeyni, libéré, regagne sa résidence de Qôm et se tient tranquille pendant un certain temps.

L'épisode fera des victimes collatérales. On rapporte au shah que des personnalités de son entourage se sont réunies à l'initiative du ministre de la Cour, Hossein Ala', pour réfléchir à la situation, qu'elles auraient pensé qu'une « pause » dans les réformes serait souhaitable. Vainqueur de l'« épreuve de force » contre l'« alliance du rouge et du noir » – mais l'était-il vraiment ? –, le shah décide de sévir contre les critiques. Prétextant qu'Ala' ne l'a pas informé de cette réunion, il le remplace par un diplomate de haut rang et le nomme sénateur. Le vieil homme accepte très mal cette décision, au point d'en tomber malade[24]. Abdollah Entézam prend lui aussi le chemin d'une retraite dorée ; il est vrai qu'il en a atteint l'âge depuis quelques années. Quelques autres personnalités connaîtront la disgrâce. Tout se fait cependant sans brusquerie, sur plusieurs mois. Tout le monde a compris, dans le microcosme politique, quel a été leur péché originel : la critique des décisions du shah.

Ce sera pour eux et pour d'autres un indice de plus sur la consolidation du pouvoir personnel du monarque.

6

La solitude du pouvoir

Au prix d'une crise grave et malgré l'hostilité d'une opposition religieuse décidée à faire valoir les droits et usages d'une communauté islamique radicale, le pouvoir vient d'énoncer fermement sa volonté de réformer, voire de transformer une société qu'il juge trop ancrée dans des traditions d'un autre âge. Le shah veut garder coûte que coûte le cap qu'il s'est fixé, lui qui « ne doute jamais que l'Iran va atteindre les plus hauts sommets ».

Le temps est venu pour lui d'autoriser sa véritable personnalité à émerger, avec ses lumières et ses ombres. Avec ses rêves aussi de devenir un grand roi, d'égaler dans l'histoire iranienne Cyrus le Grand, Darius et Shah Abbas[1].

Parfois, lors de conversations privées, lorsqu'on évoque son père, il ne peut s'empêcher de remarquer : « Mais ne faisons-nous pas mieux que lui ? » Ambitieux et ombrageux, il veut tout, le plus rapidement possible, lui qui a tant attendu. « Les rêves qu'il faisait pour lui-même et pour son pays étaient sans limites », écrira Mohammad H. Heykal, ministre et confident de Nasser, qui n'était pas de ses amis. Car le shah a une vision globale de l'avenir de l'Iran : « Pour devenir un leader du monde de demain, il faut d'abord une certaine population parmi laquelle vous puissiez trouver des hommes de génie, des cerveaux ; il faut une technologie avancée, il faut qu'il n'y ait plus d'analphabètes, il faut une justice sociale, il faut une participation, il faut qu'il y ait un mouvement qui motive le pays... L'Iran, c'est l'Iran... Je sais en tout cas que nous, nous avons tout cela, nous le démontrons tous les jours[2]. » Sous la rhétorique filtre la volonté farouche, le désir d'un nouveau roi ordonnateur et bâtisseur. « Nous ne tolérerons aucun obstacle dans notre marche vers le progrès et la prospérité[3] », ajoutera-t-il plus tard. La réussite sera au bout du chemin en même temps que l'aveuglement final. Cette route vers la gloire et l'abîme ne tiendrait-elle pas en partie à sa propre personnalité, énigmatique et contradictoire ?

Mohammad Réza Pahlavi est un homme cultivé, doté d'une mémoire prodigieuse. Son sens de la synthèse est aussi très aiguisé, lui permettant de saisir la complexité des problèmes géopolitiques auxquels son père l'a initié très jeune encore. La tourmente des années Mossadegh l'a également mis au contact des données de bases de l'économie pétrolière, l'un des nerfs de la politique iranienne, ce qui ne l'empêche pas de se moquer ouvertement des « économistes », ses cibles favorites. Il a en outre un goût appuyé pour les équipements militaires, sans doute par tradition familiale. « Avec lui, on a l'impression de feuilleter les pages d'un catalogue de vente d'armes », s'exclame un jour un ambassadeur étranger. A ce propos, il fait montre d'une coquetterie inattendue : lorsque les courtisans lui expriment leur admiration en la matière, il aime à rétorquer : « Pourtant, nous ne sommes que sous-lieutenant dans cette armée dont nous sommes commandant en chef. » Paradoxe teinté d'humour dont il savoure chaque mot, attendant qu'on lui fasse d'autres compliments sur le même thème.

A présent qu'un pas est franchi avec la réforme agraire, l'intégration dans les lois – mais sans doute pas dans tous les esprits – de l'égalité homme-femme lors des votes nationaux et des autres principes de la Révolution blanche, son attitude change sensiblement : il s'isole, croyant avoir irréversiblement vaincu ses adversaires. Plus grave pour l'avenir, il imagine de plus en plus avoir raison sur tout. L'autoritarisme le guettant, après le départ forcé du général Zahédi, il chargera ses Premiers ministres successifs plutôt de l'intendance que du gouvernement, avec beaucoup de nuances, il est vrai. Cette situation – véritable révolution constitutionnelle de fait – le placera en première ligne des éloges, certes, mais aussi des critiques. Mohammad Réza ne mesure pas alors assez ce danger.

La sagesse des anciens disparaît en outre avec les politiciens de l'époque de son père, voire de la dynastie qâdjâre. Le temps est venu du triomphe des technocrates sur les politiques et les diplomates ! Quelques vieux compagnons de route des différentes époques anciennes peuplent le Sénat. Le shah ne les consulte plus : ils pourraient le contredire. Mais comme il ne supporte plus les objections sur les principes de sa conduite, tous se gardent de contester ses décisions.

A l'inverse de ce que l'on a parfois affirmé, il n'intervient jamais dans les nominations, sauf dans le domaine militaire, et parfois diplomatique. De ce fait, les ministres, *ses* ministres, jouissent d'une grande liberté dans leur champ d'action. Les ingérences sont malgré tout nombreuses : la shahbanou, la princesse Ashraf, la Savak... Force est de constater que lorsque ses ministres ont le courage de s'en ouvrir au shah, il prend leur parti s'il a confiance en eux : « Ne faites pas attention, leur dit-il, faites ce que vous avez à faire. »

Durant les quinze années qui suivront, l'entourage du shah restera stable avec un premier cercle composé des mêmes personnalités, ce dont l'opinion publique finira par se lasser.

Au premier rang, l'homme le plus proche de lui est son Premier ministre, puis recteur de l'université Pahlavi et ministre de la Cour impériale, Amir Assadollah Alam (1919-1978). Confident quotidien, gardien des secrets, politique énergique, metteur en scène de la Révolution blanche et, bientôt, du couronnement et des fêtes de Persépolis, ce féodal très paternaliste traînera au cours de la dernière décennie du règne une réputation d'affairiste et de « noceur » qui ne contribuera guère à améliorer l'image du régime. Par son bon sens politique cependant, on pourrait le rapprocher du duc de Morny[4]. Dans son journal ou ses *Mémoires*, il consigne sa vie, ses rencontres et ses conversations avec le shah, témoignages précieux, certes, mais à manier avec précaution.

Ardéshir Zahédi (né en 1928) est un autre personnage majeur, et ce dès la chute de Mossadegh. Gendre du shah durant sept ans (1957-1964), il lui restera fidèle jusqu'à sa mort. Ministre très actif des Affaires étrangères après avoir été ambassadeur à Washington et à Londres, puis de nouveau à Washington durant les sept années qui précéderont la révolution, il est tout le contraire d'Alam. Homme au franc-parler parfois déroutant, séducteur comme son père – Liz Taylor et Jacqueline Onassis l'appréciaient beaucoup dans les années 1970 –, diversement estimé à la Cour, il est craint par beaucoup.

Le troisième homme du cercle restreint, c'est l'ami d'adolescence d'origine modeste qui accompagna le futur shah au collège du Rosey, Hossein Fardoust (1917-1987). Homme aux multiples mariages toujours ratés camouflant mal une homosexualité inavouable à l'époque, il jouit durant des années de la confiance aveugle du shah, bien qu'on l'ait soupçonné de relations avec les services secrets soviétiques. Sa quasi-immunité le met à l'abri de toute critique de fond. Si d'aventure un rapport que, en tant que numéro 2 de la Savak, il a produit sur une personnalité provoque quelques remous, le shah l'appelle directement : « Hossein, Untel est devant moi et conteste le rapport que tu as écrit. Qu'en dis-tu[5] ? » Et l'affaire en reste là, entérinant ledit rapport. Le général Hossein Fardoust ne « pouvant qu'avoir raison », son nom finit par être banni de toutes les bouches, de peur de représailles[6] : même le général Nassiri, qui l'a eu sous ses ordres à la Savak, s'en méfie[7]. Dès 1978, ses apparitions s'espaceront, puis on ne le verra plus à la Cour. Avec le général Gharabaghi, il sera surtout l'artisan de la neutralisation de l'armée, avant qu'il ne pactise avec le nouveau régime[8]. Chaque fois que son nom sera alors prononcé devant le shah, un silence douloureux sera la seule réponse de ce dernier.

On ne saurait être complet sans citer Nosratollah Moïnian. Discret et modeste, d'une intelligence vive, d'une rigueur et d'une probité proverbiales, il s'était fait remarquer dès 1958 lors de la propagande soviétique contre le régime iranien, comme acteur de la contre-offensive médiatique qui avait été un succès[9]. Dix ans plus tard, on le retrouve chef du cabinet impérial. De formation juridique, un temps journaliste, puis fonctionnaire à la direction de la radio iranienne jusqu'à en devenir le chef, secrétaire d'Etat, ministre de l'Information, marié à une enseignante du secondaire, il ne participe guère à la vie sociale de Téhéran. Jouant le rôle de boîte aux lettres pour le shah, il lui transmet tout ce qu'il reçoit et diffuse tout ce que Mohammad Réza lui demande, sans émettre de commentaires. Vers la fin du régime, il fera transférer les archives du cabinet impérial aux Etats-Unis, protégeant ainsi une source historique irremplaçable, qui dort sans doute encore dans le coffre-fort d'une banque.

Ce panorama sur les leviers du régime ne peut faire l'impasse sur l'évocation du cercle familial, qui, durant ces années cruciales d'expansion économique et de rayonnement politique, jouit aussi d'un pouvoir certain.

La reine mère, Tadj-ol-Molouk (1896-1982), distante, irascible, imbue de sa personne et de sa position d'épouse et de mère de deux shahs, tient à rester discrète, à l'écart de la vie publique, sociale et politique. Elle ne préside rien, ne sort guère, se rendant cependant de temps en temps en France ou en Suisse. Chaque année, elle donne deux grands dîners d'apparat : l'un pour célébrer la chute de Mossadegh, au mois d'août, dans son jardin, avec un millier d'invités ; l'autre pour la naissance du prince héritier, son petit-fils Réza, à l'intérieur de son palais, dans une ambiance plus familiale, mais avec aussi les dignitaires de l'Empire. Durant la première réception, elle se tient dans une pièce où les invités viennent la saluer, puis se mêle brièvement aux convives au bras de son fils avant de s'éclipser. Quant à la seconde, une vidéo de la fin des années 1970 la montre assise dans un sofa puis, soutenue quelque peu par Farah, près de son petit-fils, cependant que la voix de Googoosh, la chanteuse si prisée de la monarchie, célèbre l'événement[10].

Des deux sœurs du shah, l'aînée, la princesse Shams (1917-1996), est irréprochable. Pourtant, son histoire familiale aurait pu rendre son destin difficile. En effet, elle épousa par devoir en 1937 le fils du Premier ministre de l'époque, Fereydoune Djam, dont elle divorça en 1944 pour se marier en 1945, au Caire, contre l'avis de son frère, avec un ingénieur civil, musicien et violoniste, Ezzatollah Minbashian[11]. Le couple embrasse alors la religion catholique. Eloignée d'Iran de 1945 à 1947, privée de son rang et de ses titres, Shams s'installe aux Etats-Unis. Viennent ensuite la réconciliation et le retour en Iran. La princesse retrouve ses titres. Son mari, qu'on appelle désormais S.E. Mehrdad Pahlbod, obtient la direction du département général des Beaux-Arts, puis le portefeuille de ministre de la Culture et des Arts à partir de 1964 et jusqu'à peu avant la révolution. Shams reste à l'écart de la politique, préférant s'occuper de sa famille, de sa présidence d'honneur du Lion-et-Soleil-rouge et de la Société protectrice des animaux – son palais de Mehr-dacht, situé à une cinquantaine de kilomètres de Téhéran, abritant chiens, chats et oiseaux, ses « manies », comme certains se plaisent à le dire. Chose curieuse, elle s'y fait construire une petite chapelle, bien visible de l'extérieur. Ce signe aurait pu indisposer Qôm. Mais comme il émane de Shams, qui ne nuit à personne, les religieux ne bougent pas, ce qui n'empêche pas les langues de se délier.

L'autre sœur du roi, la princesse Ashraf, sa jumelle si controversée, est un cerveau politique, une femme d'action très proche du shah. Son caractère se dévoile dès le premier mariage de son frère avec la princesse Fawzieh. Malgré tout l'art qu'Ashraf met pour démontrer le contraire dans son autobiographie, il ne fait pas de doute que ses relations avec sa première belle-sœur furent, après avoir été convenables, tendues, puis mauvaises. Ses rapports avec Soraya furent pires encore. « Nous n'avons jamais été de grandes amies », concède-t-elle dans ses *Mémoires*. Avec Farah, mère du prince héritier, intouchable, elle sauve les apparences. Mais là aussi, l'exubérance des propos qu'elle tient à son sujet est suspecte : « Chaque fois que j'essaie de dépeindre ma belle-sœur, les superlatifs se précipitent sous ma plume... » A la Cour comme à la ville, on sait bien que les deux femmes ne s'apprécient guère.

Bien que ces éléments puissent paraître sans importance au regard de la politique iranienne, ils ont eu leur poids dans le quotidien du shah et la marche du pays. Ashraf est contre tous les Premiers ministres : Ghavam, Mossadegh et le général Zahédi ont été les cibles successives de ses critiques et de ses intrigues. Et sa rancune passe du père au fils, pour Zahédi en tout cas, dont elle déteste le fils, Ardéshir, lequel affiche en retour sans ménagement son opinion sur elle. Avec l'arrivée au pouvoir de Hassan Ali Mansour en 1964, des conflits de fond se dessinent peu à peu et auraient éclaté si Mansour n'avait été assassiné en 1965. Car la princesse fait preuve d'un amour immodéré et irraisonné du pouvoir, des hommes et de l'argent. Ces pulsions lui attirent beaucoup d'inimitiés, une clientèle de profiteurs, et surtout une grande impopularité dans l'opinion publique.

Bien que les informations la concernant aient été très filtrées par le Premier ministre Hoveyda[12] et la Savak, le shah finira, les dernières années, par s'irriter contre elle. En 1978, lorsqu'il commencera enfin à se rapprocher du haut clergé, et surtout du grand ayatollah Shariat-Madari, ce dernier lui adressera des messages fermes et circonstanciés visant les abus de sa jumelle[13]. En conséquence, le shah priera Ashraf de se faire rare, puis de quitter discrètement l'Iran, ce qu'elle fera. Un hommage doit cependant lui être rendu : de toute la famille Pahlavi, seuls Ashraf et les deux enfants qu'elle a eus avec son second époux sont venus en aide aux Iraniens exilés dans le besoin et aux mouvements contre-révolutionnaires.

Quant aux demi-frères et demi-sœurs du shah, la plupart ont été critiqués pour leur affairisme au cours des années fastes du régime impérial. Seul le prince Gholam Réza[14], aujourd'hui nonagénaire, est toujours en vie, à Monaco.

Tel est le contexte familial dans lequel le shah a évolué.

Une des grandes innovations politiques de Mohammad Réza Pahlavi concerne les femmes, on l'a vu. Il s'est en effet largement impliqué lorsqu'il s'est agi de leur octroyer des droits familiaux, politiques et sociaux, elles qui avaient été jusque-là tenues le plus à l'écart possible de la vie publique. Malgré l'opposition du clergé radical, l'Iran a ainsi eu, bien avant de nombreux pays occidentaux, des femmes députées, sénatrices, ministres, hauts fonctionnaires, officiers supérieurs ou généraux, magistrates... A la veille de la révolution, l'égalité hommes-femmes est entrée dans les mœurs, une avancée spectaculaire pour un pays islamique, mais conforme aux traditions iraniennes. Le régime islamiste actuel n'est d'ailleurs pas revenu entièrement sur cette avancée majeure[15].

Sur le plan privé, l'attitude du shah envers les femmes qu'il a mieux connues ressemble fort à celle d'un seigneur oriental telle qu'on la décrit dans les romans anciens : paternaliste, protectrice, attentive, courtoise à l'extrême. Elle a cependant son revers : il les considère parfois comme des objets de plaisir à sa disposition. D'où une certaine solitude que le temps creusera, lorsque les premières années d'idylle avec Farah s'aigriront à la suite de ses incartades[16], et ce malgré une presse vantant la solidité d'un couple uni et aimant.

Cette même presse, obéissant à la propagande officielle, présente aussi le shah comme un père parfait, affectueux et attentionné envers ses enfants. La réalité est loin de ces clichés. L'attitude du shah envers Shahnaz, qu'il a eue avec sa première épouse Fawzieh, n'est pas exemplaire. S'il n'y avait eu la reine mère, Shahnaz n'aurait pas connu l'amour familial. Mohammad Réza en convint d'ailleurs... lorsqu'il était déjà trop tard[17] : « Nous l'avons un peu délaissée. »

L'aîné des enfants qu'il a eus avec Farah, le prince Réza, lui a reproché plus tard de ne pas avoir été suffisamment présent[18]. Ce qui est sûr, c'est que durant les trois dernières années précédant la révolution, l'une des préoccupations majeures du shah a été la sexualité de son fils, quand est entrée en jeu une gouvernante française prénommée Joëlle. Le shah, qui a tenu à contrôler lui-même son héritier sur ce point, a tant détesté cette femme qu'il a fini par l'expulser de la Cour et d'Iran, du moins si l'on en croit le si bien informé Alam[19]. Sur le plan de l'éducation et de la formation politiques, le prince Réza avance que son père « [ne lui a jamais] dit ce qu'[il] devait faire si un jour [il] devait régner », ce qui ne l'empêcha pas de proclamer avec imprudence, quelques jours avant la chute du régime, qu'il était prêt à assumer le pouvoir[20], alors même qu'il n'avait pas encore vingt ans, âge requis par la Constitution.

Sur ce point, Mohammad Réza a fait tout le contraire de son père. Il a préféré encourager chez son fils tant désiré, plutôt que la connaissance de l'histoire iranienne, de sa politique et de sa culture, l'apprentissage du pilotage d'un avion, la passion du cheval et de la photographie, s'intéressant plus à sa vie privée qu'à son destin public. Cette éducation aura une grande importance lorsque les destinées basculeront et que le manque de formation politique solide se fera cruellement sentir chez l'héritier.

Il se disait à la cour de Téhéran que la cadette, Leila, était la préférée du shah. Son suicide, ou son décès à la suite d'une overdose, le 10 juin 2001 à Londres, aurait mis un terme à son mal-être. Elle a précédé dans la mort son frère Ali-Réza. Le second fils du couple impérial, intellectuel de talent, tenu à l'écart sans doute pour ne pas faire de l'ombre à son aîné, s'est suicidé dans la nuit du 3 janvier 2011.

Certains ont avancé que ce qui a le plus manqué aux enfants du shah, a été un véritable foyer familial. Il serait téméraire de porter sur ces malheurs successifs un jugement aussi décisif, surtout après la révolution, alors que tant de familles se sont retrouvées meurtries. Seuls dans l'Histoire, l'impératrice Zita et ses enfants, après la chute des Habsbourg et le décès de l'empereur Charles, ont su vaincre, du moins en apparence, l'adversité. Ce qui est sûr, c'est que pour les Pahlavis, les facilités financières et matérielles de l'après-révolution n'ont pas suffi à combler d'autres manques.

Il est certes difficile, en ces années 1960, de dresser un portrait du shah, tant les obligations de sa charge marquent davantage chaque jour l'homme privé. Ce qui ressort cependant de façon flagrante, c'est la grande solitude de l'homme parvenu au pouvoir suprême vis-à-vis de sa famille et de ses proches, ou de ses collaborateurs. A un sentiment d'infériorité devant un père et une mère aux tempéraments bien trempés, le shah a substitué peu à peu l'idée de sa propre supériorité, au point d'écarter les plus intelligents, de mépriser ceux qui auraient pu lui apporter les conseils les plus avisés.

D'où le risque d'émergence d'un comportement de type dictatorial que beaucoup d'intellectuels associent encore aujourd'hui au dernier shah d'Iran. Vrai ou faux, exagéré ou imaginaire, le qualificatif a fait son chemin dans les esprits, surtout en ce qui concerne les dernières années du règne. A l'aube des années d'or du régime, de cette décennie pleine de promesses et d'avancées réformatrices, il ne semble cependant pas en phase avec la réalité, même si, pour faire avancer plus vite un peuple dans une voie de libéralisation, le shah a souvent voulu forcer le destin.

Ce qui est visible déjà, c'est en revanche un début de mépris du shah pour ses collaborateurs. De son médecin, le général Ayadi, le seul à pouvoir entrer dans sa chambre sans s'annoncer, il dit, lors d'un voyage en avion et en présence de l'intéressé : « Mon vétérinaire », sans doute avec une part d'autodérision... Du professeur Safavian[21], son médecin attitré dès 1976, il dira à Alam : « Il ne comprend strictement rien ! » Même chose pour Djamchid Amouzegar, son ministre des Finances puis Premier ministre, principal négociateur pendant des années du dossier pétrolier si épineux. Quant à Hoveyda, il n'aura aucune confiance en lui du fait de son appartenance à la franc-maçonnerie, ce qui ne l'empêchera d'ailleurs pas de le garder durant treize ans à la tête du gouvernement, et plus d'un an au ministère de la Cour ! Double langage ? Schizophrénie impériale entre le dire et l'agir ? On peut le penser.

En fait, Mohammad Réza Pahlavi a fini par se méfier de tout le monde, par retirer sa confiance même à ses services spéciaux – qui lui ont caché, il est vrai, bien des choses –, tout en laissant faire. Une situation confuse, ambiguë, qui ne peut guère porter de fruits durables. On a même prétendu que, dans les dernières années, le shah se méfiera de son épouse... Cette attitude aurait-elle résulté des lourds traitements médicaux nécessités par son cancer ou plutôt d'une nature anxieuse, paranoïaque et, en fin de compte, autoritaire ? Une énigme sans réponse, ou peut-être un incontournable des hommes de pouvoir.

Charles de Gaulle[22], dont le shah a souvent mis en avant les préceptes, l'a exprimé : « La perfection évangélique ne conduit pas l'empire. L'homme d'action ne se conçoit guère sans une forte dose d'égoïsme, de dureté et de ruse. »

QUATRIÈME PARTIE

LE « GRAND ROI »

1963-1978

1

Une journée du roi

A l'aube de l'âge d'or qui s'ouvre devant lui, Mohammad Réza Pahlavi, à présent sur le devant de la scène, voit ses moindres gestes publics épiés, commentés, parfois détournés de leur sens, alimentant rumeurs et fantasmes. Mais comment vit-il vraiment ? Est-il déjà un mythe vivant ou un homme ordinaire ?

Son cadre de vie, avant même son emploi du temps, constitue un bon indicateur sur ce point. Jusqu'en 1968, le shah habite avec sa famille le *Kahké Ekhtéssassi* (le palais spécial), construit par le Russe Markov au début du XXe siècle et inclus dans un ensemble de pavillons, dans un quartier résidentiel du nord de Téhéran. A l'époque de sa construction, la capitale comptait à peine un demi-million d'habitants. Les choses changèrent après la guerre sous l'effet d'un afflux massif de population.

Au fil des années 1960, la famille régnante s'agrandissant, les impératifs de sécurité la préoccupent davantage, si bien que la construction d'un nouveau palais s'avère nécessaire. Le projet en est confié à Abdol Aziz Farmanfarmaïan, prince qâdjâr et architecte renommé. Niavaran, petite ville à une vingtaine de kilomètres au nord de Téhéran, qui abrite déjà quelques résidences impériales, semble le site idéal. Bientôt, un palais aux lignes épurées, dont Farah n'apprécie guère le style, sort de terre, prêt à recevoir les Pahlavis. Durant plus de dix ans, jusqu'à la révolution, il sera la résidence officielle de la famille, qui l'occupera surtout d'octobre à début juin, préférant de juin à septembre le palais blanc de Saad-Abad, à Shémiran[1], sur les flancs de l'Elbrouz, ou, pour de courts séjours, la mer Caspienne.

Ce palais comporte deux étages. Au rez-de-chaussée, autour du grand hall doté d'un toit blindé, se trouvent une salle d'attente puis un grand salon, décoré par Jansen[2], dans lequel est dressée une petite table lorsque les souverains prennent leur repas à deux, ce qui arrive souvent. Une salle à manger tapissée de gris, dite « salle grise », peut recevoir jusqu'à vingt-quatre convives, cependant que la grande salle à manger peut en recevoir jusqu'à cent quarante. En sus de ces pièces, une salle de projection et, surtout, une bibliothèque, lieu préféré de Farah. Le grand hall donne aussi accès aux étages par un escalier monumental. Au premier, le petit bureau privé du roi, où il travaille en dehors des heures d'audience, quelques pièces pour les enfants. Au second, les appartements communicants du roi et de la reine, un bureau de dimension modeste pour cette dernière. Le palais ne possède guère d'abri souterrain, pas d'équipements de sécurité perfectionnés. Quelques caméras de surveillance dans le jardin seulement. Unique luxe pour faciliter la mobilité du shah : un terrain d'atterrissage pour deux hélicoptères.

Niavaran n'est en rien comparable aux orgueilleux palais des monarchies ou républiques occidentales, encore moins à ceux du tiers monde. Le shah a toujours refusé l'idée d'« un Versailles iranien digne de son règne », le faste et le grandiose ne l'intéressant que s'ils valorisent l'Iran aux yeux du monde.

Il ne travaille pas dans ce nouveau palais, mais dans l'un de ses voisins, bâti par Nasser-ol-Din shah

(1848-1896), à Niavaran également, le *Sahébghara-nieh*. Mohammad Réza en fait son cabinet de travail. Au premier étage, il a installé son bureau, le *talaré Djahan nama*, un espace de plus de 600 mètres carrés en forme de croix, décoré de miroirs, ainsi que de quelques armes iraniennes anciennes ; sur le sol, des tapis persans précieux. Au nord de la salle, le shah a fait aménager son bureau proprement dit, lequel est toujours vide de dossiers lorsqu'il reçoit. Il n'y dispose que de deux téléphones : seuls la reine et le Premier ministre peuvent l'appeler directement. Au sud de la salle, devant une large baie ouverte d'où l'on aperçoit les jardins, quelques fauteuils – des copies anciennes de style – où il reçoit. Au centre, sous un écrasant lustre en cristal de Bohême, une grande table ovale sur laquelle trône toujours un gros bouquet de fleurs. Ni bibliothèque ni tableaux ; une certaine austérité règne dans la décoration : c'est le goût du roi. Au même étage sont installés deux grandes salles de réunion, plusieurs salles d'attente, des bureaux pour le ministre de la Cour impériale, le Grand Maître du Protocole et l'aide de camp civil, enfin des salons privés de taille modeste. L'étage est tout entier dédié au travail.

Le rez-de-chaussée du *Sahébgharanieh* est surélevé. Dans cet espace naguère réservé au personnel de service, la reine Farah a fait aménager par la décoratrice Manijeh Torfé[3], son amie, une enfilade de petits salons décorés « à la persane » : tapis, miniatures, peintures du xixe siècle. Un ensemble chargé, dans le goût hollywoodien peut-être. On y organise quelques réceptions, rarement il est vrai. Leur restauration aurait coûté beaucoup plus cher que le devis, ce qui aurait provoqué, d'après Alam, quelques réactions colériques du shah.

A Téhéran, le quotidien du shah est d'une grande régularité, héritage, d'après certains, de sa formation militaire. Tôt levé, il commence sa journée par un quart d'heure de culture physique, prend ensuite un petit déjeuner plutôt léger – compote, pain grillé, beurre et confiture –, le tout accompagné de nombreuses tasses de thé. L'heure suivante est consacrée à parcourir la presse iranienne, et surtout internationale. Le shah lit ainsi régulièrement le *New York Times*, le *Washington Post*, *Le Monde*, *Le Figaro*, *L'Express*, le *Times* de Londres, *Newsweek* et *Time Magazine*, à l'affût de tout ce qui traite de l'Iran, bien sûr, mais aussi des problèmes d'armement ou d'économie politique. Il n'abandonne sa lecture que lorsqu'un officier de la Garde impériale lui apporte dans une valise bleue les rapports des services de sécurité : Savak, Deuxième Bureau, Renseignements généraux de la police. Ces rapports ultra-confidentiels ne demeurent pas au palais. Sitôt qu'il les a lus, le shah les renvoie à leurs expéditeurs dans la même valise bleue. A peu près à la même heure, le Premier ministre reçoit également copies des rapports de la Savak et de la police, mais pas du Deuxième Bureau, le shah ne tenant pas à ce qu'il se mêle des affaires militaires, son domaine réservé. Ses expériences avec Ghavam, Mossadegh et le général Zahédi l'ont en effet échaudé.

9 h 45, le shah part retrouver son Danois au pelage noir, Beno. On retiendra le nom de ce dernier compagnon, qui le suivra en exil et dont la mort aux Etats-Unis, lorsqu'il se trouvera au Caire avant son décès, lui sera cachée tant on craindra qu'il en soit affecté. Pour se rendre au rez-de-chaussée, Mohammad Réza emprunte l'unique ascenseur du palais, préférant éviter les escaliers... pour ne croiser personne. Les chiens de la shah-banou et de ses enfants l'y attendent. Instants de détente, de jeu, de distribution de biscuits, loin des contingences du pouvoir.

« Comme les chiens vous adorent, Majesté, lui déclare un ministre un jour du printemps 1978.

— Ce sont plutôt les biscuits qu'ils aiment », lui rétorque le shah.

Et plus loin d'ajouter discrètement à l'adresse d'une personnalité qui l'accompagne[4] : « Il nous prend pour un imbécile ! »

Tant qu'il ne fait pas trop froid, Mohammad Réza parcourt à pied les deux cents mètres séparant sa résidence privée de son bureau. Autrement, il prend le volant de sa voiture, que son vieux chauffeur, Amir Sadeghi, dit Asghar Agha, tient toujours prête.

10 heures. Le shah entre dans son bureau. Son premier geste est de sonner pour qu'on lui apporte un verre de thé. Après cette « cérémonie », le chef du protocole lui énumère les audiences du jour et les demandes d'audience pour les jours suivants. Puis entre le ministre de la Cour impériale, qui expédie avec lui quelques affaires délicates ressortissant à sa compétence « indéfinie » : litiges familiaux, querelles de personnes, etc. Ce poste subtil aux attributions fluctuantes a été occupé, de 1966 à 1977[5], par Alam, emporté par la même maladie que le roi peu avant le début de la grande crise qui balayera tout. Alam est *le* conseiller, l'éminence grise à qui le shah se confie. Sa perte portera un coup terrible à la dynastie. Peut-être, comme on l'a beaucoup dit et écrit, aurait-il pu, vivant et en bonne santé, sauver la monarchie.

Après cette entrevue, le shah accorde ses autres audiences ; elles durent en moyenne une demi-heure chacune. Le Premier ministre est reçu deux fois par semaine ; les présidents du Sénat et de la Chambre, le président de la Société nationale du pétrole une fois. Le shah réserve deux jours d'audience aux militaires, chefs de l'Etat-major impérial, commandants en chef des trois armées, de la Gendarmerie, chef de la Police nationale, directeur de la Savak, ministre de la Guerre... Enfin, il supervise lui-même l'armement avec le vice-ministre qui en est responsable.

La dernière audience de la matinée est réservée au ministre des Affaires étrangères ou à son premier adjoint.

Le shah consulte alors les dépêches, donne des instructions, tout en se plaignant fréquemment de la médiocrité des rapports de ses ambassadeurs.

Il reçoit ses hôtes debout. Inlassablement, il arpente son bureau de long en large, déclarant qu'il fait chaque jour des kilomètres à pied. Il renoue ainsi, sans le savoir peut-être, avec les pratiques du grand Aristote, que la marche aidait à penser. Il ne s'assoit qu'en présence du Premier ministre, qu'il invite alors à prendre un siège. L'étiquette sur ce point est très stricte. Lorsqu'il reçoit des militaires, il s'installe derrière son bureau, n'offrant de sièges à personne. Une exception cependant pour le général Pakravan, chef respecté de la Savak à qui il réserve le même accueil qu'au Premier ministre. Il est vrai que Pakravan a été son professeur à l'Académie militaire de Téhéran et qu'avec son allure de philosophe, il en impose à tous.

Une chose est sûre dans cet emploi du temps surchargé : quel que soit le personnage reçu, le shah n'oublie jamais de prendre toutes les heures son verre de thé, qu'il sucre abondamment et boit lentement. Tout lui importe dans le thé : sa qualité, son degré d'infusion, sa température, la qualité du sucre... Il en a fait l'un de ses sujets de conversation favoris et a d'ailleurs coutume de dire partout que seule la reine mère sait préparer un thé de qualité !

Vers une heure de l'après-midi, ses audiences s'achèvent. Il regagne sa résidence pour y déjeuner avec l'impératrice – théoriquement en tête à tête. Dès son arrivée, il envoie un messager qui, par le truchement de l'aide de camp de la shahbanou, annonce que Sa Majesté désire passer à table. Il est de notoriété publique que Farah est toujours en retard. Aussi le shah délègue-t-il un second courrier avec mission de rappel. Peine perdue : sur ce point comme sur d'autres, il manque de pouvoir sur sa femme. Las de ce jeu inutile, plutôt que de manger tard ou froid, il passe à table, étonné lorsque son épouse le rejoint pour le dessert.

Bien que fin gourmet, il mange peu, surtout au déjeuner. On lui sert la plupart du temps une grillade – de la viande blanche de préférence – accompagnée de légumes cuits. Il termine son repas par un assortiment de compotes. A midi, il délaisse les alcools forts ou les vins pour l'eau du robinet – celle de Téhéran était excellente – ou encore de Vichy Célestins. Durant les dernières années de sa vie, son médecin lui prescrira de ne boire que cette eau minérale.

A 14 heures tapantes, il écoute le grand bulletin d'informations sur la radio nationale. Ensuite, de temps en temps, il passe des coups de fil, parfois critiques, parfois coléreux, rarement d'encouragements et de félicitations, lorsqu'une nouvelle ne lui a pas plu ou a été à son avis mal présentée. Le Premier ministre en est le destinataire privilégié, plus rarement Alam. Ensuite, comme tout Iranien, il fait la sieste dans son fauteuil, bercé par la musique de ses compositeurs favoris : Mozart et Vivaldi.

De 15 à 19 heures, il redevient le premier technocrate de l'Empire dans son bureau de Niavaran, lisant les dossiers, accordant les audiences les plus délicates. Deux fois par semaine, son directeur de cabinet Nosratollah Moïnian[6] lui apporte les lettres et rapports reçus, les livres dédicacés, les sollicitations et messages divers auxquels il faut répondre.

Lorsque le shah ne le reçoit pas, il accorde quelques audiences très discrètes à des personnalités étrangères en visite exceptionnelle. Rarement – deux fois en quinze ans, dont le 28 janvier 1965, au lendemain de l'assassinat du Premier ministre Mansour –, il présidera le Conseil des ministres. En revanche, chaque lundi, il préside le Conseil économique suprême qui réunit Premier ministre, directeur du Plan, gouverneur de la Banque centrale et autres ministres pour débattre des grandes orientations et des problèmes de l'économie iranienne.

La journée du shah ne se limite pas à ses activités officielles ou connues de tous. Il existe aussi un pan de sa vie dont bruissent les salons et les maisons privées, à mots couverts, certes, mais faciles à décrypter. Ces « activités », qui se déroulent souvent le mardi, concernent sa vie privée, voire extraconjugale. Dans une interview-bilan qu'il donne à la télévision suisse en 1978[7], Mohammad Réza les évoque en des termes discrets : « Quelquefois, je vais visiter certains endroits. »

On a beaucoup dit en effet – moins écrit – sur la fidélité du shah. Sans nul doute, son amour pour Soraya a été fervent et sans partage. Lorsqu'il en a divorcé pour raison d'Etat et qu'il est redevenu l'un des célibataires les plus convoités du gotha, il a connu de nombreuses aventures avant de s'assagir, semble-t-il, lors de son mariage, en 1959, avec Farah Diba : la sagesse l'ayant peut-être emporté sur l'amour, sa conduite aurait été irréprochable pendant longtemps.

Cependant, au début des années 1970, il n'est plus question que d'une brouille sérieuse dans le couple impérial. En effet, après le déjeuner et la sieste, Mohammad Réza Pahlavi ne fait pas que travailler. Le mardi surtout – mais pas seulement, si l'on en croit les *Mémoires* d'Alam –, l'emploi du temps impérial est bouleversé. Ce jour-là, entre 15 et 17 heures, le shah s'éclipse. Ses rencontres discrètes, qui ne se déroulent jamais au palais, ont souvent lieu dans les petites résidences impériales de week-end proches de Téhéran, à Latyan entre autres, ou lors de ses déplacements en province. Ainsi, à un quart d'heure du palais, dans le quartier Pol-é-Roumi, au nord de Téhéran, une riche villa qui appartient officiellement à la Savak a-t-elle servi de « garçonnière » royale. Marie Lebey, une jeune Française de dix-sept ans que le shah a rencontrée en 1975 par l'entremise d'une « princesse iranienne », a décrit le décor de ses escapades galantes[8] :

> Dès mon entrée à l'intérieur du palais, je suis éclaboussée par une lumière rose qui dégouline d'un lustre de cristal [...]. Nous montons un escalier de marbre rose pour rejoindre ce que M. Doleimani appelle le « salon Bleu ». Une soie hoggar[9] tapisse les murs et fait ressortir l'or des pendules, candélabres et autres gadgets du même genre qui envahissent les guéridons et les tables de la pièce. [...] Ma chambre n'est pas très gaie : un canapé à fleurs roses sur fond crème et un lit à baldaquin en bois sculpté qui fait très Belle au Bois dormant à la retraite [...]. Quant à ma salle de bains, elle aurait pu appartenir à Esther Williams dans un de ses merveilleux films : une mythologie de pacotille dorée envahit la pièce de marbre jaune[10].

Le shah aime les femmes. Si l'on en croit une fois de plus les six volumes des *Mémoires* d'Alam – expurgés avec l'accord de la famille, dit-on, mais de quoi ? –, il aurait eu de très nombreuses aventures avec des jeunes femmes, blondes presque toujours, venues d'Europe dans les « bagages » du ministre de la Cour...

Bien que tout doive rester secret, ce genre de pratique ne peut demeurer vraiment confidentiel, le shah étant l'objet de tous les regards. De ce fait, on en parle un peu partout, sans indignation, mais avec un certain malaise. Le peuple attend de son roi une attitude exemplaire. Même si les plus avertis savent que ces incartades ne sont pas une spécificité de la Cour de Téhéran, ils n'en sont pas moins gênés. Durant les trois dernières années, même à la Cour, on ose dire d'un air entendu : « Sa Majesté est toujours occupée les mardis après-midi, vous savez bien... » La shahbanou, c'est sûr, a fini par tout découvrir et en a souffert. Cela a peut-être joué sur le cours des affaires publiques et causé chez elle une terrible aversion pour Alam, « l'entremetteur ».

Une aventure du shah a manqué cependant faire scandale, et sans doute terni durablement les rapports du couple impérial dès le début des années 1970. La faute en revient, selon la rumeur, à une jeune femme blonde, seule Iranienne que le shah aurait fréquentée après son mariage avec Farah. Elle s'appelle Talâ, ou Gilda, traduction européenne de son prénom persan. Originaire de la ville de Langaroud, région d'où vient aussi la mère de la shahbanou, elle est la nièce d'un vice-ministre. Sa beauté et ses qualités ont conquis le cœur du shah.

La rumeur sur cette relation va s'amplifier. Bien qu'une partie de la famille de Talâ – notamment un célèbre avocat d'affaires qui fait figure de chef de clan – désapprouve ouvertement cette liaison, la jugeant déshonorante, ses parents – et surtout sa mère – ont une attitude très équivoque. A la Cour, la nouvelle s'ébruite, générant une certaine nervosité. L'affaire prend de l'ampleur lorsque deux membres[11] au moins de l'entourage du couple impérial, qui apprécient peu la shahbanou, suggèrent au shah de contracter un « mariage temporaire[12] », faisant de Talâ une maîtresse royale ou une favorite en titre, comme dans certaines Cours européennes des siècles passés. Pourquoi le shah ne prendrait-il pas une seconde épouse ? C'est alors que la mère de Farah, Mme Diba, affiche son indignation et que la shahbanou s'absente de Téhéran. L'aventure, banale au départ, prend soudain la dimension d'une affaire d'Etat. La presse étrangère s'en empare. La CIA s'y intéresse : des rapports que citent divers auteurs américains lui parviennent à Washington. Et les cabales trouvent de nouveaux échos à la cour iranienne, où Farah n'a pas que des amis.

Mohammad Réza est alors à l'apogée de ses rêves. Comment peut-il risquer de ternir son image en réintroduisant une polygamie qu'il a voulu abolir et en méprisant l'égalité des sexes et le droit des femmes qu'il a défendus ? La situation devient inextricable et ses conséquences néfastes pour le régime. Il est grand temps d'y mettre un terme. Les deux familiers de la Cour qui avaient osé suggérer d'officialiser la liaison sont sèchement rabroués : « Vous vous imaginez à la cour des Qâdjârs ? » La relation avec la belle Talâ-Gilda cesse. La jeune femme et sa mère si bavarde sont priées d'être discrètes. Nassiri, chef de la Savak, est commis pour « gérer » l'affaire.

L'aventure trouve son épilogue par une belle soirée, à l'aéroport international de Mehrabad. Talâ-Gilda revient d'Europe, les valises bourrées de produits de luxe. Sous prétexte d'importation illégale – d'ordinaire, les douaniers ferment les yeux –, la jeune femme est appréhendée, puis placée en résidence surveillée jusqu'à ce que la rumeur s'éteigne.

Officiellement, on attribue l'aventure au général Khatam, beau-frère du shah. Chacun fait semblant d'y croire, mais cela n'a plus d'importance à présent. Le shah affiche alors en public des attentions particulièrement touchantes envers Farah. Lui qui n'a jamais mis les pieds au festival de Shiraz, dont il déteste l'ambiance trop avant-gardiste – « gauchiste », comme il se plaît à le dire –, il s'y rend en septembre 1972. Les photographes du monde entier sont au rendez-vous. Ils répandent à profusion les images du couple, resplendissant, main dans la main. La presse locale n'est pas en reste, publiant sur commande les mêmes photos. N'est-ce pas ce que chacun désire voir, au fond ? L'affaire en reste là, sauf peut-être pour Farah qui en gardera un souvenir amer.

De ce jour, le shah, s'il ne change guère ses habitudes, n'aura plus que des aventures avec des étrangères sans nom et sans histoire, aventures parfois plus platoniques que sexuelles, d'après ce que l'on dit et ce que l'on peut croire du récit de Marie Lebey, la seule à avoir porté témoignage sur ce point délicat. Il attend d'elles qu'elles soient là quand il le désire, contrôlant leurs moindres gestes, prévenant par les cadeaux somptueux qu'il leur fait, mais ayant bien intégré que la raison d'Etat doit primer sur ses propres pulsions.

A 19 heures, Mohammad Réza regagne son appartement privé, où il fait quelques mouvements de gymnastique, avant de se faire masser. Il prend ensuite un bain et se change pour le soir.

Le dîner se passe en famille, sauf obligations d'Etat. Le mercredi est réservé à la reine mère, le dimanche à la princesse Ashraf, lorsqu'elle réside à Téhéran. On sert à 20 h 30 pour ne pas déranger les habitudes méticuleuses du shah. Avant le repas, il ne dédaigne pas une ou deux gorgées de scotch-soda, jamais plus. Durant le dîner, un verre de vin, du bordeaux rouge de préférence, château-margaux ou château-talbot. Il arrive parfois que, le vendredi, la famille se rende pour déjeuner ou dîner chez le général Khatam et son épouse, la princesse Fatmeh, demi-sœur cadette du shah. Une seule fois par an, il accepte de dîner chez Gholam-Réza, son demi-frère, dont certaines attitudes l'indisposent, selon Alam. Chaque 26 octobre, pour son anniversaire, son autre demi-frère, Abdol Réza, homme cultivé, élégant et raffiné, très discret, a le privilège de le recevoir. Il dîne aussi une fois par an chez un ami oto-rhino-laryngologiste, agrégé de médecine de la Faculté de Paris, le professeur Djamchid Aâlam, dont il apprécie la science et les plaisanteries ; son épouse française, Alice, possède les talents culinaires les plus exceptionnels, ce à quoi le shah est sensible. Ce seront pour ces griefs « essentiels » qu'à la révolution, le professeur Aâlam sera fusillé et sa femme, atteinte d'un cancer, chassée de sa demeure et jetée dans un hospice où elle mourra faute de soins.

A ces dîners semi-privés, on ne convie jamais plus de trente personnes, pratiquement toujours les mêmes. Le shah n'y est guère disert. Deux exceptions cependant :

il aime s'entretenir avec le général Khatam de leur passion commune, l'aviation, et avec le sénateur Abbas Massoudi, patron d'un grand groupe de presse, dont les relations amicales avec les pays arabes et les manœuvres de politique intérieure l'intéressent.

La projection d'un film ponctue souvent les soirées. Le shah, qui désire surtout se détendre, préfère le genre comique. Parfois, il entame une partie de bridge ou de belote légèrement intéressée. Il a un principe : ne jamais toucher l'argent de ses mains. Aussi, lorsqu'il perd, son aide de camp de service envoie une note à sa comptabilité privée. Lorsqu'il gagne, il quitte la table de jeu en laissant tout au personnel de service. De fait, il perd rarement.

Enfin vers 23 h 30, minuit, il regagne sa chambre, détestant prolonger les soirées et passer des nuits blanches.

Telle est la journée du « Grand Roi ». Privée, elle ne le reste qu'à certaines heures, et même alors, les murs ont des oreilles. Au journaliste de la télévision suisse, déjà évoqué, qui lui demande, dans les jardins de Niavaran, combien d'heures il consacre quotidiennement aux affaires de l'Etat, il répond : « Une dizaine, quelquefois plus, quelquefois moins. » Un peu plus tard, à la question :

« Vous êtes quelqu'un de très exigeant quant aux méthodes de travail...

— Les méthodes non, rétorque-t-il, mais les résultats... Je crois que nous n'avons pas de temps à perdre, qu'il nous reste seulement un certain nombre d'années pour atteindre les buts nationaux que nous nous sommes fixés. »

Cette interview donnée en 1978, quelques mois avant la révolution islamique, résonne encore plus fort aujourd'hui, dévoilant la volonté infatigable, mais peut-être aussi aveugle, du shah qui veut poursuivre l'œuvre engagée, coûte que coûte.

L'âge d'or

1963 : le pouvoir de Mohammad Réza Pahlavi est à présent quasi absolu, même si son régime reste fragile. Le shah a gagné. Cependant, la Révolution blanche, actée par référendum, si elle a suscité de nombreux espoirs chez les paysans, a aussi libéré une certaine violence à l'encontre des propriétaires terriens, qui n'entendent pas se laisser spolier. L'éviction en mars du ministre de l'Agriculture, Hassan Arsandjani, sans doute trop pressé de faire aboutir un processus complexe, voire explosif, pour une partie de la population[1], a répondu à ce dernier malaise en tentant de calmer les esprits.

L'affaire Khomeyni dépassée[2], il reste pour le gouvernement à organiser des élections générales pour renouveler les deux Chambres. Depuis déjà deux ans en effet, le pays est gouverné par décrets-lois sans contrôle législatif, situation inacceptable pour une monarchie dite constitutionnelle. Des élections ont donc lieu. Elles se déroulent dans une ambiance inédite en Iran : les grands propriétaires terriens ne sont plus là pour faire voter « leurs paysans », les mollahs se tiennent à l'écart, mais surtout, les femmes, autrefois absentes, se pressent en masse, mêlées aux hommes – plusieurs nouveautés quasi révolutionnaires.

Le 6 octobre 1963, le shah, accompagné de l'impératrice Farah – une première aussi –, inaugure le nouveau Parlement issu du scrutin. A vrai dire, le Sénat présente peu de changements. C'est la Chambre, le *Majlis*, qui présente l'aspect le plus novateur. Les députés « ouvriers et paysans », nombreux, y ont remplacé les notables guindés, bien habillés et souvent obséquieux. Pour beaucoup d'entre eux, c'est la première fois qu'ils se rendent à Téhéran où ils ignorent même où se loger. Il faut donc accompagner leurs premiers pas dans cette découverte d'un pouvoir dont ils ne soupçonnent pas encore le contenu réel. Mais ce sont surtout les femmes, nouvelles élues, qui font la une des journaux du monde entier. Elles sont six, ce qui ne s'est jamais produit dans l'histoire iranienne[3].

Le shah est fier de ces changements, en partie de son fait. Cela dit, il ne perd que peu de pouvoir, les deux assemblées suivant d'ordinaire ses orientations politiques. Dans son discours inaugural, il encourage les députés et sénateurs à appliquer les réformes, insiste sur d'autres chantiers à lancer, notamment dans la fonction publique et les universités.

Si Mohammad Réza Pahlavi et son épouse continuent à courir le monde, ambassadeurs infatigables de l'Iran, les grands de tous les continents affluent à Téhéran, misant sur la stabilité politique du pays. Ainsi le shah et Farah accompagnent-ils pour un « week-end de détente » dans le nord du pays du 10 au 13 octobre 1963 le couple royal hollandais. Lui succèdent le président allemand puis la princesse héritière (future reine) du Danemark. Les Soviétiques ne sont pas en reste : Léonid Brejnev et son épouse marquent eux aussi l'intérêt de leur pays pour la puissance montante, les incidents lors de la visite du shah et de Soraya à Moscou n'étant plus qu'un souvenir lointain.

Bientôt, c'est au tour du général de Gaulle de visiter l'Iran, du 16 au 20 octobre 1963[4]. Ce voyage, resté dans un coin relativement oublié de l'Histoire[5], constitue pourtant un élément révélateur de l'attitude d'une partie de l'Occident vis-à-vis de l'Iran, mais aussi des projections de l'Iran sur l'Occident.

Le shah et l'homme du 18 Juin se connaissent depuis la Seconde Guerre mondiale, durant laquelle chacun a dû faire face, pour des raisons diverses, aux mêmes humiliations. Depuis lors, le Général est devenu pour Mohammad Réza l'exemple à suivre, tout comme Kémal Atatürk l'avait été pour son père. Il le dit haut et fort, c'est d'ailleurs le seul cas d'admiration proclamée de sa part. Le président français est pour lui l'homme qui a résisté et résiste toujours aux Américains du Nord, déjà impopulaires en Iran, qui ne ménage pas les Britanniques, qui symbolise une politique d'indépendance nationale et qui a mené à son terme la décolonisation – dans des conditions qu'il n'aurait pas forcément approuvées s'il les avait connues.

Quant au général de Gaulle, il tient le plus grand compte de ce grand « pays du tiers monde », l'une des clés de la géopolitique du Moyen-Orient[6]. C'est en outre une occasion pour lui, un an après les accords d'Evian qui ont marqué, le 18 mars 1962, la fin de la guerre d'Algérie, de restaurer l'image de la France dans les pays musulmans. L'Iran, pays non arabe resté à l'écart des prises de position de la région, constitue un cheval de Troie commode pour la réinitialisation de relations bilatérales diverses dans le Maghreb et le Machrek. Le shah était d'ailleurs venu en France en visite officielle en octobre 1961, accueilli avec chaleur par le Général, qui avait évoqué la « sympathie exceptionnelle[7] » entre les deux pays. A cette occasion, une collaboration était née : un consortium franco-allemand s'était formé en avril 1963 pour proposer à la Snip la construction d'un grand complexe pétrolier[8]. L'Iran était ainsi devenu le troisième pays du Moyen-Orient client de la France. De Gaulle pouvait en outre compter sur près de 1 800 ressortissants français, de très nombreux Franco-Iraniens et une cinquantaine d'entreprises installées dans le pays.

Les conditions sont donc optimales pour que les relations irano-françaises s'amplifient. Dès l'atterrissage de l'avion présidentiel à Téhéran, vers 17 heures, le ton est donné. L'accueil réservé au couple français est plus chaleureux et populaire que le palais n'osait l'espérer. Sur le trajet du cortège – 10 kilomètres entre l'aéroport et le Golestân où résideront les de Gaulle –, une foule d'au moins 500 000 personnes s'est massée derrière la double haie des gardes impériaux, soldats et policiers, évalués à 4 000 et placés tous les cinq mètres. A leur entrée au cœur de la ville, les couples présidentiel et impérial changent de véhicule : un carrosse noir et or, capitonné de bleu, remplace la voiture blindée.

Sur la place Ark où, six mois auparavant, sur ordre d'Alam, les chars ont réprimé les manifestations, le Général est accueilli aux cris de « De Gaulle ! » devant l'ancien palais royal des Qâdjârs. Il semble ému, étonné que l'on prononce si bien son nom. Il ignore qu'en persan, *de Gaulle* signifie phonétiquement « deux fleurs » et que, par conséquent, sa prononciation en est facilitée. A la surprise générale, il descend du carrosse pour prendre un bain de foule. Le shah, déconcerté car ce n'est pas dans le protocole iranien, lui emboîte le pas. C'est alors un « véritable délire », une « tempête de hurlements[9] ».

Viennent ensuite les affaires plus politiques auxquelles les deux premiers jours de la visite officielle sont consacrés. Les compliments fusent de part et d'autre. Au Général, qui salue la « haute et énergique impulsion » que le shah sait donner à son pays, Mohammad Réza réplique : « Vous voici aujourd'hui dans un pays qui a toujours si bien compris la France, sa civilisation, sa langue, que les voyageurs lui ont conféré le titre de France de l'Asie. [...]

L'accueil réservé à l'homme du 18 Juin apparaît comme le triomphe de l'un de ses rêves nationaux[10]. »

Le cadre ainsi posé, le 17 octobre, le Général, en frac et redingote, adresse aux deux Chambres réunies en séance extraordinaire un discours très attendu de politique générale durant plus d'une demi-heure. En France, ce soudain goût pour le parlementarisme fait sourire. Ainsi, *Le Canard enchaîné* ironise : « Il faut rendre cette justice à de Gaulle qu'il est en train de réviser son opinion sur le Parlement. [...] Le sieur Monnerville n'a plus qu'à se faire naturaliser Persan[11] ! » De Gaulle insiste sur l'indépendance d'une politique nationale, ce qui ne peut que plaire aux nouveaux élus. Il en vient ensuite au cœur de son propos, le dispositif économique, et évoque directement les accords passés entre l'Iran et la Communauté européenne des Six :

> C'est ainsi que vient d'être organisé un début de communauté de nos intérêts économiques par l'accord commercial entre l'Iran et l'Europe. Premier acte de ce type conclu par celle-ci avec un pays tiers ! Le fait me semble illustrer la volonté convergente de progrès qui anime l'Iran et les six pays de la communauté européenne, en particulier la France. C'est ainsi également que, dans le domaine de la coopération directement apportée par la France à nombre de peuples du monde qui poursuivent leur avance matérielle, technique et culturelle, l'Iran entre de plus en plus en ligne de compte. Certes, pour nous, Français, le fait que nos moyens sont évidemment limités, comme aussi le large concours que nous prêtons au progrès d'États africains qui nous furent longtemps attachés et qu'aujourd'hui leur indépendance, si elle les distingue de nous, n'éloigne point [...] nous obligent-ils à adapter ce que nous pouvons faire ailleurs à nos propres possibilités. Mais, à mesure que se multiplient nos contacts avec l'Iran, nous discernons plus nettement l'étendue de vos ressources, de vos efforts, de vos capacités, autrement dit le grand avenir qui s'ouvre devant vous[12].

Ce n'est pas vraiment le discours rêvé pour des Iraniens qui attendent une aide concrète. Au lieu de cela, le Général met en avant les intérêts prioritaires français en Afrique, des ressources françaises limitées, préférant laisser à la Communauté européenne la primauté d'une collaboration plus appuyée avec un pays aux ressources florissantes. Cela dit, le président français, par sa présence, apporte un soutien sans mesure à la politique de modernisation engagée par le shah, ce qui n'est pas mince après la situation difficile que le pays vient de connaître. Les députés et sénateurs applaudissent debout l'intervention du Général, masquant leur relative déception. Eric Roulleau, du *Monde,* ne s'y trompe pas : « Les Iraniens qui espéraient une aide économique massive de la France ont de quoi être déçus[13]. »

Malgré cette désillusion, le voyage officiel français se poursuit avec des airs de triomphe à Shiraz, Persépolis et Ispahan, du 18 au 20 octobre. Contrairement au protocole iranien qui précise que les chefs d'Etat étrangers en visite officielle sont accompagnés d'un ministre dans leurs déplacements en province, c'est le shah lui-même qui accompagne le Général. Près de Shiraz, ils inaugurent ensemble la première usine pétrochimique d'Iran, celle-là même que le FMI avait voulu empêcher de voir le jour. Un geste symbolique qui n'a sans doute pas échappé à de Gaulle. Le 20 octobre, c'est le départ du chef de l'Etat français, un départ plutôt discret comparé à son arrivée, mais conforme aux habitudes iraniennes.

La presse française reste prudente, privilégiant les anecdotes sur la garde-robe d'Yvonne de Gaulle plutôt que les articles de fond. Le shah n'y est pas attaqué comme il le sera vers la fin du règne : il apparaît plutôt « comme un facteur d'équilibre », « aux environs du centre droit » comparé à de Gaulle. En revanche, la situation intérieure du pays, confronté à un programme de réformes très ambitieux, y est parfois jugée « sans espoir »[14].

Le lendemain du départ du Général, la vie politique reprend son cours selon la Constitution qui veut qu'après les élections, le cabinet démissionne. Alam offre donc sa démission au shah, qui le charge de nouveau de la constitution du gouvernement. Le général de corps d'armée Esmaïl Riahi, numéro 2 de l'état-major général, est nommé ministre de l'Agriculture, en remplacement d'Arsandjani. C'est un homme intègre, cultivé, excellent organisateur, passant pour une des têtes politiques du commandement de l'armée impériale. En le nommant à l'Agriculture, le shah l'éloigne de l'armée, ne désirant pas de leader autre que lui au sein du haut commandement. Appuyant la politique d'Alam, Riahi fait en sorte de poursuivre la réforme agraire, tout en tentant d'éviter l'agitation politique qu'avait entretenue Arsandjani. Le 5 novembre, c'est au tour de Abdollah Entézam d'être remplacé à la tête de la Snip par l'ex-Premier ministre Eghbal. Ayant atteint depuis longtemps la limite d'âge, couvert de titres honorifiques, il ne pardonnera jamais au shah cette mise à l'écart. On le retrouvera très actif aux derniers jours du régime impérial. Mais le shah ne s'en soucie guère à ce moment : il réfléchit déjà à de nouvelles réformes impliquant de nouvelles équipes.

Ces choix terminés, l'heure du tourbillon permanent de fêtes a sonné pour le couple impérial. L'époque est au grandiose, à l'édification de monuments propres à laisser la marque des Pahlavis dans l'Histoire. Avec Farah, le shah inaugure le 21 décembre 1963 la grande sucrerie de Bistoun, dans l'Ouest kurde, puis, le 16 janvier 1964, le siège central de la Snip, une bâtisse de quatorze étages, exceptionnelle pour le Téhéran d'alors. Le 10 février commence la construction du nouveau port de Bandar Abbas, sur le détroit d'Ormuz, lieu éminemment stratégique. Le port deviendra bientôt l'une des trois grandes bases navales iraniennes pour une marine de guerre impériale qui voudrait bien pouvoir y surveiller, voire y dominer l'océan Indien et sécuriser la route du pétrole – l'un de ces rêves qui contribueront à précipiter la chute du shah. Le 20 janvier, c'est seul que le shah inaugure, à Abadan, une nouvelle usine pétrochimique où il déclare : « Le temps des complexes d'infériorité est révolu », avant de partir inaugurer le terminal pétrolier de l'île de Kharg, bientôt le plus grand du monde. De son côté, ce même 20 janvier, la shahbanou inaugure un hôpital public et gratuit de trois cents lits dans le sud de Téhéran.

Ces nouvelles réalisations se situent dans la droite ligne des principes de la Révolution blanche. Le couple impérial peut à présent prendre quelques vacances d'hiver : direction l'Autriche, puis la Suisse, où il séjourne un mois.

Au retour, un événement important attend le shah. Le 7 mars 1964, Alam offre sa démission dont les couloirs bruissaient depuis un certain temps, mais qui étonne les milieux politiques, prenant à contre-pied la rumeur qui circulait dans Téhéran selon laquelle il ne la présenterait qu'après *Nowrouz*, le nouvel an iranien (21 mars). Le shah lui rend un vibrant hommage, bien qu'il n'ait pas l'habitude de montrer sa gratitude envers les « sortants », lui décerne la grand-croix de l'ordre de Tadj, plus haute décoration iranienne[15], et le nomme ensuite recteur de l'université Pahlavi, qui vient d'être lancée sur les débris de celle de Shiraz. Alam, qui n'est pas un universitaire, est chargé d'y créer une « université d'élite », le « Harvard iranien ».

Dès 11 heures, Hassan Ali Mansour[16] est choisi pour former le nouveau gouvernement. Âgé de quarante et un ans, diplomate de carrière, il porte un nom déjà célèbre sur la scène politique : son père a occupé par deux fois le poste de Premier ministre[17] avant d'être nommé ambassadeur près le Saint-Siège. Elégant et cultivé, polyglotte, leader politique-né, « idéaliste pragmatique », c'est un visionnaire qui en seconde un autre, le shah lui-même. On peut se demander d'ailleurs, avec le recul du temps, si cette alliance constituait dans l'Iran d'alors la meilleure gouvernance, si elle n'était pas en trop grand décalage avec les possibilités et les envies assumables par le pays.

Mansour était entré en politique à la fin des années 1950, dans le sillage d'Eghbal[18], qui lui avait confié la direction du Haut Conseil de l'économie, une cellule de réflexion qui avait élaboré des projets de réforme dont le Premier ministre s'était largement inspiré. Son ascension avait été rapide. Ministre du Travail puis du Commerce dans le gouvernement Eghbal tout en conservant la direction du Haut Conseil, il avait fondé parallèlement un Cercle progressiste où des médecins, hommes d'affaires, avocats et hauts fonctionnaires l'avaient rejoint. Un mini-parti politique qui ne disait pas encore son nom, mais qui cherchait activement des relais dans la société civile. Les adversaires de Mansour n'hésitèrent pas dès lors à l'accuser de pro-américanisme, un jugement qui le poursuivra.

Lorsque, le 31 août 1960, Eghbal avait cédé sa place à Sharif-Emami, Mansour avait été écarté du gouvernement, tout en gardant la direction du Haut Conseil avec le titre de secrétaire général. En mai 1961 cependant, Ali Amini, nouveau Premier ministre, avait dissous le Haut Conseil. Mansour, placardisé, avait été nommé à la présidence de la Société nationale d'assurances et de ses filiales bancaires et hôtelières, poste important, mais qui l'avait éloigné du cœur de la sphère politique.

Telle est sa situation lorsque Alam est à son tour nommé Premier ministre le 19 juillet 1962. Durant les deux ans de son « exil » relatif, il ne reste pas inactif, fédérant autour de son cercle – qu'on appellerait aujourd'hui un *think tank* puissant – de plus en plus d'adeptes et développant un discours politique réformateur. Dans la foulée de la Révolution blanche, le 15 décembre 1963, il proclame la naissance d'un parti politique, *Iran-é-Novine*, le Nouvel Iran, se posant ouvertement en candidat pour prendre la suite d'Alam, et se propose de former un cabinet *vraiment* réformateur, à même de traduire l'*esprit* de la Révolution blanche dans l'administration et la société civile.

Ce qui se produit alors est difficile à concevoir dans le régime autoritaire du shah. A partir de ce moment, Mansour prépare un programme de gouvernement, consulte, établit des listes de personnes aptes à remplacer les équipes en place. Elu en 1962 à la nouvelle Chambre, il prend la tête d'un groupe parlementaire d'une quarantaine de députés, soutient le gouvernement tout en jouant le rôle de chef de « l'opposition de Sa Majesté » ! Situation quelque peu étrange.

Une sorte de *shadow cabinet* se constitue. Le shah reçoit à trois reprises ses membres, qui lui présentent des projets de réorganisation politique, de création de nouveaux ministères et de réformes. Il en discute avec sa minutie habituelle, jaugeant sans doute en même temps ceux qui sont promis à devenir ses ministres. Tout se passe sans que jamais soit évoqué un changement de gouvernement. Ces réunions qui peuvent durer jusqu'à quatre heures semblent parfois surréalistes. Parallèlement, le premier cercle de l'entourage de Mansour se réunit tous les jeudis et vendredis, de 10 heures du matin jusqu'à la fin de la soirée, pour discuter des mesures prioritaires à prendre, des nominations, des projets de loi. Des personnalités que l'on connaît moins sont parfois conviées : on discute avec elles des responsabilités qu'on pourrait leur proposer. Un travail d'équipe original.

Hassan Ali Mansour croit à la vertu en politique, même si ni l'Orient ni l'Occident ne sont des modèles en la matière. Il mise sur la totale probité des hommes de gouvernement et refuse tout écart, toute compromission. Alors qu'avant d'entrer en politique, il était un grand séducteur en même temps qu'un grand joueur, il deviendra en s'y engageant un homme marié irréprochable, qui ne jouera plus. « Les convivialités qui se créent autour des tables de jeu sont dangereuses pour un homme d'État », répète-t-il pour justifier ses nouveaux choix. Un homme intègre donc, rigide au sens le plus pur du terme... un danger pour ceux qui ne partagent pas sa vision et qui chercheront bien vite à le perdre.

Dès sa nomination, Mansour informe, avec quelque difficulté, ses nouveaux ministres qu'il les attend au siège du parti *Iran-é-Novin*. La plupart savent ce qu'on attend d'eux et s'y sont déjà préparés. A 16 heures sonnantes, tous sont présentés au shah. A l'exception des titulaires des portefeuilles des Affaires étrangères et de la Guerre, « domaines réservés », un seul ministre est « imposé » à Mansour en reconnaissance de ce qu'il a fait lors de l'affaire Bakhtiar[19]. Mansour résiste puis cède.

Le très respecté général Riahi reste à l'Agriculture, le professeur Mohammad Nassiri[20], gouverneur de la Banque nationale sous Mossadegh, accepte, après de longues discussions, le titre de ministre d'État. Il sera « conseiller » et en charge de missions réputées délicates. C'est une victoire pour Mansour que ce ralliement du premier vrai compagnon du « Vieux Lion », un « bon coup politique ».

Lors de la présentation du nouveau cabinet – où l'on note la présence de nombreux technocrates néophytes en politique –, le shah rend encore hommage au gouvernement Alam, « qui a bien mérité de la patrie », s'adresse aux hommes qui vont prendre en charge les ministères nouvellement créés et dit au professeur Nassiri : « Nous voudrions que vous établissiez le dialogue avec les cercles universitaires, mais aussi avec ceux qui se sentent à l'écart de la vie politique. » L'allusion est claire : elle concerne les opposants, surtout partisans de Mossadegh.

Le 8 mars, le cabinet est présenté à la Chambre. Le 9, il obtient à l'unanimité la confiance des députés ; trois jours plus tard, celle des sénateurs. Grande nouveauté, au cours des semaines qui ont précédé la formation officielle du gouvernement, tout a été minutieusement prévu : la liste des ministres, mais aussi tous les changements à la tête des grandes sociétés d'Etat et des gouvernorats de province. Même le texte du discours de Mansour a été calibré au mot près au sein de son premier cercle. Un plan de « relance économique » est également prêt, d'inspiration keynésienne et en rupture avec les directives du FMI.

Dès cet instant, le rythme des changements, innovations, lancements de projets est soutenu. Entre le 7 et le 21 mars, début des vacances de *Nowrouz*, le travail est colossal : vote de confiance des deux Chambres, approbation du plan de relance, vote de la création de deux nouveaux ministères – Eau et Electricité, Développement et Logement – qui seront les fers de lance de l'action gouvernementale, puis discussion passionnée autour du budget de l'Etat. Ce dernier présente un déficit de plus de 12 millions de dollars, important pour l'époque, qui sera couvert par des avances de la Banque centrale, presque 40 % des dépenses étant consacrées aux projets de développement et aux investissements productifs. En apparence, rien d'inquiétant ni de dramatique… mais le FMI veille. A cette époque, l'Iran peut en outre s'appuyer sur un taux de croissance de sa population de l'ordre de 3,1 %, avec une marge d'erreur possible du fait du sous-enregistrement des femmes : le premier recensement général du pays, en 1956, avait établi le chiffre de 18 955 000 habitants ; lors du deuxième en 1966, on comptera 25 781 000 Iraniens[21]. Il est donc logique de penser qu'en 1964, la population puisse être évaluée autour de 23 millions, avec une prédominance des ruraux – pour peu de temps encore.

Le rythme du travail gouvernemental est aussi une nouveauté : deux, voire trois Conseils des ministres par semaine qui, débutant à 17 heures, durent parfois jusqu'à 2 heures du matin avec des discussions libres et animées. Les lundis, le shah préside de 15 à 18 heures un Conseil économique au palais. Là aussi les discussions sont assez libres. Un jour, à la suite d'un échange plutôt vif entre le ministre de l'Eau et de l'Electricité – Mansour Rohani, technocrate dynamique au franc parler – et le directeur du Bureau économique d'organisation du Plan, Khodadad Farmanfarmaïan, qui personnifie les positions du FMI, le shah se lève de son siège et dit : « Je reviendrai quand vous serez convenables ! » Mansour, pâle et déconcerté, le suit. Un quart d'heure plus tard, tous deux sont de retour. « Eh bien, recommençons ! » déclare le shah. Tout le monde se le tiendra pour dit. Rohani soignera désormais son langage et Farmanfarmaïan, ayant bien compris que la dispute le visait, sera plus prudent.

Parallèlement à l'action du gouvernement, Mansour, infatigable, suit de près la mise en place du réseau *Iran-é-Novine*. Il y a commis trois personnalités : deux ministres, Ataollah Khosravani[22] pour les syndicats et Hadit Hédayati à la coordination et à la supervision de la société civile, des fonctionnaires et du bazar, ainsi que le président du Crédit agricole, Hassan Zahédi, pour les coopératives agricoles. Chaque fin de semaine, il se rend dans un chef-lieu de province avec quelques ministres, des députés et une cohorte de journalistes pour inaugurer un siège du parti.

Le travail étant intense, tous les dirigeants politiques commencent à ressentir une réelle fatigue physique. Le 1er mai 1964 coïncidant avec une fête religieuse, le shah, recevant ses ministres, en fera la remarque : « Il est vrai que vous êtes jeunes pour la plupart, mais faites

attention : à ce rythme, vous ne tiendrez pas longtemps. »
Et il ajoutera avec quelque humour : « Je me demande
comment vos épouses vous supportent ! »

Les premiers mois du gouvernement Mansour se
déroulent dans l'euphorie et l'enthousiasme : les difficultés seraient-elles dépassées ?

Le 11 avril, débute la construction d'une grande raffinerie de pétrole près de la capitale, l'objectif annoncé
étant d'affecter celle de Abadan à l'exportation. Il est
prévu en outre qu'un réseau d'oléoducs reliera bientôt
d'autres raffineries dans tout le pays. Le 5 mai, Mohammad Réza assiste au début de la construction du barrage de Latyan[23], destiné à alimenter Téhéran, dont la
croissance est exponentielle[24]. Le 9 mai, c'est l'Institut de
physique du globe de l'université de Téhéran qu'il inaugure. « Je veux qu'il soit parmi les plus importants du
monde », commente-t-il. Le 27 mai, la loi créant l'université Pahlavi de Shiraz, jumelée à celle de Pennsylvanie,
est votée. « Université d'élite, parmi les meilleures du
monde », augure-t-il en plaçant Alam à sa présidence.
Le 31 mai, une cité de 1 200 logements dans la banlieue
de Téhéran, avec centre culturel, écoles, mairie, dispensaire, ouvre ses portes. Ces logements, achevés à plus de
90 %, attendaient depuis quelques années leur finition,
bloquée par le FMI, Sharif-Emani et Ali Amini. Beaucoup
d'autres projets abandonnés pour les mêmes raisons sont
enfin menés à leur terme. S'y ajoutent les inaugurations
de la première usine de fabrication automobile, Peykan,
dont une partie de la production sera exportée, d'une
nouvelle usine de pétrochimie, etc.

Quatre cent mille mètres carrés de terrain vague au
cœur de la capitale, jusque-là dévolus aux manœuvres
et défilés militaires, négligés depuis la Seconde Guerre
mondiale, sont convertis en parcs publics[25]. Tout autour
seront créés le Musée national du tapis, celui des Arts

contemporains et un hôtel de luxe, le futur Intercontinental. Le parc s'appellera Farah – et deviendra le parc Laleh à la Révolution. A cette occasion, Mohammad Réza, écologiste avant l'heure, émet l'idée d'un reboisement à travers tout le pays. A l'époque de la Révolution, on observera des résultats spectaculaires.

Dans ce tourbillon qui ne fait cependant pas le bonheur de tous, le couple impérial décide de s'accorder une pause. Destination New York, le 4 juin 1964, pour un voyage « semi-privé ». Le choix de la destination n'est pas fortuit. En effet, à la suite de la disparition du président John Kennedy, assassiné le 22 novembre 1963 – pour lequel la Cour avait déclaré un deuil officiel à Téhéran –, on avait craint que la diplomatie iranienne ne subisse un coup rude. Il n'en avait rien été : le remplacement de Kennedy par le vice-président Lindon Johnson, assez proche de l'Iran, a plutôt renforcé la position du shah auprès de son principal allié occidental. D'où ce déplacement, qui, à vrai dire, n'a d'officieux que l'enveloppe, son organisation ne pouvant que flatter l'ego du shah.

Ainsi, dès le 6 juin, Mohammad Réza inaugure, en présence du secrétaire d'Etat Dean Rusk, la monumentale exposition *7 000 ans d'art iranien*, pour laquelle l'Iran et Mohsen Foroughi ont prêté plus de sept cents œuvres majeures[26]. Suivent un déjeuner d'apparat à la Maison-Blanche, des discours et entretiens télévisés, des déjeuners avec les sénateurs, l'attribution au shah de doctorats *honoris causa* des universités de Washington, de New York et de Californie.

Sur le chemin du retour, à New York, Mohammad Réza s'entretient longuement avec le professeur Arthur E. Pope, grand spécialiste de l'histoire de l'art iranien[27]. Après lui avoir décerné l'une des plus hautes distinctions iraniennes, il l'invite à venir s'installer à demeure à Shiraz afin d'y achever son monumental travail – vingt volumes.

L'éminent savant accepte. L'*Asia Institute* qu'il dirige sera bientôt transféré dans cette ville, en annexe de l'université Pahlavi, avec pour siège le Naréndjestan, l'un de ses plus beaux palais.

Avant de rentrer à Téhéran, le couple impérial rencontre au Maroc le roi Hassan II, puis fait une courte escale à Paris. Le 17 juin, il est de retour en Iran, où s'est dessinée une nette évolution politique, mais où des réserves lourdes sur les plans et projets Mansour commencent à affleurer.

L'accélération du rythme de développement ayant creusé le déficit budgétaire, l'Iran fait appel au crédit étranger, puis à de nouvelles avances de la Banque centrale. Parallèlement, les prix restant stables et la population ressentant une amélioration très sensible dans son quotidien, la consommation augmente avec le pouvoir d'achat. Cependant, certains projets qui impliquent une coopération avec le bloc de l'Est déplaisant à Washington, la surveillance du FMI se fait plus lourde. De fortes pressions sont alors exercées sur le Premier ministre pour qu'il augmente la fiscalité et opère une ponction sur le pouvoir d'achat afin de prévenir l'inflation. Les représentants du FMI, relayés par les experts du Plan ou de la Banque centrale, suggèrent puis exigent un doublement du prix de l'essence et du gasoil, du pétrole domestique pour l'éclairage – de nombreux Iraniens s'éclairant encore avec des lampes à pétrole, surtout à la campagne – et du mazout, de nouvelles taxes sur les boissons gazeuses, dont la consommation est en hausse constante, et, enfin, sur les passeports. Amir Abbas Hoveyda, ministre des Finances, qui passe pour être le meilleur ami et le confident de Mansour, défend ardemment les positions du FMI. Ce n'est pas le cas du shah qui se montre réservé mais qui, en fin de compte, comme d'habitude, laisse faire. Est-ce sous pression américaine ou pour contrecarrer en sous-main un Premier ministre dont la popularité croissante et les résistances aux demandes injustifiées de la Cour commencent à agacer ? La première hypothèse semble à retenir, le shah ne pouvant ignorer que certaines mesures prônées par le FMI, très impopulaires, le toucheront autant que Mansour. Eghbal, pour sa part, président de la Snip, s'y oppose publiquement, sa société devant les appliquer au premier chef.

Au Conseil des ministres, ce n'est pas davantage l'unanimité : quatre ministres expriment leurs réserves[28]. Le projet n'en est pas moins adopté puis, le 23 novembre, approuvé par le Parlement. Le mécontentement de la population est immense. Dans la rue, les gens vont jusqu'à aborder les ministres pour le leur signifier. L'élan de sympathie qui avait accueilli le Premier ministre et l'action de son gouvernement est brisé. Mansour sort de l'épreuve, vulnérable, affaibli. Il comprend vite qu'il a commis une grave erreur et devra trouver un moyen de s'en sortir sans trop perdre la face.

Le 10 janvier 1965, il propose au Conseil des ministres de revenir sur les décisions prises. Réaction unique dans les annales : il est applaudi. Mais le mal est fait. Mansour ne s'en relèvera pas, malgré tous ses efforts.

Cependant que le gouvernement fait face à ce problème, un autre, plus discret mais non moins dangereux, s'est révélé à la suite de la signature par l'Iran, en octobre 1964, d'une convention avec les Etats-Unis reconnaissant des privilèges juridictionnels aux fonctionnaires et militaires américains travaillant en Iran. De très nombreux pays, notamment membres de l'Otan, avaient demandé à bénéficier du même traitement. Téhéran avait cependant obtenu, dans un protocole additionnel, que tous les crimes (de droit commun) éventuellement commis par un militaire américain sur le territoire national soient exclus du champ d'application de la Convention et soumis au droit et aux tribunaux iraniens. Malgré cet arrangement particulier, la concession était regrettable, si on la juge selon nos critères actuels. Elle s'explique néanmoins si l'on se reporte à l'époque de la guerre froide où l'Iran, comme d'autres pays, avait besoin du parapluie américain pour se protéger des visées de l'impérialisme soviétique.

Rouhollah Khomeyni, qui s'est tenu tranquille jusque-là, choisit le 26 octobre (1964), jour de l'anniversaire du shah, pour dénoncer publiquement et violemment cet accord, qu'il qualifie de capitulation, en référence aux privilèges consulaires établis au XIXe siècle et abolis par Réza shah. « Je suis incapable, déclare-t-il dans un sermon à l'école Feyzieh, d'exprimer ma tristesse. Mon cœur est sous pression... Je dors mal. Je suis indisposé... Je compte les jours pour savoir quand viendra celui de ma mort. L'Iran n'a plus de fête. On a transformé la fête en deuil[29]. Ils l'ont transformée en deuil et ont organisé des illuminations. Ils l'ont transformée en illuminations et ont organisé des danses. » Dans un autre sermon, il proclame : « Le gouvernement vient de donner aux Américains un document prouvant que le peuple musulman iranien est un peuple sauvage. Il vient de rayer d'un trait noir toutes les gloires islamiques[30]. »

Devant ces protestations qui ne font qu'envenimer une situation déjà préoccupante, le Premier ministre, le ministre de l'Intérieur Djavad Sadr – dont les proches avaient protégé la famille de Khomeyni après l'assassinat de son père – et le chef de la Savak, le général Pakravan, décident cette fois d'agir immédiatement, Mansour, tout aux problèmes internes, ne voulant à aucun prix d'agitation ni de répression. Le lieutenant de police Seyf Assar[31] est chargé d'arrêter l'ayatollah à son domicile de Qôm. L'affaire se déroule sans violence ni réaction. Une voiture banalisée permet le transfert de Khomeyni sans encombre de Qôm à Téhéran. L'ayatollah, d'abord très nerveux, se calme et bavarde ensuite avec le lieutenant. Il aurait même pleuré : « Cette fois-ci, ils vont m'exécuter[32]. »

Ils ne l'exécuteront pas, le gouvernement désirant cependant s'en débarrasser rapidement. Le shah hésite à faire approuver cette ligne, dite d'apaisement, mais il laisse faire.

Mansour charge son ministre Mohammad Nassiri, qui connaît bien l'art et la manière de discuter avec les religieux, de rendre visite à l'ayatollah, enfermé dans une riche résidence appartenant à la Savak. La courtoisie préside à l'entretien. Les deux hommes commencent par échanger des banalités, évoquant des connaissances communes. Un domestique – sans doute un employé des services secrets – sert le thé. La table du salon étant chargée de fruits et de friandises, l'ayatollah, jouant au maître des lieux, prie son interlocuteur de se servir, ajoutant en riant à moitié : « J'espère qu'ils ne sont pas empoisonnés ! » Le ministre[33] explique ensuite à l'ayatollah que la meilleure issue pour lui est de quitter l'Iran, et que, de toute façon, le climat politique ayant changé depuis deux ans, personne ne manifestera en sa faveur. Le départ en exil de Khomeyni est alors pratiquement négocié. Tout se déroule comme prévu : la capitale ne bouge pas. Trois jours plus tard, l'ayatollah est en route pour Istanbul. Il s'installera ensuite dans la ville sainte de Nadjaf, en Irak.

Tout bascule le 21 janvier 1965. Hassan Ali Mansour se rend à la Chambre des députés pour y déposer un nouveau contrat pétrolier conclu avec la société Pan American, sur la base de 75 % des bénéfices pour l'Iran et 25 % pour l'exploitant américain, accord mal accueilli par le consortium pétrolier. Un officier de police en uniforme l'accompagne. Au lieu d'entrer par l'arrière du *Majlis*, les jardins, comme c'est l'habitude, Mansour fait arrêter la voiture devant l'entrée principale du Parlement – où se trouvent de nombreux badauds – afin de serrer quelques mains. L'officier de police lui ouvre la portière ; les deux agents de sécurité postés à l'extérieur de l'édifice se préparent à le saluer militairement. L'ambiance est détendue, aucune mesure particulière de protection n'étant prise.

Soudain, un homme d'une vingtaine d'années, teint mat, cheveux très courts, s'approche du Premier ministre et, à bout portant, décharge sur lui son revolver. Trois coups atteignent Mansour, qui s'écroule. Le jeune homme, qui n'oppose aucune résistance, son forfait commis, est conduit au commissariat voisin. On saura dans l'heure qui suit qu'il se nomme Mohammad Bokharaï et, un peu plus tard, qu'il est membre d'une petite « association » islamique dépendant des Fedayin de l'islam. Deux autres jeunes gens, Mortéza Nik-Néjand et Réza Saffar Harandi, venus apparemment le suppléer au cas où il n'aurait pu remplir sa mission, sont arrêtés en même temps.

En ce jour tragique de janvier, le shah et la shahbanou skient à quelques dizaines de kilomètres de Téhéran. Avant de regagner dans l'urgence et en hélicoptère la capitale, le shah donne ordre à Nasser Yéganeh, ministre chargé des relations avec le Parlement, de déposer sur-le-champ le projet de loi sur l'accord avec la Pan American devant la Chambre, non sans préciser qu'il se fasse accompagner par le général-ministre de la Guerre en uniforme... un signe fort.

Les circonstances confuses de l'attentat, la manière dont Mansour a ensuite été soigné ont soulevé de nombreuses interrogations. Sur l'ordre de qui a-t-il été conduit dans une petite clinique privée éloignée du lieu de l'attentat, et non à l'hôpital universitaire Sina – dont le service de traumatologie est dirigé par le professeur Yahya Adl, le meilleur chirurgien du pays –, ou dans un hôpital militaire plus adapté ? Comment se fait-il que Mansour ait été opéré par un spécialiste de chirurgie plastique peu connu... promu peu après à un poste de ministre ?

Quarante-huit heures plus tard, le Conseil des ministres mandate une équipe de trois chirurgiens, les professeurs Adl, Jamchid Aalam – un ORL, car une balle a atteint la gorge de Mansour – et Houchang Mir-Alaï pour examiner le Premier ministre et consulter son dossier médical. Nouvel événement peu explicable : le directeur de la clinique – qui sera lui aussi promu ministre – et l'équipe médicale refusent de communiquer le dossier en question sous prétexte que cela constituerait une atteinte à leur intégrité professionnelle ! Sur ordre du shah, le professeur Adl fait alors venir de Paris l'éminent professeur Sicard, lequel, arrivant quelques heures avant le décès de Mansour, aurait émis des doutes sur la manière dont l'opération a été conduite. De leur côté, Ardéshir Zahédi, alors ambassadeur à Londres, et Médhi Vakil, beau-frère de Mansour et ambassadeur auprès de l'Onu, tentent de faire venir une équipe médicale américaine : elle arrivera trop tard à Téhéran. L'agonie de Hassan Ali Mansour n'a pas été longue : il décède le 26 janvier 1965. L'énigme entourant sa mort restera entière, et les doutes ressurgiront à la suite des nominations dont seront gratifiées les équipes soignantes. Dans son *Journal*, Alam note le soulagement avec lequel la Cour accueille ce décès, sans préciser qui s'en réjouit.

Pour le remplacer, deux noms circulent : Djamchid Amouzegar, doyen des ministres – bien que jeune encore –, qui ne cache pas son ambition, et le général Riahi, ministre de l'Agriculture, qui dément tout appétit pour ce poste, bien qu'il soit plus expérimenté. C'est finalement Amir Abbas Hoveyda, réputé très proche de Mansour, dont il avait épousé la belle-sœur – de façon éphémère il est vrai –, qui est chargé de former le nouveau gouvernement. Personne ne croit vraiment à sa longévité à ce poste, sauf l'entourage immédiat de Mansour, qui l'appuie... ou s'accroche à lui.

Dans la soirée du décès de Mansour, Hoveyda présente au shah ses ministres, les mêmes que l'équipe précédente. Djavad Mansour, le frère cadet de Hassan Ali, reçoit un portefeuille sans attribution précise, en hommage au défunt. Le général Pakravan, déchargé de la Savak et nommé ministre de l'Information, est remplacé par le général Nématollah Nassiri[34].

Une dernière énigme entoure la mort de Mansour : la conduite opaque du procès de ses assassins. Mme Mansour partira avec ses deux enfants pour la Suisse. Elle y mourra d'un cancer quelques années plus tard, après avoir coupé tout lien avec le « meilleur ami » de son mari.

L'ère de Amir Abbas Hoveyda[35] s'ouvre pour treize ans. Diplomate de carrière, intégré ensuite à la direction de la Snip comme directeur du cabinet du président Abdollah Entézam, son mentor en politique en quelque sorte, il est né au Liban, où il a fait ses études primaires et secondaires, d'où sa parfaite maîtrise de l'arabe. Il a ensuite poursuivi ses études supérieures à Bruxelles. Alors que sa véritable première langue est le français, qu'il pratique avec un accent libanais, il parle correctement l'anglais, a pris quelques leçons de russe et, dit-on, d'allemand. Sa maîtrise du persan, de sa littérature et de ses subtilités ainsi que de l'histoire de l'Iran laisse à désirer. On l'a souvent accusé d'être baha'i, ce que l'islam considère comme une hérésie. Or, si son grand-père paternel l'était, ce n'est pas son cas ni celui de son père. Quant à sa mère, elle est musulmane, plutôt pratiquante. Lui-même, officiellement musulman, est loin de toute attache religieuse et ne le cache pas en petit comité.

Piètre orateur, Hoveyda est un vrai intellectuel, au sens français du terme. Insomniaque, lecteur rapide, c'est un grand amateur de littérature française surtout – il connaît bien mieux Baudelaire que Ferdowsi –, est capable de discourir sur ce qui paraît à Paris, de citer des anecdotes littéraires, de s'enthousiasmer pour des spectacles parisiens. En outre, il est au courant des moindres détails, sérieux ou croustillants, de la vie privée des hommes politiques, français surtout, passionné par leurs aventures extraconjugales. Amateur de bonne chère, de bon vin et de whisky, c'est un homme au commerce agréable.

Dès son accession à la tête de l'exécutif, il fait montre des deux « qualités » qui assureront sans doute sa longévité politique. Sa prudence d'abord, que d'aucuns appelleraient sa duplicité. Alors que Mansour tenait à ce que ses ministres, en audience chez le roi ou la reine, l'informent des décisions prises et des instructions reçues afin de les couvrir au besoin comme tout chef de gouvernement responsable, Hoveyda, lui, préfère intriguer contre ceux qui établissent des relations directes avec les souverains dont ils se croient appréciés. En conséquence, une atmosphère malsaine se développe au sein du gouvernement. D'autant plus malsaine que le nouveau Premier ministre élimine peu à peu ceux qui risquent de lui faire de l'ombre. Le shah finira par s'en ouvrir à Alam : « Hoveyda ne supporte pas les ministres forts », tout en laissant faire. A ce compte, le pouvoir décisionnel s'affaiblit.

La seconde « qualité » d'Hoveyda réside dans sa faiblesse envers la Cour. Il n'ignore rien des démêlés des « grands » Premiers ministres avec l'entourage impérial. Mansour avait d'ailleurs commencé à en avoir avec la princesse Ashraf et la princesse Fatmeh, demi-sœur du roi. Hoveyda, lui, résout d'emblée les éventuels problèmes : il fait ce que les courtisans lui demandent, et en attend en retour les plus grands éloges. Et lorsque, en comité très restreint, on le lui reproche, il répond, désabusé : « Je leur jette un os pour avoir l'esprit tranquille. » Une attitude étrange qui contraste avec l'intégrité de l'homme. Jamais personne, même ses pires délateurs, ne l'a accusé d'avoir la passion de l'argent ou les mains tachées de sang.

Hoveyda n'oublie aucun anniversaire, aide – sur les fonds de la présidence, certes – les personnes nécessiteuses et les malades. Revers de la médaille, il a aussi une grande capacité à acheter les consciences, à arroser les journalistes – iraniens ou non – et les chefs de l'« opposition », croyant à tort qu'ils lui en sauront gré un jour.

Sur le plan politique, il n'est pas l'homme des Etats-Unis, ce que le shah apprécie, lui qui se méfie de Washington tout en croyant, à tort, que les Américains sont ses alliés, presque jusqu'à sa mort. A l'inverse du visionnaire Mansour, Hoveyda est un pragmatique doté d'un grand esprit de modernité, un politicien préoccupé surtout du quotidien, bon tacticien mais bien médiocre stratège.

Son plus grand défaut sera de prendre avec les années goût au pouvoir pour le pouvoir, non pour le service de la Nation. Appuyé sur le jeune parti *Iran-é-Novine* qu'il transforme en redoutable machine politique, avec des « troupes » ressemblant curieusement aux *Bassidjis* d'aujourd'hui, mais sans pouvoirs de police, il crée son propre réseau d'influence. Ainsi réussit-il à éliminer Ataollah Khosravani, ministre du Travail et des Affaires sociales, qui, à la mort de Mansour, avait pris la tête du parti. Il pénètre même les services spéciaux – ce que le shah n'apprécie guère –, s'en servant parfois avec succès pour éliminer ses adversaires. Il crée ainsi autour du shah un climat rassurant, avec le concours, dans les dernières années, de Nassiri, le chef de la Savak, afin d'avoir les mains libres, serait-ce au prix de multiples dissimulations vis à vis du souverain. « Tout va bien, tout va mieux, tout va de mieux en mieux » aurait pu être sa devise. La shahbanou, qui lui a été pourtant souvent favorable, l'admet dans ses *Mémoires* : « Il présentait au roi un bilan constamment rassurant de l'état du pays. » Cette attitude coûtera cher au régime et à Hoveyda.

Cet intellectuel aux idées avancées, sans vie privée, devient vers la fin de sa carrière désabusé, cynique, intrigant, manipulateur, redouté même par le shah. Ses erreurs, ses secrets, ses flatteries excessives contribueront à la montée des mécontentements populaires, à partir de 1973 surtout, et à sa chute en 1978[36].

Durant la nuit où se forme le cabinet Hoveyda, à 22 heures précises, fait inhabituel, le shah préside le Conseil des ministres dans la salle à manger de sa résidence. L'atmosphère y est lourde. Hoveyda, assis à côté du shah, ne sait que dire. Tout le monde est dans l'expectative. Mohammad Réza, sincèrement triste et affecté, se livre à une analyse lucide de la situation. Il rend un hommage appuyé au défunt : « Mais enfin, conclut-il, pourquoi l'ont-ils assassiné ? Qu'avait-il fait, sinon servir son pays ? » Il revient ensuite sur l'erreur qu'a constituée aux yeux des Iraniens l'augmentation du prix du pétrole, qui « a mis tout le monde contre nous ». Puis évoque le mécontentement intérieur : « Le forfait est l'œuvre des terroristes, mais l'ambiance ne l'a-t-elle pas favorisé ? »

Soudain, il lance sa nouvelle idée : le *crash program* – le programme de choc – pour la capitale. « Tout se passe ici, c'est ici qu'il faut frapper un grand coup ! » Et il rappelle le nombre des bidonvilles, l'état lamentable des artères principales, ces rues mal éclairées qui sont une honte pour tous, ces jeunes qui ne savent plus où passer leur temps libre... Certes, les deux ministères de choc du combat pour le développement rapide des structures citadines existent déjà : ceux du Développement et du Logement, ainsi que de l'Eau et de l'Electricité[37]. Ils seront en première ligne du *crash program*. Le shah s'assure alors de l'engagement des ministres et leur recommande de traiter d'avance les questions budgétaires. Il charge enfin le général Pakravan, bien que débarqué de la Savak, de coordonner le plan et d'en rendre compte. Les dés sont jetés.

Mansour a droit à des funérailles nationales. Quelques jours se passent puis le gouvernement se met en ordre de marche pour réaliser l'ambitieux programme. Le Premier ministre ne s'investissant que très peu, le shah reprend pour quelque temps les choses en main.

En deux semaines, un terrain adéquat à l'édification d'une nouvelle cité, sur la récente artère qui mène à Rey, est trouvé. Une véritable fourmilière d'ouvriers de tous corps de métier s'active sur le gigantesque chantier. Parallèlement, le ministère de l'Eau et de l'Electricité électrifie la ville nouvelle et y amène l'eau potable. Un autre chantier colossal.

Bien que ce soit hors de sa compétence, la gendarmerie de la province de Téhéran organise le recensement des habitants des bidonvilles de la capitale et de sa banlieue, du jamais-vu.

Et le 31 octobre 1965, à 14 heures, le shah arrive, non pour visiter un chantier en cours, le plus grand de l'histoire de l'Iran, mais pour l'inaugurer. Dix mois ont suffi pour en venir à bout, une prouesse : 3 450 maisons sont sorties de terre. Simples et modernes, elles possèdent toutes un arbre au milieu de leur cour. Elles entourent quelques bâtiments fonctionnels, mais élégants : mairie, gendarmerie, écoles, dispensaire, bains publics, mosquée.

Mohammad Réza est ravi. Il sourit, chose rare, se promène dans les rues asphaltées, découvre les nouveaux réverbères, allumés pour l'occasion. Il entre dans quelques maisons, ouvre les robinets pour constater par lui-même que l'eau coule. Les officiels montent avec lui sur la terrasse de la mairie. Le shah s'adresse alors au « vieux » sénateur Massoudi, patron du groupe de presse Ettelat'ât : « Vous qui avez au moins soixante-quinze ans [tout le monde rit car le sénateur en a bien moins] et avez tout vu depuis des années, souvenez-vous des humiliations que nous avons supportées. Qu'ils [mais qui ?] viennent voir à présent de quoi nous sommes capables ! »

Le surlendemain, des camions de la gendarmerie, des autobus et des assistantes sociales commencent à déménager les habitants des bidonvilles. Leurs enfants sont inscrits dans les écoles, auxquelles des enseignants ont été affectés. Un réseau de transports relie déjà la cité au centre de la capitale. Deux semaines plus tard, des bulldozers rasent les bidonvilles, peu à peu remplacés par des jardins publics, un centre culturel, des immeubles d'habitation. Une plaie béante se referme. A cette occasion, le shah crée un « ordre du Développement » pour rendre hommage et décorer ceux qui servent l'équipement du pays.

Autre grand projet du *crash program* : la réfection des artères de Téhéran. Un entrepreneur peu scrupuleux en avait obtenu quelques années auparavant, par « adjudication au mieux-disant », l'exclusivité de la réfection ainsi que de l'entretien. De fortes sommes lui étaient régulièrement versées. Pour en justifier le bénéfice, il envoyait parfois quelques voitures colmater les crevasses les plus visibles des rues, la circulation se densifiant jour après jour. Un scandale notoire qui avait déjà conduit en prison un maire de la capitale pour signature d'un contrat contraire à l'intérêt général.

Cette affaire passe donc entre les mains du ministère du Développement. Un appel d'offres en procédure rapide permet bientôt la réfection des rues de la capitale, vingt-quatre heures sur vingt-quatre. L'entrepreneur dessaisi tente quelques intimidations, ayant dans sa manche de puissants atouts : le général Nassiri de la Savak et un aréopage d'avocats dont Hassan Arsandjani, revenu récemment de Rome. De nuit, des hommes de main se présentent comme agents de la Savak sur le chantier et attaquent ouvriers et techniciens. Sans doute ont-ils sur eux quelques documents attestant leur appartenance à la Savak car la police les libère à chaque fois, sans plus d'explications. Le shah, devant ce nouveau scandale, ordonne au général Pakravan et au très respecté général Yazdan-panah, chef de l'Inspection impériale, de se montrer régulièrement le soir sur les chantiers. Cette mesure suffit à décourager les agents de la Savak, vrais ou supposés. Elle dévoile aussi l'un des pans du caractère du shah : il protège les uns sans punir les autres !

La modernisation de l'éclairage des rues de Téhéran est rapide. En quelques mois seulement, le ministère de l'Eau et de l'Electricité remplace les vieux réverbères en bois ou en ciment d'avant-guerre par des réverbères métalliques, fort bien dessinés et réalisés à la chaîne dans ses propres ateliers. Le 26 octobre 1965, jour anniversaire du shah, Téhéran est une ville Lumière ; les gens se pressent dans les rues pour constater le changement. La capitale peut désormais commencer à avoir une vie nocturne. Presque toutes les cités du pays suivront bientôt son exemple.

Ainsi, deux ans après le lancement du *crash program*, lors des cérémonies du couronnement, Téhéran possède des artères dignes d'une capitale importante.

Le programme de choc du shah présente d'autres ambitions. Voulant réformer en profondeur la société, en conformité avec les objectifs de la Révolution blanche, il prévoit de doter la capitale d'une chaîne de « palais de la jeunesse ». Le premier d'entre eux occupera un emplacement symbolique : la *guesthouse* (maison d'hôtes) de la Savak, l'endroit même où Khomeyni avait été placé en résidence surveillée. Le bâtiment est vaste, situé à un endroit stratégique, au carrefour Saltanat-abad, donc visible et facilement accessible par les transports en commun. Le général Nassiri ne l'entend cependant pas ainsi et proteste contre le fait qu'on le prive de ce joyau. Le shah passe outre et demande à voir les plans :

il se montre satisfait de la bibliothèque, de la salle de projection, des salles de réunion, de conférences, de jeux de billard et d'échecs, des espaces d'expositions prévus. Les travaux de réfection et d'adaptation débutent donc à un rythme accéléré.

Le ministre du Développement suggère alors que soit montée, le jour de l'inauguration, une grande exposition de photos regroupant les grands projets du pays, ce que le shah approuve. Quelques jours plus tard, Hoveyda avertit : « Attention, pas de photo de Ali [Hassan Ali Mansour]. Il [le shah] n'aimerait pas cela. » Les semaines passent ; les travaux avancent. Un vendredi matin, jour de congé hebdomadaire, le ministre, étant malgré tout à son bureau en tenue décontractée, reçoit un message de la Garde impériale l'avertissant d'une visite du chantier par Sa Majesté, à laquelle il doit être présent. Il se précipite donc, en veste d'été et sans cravate – hérésie pour le protocole qui exige costume et cravate – sans possibilité de se changer. Le shah arrive, vêtu lui-même d'une simple chemise à carreaux et sans cravate, oublieux lui aussi du protocole et compréhensif pour son ministre. La visite commence. Les quelques ouvriers encore sur le chantier, étonnés de voir le roi et ne sachant que faire, applaudissent. Le shah serre quelques mains, échange des paroles aimables. Le ministre le pilote ensuite dans la salle d'exposition : « Il y aura des photos de l'inauguration de la Cité de Kan (1 200 logements) et du début des travaux du parc Farah. J'espère que Sa Majesté ne s'attristera pas de voir des photos de Hassan Ali Mansour, présent lors de ces deux inaugurations. – Attristé bien sûr. Mais vous avez raison de produire ces photos. C'était un grand serviteur du pays et je serai heureux qu'on lui rende hommage. Mettez-en plusieurs... » Ainsi était Mohammad Réza Pahlavi, plus simple qu'on a voulu le présenter. Plus humain aussi.

Hoveyda, prévenu, arrive en costume sur le chantier à la fin de la visite. Rien ne lui est rapporté de la conversation relative à Mansour. En partant, le shah s'adresse aux deux ministres : « Voilà un beau travail, rapidement mené à son terme. Le bâtiment sera beaucoup plus utile dans sa nouvelle destination. Naturellement, nous viendrons l'inaugurer avec la shahbanou. »

Hoveyda marque sa satisfaction. Il sera moins heureux en découvrant, le jour de l'inauguration, les grandes photos de Mansour, « son meilleur ami », devant lesquelles les souverains s'attarderont pour être photographiés.

Tous les gestes publics du shah sont calculés, celui-là comme les autres.

Trois autres établissements de ce genre seront inaugurés à Téhéran les deux années suivantes. Dans les quartiers populaires, on ajoute aux complexes culturels des installations sportives, si bien que les centres s'appellent « Centre culturel et sportif pour la jeunesse ».

Toutes les grandes villes de province suivent l'exemple. Avant la révolution, un grand réseau de palais pour la jeunesse couvrira donc le pays. Les filles comme les garçons y auront libre accès. Presque tous seront fermés après la révolution, accusés d'être des « lieux de débauche ». Ceux qui subsisteront seront réservés aux garçons et offriront une formation religieuse.

Pendant que le *crash program* se développe, l'activité diplomatique iranienne bat son plein. Le défilé des délégations de toutes nations s'amplifie à Téhéran. Pour les visites d'Etat du président Bourguiba de Tunisie, du roi Fayçal d'Arabie, que le shah respecte et apprécie tout particulièrement, du président Ayoub Khan du Pakistan, des présidents autrichien et finlandais, des cérémonies et présentations importantes sont organisées. Les souverains se rendent aussi fréquemment à l'étranger pour des voyages privés en Autriche, en Suisse, en

Grande-Bretagne, souvent en passant par Paris pour déjeuner avec de Gaulle, mais aussi pour des visites d'État en Amérique latine, au Canada ou en Union soviétique.

C'est le début de la fête impériale. L'Iran brille de tous ses feux, montré comme exemple de développement harmonieux. « Pays de mosquées bleues et de croissance sans inflation », écrit l'économiste français André Piettre, membre de l'Institut. Ses ministres sont reçus partout avec des égards exceptionnels. Le pays est envié, jalousé... et critiqué en Europe pour ses dépenses excessives, son occidentalisation rapide..., revers inhérent à toute médaille. Sous la direction personnelle du shah, il recentre sa politique pétrolière, sa diplomatie, renforce son armée pour en faire une force régionale, voire internationale[38].

Ces avancées, cette ambiance de fête permanente favorisent chez le shah une tendance au culte de la personnalité. Le 15 septembre 1965, la Chambre lui accorde le titre d'*Aria-Méhr*, « Soleil des Aryens », titre préconisé par le professeur Réza-zadeh Chafagh, homme de lettres et sénateur. Le Sénat entérinera la décision deux jours plus tard. De nouvelles fêtes et réunions sont alors organisées en hommage à « Sa Majesté Mohammad Réza Pahlavi Aria-Méhr shah-in-shah d'Iran », titre désormais consacré.

Face à cette montée en puissance du shah sur le devant de la scène, les réseaux souterrains, d'inspiration marxiste ou marxiste-islamiste, sont à l'œuvre pour subvertir le régime. C'est alors dans le monde, en France, en Allemagne et en Italie surtout, la grande époque des actions terroristes. Le 10 avril 1965, à 9 h 30 sonnantes, le shah, toujours ponctuel, descend de sa voiture devant le palais de Marbre, avenue Kakh, pour commencer sa journée de travail. Soudain, un soldat du contingent qui fait son service dans la Garde impériale – on saura bientôt qu'il s'agit de Réza Shams-Abadi – court depuis les jardins où il est en faction et décharge sur lui sa mitraillette. Un jardinier qui tente de l'intercepter est blessé. Un garde du corps vise le jeune soldat, l'atteint, mais est abattu. Entre-temps, le shah court en zigzaguant vers son cabinet, de plain-pied sur le jardin, en ferme la porte et s'abrite derrière son bureau. Il n'est pas armé[39]. Le meurtrier, farouchement déterminé bien que légèrement blessé, a lui aussi atteint le cabinet, dont il crible la porte de projectiles. C'est ensuite un échange de balles entre lui et un autre garde en faction : les deux hommes s'écroulent en même temps, morts.

A 10 h 30, il est prévu que le shah reçoive en audience un officier supérieur français, l'amiral Cabanier, chef d'état-major de la marine. Lorsque l'officier arrive, on balaie encore les débris de verre et autres objets qui jonchent le sol, cependant qu'on lave à grande eau les traces de sang sur les murs et le sol. L'amiral en rendra compte à Paris, précisant que lors de son entretien avec le shah, aucune allusion n'a été faite à l'attentat et que le roi a discuté du dossier prévu comme si de rien n'était[40].

Hoveyda fait immédiatement diffuser un communiqué dans lequel il attribue le tapage entendu alentour à un accident lors de la construction d'un bâtiment. Personne n'est dupe, les ambulances toutes sirènes hurlantes et les allées et venues des services d'ordre ne laissant subsister aucun doute. Si bien qu'après le départ de l'amiral, Ardéshir Zahédi, qui vient d'apprendre la teneur du communiqué, s'oppose vivement au Premier ministre dans le cabinet impérial, en présence d'Alam et du général Yazdan-panah. Il accuse violemment Hoveyda de mentir au peuple et de décrédibiliser le pouvoir. A la demande du général Yazdan-panah, Ardéshir sort du bureau, cependant que le shah ne dit mot.

Peu après cet incident, un autre communiqué rétablit la vérité. En début d'après-midi, le shah s'offre le luxe de parcourir les rues de Téhéran en voiture décapotable en compagnie d'Ardéshir. La population est rassurée[41].

L'enquête de police et des services spéciaux mène rapidement à un groupe d'extrême gauche, de tendance trotskiste, dont les membres, intellectuels formés dans les universités anglo-saxonnes, entretiennent des liens avec l'Allemagne de l'Est et les services spéciaux communistes. Un long procès suit l'instruction. Le tribunal prononce deux condamnations à mort, une réclusion criminelle à perpétuité, des peines de trois à neuf ans de prison et deux acquittements. Les peines sont confirmées en appel. Le pourvoi en cassation est rejeté.

Un étrange épisode se produit ensuite. Le chef du groupe, Parviz Nik-Khah, est amené menotté un soir, vers minuit, au palais par le général Kamal, chef du deuxième bureau de l'état-major. Les deux hommes sont introduits dans le bureau du shah, qui ordonne de libérer les mains du condamné et prie le général de les laisser. Le face-à-face dure soixante-quinze minutes, pendant lesquelles on sert par deux fois du thé. Lorsque Nik-Khah quitte le cabinet impérial, ses yeux sont rouges comme ceux d'un homme qui a beaucoup pleuré. On lui remet les menottes et on le ramène en prison.

Quelques jours se passent. En vertu de ses pouvoirs constitutionnels, le shah commue la peine de Nik-Khah. Tous les autres condamnés en bénéficient par voie de conséquence : ils seront graciés et libérés en janvier 1971. Nik-Khah deviendra par la suite l'un des principaux dirigeants de la télévision nationale ; l'un de ses complices, conseiller culturel de la shahbanou[42]. Tel était le shah. Ne l'a-t-on pas parfois entendu dire, lui, le grand admirateur du général de Gaulle, qu'« il aurait dû gracier Bastien-Thiry[43] » ?

Ce n'est pas le seul attentat que Mohammad Réza affrontera : le 19 mai 1967, dans la banlieue de Téhéran, un autre commando d'extrême gauche attaquera sa voiture. Heureusement, il ne s'y trouvera pas. Le 3 juin, lors d'une visite d'Etat en Allemagne fédérale, un jeune étudiant iranien tentera de lancer un engin télécommandé bourré d'explosifs sur son véhicule dans une rue de Berlin. L'attentat échouera. L'auteur sera arrêté et condamné à huit mois de prison.

L'attentat du 10 avril connaîtra une suite pour le moins extravagante, mais qui révèle certains traits du système de gouvernance de l'époque : le général Nassiri transmet au shah un « rapport blanc » – sans en-tête ni signature – provenant d'un indicateur de la Savak et qui vise directement Ardéshir Zahédi, alors aux Affaires étrangères. Ce dernier serait le commanditaire de l'attentat, posséderait un arsenal d'armes à feu à son domicile de Hessarak, qui était jusqu'il y a peu la résidence de son épouse, la princesse Shahnaz, propre fille du souverain, dont il vient de divorcer par consentement mutuel. Zahédi exige immédiatement qu'une commission composée de représentants de la Savak, du Deuxième Bureau, de la Garde impériale et de lui-même effectue une perquisition à son propre domicile. A la place d'engins modernes dangereux, on y trouve une collection d'armes anciennes rassemblée par le général Zahédi, grand chasseur, dont quelques pièces datant du XIXe siècle, plusieurs ayant été offertes par les Pahlavis père et fils eux-mêmes. Les armes mises sous scellés, un long procès-verbal est rédigé. Aucune suite ne sera donnée à l'affaire. Sans doute le shah n'est-il pas dupe du procédé grossier employé par Nassiri, désireux de se venger des vexations subies du fait du général Zahédi lors de l'épisode Mossadegh. Sans doute aussi sent-il là la main de Hoveyda qui déteste Ardéshir Zahédi ? Mais il laisse faire... ici encore.

Après l'octroi au shah du titre de Soleil des Aryens, il est temps de fêter le 25e anniversaire du règne, puis de célébrer, enfin, le 26 octobre 1967, jour anniversaire du shah, son couronnement. Le général Yazdan-panah, qui avait déjà officié lors du couronnement de Réza shah, est chargé de l'organisation de la cérémonie. Si Téhéran présente alors un visage convenable à la suite de ses nombreux travaux et de son électrification, ce n'est vraiment pas le cas pour le palais du Golestân, dont la salle du Couronnement, largement inspirée – mais dans un style iranien – de la galerie des Glaces de Versailles, est choisie pour l'événement. Le vieux palais du Golestân (« le jardin de fleurs »), écrin du trône du Paon, a en effet connu ses heures de gloire sous les Qâdjârs, avec ses somptueuses salles ornées de miroirs, de faïences et de fresques colorées, ses tapis précieux. Rénové, agrandi à plusieurs reprises jusqu'à la fin du XIXe siècle, il est à présent réservé aux réceptions officielles. En cet automne 1967, il nécessite de nouveau des travaux de fond. Au fil du temps, il a reçu sur ses terrasses des tonnes de terre, qui peu à peu ont pesé sur sa structure, faisant apparaître d'énormes fissures, prélude à un effondrement éventuel. Le vieux général et des architectes du ministère de la Culture s'attellent donc à une restauration rendue aussi délicate par la richesse de la décoration et des structures que par les délais impartis. Fort heureusement, tout est prêt dans les temps.

Il fait très beau, le jour de la cérémonie[44], déclaré férié dans tout le pays. Téhéran a revêtu ses habits de fête : des portraits du shah et de la shahbanou au milieu de guirlandes, de drapeaux, de tapis... Deux carrosses de l'époque qâdjâre sortent du palais de Marbre et prennent le chemin du Golestân. Le premier, mené par huit chevaux blancs, conduit les souverains. Le second, plus petit et tiré par quatre chevaux noirs, est réservé au prince héritier Réza, sept ans, qui, vedette de la journée, salue la foule avec beaucoup de dignité.

Une multitude acclame le cortège tout au long du parcours. A l'intérieur du Golestân, le trône du Paon, ruisselant de pierreries, attend le souverain. Toute l'assistance est en grande tenue : uniformes chamarrés et décorations, robes longues. Les pays étrangers sont représentés par leurs ambassadeurs et quelques amis personnels de la pension du Rosey, en Suisse, dont un prince de Bismarck.

Le prince impérial s'avance le premier sur le long tapis rouge. Puis vient la shahbanou, vêtue d'une robe blanche créée par Marc Bohan, de chez Christian Dior, un cordon bleu, signe de l'ordre de Haft Peykar, lui barrant la poitrine. Marchant lentement, sa longue traîne soutenue par six jeunes filles, elle porte une couronne réalisée pour l'occasion par la maison parisienne Van Cleef et Arpels à partir de joyaux pris dans le Trésor impérial et inspirée de celle du shah. Puis le shah paraît, saluant en marchant. Il s'assoit sur son trône, le prince et la shahbanou font de même. Deux officiers s'avancent avec la couronne et l'épée cependant que l'ayatollah Hassan Emami, chef religieux de la capitale, prononce quelques paroles et fait les prières d'usage et de circonstance. Le shah descend alors de son trône et embrasse le Coran. Il ceint ensuite la ceinture du sacre et place l'épée incrustée de pierreries à son côté, dans un silence total. On lui présente une cape dont il se revêt, puis la couronne qu'il pose lui-même sur sa tête. Inspirée des couronnes sassanides, il s'agit de celle de Réza shah, couronné le 25 avril 1926[45]. Mohammad Réza Pahlavi prend ensuite le sceptre impérial et se rassoit, cependant que la musique retentit.

La shahbanou se lève ensuite. Huit dames d'honneur la revêtent d'un nouveau manteau sombre brodé de motifs persans et d'une longue traîne. Elle se met à genoux devant le shah qui la couronne, une première dans l'histoire postislamique de l'Iran, où jamais aucune reine n'a eu cet honneur. C'est au tour du poète Lotf-Ali Souratgar de lire un long poème composé pour l'occasion, autre fait de tradition. Le shah prononce ensuite un discours. Assis, alors que l'assemblée entière s'est levée, il déclare : «…Le but unique de ma vie est l'honneur et la gloire de mon peuple et de mon pays. Je n'ai qu'une seule espérance : préserver l'indépendance et la souveraineté de l'Iran et faire progresser le peuple iranien. Pour atteindre ce but, je serais prêt, s'il le fallait, à offrir ma vie[46]. »

Tout se déroule dans un ordre quasi militaire. La cérémonie se termine par l'*Hymne du couronnement*, composé lui aussi pour l'occasion, et exécuté par un orchestre symphonique et son chœur : « Du palais de nos rois s'élève l'appel à la paix des nations… », phrase reprise des bas-reliefs de Cyrus et de Darius… Pendant qu'il retentit, les souverains se lèvent, le shah en premier, puis la shahbanou, et enfin le prince héritier. Ils se dirigent vers la sortie sous les applaudissements de l'assistance. A l'extérieur du Golestân, l'accueil de la foule est le même. Le cortège, à pied sous les bannières, monte dans le carrosse qu'accompagnent dans les rues de Téhéran des gardes en casaque rouge et pantalon blanc. Bientôt on atteint l'arc d'entrée du palais, où s'engouffre le carrosse. Tout s'est bien passé. Le shah sourit. La ville brille.

De grandes réjouissances populaires attendent les habitants dans tout le pays. A cette occasion, de nouvelles inaugurations ont lieu, dont celle, à l'Opéra de Téhéran, de la salle Roudaki, du nom du poète et musicien de l'époque samanide[47], la première dynastie persane après l'invasion arabe.

C'est aussi à ce moment que le comité moribond chargé de préparer la célébration du 2 500e anniversaire de l'Empire est dissous et que le remplace un nouvel organisme présidé par Amir Assadollah Alam, ministre de la Cour impériale, sous le haut patronage de la shahbanou.

Les fêtes de Persépolis sont dès lors lancées.

3

Les fêtes de Persépolis

Les mois, les années qui suivent la cérémonie du couronnement accréditent l'idée du « miracle iranien ». Le pays se transforme à un rythme effréné, avec un taux de croissance moyen annuel de 9,4 % et des travaux titanesques, comme le gazoduc irano-soviétique[1] ou l'aciérie d'Aria-shahr, près d'Ispahan.

Sur le plan diplomatique et stratégique, l'Iran prend peu à peu ses distances avec les Etats-Unis tout en restant fermement ancré au « monde libre ». Il pense en avoir les moyens : n'occupe-t-il pas dès 1968 certaines îles susceptibles de verrouiller au besoin le détroit d'Ormuz[2], porte de la route du pétrole ? C'est dans cette dynamique qu'avec le roi Fayçal d'Arabie, le shah a augmenté le prix de l'or noir de 20 % le 14 février 1971 et s'apprête à jouer en 1973 un rôle déterminant dans l'acceptation par l'Opep d'une majoration considérable du prix du brut[3], ce que les deux rois paieront bientôt fort cher à leur tour.

Pour l'heure, le couple impérial et les hauts responsables politiques multiplient les contacts avec les dirigeants étrangers et ouvrent le pays plus largement : des accords bilatéraux suppriment les visas entre l'Iran et les principales démocraties, facilitant les échanges commerciaux et culturels. La consommation explose, avec la croissance économique et l'augmentation du niveau de vie moyen, le revenu *per capita* passant de 160 dollars en 1970 à 2 450 en 1977. Grâce à un système de crédit assez souple, la vente d'automobiles – souvent de fabrication locale –, d'appartements, et même de résidences secondaires à la mer progresse. La pauvreté est cependant loin d'être éradiquée, surtout en province.

Le paysage social se transforme sous les effets de la Révolution blanche. Une classe moyenne nombreuse se développe dans les villes, cependant que certains propriétaires terriens s'enrichissent et que les revenus du pétrole commencent à creuser des écarts considérables entre les nouveaux riches et… les autres. Arrivent en outre sur le marché du travail des milliers de diplômés des universités iraniennes ou étrangères, rejoints par une immigration massive d'Afghans, de Coréens et de Philippins répondant aux besoins exponentiels du pays en main-d'œuvre. En trente ans, l'Iran est passé d'une structure de pays du tiers monde à celle d'un pays émergent, puis d'un pays développé, dont les ambitions sont de devenir avant la fin du XXe siècle la cinquième puissance mondiale.

Ces avancées ont aussi des conséquences négatives : les nouveaux diplômés, plus éveillés aux réalités mondiales, souhaitent à présent participer concrètement à la gestion des affaires publiques, d'où leur mécontentement et leur frustration devant le mur qu'on leur oppose. Le pouvoir en place n'a en effet pas anticipé leurs revendications, n'en a pas même évalué le bien-fondé. Pris de court, il improvise, se révélant souvent inapte à leur apporter une réponse et un remède adéquats. Plutôt que d'infléchir sa politique, il préfère les occulter, le shah lui-même restant muet sur le sujet.

La Savak – sous la férule du général Nassiri, avec l'appui d'Alam et surtout de Hoveyda – s'estime alors légitime dans sa riposte. Plus portée à la répression qu'à la prévention, elle durcit son action contre les opposants tout en tentant de cacher au roi la réalité des faits. Ce maquillage, s'il produit ses fruits un certain temps, ne fera pas toujours illusion, car les revendications de l'opposition filtrent malgré tout, contribuant à miner, sinon à ternir, l'image du régime, à l'intérieur comme à l'extérieur, bien avant les festivités de Persépolis.

Sur le plan international, la presse de gauche n'est guère tendre à son égard. *Le Nouvel Observateur*, pour ne citer que cet hebdomadaire français, publie, à l'aube des grandes célébrations nationales, le 11 octobre 1971, un article intitulé « Les projecteurs de Persépolis » résumant la plupart des critiques des intellectuels de gauche à l'endroit de la communication impériale : « Tous les thèmes de la fête *kolossale* y sont, assaisonnés du miel de l'éloquence : la pérennité de l'Empire mariée au progrès, l'ouverture à la modernité, la croissance économique et l'union sacrée du peuple au travail derrière son souverain. » Le journal ne nie cependant pas l'essor exceptionnel que connaît l'Iran : « Il se passe quelque chose, là-bas, et c'est déjà beaucoup. Le revenu dit national a doublé en dix ans, une industrie naissante se développe, les grandes villes poussent dru et, somme toute, les affaires vont bien. La fameuse Révolution blanche est à l'Iran ce que la *nouvelle société* est à la France, une fort belle idée, à condition qu'elle devienne effective pour le plus grand nombre. On n'en est pas là. » Et l'hebdomadaire d'ajouter : « Tout comme la Révolution blanche, les fêtes de Persépolis s'accomplissent sous le signe de la pullulation policière. [...] La misère est grande. Le *boom* économique concerne exclusivement la grande bourgeoisie qui fait affaire avec l'étranger, et une fraction de la petite bourgeoisie urbaine qui fournit la piétaille de la bureaucratie en plein essor. C'est plus un enrichissement de classe, avec tout ce qui tourne autour, qu'une large promotion nationale. Il suffit d'être astucieux et bien placé pour faire *vite* fortune. Le capital étranger arrive, c'est bien. Mais les dividendes s'en vont, c'est mal. Corruption et spéculation permettent des ascensions spectaculaires à l'ombre de la Cour. Pour le reste… » De son exil en Irak, l'ayatollah Khomeyni souffle lui aussi sur les braises en évoquant des « célébrations du diable » et ajoutant : « Je dis ceci parce qu'un futur encore plus sombre vous attend. »

Ces points de vue, idéologiques et exagérés sans doute, auraient cependant mérité d'être considérés, en tant qu'ils révélaient un malaise latent. Le train de vie somptueux et ostentatoire de ceux qui gravitaient surtout autour de la Cour et du Premier ministre soulevait des questions de fond, car il accréditait encore plus l'idée de la fracture entre riches et pauvres, entre proches du pouvoir et exclus. Déjà, le pays bruissait ici et là de rumeurs, parlait de corruption, de pots-de-vin, le shah n'étant pas encore le premier visé.

Si les fêtes de Persépolis, au cœur de l'année que Mohammad Réza Pahlavi a voulu dédier à Cyrus le Grand[4], marquent l'apogée du règne des Pahlavis, elles initient aussi le début d'une crise.

Ces fêtes s'ouvrent le 12 octobre 1971, à Pasargades, le « camp de Perse » au milieu du désert, première capitale de l'Empire achéménide, fondée au VIe siècle avant J.-C. par Cyrus le Grand et située à 40 kilomètres de Persépolis, à quelque 1 900 mètres d'altitude.

11 heures du matin. Les trompettes ont retenti ; Mohammad Réza Pahlavi, shah-in-shah d'Iran, Soleil des Aryens, flamboyant dans son uniforme impérial, monte à la tribune aménagée face au mausolée de Cyrus le Grand[5] pour s'adresser au fondateur de l'Empire[6] dont on fête les 2 500 ans.

Derrière lui, presque tout ce que compte l'Iran de personnalités officielles est présent, aligné selon un protocole rigoureux : la famille impériale, les présidents et membres des deux Chambres, les ministres, la Cour suprême, les recteurs d'université et les chefs des missions diplomatiques accréditées.

La cérémonie est retransmise en direct par la radio-télévision nationale pour près de dix millions d'Iraniens. Afin de la couvrir, des centaines de journalistes internationaux ont fait le déplacement.

Pour les Iraniens, Cyrus II (v. 559-529 av. J.-C.) constitue une figure légendaire, au même titre que Darius (522-486 av. J.-C.) – son cousin et gendre – et shah Abbas Ier (1587-1629). L'Histoire et le peuple leur ont accordé à tous trois, sans que rien ne soit officiel, le titre de Grand. Descendant par son père du roi Achéménès à la tête du petit royaume de Perse et par sa mère d'Astyage, dernier roi mède, Cyrus créa l'empire d'Iran. « Libérateur des peuples », comme le qualifie son dernier biographe français[7], il rêvait de fonder un empire universel, au point qu'il suscita l'admiration et l'imitation du Grec Alexandre le Grand par sa volonté de respecter les traditions, les cultures et les identités des peuples qu'il contrôlait. Après la conquête d'une partie importante du Croissant fertile et de Babylone, qu'il intégra à l'Empire achéménide, puis la libération des Hébreux, il proclama les principes qui constitueraient la première charte des Droits de l'homme dans l'Histoire : « J'ai accordé à tous les hommes la liberté d'adorer leurs propres dieux, et ordonné que personne n'ait le droit de les maltraiter pour cela. J'ai ordonné qu'aucune maison ne soit détruite, qu'aucun habitant ne soit dépouillé… J'ai garanti la paix et la tranquillité à tous les hommes[8]. » Forts de ces principes novateurs, Cyrus et ses successeurs immédiats garantirent dans tout l'Empire une politique de tolérance et de liberté. La *pax persica* rayonna alors jusqu'aux confins de l'Indus et de l'Egypte. Son épicentre fut la mythique Persépolis, érigée par Darius Ier sur un plateau du Fars, mais livrée aux flammes durant une nuit d'orgie en 331 av. J.-C. par Alexandre le Grand[9].

Persépolis devint vite un champ de cendres, ses colonnes rompues jonchant le sol, ses habitants étant massacrés ou en fuite, ses trésors enrichissant les Grecs. En quelques jours, la ville sacrée expira et entra dans l'oubli pour plus de 2 000 ans.

Des trois Grands Rois, Mohammad Réza préfère Cyrus[10]. C'est donc à lui, le Fondateur, qu'il adresse son texte, aux accents lyriques et pathétiques à la fois. Chodja-ol-Dine Chafa, conseiller culturel de la Cour impériale, en est la plume. Pour l'écrire, il s'est longuement entretenu avec le shah de son contenu. Mohammad Réza ne peut faillir en cette occasion. Il se sait piètre orateur, même si, sans notes, sa maîtrise du persan et son élocution lui permettent de se sortir honorablement de toutes les situations. Une adresse à Cyrus est cependant autre chose qu'un discours de circonstance. Elle porte le sceau de tout un peuple jusqu'au-delà des frontières. L'enjeu est considérable. Le shah en est conscient.

Soudain, dans un silence impressionnant, sa voix s'élève, majestueuse, voire déclamatoire, manifestement émue :

> Cyrus, grand roi, empereur des Achéménides,
> Monarque de la terre d'Iran.
> Moi, le shah-in-shah, et mon peuple,
> Nous te saluons. […]
> Au moment où l'Iran renoue ses liens avec l'histoire,
> Nous témoignons ici la gratitude de tout un peuple envers toi,
> Immortel héros de notre histoire,
> Fondateur du plus vieil empire du monde,
> Grand libérateur,
> Digne fils de l'humanité, […]
> Nous sommes rassemblés
> Sur la tombe où tu reposes pour l'éternité afin de te dire :
> Dors en paix parce que nous veillons et veillerons à jamais
> sur ton glorieux héritage.

Cette dernière phrase, que l'on retiendra surtout, est suivie d'un nouveau silence. Puis cent un coups de canons retentissent dans un ciel sans nuages, éveillant mille échos. Le shah, recueilli, dépose une imposante couronne de fleurs au pied du mausolée du Grand Roi. C'est fini. Cette journée à Pasargades, hommage à Cyrus et, à travers lui, à ce que Mohammad Réza nomme « la Grande Civilisation », constitue l'apogée de son règne. Elle s'inscrit dans une année remarquable à plusieurs titres, l'année Cyrus, car elle marque le trentième anniversaire de son accession au trône et le dixième de la Révolution blanche. Le symbole référent que constitue l'image de Cyrus n'y est pas innocent : comme tout mythe historique, il « pose des modèles, soutient des prétentions[11] », proposant un retour à des valeurs préislamiques à conjuguer aux valeurs propres à l'islam chi'ite.

Les célébrations, elles, ne font que commencer. Elles se poursuivront à Persépolis, par des réceptions qui resteront dans les mémoires comme le dérapage le plus critiqué du régime.

Initialement, elles auraient dû être purement iraniennes. Tout au plus devait-on y associer les principaux orientalistes et iranologues étrangers à qui l'Iran était redevable de recherches fondamentales. C'est au début de 1969 que l'idée d'y convier les dirigeants du monde entier – souverains et chefs d'Etat – émerge. Le shah est immédiatement séduit, l'Iran lui semblant en mesure de les recevoir dignement. La diplomatie iranienne entreprend alors de discrets sondages auprès des chancelleries, dont elle reçoit rapidement des réponses positives. Les « fêtes de Persépolis » décidées, les erreurs s'accumuleront au fil des questions qu'elles soulèveront.

Comment accueillir et loger des dizaines de personnalités dans un lieu historique dépourvu de structures adéquates ? Le shah penche pour une solution durable : bâtir un ou plusieurs hôtels qui pourraient initier le développement d'un tourisme de luxe dans la région Shiraz-Persépolis. La construction d'un Intercontinental, le *Darius le Grand*, ne vient-elle pas d'être achevée à Shiraz, et celle du *Cyrus le Grand*, à quelques encablures des ruines grandioses, n'est-elle pas également bien avancée ? Il suffirait d'ajouter à ce dernier édifice des « suites royales ». On pourrait aussi loger quelques hôtes de marque dans les gracieux palais des xvIIIᵉ et xIXᵉ siècles et les demeures bourgeoises qui font le charme de Shiraz. De nombreux monarques arabes que l'on va inviter ne les louent-ils pas à prix d'or pour y passer des vacances ?

L'idée de créer un camp de toile à l'instar des camps antiques, refuges au milieu des déserts, séduit cependant la shahbanou dès septembre 1970. Pour les services spéciaux, cette solution résoudrait le problème de la dispersion des invités sur plusieurs sites. Au ministère de la Cour, tout un clan appuie le projet... et le shah se laisse convaincre. Plusieurs années plus tard, en 1980, au Caire, lors de son exil et peu avant son décès, il redira sa conviction, dans un entretien avec Houchang Nahavandi, que cette célébration « évoquant le glorieux passé de l'Iran et le phénomène de continuité de son Histoire » avait été une excellente idée. « L'Iran, ajoutera-t-il, est resté lui-même au travers des siècles. Il n'a pas perdu son identité. Il a vaincu à la longue et assimilé tous les conquérants, Alexandre le Grand, les Arabes, les Mongols... C'est en restant fidèle à cette identité, en célébrant son passé, en le remémorant, qu'il pouvait et devait continuer à progresser. C'est d'ailleurs par un retour à ses sources nationales et iraniennes que notre peuple mettra un terme à ce régime dit islamique, une greffe qui ne prendra pas. » Cela posé, il regrettera la tournure prise par les festivités, par l'excès du recours aux services des étrangers : « Nous y avons été entraînés[12]. Nous n'aurions pas dû laisser faire. »

Ayant donné son aval, le shah passe la main, ne s'occupant plus des détails, mais s'informant régulièrement de l'avancement des travaux, du projet et surtout des réponses des « grands » de ce monde. La shahbanou, en vrai chef de chantier, prend toutes les décisions, assurant le haut patronage du comité d'organisation. Alam, le ministre de la Cour, et non le gouvernement, assure l'intendance, profitant d'une dotation globale. C'est à partir de ce moment que les choses déraperont et qu'une rumeur courra sur les dépenses voluptuaires des manifestations, ni la Cour des comptes ni le Parlement n'en assurant le contrôle.

En privé, le Premier ministre Hoveyda et le ministre des Finances Djamchid Amouzegar, toujours regardant à la dépense, ne cachent pas leurs inquiétudes sur les sommes engagées. En public cependant, autant que devant le couple impérial, Hoveyda préfère afficher un optimisme flagorneur, comme à son habitude. Plus tard, ne voulant pas être en reste par rapport à Alam, il donnera dans la surenchère, avec l'appui du Sénat et de la fondation Pahlavi, en échangeant le calendrier solaire usuel[13] contre un calendrier solaire impérial commençant avec l'accession au trône de Cyrus le Grand, renforçant ainsi les références préislamiques des Iraniens. Erreur fatale aux conséquences désastreuses : un des liens historiques avec les peuples indo-européens de la région, attachés au calendrier solaire de Omar Khayyâm, sera rompu, les gens ne reconnaissant plus guère leur année de naissance. Initiative coûteuse, inutile et dévastatrice.

Mais nous n'en sommes pas là. A l'époque des fêtes de Persépolis, Ardéshir Zahédi, chef de la diplomatie, n'approuve guère lui non plus la tournure prise par les préparatifs et n'hésite pas à s'en ouvrir au shah : « C'était à mon sens une erreur, notera-t-il plus tard, Je me trompais peut-être, mais les pressions de la shahbanou et du ministre de la Cour, Alam, étaient trop fortes. »

En public toutefois, tout le monde assume, bon gré mal gré, qu'il ait ou non voix au chapitre. Aucun incident ne se produit durant les festivités : pas le moindre retard, rien de fâcheux. En apparence.

Aux portes du désert, une cité éphémère et ses jardins s'éveillent donc sur plus de 64 hectares. Pour finaliser ce projet colossal au pied des ruines de Persépolis, il est massivement fait appel aux entreprises françaises, là où des entreprises iraniennes auraient pu être sollicitées. C'est la maison parisienne Jansen, dirigée par Pierre Deshays, qui obtient le marché principal de son aménagement[14]. Pour l'occasion, elle s'est associée à la société du grand ébéniste Jean Leleu. Il s'agit pour Jansen-Leleu de créer, entre autres, meubles, tissus et papiers peints destinés à décorer les tentes. Pour les tentures, une entreprise italienne intervient. Les équipes des deux designers, avec quelques ouvriers et techniciens engagés sur place, réalisent leur travail sous les yeux des représentants d'une presse internationale curieuse de voir les progrès d'une entreprise qu'elle appelle bientôt le Camp du Drap d'or, en référence à celui où François Ier reçut dans les Flandres, du 7 au 24 juin 1520, le roi d'Angleterre Henri VIII. L'un de ces journalistes d'ailleurs, Victor Franco[15], prix Albert-Londres, déguisé lors des festivités en extra de chez Potel et Chabot, en fait un récit détaillé : « Trois puits furent creusés pour assurer au camp un minimum de 500 000 litres d'eau par jour, 300 téléphones intercontinentaux installés, de même qu'un groupe électrogène mobile susceptible de relayer la centrale de Shiraz en cas de panne. En outre, 18 kilomètres de routes intérieures furent aménagées, un héliport fut construit. » Pour circuler à l'intérieur du camp, les employés de chez Potel et Chabot utilisent des voiturettes électriques jaunes.

Ainsi, au prix d'une hâte maîtrisée, sort de terre un gigantesque camp de toile constitué de trois tentes centrales entourées de cinquante tentes couleur sable à festons bleus disposées sur les cinq branches d'une étoile, chiffre sacré symbolisant les cinq continents. Dressées sur des fondations en béton, résistant à des vents de 100 kilomètres-heure, ignifugées, les dites tentes bénéficient d'un système de climatisation.

En leur centre, la tente d'honneur, d'un diamètre de 34 mètres, est destinée aux appartements des souverains. Elle jouxte la tente-salle à manger, longue de 68 mètres et large de 24, réservée aux agapes, et une dernière tente de même dimension qui servira de club pour les hôtes. Un salon permet de recevoir les invités : ses murs sont tendus de velours rouge frappé à tranche dorée, son sol recouvert de moquette rouge, son velum tendu de rouge également. Des appliques assorties, de style Louis XV, ornent les murs. La salle à manger voit ses murs recouverts de tissus à deux tons de bleu festonnés d'or, les embrasures des portes étant rehaussées d'un élégant galon blanc. Un épais tissu bleu habille les murs du salon-club. On chuchote que pour la tente-salle à manger, on se serait inspiré de celle d'Alexandre le Grand. Sans doute une rumeur malfaisante, car chacun sait en Iran qu'Alexandre le Grand a incendié Persépolis, d'où son surnom de « Maudit » auprès du petit peuple, les Iraniens ayant la haine tenace. La tente en question serait plutôt dans le goût des tentes d'apparat de Louis XIV, Jansen s'étant inspiré de gravures françaises de cette époque.

Dans la tente centrale, le shah dispose d'un salon-bureau, d'une chambre avec une salle de bains aux équipements les plus modernes. La shahbanou l'a voulu ainsi, faisant fi du goût du roi pour la simplicité. Les meubles sont dorés à la feuille d'or, le sol est recouvert d'une moquette noire rehaussée de motifs vieil or ; les murs sont tendus de tissus jaunes à motifs bleus. Pour ses appartements, la shahbanou a préféré des murs bleus, un sol recouvert de moquette blanche sur laquelle sont posés des canapés blancs. Sa chambre à coucher est elle aussi blanche. Y trône un grand lit moderne à baldaquin recouvert d'un tissu à losanges bleus et blancs assorti aux rideaux. Sa salle de bains est rose pâle, tapissée d'un papier blanc moiré très brillant à motifs géométriques.

Dans la tente-salle à manger que tous les magazines internationaux ont photographiée, une très longue table d'honneur en semi-arceau est prête à recevoir l'élite des invités, rois et présidents. Elle est recouverte d'« une nappe de 70 mètres, en linon, à laquelle la première lingère de France a travaillé pendant six mois avec 125 ouvrières : la table était mise d'un seul tenant[16] ». Face à cette table, afin que personne ne tourne le dos aux invités d'honneur, une trentaine de tables ont été disposées en épis, chacune pour une douzaine de convives.

Les cinquante tentes des invités les plus prestigieux n'ont pas été négligées. La shahbanou a voulu que chacun d'entre eux s'y sente comme dans un véritable palais, que chaque tente, bien que toutes soient de 100 mètres carrés, diffère par son décor – classique ou moderne – de sa voisine, que les draps et serviettes soient personnalisés. Tous les appartements comportent un salon, deux chambres, deux salles de bains, une chambre de service et une « kitchenette ». A la question relative à l'opportunité de cette cuisine privée, la shahbanou aurait répondu : « Sans doute, mais si l'un d'eux éprouve l'envie de vouloir cuire lui-même quelque chose… Mettez donc une Cocotte-minute dans chaque cuisine[17]. » Vraie ou fausse, l'anecdote circule auprès des journalistes.

Les tentes sont une chose, l'environnement en est une autre. On est en effet dans un désert aride peu propice au rêve. Aussi, pour agrémenter l'espace dédié aux invités, on a fait appel au pépiniériste français Truffaut, qui a importé de France « 50 000 œillets d'Inde, 3 000 chèvrefeuilles, 1 500 octadinias de Mandchourie et des milliers de pétunias[18] ». Plus difficile, pour aménager les espaces extérieurs, il a transformé quatre hectares de sable en gazon grâce à de la terre humide, française également. Et pour rendre l'espace encore plus luxuriant, il y a planté trente cèdres de 5 mètres de haut.

Le paradis éphémère est presque près : reste l'apparat des dîners. Pour que tout resplendisse, la maison Baccarat a reçu une commande de plusieurs milliers de pièces. Quant aux lustres à pampilles destinés à éclairer les salles, ils ont été cause de multiples soucis. Pour éviter que les toits des tentes ne s'écroulent sous 800 kilos de cristal, on a opté pour de gigantesques lustres en plastique ne pesant que 200 kilos.

La manufacture de porcelaine Haviland fournit pour sa part un service à café qui ne sera utilisé qu'une seule fois. Enfin, tout le linge vient de la célèbre maison cambrésienne dédiée au luxe, le « grand couturier du linge de maison » Porthault.

L'écrin choisi, se pose l'épineux problème des cuisines. Qui en sera le chef ? Sublimera-t-on la gastronomie iranienne ? Eh bien non ! C'est Maxim's, dirigé à l'époque par Louis Vaudable, qui est chargé du festin principal. Le chef recourra cependant aux productions iraniennes seulement pour l'incontournable caviar, qu'il se refuse d'acheter en URSS ! Tout le reste est français. On dit que la shahbanou, qui apprécie la cuisine iranienne, aurait hésité avant de donner son aval à ce choix. Il est dommage qu'elle n'ait pas saisi cette occasion pour valoriser une cuisine trop peu connue dans le monde, mais délicieuse. Maxims's – qui ferme les portes de son restaurant rue Royale durant quinze jours – fait venir pour l'occasion 400 bouteilles de champagne, 20 000 bordeaux de grand cru et toute sa brigade.

Le problème du transport du matériel depuis la France prend lui aussi des proportions titanesques : « Une navette routière s'établit sur les 7 000 kilomètres séparant Paris de Persépolis et un pont aérien fut jeté entre Le Bourget et Shiraz. Au total, 42 camions à remorque et 120 avions militaires transportèrent les arbres, le gazon, les meubles, les toiles de tente, les salles de bains, les draps et les serviettes, les gravures destinées aux parois des tentes, les cuisinières de Maxim's, et jusqu'aux clous[19]. »

Les dames d'honneur destinées à accompagner les hôtes bénéficient d'un traitement particulier. Valentino, le couturier italo-parisien préféré de la shahbanou, leur a dessiné de nombreuses robes de ville et du soir. Pour les hommes membres du service d'honneur, c'est un autre célèbre couturier parisien qui est retenu. Le spectacle son et lumière qui doit embraser Persépolis est écrit par Alain Decaux ; les feux d'artifice et les jeux d'eau – pourtant spécialités iraniennes – sont confiées à d'autres équipes françaises. Pour tout, on retrouve Paris et la France, comme si ces deux mots résumaient le bon goût. Le coiffeur Alexandre, les sœurs Carita – qui avaient déjà officié lors du couronnement de 1967 –, la maison Elisabeth Arden – américaine, celle-ci – installent des salons de beauté avec une quarantaine d'employés… parisiens. Elisabeth Arden crée même pour l'occasion une ligne de produits baptisée Farah, destinée à être offerte aux invités.

Pour retransmettre l'ensemble des festivités dans plus de trente pays, la télévision française apporte son expertise. Bernard Gensous, ingénieur en chef de l'ORTF, orchestre les opérations, cependant que Léon Zitrone et Jean Lanzi les commentent. Une première mondiale : la diffusion se fait en Mondovision par satellite et en couleur Secam. Le jeudi 14 octobre 1971 à 18 heures, les images de la grande réception préparée pour les « grands » seront retransmises sur la deuxième chaîne de l'ORTF, puis, le vendredi 15 octobre, sur la même chaîne, à 13 h 30, le défilé historique, en direct de Persépolis, enfin, le dimanche 17 octobre, à 14 h 30, toujours sur la même chaîne et en direct de Téhéran, l'évocation des grandes fêtes sportives, de l'Antiquité à nos jours. Pour assurer la logistique de ces opérations à la gloire de la technologie française, des cars de direct seront acheminés de Paris à Persépolis *via* l'Italie, la Yougoslavie, la Grèce, la Bulgarie et la Turquie[20]. Les Iraniens paieront le prix fort.

Tout est bien en place au jour dit. Reste à accueillir les invités, et que la fête commence ! Elle coïncide en outre avec le trente-troisième anniversaire de l'impératrice Farah.

Au soir des cérémonies de Pasargades, les « grands de ce monde » commencent à affluer. L'aéroport de Shiraz a été repeint et embelli pour l'occasion. Une autoroute d'une trentaine de kilomètres entre la ville et Persépolis a été construite. Le ballet incessant des avions se posant sur la piste, avec parfois seulement quinze minutes de décalage, fait place à celui des Mercedes 280 SE, couleur aubergine et climatisées, qui conduisent les invités vers leur lieu de résidence. Les personnalités étrangères sont accueillies au pied de l'avion soit par un demi-frère du shah, soit par le Premier ministre Hoveyda, chaque fois selon le même scénario : cérémonie officielle avec hymnes nationaux et honneurs militaires pour les chefs d'Etat ; protocole allégé pour les autres, suivant leur position hiérarchique.

Les limousines qui assurent les transferts ont été achetées pour l'occasion[21]. Escortées par des motards de la Garde impériale, elles empruntent le large boulevard reliant l'aéroport à Shiraz, la ville des roses et des poètes, ce qui permet à leurs passagers d'apercevoir le musée des Beaux-Arts, un pavillon construit au XVIIIe siècle, l'entrée monumentale du bazar et de la mosquée Vakil, œuvre du roi Karim Khan Zand, quelques bâtiments de l'université, le palais et les jardins Eram... La sortie de la ville se fait par la *Darvazeh-e Quran*, la porte du

Coran[22], un monument ancien dont le bâti, les faïences et les fines décorations ont été restaurées. Devant les visiteurs se découvre alors un Iran plus moderne : les vastes campus de la faculté d'agronomie et de médecine vétérinaire de l'université Pahlavi, des usines nouvelles et les cités-satellites de Shiraz, bien loin d'être des « cités Potemkine », comme certains ont pu le prétendre. Les journalistes internationaux fermeront cependant les yeux devant les réalisations modernes que le pouvoir impérial voudra leur montrer pour ne s'intéresser qu'aux festivités et à leurs aspects négatifs, voire scandaleux.

A leur arrivée, le shah et la shahbanou accueillent les invités sur la place d'honneur du camp. Le rituel est immuable, le souverain répétant inlassablement la même phrase, en anglais, français ou persan : « Au nom de la shahbanou et au mien propre, je vous souhaite la bienvenue en Iran à l'occasion du 2 500e anniversaire de notre empire. » Puis ce sont de nouveau les poignées de main, les hymnes nationaux et les honneurs militaires, avant que les invités ne soient conduits vers leur tente, le tout en moins de quinze minutes, car d'autres délégations sont déjà annoncées.

La liste des invités est impressionnante, constituant probablement le plus grand rassemblement de chefs d'Etat du monde contemporain. Hoveyda déclare à ce propos : « Cette auguste assemblée fera de Persépolis, en ces jours mémorables, le centre de gravité du monde. » Et il ne se trompe pas. Deux empereurs, trente souverains, trente chefs d'Etat et leur suite – 480 invités en tout – sont présents pour l'occasion. Une grande partie du gotha est là : Hailé Sélassié, empereur d'Ethiopie, accompagné de son inséparable Lulu, un chihuahua au collier de diamants ; le roi Baudouin et la reine Fabiola ; le roi Frédéric et la reine Ingrid de Danemark ; le prince Rainier et la princesse Grace de Monaco ; la grande-duchesse Joséphine Charlotte de Luxembourg ; l'ex-roi

Constantin de Grèce – que le shah n'estime guère, à la différence de la shahbanou –, avec son épouse Anne-Marie ; le prince Juan Carlos, délégué par le général Franco, et la princesse Sophie d'Espagne ; le prétendant au trône italien, Victor-Emmanuel de Savoie, et son épouse Marina ; le prince Agha Khan, d'origine persane ; Yang di-Pertuan, le roi élu de Malaisie, Imelda Marcos, des Philippines ; le prince Michel de Grèce ; le roi Hussein de Jordanie et la princesse Mouna ; le prince Franz-Joseph II et la princesse Georgina de Liechtenstein ; le prince Takahito et la princesse Yuriko du Japon... Les Britanniques ont délégué en place de la reine Elizabeth le prince Philippe d'Edimbourg et la princesse Anne. Le président soviétique, Nikolaï Podgorny, a répondu présent. Les Etats-Unis sont représentés par le vice-président Spiro Agnew, ce qui avait été convenu dès le lancement des fêtes. Et la France ? A vrai dire, les manifestations d'opposants gauchistes au shah à Paris, socialistes en tête, les pétitions des intellectuels germanopratins, les campagnes d'une demi-douzaine de journaux ont refroidi le président Georges Pompidou[23], bien que bon nombre de firmes et entreprises françaises soient à l'honneur à Persépolis. Officiellement, il se serait démis au dernier moment, prétextant sa place à table : il aurait demandé à être placé avant tous les autres chefs d'Etat francophones, ce qu'on lui aurait refusé. Cette attitude a été à l'origine d'un froid diplomatique provisoire entre les deux pays. Apprenant la décision française, le shah aurait dit : « Si c'eût été de Gaulle, on lui aurait sans doute trouvé la place exceptionnelle qu'il méritait... » La France n'est cependant pas absente de la table des festins. Le Premier ministre Jacques Chaban-Delmas a été désigné pour la représenter : le shah le connaît et l'apprécie. L'ambassade de France demande que le Premier ministre et son épouse soient logés en lieu et place du président français. Le protocole iranien refuse. La querelle se poursuit jusqu'à la dernière minute. Personne ne sait plus en définitive si Paris sera représenté, et par qui. Finalement, sur intervention de la princesse Ashraf et de Hoveyda, le shah autorise le protocole à installer le couple Chaban-Delmas dans la tente présidentielle, plantée dans l'allée Océanie[24]. Farah, étonnée et sans doute blessée par l'attitude de Paris, préférera rester en retrait de cette querelle. Malgré ces péripéties, la France offrira au couple impérial une œuvre de Bernard Buffet que la shahbanou dira avoir beaucoup appréciée. Victor Franco, qui a pu s'approcher du shah lors d'une visite guidée pour la presse, lui demande : « Majesté, on a parlé de nuages entre la France et l'Iran, à propos de l'absence du président Pompidou aux festivités de Persépolis. – Non, lui répond le shah... Hier, à Pasargades, vous avez vu ce vent qui s'est brusquement levé pendant mon discours. Il a soufflé si fort qu'il a balayé tous les nuages... Et maintenant il fait beau. » Réponse diplomatique, métaphorique... mais langue de bois. Il est vrai que les relations franco-iraniennes n'auront connu qu'un nuage : le président Pompidou, bien que malade, se rendra en Iran l'année suivante, et son successeur, le président Giscard d'Estaing, établira « une étroite connivence avec le régime impérial[25] »... avant de le lâcher dans les derniers mois avant la révolution.

La journée du 14 octobre 1971 est de loin la plus chargée, la plus médiatisée aussi, grâce à la Mondovision notamment. Elle débute par un défilé historique de l'armée. Certains conseillers avaient suggéré qu'il soit organisé sur le long boulevard reliant l'aéroport à Shiraz, afin que la population puisse en profiter. Entre autres pour des raisons de sécurité, cette proposition a été repoussée au profit du site même de Persépolis. Une tribune officielle y a donc été dressée au pied de l'escalier monumental qui mène à l'Apadâna, le cœur sacré du palais de Darius Ier. Persépolis, à la différence de l'Athènes grecque, n'est pas une acropole. Elle est adossée à un éperon rocheux, le *Kuh-é Rahmat*, et repose sur une vaste plate-forme de 450 mètres de long sur 300 mètres de large, résultat de gigantesques travaux de terrassement. Elle a été le siège et le miroir de la puissance et des conquêtes du Grand Roi. Les peuples soumis, des rivages de la Méditerranée, des montagnes caucasiennes ou de l'Inde, venaient y marquer leur allégeance à leur maître commun au terme d'un très long périple. Lieu de représentation, Persépolis s'éveillait une fois l'an, lors de l'équinoxe de printemps, pour les célébrations de *Nowrouz*. Tous les dignitaires et vassaux de l'Empire, soit 24 nations, y étaient alors convoqués.

Certes, en 1971, l'heure n'est plus à ces allégeances, mais le symbole historique s'en trouve ravivé par la présence des hôtes de la famille impériale, par ce clin d'œil du shah à l'Histoire, à la renaissance de l'Iran tant d'années après son déclin. Dès lors, toutes les interprétations seront avancées, des plus mesurées aux plus folles.

La tribune, face au soleil, permet aux photographes et cameramen de mieux profiter de la lumière. Le spectacle en lui-même a été confié à l'armée de terre et à ses services, sous la responsabilité de son commandant en chef, le général Fathollah Minbachian. Plusieurs années ont été nécessaires pour retrouver l'ordonnancement des défilés antiques, les costumes des militaires, leurs façons de marcher. Le résultat, sur fond de Persépolis, est grandiose. Durant une heure et demie, des milliers de figurants et de choristes feront revivre les heures glorieuses de la Perse préislamique et islamique.

C'est un porte-étendard tout droit sorti de la Perse antique, vêtu d'une peau de tigre et brandissant à bout de perche le mythique tablier de Kaveh, forgeron légendaire qui souleva le peuple contre un tyran étranger et le libéra de son joug[26], qui ouvre la marche. Viennent ensuite quatorze détachements, représentant chacun une période majeure de l'histoire iranienne : soldats mèdes coiffés de leur toque ronde, fantassins de Cyrus, cavaliers et chars des Achéménides. Puis le siège et la conquête de Babylone, l'évocation de Salamine, les cavaliers parthes écrasant les légions romaines, préservant ainsi l'Asie de la domination de Rome... Les armées de shah Abbas Ier, les cavaliers et fantassins de Nader Shah conquérant de l'Inde moghole, l'armée des premiers Qâdjârs, puis celle des Pahlavis. Quelques unités de la Garde impériale, des détachements de jeunes gens et de jeunes filles, symboles de la Révolution blanche, ferment la marche, cependant que dans le ciel, les jets de la patrouille d'Iran, la Couronne d'or, font une démonstration de haute voltige, traçant les bandes vertes, blanches et rouges du drapeau national.

La représentation éclate de couleurs et de rythmes. Les invités retournent, ravis, dans leur tente, après avoir, il est vrai, affronté la chaleur du désert. Des compliments, sans doute sincères, pleuvent de partout. Le shah, extrêmement fier, exprime sa satisfaction devant le savoir-faire de l'armée de terre, artisan de ce défilé sans appui étranger.

Dans les jours suivants, de nombreuses villes iraniennes exprimeront leur souhait de voir ce défilé reproduit dans leurs propres rues. On n'accédera pas à leur demande, peut-être pour des raisons logistiques et en raison des nombreuses rediffusions programmées à la télévision[27].

Après un déjeuner informel que beaucoup prennent dans leur tente-palais, l'après-midi est consacré à la visite de Persépolis et des tombeaux voisins des rois achéménides. Spectacle étonnant du roi de Norvège déambulant parmi les ruines, accompagné par un aide de camp muni d'une carte, de la reine Fabiola et des princes japonais ne quittant pas leurs caméras ! Michel de Grèce, sollicité en raison de ses connaissances historiques, explique, guide imprévu et polyglotte, les subtilités de la porte des Nations, s'arrête sur les détails de la frise des Archers, sur les représentations des Lydiens tirant des chariots, des Scythes aux bonnets pointus, et des autres, Egyptiens, Libyens, Arméniens, Babyloniens, Bactriens, Indiens, accompagnés de taureaux, chevaux, chameaux, béliers, lions, etc., pour apporter leur tribut au Grand Roi, une fleur de lotus à la main, sous l'égide d'un Ahura Mazda ailé.

Puis le soir vient. Et avec lui le dîner d'apparat, à 20 heures, la partie la plus somptueuse et bientôt la plus controversée de ces festivités. La princesse Shams, accompagnée de son mari, ministre de la Culture, est la première à paraître. Après avoir salué le couple impérial qui accueille chaque invité à l'entrée de la tente-salle à manger, elle se défait de l'étole de fourrure posée sur ses épaules[28]. Beaucoup de femmes, dont la princesse Anne d'Angleterre, couverte d'hermine blanche, ont en effet joué le grand jeu, arborant pour quelques instants au milieu du désert des fourrures peu appropriées... La sœur aînée du roi est suivie d'Alam, en grand appareil. Puis vient le défilé des chefs d'Etat et des têtes couronnées. Bien que l'apéritif et le dîner aient été apprêtés par Maxim's, épaulé par les 200 serveurs de chez Potel et Chabot, deux Iraniens sont cependant affectés au service exclusif du shah. S'agit-il d'un désir du souverain ou d'un fait dû à la présence des nombreux journalistes qui n'auraient pas manqué de noter que même le shah n'était pas servi par des Iraniens ?

Après l'apéritif, les convives passent à table. Sur une musique de Mozart, le shah s'avance, donnant le bras à la reine du Danemark, laquelle est placée à sa droite à table. Il a à sa gauche une autre reine, Fabiola de Belgique. La shahbanou, pour sa part, est assise entre l'empereur d'Ethiopie, doyen des chefs d'Etat, à sa droite, et le roi du Danemark à sa gauche. Les hommes sont les plus nombreux à ce dîner, en raison de la présence des rois et émirs arabes venus seuls. La règle occidentale d'alternance homme/femme autour des tables n'a donc pas été respectée. Ainsi le duc d'Edimbourg, le prince de Monaco, le prince Bernard des Pays-Bas, le prince héritier de Suède sont assis les uns à côté des autres. Au prince Bernard, qui demande au duc d'Edimbourg pourquoi il n'y a pas de femmes entre eux, ce dernier aurait répondu avec son humour si particulier : « Parce que nous sommes les seules reines mâles. » Une plaisanterie qui fera vite le tour des tables. Quoi qu'il en soit, chaque convive trouve près de son couvert un menu relié de satin bleu accompagné d'un briquet Cartier en or.

Le menu de ce dîner historique fait jaser aujourd'hui encore. Jean Fayard, à cette époque journaliste et chroniqueur, entre autres, au *Figaro*, le détaille. En entrée, œufs de caille aux perles de Bandar (c'est-à-dire sur un petit lit de caviar doré iranien) ; mousse de queues d'écrevisses sauce Nantua ; selle d'agneau des hauts plateaux farcie au foie gras et rôtie ; sorbet au champagne moët 1911 ; paon impérial, cailles rôties et salade de truffes ; turban de figues garni de framboises au porto. Et pour finir et célébrer dignement aussi l'anniversaire de la shahbanou, un gigantesque moka de 33 kilos porté par deux maîtres d'hôtel. Le tout arrosé de champagne nature (château de Saran), de haut-brion blanc 1964, de château-laffite 1945 en magnum ; de musigny comte de Vogüé 1945 ; de dom pérignon rosé 1959 (une cuvée rarissime) ; de cognac Prince Eugène, et, pour les récalcitrants à l'alcool, d'eau minérale et d'orangeade. Cafés et infusions de tous ordres parachèvent le choix de boissons.

Les paons surtout ont suscité de nombreux commentaires dans la presse internationale. Rappelons que le paon est un emblème de l'Iran, le trône du Paon rapporté de Delhi par Nader Shah servant de trône impérial.

Quant à leur recette, les avis divergent : les uns affirment qu'elle est d'Alexandre Dumas, auteur du *Grand Dictionnaire de cuisine*, paru peu après sa mort, en 1870, lequel avait d'ailleurs relevé que les Romains consommaient cet oiseau lors de très grandes occasions. Pour d'autres, l'affaire est plus complexe. Jean-François Bazin écrit ainsi :

> En 1971, Paul Bocuse fut chargé par Maxim's de préparer l'un des fameux banquets organisés en Iran pour les fêtes de Persépolis. Il devait honorer les hôtes du shah et de la shahbanou d'un plat somptueux : des paons. L'empereur avait exigé la présence de cet oiseau au menu. Le célèbre cuisinier expliqua que le paon est peu comestible, que sa chair est sans attrait. Rien n'y fit, le vœu du shah était formel : le paon à l'impériale « paré et entouré de sa cour » serait présent pour le 2 500ᵉ anniversaire de l'Empire[29]…

Lors des toasts, le shah prend brièvement la parole : « Je considère la présente assemblée de tant de grands personnages du monde comme un bon présage, car je sens que dans notre réunion, l'histoire du passé est liée aux réalités d'aujourd'hui. » L'empereur Haïlé Sélassié lui répond, au nom de l'assistance : « Lorsque le jour viendra où l'Histoire de votre pays devra être écrite, Votre Majesté impériale se verra accorder sans doute une place éminente pour avoir rendu vie à la nation et fait place à l'exigence de modernisation. » Moins de dix ans plus tard, les deux empereurs auront perdu leur trône et péri dans des circonstances tragiques.

La soirée s'achève par un gigantesque feu d'artifice embrasant le ciel à des kilomètres à la ronde, depuis les ruines du palais de Darius.

La journée du 15 octobre est en partie réservée à la détente. De nombreuses personnalités se promènent de nouveau dans les sites, désormais rendus à leur calme ancestral. D'autres préfèrent visiter Shiraz et ses monuments. Le moment est aussi propice pour des entretiens politiques organisés ou supervisés par les services du ministère iranien des Affaires étrangères. Ainsi l'empereur d'Ethiopie reçoit-il les présidents Tito de Yougoslavie et Podgornyï d'URSS. Le roi Hussein de Jordanie organise de son côté un sommet arabe. Constantin II de Grèce, chassé de son pays par le coup d'Etat des colonels du 21 avril 1967, obtient un rendez-vous avec le vice-président américain Agnew, lui-même d'origine grecque, pour plaider sa cause.

Dans la soirée, tout le monde se retrouve dans un théâtre de plein air construit à cet effet pour assister au spectacle son et lumière, puis pour un dîner informel au cours duquel quelques plats persans sont servis, les vins étant toujours français.

Le lendemain, c'est le départ de Shiraz pour la plupart des invités, certains restant cependant en Iran pour accompagner la famille impériale à Téhéran, où d'autres cérémonies sont prévues.

Ce qui a été réalisé pour ces fêtes à Persépolis est excessif, et il s'agit là d'un euphémisme. Dans 90 % des cas, les célébrations auraient pu être assurées par des entreprises iraniennes, auxquelles elles auraient donné un lustre incomparable et dont le savoir-faire artisanal, industriel et gastronomique aurait pu être reconnu et salué dans le monde entier. Le peuple surtout a été oublié ou placé dans les coulisses alors qu'il s'agissait de son pays, de son histoire et de son avenir. Dès lors, un lent divorce entre le pouvoir et la population commence à miner l'édifice gouvernemental, à l'image des termites rongeant le bois des bâtiments les plus robustes. En Iran, la rumeur de la corruption de rares puissants, déjà présente avant les fêtes, trouve là un nouveau terrain de choix où s'épanouir. Les mouvements clandestins en profitent pour recruter, les salons bruissent, le bazar gronde, les universités s'agitent, mettant en cause ce qu'elles jugent être une folie. En haut lieu, on ne sait comment réagir à la crise qui sourd. Pour toute réponse, on continue à imposer le silence, sinon le secret, aux personnes impliquées. Ces fêtes qui auraient dû être portées par la liesse populaire deviennent bientôt un secret d'Etat ! Les plaisirs du gotha se retournent contre un régime que l'on pointe bientôt du doigt, aussi bien en Iran qu'à l'étranger. Longtemps, le Camp du Drap d'or servira de prétexte et de symbole à l'opposition pour dénoncer la démesure royale.

Une fois les fêtes terminées, on ne saura que faire de leurs décors, de leurs plantations. Personne ne pourra les démonter, car pour cela il aurait fallu les montrer aux ouvriers tenus à l'écart de leur fabrication, ce qui aurait constitué un risque majeur. L'idée d'une sorte de Club Méditerranée pour milliardaires et nouveaux riches ayant été esquissée, personne ne se présentera pour la réaliser. Le site étant devenu une véritable verrue, et surtout un épineux problème, on décidera de le fermer aux touristes et aux curieux. La population ne pourra l'apercevoir que de loin, ce qui alimentera encore plus de rancœurs et de fantasmes. Et le camp vieillira... mal. Même après la révolution, on n'osera pas y toucher, tout en l'ouvrant aux touristes... Le spectacle y sera alors affligeant. A l'entrée du camp, on inscrira : « Ce qui reste du pouvoir d'un souverain autoritaire ». Tentes en ruine ; vitres pare-balles des tentes centrales criblées de projectiles « lancés par des enfants », comme l'expliqueront les guides ; bronzes des portes arrachés, rouille tordant les sièges réservés aux invités du son et lumière[30]... Un désastre conjugué à une autre propagande.

La suite des festivités officielles se déroule à Téhéran. Deux grandes manifestations vont les clore, sur le plan international du moins.

Tout d'abord, l'inauguration du Shahyad, le Mémorial des rois, un arc de triomphe de 60 mètres de haut marquant l'entrée de la ville, œuvre de l'architecte Hossein Amânat, considérée souvent[31] comme un chef-d'œuvre de l'art contemporain. Au-dessous de cet arc a été aménagé, dans des salles d'une superficie de 8 000 mètres carrés, un musée retraçant l'histoire de l'Iran qui sera bientôt ouvert au public. Le monument est le cadeau de grands patrons de l'industrie, des banques et des entreprises de travaux publics, qui l'ont financé et construit pour l'occasion.

L'inauguration du grand complexe sportif de la capitale, œuvre de l'architecte Abdol-Aziz Farmanfarmaïan[32], constitue l'autre grande manifestation. Ce complexe comprend des stades pouvant accueillir 100 000 personnes, un lac artificiel de 28 hectares, un village olympique, une salle omnisports prévue pour 12 000 personnes, des parkings conçus pour recevoir jusqu'à 10 000 voitures et 600 autobus, ainsi que de nombreux restaurants. Une grande représentation gymnique, des démonstrations de sports traditionnels, dont le fameux *zourkaneh* où les athlètes manient de lourdes masses, sont offertes aux Téhéranais avec des milliers de participants, le tout retransmis par la télévision. Un spectacle coloré et merveilleux. Le complexe servira ensuite pour l'organisation des VIIe jeux Olympiques d'Asie, en 1974, avec un tel succès que la presse internationale écrira que les Iraniens ont surpassé les Japonais, organisateurs des jeux précédents. Une partie de la presse occidentale, en ce mois d'octobre 1971, ne peut cependant s'empêcher de critiquer la « mégalomanie du shah » : « L'Iran avait-il vraiment besoin de telles installations sportives », sans doute seulement dignes, dans l'esprit des journalistes, des « pays avancés »... « Quelle folie d'envisager l'organisation de jeux Olympiques pour la décennie 1980 ! » entend-on encore ici et là.

Passant outre les critiques, le shah poursuit inlassablement la route qu'il s'est tracée pour le renouveau de l'Iran. L'année Cyrus le Grand qui a commencé le 21 mars 1971 ne s'achèvera qu'un an plus tard, le 21 mars 1972. Puisque les feux sont braqués sur le pays, c'est l'occasion d'inaugurer des centaines de projets de développement, chacun dédié au fondateur et à la célébration de la création de l'Empire. D'où de multiples déplacements pour le couple impérial, le Premier ministre et les personnalités de premier plan.

Une des priorités du gouvernement étant l'instruction et l'alphabétisation de la population, 2 500 écoles, construites d'après les plans fournis gracieusement par l'Etat, ont poussé dans les villages. Elles ont presque toutes été offertes par des particuliers ayant à cœur de donner le nom d'un de leurs disparus à une école de leur région.

Le développement du tourisme est un autre objectif du gouvernement. Le retentissement mondial donné au pays par les fêtes de Persépolis et les expositions, nombreuses dans le monde entier, des trésors persans attirent un nouveau public, désireux de trouver en Iran un confort comparable à celui qu'il connaît chez lui. Quelques palaces de classe internationale sortent ainsi de terre à Téhéran, Ispahan et Shiraz, ainsi que sur la Caspienne.

Les efforts iraniens s'étendent à tous les domaines. Le 8 avril 1971, le shah inaugure le complexe sportif de l'université Pahlavi à Shiraz, « mon université », ne cesse-t-il de répéter. Après la cérémonie, il confie au recteur, alors Houchang Nahavandi : « Allons visiter la cité universitaire », laquelle se trouve à presque 500 mètres. Puis, rien n'étant inscrit de tel dans son agenda, il ajoute à l'intention de la centaine de personnes présentes : « Nous allons rendre visite aux étudiants. » Panique à bord. Le gouverneur de la province, un officier de la Garde et le responsable de la Savak s'avancent : « Ce n'est pas prévu, Sire ; seul le jardin est sécurisé ! » Regard méprisant du roi. Le recteur à ses côtés, Mohammad Réza part pour la cité, faisant signe aux autres de ne pas le suivre. Il traverse les jardins « sécurisés », donc vides, exprime son intérêt pour le style des bâtiments et fait part de son espoir que les travaux gigantesques entrepris pour le nouveau campus avancent et qu'il puisse en voir la fin[33] : « Ce sera le Persépolis de notre temps. »

Dans le premier bâtiment, un bruit de conversation se fait entendre, provenant d'une chambre d'étudiant. « Allons-y », dit le shah. Le recteur frappe. La porte s'ouvre et découvre deux jeunes gens assis par terre sur une couverture. Entre eux, des livres, des cahiers de notes et une théière. A n'en pas douter, ils s'attendaient à voir entrer un de leurs condisciples. Stupéfaits, ils ne savent que dire, que faire. « Nous sommes venus demander de vos nouvelles, voir comment vous allez. Vous préparez vos examens, n'est-ce pas ? C'est l'époque ! » La conversation est banale, au contraire de la circonstance. La visite est si inattendue que l'un des étudiants, ému, se jette aux pieds du souverain et embrasse ses genoux, signe de respect tribal. Le shah, en souriant, le relève. L'autre étudiant lui prend ensuite une main, lui touche l'épaule, comme pour s'assurer qu'il ne rêve pas : « Vous voulez du thé ? » finit-il par articuler. « Non, merci, il est sans doute très bon », répond le shah simplement. Il les interroge ensuite sur leurs études : tous deux préparent une licence de chimie. « Voilà une profession utile pour l'avenir du pays. » Comme la porte est restée ouverte durant l'échange, des dizaines d'étudiants, certains en pyjama, sortent de leur chambre pour voir ce qui se passe, puis, reconnaissant le shah, l'acclament. Mohammad Réza Pahlavi serre des mains, prononce quelques mots aimables puis rebrousse chemin, suivi d'une cohorte d'étudiants tout excités. Les fenêtres de quelques autres bâtiments s'ouvrent. On crie. Le shah s'amuse de tant d'engouement. Après quelques pas, il s'arrête :

« Nous n'allons pas vous empêcher de travailler. Merci pour votre accueil. Rentrez, maintenant.

— Nous voulons venir avec vous. Merci d'être venu ! reçoit-il en réponse.

— Nous allons rentrer aussi. Rentrez. »

Les étudiants, une bonne centaine déjà, continuent à crier : « Vive le roi ! » cependant que le shah s'éloigne.

Dès son retour dans l'espace « sécurisé », il déclare à ceux qui l'attendent : « Vous voyez, nous sommes encore vivant ! », mi-moqueur, mi-méprisant. Tel était Mohammad Réza Pahlavi, réservé sans doute, mais peu dupe des manœuvres de ceux qui, tout au long de sa vie, ont voulu l'empêcher de voir la réalité du pays, et qui y ont souvent réussi, pour le malheur de l'Iran.

Le 7 mai, le palais qâdjâr du Golestân et le palais de Marbre, plus modeste, sont déclarés musées nationaux, après quelques aménagements, et ouverts au public en présence des souverains. Le 28 juin, le shah inaugure le réseau d'irrigation complétant les barrages construits sur l'Araxe, rivière frontalière avec l'URSS. Il en a coûté à l'Iran un milliard de dollars. Puis c'est avec la shahbanou que, le 24 septembre, il préside l'inauguration de la bibliothèque centrale de l'université de Téhéran, contenant 600 000 ouvrages, une grande collection de manuscrits persans, souvent des *unica*, et 1 800 périodiques du monde entier. Le bâtiment comporte aussi un amphithéâtre de 600 places, baptisé peu après « Foroughi », un restaurant, des salles d'exposition… En le quittant, le shah demande au recteur de Téhéran[34] : « Quel rang nous confère cette bibliothèque parmi les institutions similaires dans le monde ? » Le recteur ne le sachant pas, il se contente d'entendre que c'est une des mieux équipées qui soient, ce qui le remplit de fierté.

Les 26, 27 et 28 septembre, la thématique est radicalement différente. Trois grands barrages sont inaugurés dans le Kurdistan. Ce même 28 septembre, le shah et le président de la République turque, Cevdet Sunay, inaugurent conjointement la ligne de chemin de fer reliant les réseaux ferrés des deux Etats.

Après les cérémonies d'octobre à Pasargades, Persépolis et Téhéran, le couple impérial est de nouveau au premier rang de l'actualité en inaugurant, le 7 novembre, la Bibliothèque municipale de Téhéran. Le 17 décembre, il assiste à la mise en route dans le Khouzistan d'une grande raffinerie de pétrole ayant une capacité de production de 183 000 barils par jour, destinée uniquement à satisfaire la consommation locale, les produits de la raffinerie d'Abadan étant tous exportés. Le même jour est mise en marche la plus grande station de pompage de gaz du monde. Entre-temps, le 14 novembre, Hoveyda a inauguré à Nazi-Abad, au sud de la capitale, un ensemble de 470 logements sociaux, son complexe sportif et son centre culturel, prévus pour 5 000 personnes. Tels sont quelques-uns des événements phares internes à l'Iran, en cette année de célébrations.

Certains dépassent cependant le cadre du pays. Ainsi, sur les cinq continents, dans quarante pays, des comités se créent, presque partout présidés par des chefs d'Etat, exceptionnellement par leurs épouses, comme aux Etats-Unis ou en France. De nombreux ouvrages consacrés à la civilisation iranienne, savants ou de vulgarisation, paraissent ; des séminaires, des colloques, des expositions sont organisés.

Parmi ces manifestations internationales, l'une d'elles mérite d'être saluée : le très important Congrès d'iranologie qui rassemble à Shiraz, du 13 au 15 octobre, dans les locaux de la Cité universitaire, 400 savants, dont 300 venus de 44 pays étrangers. Le shah, qui a tenu à l'ouvrir, rappelle que, comme les autres événements, celui-ci est destiné à « promouvoir la grande culture iranienne. Toute domination politique ou militaire a inévitablement une fin. Le rayonnement de la culture et de ses valeurs est éternel. Au cours de notre histoire plusieurs fois millénaire, nos meilleurs soldats ont été ces femmes et ces hommes qui assurèrent la pérennité de notre culture et la transmirent, toujours plus rayonnante, de génération en génération ». Par ce discours, il précise le concept d'iranologie dans des termes renvoyant à ceux qu'emploiera bientôt Henri Corbin, le grand philosophe présent lors de ces journées à Shiraz, docteur *honoris causa* de l'université de Téhéran : « Calqué sur le terme persan *Iran-shenassi*, le terme *iranologie*, créé dans les années 1950, offre l'avantage de regrouper, comme formant un tout, aussi bien le concept d'Iran que les études iraniennes. Il suggère au mieux l'idée de ces *continuités iraniennes* dont l'affirmation fut le propos essentiel de la célébration du vingt-cinquième centenaire de la fondation de l'Empire perse, et qui furent le thème du Congrès international d'iranologie tenu à cette occasion[35]. » Ce rassemblement majeur donne lieu à un millier de communications, dont la bibliothèque Pahlavi publiera la liste dans un volume de 240 pages. Il est convenu que l'ensemble de ces contributions seront progressivement éditées dans une centaine de volumes de 500 pages chacun. Quelques-unes seulement ont vu le jour[36]. Lors de la révolution, en février 1979, des hommes de main confisqueront la totalité de ce précieux trésor scientifique lors de l'attaque de la bibliothèque.

Tirer un bilan global de cette année de célébration autour de Cyrus et de l'anniversaire de l'Empire perse est délicat, tant les commentateurs de tous bords ont fait leur choix dans les faits et rejeté dans l'ombre le positif pour ne ressasser que le discutable ou le condamnable. Cependant, assurer la sécurité de tant de personnalités a constitué, surtout à Persépolis, un défi que l'Iran a brillamment relevé. Trois cordons de sécurité ont été mobilisés, ce qui a permis aux festivités de se dérouler sans incident. La présence de presque tous les chefs d'Etat et de gouvernement communistes a sans doute aussi découragé les éventuelles actions des groupuscules subversifs sévissant alors en Iran comme ailleurs dans le monde.

La situation a été bien différente à Téhéran. Des attentats lors de ce rassemblement inédit auraient eu un effet dévastateur pour le régime et le prestige du shah. Ils ont été tentés et déjoués. Le premier consistait à faire sauter les lignes à haute tension qui acheminaient dans la capitale l'électricité du barrage d'Amir Kabir situé à 60 kilomètres, et donc à priver la population de courant lors des célébrations. La surveillance des hélicoptères appartenant aux services de la division aéroportée du général Khosrodad a permis d'avertir à temps les services de sécurité et les forces spéciales de la Savak. Trois autres explosions étaient projetées. La première, qui échoua, était programmée lors de l'inauguration du complexe olympique où se pressaient 100 000 spectateurs. La deuxième devait toucher le Mémorial des rois : la charge explosive ne fut désamorcée par la Savak que dix minutes avant le moment choisi. Enfin, la troisième, le 18 octobre, visait l'entrée du campus principal de l'université de Téhéran : placée dans un endroit peu surveillé, elle aurait pu causer d'importants dégâts humains. Fort heureusement, et par hasard, un officier spécialisé de la police nationale la découvrit à temps.

Ces actes graves ne sauraient cependant masquer une réalité indéniable : les festivités ont entraîné le pays dans un vaste mouvement de modernisation, de promotion et de communication. L'empressement de tant de gouvernements du monde – du Pakistan, pays ami, qui décréta une journée de fête et de congés pour l'occasion, à la lointaine Islande en passant par les grandes puissances, surtout l'URSS – à participer à ces solennités a été un signe fort d'hommage à l'Iran, mais aussi un signe clair de la prise en compte de sa montée en puissance et de sa place dans les nouvelles équations géopolitiques. Le shah en a été flatté, s'identifiant tellement à son pays qu'on a parfois qualifié Persépolis de *show of himself* (« spectacle de lui-même »). La célébration de la fondation de l'Empire perse, aussi légitime que celle de la Révolution de 1789 en France ou des fêtes mémorielles d'autres pays, aurait dû permettre de souder le pays dans un effort commun et valorisant, de lui donner une vision, encore partielle, mais transitoire, de ce nouvel Iran à bâtir ensemble.

Cet objectif n'a pas été atteint. Malgré l'euphorie entrepreneuriale qui submerge le pays en ces années 1970, Persépolis et son intendance – graves erreurs, certes – ont été en première ligne des attaques, comme autant de symboles vite montés en épingle de la corruption d'un régime tout entier, et non pas seulement de quelques personnes, d'un état « autoritaire et mégalomane », ainsi que se plairont à le répéter les opposants. La gestion médiatique de l'affaire, le silence imposé et la mise à l'écart de la population ont creusé les premières fissures, préludé au démantèlement d'un État dépassé par les événements. Quatre décennies plus tard, chaque fois que l'on évoque la révolution de 1978-1979, deux items sont récurrents : les méthodes de la Savak et les somptuosités de Persépolis, témoins de la désinformation qui a étouffé l'Iran du shah.

Combien ont réellement coûté ces festivités ? Les chiffres publiés vont d'une douzaine de millions de dollars – somme avancée par Alam le 24 octobre 1971 en conférence de presse – à un milliard de dollars, voire plus. Si l'on inclut les nouveaux barrages, l'autoroute Shiraz-Persépolis, les équipements touristiques, le complexe olympique, le Mémorial des rois, la bibliothèque centrale de l'université de Téhéran, celle de la capitale et tous les projets de moindre importance qui ont abouti alors, ce dernier chiffre serait dérisoire. Sauf si l'on reproche à l'Iran sa politique de modernisation et d'équipement, que certains n'ont pas hésité à qualifier d'« occidentalisation » mégalomane. A vrai dire, ce qui est visé dans le débat sur les chiffres, c'est surtout le coût des festivités mondaines propres à Persépolis : le camp, le banquet... Sur ce point, les rapports restent, il est vrai, muets. Même les révolutionnaires n'ont pu produire le moindre document sérieux à ce sujet.

Par-delà tous les débats, ce qui reste de l'année Cyrus, c'est une transformation en profondeur de la politique iranienne et de l'image de l'Iran. Mohammad Réza Pahlavi y apparaît à son apogée avec toutes les contradictions préfiguratrices de son attitude sept ans plus tard face à la montée des révoltes et à la révolution.

L'Iran est à ce moment devenu une destination à la mode, et pour longtemps. Le rallye Citroën Paris-Persépolis-Paris, auquel participent 500 2CV parties des Halles de Paris pour les déserts iraniens, y est organisé en 1971. Un beau film de Claude Lelouch, *Iran,* réalisé par Claude Pinoteau sur une musique de Francis Lai, présente aussi, la même année, une image très séduisante du pays[37]. En dix-sept minutes sans commentaires, il fait se succéder les images des villes, des campagnes, des architectures, des universités, des ressources pétrolières. Il montre les deux faces de l'Iran, traditionnelle et moderne : une femme voilée et quasi masquée du Sud regarde un hélicoptère évoluant dans le ciel du désert ; des jeunes gens, filles et garçons confondus, étudient les sciences, rient, dansent. Peu d'images de la famille impériale, sinon celle du shah s'élançant vers l'avenir sur un cheval au galop. Puis quelques détails de Persépolis avec une dernière image très symbolique : deux mains de pierre entrelacées. Film de promotion touristique salué par six récompenses internationales, cette œuvre oubliée, ou que l'on omet de rappeler, témoigne à n'en pas douter d'un temps où l'Iran faisait aussi rêver.

Le réveil n'en sera que plus dur.

4

Le diplomate et le chef des armées

Les fêtes de Persépolis s'inscrivent dans une logique diplomatique. Gérées en amont par le ministère des Affaires étrangères, elles avaient parmi leurs objectifs de placer durablement l'Iran et son souverain sur la scène internationale. Elles y ont en partie réussi.

Trente années de règne ont été nécessaires pour construire cette diplomatie innovante. En accédant au trône en 1941, Mohammad Réza Pahlavi trouve un Iran pratiquement occupé par deux puissances aux visées impérialistes qui l'ont dépecé et humilié, amputé d'une partie de son territoire, et ce depuis le début du XIXe siècle. Certes, son père avait endigué cette dégradation par une diplomatie audacieuse et une politique d'indépendance nationale. En deux décennies, il avait ainsi tenté de faire entrer la France, l'Allemagne et même l'Italie sur la scène iranienne afin de contrebalancer les visées londonienne et moscovite. On sait ce qu'il en advint, à la suite de l'invasion et de l'occupation du pays ainsi que de sa déposition. Foroughi « sauva alors les meubles »… et la monarchie.

Mohammad Réza est donc, en 1941, un shah dépouillé de pouvoir réel, mais conscient de son rôle symbolique. Il se sait sous surveillance étrangère ; il en a pris son parti, attendant sans doute l'heure de la revanche.

La fin de la crise d'Azerbaïdjan, en 1946, a poussé l'Iran à choisir son camp durant la guerre froide. Son choix s'est porté sur le monde occidental, le « monde libre », pour longtemps, marquant ainsi sa distance avec Staline et ses visées, la toute-puissance d'un parti communiste remuant, ses syndicats et son organisation. L'influence américaine est devenue alors prédominante et s'est installée durablement.

Pourtant, deux généraux Premiers ministres, Razmara (juin 1950-mars 1951) et Zahédi (août 1953-avril 1955), tous deux considérés à juste titre comme soutenus par Washington, ont tenté de redresser la barre et d'améliorer les relations du pays avec le grand voisin du Nord. Ils ont connu dans cette entreprise un certain succès, l'un et l'autre – Zahédi étant viscéralement antibritannique – souhaitant doter l'Iran de la marge de manœuvre diplomatique dont il avait été privé, injustement à leurs yeux.

Telle est la situation géopolitique du pays lorsque, après l'éviction du général Zahédi, le 7 avril 1955, Mohammad Réza Pahlavi « prend les choses en main ».

Avec la conclusion du pacte de Bagdad le 24 février 1955, l'Iran, qui y entre le 3 novembre[1], alors que la guerre froide est à son apogée, ne croit avoir d'autre voie diplomatique que celle d'un alignement sur le camp occidental. A la conférence de Bandoeng (18-24 avril 1955) sur l'île de Java, qui réunit 29 pays d'Asie et d'Afrique se définissant comme appartenant au tiers monde[2], il est représenté par le ministre Ali Amini, mais ne se range pas dans le camp des pays non alignés, souvent proches du monde communiste. Il n'en soutient pas moins les revendications d'indépendance pour les pays toujours colonisés, la lutte contre la ségrégation raciale ainsi que l'aspiration du « peuple arabe de Palestine » à posséder un Etat et une patrie selon les résolutions des Nations unies[3]. Cette attitude ne fera que se renforcer dans le temps.

Le shah croit que, dans le contexte international de l'époque et pour un Iran dont le démarrage économique commence, l'alliance avec Washington constitue le meilleur gage de sécurité. Il ne pense pas moins, ce que l'on sait aujourd'hui, que ce choix est destiné à évoluer, voire à changer. Sa conviction s'en trouvera confortée par la politique du général de Gaulle qui, au pouvoir, restera dans le camp occidental, par exemple lors de la crise de Cuba en 1962, tout en pratiquant une diplomatie indépendante.

Les proclamations de plus en plus explicites du shah parviennent immanquablement aux oreilles fort sensibles – et susceptibles – des Américains que la deuxième guerre indo-pakistanaise[4] (deuxième guerre du Cachemire) à l'été 1965 confirmera dans leurs soupçons. Durant cette guerre dont l'Inde sort victorieuse, gardant dans son giron sa part de Cachemire, les Etats-Unis sont restés neutres, au mépris des engagements pris lors du pacte de Bagdad, devenu le CENto : pas le moindre geste, même symbolique, au bénéfice de leur grand allié musulman « non aligné ». De son côté, face à l'inertie américaine, l'Iran tente d'aider le Pakistan, qui lui est très lié historiquement, politiquement, culturellement et linguistiquement, son « allié privilégié » jusqu'à la révolution[5]. Il lui envoie discrètement des armes, sans toutefois intervenir militairement. Karachi lui en est reconnaissant ; New Delhi ne décolère pas. L'intervention de l'URSS et la conférence de Tachkent (20-26 septembre 1965) seront bientôt nécessaires pour éteindre le conflit.

Les manœuvres iraniennes dans cette affaire laisseront des traces durables. L'inquiétude de l'ambassadeur des Etats-Unis à Téhéran, Armin H. Meyer, est manifeste : dès le 6 août 1965, il alerte son département par une note : « La crise entre l'Inde et le Pakistan a persuadé le shah qu'une dépendance excessive de la défense iranienne à l'égard des Etats-Unis pourrait réserver à l'Iran le même sort que le Pakistan. Il recherche sa liberté de mouvement[6]. » Plus tard, dans un document daté d'avril 1974, c'est « la politique pétrolière de l'Iran et sa volonté d'aider les pays en voie de développement, laquelle pourrait *dévier de nos objectifs* » qui sont source d'inquiétude. En juillet de la même année, « la volonté de l'Iran de s'appuyer sur sa propre force militaire et industrielle » est pointée du doigt et, peu après, « la complexité croissante » des relations irano-américaines. En juin de cette même année charnière encore, une autre étude importante envoyée à Washington dénonce « la montée en puissance iranienne » et conclut qu'il ne faudrait pas « lui donner un chèque en blanc ».

Les Etats-Unis ne s'y trompent pas : si l'Iran reste dans le camp occidental, le shah prend le virage gaullien d'une politique d'indépendance nationale. Cette attitude générera le virage des Américains à son égard. Mohammad Réza Pahlavi en a pris le risque… calculé, pense-t-il : « Le général de Gaulle représente tout ce qu'il y a de plus prestigieux aux yeux de nos populations. Les gens de notre pays aiment les patriotes, ceux qui bravent tout pour les intérêts de leur patrie, les gens qui ont du courage… Tout ce qui est patriotique a, dans ce pays, de très profondes racines[7]. »

La diplomatie iranienne envers Israël s'est trouvée également réorientée de façon significative. Selon une tradition remontant au moins à Cyrus le Grand, libérateur en 538 av. J.-C. du peuple juif déporté à Babylone qu'il encourage à rejoindre la province, alors perse, de Judée, les sentiments antisémites sont généralement absents de la culture iranienne – une tradition que les excès verbaux postrévolutionnaires de certains mollahs et leaders politiques, se croyant inspirés par un discours arabo-islamique, tentent de mettre à mal.

Or, le 29 novembre 1947, l'Assemblée générale des Nations unies adopte la résolution 181 qui prévoit le partage de la Palestine en un Etat juif et un Etat arabe. L'Iran n'y est pas favorable : ayant vainement suggéré auparavant la création d'un Etat fédéral ou confédéral arabo-juif en Israël, il est l'un des treize Etats à voter à l'Onu contre le partage de la Palestine. Sitôt connue la résolution onusienne, la guerre éclate entre les communautés arabe et juive.

Alors que le 14 mai 1948 l'Etat d'Israël est officiellement créé, devenant le 59e membre de l'Onu, et que la Turquie est le premier pays musulman à le reconnaître presque immédiatement, l'Iran ne le reconnaît *de facto* que le 14 mars 1950[8]. Un « bureau iranien » est ouvert à Tel-Aviv, et son pendant israélien, pratiquement une ambassade, à Téhéran. Dès lors, les coopérations technique, économique, scientifique (interuniversitaire) et de renseignement ne cessent de se développer. Une petite partie de la communauté juive iranienne émigre en Israël, les relations touristiques sont florissantes et les deux parties y trouvent leur intérêt.

Cette position envers Israël a fait couler beaucoup d'encre, tant elle détonne par rapport à celle des pays arabes. Le shah éprouve-t-il un ressentiment atavique envers ces derniers depuis le VIIe siècle et la dévastatrice invasion de l'Iran ? Certains l'ont cru, bien que rien dans ses discours officiels ni dans sa posture diplomatique ne le prouve. Juge-t-il nécessaire à l'équilibre régional une convergence stratégique irano-israélienne, à l'instar de celle qui a tant de fois existé depuis l'Antiquité entre les deux pays, face à la menace des peuples environnants ? Ce n'est pas exclu, et cela malgré la solide amitié qui le lie à Hassan II du Maroc, à Hussein de Jordanie et, plus tard au président Sadate, encore qu'il dise souvent que l'Egypte n'est pas tout à fait arabe.

Cela posé, l'excellence des relations avec Israël et les fréquentes visites, parfois ostentatoires bien que devant rester discrètes, de certains dirigeants israéliens à Téhéran, n'ont pas empêché le soutien de Mohammad Réza à la cause nationale palestinienne, au droit de ce peuple à posséder son propre Etat et sa propre patrie. Ce, malgré l'hostilité manifeste des organisations palestiniennes à l'égard de son régime et leur soutien actif à l'opposition radicale et aux mouvements terroristes iraniens. La position du shah peut donc paraître ambiguë, sinon complexe ici aussi pour certains commentateurs, bien qu'elle s'explique historiquement.

La guerre de Kippour du 6 au 24 octobre 1973 portera un coup fatal au climat de confiance entre Téhéran et Tel-Aviv, et contribuera à dégrader les relations de l'Iran avec Washington.

Quelques mois avant que les Egyptiens et les Syriens ne déclenchent les hostilités pour reprendre le Sinaï perdu durant la guerre des Six Jours de 1967, le président Sadate avait fait escale à Téhéran, de retour d'un voyage à Karachi. Mohammad Réza, de son côté, avait écourté une tournée en province pour le rencontrer à l'Aéroport international de Téhéran. Les deux hommes, dont les relations personnelles ne cessaient de se consolider, avaient ainsi pu se parler en tête à tête durant plus de trois heures. Aucune raison particulière n'avait été avancée pour justifier cette rencontre ; aucune ne fut donnée par la suite. Le raïs avait-il fait part à cette occasion de ses intentions au shah ? Plus tard, on le pensera et on en voudra au shah de ne pas en avoir informé Washington.

Au cours des mois qui précédèrent la guerre, le shah, son Premier ministre Hoveyda et son ambassadeur à Washington Ardéshir Zahédi avaient souvent insisté sur « la nécessité d'une paix équilibrée » entre Arabes et Israéliens et, en tout premier lieu, entre l'Egypte et l'Etat hébreu. Pour y parvenir, disait le shah, « il faudrait que les Arabes sortent de leur état de vaincus permanents, d'humiliés, et retrouvent l'honneur ».

A la veille de l'action égyptienne – une surprise totale pour les Israéliens comme pour les Américains, d'où son succès au début –, Anouar El-Sadate se rend à nouveau à Téhéran pour rencontrer secrètement le shah. L'ambassadeur Amir Aslan Afshar, qui n'a alors aucune fonction officielle dans la capitale, est chargé d'aller le chercher à l'aéroport[9]. La rencontre a lieu au palais blanc de Saad-Abad, vide à cette saison. Rien n'a filtré de ce qu'ils se sont dit. Ce déplacement qui n'a officiellement jamais existé n'a cependant pu échapper aux services spéciaux occidentaux, israéliens et surtout américains.

Dès le déclenchement de l'opération et le franchissement du canal de Suez par l'armée égyptienne, l'Iran se dévoile en autorisant des avions soviétiques de transport lourd à franchir son espace aérien afin d'acheminer au Caire du matériel militaire. Il fait en outre la sourde oreille pendant quarante-huit heures aux protestations de Washington et de Tel-Aviv. Le shah accorde enfin une aide d'urgence de 1 milliard de dollars à l'Egypte[10]. Les conditions de négociation d'« une paix équilibrée et dans l'honneur » sont alors réunies, le monde arabe considérant avoir remporté une victoire sur Israël, ce qui n'est que partiellement vrai. L'attitude du shah lors de cette guerre ne lui sera jamais pardonnée. L'Occident pensera qu'il a failli à son devoir d'informer ses alliés, que l'Iran n'aurait jamais dû autoriser le survol de son territoire et accorder une aide financière à l'Egypte. Les relations entre Téhéran et Tel Aviv s'en ressentiront. Le shah pensera dès lors, et s'en ouvrira souvent à Alam[11], que les Israéliens intriguent contre lui. Il se méfiera aussi explicitement des médias américains et particulièrement du « lobby juif » qui en contrôle certains, comme l'indique une interview accordée au journaliste américain

Mike Wallace pour l'émission *60 Minutes*, sur CBS, en mars 1973 :

> *MW : Diriez-vous que la communauté juive aux États-Unis tient les manettes de la présidence ?*
>
> MRP : Pas totalement, mais je pense que c'est trop pour ce qui est des questions relatives à Israël.
>
> *MW : Vous pensez que les lobbies juifs américains sont trop influents sur ce sujet ?*
>
> MRP : Je le pense ; ils servent parfois les intérêts d'Israël ; ils poussent des gens ici et là.
>
> *MW : Pourquoi le président des États-Unis en ferait-il tant de cas ?*
>
> MRP : Ils sont puissants.
>
> *MW : En quoi ?*
>
> MRP : Ils contrôlent beaucoup de choses.
>
> *MW : Ils contrôlent quoi ?*
>
> MRP : Les journaux… les médias… les banques… les finances… je dois m'arrêter là.
>
> *MW : Un instant : vous pensez vraiment que la communauté juive aux États-Unis est si puissante que les médias reflètent son point de vue ?*
>
> MRP : Oui.
>
> *MW : Ils ne relatent pas les choses honnêtement ?*
>
> MRP : Ne mélangez pas les choses, s'il vous plaît. Je ne dis pas les médias, mais je dis : « Dans les médias, il y a des gens… » Quelques journaux le font, c'est tout.
>
> *MW : Le* New York Times, *par exemple, est la propriété d'une famille juive. Êtes-vous en train de suggérer que le* New York Times *fait passer les questions relatives à l'existence d'Israël avant les relations des États-Unis avec le monde arabe ?*
>
> MRP : Collectez tous ses articles, sujets et conclusions puis faites-les analyser par un ordinateur et vous aurez la réponse[12].

Lors de la révolution islamique, le soutien israélien fera défaut au shah, et seul le général Rabin, ancien et futur Premier ministre de l'Etat hébreu, s'élèvera contre cette attitude qu'il jugera suicidaire[13]. Cependant, lors de la conférence de Camp David, le 17 septembre 1978, préfiguration du traité de paix israélo-égyptien de mars 1979, les trois protagonistes, Carter, Sadate et Bégin, téléphoneront au shah, déjà en proie aux convulsions révolutionnaires, pour le remercier de ses efforts. Mohammad Réza Pahlavi pensera[14] devoir surtout ces coups de téléphone – qui le toucheront d'ailleurs – à Sadate.

Mis à part l'attitude iranienne à l'égard d'Israël et de la question palestinienne, la politique arabe constitue un autre pan de la diplomatie impériale. L'Egypte, le sultanat d'Oman, l'Irak et l'archipel de Bahreïn en sont les théâtres privilégiés.

Mohammad Réza Pahlavi n'a jamais oublié de quelle manière ont été accueillies ses fiançailles avec la princesse Fawzieh et les manipulations orchestrées par le roi Farouk dans son premier divorce. Le renversement de Farouk le 22 juillet 1952 et la prise de pouvoir des « officiers libres » n'ont guère facilité par la suite les relations entre les deux pays. Avec le pacte de Bagdad (1955) et sa politique résolument pro-occidentale, le shah s'est opposé au colonel Nasser, tiers-mondiste, non aligné et en fin de compte prosoviétique. Le rapprochement irano-israélien a provoqué rapidement la rupture des relations entre l'Iran et l'Egypte. Le Caire a alors soutenu tous les mouvements d'opposition au shah, financé l'insurrection khomeyniste de 1962 ainsi que la jacquerie tribale du Sud iranien. Les deux dirigeants sont devenus des rivaux sur la scène moyen-orientale. Lors de la guerre dite « des Six Jours » du 5 au 10 juin 1967, l'Iran, au courant des préparatifs puis de l'imminence du conflit, a tout fait pour l'empêcher, et surtout pour en écarter et en préserver la Jordanie, son alliée dans le monde arabe. En vain. Nasser a essuyé une sévère défaite dont il ne s'est pas relevé. Bien que la Jordanie en ait subi des conséquences, Téhéran n'a guère déploré la défaite humiliante des Arabes, en particulier de l'Egypte nassérienne. Pas plus que la mort du colonel à l'automne 1970. Mohammad Réza Pahlavi, qui croit parfois aux « signes », laisse penser et même voir à cette époque que la mort de son « rival » en est un, au moment précis où l'année Cyrus le Grand, apogée de son règne, s'ouvre pour l'Iran.

Dès la disparition de Nasser, et avant même que les relations ne soient rétablies entre les deux pays, Le Caire voit défiler plusieurs missions quasiment officielles : Abbas Massoudi, sénateur fortement impliqué dans les « intrigues arabes[15] », le docteur Eghbal, président de la Snip, en « voyage d'affaires », Houchang Nahavandi, recteur de l'université de Téhéran, qui rencontre, lors d'une mission professionnelle, le recteur de l'université Al-Azhar ainsi que de nombreuses personnalités et maints intellectuels égyptiens.

Ardéshir Zahédi, ministre des Affaires étrangères, met toute son énergie dans la réconciliation officielle entre les deux pays. Dès lors, Mohammad Réza Pahlavi et Anouar el-Sadate sympathiseront jusqu'à devenir de véritables amis. Sadate est le seul que le shah appellera « mon frère ». Au cours des dernières années de son règne, l'Egypte ne faillira pas à cette amitié.

Le royaume de Bahreïn, archipel de trente-trois îles totalisant 660 kilomètres carrés de superficie dans le golfe Persique, entre l'Arabie saoudite et le Qatar, naguère connues pour leurs perles, riches aujourd'hui grâce à leur gaz naturel, mais disposant de peu de pétrole, faisait officiellement partie de l'Iran jusqu'au milieu du XIXe siècle. La reine Victoria elle-même l'avait reconnu lors d'une visite d'Etat de Nasser-ol-Din shah. La famille Al-Khalifa, de confession sunnite, exerçait cependant depuis 1783 son autorité sur les îles sans trop se préoccuper des prérogatives iraniennes. En outre, depuis 1862, l'Empire britannique y avait imposé une sorte de protectorat que l'Iran, trop faible pour s'y opposer, n'avait naturellement jamais reconnu. Le problème – épineux – était donc devenu autant juridique que géopolitique[16], d'autant plus que la situation indisposait le monde arabe, l'Arabie saoudite surtout, avec laquelle le shah tenait à conserver des relations amicales.

Les deux thèses dominantes, iranienne et anglaise, s'étaient déjà affrontées devant la SDN sous la forme de deux lettres adressées à son Secrétaire général, l'une par le gouvernement iranien le 2 août 1928, l'autre par le gouvernement anglais le 18 février 1929[17]. En novembre 1957, un projet de loi avait même été déposé pour faire de Bahreïn la quatorzième province d'Iran. « On notera, écrit cependant le professeur Morand-Devilliers, que la thèse anglaise l'emportait de plus en plus nettement au regard de l'opinion internationale : Bahreïn avait été admis en tant que membre associé à 1'Unesco le 26 octobre 1966, à la FAO en novembre 1967, à l'OMS le 8 mai 1968 et avait signé à Dubaï, le 27 février 1968, l'accord relatif à l'établissement d'une Confédération des émirats arabes du golfe Persique. »

Cela dit, les incidents diplomatiques se multiplient au fur et à mesure de la montée en puissance de l'Iran. Ardéshir Zahédi, alors ambassadeur à Londres, quitte ainsi brusquement une réception à Buckingham Palace en présence de la reine Elisabeth II dès l'apparition d'un prince de Bahreïn, un incident unique dans les annales protocolaires britanniques. Le shah annule également *in extremis* une visite protocolaire à Riyad pour les mêmes raisons, malgré tout le respect qu'il porte au roi Fayçal d'Arabie.

Le pragmatisme du shah lui dicte de sortir honorablement de l'impasse : un premier accord, conclu le 24 octobre 1968, règle de manière définitive le partage du plateau continental entre l'Arabie saoudite et l'Iran ;

la première prend possession de l'île Arabi, le second de l'île Farsi, dans le golfe Persique, deux îlots riches en pétrole. Le 4 janvier 1969, lors d'une visite d'Etat à New Delhi, le shah fait une déclaration importante au cours d'une conférence de presse : « Si le peuple de Bahreïn ne désire pas rejoindre l'Iran, notre pays n'insistera pas sur ses droits historiques et acceptera une issue en conformité avec les principes du droit international[18]. » A la question relative à l'opportunité d'un référendum, il répond ne pas désirer entrer dans les détails, mais que pour lui, il est « inintelligent et immoral de vouloir occuper un territoire contre la volonté de sa population », qu'il désire s'en remettre à « tout ce qui exprimerait la volonté du peuple de Bahreïn[19] » selon les principes du droit. Parmi les commentaires qui suivront cette déclaration « humaniste » du shah, certains concerneront le choix de l'Inde pour une annonce aussi capitale : n'y aurait-il pas, derrière cette position, un calcul iranien visant aussi à s'assurer la bienveillance de ce pays dans le contrôle du Golfe[20] ?

La question est en tout cas posée et la voie ouverte à une sortie de crise. Pour Zahédi, désormais à la tête de la diplomatie iranienne, abandonner l'archipel de Bahreïn, « partie de la mère patrie » comme on l'enseignait dans les écoles, est difficilement acceptable. Une action militaire est inconcevable, il en convient aussi. En fin de compte, cinq grands principes non négociables sont arrêtés sur le sujet[21] :

— le peuple de Bahreïn doit s'exprimer clairement ;

— l'Iran ne recourra pas à la force pour imposer son point de vue ;

— l'Iran n'acceptera pas l'indépendance de l'archipel sans une consultation préalable de ses habitants ;

— l'Iran ne tolérera pas que l'archipel se joigne à une quelconque fédération comprenant d'autres pays ou émirats ;

— sans le respect des quatre conditions ci-dessus, si l'archipel était proclamé indépendant et admis à l'Organisation des nations unies, l'Iran quitterait cette organisation.

Cette fermeté calculée laisse néanmoins la porte ouverte à une issue négociée. Les pourparlers qui se déroulent à Genève, dans des hôtels excentrés, sont menés, côté iranien, par Amir Khosrow Afshar, numéro 2 de la diplomatie, et, côté britannique, par sir William Luce. Le Premier ministre bahreïni, puisque non reconnu ès qualités par l'Iran, « assiste » le délégué britannique. Les séances ont lieu en alternance chez l'une ou l'autre délégation, toujours en anglais et sans interprète. La principale pierre d'achoppement concerne le refus des autorités bahreïnies d'insérer dans l'accord la précision exigée par l'Iran « *according to the true wishes of the people of Bahrein* », estimant qu'elle constitue une insulte pour un Etat certes sous protectorat, mais qui existe depuis au moins cent cinquante ans. A Téhéran, Mohammad Réza tient bon.

Zahédi, s'il partage le pragmatisme du shah, accepte mal la perte de l'archipel. En janvier 1970, il conduit avec audace une dizaine de jeunes diplomates au palais afin qu'ils exposent au roi leur point de vue et entendent le sien. Durant deux heures, chacun s'exprime librement. Mohammad Réza conclut en disant comprendre les points de vue opposés à la reconnaissance de l'indépendance de Bahreïn, mais souligne que les solutions alternatives sont rares : « Je ne veux pas être un Don Quichotte ! » Puis il ajoute : « Je vois aussi plus loin. » On saura bientôt ce qu'il entend par là.

Britanniques et autorités bahreïnies finissent par accepter les requêtes de Téhéran. L'Iran ayant pris l'initiative de demander à l'Onu d'enquêter sur les vœux des habitants de l'archipel, le Birman U Thant, son secrétaire général, en reçoit la demande officielle le 9 mars 1970.

Le 20 mars, les Anglais donnent leur accord. L'aval du *Majlis*, la Chambre iranienne, est aussi nécessaire, car il s'agit de recourir à la procédure de séparation d'une province toujours considérée comme iranienne.

Ardéshir Zahédi est chargé de l'obtenir ; c'est beaucoup lui demander. Devant la Chambre, il lit avec tristesse le long discours – conforme à la volonté du shah – qu'on lui a préparé. Maître Mohsen Pézéchkpour, chef d'une formation « ultra-nationaliste » comprenant quatre députés, le Parti pan-iraniste, dit son opposition et verse dans le pathos, rappelant l'étendue de l'Empire perse. Il constate que « le ministre a les larmes aux yeux », ce qui est vrai, mais ne propose aucune solution. La Chambre approuve par 187 voix contre 4 la proposition gouvernementale. Le Sénat suit à l'unanimité.

U Thant entre alors dans la partie. Il missionne le baron Vittorio Winspeare Guicciardi, son chef du bureau européen, pour une « enquête référendaire » afin d'« établir un rapport destiné à être transmis au Conseil de sécurité » et de préparer l'organisation des opérations d'autodétermination. Guicciardi, apportant officiellement ses « bons offices » pour s'assurer des vœux authentiques de la population bahreïnie, enquête du 30 mars au 18 avril 1970 et rend ses conclusions le 30 avril[22]. Le baron explique la brièveté étonnante de son travail par le fait que « les méthodes suivies pour s'assurer des vœux de la population sur la question en jeu étaient appropriées et amplement suffisantes ». Certes, seules cinq îles sont habitées, mais dans les faits, le représentant de l'Onu à Manama s'est contenté de « l'avis de trois à cinq cents personnes, [...] faible pourcentage par rapport à une population de deux cent mille habitants », et n'a pas hésité à déclarer : « La majorité massive de la population de Bahreïn souhaite obtenir la reconnaissance de son identité dans un Etat pleinement indépendant et souverain[23]. »

La procédure d'autodétermination par l'Onu laisse quelque peu perplexe elle aussi, même si elle répond en partie à l'esprit de la résolution 1514 relative à l'accession d'un peuple à l'indépendance. Si elle est suivie de la proclamation officielle, par le cheikh Issa ben Salmane el-Khalifa, de l'indépendance de Bahreïn le 14 août 1971, elle pose cependant des problèmes sur le « caractère démocratique ou non des consultations d'avril 1970[24] ». En effet, le Conseil de sécurité de l'Onu, dont l'attention doit être attirée par le secrétaire général au terme de l'article 99 de la charte, a été oublié dans un processus lors duquel il devait pourtant peser, en dernière instance. Or, il ne fait en définitive que prendre acte du rapport de la mission Gucciardi. Dans l'indifférence générale, la France tente de rappeler les bons principes par la voix de Jacques Kosciusko-Morizet[25].

Comme le rappelle Jacqueline Morand-Devilliers :

> S'il louait la coopération anglo-iranienne et s'il ne mettait pas en doute le fait que les éléments les plus représentatifs des populations aient pu faire entendre librement leur opinion, il précisait que « ce sondage d'opinion ne saurait revêtir la valeur juridique d'une consultation démocratique ». La seule justification, en l'espèce, de la méthode choisie lui paraissait être « l'objectif à atteindre » : il s'agissait non de décider de l'avenir de Bahreïn, « mais seulement de recueillir le sentiment général des populations en vue de faciliter le règlement d'un différend ». Cette nuance ténue et d'application pratique difficile n'affaiblit en rien la condamnation de principe des sondages d'opinion en matière d'autodétermination. La consultation au suffrage universel est la seule méthode susceptible d'être retenue, la seule réellement démocratique et le contrôle de représentants des Nations unies ne saurait suffire à l'exclure[26].

On ne s'étonnera donc pas que le problème relatif à Bahreïn, enjeu stratégique dans le golfe Persique, soit toujours d'actualité en ce XXIe siècle[27].

La page Bahreïn se tourne ainsi, avec une ambiguïté dommageable pour l'avenir. Le shah pour sa part a déjà entamé « l'autre chose » à laquelle il faisait allusion devant les jeunes diplomates iraniens avant l'enquête onusienne : les négociations menées en parallèle et dans une grande discrétion avec les Britanniques par Amir Khosrow Afshar, sous l'autorité d'Ardéshir Zahédi, sur les trois îlots situés à l'entrée et au milieu du détroit d'Ormuz, position stratégique unique. Dans le goulot d'étranglement que forme le détroit, ils constituent les lieux de transit obligés d'une importante quantité du pétrole consommé en Occident et dans le monde libre[28]. Ces trois îlots, Grande Tomb, Petite Tomb et Abou Moussa, appartenaient à l'Iran depuis l'Antiquité, en dépit d'une histoire tourmentée[29]. Au XIXe siècle, les Britanniques, malgré leur souci d'affaiblir l'influence iranienne dans la région, continuèrent à considérer dans leurs cartes géographiques les trois îles comme faisant partie de la Perse. Cependant, en 1903[30], le gouvernement britannique de l'Inde les confia aux émirs qawassims de Ras-al-Khaïmah et de Sharjah, ce que l'Iran n'admit jamais, sans pouvoir cependant s'y opposer, toujours par manque d'une force navale.

En 1971, la situation a changé. Mohammad Réza, sorti de la crise de Bahreïn, entend s'offrir une compensation – et un nouvel éclat auprès des Iraniens – en réclamant le retour de la souveraineté de son pays sur ces trois îles. Dans un entretien accordé au *Guardian* le 28 septembre 1971, il déclare : « Nous en avons besoin, nous les aurons ; aucun pouvoir au monde ne nous en empêchera... Si Abou Moussa et les Tomb tombaient entre de mauvaises mains, elles pourraient constituer une nuisance importante... Mon pays n'a pas d'ambitions territoriales. Les îles constituent un autre problème. »

Nul ne niera aujourd'hui que l'histoire récente donne à ses paroles une autre dimension.

Ardéshir Zahédi fait alors consulter discrètement le spécialiste du droit international Henri Rollin, déjà connu pour avoir plaidé la cause de l'Iran à la Cour de La Haye sous Mossadegh. L'éminent juriste confirme la position de Téhéran. L'enjeu à vrai dire est surtout stratégique : la Grande Tomb n'a que 100 habitants, la Petite Tomb étant inhabitée. Quant à Abou Moussa, en 1971, elle compte 800 habitants, possède deux écoles accueillant 130 élèves, un hôpital et un commissariat de police.

Le Royaume-Uni, dont le gouvernement conservateur d'Edward Heath avait rappelé en mars 1971 sa volonté de se retirer du golfe Persique en cours d'année, fait quelques concessions à Afshar sur Petite et Grande Tomb, mais traîne des pieds sur Abou Moussa, située sur la ligne médiane du détroit. Une partie de l'île est en effet propriété du cheikh (émir) de Sharjah, lequel détient depuis le début du XXe siècle, toujours grâce aux Britanniques, une sorte de droit de regard sur l'intégralité de l'île – que les Anglais exercent d'ailleurs en son nom en tant que protecteurs ! La situation est confuse. Le shah et Ardéshir Zahédi n'en ont cure. Décision est prise de « franchir le Rubicon ».

A l'aube du 30 novembre 1971, les aéroglisseurs iraniens, sous le commandement du capitaine de corvette Chahriar Chafigh, neveu du shah, débarquent des fusiliers marins sur les trois îles. Grande Tomb est la seule où ils font quelques victimes. Les soldats émiratis présents sont désarmés et renvoyés chez eux. Le drapeau iranien remplace l'Union Jack sur les rives du golfe Persique !

Le monde arabe est en émoi ; des incidents frontaliers – entre autres avec l'Irak – se multiplient. L'Iran tient bon. Ardéshir Zahédi reçoit en audience l'émir de Sharjah qui, en signe de protestation, lui présente avec fierté la lettre du Colonial Office de Londres reconnaissant

534 MOHAMMAD RÉZA PAHLAVI, LE DERNIER SHAH

sa propriété souveraine d'une partie de l'île d'Abou Moussa. Avec sa brutalité habituelle, le ministre iranien lui répond : « Ce torchon anglais, je l'emporte dans mon cabinet de toilette, je me nettoie ce que vous savez avec, je le jette dans les W.-C. et je tire la chasse. » Les propos sont crus et peu protocolaires. Aux interprètes, interloqués et perplexes, Zahédi ordonne de traduire mot à mot. On arrondit cependant les angles... mais l'émir sort blême de l'audience[31] !

Le shah veut se comporter en protecteur du golfe Persique ; ses détracteurs en Occident le surnommeront bientôt le « gendarme du Golfe ». L'affaire est portée par plusieurs pays arabes, entraînés par le Koweït, devant le Conseil de sécurité de l'Onu. Afshar, envoyé pour plaider le dossier, a reçu de son ministre la consigne d'être concis, et surtout de ne pas blesser les Arabes. Aussi la séance du 9 décembre 1971 se déroule-t-elle sans incident. Les Arabes ont protesté par leur baroud d'honneur. Le discours iranien s'est gardé d'être nationaliste. Tout le monde a hâte d'enterrer l'affaire : le représentant somalien propose de la reporter *sine die*. Ce que le Conseil approuve à l'unanimité. Il n'empêche que la prise de pouvoir sur les trois îlots laissera des traces, toutes les parties prenantes n'admettant pas l'état de fait, souligne Olivier De Lage : « Leur retour pacifique à leur légitime propriétaire est un élément clé de la diplomatie des EAU [Emirats arabes unis][32]. » Une opinion que ne partagent guère les Iraniens.

La question est de savoir jusqu'où ira l'Iran. Certes, le shah a l'appui des Etats-Unis, comme en témoigne la visite à Téhéran du président Richard Nixon, accompagné de son épouse, le 30 mai 1972[33]. Fort de ce soutien sans faille et désireux à présent de poursuivre son offensive militaro-diplomatique dans la région, Mohammad Réza est appelé par le jeune sultan d'Oman, Qabous ben Saïd, qui lui demande d'intervenir pour mettre un terme à la guérilla-rébellion qui fait rage dans le sultanat. Ayant accédé au pouvoir par un coup d'Etat, le 23 juillet 1970, Qabous a trouvé un pays isolé de la scène internationale, soumis depuis décembre 1955 aux Anglais qui y exercent encore un protectorat de fait, miné par la guerre civile, et en particulier par l'insurrection du « Front patriotique de libération d'Oman et du golfe Arabique », organisation marxiste soutenue entre autres par le Yémen du Sud, dans le sillage de l'Union soviétique et de la Chine. En octobre 1971, le sultanat a été admis au sein de la Ligue arabe, puis des Nations unies, malgré l'opposition de l'Irak et de la République démocratique et populaire du Yémen (Yémen du Sud), et l'abstention de l'Arabie saoudite. Cette dernière, trouvant en lui un allié contre l'URSS, finit cependant par reconnaître sa souveraineté en décembre 1971, lors d'une visite d'Etat à Riyad du sultan chez le roi Fayçal. Malgré cette avancée diplomatique, tout n'est pas réglé pour Oman, avec une Arabie saoudite aux visées hégémoniques. Pour le régime de Qabous, 1972 est donc une année complexe où les défis à relever sont autant extérieurs qu'intérieurs.

Le sultan, l'un des hôtes des fêtes de Persépolis, voit d'un bon œil un rapprochement avec l'Iran. Tout comme lui, le shah se dresse contre le communisme, mais, à sa différence, il possède une armée capable de s'opposer à la rébellion tribale marxiste qui affecte Oman. Qabous, qui n'ignore pas les ambitions iraniennes, a été très mesuré en décembre 1971, après que l'Iran s'est approprié par la force les trois îlots. Une entente est donc possible entre les deux chefs d'Etat gardiens du détroit d'Ormuz. Ils se rencontrent fin décembre et scellent une alliance stratégique, la route du pétrole étant gravement menacée.

L'opération de Dhofar est alors lancée. L'Iran fait intervenir ses troupes d'élite, démontrant sa capacité à agir à des centaines de kilomètres de ses bases. Dès 1973[34], des patrouilles irano-omanaises sillonnent le détroit d'Ormuz, contrôlant les navires qui y transitent. L'année suivante, les deux Etats signent un traité délimitant leur frontière maritime. En 1975, c'est une victoire iranienne totale sur la rébellion, victoire que le shah goûte d'autant plus qu'elle démontre que là où les Britanniques échouent, les Iraniens réussissent ! Le sultan s'en sort de son côté avec les honneurs. A l'Associated Press, le 8 décembre 1975, Mohammad Réza déclare : « Si le sultan d'Oman était tombé, une menace permanente aurait pesé sur l'approvisionnement énergétique du monde libre. C'est pour cela que nous avons agi promptement. Notre force est avant tout la garantie de notre sécurité, ensuite de celle du golfe Persique. » La suite donnera tort à ceux qui prédisaient que les Iraniens ne se retireraient pas du sultanat d'Oman. En 1977, le territoire, pacifié, ne compte plus de militaires iraniens. Qabous ben Saïd ne cachera pas sa reconnaissance envers le shah. Même après sa chute, il la lui témoignera, ce qui constituera un acte courageux.

L'affaire d'Oman, dévoilant la puissance militaire de l'Iran, fera réfléchir plus d'un observateur sur ses ambitions. Le shah n'envisageait-il pas de mener – avec d'autres pays, il est vrai – une opération de pacification en Somalie ?

Tandis que les incidents frontaliers et les coups bas entre l'Iran et l'Irak se multiplient, que l'Iran soutient les revendications autonomistes kurdes en Irak, le shah d'une part, le « Conseil du commandement de la Révolution irakienne » d'autre part, organe suprême de la direction de ce pays, dominé déjà par son vice-président, Saddam Hussein, se rendent compte que leur conflit les épuise inutilement, certaines puissances – régionales ou non – ayant intérêt à ce qu'il perdure. Saddam Hussein, réaliste et pragmatique, pense alors négocier, ce sur quoi Mohammad Réza Pahlavi le rejoint volontiers.

Le 31 mars 1975, donc, à la suite de laborieuses négociations, lors d'une conférence réunissant les chefs d'Etat du monde musulman à Alger et après les dernières médiations du président Houari Boumediene, un accord est conclu entre les deux hommes, qui se donneront bientôt l'accolade devant les caméras, ce que le shah aurait, paraît-il, voulu éviter.

Aux termes de cet accord, les Iraniens obtiennent ce qu'ils désirent quant au tracé de la frontière, notamment le respect du talweg, pour le partage de l'embouchure du Chatt al-Arab : de fait, sa partie la plus profonde revient aux Iraniens, avec l'essentiel du contrôle de la navigation, pourtant vitale pour l'Irak. Saddam Hussein, qui y voit une défaite pour son pays et le monde arabe, négocie en contrepartie que l'Iran ne soutienne plus le mouvement kurde mené par le mollah Mostafa Barezani. L'accord est ainsi signé sur le dos des quasi-séparatistes kurdes irakiens. Mohammad Réza obtient cependant de Saddam Hussein qu'il laisse partir sans les réprimer tous les Kurdes qui le souhaiteraient. Il ne cesse d'ailleurs de dire en privé : « N'oubliez pas que ce sont des Aryens, des Iraniens. Je ne peux les lâcher. » Des cités entières seront ainsi construites du côté iranien de la frontière pour loger les réfugiés kurdes, auxquels la prospérité iranienne permettra de trouver des emplois. Barezani et sa famille seront logés dans une grande propriété à Karadj, dans la banlieue de Téhéran.

Au cours des trois dernières années de la monarchie iranienne, les deux pays respecteront leurs engagements respectifs ; leurs relations seront excellentes. Saddam Hussein sera même reçu avec les honneurs à Téhéran[35].

Dès 1975, l'Iran impérial n'a ainsi plus aucun contentieux ouvert avec le monde arabe. Grâce à sa diplomatie et à son armée, le shah a fait de l'Iran le véritable arbitre et protecteur de la région.

La politique engagée par l'Iran avec les Soviétiques est d'une tout autre nature, dans la mesure où les avancées communistes restent l'un des soucis majeurs du shah. Les accalmies relatives constatées dans les années 1950 sous les généraux Razmara et Zahédi étaient le fruit d'options[36] des deux Premiers ministres qui détenaient la réalité du pouvoir. A partir de 1962 cependant, les relations avec l'Union soviétique ne cesseront de s'améliorer, le shah, avec l'appui de ses ministres, désirant recentrer sa politique. Dès l'été 1962, il « s'engage, dans un échange de lettres avec le gouvernement soviétique, à ne pas tolérer l'installation de bases militaires sur le sol iranien[37] ». La détente n'est pas qu'apparente. A cet égard, la visite du couple impérial en URSS en décembre 1965 est révélatrice. L'ambiance a changé depuis sa dernière visite, neuf ans plus tôt. Le président Nicolaï Podgornyï salue l'« homme de la Révolution blanche », inaugurant avec le souverain iranien une ère d'entente, sinon cordiale, du moins réelle. « Ce rapprochement avec l'URSS, la stricte volonté de neutralité à l'égard des Etats-Unis ont incontestablement modifié l'attitude de l'opposition à l'égard de la politique du souverain. L'opposition nationale a perdu l'un de ses thèmes principaux ; le Toudeh peut difficilement aller plus loin que l'URSS dans l'analyse du régime iranien, et il tend à considérer que les réformes, si elles aboutissent, pourraient conduire vers un régime de démocratie nationale[38]. »

Les rencontres se multiplient à tous les niveaux entre les deux pays. Moscou, constatant la stabilité politique et la solidité de son voisin, privilégie une politique de non-confrontation, puis de bon voisinage, enfin de coopération avec l'Iran, que viennent concrétiser de grands projets : la construction commune de barrages et d'un réseau d'irrigation sur la rivière frontalière de l'Araxe, de l'oléoduc et du gazoduc transiraniens, alors le plus long du monde, et surtout d'un complexe sidérurgique près d'Ispahan, inauguré le 13 septembre 1973. Les minerais et le charbon produits à l'intérieur du pays sont transportés grâce à une nouvelle ligne de chemin de fer entre Kerman et Ispahan. En outre, une ville entière, avec ses écoles, ses hôpitaux et ses supermarchés, a été bâtie pour loger les ingénieurs, techniciens, ouvriers et leurs familles. L'usine produira 600 000 tonnes d'acier dans un premier temps. Un nouvel accord sera signé avec Moscou pour augmenter la production jusqu'à quatre millions de tonnes. A ce propos, le shah, réalisant là un rêve qu'avaient caressé les réformateurs de 1906[39] et faisant allusion à une phrase, légère il est vrai, du chancelier allemand Ludwig Erhardt (1963-1966) affirmant qu'« il vaut mieux pour l'Iran de rester le pays des fleurs et du rossignol », déclare le 10 septembre 1976 au journal *Keyhan* : « Il fut un temps où nous avions supplié les Occidentaux de nous vendre un petit haut-fourneau et une modeste petite usine sidérurgique. Ils nous les ont refusés avec dédain[40]. Nous avons alors acheté à l'Est un grand complexe qui fonctionne parfaitement. Le constatant, c'est eux [les Occidentaux] qui sont venus nous supplier pour nous en fournir un autre. Mais il était trop tard. Nous ne tolérerons aucun obstacle dans notre marche vers le progrès et la prospérité de l'Iran[41]. » Un épisode qui rappelle par certains aspects la crise entre l'Egypte et les Etats-Unis : après le refus de la Banque mondiale et des Etats-Unis de financer le haut barrage d'Assouan, le colonel Nasser avait précipité son rapprochement avec Moscou.

Cette politique de coopération avec l'URSS, marquée notamment par la visite d'Alexis Kossyguine à Téhéran, puis du couple impérial à Moscou le 10 octobre 1970, s'accompagne d'un rapprochement avec des pays du bloc de l'Est, comme la Hongrie ou la Pologne, qui participent à l'équipement de l'Iran. Téhéran devient un passage obligé pour leurs dirigeants. Une collaboration étroite

avec la Tchécoslovaquie débouche le 11 septembre 1972
sur l'inauguration à Tabriz, chef-lieu de l'Azerbaïdjan,
d'une usine de fabrication de machines-outils, un projet qui coûta un peu moins de 100 millions de dollars,
somme très importante pour l'époque[42]. Les mêmes
Tchécoslovaques ont aussi participé à la création à Arak,
dans le centre du pays, d'une autre usine de ce type.
Bientôt, pour d'autres raisons commerciales, le couple
Ceausescu fera une visite officielle à Téhéran à partir du
13 janvier 1973.

Cette politique n'empêchera pas un rapprochement de
l'Iran avec la Chine populaire[43] dont les relations avec
Moscou ne sont pourtant pas au beau fixe et qui n'a pas
toujours été tendre envers le shah et le régime iranien
dans les années 1950[44]. Dès 1965, les deux pays envi-
sagent discrètement un rapprochement diplomatique,
cependant que les échanges commerciaux fleurissent
timidement en 1966, l'Iran exportant exclusivement du
pétrole vers la République populaire. La méfiance est
encore de rigueur, Pékin apportant son soutien à certains mouvements marxistes dans le golfe Persique.
Cependant, face à la puissance soviétique et à la décision britannique de se retirer du Golfe, un rapprochement plus poussé se révèle souhaitable. En août 1971,
la République populaire de Chine devient le seul représentant de la Chine aux Nations unies. C'est un progrès
manifeste et un signe d'ouverture pour l'Iran, qui peut
renouer officiellement des relations très anciennes. Deux
sœurs du shah ouvrent la voie en avril 1971. Ces visites
recevant un accueil favorable, l'Iran établit des relations
diplomatiques avec la Chine populaire en août 1971 : le
premier ambassadeur chinois en Iran entrera en fonction en avril 1972 et le premier ambassadeur iranien
en Chine arrivera à Pékin en décembre 1973. Du 17 au
27 septembre 1972, la shahbanou et le Premier ministre
Hoveyda se rendent en Chine. Seuls des problèmes

protocolaires ont fait obstacle au déplacement du shah en personne : Mao Tsé-toung n'est pas un chef d'Etat et Zhou Enlai n'est que Premier ministre. Qui aurait pu l'accueillir ? Sur le chemin de Pékin, la shahbanou fait une halte officielle au Pakistan, où elle est reçue avec tous les honneurs. C'est pratiquement sa première entrée « en solo » sur la scène diplomatique internationale. A Pékin, l'accueil est grandiose. Le voyage se déroule sans le moindre accroc. Il aura de nombreuses conséquences.

Une ligne aérienne directe s'ouvre entre Pékin et Téhéran. Une ère de coopération cordiale s'engage sur les plans commercial, technique et culturel, la Chine se réjouissant du rôle important joué par l'Iran face à l'URSS dans cette partie du monde, et particulièrement dans le golfe Persique, ainsi que du renforcement de ses capacités militaires. Elle voit aussi d'un bon œil le rôle de médiateur de l'Iran entre l'Inde et le Pakistan. Ji Pengfei, ministre des Affaires étrangères chinois, se rendra d'ailleurs en Iran en juin 1973. Pour le shah, les relations sino-iraniennes participent de son désir d'émanciper l'Iran de ses tutelles étrangères traditionnelles et lui offrent un moyen de pression supplémentaire sur les Américains.

La Chine restera jusqu'à la fin du régime un partenaire fiable pour l'Iran. On a d'ailleurs souvent entendu le shah regretter de ne pas avoir pu rencontrer Mao, ce « géant comme de Gaulle ». Les décès de Mao et de Zhou Enlai ne remettront pas en cause les choix politiques antérieurs. En octobre 1978, le président Hua Guofeng sera le dernier chef d'Etat reçu par le shah, qui verra dans sa visite un soutien à sa politique au moment où il se sent lâché par ses anciens « amis ». Il en conclura d'ailleurs : « J'eus le sentiment que les Chinois étaient alors les seuls à vouloir un Iran fort[45]. »

Peu avant la visite de la délégation chinoise en Iran, un accord ultrasecret – mais qui ne l'est sans doute pas resté longtemps pour les services spéciaux occidentaux et américains – est signé pour soutenir la résistance nationaliste (et non islamiste) en Afghanistan, pays déjà pratiquement soviétisé. A cette époque, Washington ne souhaite pas s'engager dans ce conflit, se contentant d'esquisser une aide transitant par le Pakistan et favorisant les courants islamistes. L'attitude du shah, qui révèle une vision réaliste à long terme dont on peut aujourd'hui constater le bien-fondé, constitue à l'époque l'un des derniers motifs de ressentiment américain à son égard.

La politique iranienne envers l'Afghanistan avait été d'une grande prudence après la chute de la monarchie, le 17 juillet 1973. Mohammad Réza Pahlavi avait en effet beaucoup de sympathie et de respect pour Mohammad Zaher Chah (1933-1973), dernier roi de la dynastie des Barakzai au pouvoir depuis 1823, au point que pendant cinq ans, avec une grande discrétion, il avait subvenu à ses besoins ainsi qu'à ceux de sa famille. En homme pragmatique cependant, le shah fait reconnaître immédiatement la République d'Afghanistan, réformatrice et autoritaire, issue du coup d'Etat du général Davoud Khan, le propre beau-frère et cousin de Zaher Chah, lui octroyant une aide généreuse sur les plans technique et économique. Daoud, son premier président, se sentant bafoué par les Etats-Unis, et bien que nationaliste et patriote, nomme dans son premier cabinet sept membres du Parti communiste *Parcham* (« le Drapeau ») et se rapproche un temps de Moscou, ce qui sera cause de son assassinat le 27 avril 1978[46] et permettra la mainmise des communistes sur le pays. D'où l'accord secret, mais bientôt inutile entre l'Iran et la Chine populaire pour contrer cette évolution.

« Une bonne entente avec tous les pays, qu'ils appartiennent au monde occidental, au camp socialiste ou au tiers monde[47] », telle a été l'ambition du shah lorsqu'il a pris les rênes effectives du pouvoir, dès l'éviction du général Zahédi en 1955, et telle est la réalité dans ces années 1970, grâce à une diplomatie précautionneuse autant que novatrice, dont le pays paiera largement le prix. En effet, si la politique extérieure du shah et sa diplomatie sont des succès, elles finissent par braquer contre lui jusqu'à ses propres alliés et ne sont pas relayées par une bonne politique intérieure. Mohammad Réza, les yeux fixés sur des horizons lointains, néglige l'« intendance », laisse se dégrader la situation intérieure, oubliant l'habile précepte attribué au ministre français Théophile Delcassé : « Donnez-moi une bonne politique intérieure, je vous donnerai une bonne politique extérieure. »

Pour mener sa politique étrangère, durant un quart de siècle le shah s'est appuyé sur un petit nombre de ministres des Affaires étrangères. Ali-Asghar Hekmat – sous les Premiers ministres Mohammad Saèd (1948-1950) brièvement, puis Eghbal (1957-1960) longuement – fut le premier à tenter de secouer un ministère passif, auquel rien n'était demandé. Il élargit le cadre du recrutement, créa des postes d'attachés culturels et des centres culturels dans les pays proches de l'« Espace culturel iranien » – sous-continent indien, Afghanistan –, et établit des liens avec des pays d'Asie centrale soviétique.

L'homme qui marqua cependant le plus fortement la diplomatie impériale fut Ardéshir Zahédi, le fils du général Zahédi, nommé en 1959 ambassadeur à Washington, puis en 1962 à la Cour de Saint-James, enfin, de 1966 à 1971, à la tête de la diplomatie iranienne. Son intelligence, sa « diplomatie d'accolade » comme on a pu l'écrire[48] – son charisme – en firent un grand ministre. On lui doit le recentrage de la diplomatie iranienne sur le monde arabe, l'ouverture de nombreuses ambassades en Afrique et dans le tiers monde, l'acquisition, dans les grandes capitales du monde, de bâtiments pour y installer des ambassades. Il mit également fin aux ingérences de la Savak dans son périmètre. Débarqué du ministère en 1971 en raison des tensions qui l'opposèrent à Hoveyda, il fut nommé ambassadeur à Washington, où il resta sept ans, jusqu'à la révolution.

Dès son départ, son second sous-secrétaire d'Etat, Abbas Khalatbari, le remplaça jusqu'en 1978. Tirant les leçons du ministère précédent, il laissa intervenir Hoveyda, Alam, la princesse Ashraf, Nassiri dans les relations extérieures et les nominations diplomatiques. Attitude qui lui assura une certaine tranquillité, à défaut d'autorité, en tout cas jusqu'au 27 août 1978, où il fut débarqué[49].

Le dernier ministre des Affaires étrangères de la monarchie – exception faite du gouvernement de transition de Bakhtiar – fut Amir Khosrow Afshar. Ecarté un temps – le shah, d'après Alam, le trouvant arrogant et imbu de lui-même –, il revint en grâce lors de la grande crise de la révolution, mais il était trop tard. Il resta à la tête de la diplomatie iranienne jusqu'au 31 décembre 1978, après quoi il quitta l'Iran pour s'installer en France, ensuite à Londres.

Au cours des dernières années de la monarchie, deux propositions deviennent des *leitmotive* de la diplomatie iranienne : la dénucléarisation du Proche et du Moyen-Orient – ce qui vise ouvertement, mais sans le nommer jamais, l'Etat hébreu – et la conclusion d'un pacte de sécurité assurant la défense du golfe Persique et d'une partie de l'océan Indien par les forces armées des Etats riverains, ce qui exclut les grandes puissances ayant des bases militaires dans la région. Mohammad Réza, confiant dans la puissance de ses forces armées, pense que l'Iran pourrait devenir la nouvelle puissance dominante de la région, garante de la sécurité de ces espaces convoités. Le vieux rêve impérial iranien est à portée de main, croit-il. Ce qui ne manque pas d'inquiéter l'allié israélien et les puissances occidentales. Alarmés par ses forces militaires, ont-ils accéléré le processus de déstabilisation de l'Iran ? Il est permis de le penser.

Le respect qu'inspire un pays est en effet également fondé sur sa puissance militaire. Celle de l'Iran est avant tout son « contrat d'assurance », comme le répète Hoveyda. Mais nombreux sont ceux qui pensent qu'elle est plus que cela. A la veille de la révolution, l'armée de terre compte 540 000 hommes, dispose de 3 000 chars modernes dont 800 chars d'assaut britanniques Chieftain. En outre, ses bataillons d'artillerie ont la même force de feu que ceux de l'Otan. L'aviation militaire n'est pas en reste. Comptant parmi les quatre ou cinq plus performantes du monde selon les experts, elle possède 78 Grumman F-14 « Tomcat », des avions de chasse embarqués à géométrie variable équipés de missiles Phoenix ayant une portée de 90 miles et de radars d'une portée de 150 miles, pouvant tirer six missiles à la fois sur six cibles différentes. Elle dispose également de 250 F-4D, les fameux Phantom, de 160 chasseurs-bombardiers F-16, de 54 avions de transport militaire de type C130 et d'une flotte d'avions-citernes[50]. L'Iran peut compter en outre sur l'équivalent de deux brigades aéroportées – donc une force de projection importante. Il en aurait eu cinq en 1982, soit plus d'une division.

En 1978, la marine de guerre impériale, hantise des Britanniques depuis le début du XIXe siècle, possède aussi quatre croiseurs de 8 000 tonnes lance-missiles et 12 destroyers ; elle a commandé trois sous-marins, que les équipages, déjà entraînés, sont prêts à réceptionner. Elle dispose de sa propre flotte pour le transport de troupes, d'avions de reconnaissance, de la flottille d'aéroglisseurs la plus importante au monde. Cette force navale peut non seulement assurer la sécurité du golfe Persique, mais aussi atteindre les confins de l'océan Indien.

L'état-major impérial a pour objectif majeur de s'opposer efficacement à toute attaque non nucléaire. A l'orée de la révolution, l'Iran est ainsi devenu une puissance militaire incontournable, ce qui peut être considéré comme une cause de la crise dont le pays sera victime en 1978-1979. Le shah lui-même écrit : « L'Iran était, bien évidemment, le seul pays capable dans cette partie du monde de mettre sur pied une telle force de dissuasion. Notre armée eût été en effet capable d'empêcher ou de prévenir "les perturbations locales" dans cette zone de haute importance stratégique pour l'Occident. Seul l'Iran possédait l'argent et les hommes nécessaires, les hommes surtout, sans lesquels l'argent n'est rien[51]. »

L'armée iranienne est alors totalement nationale, encadrée par des officiers et des sous-officiers à l'expertise reconnue. Si, après la chute de Mossadegh dans les années 1950, l'armement était surtout d'origine américaine, le shah a décidé ensuite de diversifier ses fournisseurs : pays amis et alliés d'abord, France, Royaume-Uni, Allemagne, Italie et Israël, puis pays de l'Est pour l'équipement de sa police nationale et de sa gendarmerie, enfin projet de se fournir auprès de l'Union soviétique. Son armée s'est dotée parallèlement d'une industrie d'armement, avec l'objectif d'atteindre le même niveau qu'Israël. Ses « amis » ont trouvé alors dans cette ambition d'autres motifs de méfiance et de mécontentement.

On a souvent dit et écrit que cette armée puissante et disciplinée s'etait effondrée sous les coups de boutoir de la révolution. Constatation simpliste et fausse. Ce qui est vrai, c'est qu'elle n'a pu servir de rempart au régime, nous verrons pourquoi. Bien que décimée, décapitée, elle démontrera son efficacité lors de l'invasion irakienne de 1980 et préservera le pays.

La politique de surarmement de l'Iran au cours des dernières années du règne, voulue, sinon imposée par un shah passionné d'équipements militaires, a souvent été critiquée. Elle a sans doute été excessive, tout comme les critiques qu'elle a engendrées : « Dès que mes projets militaires furent connus, commente le shah, je fus accusé de mégalomanie ; on me reprocha de consacrer à notre défense des sommes fabuleuses[52]. » Il est vrai que, dès les années 1970, profitant de la très forte croissance des revenus pétroliers, le budget de la Défense avait atteint 30 % du budget de l'Etat.

Une armée forte, bien équipée et nationale, est pour le shah la garantie de l'indépendance de l'Iran et du respect qu'il peut inspirer aux autres pays. Cette armée a tenu ses promesses. C'est le système de commandement et le pouvoir politique qui ont été défaillants.

Dans ces deux domaines, le shah a sa part de responsabilité.

CINQUIÈME PARTIE

LA CHUTE

1er janvier 1978 – 8 septembre 1978

1

La maladie du pouvoir

L'opulence s'est installée pour une grande partie de la société iranienne dans les années 1970. Le shah croit fermement que l'Iran, « son » Iran, se modernise partout : presque toutes les villes ne sont-elles pas à présent reliées par le téléphone, comme l'annonce le 21 septembre 1973 le ministre des Postes et Communications, chiffres à l'appui ; ne vient-il pas d'inaugurer, le 4 novembre, sur l'île de Kharg, le plus grand port pétrolier du monde, capable d'accueillir des navires de 500 000 tonnes, puis le lendemain les nouvelles installations ultramodernes de la marine impériale ?

En outre, fidèle à son obsession éternelle de Mossadegh, qu'il ne nomme jamais, il veut finaliser la nationalisation du pétrole et surpasser devant l'Histoire le « vieillard entêté ». Le 23 janvier 1973, lors d'une réunion populaire destinée à célébrer le dixième anniversaire de la Révolution blanche, sur un ton exalté[1], il déclare que l'Iran va prendre le contrôle exclusif de l'exploitation de ses ressources pétrolières : « C'est un droit naturel et sacré. » C'est aussi la fin des accords pétroliers conclus avec le fameux consortium, l'achèvement de ce que Mossadegh a initié vingt-cinq ans plus tôt. Et ce sera le credo du shah jusqu'au début de 1978. Une déclaration de guerre économique en quelque sorte !

Le premier choc pétrolier ébranlera en effet l'économie mondiale. Une légère augmentation du brut aurait eu l'aval, voire le soutien des Etats-Unis. D'une part, elle aurait permis aux pays producteurs d'accroître nettement leur pouvoir d'achat et d'accélérer leur programme de développement, ce que Washington juge nécessaire dans un climat de guerre froide. D'autre part, elle aurait stimulé les achats d'armes, surtout des pays riverains du golfe Persique, principalement aux Etats-Unis. Enfin et surtout, elle aurait porté un coup sévère aux économies européenne et japonaise et favorisé du même coup les exportations et la prospérité économique américaines.

Le problème est qu'avec l'accord du roi Fayçal d'Arabie, Mohammad Réza Pahlavi et l'Opep vont aller beaucoup plus loin que ce que les intérêts américains auraient admis et supporté. Comme le rapporte un document du Sénat français, le prix du baril connaît « une multiplication par quatre de son cours en cinq mois (17 octobre 1973-18 mars 1974), qui passe de 2,59 dollars courants par baril à 11,65 dollars courants par baril. Par la suite, le 7 janvier 1975, les pays de l'Opep s'entendent pour augmenter le prix du pétrole brut de 10 %[2] ».

L'Iran impérial n'a pas alors pris conscience des conséquences de ses choix. Rien ne les préfigure, d'ailleurs. Téhéran est devenu un haut lieu de rencontre, au grand dam des habitants qui voient leur quotidien perturbé par des mesures de sécurité drastiques. Chefs d'Etat et de gouvernement défilent dans la capitale : les présidents zaïrois Mobutu, soudanais Nemeyri, pakistanais Bhutto, sénégalais Senghor, si apprécié du couple impérial, vénézuélien, mexicain, ghanéen.,. sans parler des nombreuses visites du roi Hussein de Jordanie et de son épouse, des amis intimes. Mohammad Réza renforce son rôle de chantre et de défenseur du tiers monde, d'avocat d'un meilleur partage des richesses planétaires. Avec

Farah, il visite aussi de nombreux pays où il est reçu avec les plus grands honneurs, intervient pour résoudre des crises entre Etats. Il croit, à juste titre, avoir atteint son objectif majeur, la reconnaissance de son pays sur la scène internationale.

L'Iran investit en outre à l'étranger : le volume de ses placements, que gère une petite cellule à Luxembourg, atteindra 20 milliards à la veille de la révolution. Quant à l'Iranien, qui n'a plus besoin de visa pour se rendre dans le « monde libre », il est devenu un touriste recherché en Occident pour son pouvoir d'achat. Il acquiert des résidences secondaires sur la Côte d'Azur, en Suisse, à Paris, à Londres... Les boutiques de luxe, les restaurants prestigieux des capitales lui ouvrent grandes leurs portes, poussant parfois la délicatesse jusqu'à engager des vendeurs ou des serveurs persanophones.

Le rêve de Pasargades se réalise : la « Grande Civilisation » est de retour. Le problème est que le shah voit loin, mais néglige les problèmes de terrain, dans la pensée que le gouvernement est là pour s'en préoccuper. S'il entend que depuis la Révolution blanche presque toutes les couches sociales aspirent au bien-être à l'occidentale, il préfère ne pas savoir qu'elles demandent à intervenir aussi dans la gestion de la vie politique, ce que l'autorité du pouvoir leur défend. Il leur offre, en compensation une amélioration rapide de leurs conditions de vie : logements, voitures, meilleure éducation pour leurs enfants..., les précipitant dans la machine infernale de la consommation, où chacun aspire à gagner toujours plus... tout en étant insatisfait.

Erreur fatale qui deviendra la cible d'une large partie de la population, et même de certaines élites du pouvoir, ou supposées telles.

L'Iran a une capacité d'absorption relativement limitée. Son taux de croissance économique passe de 13,3 %

en 1971-1973 à environ 40 % l'année suivante, du fait de l'augmentation de la seule rente pétrolière. Or la demande globale des biens et services dépasse désormais l'offre globale, si bien que la main-d'œuvre vient à manquer dans de nombreux secteurs – transports, restauration, services ménagers, industrie, et même l'agriculture, où les saisonniers font leur apparition, venus d'Afghanistan, de Corée, des Philippines, de Thaïlande et même de quelques pays d'Europe. En 1977, un million d'étrangers travaillent en Iran ; les salaires montent. Cette pénurie de main-d'œuvre est une cause de la pression inflationniste qui constituera un facteur du mécontentement et de la crise des années suivantes.

Dès le début de la décennie, et surtout après Persépolis, les tendances haussières ont commencé à inquiéter le pouvoir. Parviz Sabéti, le puissant directeur de la Sécurité intérieure à la Savak, adresse au général Nassiri un rapport dans lequel il exprime ses inquiétudes, sur ce sujet notamment[3]. Il le prie de le transmettre au shah en tant que rapport sur la sécurité intérieure. Nassiri se contentera de le présenter au souverain comme une opinion personnelle de Sabéti. Audace insigne pour lui ! Mohammad Réza l'aurait lu et aurait rétorqué avec violence : « Cet homme devrait être déféré devant un tribunal militaire pour haute trahison. Ne comprend-il pas ce que nous avons fait dans ce pays pour les femmes, les ouvriers, les paysans ? » Sabéti n'est évidemment pas inquiété. La puissance répressive de la Savak s'accroît ; Nassiri est conforté dans son idée de « ne pas indisposer Sa Majesté ».

Le shah a cependant compris que quelque chose lui échappait. Lors d'une séance du Conseil suprême économique, il exprime son inquiétude : « Le pouvoir d'achat des petites gens doit être protégé à tout prix. » Et, s'adressant au Premier ministre Hoveyda : « Si vous n'êtes pas capable de lutter contre la hausse abusive des prix, je ferai intervenir l'armée[4]. » Erreur de diagnostic : le shah ne voit dans le phénomène qu'abus et mauvaise gestion, repoussant l'idée d'un problème économique et politique d'envergure.

Très rapidement, Hoveyda et Nassiri trouvent le remède miracle à ce problème et à « quelques autres » : la création par une loi, votée quasiment en catimini, des Chambres corporatives, dont la mission principale est d'encadrer les corporations de métiers, en fait le bazar – ce qui correspond aux objectifs de la Savak – et de contrôler les prix. Le 28 novembre 1972, un message royal leur donne le coup d'envoi. Elles ne sont en fait qu'une façade pour la mise en place de réglementations draconiennes, mais difficilement applicables, de commissions disciplinaires contre les infractions qui échappent à tout contrôle judiciaire.

Le gouvernement lance conjointement des importations massives pour endiguer la hausse des prix. Conséquence immédiate : les ports sont surchargés ; il faut parfois plus de trente jours aux navires marchands pour débarquer leur cargaison. Sur les routes, les camions, qu'ils viennent de Turquie ou des ports du Sud, avancent pratiquement en file indienne. Un spectacle affligeant que les médias ne sont pas autorisés à montrer. Personne dans le pays n'ignore cependant la situation, et l'embargo ne fait qu'amplifier les rumeurs.

Un escroc notoire, favori de Hoveyda et de Nassiri, est désigné comme directeur exécutif de la Chambre corporative de Téhéran. Il y met en place un véritable système de racket. Sous le couvert formel du ministre du Commerce, Fereydoun Mahdavi, un homme intègre, que le Premier ministre appelle « mon bulldozer », des centaines d'étudiants, choisis surtout parmi les gauchistes et les opposants, sont nommés inspecteurs des Chambres corporatives. Ils contrôlent aussitôt les boutiques du bazar, les magasins de luxe, les restaurants..., trouvent tout trop cher, sans moyens d'évaluation précis, dressent des procès-verbaux à sanctions immédiates : fermetures de magasins, fortes amendes, voire éloignement des contrevenants de Téhéran. Suprême humiliation, rare il est vrai, on tond les cheveux de quelques *bazaris* et on leur coupe la moustache sur leur lieu de travail, avant de les faire comparaître devant les comités des Chambres corporatives.

Le résultat est immédiat : les magasins se vident, quelques produits sont exposés à vil prix, cependant que d'autres se vendent au marché noir. Dans certains restaurants, parfois fréquentés par des hommes de pouvoir, un double étiquetage se met en place. Evidemment, les services des statistiques reçoivent l'ordre de ne répercuter que les prix *officiels*, affichés. On marche sur la tête, et le Premier ministre peut déclarer que la hausse des prix a été jugulée « sur ordre de Sa Majesté ». Personne n'est dupe ; on rit jaune, sous cape.

Un cordon de désinformation se met en place autour du shah que même la shahbanou, pourtant informée par quelques visiteurs, n'ose – semble-t-il – franchir. C'est ainsi qu'avec l'aide du chef des services spéciaux, Hoveyda, le grand intellectuel francophile aux idées naguère avancées, devient « le Grand Maître de la conspiration du silence ». Et lorsque de rares personnes osent évoquer devant un shah agacé les ravages sociaux et politiques de la hausse des prix, elles se font immanquablement remettre à leur place : « Mon gouvernement m'assure du contraire. Vous ne répercutez que des bavardages de salon ! »

Quelques mois suffisent pour qu'un climat de terreur s'installe dans le bazar, poumon économique des villes, et surtout de Téhéran. Le pouvoir y perd le soutien d'un secteur de l'opinion qui ne lui était traditionnellement pas défavorable et qui réglera ses comptes avec lui le moment venu.

Nasser Olyaï, vice-président de la Chambre de commerce de Téhéran et député de la capitale, ancien négociant et importateur de textile en gros ne pouvant pas tomber sous le coup des règlements nouveaux, profite d'un des « thés de la shahbanou » pour évoquer devant plusieurs témoins les exactions des Chambres corporatives, disant à la reine qu'elles conduiront immanquablement à une révolte du bazar. Celle-ci écoute sans réagir plus que de coutume, ajoutant seulement : « J'en parlerai au gouvernement. » Hoveyda et Nassiri, qui l'apprennent, se liguent pour punir le calomniateur. Le couple impérial devant s'absenter pour dix jours à l'étranger, ils décident de faire attaquer ses bureaux par les hommes de main de la Chambre corporative, puis de le faire transférer, malgré son immunité parlementaire, loin de la capitale. Un ami de Nasser Olyaï, mis au courant des instructions reçues, alerte la reine quelques minutes avant le décollage de son avion. Elle se fâche, criant presque : « Voilà qu'on va arrêter des gens pour m'avoir parlé. La demeure du roi n'est pas respectée. » Le shah, interloqué, avec une sécheresse démonstrative, fait alors donner l'ordre aux comploteurs de « revenir à la raison »[5]. Le député est sauvé, mais l'anecdote en dit long sur le voile posé sur les yeux du shah par le Premier ministre et le chef de la Savak.

Le mécontentement qui monte de toutes parts et le manque de résultats obtenus contraignent ces derniers à reculer quelque peu. Ses frasques et sa corruption faisant le tour de la ville, le directeur exécutif de la Chambre corporative de Téhéran démissionne et part se faire oublier à l'étranger. Un commandant de police le remplace. Quant au « ministre bulldozer », il est relevé du Commerce et chargé de la Jeunesse et des Sports. Les exactions de la Chambre corporative n'en continuent pas moins.

L'augmentation des revenus de l'Etat s'accompagne d'un enrichissement illégal des intermédiaires. Gravitant pour beaucoup autour de la Cour ou du Premier ministre, ils signent des contrats juteux, reléguant au second plan le nécessaire et l'utile. L'exaspération populaire s'accroît d'autant.

La situation flirte de plus en plus avec l'incohérence, l'indécence et l'absurde. Au moment où sont lancés des projets pharaoniques, l'électricité vient à manquer, en particulier dans la capitale, et est rationnée ! Qu'a-t-on fait des machines commandées et livrées pour les centrales électriques iraniennes ? Pourquoi dorment-elles dans les entrepôts ? Mansour Rohani, très efficace ministre de l'Eau et de l'Electricité, ne peut plus répondre à ces questions : il a été nommé à l'Agriculture, domaine inconnu pour lui. Son ex-ministère prend le nom de ministère de l'Energie et voit valser les titulaires. Le ministère du Développement et du Logement – renommé ministère de l'Urbanisme – voit lui aussi défiler ses responsables à une cadence effrénée. *Idem* pour le ministère des Routes et des Chemins de fer. Aux doléances qui pleuvent de partout, Hoveyda répond en frappant sur la poche droite de son veston : « J'ai de quoi résoudre tous vos problèmes ! » Le fait est qu'à la hâte, on annonce des affectations de crédit... tandis que de nombreux projets en cours sont arrêtés ou ralentis sans raison.

En août 1977, il est enfin relevé de ses fonctions de Premier ministre et nommé ministre de la Cour impériale[6] en remplacement d'Alam, qui se meurt d'un cancer en France. Djamchid Amouzegar, technocrate austère, politique médiocre mais intègre, lui succède. Bien que tempêtant en privé contre le réseau, il n'ose rien faire ou presque contre son prédécesseur et Nassiri.

L'inflation continue et sape les fondements de l'équilibre social. Occultée au début par des statistiques falsifiées, elle dévalorise en outre la fonction publique au moment même où l'Etat a besoin de ses meilleurs fonctionnaires pour gérer la vie économique et sociale du pays. Si un petit nombre d'entre eux cèdent à la corruption, la plupart tentent de trouver un second emploi, voire de quitter le service public. Aussi, dans les années 1977-1978, beaucoup seront-ils ouvertement hostiles au régime.

Le nouveau Premier ministre a beau assainir quelque peu l'ambiance, il ne sait pas donner l'impulsion nécessaire au pays. Sur le conseil d'experts, il annonce quelques mesures macro-économiques contre l'inflation, ce qui provoque un début de récession. Parmi ses mesures phares d'ordre plutôt micro-économiques, il interdit de fleurir les bureaux des administrations, réduit la quantité de repas servis dans les cantines, autorise la municipalité de Téhéran à réquisitionner les logements inoccupés, ce qui en quelques jours provoque la conclusion de milliers de baux de complaisance... Des gouttes d'eau dans le maelström qui guette l'Iran, sans le moindre effet contre la révolte qui sourd déjà. Tous ces efforts de surface n'ont pour résultat que de braquer de façon irrémédiable contre le régime une nouvelle fraction de la population qui grossit les rangs du bazar, de la classe moyenne et de nombreux fonctionnaires.

Le pouvoir a décidément perdu la main.

Mohammad Réza Pahlavi est conscient dès 1973 de cette montée des mécontentements internes. Il décide d'y voir plus clair, de prendre des initiatives et d'ouvrir l'espace de réflexion, comme cela avait été le cas dix ans auparavant avec Mansour.

Ce même 23 janvier 1973 où il annonce la prise de contrôle totale de l'exploitation du pétrole, il lance aussi un appel aux universitaires, aux intellectuels, « à tous ceux qui ont quelque chose à dire » pour qu'ils se réunissent et discutent en toute liberté des problèmes du pays. Commencerait-il à se défier des partis politiques officiels ou bien ne serait-ce qu'un leurre de plus, une soupape de sécurité qu'il voudrait activer ? Quoi qu'il en soit, il les invite à lui faire des propositions directement, même si elles vont à l'encontre de la Révolution blanche. Le défi lancé est difficile à relever car, l'opposition au gouvernement étant manifeste, beaucoup de personnalités de qualité, à l'écart de la vie politique, hésitent à s'engager.

Trois jours plus tard cependant, un noyau d'universitaires et d'intellectuels se forme, par l'intermédiaire du recteur de l'université de Téhéran[7], rejoint quelques semaines après par des écrivains, des artistes, des magistrats de haut rang, des universitaires, des hommes d'affaires, des avocats... et même des hauts fonctionnaires, et prend le nom de « Groupe d'études sur les problèmes iraniens ». Chacun est conscient du risque qu'il encourt par cet engagement, mais l'avenir du pays est en jeu.

Le 24 avril 1973, 371 personnalités se mettent au travail pour la première fois dans le bâtiment du département de physique de l'université de Téhéran. Le shah, craignant une réaction hostile du Premier ministre, charge Alam d'assister à la séance inaugurale, cautionnant ainsi l'entreprise. Alam, en aparté, ne cesse de dire à chacun : « Osez, osez, osez encore », un message venant d'en haut, comme chacun le devine, et que le groupe suivra à la lettre les années suivantes.

Il se dote, outre d'un président porte-parole, d'un secrétaire général, Emad Hosseini, jeune professeur de physique de formation américaine, et élit un bureau de coordination. Au fil de réunions passionnées, qui durent parfois tout un week-end, des rapports particulièrement fouillés, et même audacieux, sur des sujets divers, voient le jour[8]. Le shah les parcourt, puis les transmet au gouvernement. Il demande en outre que les recherches soient poussées plus loin, en province, là où sont les universités : « Et dites-moi franchement pourquoi certains sont mécontents malgré tout ce que nous faisons, pourquoi quelques jeunes sont si enragés. Qu'est-ce qui ne va pas ? » C'est une opportunité exceptionnelle, inédite, mais le secret total sur les avancées des recherches s'impose encore si l'on veut « tout dire ». Il en filtre cependant quelques éléments, car ce *think tank* précurseur est vite considéré comme un parti politique d'opposition[9].

En juillet 1974, le président du groupe remet en main propre au shah, à Nowchahr, un rapport de plusieurs dizaines de pages réalisé par onze personnes, dont cinq recteurs, un vice-ministre de l'Education nationale, le futur médecin personnel du roi – des gens du « sérail » à l'intégrité civique irréprochable.

Mohammad Réza y découvre un inventaire sans complaisance de l'état du pays : la corruption d'un petit nombre, l'absence de débat politique national, de dialogue entre le pouvoir et le clergé, les excès de la Savak, les erreurs de la propagande gouvernementale, les mauvais choix de certains investissements publics... Des mesures correctives dans le cadre de la Constitution et de la monarchie lui sont proposées, assorties d'un avertissement : si elles ne sont pas prises au plus vite, une crise très grave pourrait éclater, mettant en péril l'équilibre politique, économique et social du pays. Seul le mot « révolution » n'est pas prononcé.

Le rapport va à contre-courant de ce qui est rapporté quotidiennement au shah. Il révèle en outre que l'on peut s'exprimer avec liberté, du moins en s'adressant à lui[10]. Le shah lit soigneusement le rapport, l'annote au crayon rouge, a-t-on appris plus tard, puis le transmet à Hoveyda... qui, trois jours plus tard, le lui rend, ajoutant avec désinvolture : « Sire, ces intellectuels n'ont rien trouvé de mieux pour gâcher vos vacances. N'y faites pas attention : ce sont des bavardages. »

En novembre 1974, la Grande Muette, l'armée, produit elle aussi un rapport d'une vingtaine de pages signé par le chef de l'état-major général des forces armées, le général Gholam Réza Azhari, répondant au shah qui avait demandé une synthèse des griefs contre le régime des jeunes contestataires traduits devant les tribunaux militaires. L'armée iranienne, précise le rapport, l'une des meilleures du monde, est capable de résister à toute agression. Cependant, un pays, pour être en totale sécurité, ne doit pas s'appuyer sur sa seule armée. Une population acquise aux principes qui le fondent est essentielle à sa bonne marche. Or de graves causes de mécontentement ont surgi çà et là, qui à terme pourraient mettre en danger la sécurité nationale. L'analyse qui suit sur ces mécontentements populaires est sans appel : inflation, corruption de la part de responsables, erreurs de la Savak – ses services spéciaux n'étant guère appréciés des forces armées –, comportement de certains proches du couple impérial, voire de sa famille...

Le rapport de l'armée est confidentiel ; le shah en fait parvenir une copie au Groupe d'études. Quelques jours plus tard, le président du groupe, lors d'une audience ordinaire de travail, évoque le rapport du général Azhari au shah, à qui il confie sur le ton de la plaisanterie : « Sire, si un rapport de ce genre était soumis à un chef d'Etat dans une démocratie parlementaire comme la France, par exemple, de deux choses l'une : soit le Premier ministre devrait démissionner, soit le chef de l'état-major serait mis aux arrêts de rigueur. Il n'en est rien ici, et Votre Majesté peut voir son Premier ministre et son chef d'état-major se précipiter dans les bras l'un de l'autre d'aussi loin qu'ils s'aperçoivent. » Le shah rit beaucoup de la remarque, mais se contente d'ajouter : « Vous êtes trop occidentalisé. »

Aucune leçon ne sera tirée de ces avertissements venus du cœur même du régime. Pas plus que de la courte

missive du Front national signée de Karim Sandjabi, Shapour Bakhtiar et Darioush Forouhar et adressée au chef
de cabinet impérial, faisant le même constat en 1977.

Tout restera lettre morte. « Malheureusement »,
confiera bien plus tard l'impératrice Farah dans ses
Mémoires.

Le shah laisse faire ou dire chacun, Hoveyda le premier, au risque de l'aveuglement. Comment se fait-il
qu'un homme si fin n'ait pas compris que ses ennemis
extérieurs, ébranlés par les chocs pétroliers successifs,
n'attendaient qu'une occasion pour profiter des mécontentements et oppositions internes à l'Iran et l'abattre ?

L'une de ses décisions se heurte même à l'incompré-
hension des observateurs tant elle est aberrante. En
effet, alors que, le 12 octobre 1974, recevant les bureaux
des deux Chambres, il invite les trois partis politiques
autorisés – *Iran-Novine*, présidé par Hoveyda, *Mardom*,
toujours protégé par Alam, et le *Pan-Iranist*, ultra-
nationaliste mais marginal – à se préparer « sérieusement » pour les prochaines élections législatives, le 2 mai
1975, au cours d'une conférence de presse spectaculaire,
il « demande » aux partis politiques de se saborder et
annonce la création d'un rassemblement, le *Rastakhiz*,
Parti du renouveau, ou plutôt de la résurrection. En sont
considérés comme membres d'office tous ceux qui res-
pectent la Constitution et le principe monarchique, donc
« tout le peuple iranien », sous peine d'être « exclus de
la communauté nationale », ce qui ne veut rien dire. Il
ajoute « vouloir favoriser l'expression de toutes les tendances politiques, la confrontation des idées... Que chacun dise ce qu'il a à dire ! ». Son expression favorite...
mais dans quel cadre ? S'agit-il d'un parti unique de type
totalitaire, comme on le croit et le dit ? Dans un certain
sens, oui. Mais c'est aussi un parti unique sans idéologie
ni programme, sans membre encarté, puisque tous les

Iraniens sont censés y être affiliés ! Du jamais vu sur la scène politique iranienne.

En fait, sans savoir à ce jour de qui elle émane – est-ce du shah lui-même ? –, cette idée saugrenue sert surtout à dissoudre *Irané-Novine,* dont Hoveyda a fait une puissante machine à son service et que le shah commence à redouter. Mais comme ce dernier veut ménager son Premier ministre, il le nomme, au cours de la même séance – secrétaire général du Rastakhiz !

Sans doute avec l'accord du shah, le parti se dote d'un bureau politique qui se réunit de temps en temps et où l'on ne discute de rien, où l'on prend le thé avant de se séparer. Hoveyda tente dès lors de transformer le Rastakhiz en véritable parti unique. Un *Iran-Novine* bis, en quelque sorte. Pour contrecarrer discrètement son Premier ministre, le shah pousse à la création de deux ailes – progressiste et libérale – au sein du parti, et en fait nommer responsables respectivement Djamchid Amouzegar, ministre de l'Intérieur, et Houchang Ansari, le très controversé ministre des Affaires économiques et des Finances. Les mauvaises langues les surnomment immédiatement « Parti démocrate » et « Parti républicain », chacun des deux leaders – prétendant tous deux au poste de Premier ministre – étant supposé avoir des liens avec leurs homologues américains. Les deux ailes créées tentent d'obtenir des adhésions, d'organiser des réunions. Sans grand succès.

Le shah décide alors de changer le secrétaire général du Rastakhiz : Amouzegar remplace Hoveyda lors d'un nouveau congrès mémorable. A la fin du congrès, alors qu'Amouzegar savoure sa victoire dans sa voiture, il entend qu'il vient d'être présenté à Sa Majesté comme ministre d'Etat, donc sans portefeuille, ne disposant d'un bureau qu'à la présidence du Conseil, où il ne se rendra d'ailleurs jamais, préférant s'installer au siège du parti. En fait, il est victime d'un marché de dupes : Hoveyda a convaincu le shah que le poste de secrétaire général du Rastakhiz était incompatible avec un portefeuille de ministre régalien, celui de l'Intérieur en l'occurrence, qu'occupait Amouzegar. *Exit* le concurrent potentiel de Hoveyda. Abd-ol-Madjid Madjidi, ministre du Plan, que Hoveyda désigne souvent comme son dauphin, remplace Amouzegar à la tête de l'aile progressiste. On nage en pleine farce.

Mohammad Réza Pahlavi se rend vite compte que ce Rastakhiz sans identité, peuplé de fonctionnaires détachés de leur administration d'origine ou d'employés assez bien rémunérés, sert surtout à attirer des critiques supplémentaires d'une partie de la population contre le régime. Il nomme alors à sa tête un ancien ministre de la Justice, désormais premier vice-ministre de la Cour impériale, le professeur Mohammad Bahéri, venu de l'extrême gauche. Ce dernier tente vainement de créer quelque animation au siège du parti et charge un comité d'experts de rédiger un plan d'action. Le shah recevra durant trois heures ce comité, mais le texte ne sera jamais rédigé.

A sa nomination, en août 1977, comme Premier ministre, Amouzegar obtient du shah de reprendre la direction du parti aux dépens de Bahéri. Rien ne change en profondeur, même si le Rastakhiz s'est transformé en une administration dotée d'antennes dans toutes les provinces, ayant tissé des liens avec les syndicats, les communautés rurales, les associations de quartier et les administrations publiques, capable d'organiser des rassemblements de masse. Pour sa communication, ou plutôt la propagande gouvernementale, il dispose même d'un quotidien dont les critiques littéraires, les comptes rendus culturels ou sportifs et la chronique de télévision sont très prisés. Il arrive aussi qu'on y parle de politique !

Avec ses quatre secrétaires généraux en trois ans d'existence, le Rastakhiz n'a eu qu'une conséquence positive :

dans beaucoup de milieux, on discute désormais ouvertement des affaires publiques, en invoquant le fait que « c'est dans le cadre du Rastakhiz ». En revanche, il est la cause de l'installation durable d'une véritable confusion dans le paysage politique iranien. Et lorsque, sous le cabinet Sharif-Emani, il disparaît, au cours de l'été 1978, après avoir écrit l'une des pages les plus pitoyables du règne, il a à son passif d'avoir permis d'occulter les vrais problèmes et d'avoir précipité la chute du régime, projetant à l'étranger autant qu'à l'intérieur du pays une image négative du gouvernement iranien. En fait, durant les cinq ans qui ont précédé la révolution, le pouvoir iranien a donné de multiples signes de mauvaise gouvernance. La maladie du pouvoir était-elle due aussi à la maladie du shah, que tout le monde – ou presque – ignorait ?

Au printemps 1974, lors d'un contrôle médical annuel à Vienne que le shah fait faire par le professeur Fehlinger, les premiers symptômes du mal qui l'emportera six ans plus tard sont décelés, sans que le mot « cancer » soit prononcé. Est-ce la maladie de Waldenström[11] ou celle de Hodgkin, comme on l'a avancé aussi ? Dans ses *Mémoires*, la shahbanou parle de la première, ce qui devrait mettre fin aux supputations.

Le shah est prévenu dès 1974 d'anomalies dans son analyse de sang, mais, ne sentant aucun symptôme, il n'y prête guère attention. Son médecin personnel, le général Ayadi, lui prescrit quelques médicaments qu'il prend... ou pas, selon son humeur. Cependant, une équipe médicale renommée le suivra bientôt, composée des professeurs français Jean Bernard et Paul Milliez, du professeur Abbas Safavian, recteur de l'université Melli, et du docteur Georges Flandrin, assistant de Bernard.

En septembre 1976, au cours d'un voyage privé à Paris, la shahbanou reçoit les quatre praticiens à la résidence de l'ambassadeur d'Iran. Prenant connaissance de la gravité de la situation, elle se montre très émue. Deux mois plus tard, le shah en aurait été informé par les mêmes médecins, le mot « cancer » (de la lymphe) n'étant toujours pas prononcé, mais la gravité du mal ne lui étant pas celée.

« Combien de temps me reste-t-il à vivre ? s'enquiert le shah.

— De six à huit ans, répond Jean Bernard, si vous êtes bien soigné, et vous l'êtes, Sire.

— Cela me suffit[12]. »

Dès lors, Mohammad Réza, qui ressent les premiers symptômes, accélère certains projets de développement, occupe davantage la scène internationale avec des déclarations que beaucoup d'Occidentaux jugeront arrogantes, met en œuvre un assainissement des structures de la Cour impériale – le protocole impérial et le cabinet de l'impératrice notamment –, initie un plan – assez peu efficace – de formation de son héritier et rédige même une sorte de testament politique, faisant de l'armée l'arbitre de la situation et le garant de la stabilité du pays en cas de crise. Six personnes sont informées de sa maladie, devenue le secret le mieux gardé de l'Empire : la shahbanou, les quatre médecins et Ayadi, souvent en désaccord, semble-t-il, avec ses quatre confrères. Sans doute aussi Alam, qui supervise les déplacements des médecins. Les analyses médicales ont régulièrement été effectuées dans des laboratoires français sous des noms d'emprunt, tantôt sur la prescription formelle de Flandrin, tantôt sur celle de Safavian, sans que leurs noms apparaissent.

Le mal du shah et les traitements subis ont-ils influencé sa capacité à gouverner ? Officiellement non, mais la médecine mentionne des effets secondaires : fatigue excessive, dépression, indifférence. Il semble aussi établi qu'au cours de ses derniers mois de règne, le shah ait pris, sous contrôle médical, bien plus de tranquillisants que son somnifère habituel. Tous ceux qui ont pu l'approcher alors croient avoir décelé un affaiblissement de sa mémoire et un détachement par rapport à ce qui l'entourait.

Dès octobre 1978, la maladie semble l'avoir vaincu. C'est un homme gravement atteint qui apparaît sur la scène internationale, et qui affronte la montée de la violence révolutionnaire dans son pays, la vision de son œuvre mise à bas, les critiques et les intrigues internationales, les démissions de tous ordres, les trahisons de ses partisans d'hier. Puis l'errance.

2

Les « stratégies aveugles »

« Depuis 1974, disait le shah lors de son exil au Maroc, les Américains veulent ma perte. Dès le milieu de la décennie 1960 et l'accord que l'Iran avait conclu avec Mattei[1], on commença à se méfier de moi, de ma volonté de briser le carcan que les grandes compagnies nous imposaient. Cela s'aggrava au fur et à mesure que je réussissais. Surtout après le réajustement des prix du pétrole au début de la décennie 1970. A présent, ils se vengent[2]. » « C'était une erreur de suivre les conseils des Américains et des Britanniques. Ils voulaient que je laisse les mains libres à ceux qui incendient les bâtiments publics, aux terroristes, aux pilleurs. Ils disaient souhaiter la poursuite de la politique de libéralisation[3]. »

Ces constatations, qu'une majorité d'analystes et l'ensemble des documents officiels occidentaux aujourd'hui accessibles corroborent, ne sont venues au shah que très ou trop tardivement. Au cours des derniers mois de son règne, bien qu'averti que les Occidentaux manœuvrent, sans grande discrétion, pour provoquer sa chute, il agit comme s'il pouvait encore compter sur eux et consulte les ambassadeurs américain et britannique ainsi que l'envoyé spécial du gouvernement français, Michel Poniatowski, sur la conduite à tenir. Les avertissements ne lui manquent donc pas, mais le shah fait la sourde oreille.

Le voyage à Téhéran du président Richard Nixon en mai 1972 témoigne de l'excellence des rapports américano-iraniens. Nixon est, parmi les derniers présidents des Etats-Unis, celui qui connaît le mieux les problèmes diplomatiques et géopolitiques. Il apprécie particulièrement la maîtrise du shah et sa capacité à embrasser les problèmes mondiaux pour en extraire des conclusions empiriques. Ayant tiré les leçons du fiasco vietnamien, sa doctrine tend à régionaliser la responsabilité de la sécurité du monde libre et à éviter une présence directe des Etats-Unis sur la scène internationale. « Des armes plutôt que des soldats. » Les objectifs diplomatiques du shah et ses ambitions cadrant avec sa vision, il se montre favorable aux choix de l'Iran, tout comme William Rogers, son secrétaire d'Etat[4], et Henri Kissinger, président du Conseil national de sécurité. Tous trois sont ainsi convaincus de la fiabilité et de la solvabilité du pays, devenu un véritable allié et non plus un pion manipulable.

Avec la France, les rapports bipartites se rétablissent après le refus de Georges Pompidou – soumis à des pressions politiques internes[5] – de se rendre en 1971 aux fêtes de Persépolis, où Jacques Chaban-Delmas l'avait représenté. Afin d'effacer ce qui aurait pu constituer pour l'Iran un affront, le président français avait tenu à se rendre en Iran dès l'année suivante. Après le décès de Pompidou, Valéry Giscard d'Estaing accède au pouvoir en 1974. La visite officielle que le nouveau président organise pour le couple impérial à Paris confirme dans un premier temps l'excellence des rapports franco-iraniens, même si la gauche française continue à défendre les opposants iraniens réfugiés en France et à dénoncer les excès du régime du shah.

Les Etats-Unis au contraire infléchissent leur politique dès 1974, sous le républicain Gerald Ford[6]. Prenant la parole devant le Conseil national de sécurité, Henri

Kissinger n'hésite pas à changer radicalement d'opinion à l'égard de l'Iran et déclare en août : « Si le shah veut maintenir sa ligne de conduite en matière politique et pétrolière dans le cadre de l'Opep, il peut logiquement croire que son influence régionale va aller sans cesse croissant. Arrivera le jour où nous devrons le tester personnellement. Il ne fait pas de doute qu'il poursuit une politique qui lui permettra d'exercer sur nous des pressions telles que nous serions amenés à le considérer comme non-productif, voire contre-productif. Il rêve de transformer son pays en une grande puissance, non tant grâce à notre aide que par le biais de certains aiguillons que pourraient lui fournir ses voisins russes[7]. Certains d'entre nous ici pensent que le shah doit changer de politique ou qu'on doit le changer[8]. » L'idée est ainsi lancée officiellement. Il n'est pas question pour les Etats-Unis de laisser une nouvelle puissance leur faire de l'ombre.

Dès lors, les plus hauts gradés de l'administration Ford s'autorisent à attaquer violemment le shah et sa politique. Ils trouveront un relais efficace sous la présidence Carter, dès son élection en novembre 1976. Mohammad Réza Pahlavi réplique de façon non moins virulente dans les nombreuses interviews que lui consacre la presse internationale. C'est le début de l'escalade. La CIA, dans l'un de ses rapports[9], dénonce « la dangereuse mégalomanie du shah » et y voit un effet du « rôle de pion que lui attribuent les Alliés, par la honte de son ascendance roturière ». Analyse sommaire. Le secrétaire d'Etat au Trésor traite même publiquement le shah de « fou »[10]... En privé, Mohammad Réza s'en montre très blessé, affuble ses détracteurs de tous les noms, donne l'ordre à son ambassadeur à Washington d'apaiser les tensions qu'il considère encore comme des incidents[11], sans en tirer les conséquences politiques qui s'imposent. Une véritable schizophrénie s'installe dans les rapports entre les deux pays. D'un côté, une tension latente ; de l'autre, des gestes officiels ostentatoires, un succès mondain pour l'ambassadeur d'Iran à Washington et une sympathie réelle des Iraniens pour la communauté américaine installée dans leur pays.

Le shah aurait dû s'inquiéter officiellement, plutôt que de réserver son irritation à ses proches. Il ne peut concevoir que les Américains, l'Occident en général trahissent un allié puissant, garant de l'équilibre d'une région clé. Pas plus qu'il ne peut imaginer que son influence croissante sur le plan international et sa politique de plus en plus gaullienne puissent causer sa perte. Pourtant, les avertissements ne lui manquent pas. Au cours de l'été 1977, profitant du passage à Ankara de Djamchid Gharib, ancien ambassadeur d'Iran, les deux plus hautes autorités turques lui demandent d'informer le shah que Washington prépare « un coup » contre lui, impliquant des personnalités religieuses iraniennes. Lorsque le vieux diplomate parvient, non sans peine, à obtenir du shah quelques minutes d'audience et lui rapporte les propos du gouvernement turc, Mohammad Réza Pahlavi se fâche : « Des bavardages de salon à ne pas répéter ! » Plus explicite encore est le témoignage d'Alexandre de Marenches, patron français du Service de documentation extérieure et de contre-espionnage (SDECE), en qui le shah a une grande confiance et qu'il considère comme un ami :

> J'ai mentionné un jour au shah les noms de ceux qui, aux Etats-Unis, étaient chargés d'envisager son départ et son remplacement. J'avais même pris part à une réunion où l'une des questions abordées était : comment fait-on pour faire partir le shah et par qui le remplace-t-on ? Le shah ne voulut pas me croire. Il me dit :
>
> « Je vous crois sur tout sauf sur ce point.
>
> — Sire, pourquoi ne me croyez-vous pas sur ce point également ?

— Parce qu'il serait stupide de me remplacer ! Je suis le meilleur défenseur de l'Occident dans cette région du monde... Ce serait tellement absurde que je ne veux pas y croire. »

Et Marenches de conclure : « Les Américains avaient pourtant pris leur décision[12]. »

Plus tard, au début du printemps 1978, Houchang Nahavandi lui-même, exprimant ses doutes sur l'attitude américaine, s'entendra répondre par le shah : « Les Américains ne m'abandonneront jamais », répétant ce qu'il avait déclaré ailleurs : « Est-ce que les Etats-Unis, est-ce que le monde non communiste peuvent se permettre de perdre l'Iran ? Que ferez-vous le jour où l'Iran sera sur le point de s'effondrer ? Si vous ne soutenez pas vos amis qui dépensent leur propre argent et sont prêts à verser leur propre sang, vous risquez un holocauste militaire ou d'autres Vietnam[13]. »

L'erreur de Mohammad Réza Pahlavi est totale, lui qui croit encore à une rationalité de l'attitude américaine. Certes, l'Histoire lui donnera raison et fera mentir la stratégie américaine, mais à ce moment-là, la crainte de l'hégémonie iranienne sur une région convoitée prévaut sur la vision à plus long terme d'un équilibre à l'occidentale[14].

Le voyage officiel que le couple impérial entreprend en novembre 1977 aux Etats-Unis aurait dû cependant lui ouvrir les yeux : il se déroule mal. Le 15 novembre, soit la nuit précédant l'arrivée officielle à Washington, lors d'une halte à Williamsburg, le shah se mêle aux étudiants – environ cinq cents – venus l'accueillir. L'ambiance est sereine, d'autant plus que l'ambassadeur Ardéshir Zahédi, spécialiste des plaisanteries et des tapes dans le dos, est présent. Plus loin, un autre groupe, masqué « par peur de la Savak », s'est formé, dont aucun des membres ne parle persan. Sont-ils Iraniens ? Groupés sous un drapeau rouge, ils profèrent des injures à l'égard du souverain. Dès le lendemain, des commentaires sur une manifestation radicalement hostile au shah, forte de la présence de plusieurs centaines de personnes, remplissent les colonnes des journaux, le rassemblement bien plus étoffé de ses sympathisants étant passé sous silence !

Le 16, des milliers d'Iraniens venus de tous les Etats-Unis, parfois en famille, se rassemblent près de la Maison-Blanche pour exprimer leur sympathie au couple impérial. Alors que les forces de l'ordre les tiennent à distance, elles autorisent un petit nombre d'opposants à s'approcher des grilles de la résidence gouvernementale, près de l'endroit où atterrit l'hélicoptère pour l'accueil officiel. Au moment de l'échange des discours sur la pelouse, les opposants, armés de gourdins et de chaînes, attaquent les partisans du shah. Mêlée générale. La police lance des grenades lacrymogènes pour disperser la foule. Sur les écrans de télévision du monde entier, très vite, on découvre les scènes d'émeute et le shah, les larmes aux yeux, écoutant le discours de bienvenue d'un président Carter quelque peu ébranlé. Commentant cet épisode au Caire, peu avant sa mort, Mohammad Réza Pahlavi le qualifiera de « véritable ballet ou [de] film hollywoodien bien réglé afin de désinformer l'opinion[15] ».

La conversation des deux chefs d'Etat, qui se rencontrent pour la première fois, se déroule cependant dans une bonne ambiance, selon la presse. Le dîner d'Etat qui suit est fastueux, le discours de Carter élogieux, voire flatteur. Ce qui n'empêche pas un porte-parole officiel américain, David Aaron, de déclarer le lendemain : « Si le shah pense qu'il obtiendra tout ce qu'il veut, il va avoir une surprise. » Encore une dichotomie diplomatique entre actes et paroles. Autre incohérence : à l'issue du séjour officiel du couple impérial, et à la surprise générale, le président et Mme Carter acceptent l'invitation à une visite d'Etat en Iran, fixée au 31 décembre 1977.

L'après-midi du 31, ils atterrissent donc à Téhéran pour une halte de dix heures. Ils sont en effet attendus pour fêter le nouvel an à bord d'*Air Force One*, l'avion présidentiel, et ne dormiront pas dans la capitale. Reçus officiellement à l'aéroport international de Mehrabad, ils se rendent en voiture jusqu'à la place Shahyad, où, selon le protocole réservé aux hôtes officiels, la clé de la ville leur est offerte. Le shah et le président Carter gagnent ensuite en hélicoptère le palais de Niavaran pour une séance de négociation. Mme Carter souhaite pour sa part voir des miniatures persanes. On la conduit donc au musée Réza-Abassi qui doit être inauguré quelques jours plus tard. Selon le témoignage de Mina Sadegh, sa conservatrice, parfaitement anglophone, qui la guide à travers les salles, la *first lady* aurait en fin de compte préféré aller chez quelques marchands de souvenirs, nombreux à Téhéran.

Entre Jimmy Carter et le shah, divers sujets auraient été abordés : les relations israélo-arabes et la paix au Proche-Orient surtout, mais aussi la crise couvant en Afghanistan et les rapports Est-Ouest. Plus quelques mots, semble-t-il, sur l'attachement américain à l'accélération du processus de libéralisation politique déjà entamé en Iran.

Suit le dîner d'Etat, pour lequel le protocole de la Cour impériale est assez strict. Sont invités d'ordinaire des membres de la famille impériale, les ministres et les principaux chefs militaires, éventuellement des membres du corps diplomatique ou des personnalités iraniennes. Pour le président et Mme Carter, ces règles sont largement amendées. Sur la suggestion de la shahbanou, le nombre des membres de la famille impériale ainsi que des ministres et des chefs militaires est réduit. Ordre a été donné d'éviter la présence du général Nassiri, toujours chef de la Savak. En revanche, des intellectuels et universitaires, des hommes d'affaires et des patrons d'industrie, un cinéaste célèbre qui se fait passer pour un opposant malgré ses excellentes relations – discrètes, il est vrai – avec le pouvoir, et deux chefs d'orchestre sont présents.

L'importante cohorte de journalistes qui accompagne Jimmy Carter a été invitée à un autre dîner, fort arrosé semble-t-il, dans un grand hôtel de la capitale. A une exception près : Pierre Salinger, ancien porte-parole et conseiller du président Kennedy, que le shah connaît personnellement, est invité au dîner officiel, dont il publiera par la suite un récit détaillé qui entrera dans les annales[16].

Comme l'étiquette l'exige, tous les invités, arrivés avant les hôtes d'honneur, patientent dans le grand hall d'entrée du palais où est servi un cocktail. A l'inverse de ce que la presse internationale écrira bientôt, les serveurs ne sont pas en livrée, pas plus qu'ils ne portent de perruque ; les dignitaires iraniens n'ont pas revêtu d'« uniformes chamarrés constellés de décorations », mais sont en costume de ville foncé sur lequel on ne porte pas de décorations. Le libellé du bristol de l'invitation et les photos prises durant cette soirée en attestent. Qu'importe, au fond, ce type de preuves pour la presse ! Le désir de ridiculiser un pays, allié à la volonté de désinformer l'opinion, est déjà manifeste chez les Occidentaux.

20 h 30 : les hôtes d'honneur sont arrivés. D'ordinaire, le shah en personne présente, dans le salon, les personnalités iraniennes par leurs fonctions et leurs épouses par un simple « madame ». Ce soir-là, le protocole est modifié : le shah nomme chaque personne et ajoute parfois un petit commentaire plaisant. Ainsi, pour Houchang Nahavandi : « Le chef de file de ces intellectuels qui m'embêtent tellement ! » Sans doute veut-il montrer à Jimmy Carter que même un opposant notoire est invité, ce qui est faux, ou dire aussi à cet opposant que les rapports du Groupe d'études qu'il préside ne laissent

pas de l'indisposer, si l'on en croit les *Mémoires*[17] d'Alam. De Pierre Salinger, il dira en souriant : « Je lis M. Salinger chaque semaine dans *L'Express,* et j'apprends tant de choses sur ce qui se passe aux Etats-Unis.[18] »

A table, chaque convive découvre un menu, écrit en persan et en français, ce qui aurait provoqué quelques réserves, voire des protestations, de la part du protocole américain, les invités d'honneur ne connaissant aucune des deux langues. On aurait alors expliqué aux officiels qu'il était de tradition d'utiliser le français – langue de la cour perse depuis le XIXe siècle – dans ce genre d'occasion. Le service commence peu avant 21 heures sur des airs de Verdi, Chopin, Mozart, Bernstein et du compositeur iranien Héchmat Sandjari. Au menu : hors-d'œuvre iraniens, incluant du caviar « perles fines impériales », brochettes, riz au safran agrémenté de perdreaux, salades. Au signal, lumières tamisées, une litanie de valets fait son entrée avec des glaces flambées. Le repas s'achève par une salade de fruits. Le tout est accompagné successivement de vodka nationale, d'un château talbot 1972 et de dom pérignon.

L'heure est à présent aux discours, destinés à transformer la soirée en événement politique majeur pour les chancelleries et la presse internationale. Dans son texte prononcé en anglais, Mohammad Réza Pahlavi évoque les relations bilatérales, le rôle « inoubliable » joué par les Etats-Unis pour soutenir le peuple iranien lors des grandes crises internationales. Rien de neuf donc. Verre en main, il invite ensuite les assistants à porter un toast, sur les accents du *Star Spangled Banner*, à la prospérité des Etats-Unis et à la santé du couple présidentiel américain.

La réponse de Carter est au début convenue, sa courte halte à Téhéran étant d'ailleurs considérée comme un « effort » par les personnalités américaines invitées, lesquelles ne se gênent pas pour se répandre à ce propos.

Les opposants au shah présentent en outre le « service minimum » de Carter en Iran comme un signe supplémentaire de la défiance américaine envers sa politique. Les observateurs s'attendent donc à des paroles succinctes et formatées, sans main tendue vers le régime. Sur le ton monocorde qu'on lui connaît, Carter commence par rappeler l'importance des droits de l'homme au travers de quelques citations du poète iranien Saadi, ce qui est politiquement destiné à plaire aux opposants. Mais soudain, et sans que rien ne le laisse présager, son ton change : « L'Iran doit aux grandes qualités de dirigeant du shah d'être un îlot de paix et de stabilité dans l'une des régions les plus troublées. Ce fait témoigne, Majesté, de vos qualités de chef d'Etat, du respect et de l'admiration que votre peuple vous porte. » Et il va plus loin encore : « Aucun autre pays au monde n'est plus proche de nous en ce qui concerne la mise au point de sa sécurité militaire. Il n'y a pas d'autre pays au monde avec lequel nous ayons des consultations si étroites sur les problèmes régionaux qui nous préoccupent. Et il n'y a pas d'autre dirigeant pour lequel j'éprouve une gratitude plus profonde et une plus grande amitié personnelle. »

Les officiels américains sont stupéfaits. Le shah, pour sa part, reste impassible, à son habitude, esquissant à peine un sourire. L'hymne iranien retentit alors. Carter serre vigoureusement des deux mains la main tendue du shah, qui cette fois, rayonne. Aucun chef d'Etat ou de gouvernement n'avait manifesté jusqu'à ce jour autant de chaleur – ou de flagornerie – à son endroit. L'affaire est d'autant plus étonnante qu'elle vient d'un côté d'où personne ne l'attend.

Certains ont écrit que le président américain voulait prouver au shah qu'un démocrate pouvait être un ami aussi fiable qu'un républicain. Cette explication se heurte à la logique de la diplomatie d'une grande puissance qui ne change pas si facilement de position, même en cas d'alternance politique, le processus de déstabilisation de l'Iran ayant été engagé sous l'administration Ford. Une autre explication peut être avancée. Jimmy Carter se serait laissé influencé par un shah bien plus expérimenté que lui en politique, plus au fait des réalités géopolitiques internationales – ce qui n'était pas difficile, Carter, selon Alexandre de Marenches, sachant à peine situer l'Iran sur une carte –, et aurait en quelques heures changé de point de vue, modifiant son discours malgré l'avis de ses conseillers. On s'apercevra cependant vite de la limite de ses propos : la politique américaine ne changera pas d'un pouce à l'égard de l'Iran. D'où une dernière explication, certes plus machiavélique : Carter n'aurait-il pas voulu « endormir » le shah par des propos manipulateurs ?

Après le dîner, les convives sont invités à se rendre dans la petite salle de spectacle du palais pour un programme de danses et de chants folkloriques. Vient ensuite l'autre grande surprise de la soirée : on annonce que le couple présidentiel va prolonger son séjour et passer la nuit de la Saint-Sylvestre à Téhéran, la décision ayant été prise juste avant le dîner ! Apparemment, Ardéshir Zahédi, partie prenante de la négociation, aurait fait aménager la bibliothèque privée en moins de deux heures, puis convié au débotté plusieurs jeunes couples proches de la shahbanou pour égayer l'atmosphère.

A 23 h 50, le champagne est de nouveau servi et chacun lève son verre à la nouvelle année, à minuit tapant. Le shah embrasse Rosalyn Carter ; le président américain, Farah Diba. Puis Mohammad Réza Pahlavi, toujours raide et distant, entraîne Mme Carter sur la piste de danse, cependant que Jimmy Carter fait de même avec la shahbanou, mais en souriant. Les flashs, tant des médias américains qu'iraniens, crépitent. Le shah et le président s'éclipsent ensuite.

Peu après 1 h 30 du matin, ils réapparaissent, accompagnés du roi Hussein de Jordanie. Surprise réservée par le shah au président Carter, qui n'a appris la présence du roi qu'après s'être posé sur la terre iranienne. Depuis le voyage historique du président Sadate en Israël et l'engagement du processus de paix entre l'Egypte et l'Etat hébreu qui aboutira aux accords de Camp David le 17 septembre 1978, Mohammad Réza Pahlavi déploie en effet tous ses talents pour aboutir à une paix entre la Jordanie et Israël – ce qui se concrétisera des années plus tard. La rencontre, on l'a su ensuite, est destinée à accélérer le processus. L'apparition des deux souverains et du président est vivement applaudie. La soirée se poursuit quelque temps, puis le couple présidentiel, le roi Hussein et les souverains iraniens se retirent, suivis des quelques invités.

Jimmy Carter et son épouse quitteront l'aéroport de Mehrabad peu après 6 heures du matin, le lendemain, pour se rendre à New Delhi. Leur départ se fera de nuit, par les rues glacées et vides de Téhéran. Certains grands journaux occidentaux écriront que les voies de la capitale iranienne avaient été bouclées et vidées de toute présence humaine par la Savak. Une désinformation de plus, la Savak n'ayant pas la responsabilité de la voirie téhéranaise !

Trois jours plus tard, premier incident consécutif à l'épisode américain. Malgré l'embargo mis sur la publication en Iran des photos de la soirée dansante, la presse internationale parvient en Iran, et notamment à Qôm. Le grand ayatollah Shariat-Madari, numéro 1 de la hiérarchie chi'ite intérieure, réagit vivement. Il téléphone au directeur du cabinet de la shahbanou[19] et lui exprime son mécontentement de voir sa « cousine » – Farah Diba étant *sayed*, c'est-à-dire descendante du prophète Mahomet, comme lui – dansant avec Jimmy Carter : « Ce n'est pas à moi de dire ce qu'elle doit ou ne doit pas faire. Mais au moins, on doit respecter les convenances et les apparences, et ne pas choquer l'opinion des musulmans. » Son message, immédiatement transmis, ne soulève cependant guère d'intérêt auprès d'un pouvoir encore trop peu sensible aux avertissements qu'on lui envoie.

La hiérarchie religieuse iranienne n'est pas la seule à réagir. L'offensive de déstabilisation américaine, après l'intermède flatteur de Téhéran, reprend de plus belle. Le très influent George Ball, un des gourous de la diplomatie américaine, arrive à Téhéran pour une mission d'information. Reçu par le shah et le Premier ministre, mais curieusement installé dans les bureaux de la radiotélévision nationale, il rencontre surtout les opposants au régime, qu'il encourage à combattre le shah. La rumeur de ces échanges se répand dans la capitale, y compris dans les réceptions d'ambassades, incitant certains diplomates américains à pousser ouvertement aux dissidences, même les plus radicales[20]. Comme le pouvoir iranien ne réagit toujours pas, c'est l'escalade prévisible. La fin du printemps 1978 marque la suspension de la coopération militaire des Etats-Unis et de l'Iran. Parallèlement, les grandes sociétés américaines commencent à restreindre leurs activités avant de rapatrier leur personnel, en le faisant savoir, ce qui ébranle les fondements de la confiance dans le régime en place.

Les opposants iraniens, qui s'en trouvent soutenus, descendent dans la rue. Ils se réunissent aussi ici ou là, à l'Institut Goethe notamment, sous prétexte de participer aux Nuits de la poésie. Ils ne sont au début pas plus de quelques centaines. Face à cette agitation intérieure qui prend une ampleur inattendue, les forces de l'ordre sont désemparées. Elles ne possèdent en outre pas le matériel antiémeute nécessaire pour faire face. Ce n'est pas faute de vouloir les commander, mais les Etats-Unis, la Grande-Bretagne et Israël refusent de leur en vendre[21]. Un pas de plus est franchi lorsque le gouvernement iranien est « sommé » par un sous-secrétaire d'Etat américain chargé des droits de l'homme, qui se rend à deux reprises à Téhéran, de ne pas faire usage de la force face aux manifestations violentes, autrement dit, de laisser faire les opposants ! Le soutien de l'Occident au régime iranien n'est à présent plus qu'un souvenir amer, tout comme le sont les paroles étonnantes de Jimmy Carter lors du nouvel an. La position américaine est en effet solidement établie, comme le rappellera, lors d'une interview, en 2009, Réza Pahlavi, le fils du shah : « L'administration [Carter] pensait qu'une ceinture verte islamiste arrêterait l'expansion du communisme[22]. »

Les principales radios occidentales qui émettent des programmes à destination de l'Iran – la Voix de l'Amérique, la Voix d'Israël (cette dernière avec plus de prudence), et surtout la BBC – renchérissent, devenant des instruments de propagande et de désinformation contre le régime impérial. « La BBC, écrira le shah, se livre dans ses émissions en langue persane, dès le début 1978, à de violentes attaques contre mon régime. Comme si un mystérieux chef d'orchestre avait donné le feu vert à cette offensive. » En fait, la BBC, très écoutée dans le pays, était devenue, dès le début de 1977, la voix de la révolution iranienne[23].

Dans ce jeu occidental destiné à renverser le shah, le rôle du gouvernement français ne peut être passé sous silence. Le président Giscard d'Estaing a certes suivi, en la matière, la ligne américaine, mais son attitude aurait aussi été dictée par des considérations plus personnelles. Si les relations franco-iraniennes ont connu leur apothéose lors de la visite du couple impérial à Paris en juin 1974, elles se seraient ensuite gâtées à la suite d'un premier couac, en février 1975. En effet, le président français, qui passait ses vacances à Courchevel, avait décidé de se rendre à Saint-Moritz pour saluer les Pahlavis, qui y résidaient quelques jours. Malheureusement, son arrivée en hélicoptère avait été suivie de quelques minutes d'attente en compagnie de la shahbanou avant que le shah puisse le recevoir. Ce supposé manque d'égards aurait froissé le président français. Le journaliste britannique William Shawcross rapporte l'anecdote en ces termes : « Une histoire veut que le roi ait fait attendre Giscard dans une antichambre pendant qu'il achevait une partie de cartes avec ses favoris. » Le ragot est manifestement sans fondement, le shah n'étant guère fanatique des jeux, et surtout « bien trop poli pour se comporter ainsi[24] ». Cela dit, « l'affaire » laissera une trace. Beaucoup plus tard, au Caire, revenant sur cet épisode, le shah dira à Houchang Nahavandi : « Des ragots. J'ignore s'il attendit, mais s'il l'a fait, ce que je déplore, c'est sans doute qu'il était arrivé en avance. »

C'est cependant la visite d'Etat du président français en Iran, en octobre 1976, qui semble avoir brouillé définitivement les relations entre les deux dirigeants. Selon certaines sources, un incident aurait éclaté entre les officiels du protocole des deux pays avant le dîner officiel offert au palais de Niavaran, à propos de la place prévue à table pour le « futur fiancé » d'une fille du président Giscard d'Estaing. Selon d'autres sources, ce seraient les cadeaux offerts par les Pahlavis aux Giscard qui auraient déplu. De retour dans ses appartements, le président français aurait qualifié le shah de « parvenu » ou aurait dit de lui « ce parvenu », une conversation qui n'aurait pas échappé, comme dans les résidences de ce genre, aux tables d'écoute et qui aurait été rapportée dès le lendemain au shah. Des années plus tard, Valéry Giscard d'Estaing fera allusion à sa visite en des termes à l'implicite plutôt désobligeant pour l'hospitalité iranienne : « L'accueil a eu lieu avant l'entrée de la ville. Une petite foule nous attendait : des enfants habillés en scouts, des notables, des curieux, soigneusement triés sans doute, et le maire de Téhéran. On avait déployé les tapis rouges, la musique exécutait des hymnes. Après cinq heures d'avion, cela m'a paru sympathique, mais le soir, dans notre palais du centre de la ville, Anne-Aymone m'a fait remarquer combien c'était artificiel : "C'étaient un décor, et des figurants. J'ai trouvé cela sinistre. La population n'était pas là."[25] »

Le fait est que les jours suivants, on ne parlera partout que de ces incidents de protocole, exagérés comme d'habitude. Une des conséquences en sera qu'à partir de cette visite, on ne parlera plus en Iran que de Giscard, oubliant la suite de son nom. Le prince Gholam Réza écrira plus tard : « Mon frère prit assez mal l'attitude hautaine et dédaigneuse du président français, très préoccupé de problèmes protocolaires[26]. » Faisant allusion aux mêmes circonstances, le shah ajoutera lui aussi pour un journaliste venu l'interroger : « Je ne pense pas que Charles de Gaulle aurait agi de la sorte... Mais c'était autre chose[27]. »

Il est sûr que le peu de compatibilité – et bientôt d'estime – entre les deux chefs d'Etat a influé sur la diplomatie française, même avant qu'elle ne s'affiche en adéquation avec celle des Etats-Unis[28] dans la période de l'exil et de la mort du shah. Ce n'est cependant pas la seule cause de cette orientation diplomatique : l'opposition de gauche française reste très active. Comme le souligne Alain Chenal[29], « dès 1977, au congrès de Nantes, François Mitterrand s'en prend au shah, qu'il cite aux côtés de Pinochet et de Hassan II en évoquant les dictatures », les visites de l'opposition démocratique iranienne se succédant dès lors au siège du parti socialiste. Cela n'empêchera pas le futur président français de rester perplexe devant les suites de la révolution, quelques mois plus tard.

Si l'année 1978 entérine le désaveu occidental à l'endroit de son ancien allié et ami, en même temps qu'elle constitue le moment des errements les plus dommageables du pouvoir iranien, la période allant de 1974 à fin 1977, une fois la fièvre retombée et la désinformation dénoncée, n'a pas longtemps été montrée du doigt par les puissances mêmes qui ont abandonné l'Iran impérial. Ainsi, Ronald Reagan, successeur de Jimmy Carter à la Maison-Blanche en 1981, déclarera en 1984 : « Notre politique erronée en Iran qui provoqua la chute du shah est une tache noire dans l'histoire des Etats-Unis. C'est à la suite de notre politique qu'un fou fanatique a pu prendre le pouvoir en Iran et envoyer des milliers d'Iraniens devant les pelotons d'exécution[30]. » Terrible aveu et *mea culpa* au plus haut niveau de l'Etat.

Avec le temps, les analyses en ce sens se sont multipliées. Le journaliste Jacques Duquesne écrit en 1998 : « Ce qui frappe, c'est l'obstination de l'Occident anglosaxon à commettre toujours les mêmes erreurs, c'est-à-dire à favoriser l'intégrisme musulman au détriment des pays de l'Islam qui acceptent ou essaient d'établir une certaine laïcité. La raison en est simple, c'est parce que cet Islam non intégriste est également nationaliste et progressiste[31]. » Pour une universitaire et diplomate américaine, Jane Kirkpatrick[32], le jugement est également sans appel : « Mauvaises idées, mauvaises conséquences. » Alexandre de Marenches[33], pour sa part, pose les vraies questions : « Pourquoi l'administration américaine avait-elle condamné et exécuté son meilleur et plus puissant allié dans cette région hautement volatile et stratégiquement essentielle ? La réponse se trouve sans doute dans un mélange de myopie, de mauvais renseignements et de naïveté historique. »

Même la gauche française comprendra bientôt, comme la droite, que la révolution iranienne n'avait rien de romantique, pas plus qu'elle n'était le miroir d'une Révolution française dont les idéaux ont également vite chavirés après une période d'enthousiasme.

Nous laisserons à Maurice Druon, fin connaisseur de l'Iran et analyste courageux de la position française, le dernier avis :

> C'est au Proche et au Moyen-Orient que les dirigeants américains auront montré avec le plus de persévérance leur magnifique aveuglement… Neauphle-le-Château n'est pas la phase la plus glorieuse de la France. Il est difficile de comprendre pourquoi le président Giscard d'Estaing accorda tant de bienveillance et de moyens à un faux prophète. L'Iran des Pahlavis n'était certes pas parfait, mais il était en pleine modernisation. Fallait-il pousser à le remplacer par un régime arriéré, animé par un fanatisme aveugle ? L'essor de l'islamisme radical date de là[34].

3

« Comment la Savak se permet-elle
de me dicter ma conduite ? »

Le 8 janvier 1978 est la date qui marque sans doute le mieux le début du processus de la révolution islamique. Un événement aux conséquences que nul n'a prévues va se produire.

A ce moment, le régime impérial est résolument engagé dans une phase de libéralisation. Certes, on ne saurait encore parler d'empire libéral, mais les oppositions peuvent s'exprimer assez ouvertement. Le Front national – qui revendique toujours l'héritage de Mossadegh – étant plus une fiction ou, au mieux, une nébuleuse dans le paysage politique réel, c'est la hiérarchie religieuse chi'ite, plutôt officieuse, qui devient le porte-parole, voire le fédérateur d'un mouvement pour le changement, sa relative immunité lui donnant quelque latitude.

A sa tête, deux « grands ayatollahs ». En premier lieu et à l'échelon mondial, Hadj Agha Abolghassem Khoï détient l'autorité suprême. Issu d'une illustre famille d'Azerbaïdjan, il réside à Nadjaf. A l'écart des intrigues, il est très respecté par les pouvoirs politiques, non seulement en Iran, officiellement chi'ite depuis le XVIe siècle, mais aussi en Irak, au Liban, au Bahreïn, au Pakistan..., pays dont la population chi'ite, bien que minoritaire, est importante. A l'intérieur de l'Iran cependant, la figure dominante chi'ite est le grand ayatollah Sayed Kazem Shariat-Madari, homme pondéré au passé patriotique irréprochable[1].

Derrière Khoï et Shariat-Madari, on compte quelques autres personnalités de moindre influence. Parmi eux, Rouhollah Khomeyni, considéré par certains comme « grand ayatollah » et « source d'imitation », est surtout connu pour sa radicalité. A Nadjaf, où il réside encore, sa position n'est pas éminente. Sous l'ombre tutélaire de Khoï, qui ne l'estime guère, et même le détesterait, il est surveillé par les services spéciaux iraniens ainsi que par les autorités irakiennes depuis 1975, à la suite des accords d'Alger entre le shah et Saddam Hussein.

Les mollahs, pour leur part, sont diversement appréciés du pouvoir. Le shah, bien que croyant, les considère plutôt comme des obstacles à la modernisation du pays. Hoveyda – accusé à tort par beaucoup d'être baha'i[2], mais en fait athée – montre un minimum de respect pour l'islam et pour les mollahs dont il achète pour beaucoup les services, à son habitude. A l'inverse de ses prédécesseurs, il n'entretient aucun dialogue sérieux avec la hiérarchie religieuse. Lorsque Djamchid Amouzegar[3] lui succède le 7 août 1977, une des premières mesures qu'il prend, par « souci d'économie », est de supprimer la majeure partie des fonds secrets affectés à leur « arrosage » et, sous pression d'Hoveyda nommé à la Cour impériale, d'en transférer une partie à ce dernier ministère[4]. Grave erreur : leurs subsides coupés, beaucoup de mollahs se retourneront contre le pouvoir.

La situation est donc complexe lorsque, soudain, Khomeyni fait de nouveau parler de lui. Quasi oublié, peu audible jusque-là, il avait ressurgi brièvement sur le devant de la scène politique lorsque en 1977 la mort de son fils aîné Mostafa[5] avait donné lieu à des cérémonies funéraires dans plusieurs mosquées. La plus importante, initiée à Téhéran par un futur Premier ministre de Khomeyni, Mehdi Bazargan, avait attiré quelque 5 000 personnes. La Savak avait proposé de la faire interdire, mais le shah s'y était opposé, d'après Parviz Sabéti.

Cette fois, l'affaire est plus épineuse : Khomeyni diffuse des cassettes incendiaires où le shah est dénoncé comme « un agent juif, un serpent américain dont la tête doit être écrasée avec une pierre ». La distribution et l'audience de ces cassettes – limitées, certes, mais amplifiées par la BBC qui les retransmet en langue persane – provoquent une telle irritation chez le shah qu'il laissera commettre une faute politique gravissime.

Le 8 janvier 1978, *Ettélâ'ât*, l'un des deux grands quotidiens du soir de Téhéran, publie un véritable pamphlet, sous le pseudonyme de Rachidi Motlagh, contre l'ayatollah Rouhollah Khomeyni. L'article accuse l'opposant d'être d'origine indienne – ce qui est avéré –, d'avoir eu dans sa jeunesse des pratiques homosexuelles – une accusation sans fondement, concernant en outre la vie privée, que l'on n'a pas l'habitude d'évoquer en Iran –, d'être inculte – sur des critères non définis – et d'entretenir des relations suspectes avec les services spéciaux étrangers, britanniques entre autres. On y insinue même que son épouse, pourtant issue d'une famille honorable, aurait eu des mœurs légères ! Bref, un mélange de vérités et de mensonges jetés en pâture à tout vent.

On connaît aujourd'hui le processus qui a abouti à la rédaction de cet article scandaleux – et qui se révélera bientôt désastreux. L'idée en aurait été suggérée au shah par le ministre de la Cour, Hoveyda. Constatant l'extrême irritation de Mohammad Réza, il aurait proposé : « Pourquoi ne pas riposter et révéler la véritable personnalité et le passé de Khomeyni ? – Pourquoi pas, en effet ? » aurait répondu le monarque. Dans ses *Mémoires*, Parviz Sabéti présente une version différente de l'affaire. Le général Nassiri aurait rendu compte du contenu des cassettes au shah, qui lui aurait répondu avec nervosité : « Ce petit bonhomme, ce fils de chien, cet espion qui est opposé à la réforme agraire, qui est contre l'égalité des droits entre hommes et femmes, comment ose-t-il dire de telles choses ? » Et d'ajouter, toujours selon Sabéti : « Faites préparer deux articles sur lui et rapportez-les-moi au cours de la prochaine audience pour que j'y jette un coup d'œil ! » Des deux versions, celle de Sabéti semble la moins fiable en raison des suites de l'« affaire » sur lesquelles les témoignages concordent.

La réponse du shah à Hoveyda fait immédiatement office d'accord, puis, curieusement, d'« ordre ». La rédaction de l'article – d'un seul et non de deux – est confiée par Hoveyda – et non par Nassiri – à un journaliste connu, excellente plume de l'entourage immédiat du ministre de la Cour, lequel se contente de reprendre ce qui se dit ou s'imagine sur le personnage. L'article, une fois rédigé, est soumis au ministre de l'Information, Darioush Homayoun, avec ordre du ministre de la Cour de le faire publier par un grand journal.

Fereydoun Hoveyda, ambassadeur aux Nations unies et frère du ministre de la Cour, qui qualifie, non sans raison, l'article d'« étincelle qui va mettre le feu aux poudres[6] », suggère que Homayoun a « imposé » la publication dudit article au grand quotidien du soir. Le ministre mis en cause s'est expliqué sur le sujet. Il nie avoir été l'auteur de l'article, ce que certains commentateurs avancent, mais admet l'avoir reçu – sans nul doute l'a-t-il lu aussi ! – et transmis au journal[7].

Cette dernière phase s'est avérée moins facile qu'elle aurait dû l'être, si l'on considère que Sa Majesté était censée avoir donné un *ordre*. Quatre titres de quotidiens auraient pu répondre à la demande. Les deux quotidiens du matin tout d'abord. Le premier, *Âyandégan*, fondé par Homayoun lui-même, est écarté, car la publication de l'article y aurait eu un caractère quasi officiel. Le second, le *Rastakhiz*, organe du parti éponyme, est rejeté pour les mêmes raisons. Restent les deux grands quotidiens du soir. Le premier, *Keyhan,* ferme ses portes après le refus de son directeur, l'influent sénateur Mostafa Mesbahzadeh. Reste une dernière carte, le maillon faible : *Ettelâ'ât*, vieux journal prestigieux fondé un demi-siècle plus tôt par la famille Massoudi et codirigé par l'épouse de Abbas Massoudi (décédé) et son fils Farhad. Ce dernier tente vainement de résister quelques heures et même, par l'intermédiaire de la vieille reine mère, d'alerter le roi. Ne parvenant à rien, il cède.

Le soir, le journal, mis en vente dans tout le pays, envahit les rues de Qôm, la ville sainte, faisant l'effet d'une bombe. Le Premier ministre, Amouzegar, qui ignore tout de l'affaire, et le shah, qui n'a pas lu le texte retenu, prennent connaissance de la teneur de l'article en même temps que tout le monde ! Maladresse, erreur, manipulation, dysfonctionnement de l'Etat ? On n'aurait pu imaginer pire !

L'ayatollah Khomeyni est désormais lancé sur la scène nationale et internationale. Dans le climat tendu de l'époque et face à Shariat-Madari, il devient en un éclair le principal adversaire du régime, sortant d'un quasi-anonymat grâce au pouvoir en place.

Le 9 janvier 1978, trois mille manifestants, selon l'évaluation ultérieure de la révolution islamique[8], « quelques aventuriers » selon la police, envahissent les rues de Qôm pour protester contre la publication de l'article. La manifestation n'ayant pas été autorisée dans cette ville de 400 000 habitants, berceau de toutes les agitations, la police locale intervient pour la disperser. Un manifestant mourra des suites de ses blessures. Premier mort de la révolution. Le pouvoir en place tient bon, conforté, le 26 janvier, par le défilé dans les rues de la capitale de plusieurs centaines de milliers de personnes, un million selon la propagande officielle, pour célébrer, à l'appel du Rastakhiz, l'anniversaire de la Révolution blanche.

Le 19 février, à l'initiative du grand ayatollah Shariat-Madari et par un réflexe corporatiste que même son initiateur regrettera par la suite[9], le clergé, qui veut relever la tête face à un pouvoir jugé encore trop méprisant, inaugure ce que la presse francophone appellera « la tactique de la quarantaine ». Cette tactique consiste à organiser des réunions commémoratives chaque quarantième jour après le décès du manifestant de Qôm. Elle fédère progressivement toute la hiérarchie de la ville sainte dans une opposition qui, si elle ne vise encore ni le shah ni le régime et assure vouloir rester dans le cadre de la Constitution, réclame des « changements ».

A Tabriz, lieu de naissance et fief de Shariat-Madari, les réunions commémoratives sont assez importantes, le bazar étant même partiellement fermé. La veille de la première de ces cérémonies, la police locale ordonne de fermer en outre la mosquée où doivent se réunir les partisans du grand ayatollah. Le matin du 19, quelques heures avant que la foule ne converge vers l'édifice, le chef de la police locale reçoit un coup de téléphone du général Nassiri, encore patron de la Savak, lui enjoignant d'ouvrir la mosquée. Le chef de la police lui répond qu'il n'a d'ordres à recevoir que du directeur de la police nationale, et qu'en outre, pour annuler l'ordre écrit reçu, un contrordre écrit est nécessaire !

Le contrordre arrive trop tard, le général Nassiri ayant dû appeler son propre chef hiérarchique, le Premier ministre Amouzegar, lequel a jugé prudent d'en référer au shah. Exemple typique de la bureaucratie d'un système autoritaire où personne n'ose prendre la « dernière décision ».

Les manifestants, privés d'un lieu de rassemblement précis, se ruent dans les artères principales de la ville. Les groupuscules de casseurs qui s'y mêlent se livrent à des actes de vandalisme. Face aux incendies et pillages, la police, qui n'est ni formée pour affronter les révoltes urbaines, ni équipée de matériels anti-émeute, use de ses armes, faisant morts et blessés.

Le cruel engrenage manifestations/répression est engagé[10]. Il ne cessera pas, le régime perdant peu à peu le contrôle de la situation. Le ministre chargé des relations avec le Parlement Holakou Rambod attribue, devant la Chambre, la responsabilité des émeutes aux « individus venus d'au-delà des frontières ». Les opposants sourient ; l'opinion publique est sceptique. Le ministre n'a pourtant pas totalement tort. Pendant et après les émeutes, les forces de l'ordre avaient en effet appréhendé puis rapidement relâché des jeunes gens rentrés récemment des Etats-Unis et connus pour leur appartenance à des groupes d'extrême gauche – désormais plus ou moins tolérés en raison de « l'ouverture politique » pratiquée par le shah et conseillée par les Américains –, des personnes sorties de « stages de formation » dans des camps palestiniens et des étrangers. En outre, des individus ne parlant que l'arabe, n'étant pas des « touristes » et se disant « Palestiniens » avaient pris part aux manifestations, munis d'armes blanches et de matières incendiaires[11]. Les forces de l'ordre n'avaient alors rien tenté contre elles : il fallait faire preuve de libéralisme.

Le pouvoir en place ne communique sur aucun de ces « détails », alors que la population, inquiète, est avide d'informations valides, ne disposant que de rumeurs invérifiables ou de témoignages d'opposants. Deux questions se profilent alors de façon de plus en plus pressante et récurrente. Qui gouverne ? Quel sera l'avenir politique du pays ?

Après les événements de Qôm, le Groupe d'études sur les problèmes iraniens adresse au shah un nouveau rapport circonstancié sur la situation et le raidissement du clergé, au risque de l'irriter, selon certains dirigeants du groupe. Rappelant que depuis des décennies le clergé a été à l'origine, sinon le vecteur, de mouvements populaires d'importance, il insiste sur la nécessité d'un dialogue et d'une entente avec lui, en premier lieu avec le grand ayatollah Shariat-Madari. Il qualifie en outre l'article d'*Ettelâ'ât* de grave erreur politique.

Pour une fois, le shah réagit vite. Loin de se « fâcher », il charge une commission « ultra secrète », présidée par Nosratollah Moïnian, chef du cabinet impérial, d'étudier et d'évaluer le rapport. En font partie le général Nassiri, toujours chef de la Savak, et son adjoint pour la sécurité intérieure, Parviz Sabéti, un ministre et un secrétaire d'Etat à la présidence, délégués par le chef du gouvernement, l'ayatollah Sayed Hassan Emami, prélat proche du shah et chef religieux de Téhéran, ainsi que plusieurs autres personnalités civiles et militaires. Le professeur Kazem Vadii, principal rédacteur du rapport, ainsi que Houchang Nahavandi, qui, en sa qualité de président du groupe, l'a signé et adressé au shah, sont également présents pour défendre leur synthèse. Au terme de deux séances, parfois animées, la commission rédige un procès-verbal, inspiré surtout par le général Nassiri et les deux représentants du Premier ministre, qualifiant les inquiétudes exprimées d'« imaginaires ». A l'exception de quelques mollahs, téléguidés par l'étranger d'après le procès-verbal, le clergé iranien resterait « fidèle à Sa Majesté », l'agitation n'étant imputable qu'au Toudeh, Parti communiste iranien... pourtant clandestin depuis des lustres !

L'ayatollah Sayed Hassan Emami ne s'associe pas à ces conclusions, prétextant que son « habit » lui interdit de signer. Parviz Sabéti déclare que la présence et la signature de son chef suffisent, que quelques nuances mériteraient d'être apportées au texte. Il parafe néanmoins le procès-verbal. Plusieurs personnes présentes aux réunions et l'entourage du général Nassiri diront par la suite qu'ils n'approuvaient pas la teneur du procès-verbal mais ne l'avaient signé que pour ne pas déplaire à Sa Majesté. Quant à Nassiri, il continuera longtemps à nier la gravité de la situation, persuadé que si les choses se gâtaient, ses services seraient à même de rétablir l'ordre.

Le procès-verbal est remis au shah, qui ne réagit pas. L'aveuglement triomphe une fois de plus au sommet de l'Etat...

Dans la semaine qui suit les événements de Tabriz, le Groupe d'études publie un long communiqué au ton parfois universitaire, mais très explicite. Il y fait le point sur ce qui relève du régional – les erreurs de gestion de la municipalité de Tabriz – et du national – une politique économique qui a ruiné une partie de la population urbaine tout en créant autour d'elle des complexes industriels peu intégrés à l'activité provinciale. S'il ne nie pas les intrigues venues de l'étranger, le communiqué conclut de nouveau sur l'urgence d'un dialogue avec la haute hiérarchie religieuse.

Face à ce communiqué, provocateur pour certains, le shah reste impassible, bien qu'il rencontre assez régulièrement quelques-uns de ses auteurs ou inspirateurs[12]. Ni approbation ni objection, ce qui est inhabituel de sa part. Se désintéresserait-il de ce qui se passe en Iran ? Une constatation qu'on ne se gêne plus pour énoncer, souvent avec inquiétude. Serait-ce l'effet des médicaments qu'on lui administre ? *A posteriori*, quelques autorités médicales l'affirmeront ; le professeur Safavian, pour sa part, ne le croit pas.

Le gouvernement se sent visé à divers niveaux. En premier lieu, Djamchid Amouzegar, qui pense à tort être l'une des cibles du rapport, puisque le gouverneur de Tabriz est son proche parent. Le ministre de la Cour, Hoveyda, et la Savak ensuite, qui déclenchent une violente campagne de presse contre le groupe. Enfin, le Conseil municipal de Tabriz, qui vote en « séance extraordinaire » une motion le condamnant et qualifiant ses membres d'« agitateurs professionnels ».

Malgré ces mouvements de fond, le couple impérial, imperturbable, effectue au printemps 1978 deux voyages officiels – ses derniers – à l'étranger, dans quatre pays socialistes : Pologne, Tchécoslovaquie, Hongrie et Bulgarie, qui déploient pour l'occasion des moyens exceptionnels et un faste très peu socialiste. Le shah, comptant encore parmi les acteurs majeurs sur la scène internationale, reçoit ses deux derniers doctorats *honoris causa*. A Prague, où la shahbanou est gratifiée du même titre, le discours du shah en réponse à celui du recteur de la vieille université Charles-V est plutôt banal ; celui de la shahbanou, rédigé par un professeur de relations internationales de l'université de Téhéran, suscite l'enthousiasme par sa grande spiritualité. « Vous avez été très applaudie, à ce que je vois », glisse en persan Mohammad Réza, quelque peu piqué, à son épouse.

A Bratislava[13], l'armée a organisé des manœuvres et des démonstrations. Le gouvernement tchécoslovaque connaît en effet le grand intérêt du shah pour les armes et le souhait de l'Iran de diversifier ses sources d'approvisionnement. Sur le podium aménagé en hauteur afin que l'on puisse suivre les manœuvres, la shahbanou confie à son époux :

« J'ai horreur de ce genre de démonstration, de tout ce qui rappelle la guerre.

— Vous serez peut-être amenée à exercer un jour les fonctions de commandant en chef de l'armée impériale.

— Dieu fasse que cela n'arrive jamais[14] ! »

Jusqu'au début mai 1978, la vie des souverains se déroule comme à l'ordinaire. Le shah continue à sembler maître de la situation, malgré les manifestations – plutôt sporadiques – qui se déroulent à Téhéran, Tabriz, Qôm et dans quelques autres villes. Alam étant décédé, on possède moins de renseignements sur ses faits et gestes. On sait cependant que Mohammad Réza continue ses « escapades » du mardi après-midi dans la villa de Pôl-é-Roumi, grâce à un jeune fonctionnaire de son entourage qui a pris le relais d'Alam. Il conduit alors lui-même une voiture banalisée, suivie d'un seul véhicule de garde. Bientôt d'ailleurs, ses visites galantes cessent. Pour tout le monde, le shah semble très calme, affectant un certain désintérêt pour le quotidien. Une attitude mise au compte de la distance nécessaire pour régner, signe de force et de confiance en l'avenir.

Le 10 mai, lors de manifestations à Qôm, les forces de l'ordre, poursuivant des émeutiers, pénètrent dans la résidence de l'ayatollah Shariat-Madari, une maison modeste avec une petite cour. Erreur ou provocation ? Dès qu'il l'apprend, Amouzegar présente ses regrets au grand ayatollah, invoquant une « violation involontaire » de son domicile. Dans le même temps, deux personnes sont tuées dans des échauffourées[15]. L'affaire aurait pu être explosive, mais Shariat-Madari lance un appel au calme et les choses se tassent. Les autorités procèdent par ailleurs à la libération de nombreux « prisonniers politiques », le plus souvent arrêtés pour actes de violence ou attaques à main armée. Ces libérations sont assorties de mesures de grâce ou de réductions de peine. On insiste sur le fait qu'elles se poursuivront.

Ces mesures de clémence n'empêchent pas la Savak de procéder à l'arrestation d'environ 300 personnes parmi les émeutiers et les casseurs. En fait, Parviz Sabéti, dans ses *Mémoires*, note qu'il a proposé une liste de mille cinq cents noms au Premier ministre afin d'« étouffer la sédition dans l'œuf ». Confronté à l'opposition d'Amouzegar, qui aurait déclaré : « Que vais-je répondre aux organisations de défense des droits de l'homme ? » il a court-circuité le Premier ministre et, par l'intermédiaire d'Hoveyda, obtenu l'aval du shah pour l'arrestation de

« trois cents personnes seulement » ! Comme ces arrestations discrètes ne concernent que des inconnus sur le
plan politique et aucun étranger, elles ne provoquent
pratiquement aucune réaction, ni interne ni internationale. Elles ne sont qu'une preuve de plus de l'incohérence régnant au sommet de l'Etat.

Une nette accalmie s'ensuit, que le shah aurait pu
mettre à profit pour réorienter sa politique intérieure,
réformer dans l'ordre et assainir son entourage. Il man-
quera aussi cette occasion inespérée. Il est vrai que son
Premier ministre est plus occupé à surveiller quelques
détails d'ordre financier qu'à faire de la prévention. Le
shah, d'ailleurs, s'en moquait en privé en brocardant
« sa pingrerie, sauf pour ses amis »[16]. Heureusement,
Amouzegar en a peu. Quant à Hoveyda, il n'a de cesse
que d'utiliser ses réseaux au ministère de la Cour pour
intriguer contre Amouzegar et le paralyser ; l'histoire de
la liste de 1 500 noms en est un bon exemple. Le résultat
est que le pouvoir avance sans stratégie, s'affaiblissant
ou s'enlisant un peu plus à chaque pas.

Niant toujours officiellement la réalité, le shah, fier de
son bilan, raisonne en termes de croissance de PIB, de
facteurs de développement... Bien que convaincu de la
nécessité d'une démocratisation à l'occidentale de la vie
politique, il tarde à opérer les réformes qui y mèneront. Il
se contente de marteler, durant ce printemps et l'été qui
suivra, que le revenu par habitant est, à prix constant,
de 2 450 dollars en ce début 1978, contre 160 un quart
de siècle plus tôt, et qu'en l'an 2000, il dépassera les
10 000 dollars. Il rappelle avec la même constance que
la monnaie iranienne est stable par rapport aux devises
étrangères, qu'en valeur, les réserves de change du pays
dépassent celles des Pays-Bas, de la Belgique, de l'Italie
et de l'Espagne réunis[17], que l'Iran va entrer dans l'OCDE.
Il cite enfin les chiffres impressionnants de la production

de ciment, d'acier et d'électricité, que grossira bientôt la mise en service de centrales nucléaires[18].

Certes, l'ensemble est spectaculaire, mais pour la plupart des gens, le quotidien reste problématique : les prix à la consommation ne cessent de monter, les exactions des Chambres corporatives continuent de plus belle et les coupures de courant paralysent plusieurs grandes villes, en particulier la capitale. En outre, on dénonce partout la corruption de certains. Ainsi, la réalisation sans permis de construire, en 1976-1977, d'une villa « les pieds dans l'eau » pour la princesse Ashraf sur une grande partie de la plage, jusque-là publique et nationalisée, de Souldeh, dans le Mazandaran, souleva-t-elle des vagues de protestations. Ce projet s'inscrivait en effet en contradiction flagrante avec la nationalisation d'une bande de terre tout au long de la Caspienne votée dans le cadre de la Révolution blanche. L'initiative de la sœur du roi avait été si mal perçue que le lieu était devenu une attraction pour des milliers de touristes. Pire, en ce premier semestre 1978, le scandale resurgit si violemment sur la place publique que les mosquées s'en emparent. Mais on laisse faire, car on n'ose pas s'opposer à la princesse. Une petite association d'architectes proteste auprès de la shahbanou[19]. Mais que peut-elle ? Le scandale dépasse déjà toute proportion raisonnable.

Les dérapages s'enchaînent. Lors de la célébration de la Journée de la femme dans le stadium couvert du complexe sportif de Téhéran, devant plus de dix mille personnes, le shah, contre toute attente, sidère l'assemblée en usant d'un langage qu'on ne lui connaissait pas, durcit le ton, traite ses adversaires de « réactionnaires », de « ringards », d'« attardés ». « Les chiens aboient, la caravane passe », conclut-il en visant le clergé, ce qui en fait trembler plus d'un. Rien ne se produit cependant : ses paroles dures et blessantes ne seront qu'un coup d'épée dans l'eau, ne faisant que renforcer les oppositions.

Le 9 juin, alors que le calme est pratiquement revenu, changement de cap : le shah part pour une tournée d'inspection dans la province du Khorassan. A son arrivée à Mashhad[20], il est surpris par l'accueil chaleureux que lui réservent plusieurs dizaines de milliers de personnes dans les rues. Après le pèlerinage traditionnel au mausolée de l'imam Réza, il reçoit, dans le salon d'apparat du musée, une cinquantaine de mollahs dont quelques-uns d'importance, qui tous lui baisent la main en signe d'hommage au seul chef d'Etat chi'ite du monde. En réponse, il se montre particulièrement courtois envers ceux qu'il a traités de « réactionnaires » et d'« attardés » quelques semaines plus tôt, et leur dit son attachement à l'islam et sa vénération pour l'imam Réza.

Dans l'après-midi du 10 juin, il visite un complexe industriel, où l'accueil est aussi enthousiaste : les ouvriers de la grande industrie, bénéficiaires de la Révolution blanche, lui resteront fidèles jusqu'à son départ d'Iran, à l'instar des paysans. Vient ensuite l'inspection d'une base militaire. Sur le chemin du retour[21], alors qu'il survole en hélicoptère le nouveau campus de l'université Ferdowsi, l'idée lui vient soudain de recevoir les enseignants le lendemain après-midi, ce qui met dans l'embarras le gouverneur : « Comment alerter et réunir en quelques heures des centaines de personnes… Et puis, les professeurs ne sont pas tous "sûrs" ! » Mais le shah reste inébranlable.

Dans la soirée, le recteur de l'université, Parviz Amouzegar[22], avertit donc tous les enseignants sans exception de l'audience royale. Le 11 au matin, le gouverneur et le chef de la Savak locale lui présentent une liste de vingt personnes « indésirables ». « Il n'y aura pas d'exception, sinon j'irai seul présenter mes respects à Sa Majesté », rétorque le recteur.

Le gouverneur soumet l'« affaire » au shah qui entre dans une violente colère : « Depuis quand osez-vous décider de ceux que je dois ou ne dois pas recevoir ?

Comment la Savak se permet-elle de me dicter ma conduite ? » La rupture avec la Savak et les méthodes de Nassiri est consommée.

Dans l'après-midi, plusieurs centaines d'universitaires applaudissent le shah à son arrivée dans les jardins du palais. Même les opposants sont là. « Sire, nous sommes heureux de votre présence », déclare le recteur. « Moi aussi », répond simplement le shah qui promet une visite plus longue une prochaine fois. Il se mêle ensuite aux personnes présentes[23].

Le docteur Mortéza Rohani, qui figurait en premier sur la liste des « indésirables », puisque opposant notoire et beau-frère de Ali Shariati, feu théoricien de l'islamisme radical, profite de ce moment pour demander en aparté au shah son intervention dans l'allocation d'un logement plus spacieux à l'université : « Nous sommes trois. Notre fils est déjà un vrai jeune homme qui aime recevoir ses amis. Soixante mètres carrés, c'est vraiment trop peu. – Je n'y peux rien, docteur, répond le shah. Vingt mètres carrés par personne, c'est la norme dans ces logements de fonction. Bientôt, sans doute, vous vous construirez vous-même une belle maison. » Puis d'ajouter en souriant : « Faites attention que votre fils ne perde pas trop de temps avec ses copains. Les études d'abord. » L'intéressé s'incline respectueusement devant le souverain, qui lui serre la main. Moins de un an plus tard, le docteur Rohani sera ministre de la Santé de Khomeyni. Nul doute qu'il obtiendra alors un plus grand logement.

L'audience royale a duré trois heures, sans accroc. Sur le départ, le shah déclare, moqueur, au gouverneur de province et au chef de la Savak local, quelque peu à l'écart pour ne pas être remarqués : « Si tous les agitateurs étaient ainsi ! »

La sortie brutale du shah sur la Savak devant plusieurs personnes qui la répandront dans l'heure était calculée.

Elle sonne le glas du pouvoir de Nassiri. Le 14 juin à 10 h 15, Mohammad Réza reçoit dans son petit bureau privé de Niavaran le Premier ministre Amouzegar. L'audience dure deux minutes. Aucun photographe ni cameraman. « Sire, j'ai l'honneur de vous présenter le général Nasser Moghaddam comme secrétaire d'Etat à la présidence du Conseil et chef de la Savak. » Le shah serre la main de Moghaddam, jusque-là chef du Deuxième Bureau de l'Etat-major général. « Vous savez ce que vous avez à faire ! » conclut-il.

Cette décision tardive avait cependant précédé le voyage à Mashhad. Le shah avait beaucoup consulté avant de porter son choix sur Moghaddam : le Premier ministre, le ministre de la Cour, la shahbanou et, probablement, le chef de l'état-major général. Deux candidats étaient en lice. Le premier, Ali Motazed, général de division, théoriquement numéro 2 de la Savak, avec le titre de fondé de pouvoir plus spécialement en charge du renseignement extérieur et du contre-espionnage, ne s'était jamais occupé de sécurité intérieure. Son inexpérience plaidait contre lui, tout en étant aussi son atout le plus évident : on ne pouvait l'accuser d'avoir trempé dans les abus reprochés à la Savak. Le second, Nasser Moghaddam, qui passait pour être apprécié des Américains et entretenait un bon réseau parmi les intellectuels et le clergé, avait dirigé la sécurité intérieure quelques années auparavant, se disait disciple du général Pakravan et critiquait ouvertement Nassiri, qu'il accusait d'être en grande partie responsable de la crise. En outre, en avril 1978, alors à l'état-major, il avait fait remettre[24] au shah un rapport dénonçant les causes des mécontentements internes qui risquaient d'ébranler le régime, avec citation des noms de personnes très haut placées. « Je vais être mis à l'arrêt de forteresse », avait-il déclaré à l'intermédiaire, n'osant remettre lui-même le brûlot au souverain. Le document était-il inspiré par les conseillers américains de l'armée ? Ses détracteurs l'ont pensé. Le choix du shah n'était donc pas facile, les deux hommes semblant répondre aux besoins du moment.

Selon certaines sources, Motazed aurait été desservi par le soutien insistant de Hoveyda dont le shah se méfie de plus en plus. Devant son puissant ministre de la Cour cependant, il feint d'apprécier sa suggestion. Hoveyda dit alors à Motazed que « l'affaire est réglée », qu'il doit attendre le 13 au soir l'appel du Premier ministre ou du palais pour fixer son heure de présentation au shah. Le 13 au matin, Nassiri a fait ses adieux à ses collaborateurs. Pour fêter la nomination, le 13 au soir donc, quelques intimes se réunissent chez les Motazed qui reçoivent vers 20 heures une gerbe de fleurs accompagnée d'un mot particulièrement chaleureux de Hoveyda. C'est tout ce qu'ils recevront ce soir-là, car le coup de fil tant attendu n'arrivera jamais[25]. Quant à Moghaddam, son rapport critique ne l'a pas desservi.

De retour de Mashhad, le shah a repris confiance en lui. En écartant le général Nassiri de la direction de la Savak et en privilégiant Moghaddam, il croit avoir marqué un point et désamorcé à peu de frais la crise. Nassiri est devenu trop encombrant, cible privilégiée de l'opinion et de la presse internationale. Or, pour le shah, rien ne doit plus s'opposer à une libéralisation réelle de son régime.

Quelques minutes seulement après avoir officialisé la nomination du nouveau chef de la Savak, il reçoit, toujours à Niavaran, les participants au congrès annuel du Groupe d'études, des centaines d'universitaires, d'artistes, de magistrats, d'avocats, ainsi qu'une trentaine de députés et le ministre des Postes, Karim Motamédi. S'il a parfois mal supporté les rapports et les critiques qu'il en a reçus et a même envisagé, d'après les *Mémoires* d'Alam, d'en faire cesser les réunions, dans le nouveau climat politique qu'il vise, « ces empêcheurs de tourner en rond » tombent à pic.

Comme l'exige la bienséance, le président du Groupe attend le shah devant l'ascenseur au rez-de-chaussée du palais. Mohammad Réza Pahlavi apparaît détendu : « Je pense que vous êtes content ! » lui dit-il, faisant allusion à la nomination de Moghaddam. En se dirigeant vers les jardins, il est impressionné par l'importance du nombre des congressistes. Beaucoup de journalistes et de photographes sont présents aussi, tant iraniens qu'étrangers, ce qui constitue une nouveauté. « Mais qui prétend que les intellectuels ne nous aiment pas ? » ajoute-t-il. C'est le moment de l'adresse au roi. Chaque mot en a été pesé par les principaux responsables : « La stabilité et l'unité de l'Iran dépendent de la collaboration de la religion et de la monarchie... » Un propos encore audacieux à ce moment. Le texte revient ensuite sur le mécontentement croissant de l'opinion, la nécessité de lutter contre la corruption d'une infime minorité, de réformer l'administration, et sur l'urgence d'un dialogue national. « Ceux qui entourent Votre Majesté, ceux qui sont le plus proches d'Elle, doivent être un modèle de rectitude morale, de vertu et d'intégrité. » Cette dernière phrase, flèche décochée à certains potentats, est chaudement applaudie, contrairement à l'usage. L'adresse se termine par quelques paroles d'espoir : « La Nation fait une fois de plus confiance au Roi pour la diriger dans ce tournant décisif, pour faire front aux difficultés du présent et préparer l'avenir. »

Le shah prend fort bien ce discours auquel il répond : « Je suis heureux de vous revoir ici en si grand nombre. » Il promet qu'il fera tout ce qu'il peut pour que le pays évolue vers la libéralisation et pour qu'un dialogue s'instaure « avec ceux qui avaient quelque chose à lui dire ». Puis, comme à l'accoutumée, il s'entretient avec les assistants, pose des questions, confie à une professeur d'université son regret que les femmes ne soient pas assez représentées, au procureur général de la Cour suprême son souhait d'une justice plus forte, plus agissante. Il sait que toutes ses paroles seront diffusées quelques minutes plus tard à la radio et à la télévision, puis reprises dans les grands journaux du soir. L'important pour lui, à présent, est de marteler les deux mots clés du nouveau virage de son régime : libéralisation et ouverture.

Reste à trouver à qui parler parmi ceux qui ont « quelque chose à dire », en acceptant qu'ils puissent penser autrement que lui. Aussi deux options – toujours les mêmes – s'offrent-elles à lui. Le courant dit nationaliste, tout d'abord, se réclamant toujours de Mossadegh, bénéficie d'une influence morale et d'un prestige certains. Dans ses rangs, on compte le professeur Gholam Hossein Sadighi, héritier spirituel du « Vieux Lion », à qui le shah fera appel quelques mois plus tard, mais qui se tient alors strictement éloigné de la politique. Il y a aussi Mehdi Bazargan, prospère homme d'affaires que l'on dit proche des Américains et qui se réclame déjà de Khomeyni. Il y a enfin Ali Amini, son ancien Premier ministre qui entretient d'excellentes relations avec Qôm. A ce moment cependant, Mohammad Réza Pahlavi, encore drapé dans une dignité quelque peu méprisante, croyant toujours « au soutien de la plus grande partie du peuple, de tous les ouvriers et de 700 000 soldats », pense toujours que personne ne peut le renverser[26]. Or, face aux fortes individualités de l'opposition, il aurait dû mettre de côté certaines de ses rancœurs, leur montrer, à l'orientale, quelques signes d'égard – comme son père se rendant presque en quémandeur auprès de Foroughi pour sauver la monarchie et le sort de son fils. Il ne fait rien de tel.

Sans doute mise-t-il tout sur la seconde option qui s'offre à lui : la hiérarchie religieuse, et surtout l'ayatollah Shariat-Madari. Le pouvoir tente alors plusieurs actions dans ce sens. Le gestionnaire du patrimoine privé du shah, Sayed Djafar Béhbahanian, se rend à titre privé

– sans doute avec l'aval du shah – à Qôm, où il est reçu par l'ayatollah. Shariat-Madari confiera, peu après cette rencontre, sa certitude que son message n'a pas été transmis au souverain. Le Premier ministre envoie ensuite le sénateur Hossein Moussavi, natif de Tabriz, comme l'ayatollah, pour entendre « ce que Shariat-Madari veut et dit ». Moussavi rédige ensuite une note qu'il remet à Amouzegar, mais il se dira plus tard certain que le Premier ministre n'a pas voulu ou pas osé la transmettre au shah[27]. Il semblerait aussi que le général Moghaddam, dès sa nomination à la tête de la Savak, se soit rendu à Qôm dans le plus grand secret et ait pris contact non avec le prélat lui-même, mais avec son entourage. Toutes ces initiatives, pour des raisons diverses, restent lettre morte.

L'été 1978 commence. Le shah a encore beaucoup d'atouts en main. Profitant de l'accalmie due à la fermeture des universités, il part pour Nowchahr passer ses vacances d'été, les dernières. Avant son départ, constatant l'absence de résultat des diverses médiations tentées vers les religieux, il désigne enfin un émissaire « officiel » pour dialoguer avec Shariat-Madari. « Allez entendre ce qu'il a à dire et rendez-m'en compte », dit-il à Houchang Nahavandi, celui que l'homme politique britannique, sir Eldon Griffiths, appellera plus tard le *go between* entre le grand ayatollah et le shah[28].

Mais n'est-ce pas déjà trop tard ?

4

« Mais que leur ai-je donc fait ? »

Nowchahr. Derniers jours de juin 1978. Dernières vacances de la famille impériale en Iran.

Dans la résidence de bois pompeusement appelée « palais impérial », chacun s'attache à oublier ou à feindre d'oublier les événements récents. Les contraintes protocolaires sont allégées. Le shah, presque toujours en chemise, enfile parfois une veste légère pour recevoir certains visiteurs ou noue une cravate pour accueillir les personnalités étrangères. C'est tout. Même les gardes du corps et les serviteurs sont en tenue d'été. Il règne un parfum évoquant *Les Estivants* de Gorki. Sur la grande terrasse se croisent les hôtes de « Leurs Majestés », ou plutôt de la shahbanou. La plupart logent à l'hôtel Tchalouss, situé à quelques kilomètres de Nowchahr. Un hôtel qui, en France, aurait reçu trois étoiles, pas plus. L'emploi du temps du shah est lui aussi allégé : jamais plus de trois heures pour les audiences quotidiennes. Le reste du temps, il lit, presque toujours des ouvrages ou des journaux en français, s'occupe beaucoup de ses enfants, fait du ski nautique, plonge parfois dans les eaux souvent boueuses de la Caspienne. Le soir, il participe à des jeux de société ou écoute de la musique. Comme par le passé. Les nuits sont calmes : il s'endort sans son cachet habituel.

Pourtant, en cet été d'apparence tranquille, le roi et la reine multiplient les audiences. Certaines sont consacrées aux rapports de l'émissaire dépêché auprès du grand ayatollah Shariat-Madari. C'est à Nowchahr en effet que commence véritablement le dialogue à distance entre le shah et Qôm.

La première rencontre entre Houchang Nahavandi et Shariat-Madari est protocolaire. L'émissaire, qui n'est chargé officiellement que d'écouter « ce qu'il a à dire », présente au prélat « les compliments et salutations de Sa Majesté », ce qui dépasse déjà sa mission. En réponse, le grand ayatollah lui demande de transmettre au shah ses salutations et ses prières. Dans cet Orient compliqué, il ne sied pas d'aborder tout de suite les sujets sérieux. Pour cette première rencontre, Shariat-Madari, qui connaît bien son interlocuteur, parle de l'urbanisme de Qôm, de la nécessité de la désengorger en construisant une ceinture routière pour poids lourds, de multiplier les logements de fonction, de résoudre les problèmes de manque d'eau et de doter urgemment la ville d'hôtels pour les pèlerins. Faisant allusion aux travaux impressionnants dont Mashhad et, en particulier, le mausolée de l'imam Réza ont bénéficié, il conclut : « La sœur cadette mérite aussi quelque attention[1]. »

Rien d'essentiel sur la situation périlleuse que connaît l'Iran ni sur les oppositions internes et les pressions internationales. On se sépare.

De retour à Nowchahr, l'émissaire, qui a tout noté, rend compte de sa conversation au shah. Il reçoit pour toute réponse : « Ah ! Ce vieillard ! » Puis, à la fin de l'entretien : « Il faut naturellement continuer à aller le voir. » Le fait que le shah veuille poursuivre le « dialogue » est significatif en soi, mais pas déterminant. Encore maître du jeu politique, il n'a toujours pas compris que chaque jour passé est un jour perdu, à l'instar de son gouvernement, qui, inerte, n'expédie que les affaires courantes. Pourtant, on est en droit de penser alors que le nouveau chef de la Savak ne lui cache désormais plus rien et que ses interlocuteurs sont plus libres de lui parler sans fard.

Une semaine après le premier entretien, l'émissaire, accompagné cette fois d'un colonel de la Garde et d'un professeur d'université connu pour servir efficacement d'intermédiaire avec les religieux[2], retourne à Qôm. La deuxième « séance de dialogue » avec Shariat-Madari diffère de la première. Après les congratulations d'usage et l'inévitable tasse de thé, le prélat éclate presque :

« Mais que se passe-t-il à Téhéran ? Que fait Sa Majesté ? Pourquoi n'agit-elle pas ? […] Voulez-vous savoir pourquoi les gens sont irrités ? Prenez le cas d'Ayadi[3]. C'est peut-être un excellent médecin, mais vous savez comme tout un chacun que c'est un baha'i[4] notoire. Que Sa Majesté le choisisse comme médecin, c'est son droit. Mais qu'Ayadi se fasse photographier dans le mausolée de l'imam Réza en train de prier, ou plutôt d'en faire semblant, puisqu'il n'est pas musulman, et ce, juste derrière le shah, est inacceptable. De nombreux musulmans en ont été profondément choqués, je vous l'assure. Oseriez-vous le dire à Sa Majesté ?

— Si vous le demandez.

— Bien sûr que je vous le demande. Et dites au shah que le clergé a un centre de recherches et d'investigations sur cette "secte". Nous les avons tous répertoriés. »

Les baha'is étaient depuis toujours un objet de critiques envers le régime impérial pour la fraction radicale du clergé, chacun sachant que des ministres, des hauts fonctionnaires, des militaires, des universitaires de renom appartenaient à cette religion et que le pouvoir ne les discriminait en aucune façon.

Le grand ayatollah aborde ensuite un cas bien plus sensible : celui de la sœur jumelle du roi. La nommant, sans lui donner le moindre titre, il commente sévèrement sa conduite, son affairisme, ses ingérences dans la vie politique, ses apparitions intempestives au sein des organismes internationaux : « Elle n'a rien à y faire. Il y a des ministres pour cela !... J'ai rédigé pour Sa Majesté plusieurs messages de mise en garde. J'ignore s'ils lui ont été transmis. Je ne peux tout de même pas décrocher mon téléphone pour lui rappeler la morale ! Dieu sait qu'il aurait besoin de nos conseils. Oserez-vous être mon messager ? » Il ajoute des faits précis et des dates, insiste sur certains témoignages, cite des noms : « C'est vraiment très délicat pour vous de rapporter tout cela. Mais je puis faire enregistrer au besoin ce que je dis sur bande magnétique avec les références exactes. Vous porteriez ainsi la cassette à Sa Majesté, et ce que je vous demanderais, c'est de faire en sorte qu'elle l'écoute jusqu'au bout en votre présence. » Suggestion excellente, mais qui ne sera pas nécessaire.

L'entrevue, qui a commencé à 21 heures, s'achève à minuit. Une chose est claire : les « exigences » de la hiérarchie religieuse – de Shariat-Madari tout au moins – concernent en tout premier lieu la lutte contre la corruption prêtée à certaines personnalités et leur éviction du pouvoir. Quant à la remarque visant Ayadi, elle est d'une autre teneur, appelant un autre traitement.

Sitôt de retour à Téhéran, l'émissaire obtient un rendez-vous avec le shah pour le lendemain matin. Lorsque le *go between* se présente au palais de Nowchahr, il tombe d'abord sur le général Moghaddam. Que se passe-t-il ? Ce n'est pas « le jour » des militaires ! Moghaddam dit en souriant : « Votre audience va retarder la mienne d'une heure au moins. Il y a sans doute de bonnes raisons à cela. Regardez ce porte-documents : il est plein de rapports alarmants[5]. Je sais que vous parlez librement à Sa Majesté. Profitez-en, si vous pouvez, pour lui dire qu'il faut agir au plus vite. Le temps travaille contre nous. Vous savez, je ne suis pas ici pour raconter les infidélités conjugales de certains. La Savak fait enfin son devoir. Elle dit la vérité au shah. »

L'heure de l'audience sonnant, l'émissaire trouve Mohammad Réza pressé et préoccupé. Il lui rapporte fidèlement, notes en main, les propos de Shariat-Madari. Concernant le général médecin Ayadi, la réaction du shah est immédiate :

« Des sottises, Ayadi est athée.

— L'important, Majesté, n'est pas ce qu'il est, mais ce que les gens croient qu'il est.

— Machiavel ! »

A qui le shah décoche-t-il ce trait ? Au prélat ou à l'émissaire ? Veut-il tout simplement, et comme à son habitude, surprendre son interlocuteur par une référence littéraire ?

Le sujet de sa sœur est plus difficile à aborder. Avec beaucoup de précautions, il l'est cependant dans les détails, histoire de la cassette incluse. Le shah écoute en silence, impassible :

« Est-ce que vous croyez ce qu'il affirme ?

— Majesté, répond l'émissaire, tiraillé entre le désir de ne pas offenser une personne proche du shah et celui de ne pas passer pour un hypocrite, le souverain ne pouvant ignorer ce qui se dit sur sa sœur[6], je n'ai pas à juger les paroles qu'il est de mon devoir de vous rapporter telles qu'elles furent prononcées par l'ayatollah. »

Etrange sourire que celui de Mohammad Réza Pahlavi, probablement blessé à ce moment. Après un long silence, il se lève, serre la main de son interlocuteur et lui dit : « Poursuivez naturellement le contact ! »

La shahbanou se trouvant sur la terrasse, l'émissaire lui fait aussi rapport de l'entretien avec le grand ayatollah. Aucun commentaire de sa part non plus sur sa belle-sœur, bien que les deux femmes ne s'apprécient guère. Pendant ce temps, le général Moghaddam est reçu par le shah, qui lui donne quelques ordres relatifs à la province d'Azerbaïdjan, mais lui tait les propos de Shariat-Madari.

Il n'en reste pas moins vrai qu'une troisième entrevue avec le prélat doit être préparée. La précipitation pouvant passer pour de la faiblesse, il est convenu de laisser passer une semaine.

Durant ces quelques jours, une ordonnance impériale décernant le titre de « médecin personnel de Sa Majesté impériale » est rendue publique. Elle officialise ce qui existe de fait depuis deux ans : ce n'est plus Ayadi, mais le professeur Safavian qui occupe cette fonction, ce que personne ne sait. Praticien reconnu, musulman pratiquant, il soigne également plusieurs dignitaires religieux. Comme toute la jeunesse anticommuniste des années 1950, il avait partagé le rêve patriotique incarné par Mossadegh. Président délégué du Groupe d'études des problèmes iraniens, il a un profil de réformateur. En en faisant officiellement son médecin personnel, le shah fait d'une pierre deux coups. Durant les derniers mois, Safavian était souvent vu au palais, tantôt sous prétexte d'un examen médical de la shahbanou, qui n'en avait pas besoin, tantôt pour donner son avis sur l'état de santé de la reine mère, qui avait ses propres médecins. Les visites particulières de Safavian, montant directement à l'étage des appartements privés, pouvaient à terme alimenter des rumeurs sur l'état de santé du shah, que la presse occidentale à sensation diffusait déjà. La nomination officielle de Safavian banalise donc ses visites. En outre, elle concrétise un geste du shah en direction du haut clergé, et notamment de Shariat-Madari. Le vieux médecin général Ayadi, qui n'avait pas démérité, n'est cependant pas destitué, mais on le prie d'être discret. Un bon musulman, qui plus est *sayed*, donc descendant du Prophète, connu pour ses idées libérales, vient d'être nommé à un poste de confiance : on tient à ce que cela se sache.

La semaine de convenance écoulée, une troisième rencontre a donc lieu à Qôm. Le temps est venu de négocier une sorte d'accord entre le souverain et le numéro 1 de la hiérarchie chi'ite iranienne. Certes, le shah n'a pas demandé d'aller aussi loin, mais seulement de « poursuivre », ce qui, pour cet homme orgueilleux, est déjà beaucoup. Il faut donc peut-être lui forcer la main, Shariat-Madari paraissant être l'homme avec qui il pourrait débloquer une situation menaçante.

« Savez-vous que Sa Majesté a désigné un nouveau médecin personnel ? s'enquiert l'envoyé dès le début de la conversation.

— Oui, bien sûr, je me suis laissé dire que c'était un excellent praticien et un bon musulman. Je ne sais si vous avez de l'influence sur Sa Majesté, mais, au moins, j'ai acquis la certitude que vous transmettez mes messages.

— L'opinion attend avec une impatience croissante des décisions politiques importantes de la part de Sa Majesté, une nouvelle donne politique. Sa Majesté ne m'a pas demandé de vous poser directement cette question, mais j'ose croire qu'elle sera heureuse de connaître votre point de vue sur la manière de débloquer la situation.

— La répression ne règle rien, en définitive, répond le grand ayatollah après un long silence. Il faut que l'exemple vienne d'en haut, que l'on reconnaisse que des erreurs lamentables ont été commises, erreurs qu'il faudrait bien vite réparer. Il faudrait faire de la bonne et franche politique... Nous avons une Constitution. Elle doit cesser d'être lettre morte et être appliquée, dans sa lettre comme dans son esprit. Le souverain doit être un arbitre au-dessus des luttes partisanes. Or il s'y lance à corps perdu. Il s'expose. Le pouvoir ainsi exercé use terriblement. Je lui ai conseillé durant des années de rester vraiment au-dessus des partis. Il ne m'a pas écouté, et donc j'ai cessé de dialoguer avec un sourd... Je suis persuadé que le temps est venu pour lui de prendre une décision radicale afin de changer le cours des choses. Il est encore en position de force. La situation est gérable. Cela ne sera pas considéré comme une reculade. Si le roi ne prend pas cette décision d'ici quelques semaines, pour lui tout sera perdu. Des événements peuvent survenir, et tels que le contrôle en échappe aux gens raisonnables...

— Que recommandez-vous ? Un changement de gouvernement ?

— Certes, Amouzegar est un honnête homme, mais pas un grand politique. Un changement de cabinet, bien sûr.

— Un cabinet dirigé par qui ? »

Le prélat avance quelques noms. Le premier est celui de Ali Amini, le « docteur Amini », comme il dit. Amini, depuis des mois, se démène, reçoit, s'est rendu plusieurs fois à Qôm – il l'a fait savoir –, a rencontré Shariat-Madari et quelques autres dignitaires religieux. Il avait même demandé audience au shah avant que ce dernier ne parte pour Nowchahr... sans succès.

Ainsi la position du grand ayatollah est-elle claire : demande est faite au shah d'installer un nouveau cabinet, présidé de préférence par Amini, mais aussi d'accepter un certain recul par rapport à la gestion des affaires de l'Etat. Régner, arbitrer, mais non gouverner. Shariat-Madari revient ainsi au conflit qui avait opposé le shah à plusieurs de ses Premiers ministres : Ghavam, Mossadegh et le général Zahédi. Il ajoute :

« Si cela ne suffit pas, dites-lui qu'il doit prendre une décision capitale.

— Laquelle ?

— Oh ! Sa Majesté est très intelligente. Elle comprendra. »

On saura par la suite que cette « décision capitale » est une abdication en faveur de son fils. Le prélat s'en est-il ouvert à Amini ? A d'autres ? Est-ce parvenu aux oreilles du shah ? On peut le supposer.

La partie proprement politique du « dialogue »[7] étant terminée, le grand ayatollah se lance dans une dissertation sur la vie de Mahomet, émaillée de nombreuses citations du Coran. Il en vient ensuite à la justice et à l'équité dans la gouvernance des hommes. Un beau prêche de religieux.

Le shah reçoit le surlendemain un rapport complet et fidèle des propos de Shariat-Madari. Lorsque le nom de Amini est avancé, fort agacé, il sursaute presque : « Je sais. Je sais ce que tous veulent : ramener au pouvoir l'homme qui avait proclamé la faillite du pays. Il a su embobiner votre ayatollah avec ses manières de mollah. » Ce disant, il fait allusion au fait qu'avant de poursuivre ses études de droit et d'économie en France après la Première Guerre mondiale, Ali Amini avait passé une année de formation de théologie et de droit islamique à Nadjaf.

En fait, et nul ne l'ignore, Mohammad Réza Pahlavi déteste son ancien Premier ministre, « l'homme de Washington », comme il a coutume de l'appeler en privé, un homme dont le gouvernement a été un échec[8]. Certes, la nomination de Ali Amini, habile manœuvrier, capable de calmer Qôm et le bazar, n'aurait pu à elle seule résoudre les problèmes structurels, mais elle aurait toutefois été à même de calmer les esprits, d'offrir au shah un répit lui permettant de sortir de la crise par le haut. En outre, Amini passait pour avoir la confiance des Américains – des démocrates surtout –, et son retour au pouvoir les aurait donc probablement détournés de leurs manœuvres contre le shah. Mohammad Réza Pahlavi a-t-il eu tort de faire passer ses opinions avant l'intérêt de l'Etat et d'écarter Amini à ce moment-là, alors qu'il en fera son principal conseiller lorsqu'il sera trop tard ? Croit-il encore posséder de vraies cartes pour « faire quelque chose » ? Les événements ne lui laisseront pas le choix de les abattre. Ils lui dicteront ses décisions dans un premier temps, avant que la shahbanou n'intervienne en première ligne.

Le 5 août, à l'occasion de la célébration de la révolution et de la Constitution de 1906, le shâh annonce que des élections législatives, « libres à 100 % », seront organisées en juin 1979 et que des candidats n'appartenant pas au Rastakhiz pourront s'y présenter « sous l'étiquette de leur choix ». Il scelle ainsi la fin du parti unique. Incluse dans une politique globale, cette déclaration aurait pu avoir un impact positif sur les Iraniens. Isolée, elle est considérée comme un signe de faiblesse de plus.

Le 11 août marque le début du ramadan. Des manifestations violentes rassemblant quelques centaines de personnes éclatent à Ispahan, qui devient *de facto* l'un des principaux centres d'agitation. Des édifices culturels et des agences bancaires sont pillés et incendiés. La police locale réagit sans grande efficacité. Ces événements inaugurent le début de la radicalisation de l'opposition. Pour la première fois, des slogans visent directement le shah, ce que relèvent les radios étrangères, BBC en tête. Une barrière vient d'être franchie.

En guise de réponse, le Premier ministre Amouzegar fait proclamer la loi martiale. Quelques camions remplis de soldats du contingent stationnent désormais devant les monuments historiques et les lieux touristiques de la ville. Le commandant militaire d'Ispahan se montre souvent à pied, se promenant dans les rues et le bazar[9]. L'objectif de l'opération et la stratégie du pouvoir restent troubles pour la population.

Le 14 août, le Groupe d'études condamne dans un communiqué, publié dans la presse, mais censuré par la radio-télévision d'Etat, les violences d'Ispahan, mais appelle à des réformes politiques urgentes pour maîtriser la poussée de l'extrémisme. Le Front national, se contentant de déplorer les violences, appelle pour sa part à une stricte application de la Constitution, rejoignant ainsi la position de Shariat-Madari.

Le 19 août, prenant prétexte de la célébration de la chute de Mossadegh, le couple impérial rejoint la capitale, laissant sa suite à Nowchahr. Dans la matinée, un rassemblement traditionnel a lieu sur une grande place de Téhéran. Il réunit, outre une foule importante, ministres, parlementaires, fonctionnaires, dirigeants d'associations de quartiers. Le Premier ministre, prenant la parole sur son mode lyrique habituel, rend hommage au souverain. Il est applaudi. Si certains sont inquiets et ne s'en cachent pas, personne n'imagine toutefois qu'un ouragan se prépare et que cette célébration sera la dernière du genre.

Mais ce jeudi 19 août est surtout connu pour être la date d'un drame atroce. En début d'après-midi, un incendie ravage le Rex, un cinéma de Abadan, capitale de l'industrie pétrolière. Comme toutes les veilles de vendredi, jour de congé en Iran, beaucoup d'adolescents et d'enfants, accompagnés très souvent par leur mère, s'y trouvent pour assister ce jour-là à la projection de *Gavaznha* (*Les Cerfs*), un film de Massoud Kimiai, qui aurait eu du mal à passer la censure officielle tant il est critique envers le gouvernement[10]. Lorsque le feu se déclare, c'est la panique, toutes les issues du bâtiment ayant été auparavant soigneusement bouclées de l'extérieur. La propagation des flammes est si rapide que les pompiers de la municipalité puis ceux de la raffinerie appelés en renfort s'échinent en vain : 417 personnes périssent dans l'incendie, brûlées ou asphyxiées. Cet incendie est à l'évidence de nature criminelle. Sur ce point, les deux parties s'accordent : détracteurs ou partisans du shah.

Fait condamnable : le pouvoir en place traite l'affaire comme un banal fait divers. Et la presse est priée de faire de même. Aucun deuil national n'est proclamé ; aucune personnalité importante, ni de la Cour ni du Cabinet, ne se déplace à Abadan. Seule la shahbanou décide de s'y rendre pour consoler les familles des disparus. Amouzegar l'en dissuade[11]. Le prince Gholam Réza en personne accuse la « passivité criminelle » du gouvernement[12]. Le couple impérial, c'est certain, aurait dû passer outre les obstacles dressés par le gouvernement. Bien sûr, nul ne connaît encore à ce moment l'ampleur réelle de la tragédie, mais sans doute aussi nul ne veut perturber les événements mondains en faveur du régime.

Ce soir-là, la reine mère Tadj-ol-Molouk donne en effet un dîner de gala rassemblant un millier de convives : le tout-Téhéran politique et diplomatique, de vieux poètes et artistes, et même des personnalités de l'époque de son mari et de la dynastie qâdjâre. Avant de rejoindre la foule des invités, le shah demande à une demi-douzaine de personnes[13], dont Amouzegar et Hoveyda, de le rejoindre dans un petit salon de la résidence de sa mère. Lui, d'ordinaire maître de ses gestes et de ses paroles, est très nerveux : « Mais qui a pu commettre un tel crime ? C'est horrible, c'est horrible ! » Il ignore alors le nombre des victimes.

Ayant rejoint les invités, il fait, à son habitude, bonne figure, serre quelques mains, s'attarde avec le grand écrivain et sénateur presque nonagénaire Ali Dachti, l'un des plus fins connaisseurs de l'islam et du monde clérical chi'ite[14]. Puis le dîner est servi. Quelques invités dansent sur la terrasse. Quant au shah, il se retire après le repas.

Tout se passe comme si rien n'avait eu lieu à Abadan. Le vendredi 20, les journaux ne sortent pas. De ce fait, l'ampleur de la tragédie ne sera véritablement connue à la Cour que le 21. Effets désastreux pour le pouvoir. Les opposants au régime auront bientôt beau jeu de dire que, lorsque toute une ville est en deuil, on festoie à la Cour, ce qui accréditera l'idée que le shah et, en particulier, la

Savak sont responsables du massacre. La communication du pouvoir étant nulle, les rumeurs prennent rapidement le dessus. Et les apparences donnent raison aux critiques.

Dans les heures qui suivent la tragédie, l'ayatollah Khomeyni, de sa résidence à Nadjaf, publie un communiqué : « Il est certain que cet acte inhumain et contraire aux lois de l'islam ne peut être imputé aux adversaires du shah. Certains indices montrent que l'on pourrait accuser le mouvement islamique de ce forfait[15]. » Personne à ce stade ne l'a pourtant accusé de rien. Ce qui ne sera pas le cas quelques jours plus tard.

Dès que la catastrophe est connue à Téhéran, une enquête officielle de la police et de la justice est diligentée, établissant bientôt les responsabilités dans l'entourage de Khomeyni. Le dossier constitué pour l'occasion accuse quatre personnes d'avoir préparé le forfait dans la résidence même de l'ayatollah Khomeyni et reçu chacun 1 100 dollars américains et 500 dinars irakiens, une cinquième personne leur ayant fourni des explosifs. Il y est mentionné en outre qu'Ahmad, le fils cadet de l'ayatollah, et deux personnalités importantes du futur régime islamique, Hadi Ghaffari[16] et l'*hodjatoleslam* Modarerssi, ont supervisé l'opération. Une imprimerie de Khoram-Chahr, ville voisine de Abadan, a imprimé, moyennant 70 000 tomans, soit 10 000 dollars de l'époque, les tracts accusant le régime d'avoir commandité le forfait. Et ce, une semaine avant le passage à l'acte ! Sitôt après l'incendie, les coupables présumés sont passés en Irak, à quelques centaines de mètres seulement d'Abadan. L'Iran entame donc immédiatement une procédure d'extradition.

Plusieurs faits renforcent la thèse officielle, bien qu'elle ait été et soit encore contestée : la promptitude de l'intervention de Khomeyni, la fuite des protagonistes en Irak, mais aussi le fait que, lors des émeutes révolutionnaires, un seul ministère – l'Information – soit attaqué et que le bureau du ministre soit incendié après une fouille minutieuse, celui d'Améli, lequel sera arrêté après la révolution, torturé et mis à mort. En outre, trois ans plus tard, Mohsen Rézaï, qui, de 1981 à 1997, sera commandant en chef des Gardiens de la révolution (les *Pasdaran*), bras armé idéologique du régime islamique, justifiera officiellement les actes de violence commis pendant la période révolutionnaire, notamment « l'incendie d'une cinquantaine de cinémas », « ces actes faisant partie de nos principaux objectifs[17] ». Y inclut-il le massacre du Rex de Abadan ? C'est en tout cas un point sensible pour les religieux radicaux, qui n'hésiteront pas à punir tous ceux qui tenteront d'apporter une preuve de leurs forfaits. Ainsi en est-il du journal *Sohbe Emrooz* qui, en 2001, les montre du doigt dans un éditorial : « Ne nous obligez pas à révéler qui était vraiment derrière l'incendie du cinéma Rex ! » Il sera bientôt fermé par le pouvoir islamique.

Pourquoi l'industrie cinématographique indispose-t-elle à ce point les autorités religieuses extrémistes ? Comme l'exprime Miriam Rosen, le cinéma est « pour l'opposition religieuse le symbole des valeurs anti-islamiques et de l'intrusion étrangère. En 1978, l'incendie du cinéma Rex à Abadan fit près de 400 victimes. [...] Le sens de l'attentat était clair pour tout le monde, et les cinémas devinrent une des cibles favorites de la violence antigouvernementale ; près de 180 d'entre eux furent brûlés ou fermés pendant la révolution. Le jour où les troupes de Khomeiny prirent le pouvoir, le *New York Times* annonçait que le plus grand cinéma de Téhéran allait rouvrir, mais ne montrerait que des films non immoraux[18] ».

Devant l'inertie du pouvoir iranien, quelques journalistes étrangers commencent à insinuer que le crime du Rex pourrait être l'œuvre de la Savak. Avec le temps, cette insinuation deviendra vérité décrétée avant d'être à nouveau contestée par quelques auteurs. L'incendie

lui-même et la désinformation qui l'accompagnera accéléreront cependant le processus révolutionnaire. Pour
Roy Mottahedeh, « des milliers d'Iraniens, qui se sen-
taient neutres et qui jusque-là avaient pensé que la lutte
concernait seulement le shah et les tenants des mollahs
conservateurs, pensèrent que le gouvernement pouvait
mettre leur propre vie en danger pour sauver la sienne.
Dès lors, pour des centaines de milliers d'entre eux, le
mouvement devint leur affaire personnelle[19] ».

L'attentat de Abadan, suivi le 23 août de l'incendie de
la halle aux légumes de Téhéran, persuade enfin le shah
d'agir. L'honnête mais inefficace Amouzegar est prié de
quitter son poste de Premier ministre. Il ne demandait
peut-être d'ailleurs que cela. Après quelques consultations, le shah charge Djafar Sharif-Emami, président
septuagénaire du Sénat depuis quinze ans, de former
un nouveau cabinet le 27 août[20]. Le nouveau Premier
ministre est également président de la Fondation Pahlavi, de la Banque pour le développement industriel et
minier, ainsi que d'une myriade de sociétés. C'est enfin
le Sérénissime Grand Maître de la Grande Loge d'Iran
depuis les années 1960[21].

Sa réputation n'est pas bonne : on l'appelle « Monsieur 5 % » car on l'accuse d'avoir pour habitude de
prendre une commission de ce montant sur de nombreux
contrats, notamment ceux de la Fondation Pahlavi. La
shahbanou avait vivement combattu cette nomination ;
le général Moghaddam avait même eu le courage de
dire au shah que c'était « le choix le plus dangereux que
l'on puisse faire actuellement... Dans deux mois, ce sera
l'insurrection[22] ».

Ayant formé un cabinet peu homogène – aucun
membre n'est cependant accusé de corruption et deux ou
trois passaient pour sympathisants du Front national –, le
Premier ministre reçoit les pleins pouvoirs du shah. Une

de ses premières mesures est de ne pas publier le dossier relatif à l'incendie du Rex, par un étrange « souci d'apaisement ». Il en fait cependant porter un exemplaire aux grands ayatollahs de Qôm. Shariat-Madari aurait pleuré en le lisant. Mais personne ne réagit, ni le gouvernement ni le clergé. Copies et fac-similés des pièces sont également remis au ministre de l'Information, Mohammad Réza Améli, afin qu'il puisse les faire publier si la décision en est prise[23].

Le Premier ministre a une spécialité : les intrigues, genre dans lequel il excelle et grâce auquel il espère calmer l'agitation prérévolutionnaire. Le temps n'est cependant plus à ces jeux, mais aux réformes. Or sa réputation est telle qu'elle rend inopérante toute mesure prise. En fait, personne ne veut de lui. Pourquoi le shah s'est-il entêté au point de commettre l'erreur fatale de le choisir ?

Avant même de réunir son premier Conseil des ministres, Sharif-Emami publie un communiqué dans lequel il déclare « la patrie en danger », appelant à la « réconciliation nationale » et annonçant la fermeture de quatre petits casinos qu'il avait lui-même créés. Il date son communiqué selon le calendrier solaire iranien[24], aboli plusieurs années auparavant par lui-même et le cabinet Hoveyda, et remplacé par le calendrier impérial[25]. Encore un changement déroutant pour la population.

Le Premier ministre a en un seul texte épuisé sa batterie de réformes. Il mettra en outre deux semaines pour présenter son gouvernement au Parlement. Deux semaines durant lesquelles tout basculera.

Le jeudi 7 septembre au matin, à l'occasion d'une fête religieuse, cent mille personnes participent à une prière publique, puis à une marche pacifique sur l'avenue Cyrus le Grand de Téhéran. Les portraits de Shariat-Madari dominent la foule, accompagnés de slogans en faveur de la Constitution. En queue de cortège cependant, un groupuscule encadré par des « Palestiniens » – le sont-ils tous vraiment ? – brandit des portraits de Khomeyni – une première – et lance des formules hostiles au shah. Après Ispahan, Téhéran. Presque tous les leaders de l'opposition laïque sont là, abondamment photographiés par la presse. La radio-télévision nationale rendra compte de la manifestation, sans parler de la queue du cortège.

Ce même jour, à l'occasion de la Journée nationale des hôpitaux, la shahbanou effectue une visite impromptue d'un hôpital de l'université de Téhéran. Ce déplacement, bien que non annoncé, est vite connu des habitants des quartiers alentour, plutôt de classe moyenne. Une foule importante s'assemble et lorsque l'impératrice quitte l'hôpital, des cris « Vive le roi ! » fusent de tous côtés. Quelques flashs d'informations rendent compte de cette visite, mais, immédiatement, le Premier ministre donne des consignes strictes aux médias d'Etat pour passer sous silence cet accueil chaleureux et politiquement significatif. Il ne faut pas, dit-il, « indisposer l'opposition », reprenant à son compte, mais en le détournant, le *leitmotiv* d'Hoveyda.

En fin d'après-midi, de 3 000 à 5 000 personnes, des partisans de l'ayatollah Khomeyni, se réunissent sur la place Jaleh, à l'est de la capitale, scandant de violents slogans antishah. A la fin de la manifestation – que la police laisse se dérouler –, ils sont appelés pour le lendemain à un *rah-peymaï* (une marche), sans qu'en soit précisée la destination. Dans la soirée, le Conseil national de sécurité décide, sur la base des informations reçues, de décréter l'instauration de la loi martiale à Téhéran. Cette mesure nécessite, pour pouvoir être appliquée, un décret[26] pris en Conseil des ministres et l'approbation ultérieure du Parlement. Le Conseil des ministres approuve la proposition, qu'il étend à plusieurs villes sensibles de province. Le shah, consulté par téléphone, exprime ses réserves[27], mais finit par donner son aval. Le général Gholam Ali Oveyssi, commandant en chef de l'armée de terre, est nommé administrateur de la loi martiale dans la capitale. Il est prévu que celle-ci entrera en application dès le lendemain, 6 heures[28].

Le général Azhari, chef de l'état-major, exceptionnellement présent au Conseil, après avoir souligné la difficulté de mettre en œuvre une telle mesure dans un délai si bref, insiste pour qu'elle soit annoncée conjointement par la radio nationale et les trois chaînes de télévision avant la fin de leurs programmes. Le Premier ministre donne son accord et demande à Manoutchehr Azémoun, ministre délégué à la présidence, de prévenir sur-le-champ Réza Ghotbi, directeur de la radio-télévision nationale.

En fait, l'entrée en vigueur de la loi ne sera annoncée que le lendemain à 6 heures du matin, alors que plusieurs colonnes de manifestants se sont déjà ébranlées dans plusieurs quartiers pour se rassembler place Jaleh. Y a-t-il eu retard dans la transmission des ordres du Premier ministre ou refus d'exécution, et donc sabotage, de la part de la radio-télévision nationale ? Aucune enquête n'a été ordonnée. En réalité, l'Etat n'est plus ni dirigé ni obéi.

Le vendredi 8 septembre, dès 7 heures du matin, des camions et des voitures de la police et de l'armée, équipés de haut-parleurs, renseignés par des hélicoptères, se positionnent aux différents carrefours, proclament la mise en application de la loi martiale et ordonnent la dispersion des manifestants. Ces derniers, de 5 000 à 8 000 selon les estimations[29], marchent alors vers le Baharestan, siège du *Majlis*, la « Maison de la Nation », palais presque sacré pour l'opinion et uniquement protégé par une petite garde aux ordres exclusifs du président de la

Chambre des députés. Leur intention, selon les rapports des différents services, est de l'occuper et d'y proclamer la « République islamique ». Comptent-ils sur la passivité du pouvoir ou attendent-ils, voire espèrent-ils, un assaut brutal des forces de l'ordre, un carnage à l'intérieur du palais, sa destruction et une tragédie historique dont le régime impérial ne pourrait se remettre ?

Fait notoire : à l'inverse de la manifestation de masse de la veille, aucune personnalité politique de l'opposition laïque n'est présente. Les mollahs connus sont également absents, à l'exception de Nassirieh, dit ayatollah Allamch Nouri, un mollah plutôt mondain, qui mène les participants. Ces derniers, encadrés par des commandos masqués, bien qu'arrêtés par les sommations d'usage, avancent en contournant les barrages. Le service d'ordre tire alors en l'air. A ce moment, des snipers[30] postés dans des immeubles et sur des toits ouvrent le feu sur la foule et le service d'ordre. En un instant, c'est la panique générale. Voyant tomber certains des siens, le service d'ordre riposte. Des cris de « Mort au shah ! » fusent. La rupture entre le régime et les partisans de Khomeyni est consommée. Après l'incendie de Abadan, cette nouvelle tragédie sera bientôt baptisée par la presse étrangère « Vendredi noir ».

Quelques années après cet effroyable drame, Hossein Boroudjerdi, l'un des chefs des Gardiens de la révolution présents, parlera d'environ 64 morts dans les rangs des manifestants[31]. Tel n'est pas l'avis d'une journaliste française alors très proche des opposants qui écrit : « Au lendemain du Vendredi noir, Téhéran est unanime : au moins 4 000 morts[32]. » *Le Monde* compte, lui, « 180 morts officiellement, 2 000 selon les opposants dont les dirigeants sont arrêtés[33] ». Cette dernière précision est inexacte : seul Nouri sera arrêté.

Deux semaines plus tard, le nombre exact des victimes est établi d'après les permis d'inhumer délivrés par la médecine légale. Un rapport circonstancié est présenté au Conseil des ministres : 121 morts du côté des manifestants, 70 du côté des forces de l'ordre, soit 191 victimes au total. Il est établi également que de nombreux morts, tant civils que militaires, ont été tués par balles, lesquelles différaient de celles tirées par les forces de l'ordre.

Chez l'ayatollah Allamch Nouri[34], arrêté durant quelques jours, on découvre des passeports de pays arabes, des documents établissant qu'une somme d'environ 40 millions de tomans – plus de 5,5 millions de dollars de l'époque – lui était parvenue de Nadjaf. Il en avait versé 18 sur les comptes d'épargne de ses enfants. Au terme de ces enquêtes, il apparaît que ce Vendredi noir avait été méticuleusement préparé et financé par l'étranger. Sur ordre du Premier ministre, et toujours dans son « souci d'apaisement », plus rien dès lors ne sera communiqué. Le silence s'établit ; Allamch Nouri est relâché.

Le shah est anéanti. « Dites-vous bien, mon cher comte, que je ne ferai jamais tirer sur mon peuple ! » confie-t-il à Alexandre de Marenches[35]. Il ne retrouvera jamais plus ni élan ni même volonté d'action. Lui qui croyait que son peuple l'aimait, ce qui était encore vrai pour la majorité, il se sent à présent trahi et abandonne la partie : « Mais que leur ai-je donc fait ? »

Le Vendredi noir marque le début de son inexorable chute. Le shah obéira cependant au « devoir paraître » jusqu'à son dernier souffle.

« Réza, sais-tu quelle a été ta grande erreur ? lui dira Hassan II du Maroc lors de son exil. Tu aimais l'Iran plus que les Iraniens[36]. »

5

Du « mollah pouilleux » au nouvel « imam »

La situation est dramatique. Les mauvais choix et les revirements s'accumulent. Dès le lendemain de la proclamation de la loi martiale, le Premier ministre donne l'ordre de ne pas appliquer ses dispositions, arrivant à faire de sa première décision « une loi martiale qui ne serait pas la loi martiale », comme le soulignent deux analystes américains[1]. Un ministre délégué auprès du chef du gouvernement a même mission de téléphoner plusieurs fois par jour à l'administration de la loi martiale pour s'en assurer[2]. L'incohérence s'inscrute, le shah ne réagissant toujours pas. Les décisions étant prises sur le papier – mais non exécutées –, la presse internationale d'opposition au shah y trouve de nouvelles preuves pour dénoncer la sévérité du régime impérial. Quelques hommes d'affaires, souvent des ingénieurs comme Mehdi Bazargan, des amis ou collègues de Sharif-Emami, servent d'intermédiaires pour faire savoir aux opposants radicaux qu'ils n'ont rien à craindre, défieraient-ils l'ordre et la loi. L'interdiction de rassemblements publics n'est pas appliquée… sauf aux partisans du régime. Plusieurs associations féministes sont dissoutes pour donner des preuves de la sincérité gouvernementale aux partisans de Khomeyni.

Le très influent sénateur-banquier Mostafa Tadjad-dod, éminence de la franc-maçonnerie, ainsi qu'une cinquantaine de « frères » décident de se réunir afin de prendre des initiatives en faveur du régime et du shah. Le Sérénissime Grand Maître et Premier ministre Dja-far Sharif-Emami en est simplement informé. Il ne tarde d'ailleurs pas à réagir en interdisant cette réunion privée – qui devait se tenir dans la résidence de Tadjaddod – en vertu de la loi martiale ! Qui plus est, et sans la moindre consultation, il met l'Ordre en « sommeil » et en informe immédiatement les opposants ! Le pouvoir se condamne ainsi sur tous les plans, repoussant même ses partisans. La cacophonie s'allie à l'incohérence.

Pour réussir si près du but, reste pour l'opposition à créer « la psychose du sang[3] », surtout à destination de la presse étrangère et des ambassades occidentales qui ont déjà choisi leur camp et n'attendent que des confir-mations. Les opposants ont dès lors recours, entre autres, à « l'organisation de fausses funérailles, destinées à être répercutées par les médias, les cercueils devant conte-nir des armes blanches immédiatement utilisables en cas d'intervention des forces de l'ordre », à « la mise en place de pleureurs et de pleureuses dans les cimetières comme arme politico-religieuse pour le triomphe de la révolution » et à « l'utilisation de vêtements tachés de rouge comme arme psychologique, politique et de propa-gande afin d'ameuter le peuple et de frapper l'opinion ». La désinformation est méthodique. Volontairement ou non, la presse occidentale se laisse abuser.

Lorsque le Premier ministre se présente enfin devant le Parlement, il est essoufflé, et son gouvernement déjà à l'agonie. Le shah commence de son côté à prendre conscience de son erreur. Le Premier ministre, qui a cependant toujours les mains libres, fait arrêter quelques personnalités au nom de la « lutte contre la corruption », en utilisant les dispositions de la loi martiale relatives aux « fauteurs de troubles » ! Outre que son action enfreint la loi, la plupart des inculpés ne sont pas connus pour la moindre malversation. La lutte contre la corruption constitue donc très vite une nouvelle preuve d'abus de pouvoir. Un sénateur indélicat, proche de Sharif-Emami, avertit même certains qu'ils sont susceptibles d'être arrêtés pour corruption... mais qu'il peut « arranger » l'affaire. Rendez-vous est pris dans une salle attenante au bureau du Premier ministre. Le « suspect » remet alors au sénateur une petite valise de billets. Les personnes contactées sont-elles réellement sur le point d'être arrêtées ? Le Premier ministre est-il au courant de ces escroqueries ? La rumeur est en tout cas dévastatrice. Le pouvoir part en lambeaux.

En conséquence, et bien que ce ne soit pas dans les habitudes du régime, certains ministres commencent à donner leur démission : à la Justice, à l'Enseignement supérieur et aux Sciences[4] et à la Santé.

Le 16 septembre 1978, un tremblement de terre frappe la cité oasis de Tabass, au sud de la province du Khorassan, et la détruit à 70 %, faisant près de 3 000 victimes. Les secours de l'Etat et du *Lion-et-Soleil-rouge* (la Croix-Rouge iranienne), arrivés rapidement sur place, remplissent correctement leur mission, de l'avis général. Une rumeur est cependant lancée par quelques mosquées et prend rapidement de l'ampleur : une expérience nucléaire clandestine des Américains serait à l'origine de la tragédie. En ces temps troublés, toute allégation trouve des oreilles complaisantes prêtes à les colporter. La réalité des faits n'a plus d'importance.

Ayant tiré les leçons de la terrible indifférence du pouvoir lors de l'incendie de Abadan et malgré son abattement psychologique, le shah se rend sur place le 18 septembre, passant outre les avis contraires d'une partie de son entourage craignant des manifestations hostiles. L'accueil de la population, au contraire, se révèle touchant. Le shah se mêle à la foule, heureux de reprendre son rôle traditionnel. De Tabass, il se rend à Mashhad, pour une visite-pèlerinage impromptue. La population, avertie dès son arrivée, se masse là aussi pour l'applaudir. Le shah reçoit même quelques mollahs qui lui expriment leur respect et l'assurent de leur fidélité. Il rentre ensuite à Téhéran, rasséréné malgré sa fatigue.

Deux jours plus tard, en Conseil des ministres, le gouvernement nomme un ingénieur général en retraite, Hassan Atéfi, réputé pour son intégrité et sa piété, au poste de délégué général à la reconstruction de la région sinistrée, avec pleins pouvoirs. Sans attendre, ce dernier se rend à Tabass et engage les travaux de déblaiement et d'assainissement, ce qui rassure la population. On constate cependant concomitamment l'arrivée de petits groupes de mollahs accompagnés d'individus que personne ne connaît. Les nouveaux venus se concilient les faveurs des sinistrés en leur distribuant vêtements, friandises et petites sommes d'argent. Des « intermédiaires », amis du Premier ministre, suggèrent alors à Sharif-Emami de laisser au clergé – qui s'occupe si bien des démunis – la lourde tâche d'une reconstruction que le bazar pourrait financer. Ces « messieurs » seraient flattés de cette marque de confiance qui contribuerait à apaiser le climat politique. Sans même demander l'approbation du Conseil des ministres et l'aval du shah, le Premier ministre ordonne aux équipes gouvernementales de reconstruction de plier bagage et de rentrer à Téhéran.

Quarante-huit heures ne se sont pas écoulées que déjà les opposants ameutent la population, accusent le pouvoir d'irresponsabilité et traitent le shah de criminel pour avoir donné son accord à une telle mesure. Heureusement, ajoutent-ils, le clergé et les représentants du « grand » ayatollah Khomeyni sont là pour pallier la carence du pouvoir. Les apparences leur donnent cette fois encore raison.

C'est ainsi qu'en moins de un an, Khomeyni est sorti de l'ombre, pour devenir le principal adversaire du régime impérial.

Le 6 octobre 1978, l'ayatollah Rouhollah Moussavi Khomeyni quitte Bagdad pour Paris en compagnie d'un citoyen américain d'origine iranienne, Ibrahim Yazdi, présenté officiellement comme son « conseiller et interprète[5] », mais souvent considéré comme un agent de la CIA, voire le véritable « mentor » du religieux durant cette période[6].

La volonté prêtée à Khomeyni de quitter l'Irak n'était pas un mystère. Etroitement surveillé par le régime irakien, marginalisé à Nadjaf – l'influence du grand ayatollah Khoï y étant prédominante –, il avait demandé un nouveau passeport au consulat d'Iran de Karbala, le sien étant périmé depuis longtemps. Avec l'autorisation de l'ambassade de Bagdad et du ministre des Affaires étrangères, il l'obtient. Bagdad demande alors à Téhéran son accord pour le départ de Khomeyni. Sharif-Emami donne son aval malgré quelques réserves émises. Le projet de Khomeyni serait de se rendre en Syrie ou en Libye, pays diplomatiquement isolés. On lui prête aussi l'intention de constituer un gouvernement en exil en Libye, pays où n'existe aucune liaison avec l'Iran, ni téléphonique ni aérienne. Une aubaine, croit-on dans l'entourage du Premier ministre[7].

A Bagdad, le « Conseil de commandement de la révolution » approuve le départ de l'hôte encombrant. Mais à Téhéran, le pouvoir s'aperçoit vite qu'il a commis un faux pas. D'abord par la voie diplomatique, ensuite par un déplacement secret du chef de la Savak en Irak, il demande aux autorités de retenir Khomeyni et de renforcer sa surveillance. La réponse de Bagdad est laconique :

« Les décisions prises par le Conseil de commandement de la révolution sont irrévocables. » Prétexte peu convaincant – dans un système quasi totalitaire, les « décisions irrévocables » n'existent pas – qui laisse supposer que Bagdad, mieux renseigné sur les intentions réelles de Khomeyni par ses services spéciaux que le shah par les siens, ne tient pas à être mêlé à l'affaire.

En définitive, l'ayatollah, s'étant vu refuser un visa d'entrée au Koweït, débarque à Paris ! « Certains, au Quai d'Orsay, écrit Alexandre de Marenches, estimaient que la tradition de la France, terre d'accueil, devait se manifester en recevant Son Eminence[8]. » Khomeyni s'installe pendant quarante-huit heures dans l'appartement d'Abolhassan Bani-Sadr, son futur président, à Cachan, dans le sud de Paris, puis à Neauphle-le-Château. Tout est prêt pour l'accueillir. Il fallait une autorisation municipale pour réaliser des travaux dans la maison. Celle-ci avait été accordée en vingt-quatre heures, sur intervention du Quai d'Orsay. Un terrain en face de la résidence fut loué pour installer une tente de cirque rectangulaire rayée de bleu et de blanc bientôt appelée « mosquée », afin que l'ayatollah y préside à la prière publique. Chaque jour, à midi, il traverse la rue pour s'y rendre. Un rendez-vous médiatique très prisé par les médias du monde entier, curieux de présenter un haut dignitaire chi'ite en action, chose rare jusqu'alors. La mise en scène des apparitions de Khomeyni est particulièrement soignée. L'ayatollah arbore le turban noir des *sayeds*, descendants du Prophète. Chaussé de babouches, il est drapé dans une longue robe grise recouverte d'une sorte de manteau noir (*aba*) du meilleur effet. Une photo de presse l'immortalise, assis sur son tapis de prière sous un pommier du jardin, comme un « vieux sage » des temps antiques. Une figure mythique de plus est née. Pour chacun de ses déplacements, au cours desquels son fils Ahmad le soutient, les gendarmes suspendent la circulation, bouclent la rue. Une cinquantaine de gardes du corps spéciaux – en treillis, rangers, parkas vert olive – l'accompagnent, cependant que la foule lance des slogans révolutionnaires. Pas moins de deux escadrons des forces françaises de sécurité assurent sa protection. Le dispositif est complété par des agents algériens et quelques Palestiniens, venus à la demande de l'ayatollah. On y trouve enfin « des enthousiastes, gauchistes de tout poil, venus dare-dare de toutes les universités occidentales auxquels se mêlent des spécialistes *ad hoc* », ajoute Alexandre de Marenches. C'est de ces images bigarrées, exotiques, que le monde entier sera friand des semaines durant, les yeux rivés sur ses écrans de télévision. Bien sûr, les invisibles de tous pays seront également au rendez-vous : CIA, KGB, SDECE. Des agents de la CIA loueront même la maison voisine de celle de l'ayatollah[9].

Mais que font le shah et son gouvernement pour contrer la mise en place de ce dispositif ? Rien. En effet, avant que ne s'installe l'ayatollah, il est avéré que le président français Giscard d'Estaing eut l'élégance d'appeler personnellement le shah, qui lui aurait dit son indifférence face à ce problème. Prudents, les Français se firent confirmer par voie diplomatique que l'Iran impérial ne voyait pas d'inconvénient au séjour de Khomeyni en France, le ministre des Affaires étrangères iranien étant pour sa part fort inquiet.

Le shah, interrogé par Houchang Nahavandi lors d'une audience, ne semble en effet guère s'en inquiéter. Eclairée par le recul de l'Histoire, sa réponse est stupéfiante : « Que voulez-vous que me fasse un pauvre mollah pouilleux ! » Durant cette période, l'attaché militaire de Paris, qui a ses informateurs à Neauphle-le-Château, court-circuite sa hiérarchie, rend directement compte au shah, qui lui donne une étrange consigne : « Faites en sorte qu'il ne lui arrive rien, sinon on me mettra cela aussi sur le dos[10]. » Le shah est indifférent, poursuivant son devoir de monarque. Le Premier ministre, quant à lui, semble inconscient, à moins qu'il n'ait déjà accepté la défaite. L'Etat semble avoir capitulé.

En France, Khomeyni n'est plus un inconnu. En Iran, on commence à lui attribuer un peu partout le titre de *ozma* (grand ayatollah). Beaucoup de chemin reste cependant à parcourir pour le transformer en homme providentiel destiné à renverser un des « grands » de la scène internationale, même si la complaisance – ou l'aveuglement – de certains gouvernements occidentaux et des médias va dans son sens. Khomeyni a besoin d'acquérir une réelle stature, de justifier d'une biographie valorisante pour être reconnu comme chef emblématique. Bref, selon les normes d'un marketing politique bien orchestré, il reste à « le fabriquer », comme le dira Hassan Nazih, l'un de ses plus proches conseillers avant de passer à la dissidence[11]. Khomeyni sera ainsi autant un produit politique qu'audiovisuel.

Sa biographie[12] est réécrite : son origine indienne, gommée ; son père, simple scribe d'un féodal local, transformé en « chef de la communauté de Khomeyn » – qui n'existe pas – et assassiné sur ordre de Réza shah, alors obscur sous-officier qui ne parviendra au pouvoir qu'un quart de siècle plus tard. Sa mère, issue d'une honnête famille paysanne, devient la « fille d'un grand religieux ». Sa propre vie est assimilée au « parcours d'un combattant anti-impérialiste », alors que ses activités politiques se sont limitées à des manifestations contre Mossadegh dans les années 1950 puis, en 1962, à une opposition au shah sur la Révolution blanche. Son fils aîné Mostafa aurait même été assassiné en 1978 sur ordre du shah, qui se serait ainsi vengé de lui. Ce fils était en fait mort, l'année précédente, des suites d'une crise cardiaque consécutive à sa boulimie et à un état diabétique. Khomeyni lui-même démentira d'ailleurs toujours que son fils ait été assassiné.

A ce père et fils de martyrs, il faut aussi trouver un titre plus seyant. Ce sera « imam », une trouvaille de deux journalistes français familiers des pays musulmans, et qui, donné à un chef de prière chez les sunnites, est réservé chez les chi'ites aux douze descendants directs de Mahomet. Khomeyni serait-il l'« imam caché », le « douzième », « le maître du temps » ? L'imagination populaire n'a pas de limites. L'imam Khomeyni est donc né à Neauphle-le-Château en octobre 1978.

Il mène une vie simple, levé tôt le matin, faisant ses prières, prenant un petit déjeuner frugal et se reposant de nouveau deux heures. Vers 8 heures, son activité reprend jusqu'au déjeuner, du riz et du poulet surtout, préparés par son épouse, qui l'a rejoint dès son installation à Neauphle. Comme tous les Iraniens, il apprécie le thé bien infusé, toujours préparé par son épouse, car il craint d'être empoisonné. A 22 heures, extinction des feux.

Khomeyni reçoit beaucoup, accordant surtout des interviews ou faisant des déclarations à la presse. Au début, les journalistes massés autour de sa résidence peuvent le rencontrer librement, certains avec leurs propres interprètes. Peu à peu cependant, la crainte que certains d'entre eux ne possèdent des magnétophones de poche et n'enregistrent à son insu ses déclarations décousues pousse à un contrôle des rencontres. Une procédure se met en place : les questions doivent être transmises à l'avance ; les réponses sont également préparées et rédigées. Le tout est supervisé par Ibrahim Yazdi, qui écrira plus tard : « Ainsi, tout était organisé et sous contrôle[13]. » Mehdi Bazargan, premier chef de gouvernement de Khomeyni, rendra plus tard un vibrant hommage au travail de Yazdi en la matière[14] : on fait dire à l'ayatollah ce que l'opinion veut entendre ; on fournit aux médias de quoi « faire son éloge » et à des intellectuels progressistes une nouvelle idole. Yazdi évalue ainsi à « presque 400 » les entretiens ou déclarations à la presse durant le séjour à Neauphle-le-Château.

Quatre personnes régissent ces opérations. Ibrahim Yazdi assure la gestion des relations internationales de l'ayatollah, ses rapports avec les gouvernements français et américain, la majeure partie de ses déclarations à la presse. Abolhassan Bani-Sadr, sorte d'éternel étudiant, se pose en « théoricien de la révolution ». Son français, bien qu'approximatif, lui permet de servir parfois d'interprète[15]. Sadegh Ghotbzadeh, Iranien d'origine, mais titulaire d'un passeport syrien, agitateur-né, charmeur et bon vivant, a établi son quartier général à L'Auberge des Trois-Marches, un restaurant toujours complet où se réunissent visiteurs et journalistes[16]. Ahmad, enfin, fils cadet de Khomeyni, lui aussi bon vivant, amateur de whisky (hors de la présence de son père) et réputé très corrompu, est le seul admis dans l'intimité de l'imam. Il joue un rôle majeur et sera proclamé *hodjatoleslam* sous le nouveau régime[17]. Des rivalités, voire des inimitiés, règnent parmi ces quatre protagonistes, surtout entre les trois premiers[18].

Neauphle-le-Château, paisible bourg de 200 habitants, est à présent le centre de l'attention internationale. La vie y devient vite insupportable ; certains habitants se plaignent à la municipalité ; d'autres – les commerçants – y trouvent leur compte, l'attitude des Iraniens étant jugée très correcte. Des cadeaux sont même offerts par l'entourage de Khomeyni aux enfants du village pour Noël 1978 ! La machine de guerre est en marche.

La liaison avec l'ambassade américaine à Paris est assurée par Walter Zimerman, ministre-conseiller, qui se rend toujours à Neauphle dans une vieille Peugeot 403 banalisée. Ses rapports ne laissent aucun doute sur les relations étroites entre l'équipe de Khomeyni et les Américains. Yazdi et Ghotbzadeh, et dans une moindre mesure Bani-Sadr, mènent les négociations, lesquelles sont cependant moins suivies qu'avec les Français. Les contacts avec certains membres de l'OLP – Yasser Arafat lui-même, le dictateur libyen Khadafi, qui lui envoie son numéro 2 et déclarera avoir financé la révolution (sans doute très partiellement) –, plus connus, sont rapportés par la presse.

Ainsi, pratiquement, une partie du monde – occidental et arabe – installe, organise et met en place un pouvoir alternatif au shah d'Iran. Les Etats-Unis et la France y jouent un rôle prépondérant, avec le soutien plus discret de la Grande-Bretagne dans lequel la part de la BBC, avec ses programmes internationaux, est déterminante.

En France, la droite qui soutient le président Giscard d'Estaing, bien qu'enthousiaste, reste prudente dans ses interventions publiques. Quelques journalistes – Thierry Desjardins dans *Le Figaro*, Pierre de Villemarest et Edouard Sablier dans *Valeurs actuelles*, Danièle Martin dans *Monde et vie*[19], Perceval dans la *Revue universelle* – tentent quelques propos nuancés, voire contradictoires, mais la pensée dominante recouvre leurs analyses. A gauche, le Parti socialiste déclare « son soutien résolu au mouvement[20] ». Il organisera même le 14 février une manifestation publique en faveur de la prise de pouvoir par l'ayatollah en Iran, saluant « un mouvement populaire d'une ampleur exceptionnelle dans l'histoire contemporaine ». Il semble néanmoins que François Mitterrand ait été personnellement plus lucide, bien qu'il ait laissé faire lorsque le parti a envoyé une délégation à Téhéran pour soutenir la prise d'otages des diplomates américains.

Aux Etats-Unis, quelques universitaires et intellectuels proches de la Maison-Blanche donnent dans le même registre. Le professeur Richard Cottam soutient que l'ayatollah « n'est nullement intéressé par le fait de gouverner[21] ». Le professeur Richard Falke présente la révolution islamique comme « le plus beau moment de l'histoire de l'Islam, modèle d'une révolution pacifique sans effusion de sang, exemple d'un gouvernement humaniste[22] ». Très écouté par la Maison-Blanche, l'universitaire James D. Cockraft[23] publie dans le *New York Times* (18 janvier 1979) « une étude très complète », consacrée à « la pensée » et au « programme » de l'ayatollah, « rencontré et interrogé » à Neauphle-le-Château, sur « la redistribution des richesses », « l'industrialisation moderne », « la mécanisation de l'agriculture », la « restauration des droits humains », « la protection du système démocratique fondé sur le multipartisme. Les membres du clergé pourraient être élus, mais n'auront pas de fonction gouvernementale... ». Il est rejoint dans ses fantasmes par l'ambassadeur des Etats-Unis à l'Onu déclarant que Khomeyni est « une sorte de saint social démocrate » dont le mouvement « s'inspirait de la Déclaration universelle des droits de l'homme ». A sa décharge, on peut avancer que ni le département d'Etat ni la CIA ne disposent alors du moindre texte des discours de l'ayatollah, certains croyant même qu'il s'exprimait en arabe, au point qu'ils demanderont au *Washington Post* de les leur fournir. Le président Carter, lorsqu'il en prendra connaissance, sera scandalisé par la teneur antioccidentale et antisémite de ces documents écrits avant Neauphle-le-Château et, face aux experts du département d'Etat qui les attribuent à la Savak, diligentera une enquête approfondie qui aboutira, bien après la révolution, à leur authentification.

Bientôt les intellectuels de tous bords renforceront aussi leurs pressions et leurs éloges pour obtenir la chute du shah et l'avènement de l'ayatollah.

Face à la violence de la propagande khomeyniste et à ses appuis occidentaux, « une propagande universelle » selon Vladimir Volkoff, que tentent le pouvoir iranien et le shah ? Toujours rien... ou presque. Le gouvernement

Sharif-Emami se désagrège. Son chef cherche éperdument à négocier avec une nébuleuse d'opposants, surtout cléricaux, qui le méprisent, conscients qu'il ne représente plus rien, pas plus le shah que l'armée, seule force encore organisée dans le pays, ou que la partie de l'opinion toujours favorable à la monarchie et à de profondes réformes.

Quant au shah, en privé, devant quelques rares intimes, il ne cache plus son apathie, son indifférence à l'égard de tout et de tous. Profondément blessé par « son peuple », il veut éviter la guerre civile, sa hantise, et tente d'empêcher ses partisans de faire entendre leur voix. Tout lui semble perdu. S'il se prête à quelques gestes, le cœur n'y est plus.

Aux Etats-Unis, un mouvement qui aboutira au triomphe électoral de Ronald Reagan est cependant déjà en marche, moins unanime dans le soutien à Khomeyni et à la révolution accordé par Jimmy Carter. Mais il est bien tard. Ardéshir Zahédi, ambassadeur à Washington, fait la navette entre les deux capitales, puis s'installe définitivement à Téhéran pour organiser le soutien à Mohammad Réza Pahlavi : il utilise son carnet d'adresses, invite quelques journalistes et hommes politiques à Téhéran pour qu'ils voient l'autre face de la réalité. Une goutte d'eau dans le déluge. La pression américano-franco-britannique est trop forte. Le désordre et l'anarchie sont omniprésents.

Les dernières semaines du règne des Pahlavis sont engagées.

SIXIÈME PARTIE

LE CHANT DU CYGNE

9 septembre 1978 – 27 juillet 1980

1

« A quoi jouons-nous ? »

Le manque de réaction du shah n'est pas dû à un défaut d'information. Il connaît les émissions de la BBC qui font le lit de l'opposition. Il sait aussi parfaitement quels moyens le gouvernement français a mis à disposition de l'ayatollah : transmissions radio[1], moyens de transport vers Téhéran de milliers de cassettes sous valise diplomatique, moyens de propagande. Les quelques alliés français qu'il lui reste, plutôt inquiets de la politique officielle, en ont informé son attaché militaire à Paris, qui lui a tout transmis. Malgré cela, il reste apathique.

Excepté une fois. Devant les agressions systématiques de la BBC, il charge le Grand Maître du Protocole, Amir Aslan Afshar, de convoquer l'ambassadeur de Grande-Bretagne et de lui faire part, à titre personnel, de son émoi et de son étonnement devant la véhémence déployée par son pays. L'ambassadeur a beau jeu de lui répondre que la BBC est un organisme libre sur lequel le gouvernement de Sa Gracieuse Majesté n'a aucune prise, mais qu'il transmettra ses remarques[2]. Quelques jours plus tard, il appelle Afshar pour lui dire que la veille, la BBC (service intérieur) a interviewé les dirigeants de l'IRA : « Vous voyez, même les terroristes peuvent s'exprimer contre le gouvernement dans notre télévision. Comment pourrions-nous intervenir pour modérer les critiques contre l'Iran ? » La demande officieuse d'Afshar ne concernait que les émissions radio en persan du BBC World Service, soumises comme partout à un droit de regard, sinon de contrôle, des autorités, et non le BBC Home Service. La mauvaise foi étant évidente, le shah, avec un sourire triste, n'insiste pas. Il réagira de la même façon lorsque le général Abdol-Ali Badréï, commandant de la Garde, lui demandera, par l'intermédiaire d'Afshar, l'autorisation de faire brouiller ces émissions : « Une telle attitude est indigne de nous. » Auparavant, il avait d'ailleurs approuvé l'attitude du gouvernement qui avait refusé la saisie des cassettes de l'ayatollah arrivées de Paris par la valise diplomatique : « On ne viole pas l'immunité diplomatique ! » Etrange attitude en l'occurrence, car s'il est concevable de ne pas violer l'immunité diplomatique, l'est-ce lorsque cette immunité diplomatique est détournée ?

La situation se complexifie plus encore avec l'attitude de la radio-télévision nationale. Non seulement elle est devenue le rendez-vous de certains opposants au régime, mais à présent elle se transforme ouvertement en outil de propagande anti-shah. Et cela sans être inquiétée. Ainsi, déjà lorsque, en septembre, au début du gouvernement Sharif-Emami, le « Groupe d'études » avait diffusé un nouveau communiqué critique envers la politique atone du gouvernement, appelant à des réformes urgentes et à la fermeté, le shah avait téléphoné à son président, ministre de surcroît, criant presque :

« Vous avez entendu ?

— Quoi donc, Sire ?

— Mais votre communiqué ?

— Je crois que Votre Majesté avait donné l'ordre de le diffuser.

— Bien sûr. Mais vous avez entendu la suite ?

— Non, Sire, je suis dans ma voiture de fonction et j'ai fait éteindre le poste après le bulletin d'informations.

— Ils ont diffusé une chanson révolutionnaire. Faites quelque chose ! »

En fait, la chanson datait de plusieurs décennies, mais en ces temps troublés tout devenait symbole pour le shah. Le ministre de l'Information, joint par téléphone peu après, dit son impuissance devant l'attitude de la radio-télévision, sous sa tutelle, mais dirigée en fait par Réza Ghotbi, cousin germain de la shahbanou. Sensiblement à la même période, l'ambassadeur d'Iran au Brésil de passage à Téhéran, Parviz Adl, spécialiste de la communication et des relations avec la presse, avait évoqué ce problème devant le shah qui avait répondu : « Mais la radio-télévision n'est pas à ma disposition[3]. »

A partir de la mi-septembre, la grève de l'industrie pétrolière et de quelques centrales électriques paralyse partiellement le pays. Sharif-Emami, tentant une opération de séduction, annonce une augmentation de 25 % des salaires des grévistes. Bien qu'en privé il confie n'avoir pas l'intention d'y procéder, il envoie Houchang Ansari, PDG de la Snip, à Abadan pour négocier. Controversé, mal accueilli, ce dernier revient bredouille à Téhéran avant de quitter discrètement le pays. On en reste là.

La presse se met également en grève, sous l'impulsion de quelques rédacteurs, agents de la Savak selon certains, lesquels retournent ainsi leur veste. Par la création de comités, les grévistes visent le contrôle des grands quotidiens de la capitale. Le Premier ministre les reçoit et signe avec eux un communiqué leur donnant satisfaction et leur remettant le contrôle effectif de deux quotidiens du soir, *Keyhan* et *Ettelâ'ât*. Le communiqué signé, on apporte selon la tradition des plateaux emplis de sucreries et de thé, en signe de réconciliation ! Lorsque, peu après, Amir Khosrow Afshar, ministre des Affaires étrangères, de retour de l'Assemblée générale de l'Onu, apprend la nouvelle, il se précipite chez le

chef du gouvernement : « Vous êtes totalement inconscient, déclare-t-il, abandonnant son langage réservé de
vieux diplomate. Oubliez-vous que ces journaux appartiennent à des groupes de presse privés ? De quel droit
les remettez-vous entre les mains de comités d'hurluberlus révolutionnaires ? Imaginez-vous les conséquences
politiques de votre acte ? C'est de la trahison. » Sharif-
Emami, interloqué, lui répond : « Je pensais les calmer,
mais je constate déjà qu'il n'en est rien[4]. »

Devant tant d'amateurisme, le shah ne sait plus à qui
se fier. Fin septembre, il procède à l'inauguration de la
nouvelle session législative et prononce le « discours
du Trône » devant les députés et sénateurs. La salle du
Sénat est bondée. Dans les tribunes publiques, le corps
diplomatique est présent au complet et les journalistes
étrangers sont très nombreux, attendant des annonces
stratégiques pour l'année à venir. On note aussi un
déploiement exceptionnel d'officiers généraux en uniforme d'apparat. Il est d'usage que le shah prononce
son discours debout, avec, légèrement en retrait, à sa
droite, la shahbanou et, derrière elle, quelques membres
de la famille impériale, le ministre de la Cour et le Grand
Maître du Protocole. Or, lorsque le couple impérial fait
son entrée, seule Mme Diba, mère de Farah, est présente.
L'assistance s'en étonne, ignorant encore que la plupart
des membres de la famille impériale ont quitté l'Iran.
Autre déception : beaucoup ont espéré la présence du
prince héritier, symbole de la continuité monarchique :
il est resté aux Etats-Unis, en instruction de pilote de
chasse. La cérémonie se poursuit comme si de rien
n'était. Les assistants se lèvent et applaudissent le shah,
qui les invite à s'asseoir. Puis, à la stupéfaction générale,
il s'assied lui-même et lit son texte : un bilan de l'activité de l'année écoulée, quelques perspectives générales
sur le plan économique. Rien de plus, un texte décon-
necté de la conjoncture. Malgré les applaudissements,

la déception se lit sur tous les visages. L'atmosphère est électrique : après le départ des souverains, deux ministres – le professeur Mojdéhi, de la Santé, et Azémoun, bras droit du Premier ministre – s'invectivent sans discrétion. Un signe supplémentaire de débâcle.

Le 21 septembre à 15 heures se déroule la cérémonie de consécration de la dernière promotion de l'Académie militaire de Téhéran. Le général de division Manoutchehr Beyglari, brillant officier kurde que tout le monde donne comme futur chef de l'état-major général, présente le rapport annuel. A l'étonnement de tous, il conclut son intervention sur un ton solennel : « Ces jeunes officiers qui vous prêtent serment de fidélité aujourd'hui sont prêts à défendre la patrie et le roi quels que soient les circonstances et l'ennemi, extérieur ou intérieur. » Le sous-entendu est évident. Le shah visite ensuite, trois heures durant, les bâtiments de l'académie, s'entretient avec les élèves, partage leur dîner. Au moment de prendre congé, il déclare avec gravité : « Avec cette magnifique armée, comment pourrait-on imaginer un seul instant que "ces gens-là" parviennent à déstabiliser le pays ? »

Le 7 octobre, séance solennelle de la rentrée universitaire, un rite immuable depuis des décennies[5]. A 14 heures, le couple impérial, arrivé en hélicoptère sur le campus de l'université de Téhéran, se dirige à pied vers la faculté des lettres. Après avoir revêtu la toge de docteur *honoris causa*, titre que l'université leur avait décerné, ils entrent dans l'amphithéâtre Ferdowsi où un millier d'invités, surtout des universitaires, les attendent. Le recteur Abdollah Sheybani, monument historique de l'université iranienne, au-dessus de toute querelle politique, fait son rapport d'usage. Un jeune diplômé de l'année traite ensuite avec émotion du rôle de la jeunesse dans le nouvel Iran. Puis, en raison des événements, au lieu d'un intermède musical, un poème patriotique inspiré de la « très ancienne Perse » du jeune professeur de lettres Bézhzadi

Andouhdjerdi est déclamé. Un de ses distiques rappelle le lien entre le shah et son peuple, et les mesures que le souverain doit prendre lorsque la patrie est en danger. Un nouveau cri d'alarme. Les applaudissements retentissent. Le shah, sorti d'une lourde torpeur, en est vivement touché. Puis il monte à la tribune pour remettre aux lauréats différentes pièces et médailles avant d'écouter, selon la tradition, les requêtes matérielles des étudiants, ce qui dure une petite heure, où chacun peut constater son degré de fatigue. Aussi le couple ne s'attarde-t-il pas à la petite réception qui suit la cérémonie.

Pour le shah, la journée ne fait que commencer.

A 18 heures, au palais, changement de décor et d'atmosphère : un « Conseil supérieur » restreint est convoqué. Ont été réunis le Premier ministre et quelques ministres « politiques », Mohammad Bahéri à la Justice, Kazem Vadii au Travail et aux Affaires sociales, Houchang Nahavandi aux Sciences et à l'Enseignement supérieur, et Manoutchehr Azémoun, ancien haut fonctionnaire de la Savak. Ce dernier, protégé de Hoveyda, docteur de l'université Marx-Engels de Berlin-Est, était passé directement au service de la police secrète du régime et en avait gravi rapidement les échelons. Hoveyda l'y avait déniché, l'avait fait tourner à différents postes avant de lui confier le ministère du Travail. Chez Sharif-Emami, il se pose en véritable vice-Premier ministre, intervient sur tout et prétend avoir l'oreille de la hiérarchie religieuse. Les militaires sont également représentés par les généraux Azhari, chef de l'état-major général, Oveyssi, commandant en chef de l'armée de terre et administrateur de la loi martiale à Téhéran, Gharabaghi, ministre de l'Intérieur, Moghaddam, chef de la Savak, et Samadianpour, chef de la Police nationale. Personne ne sait au juste les raisons de cette convocation tardive. Sauf peut-être le Premier ministre. Autre fait surprenant, le shah et la shahbanou coprésident la séance, ce qui marquera l'entrée officielle de Farah Diba sur la scène politique et le début d'une sorte de régence de fait. La réunion s'achèvera le lendemain matin, vers 2 h 30, interrompue seulement par un dîner rapide, arrosé d'un château talbot dont le shah boira un verre.

Mohammad Réza Pahlavi prend la parole : « La situation devient chaque jour plus grave et plus inquiétante. C'est pourquoi nous avons voulu réunir quelques ministres aux responsabilités politiques et les principaux chefs militaires. Il s'agit de savoir comment nous devons agir. Je demande à chacun d'entre vous de s'exprimer sans détour, franchement, clairement, brutalement même, et sans arrière-pensée. » Il fait ensuite allusion au rôle joué par les étrangers dans l'évolution de la situation – a-t-il fini par accepter et comprendre que ses « amis occidentaux » agissent à présent contre lui ? –, puis donne la parole au chef du gouvernement. Sharif-Emami se lance dans un exposé pessimiste où, visiblement ému, il se plaint de tout et de tous, surtout de quelques ministres – absents – « dépassés par les événements », avant de conclure : « Néanmoins, je saurai faire mon devoir. » A son tour, le général Azhari préconise une « politique d'ordre », priorité absolue, suivie des réformes nécessaires. Azémoun tient à la création d'un Conseil révolutionnaire présidé par le shah lui-même : « Il faut faire de grands exemples. Les tribunaux militaires, par l'application de la procédure des temps de guerre, jugeront sans appel les individus en butte à l'exécration publique qui seront exécutés sur-le-champ. » A ce moment, le général Moghaddam demande la parole. Sur un ton très calme, il déclare : « Sire, s'il faut pendre quelques individus sur la place Sepah[6], je pense qu'en toute justice, M. Azémoun sera pendu le premier. » Long et pénible silence. Le shah le rompt avec un sourire crispé : « Trêve de plaisanterie, messieurs. Veuillez reprendre votre exposé, monsieur Azémoun. » Le dîner marque une pause. Moghaddam et Azémoun éviteront de se regarder. La révolution les réunira : ils seront tous les deux passés par les armes.

Les discussions reprennent après le dîner. Progressivement, des lignes de conduite se dégagent : reprise en main provisoire des médias, radio et télévision surtout, renforcement des mesures de maintien de l'ordre dans les grandes villes, arrestation des fauteurs de troubles, quadrillage des quartiers pour empêcher les affrontements, début des procès pour les meneurs, remaniement et renforcement du gouvernement par l'incorporation de personnalités de premier plan. Avant de se quitter, décision est prise d'appliquer ces mesures dans les prochaines heures.

Deux jours plus tard, rien ne se sera concrétisé. Opposition de la shahbanou, muette durant le Conseil restreint ? Des ambassades occidentales ? Les explications ne manqueront pas dans le petit monde « bien informé », mais laquelle privilégier ?

Peu après, le shah fait une nouvelle apparition publique lors de la clôture de la session d'études de l'Institut de défense nationale. Alors qu'on lui rend les honneurs, le bruit d'une manifestation voisine perturbe son arrivée. Après le rapport d'usage et la remise des brevets, il est conduit dans la « salle des opérations », où on lui présente un « cas d'école » étudié au cours de l'année : l'intervention des troupes d'élite iraniennes au Pakistan pour y restaurer l'ordre par suite d'une sédition communiste. La réédition sur une grande échelle de ce que l'armée impériale avait réussi brillamment au sultanat d'Oman. Mohammad Réza écoute pendant quelques minutes cet exposé qui prend des airs surréalistes, car, dans « son » Iran, le gouvernement dissuade alors l'armée de rétablir l'ordre et la stabilité. Aussi montre-t-il vite quelques signes de nervosité, rares chez lui. Reprenant soudain son képi, il se lève et quitte la salle. « A quoi jouons-nous ? » lance-t-il à haute voix.

Au cours de ces journées tragiques, il reçoit un coup de fil du roi Hussein de Jordanie, dont il confiera la teneur à Houchang Nahavandi, au Caire : « Il m'a dit : "Ce que les Américains sont en train de faire en Iran, ils l'ont essayé avec moi en 1973[7]. J'ai tenu bon, écrasé la subversion, et ils ont fini par négocier avec moi. Si tu ne peux pas donner des ordres qui comportent nécessairement de la casse, donne-moi la permission de venir en Iran, de m'installer trois jours dans un petit bureau attenant au tien, de dire de ta part et en ton nom aux chefs militaires ce qu'ils ont à faire. Tu verras, tout sera réglé et les Américains vont la fermer". » Le shah ajoutera alors : « Je me suis totalement trompé sur l'attitude américaine et surtout, surtout, je ne voulais pas faire verser le sang de mon peuple. Un roi ne peut agir comme un dictateur s'accrochant à tout prix au pouvoir. »

On sait à présent de sources sûres qu'à la même époque, le roi Hassan II du Maroc et le président égyptien Sadate ont donné les mêmes conseils de fermeté au shah. Sadate, semble-t-il, lui aurait même suggéré de faire transférer dans les bases navales ou aériennes égyptiennes une partie de sa flotte de guerre du golfe Persique ainsi que ses chasseurs bombardiers, afin qu'il puisse s'en servir le moment venu comme monnaie d'échange ou force d'intervention.

Le 26 octobre 1978 marque le 59e anniversaire du shah. C'est une journée traditionnellement très chargée : présentation solennelle des vœux au palais du Golestân, fête sportive dans le grand stade de Téhéran qui rassemble près de 100 000 personnes, fête intime le soir au palais ou parfois chez un ami du couple impérial. Cette année, la fête sportive est annulée, par crainte de manifestations hostiles ; la réception est décommandée, les membres de la famille impériale brillant par leur absence. Le shah, abattu, aurait même refusé de goûter au gâteau d'anniversaire que la shahbanou avait prévu pour le dessert. Face aux dérobades officielles, le Conseil supérieur des associations de quartier – très implantées dans la cité depuis des décennies – a l'idée d'organiser une fête patriotique avec quelques clubs sportifs dans un stade couvert au cœur de Téhéran. Un homme de lettres reconnu, de jeunes champions et un président d'association de quartier doivent entre autres s'y exprimer. Cette manifestation imposante entend être une riposte à celles qui se déroulent dans les rues, sans entrave des pouvoirs publics. Mis au courant, le Premier ministre s'y oppose : « Ce serait une provocation ! » Et il brandit de nouveau la loi martiale. Qu'elle s'applique au moins aux partisans du régime ! En fin de compte, le shah est interpellé. Il se montre sensible aux arguments, mais ajoute : « A quoi bon ? » L'idée est abandonnée. Il en sera ainsi jusqu'à son départ. La volonté, voire l'envie de se battre, l'a quitté. Il redoute un affrontement sanglant. Il est déjà ailleurs. Mais où ?

La cérémonie protocolaire – et très guindée – de présentation des vœux est, elle, maintenue. Son annulation aurait sonné le glas de la monarchie. Elle doit commencer à 9 heures du matin dans la galerie du Couronnement du Golestân, face à l'entrée du bazar. Un quart d'heure auparavant, l'hélicoptère du roi a atterri dans le « parc de la Cité ». Un kilomètre sépare ce lieu du Golestân. Lorsque le roi apparaît dans sa Rolls blindée, escortée par des motards, la foule, prévenue, est dense sur les trottoirs, attendant son passage, bien que ce soit un jour de congé. Alors que les forces de l'ordre craignent une manifestation hostile, rien ne se passe, ni cris venimeux ni acclamations. Un silence pesant s'est abattu sur la ville. On observe le shah : qui sortira vainqueur du bras de fer engagé ? Lorsque Mohammad Réza Pahlavi arrive au palais, il est blême. Le silence l'a, paraît-il, brisé.

Quelques instants de repos, et le voilà en costume d'apparat, figé dans sa tristesse. Alors qu'il va faire son entrée, Afshar lui chuchote : « Souriez, Sire, personne ne doit remarquer, surtout aujourd'hui, votre tristesse. Vous devez inspirer confiance. – Vous avez raison », répond le shah, sorti de sa torpeur[8]. Et un sourire mécanique apparaît sur son visage. Tout ce qui compte parmi les officiels de l'Etat et les personnalités de la société civile défile devant lui. Peu d'absents parmi les universitaires, contrairement aux prévisions. Les vœux du vieux recteur Abdollah Sheybani sont exceptionnellement chaleureux. Manquent cependant à la fête bon nombre de « personnalités de la société civile », habituellement très nombreuses pour se rappeler au bon souvenir du roi et être filmées. Aucun des trois anciens Premiers ministres ne s'est déplacé : Amini, pourtant friand de ce type de manifestation, Hoveyda – qui serait peut-être venu, mais qu'« on » aurait dissuadé de peur que sa présence passe pour une provocation – et Amouzegar. On improvise alors, propulsant sur le devant de la scène Abbasgholi Golchâian, ministre dans les années 1930 et 1940, octogénaire à binocle de fort belle allure, qui, parlant au nom de tous, prononce un discours de circonstance. Devant deux personnalités qu'il connaît bien[9], le shah s'attarde et dit tristement : « Au moins, vous êtes là. »

Les chefs des minorités religieuses, chrétiens, juifs, zoroastriens, sont reçus d'habitude à part. Les shahs leur ayant toujours été favorables, ils se montrent particulièrement chaleureux, à présent que la menace du fanatisme islamique pointe à l'horizon.

Il en est tout autrement avec le clergé musulman, dont une demi-douzaine de membres seulement ont osé venir. La conversation tourne mal. Par respect et tradition, le shah les invite à s'asseoir et à boire le thé. Un prédicateur célèbre, Kamal-ol-Vaézine, soufi pourtant choyé et favorable aux gouvernements successifs, se lance dans des considérations politiques et prodigue des conseils. Agacé, le shah écourte la rencontre.

En quittant le Golestân, il est visiblement à bout de force, les traits tirés. Pressent-il qu'il ne reverra plus ce palais où son père puis lui-même ont été couronnés ? Mais que faire, dans le chaos ambiant, à la barre d'un navire en perdition ? Le Premier ministre, malgré sa prestance, ne représente plus rien. Il n'est même pas impopulaire, simplement méprisé, moqué. C'est un néant politique. Le shah le sait à présent et le dit. Il faut maintenant en finir avec dignité.

La shahbanou, dans ces circonstances défavorables, prend sur son époux un ascendant chaque jour plus grand. Elle reçoit beaucoup, consulte et, on le saura quelques semaines plus tard, s'engage sur une piste parallèle, peut-être à l'insu de son époux qui ressemble en l'occurrence de plus en plus à Louis XVI ou à Nicolas II.

Mohammad Réza Pahlavi exploite cependant avec minutie toutes les voies restantes. A son corps défendant sans aucun doute, car il le déteste, oubliant probablement que, dans les mois qui ont précédé cette période, il le qualifiait de « pou[10] », il fait de Ali Amini, à qui il refusait quelques semaines auparavant la moindre audience, un de ses conseillers principaux.

Les avis du vieux politicien, qui tournent autour d'un appel à la modération face à la radicalisation de l'opposition, sont suivis. Il refuse néanmoins le poste de Premier ministre. Quelques mois auparavant, sa nomination aurait pu constituer une bonne transition et apaiser l'opinion. Mais à présent, Amini ne peut plus rien faire : pas assez opposant pour les radicaux, pas assez fidèle et capable de fermeté aux yeux de l'armée et des « toujours fidèles » au shah.

Mohammad Réza pense alors à Abdollah Entézam, octogénaire qui se pique d'être soufi, « mauvaise langue » contre tous hormis Hoveyda, qui a été son directeur de cabinet. Ancien ministre, il a été ensuite président de la

Snip, avant d'être mis à la retraite, une situation qu'il supportait mal. Ses « mots » en avaient fait un proche de l'opposition. Appelé en consultation auprès du shah, au moment d'être introduit dans le cabinet impérial, il lance, assez fort pour être entendu : « Il est trop tard pour m'appeler à votre secours. » Imperturbable, le shah passe outre et lui propose de former un « cabinet de coalition » – entre qui et qui ? Entézam refuse, mais accepte de prodiguer ses « conseils de modération », comme Ali Amini. Le souverain fait également appel à Mohammad Sorouri, ministre au cours des années 1945, puis président de la Cour suprême pendant dix ans. Nonagénaire aisé, il a la décence de refuser. Il aurait dit : « Je ne vois pas pourquoi on me sort de ma retraite paisible et fait appel à moi ! » Il remercie néanmoins le shah et se retire. A sa suite, Mohammad Réza fait sonder le professeur Mohammad Nassiri, ancien gouverneur de la Banque nationale sous Mossadegh, ancien ministre et ancien doyen de la faculté de droit et sciences politiques de l'université de Téhéran. Lui aussi remercie le shah pour sa « marque de confiance », mais décline la proposition, s'excusant de ne pouvoir venir au palais. Le shah a échoué dans ses tentatives successives pour former un gouvernement réunissant ses proches et des membres de l'opposition. Il est vrai que durant de nombreuses années, il a œuvré pour décourager tout le monde. Il faut faire vite cependant, car le cabinet Sharif-Emami ne maîtrise plus rien.

Apparemment sans ordre direct du shah, mais probablement avec son aval ou sans qu'il s'y oppose, le commandement de l'armée a préparé un plan de sécurisation du pays pour un retour à l'ordre baptisé « plan Khach », du nom d'une petite ville de la province du Béloutchistan à la population presque totalement sunnite. Son objectif est de changer en quelques heures les rapports de force internes à l'Iran, de mettre fin à la dislocation de l'Etat pour que, une fois le calme restauré, on puisse négocier avec les opposants et parvenir à une solution politique dans le cadre constitutionnel. L'armée souhaite en outre que le général Gholam Ali Oveyssi soit nommé à la tête du gouvernement. Au jour J, lorsque le shah souhaiterait passer à l'action, peu avant l'entrée en vigueur du couvre-feu dans la capitale, des unités de « forces spéciales » basées à Lavizan et à Méhran – quartiers nord –, de la garde de la Police nationale basée à Echrat-Abad et des troupes aéroportées de Baghé-Shah[11], toutes constituées de soldats de métier jusque-là en réserve, procéderaient à l'arrestation d'environ quatre cents personnes, chefs de l'opposition radicale et meneurs d'émeute. En province, des unités de la police, appuyées le cas échéant par des agents de la Savak ou de l'armée, procéderaient concomitamment à des interpellations. A Téhéran, les personnes appréhendées seraient conduites dans la partie militaire de l'aéroport international de Mehrabad ou sur la base aérienne de Dochan Tapeh. Elles seraient ensuite transférées par avion à Khach. Les contrevenants d'Ispahan, Shiraz, Mashhad y seraient aussi conduits par d'autres avions. Les chefs de l'opposition « laïque » seraient retenus dans une résidence appartenant à la Savak où ils seraient traités en hôtes. Quant aux mollahs appréhendés – les « enturbannés » dans le texte, le terme n'étant pas péjoratif en persan –, ils seraient dirigés sur l'île de Kish, dans le golfe Persique, dans des installations touristiques à peine terminées. Leur garde y serait confiée à la marine, qui s'était engagée à couper toute communication vers l'extérieur. Pour ne pas engager le shah, « dernier recours », la Garde impériale, « les Immortels », n'aurait aucun rôle à jouer dans ce plan. La rumeur d'un « coup d'Etat de la Garde impériale », régulièrement lancée par l'opposition et la presse, désormais contrôlée par les « comités révolutionnaires », serait ainsi étouffée dans l'œuf. Sur d'autres plans, les grèves dans l'industrie pétrolière et la distribution d'électricité perturbant sérieusement la population, leurs meneurs seraient arrêtés et remplacés par des ingénieurs déjà préparés. Quant à la radio-télévision nationale, elle serait mise sous contrôle de l'armée, des officiers en uniforme remplaçant les présentateurs des journaux télévisés. La presse écrite, elle, serait suspendue pendant au moins quarante-huit heures.

L'entreprise est méticuleusement préparée : les vieilles casernes de Khach qui servaient d'entrepôts ont été rafraîchies ; vivres, literie et groupes électrogènes ont été apportés. Tout a été répertorié, jusqu'aux médicaments nécessaires aux médecins militaires dépêchés sur place.

S'agirait-il d'un coup d'État ? Les avis divergent, bien sûr, mais, dans l'esprit des auteurs du plan[12], la réponse est négative puisque le nouveau général-Premier ministre devait se présenter devant le Parlement, obtenir sa confiance et les pleins pouvoirs pour une durée limitée, le shah s'étant toujours opposé à l'idée de le dissoudre. Quoi qu'il en soit, les événements précipiteront le processus.

Le dimanche 5 novembre 1978, de graves émeutes éclatent à Téhéran : des centres culturels, des cinémas, des agences bancaires, des librairies, des restaurants et des hôtels sont incendiés et pillés par des partisans de l'ayatollah Khomeyni au cri d'*Allahu akbar*. La télévision, le soir même, diffuse un montage d'images où n'apparaissent que les scènes de répression, de soldats tirant sur la foule, des cadavres. Seul le visage ému et digne du recteur Abdollah Sheybani, filmé le matin devant le campus principal de son université et appelant à garder son calme, donne un air d'authenticité au reportage. En fait, le film, savamment préparé à l'avance, utilise des séquences de reportages ou de fictions étrangers, entre autres ceux de Pontecorvo, cinéaste communiste italien, sur la chute de Salvador Allende. Dans le climat obsidional qui règne sur la ville, personne ne remarque non plus que les uniformes des soldats ne sont pas ceux de l'armée. Fait étrange cependant : la grève de fourniture d'électricité, programmée habituellement pour priver la population de télévision aux heures de grande écoute, cesse peu avant la diffusion des images.

Ce dimanche soir, Téhéran présente le visage effrayant d'une ville dévastée. Le Premier ministre offre sa démission au roi qui l'accepte sur-le-champ, sans même le charger d'expédier les affaires courantes. Il n'y en a guère d'ailleurs.

Dès le début de l'après-midi, le shah, tenu au courant minute par minute du développement des événements, continue à interdire aux forces impériales l'usage de leurs armes. Devant le spectacle de la destruction de « sa » ville, il sort enfin de son indifférence habituelle. De nombreux officiers généraux se sont réunis dans les salles d'attente du palais. Très émus, voire scandalisés que l'armée reste inerte, que l'on puisse blesser et tuer des soldats sans qu'ils aient au moins le droit de se défendre[13], ils lui font connaître leur indignation. Mohammad Réza convoque sur-le-champ son Grand Maître du Protocole : « Demandez à Oveyssi de rester dans son bureau et d'attendre mes ordres. » « J'ai communiqué la nouvelle aux officiers généraux présents dans les salles d'attente du palais. Leur joie fut immense », écrit Amir Aslan Afshar. Quelques messages suffisent, et la mise en action du plan Khach est déclenchée. Les hommes des forces spéciales sont déjà dans leurs véhicules, « prêts à partir dans la minute où on le leur dira ». Mêmes scènes aux aéroports de Téhéran : les avions sont pratiquement prêts à décoller.

Oveyssi attend.

Les ambassadeurs des Etats-Unis et de la Grande-Bretagne sont convoqués au palais. Le shah s'entretient ensuite avec la shahbanou, qui admettra explicitement dans ses *Mémoires* qu'elle n'était « pas favorable à la nomination du général [Oveyssi] connu pour sa sévérité[14] ». Il appelle enfin le Grand Maître du Protocole et lui annonce sa décision de charger le général Gholam Réza Azhari, « chef de l'état-major général des armées impériales », de former le nouveau gouvernement. « Et Oveyssi, alors ? » demande Afshar. « Téléphonez-lui pour lui dire qu'il peut disposer ! » répond le shah. « Lorsque les officiers supérieurs présents au palais apprennent la nouvelle, ils sont frappés comme par la foudre ; leur consternation est immense », conclut Afshar.

L'attitude des Américains et des Britanniques est claire. Ils manœuvrent pour renverser le régime et établir sa relève par la république islamique. Le reste leur importe peu. Quant au shah, il regrettera plus tard son attitude : « C'était une erreur [de ma part] de laisser libérer les terroristes[15], de les laisser diriger les émeutes, de mettre le feu aux bâtiments publics, de céder devant les pilleurs et les incendiaires. Les Américains me disaient qu'il fallait continuer la politique de libéralisation[16]. Ma plus grande erreur a été de suivre les conseils anglo-américains... Je sais que je me suis trompé. Mais il n'était pas facile de prendre une décision en ce temps-là. Je ne voulais pas faire verser le sang de mon peuple. On pense aujourd'hui que si l'ordre et la loi avaient été rétablis, il y aurait eu des centaines de fois moins de morts que ces quinze derniers mois... L'Occident et les Américains souhaitaient un changement de régime en Iran. Ont-ils atteint leur objectif ? Les droits de l'homme sont-ils respectés en Iran ? La liberté y règne-t-elle[17] ? »

Ayant opté pour la modération ou, comme l'écrira plus tard son frère, désirant « chercher les voies de l'apaisement[18] » avec l'accord ou sous la pression des Etats-Unis, de la Grande-Bretagne et de son épouse – qui a la sincérité de l'admettre –, Mohammad Réza, tard dans la soirée, quitte son cabinet et déclare aux officiers du protocole qu'il s'adressera le lendemain au pays à la radio-télévision nationale.

2

« J'ai entendu la voix de votre révolution »

Lundi 6 novembre 1978, 10 heures du matin. Le shah, toujours ponctuel, arrive à son bureau. Il reçoit très brièvement le ministre de la Cour, puis convoque Manoutchehr Sanéï, le chambellan de service[1]. « L'équipe de la radio-télévision doit nous rejoindre incessamment. – Elle est déjà là, Sire. » Visiblement nerveux, Mohammad Réza marche de long en large dans son bureau. Personne ne sait qui a rédigé le message qu'il veut « adresser au pays ». Trois minutes passent. Il rappelle Sanéï : « Où est Réza Ghotbi[2] ? C'est lui qui doit m'apporter le texte. » Le chambellan revient après s'être renseigné : « Il est chez la shahbanou, en compagnie de Hossein Nasr[3]. » Colère du shah : « Mais qu'ont-ils à faire chez la shahbanou ? C'est mon message ! »

Quelques minutes plus tard, la reine, Ghotbi et Nasr pénètrent dans le bureau impérial et présentent le texte au shah, qui le parcourt rapidement : « Ah ! non, je ne dois pas dire de telles choses ! – Sire, il est temps que vous vous rangiez du côté du peuple et prononciez des paroles qui lui plaisent », rétorque Ghotbi, appuyé par la shahbanou et Nasr. « Ce message qui devait être apporté à mon frère pour une première lecture lui arriva entre les mains quelques minutes avant son intervention. Il n'eut même pas le temps de réfléchir à ce qui était écrit et qu'il devait dire », écrira le prince Gholam Réza[4].

Le shah fait venir l'équipe de télévision et enregistre le message « dans un état d'extrême fatigue, la gorge nouée par la tristesse et l'émotion, sans en changer un mot puisque mis au pied du mur », note Afshar. « J'ai commis beaucoup d'erreurs, dit-il, mais j'ai entendu la voix de votre révolution. Le cours des événements doit être changé, je ne l'ignore pas... J'ai demandé au chef d'état-major général de former un gouvernement très provisoire chargé de rétablir l'ordre afin de permettre la constitution d'un gouvernement civil et de procéder à des élections libres... Je m'engage désormais à respecter la Constitution. La révolution du peuple iranien ne peut pas ne pas avoir mon approbation. »

Le texte, beau en lui-même, mais imprudent, aura des effets dévastateurs. L'opinion n'en retient en effet qu'une phrase : « J'ai entendu la voix de votre révolution. » Jusque-là, le mot « révolution » n'avait jamais été officiellement prononcé. En outre, le texte comporte à cinq reprises, dont deux directement, l'aveu que le shah n'a pas respecté la Constitution, malgré le serment qu'il a prêté jadis. Parjure aux yeux de tous, il peut donc être destitué par la Chambre s'il refuse d'accéder aux futures demandes, même d'une abdication ou d'un exil. Son discours, contraint et maladroit, prend ainsi des allures de faire-part de fin de la monarchie, ou en tout cas de son règne. Ayant entendu ce funeste message, l'ambassadeur de Grande-Bretagne à Téhéran[5] écrit : « Le shah a-t-il compris ce qu'il disait ? » Dès lors, on ne laissera plus Mohammad Réza Pahlavi s'exprimer en public.

L'auteur, ou les auteurs, du texte radio-télévisé et le rôle joué par la shahbanou à ce moment constituent l'un des sujets les plus controversés dans les études consacrées à la révolution islamique et soulèvent d'infinies polémiques. Quelques points restent indiscutables : la volonté du shah de s'adresser au pays, son impossibilité de remanier le texte remis, la responsabilité de la rédaction de ce texte pesant sur Ghotbi et Nasr. Abbas Milani écrit à ce propos qu'il a pu se procurer le brouillon du document, écrit de la main même de Ghotbi, et que, pour en avoir confirmation, il lui a demandé à plusieurs reprises un rendez-vous sans obtenir de réponse[6]. Nasr a admis pour sa part son rôle dans l'affaire lorsqu'il a reçu pour ses recherches philosophiques le prix spécial du président de la République islamique en 2010, puis dans plusieurs interviews[7].

En revanche, le rôle de la shahbanou – qui ne s'en est pas expliquée – reste obscur. Qu'elle ait pris connaissance du texte avant qu'il ne soit présenté au shah ne fait aucun doute[8]. En a-t-elle cependant saisi toutes les implications ? Il n'en demeure pas moins que la responsabilité politique et juridique du texte revient au shah, lequel l'a assumée, même si en privé il n'a cessé d'accuser de félonie ceux qui avaient préparé sa déclaration[9]. C'est même une des raisons pour lesquelles il en voudra à Réza Ghotbi. Cependant, sa volonté de diriger le pays faiblissant, la shahbanou prendra le relais et aura une influence décisive sur tout ce qui engagera le destin de l'Iran. Dès ce moment, il ne semble pas abusif d'avancer qu'une régence de fait s'est installée à la tête de l'Etat.

Parallèlement au message du shah, l'annonce de la constitution du gouvernement militaire du général Azhari où les commandants en chef des trois armées sont nommés « super-ministres » produit un effet considérable sur l'opinion. Les grèves cessent pratiquement toutes et le courant électrique revient. La police oblige les rares commerçants récalcitrants du bazar à rouvrir leur commerce. Deux jours après les émeutes sanglantes du 5 novembre, la capitale est étonnamment calme et la circulation automobile intense. Sans les bâtiments incendiés et pillés par les partisans de l'ayatollah Khomeyni, bâtiments qu'on se met d'ailleurs à réparer rapidement, il aurait été difficile de se rappeler visuellement la journée d'émeute. Non sans appréhension, semble-t-il, les « super-ministres » et les ministres se rendent dans leurs ministères respectifs. Partout, ils reçoivent un bon accueil : l'armée étant respectée et crainte, la fièvre ne peut que tomber. Au Khouzistan, les membres du comité de grève, surtout du Toudeh, se constituent prisonniers auprès du gouverneur général de la province, qui est aussi le commandant en chef de l'armée du Sud, le corps le plus puissant des forces armées. A la suite de cette visite, l'exploitation pétrolière reprend. Ainsi, en quarante-huit heures, rien que par un effet d'annonce, l'opposition se voit vaincue, plusieurs de ses chefs reprenant contact avec les proches du palais. Le shah aurait-il gagné ?

Certaines décisions du « pouvoir militaire » sont bien accueillies, notamment la réorganisation de la fondation Pahlavi et la création d'une commission d'enquête, formée de hauts magistrats de la Cour suprême, chargés d'investiguer sur la fortune de certains membres de la famille impériale, la mesure visant particulièrement, sans la nommer, la princesse Ashraf.

Mercredi 8 novembre. Alors que la shahbanou préside des réunions depuis tôt le matin, un chambellan vient annoncer, pendant une pause, que le shah désire en recevoir les participants, sans en préciser la raison. Tous traversent le jardin séparant le palais de Niavaran du bureau impérial. La shahbanou se rend immédiatement auprès de son époux. Dix minutes plus tard, le shah, les traits tirés et mal à l'aise, apparaît et prend la parole : « De toutes parts, on nous presse d'autoriser l'arrestation de Hoveyda en vertu des dispositions de la loi martiale, et ce afin d'apaiser l'opinion. Je vous demande de donner votre avis. » Ses paroles font l'effet d'une bombe. Ali Gholi Ardalan[10], ministre de la Cour impériale, effondré, prend le premier la parole : « Je ne comprends pas que l'on puisse arrêter un Premier ministre qui a été au pouvoir durant treize ans. » Le général Pakravan et Ghotbi, en revanche, approuvent la mesure en des termes mesurés et neutres, invoquant les impératifs du moment. C'est Djavad Chahréstani, le maire de Téhéran, qui crée la surprise. En des termes véhéments, il attaque Hoveyda, alors qu'il lui doit sa carrière. Quelques jours plus tard, il se rangera d'ailleurs derrière l'ayatollah Khomeyni et annoncera le « ralliement de la capitale » à ce dernier ! Vient ensuite l'ancien ministre et ambassadeur Mehdi Pirasteh, ennemi public de Hoveyda, qui ne se prive pas de l'accabler. Houchang Nahavandi, pour sa part, prétextant son opposition connue de tous à l'ex-Premier ministre, s'abstient de donner son avis, mais prie le souverain d'avertir Hoveyda lui-même : « Même une arrestation pourrait s'opérer dans la dignité », conclut-il. « Cela ne m'est pas facile », rétorque le shah, qui se tourne vers son épouse, muette jusque-là : « Vous pouvez peut-être le faire ? – Pourquoi moi ? répond la shahbanou, visiblement agacée. Il n'était pas mon Premier ministre, mais le vôtre ! » Ce n'est guère le moment d'une querelle publique. Le téléphone sonne. Le shah décroche, ne répond que par un « hum ! » puis, s'adressant aux assistants : « On vient juste d'insister sur l'urgence de la décision. » Le « on » désignerait, selon la shahbanou, le général Moghaddam. Fin de la réunion.

Le shah téléphone lui-même à Hoveyda, en lui expliquant sur un ton très courtois qu'il s'agit de le placer en résidence surveillée afin de « garantir sa protection et d'apaiser l'opinion publique ». Le général de corps d'armée Rahimi Laridjani, adjoint de l'administrateur de la loi martiale, reçoit l'ordre de s'assurer de sa personne. Pour éviter tout remous, rendez-vous est pris à 18 heures chez la mère de Hoveyda, à Darouss, dans le nord de Téhéran. Seront témoins de l'arrestation le président de la Cour suprême, le président de la Chambre et l'ancien ministre Madjidi. A l'heure dite, le général, dans une voiture banalisée, conduit Hoveyda dans une maison d'hôte appartenant à la Savak où il est confortablement installé. Il lira la presse internationale, recevra sa famille et ses amis, et même les ambassadeurs de Grande-Bretagne et d'Israël. Il préparera aussi sa défense en vue d'un éventuel procès avec son avocat, maître Assadollah Soufi, faisant même appel à Edgar Faure, qui lui est très proche[11].

La décision de son arrestation avait été prise par le couple impérial avant la réunion « de couverture ». Il fallait « donner des gages à l'opposition et apaiser l'opinion ». En le déchargeant du ministère de la Cour, le shah lui avait proposé une ambassade à Bruxelles qu'il avait refusée. Il aurait pu aussi partir pour l'étranger, comme tant d'autres, pourvu convenablement par le shah, ce qu'Ardéshir Zahédi avait suggéré. Sans doute a-t-il fait preuve de naïveté en pensant que ceux qu'il avait arrosés largement et qui étaient à présent dans l'opposition sauraient lui renvoyer l'ascenseur. Or, ces derniers n'auront qu'une hâte : se débarrasser au plus vite d'un témoin de leur corruption.

Après la révolution, en prison, face aux critiques, il continuera à ne rien se reprocher, même lorsque la journaliste française Christine Ockrent viendra l'interviewer pour le compte de FR3. Couché à même le sol, négligé, visiblement épuisé, mais imperturbable devant les questions directes – trop directes pour certains, désincarnées pour d'autres – qui lui seront posées, sur les méthodes de la Savak entre autres, il restera allusif et se posera en bouc émissaire. Il sera assassiné d'une balle dans la tête dans sa prison à la suite d'un procès expéditif et d'une sentence prononcée par l'ayatollah Sadeq Khalkhali, le 7 avril 1979, et ce malgré de nombreuses protestations internationales.

Le gouvernement du général Azhari fait illusion pendant quelques jours. De ce fait, Mohammad Réza Pahlavi se montre plus détendu, retrouvant même l'appétit. Mais, l'effet d'annonce passé, rien ne change. Le discours d'investiture du général-Premier ministre déçoit par ses litanies larmoyantes. Quelques actions décousues sont lancées : des émissaires sont envoyés auprès de l'opposition radicale pour les rassurer ; les « super-ministres » militaires sont renvoyés à leurs commandements, sauf Oveyssi, qui reste administrateur d'une loi martiale guère appliquée. Plus personne ne voit ni ne comprend la philosophie de cette fausse arrivée des militaires au pouvoir. Certes, un homme intègre, le général Azhari, a remplacé Sharif-Emami à la tête du cabinet... mais pour faire la même chose que lui. Pire, de l'extérieur, les militaires semblent ne rien faire. En réalité, dès leur arrivée au pouvoir, ils ont été paralysés, obéissant aux ordres de leur commandant en chef, le shah, ou désormais – et de plus en plus – de la shahbanou. Or, les dits « ordres » sont de ne rien faire, de ne rien entreprendre qui puisse contrarier les opposants.

On dispose aujourd'hui de nombreux témoignages selon lesquels les principaux dirigeants de l'opposition ont tenté, au cours de la première semaine du cabinet Azhari, d'entrer en contact avec lui, de trouver un compromis ou même de se mettre à l'abri, au point que l'ayatollah Mohammad Behéchti[12] s'en est ému : alors qu'il est en route pour Téhéran afin de prendre en main le mouvement d'opposition, apprenant à l'aéroport d'Athènes l'arrivée au pouvoir d'Azhari, il rebrousse chemin et lance : « Nous avons été trahis une fois de plus[13] ! » Ce qui était faux.

Le shah est en effet toujours soumis à de très fortes pressions – surtout anglo-américaines – l'invitant à la modération, voire à l'immobilisme, et le dissuadant d'appliquer la loi martiale. En outre, l'ancien Premier ministre, Ali Amini, connu pour ses amitiés américaines, surtout du côté démocrate, et flanqué de deux vénérables vieillards érigés en autorités morales – Ali Akbar Siassi, ancien recteur de l'université de Téhéran, et Mohammad Ali Varasteh, ministre durant les années 1940 –, fait le siège du couple impérial pour lui demander de « ne surtout rien faire qui puisse indisposer les opposants et Washington ». L'entourage de la shahbanou œuvre dans le même sens.

Le shah, constatant que la paralysie se réinstalle – lui et son épouse y étant pour quelque chose –, retombe dans un état second de distance et d'indifférence. Les personnalités se raréfient à ses audiences – même Hossein Fardoust n'apparaît plus[14]. Le grand ayatollah Shariat-Madari, plus lucide que jamais, lui fait dire : « Sauvez le pays, faites rétablir l'ordre. Un bain de sang nous attend. Qu'on m'arrête et me mette en prison si nécessaire ! Mais qu'on agisse vite ! » « Nous faisons ce que nous pouvons », fait répondre le shah.

D'autres soutiens lui arrivent pourtant. Les dirigeants de la puissante Association des officiers et sous-officiers de réserve et quelques généraux en retraite se réunissent en conclave chez le général Hassan Arfa, chef de l'état-major général durant la Seconde Guerre mondiale. Ils finissent par lui adresser un ultimatum : « Nous allons descendre dans la rue, occuperons les ministères, imposerons une politique de salut public ! » Le général, fort peu diplomate, se propose comme Premier ministre en remplacement de son « jeune collègue » : « J'ai tenu tête aux communistes et aux Russes pendant la guerre avec une petite armée misérablement équipée. Je suis capable de mater ces hurluberlus ! » Le shah aurait souri à ces déclarations.

A partir de la troisième semaine de novembre, l'attentisme et la paralysie du pouvoir deviennent évidents.

Bien que quelques camions de soldats soient encore stationnés dans la capitale et dans les grandes villes, l'armée reçoit l'ordre de ne pas réagir sauf si elle est directement attaquée. Les opposants en sont informés. De temps en temps, ils s'approchent des camions en insultant le shah. Pour les jeunes recrues, venues souvent de lointaines provinces, le fait que l'on puisse proférer des injures contre le shah sans être réprimé est destructeur. A Téhéran, les opposants exhibent de temps en temps de faux cadavres et organisent de fausses funérailles, à l'usage des télévisions occidentales.

Dans une capitale angoissée, tout bascule. Seuls le palais impérial et des rues environnantes sont sécurisés. Nul ne s'en approche. C'est le seul havre d'une paix artificielle.

Le 18 novembre, la shahbanou se rend en pèlerinage à Karbala et à Nadjaf, accompagnée de Réza Ghotbi et de Hossein Nasr. Bagdad l'accueille avec inquiétude, constatant la montée de l'insécurité en Iran. Le vice-président irakien, qui la reçoit, le lui dit sans détour. Pendant trente minutes, elle est aussi reçue par le grand ayatollah Koï, au sommet de la hiérarchie chi'ite. Ce dernier transmet au shah un message de sympathie et de soutien par lequel il exprime ses « ferventes prières » pour la « santé » du souverain et son « succès au service de l'islam et de l'Iran ». Déclaration déterminante que le régime aurait pu largement exploiter. Il n'en sera rien. En revanche, la télévision iranienne montrera quelques erreurs que l'entourage de la shahbanou commet dans la pratique des rites et qui provoqueront moqueries et critiques acerbes.

Alors que l'échec, provoqué et organisé, du cabinet « militaire » ne fait plus de doute, le général-Premier ministre est victime d'une crise cardiaque. Le champ devenu libre, la shahbanou multiplie réunions et audiences. Discrètement, elle engage un plan B dont les conséquences seront très discutées.

Le shah est résigné. Aussi la rumeur de son départ imminent pour l'étranger se fait-elle de plus en plus insistante. Déjà le bruit court au palais que ses vêtements et objets personnels sont prêts à être expédiés. L'atmosphère est délétère ; l'inquiétude en ville s'accroît d'autant.

Le 3 décembre, encouragé, voire contraint, par des chefs militaires et Ardéshir Zahédi, Mohammad Réza effectue une visite impromptue dans un centre d'entraînement des cadets de l'armée et dans un lycée de jeunes filles. Les habitants des alentours, apprenant ces visites, lancent sur son passage des « *Djavid shah !* (Vive le roi !) ». Il en pleure d'émotion. Ce sera sa dernière apparition publique.

Sur le plan politique, il entame de nouvelles démarches pour sortir de la crise, mais aussi pour préparer son départ dans la dignité, tout en assurant si possible la continuité dynastique. Il fait appel, cette fois, aux personnalités de l'opposition laïque. La première d'entre elles est le professeur Gholam Hossein Sadighi, héritier spirituel de Mossadegh, un homme intègre qui bénéficie de l'estime du bazar et entretient de bonnes relations avec certains milieux cléricaux. Les trois dernières années, le froid qui s'était installé entre lui et le régime s'était dissipé lorsque le shah l'avait complimenté à la suite du discours radiodiffusé qu'il avait prononcé à l'occasion de son éméritat à l'université de Téhéran. Aussi, lorsque deux émissaires se présentent chez Sadighi pour l'inviter au palais, sa réponse est-elle empreinte de noblesse : « Je ne garde pas rancune au souverain d'avoir été écarté pendant vingt-cinq ans du pouvoir. Je sais qu'accepter de former un gouvernement aujourd'hui pourrait me coûter ma réputation. Mais à quoi bon le prestige si, lorsque la patrie est en danger, on ne peut l'employer à essayer de la sauver ? »

Son entretien avec le shah se passe bien[15]. Mohammad Réza use de toute sa séduction, assure le vénérable universitaire de sa parfaite disponibilité et du soutien des forces armées. « Je n'ai aucune raison de ne pas le croire. J'ai été touché par sa sincérité et son émotion », commente Sadighi. Le professeur demande une semaine pour préparer son programme et choisir ses ministres. Une grande partie de l'opinion voit déjà en lui l'homme d'une transition démocratique et réformatrice apaisée.

Une semaine se passe. Sadighi, après avoir rendu une visite de courtoisie au shah, se présente devant le shah. Il ne pose qu'une condition à son engagement : que le shah s'éloigne de Téhéran sans quitter l'Iran comme il en a l'intention et comme l'en pressent publiquement ses alliés occidentaux. Craignant qu'un tel départ ne mette en danger l'unité de l'armée, principale force organisée du pays, il lui suggère de se rendre dans une base navale du Sud, sur le golfe Persique ou l'océan Indien, où sa sécurité serait assurée. Refus du shah ! Sadighi se retire. Encore une occasion perdue de sauver le pays et la dynastie[16].

Après l'échec de la solution Sadighi, le shah se tourne vers un autre « opposant historique », Mozaffar Bagaï. Normalien, septuagénaire, ancien compagnon de Mossadegh et numéro 2 du Front national avant de se rapprocher du général Zahédi, il a des opinions social-démocrates et étatistes, tout en étant proche des milieux religieux. Sa vie monacale ne l'empêche pas de soigner ses réseaux. N'ayant ni l'aura ni le rayonnement de Sadighi, c'est un tribun redoutable capable de faire verser le sang. Le shah charge un député de Téhéran, le docteur Darioush Shirvani, qui le connaît bien, de le contacter et de l'amener au palais. L'audience dure deux heures. « Mozaffar est un patriote », dira le lendemain le shah au député. Et pour cause : il accepte de former un gouvernement de salut public. Bientôt, il présente au shah la liste des ministres souhaités et les grandes lignes de son programme, parmi lesquelles l'arrestation massive des leaders de l'opposition et de quelques personnalités du régime pour briser net les émeutes et préparer ensuite des élections libres. Il pose une seule condition à sa participation : que le shah ne quitte pas l'Iran, mais se rende, pour quinze jours, sur la base aérienne de Vahdati, à Hamadan. « Si j'échoue, revenez dans la capitale, et destituez-moi, Majesté. »

Après la seconde audience, Shirvani demande à Bagaï : « Et alors ? – Il ne m'a pas dit non ! » Le soir même, au cours d'une réunion secrète tenue chez le député, Bagaï expose sa feuille de route à Ardéshir Zahédi et au commandant en chef de l'armée de l'air. Il en recueille l'approbation conjointe[17] et attend la décision du shah.

Cependant que se déroulent ces tractations, une idée germe dans le milieu politique, les forces armées, une partie du clergé et des cercles intellectuels : faire appel à Ardéshir Zahédi lui-même[18]. Ce dernier avait été durant sept ans ambassadeur d'Iran à Washington avant d'être rappelé à Téhéran, en septembre 1978, par le roi, désireux sans doute d'avoir un appui face aux Américains. Son arrivée en Iran, loin de passer inaperçue, avait bénéficié d'un bouche-à-oreille si efficace que bon nombre de généraux, politiques et journalistes l'avaient attendu à sa descente d'avion. Tous croyaient qu'il pourrait être un recours pour changer la donne. Depuis lors, sa résidence privée de Hessarak, dans le nord de Téhéran, ne désemplissait pas. Son principal atout était sans doute son influence sur l'armée, tant en mémoire de son père que par ses liens personnels avec celle-ci. Il était également très populaire et apprécié par la Garde impériale. En outre, bien que loin de l'Iran, il avait réussi à nouer de bonnes relations avec la hiérarchie religieuse, le grand ayatollah Koï notamment.

Quelques points faibles cependant : ses réactions brutales si ses ordres n'étaient pas exécutés et son nom : n'était-il pas le fils de celui qui avait renversé Mossadegh ? Outre que les Britanniques ne l'appréciaient guère, il avait à la Cour quelques ennemis déclarés parmi les membres de la famille royale et de l'entourage de la shahbanou, qui craignaient ses prises de positions intempestives et sa volonté de « couper les branches pourries ».

En vérité, ses amis ont préparé son accession au pouvoir. Ainsi le grand ayatollah Koï l'a-t-il vivement encouragé et lui a-t-il fait porter sa bague en agate verte gravée de prières, que Zahédi a cependant préféré donner au shah pour éviter tout malentendu. Le prélat se dit même prêt à traverser à pied la frontière irano-irakienne – tout un symbole – et à se diriger vers Qôm pour rétablir « l'unité des musulmans » et susciter la ferveur populaire à son égard[19]. Sur un autre plan, pour tester sa popularité, Ardéshir Zahédi s'est rendu en pèlerinage au mausolée de Hazrat Abdolazim[20], à Rey, localité proche de Téhéran, puis, avec quelques généraux, à Mashhad où il a rencontré des mollahs importants. Il a également en toute discrétion amené chez le shah une quinzaine de religieux de Téhéran, lesquels ont proposé de publier un manifeste de soutien au souverain, condamnant les excès des partisans de Khomeyni. Baghé-Shah, au cœur de Téhéran, a enfin été choisi comme base de commandement. Tout est donc bien en place, croit-on, pour le jour où le shah appellera Ardéshir[21]. C'est à ce moment que le *Sunday Times* publie un article retentissant sur quatre colonnes : THE MAN WHO MIGHT RESCUE THE SHAH (« L'homme qui pourrait sauver le shah »).

Malgré tous ces atouts – ou peut-être à cause d'eux –, le couple impérial se garde de considérer l'option Zahédi. Craindrait-il sa radicalité ? La réaction négative des démocrates américains – et ce malgré la sympathie avérée de Zbigniew Brzezinski ? Il est plus probable qu'il appréhende qu'une fois son pouvoir établi, fort de son autorité sur l'armée et de ses relations privilégiées avec le clergé, Ardéshir Zahédi le garde pour lui seul, à la différence de son père qui s'était sacrifié.

31 décembre 1978, coup de théâtre : le palais annonce la nomination de Shapour Bakhtiar à la tête du gouvernement.

Shirvani téléphone aussitôt à Zahédi : « Nous avons été ridiculisés ! » Zahédi lui répond, sans rien ajouter de plus : « Vous savez qui en est responsable ! »

Shapour Bakhtiar est alors peu connu de la population. Seules les « personnes bien informées » savent qu'il a fait ses études à Paris – premier docteur en droit des Bakhtiaris –, qu'il a épousé une Française et a inauguré sa carrière sous Ghavam, au nouveau ministère du Travail. Sous-secrétaire d'Etat sous Mossadegh, il a été emprisonné à deux reprises après la chute du « Vieux Lion ». Cousin germain du général Teymour Bakhtiar, cousin de l'impératrice Soraya, neveu des Ghotbi, et donc indirectement proche de l'impératrice Farah, il a souvent été protégé en haut lieu. Siégeant au conseil d'administration de sociétés privées, paraétatiques ou appartenant à la fondation Pahlavi, il préside le très mondain Cercle français de Téhéran, rendez-vous de la haute société et des milieux politiques.

La shahbanou semble être à l'origine du choix qui s'est porté sur lui. Elle l'a rencontré en septembre, soit trois mois avant qu'il ne soit pressenti pour former le gouvernement[22], dans la villa de son oncle à Darrouss. Selon le témoignage de Mohammad Ali Ghotbi, l'entrevue – qui aurait été organisée par son fils Réza – aurait duré six heures. En fait, la conversation elle-même n'aurait duré que trois heures, Bakhtiar s'étant entretenu le reste du temps avec sa tante, Louise Samsam Bakhtiari, alors épouse de Ghotbi[23]. Tandis que Louise confirme, à quelques nuances près, cette date de rencontre[24], la shahbanou, qui n'avait jamais démenti le fait auparavant, avance dans ses *Mémoires* que la rencontre s'est bien tenue chez sa tante, Louise Ghotbi, mais après que la solution Sadighi a été abandonnée et sur la demande conjointe d'Oveyssi et Moghaddam, soit à la mi-décembre[25]. Le shah lui en aurait donné l'autorisation. « Je ne connaissais pas M. Bakhtiar », ajoute-t-elle, tout en notant que la condition qu'il mettait à la constitution d'un nouveau gouvernement était la libération de Karim Sandjabi, que l'on verra très vite à Neauphle-le-Château auprès de Khomeyni. Dans une interview récente[26], elle a réitéré son démenti, précisant encore une fois que la rencontre a bien eu lieu après la nomination officieuse de Bakhtiar comme Premier ministre, c'est-à-dire quelques jours avant l'annonce officielle. Une polémique dérisoire en soi, mais qui prend tout son sens au vu des conséquences de cette nomination dont la shahbanou ne voudrait pas porter la responsabilité.

Le fait est que la reine sympathise à cette occasion avec le futur Premier ministre, au point qu'elle lui offre un volume d'Eluard[27]. Bakhtiar, de son côté, ne tarit pas d'éloges sur l'épouse du shah, sur lequel il concentre au contraire une haine farouche et irrationnelle. De ce jour, il est confiant dans le processus de son accession au pouvoir, lui qui, depuis des années, désire un rapprochement avec l'ambassade des Etats-Unis[28]. Tentant alors de rassurer le shah, il demande à Ghobad Zafar, architecte renommé et personnalité importante chez les Bakhtiaris, également proche de la Cour, de se porter garant de sa loyauté par une lettre écrite au souverain[29]. Etrange coïncidence : au même moment, Mohammad Ali Ghotbi, qui s'était occupé de la carrière de Bakhtiar dans le secteur privé, adresse lui aussi au shah une lettre remise par Manoutchehr Sanéï à sa demande. Il y rappelle, entre autres, qu'il avait fait nommer l'intéressé à la tête du conseil d'administration de l'usine de lait pasteurisé d'Ispahan, dont, en peu de temps, il avait provoqué la faillite par ses idées saugrenues. Il ajoute : « J'ai encore honte devant les actionnaires. [...] Comment voulez-vous, Sire, qu'un homme, incapable de présider le conseil d'administration d'une usine de taille moyenne, puisse diriger l'Iran dans les circonstances présentes ? » Mohammad Réza prend très mal cette démarche, déchire et jette par terre la missive, dont Sanéï ramasse les morceaux. Le shah conclut : « Dites à ce vieillard que j'ai lu sa lettre. C'est tout[30]. »

Le 18 décembre, avant même d'être chargé officiellement de former le gouvernement, Bakhtiar expose son programme à l'ambassadeur de Grande-Bretagne à Téhéran, lors d'un déjeuner privé[31]. Pour lui, la partie est déjà gagnée. Il est vrai que le souverain est anéanti. Toute son œuvre s'écroule ; une partie de la population prend déjà le chemin de l'exil ; la panique s'installe dans la capitale et quelques grandes villes. Ailleurs, c'est l'apathie.

Bien que souvent hagard, le shah continue à recevoir ceux qui veulent bien le rencontrer, des gens « ordinaires » qui n'auraient jamais osé l'approcher auparavant et qui veulent le retenir en Iran. Parmi eux, les bouchers de Téhéran qui, signe de respect dans leur milieu, portent tous un chapeau. Cet usage étant proscrit par les règles du palais, le Grand Maître du Protocole porte l'affaire devant le shah qui, las, répond : « Mais laissez-les faire ! Eux au moins sont sincères ! » Plus tard, un vieux professeur de droit, au palais pour la première fois, lui déclare : « Nous avons décidé avec des collègues de venir assurer votre protection si la Garde n'en est pas capable. On devra passer sur nos cadavres si l'on veut s'attaquer à vous. » Le shah, bouleversé, les rassure.

· Pressé par les Occidentaux, il n'a de cesse que de partir loin, et dignement, hanté par le sort de Louis XVI, de Nicolas II, d'Hailé Sélassié et de Fayçal II d'Irak.

L'impératrice, qui malgré ses démentis a poussé Bakhtiar vers le pouvoir, semble également pressée de quitter l'ambiance infernale dans laquelle s'asphyxie la monarchie.

Or, seul parmi les candidats possibles pour diriger le gouvernement, Bakhtiar souhaite leur départ. Un an après la visite de Jimmy Carter en Iran, en ce 31 décembre glacial, son ambition est donc officiellement atteinte.

Ce mois de décembre crucial voit se dérouler de grandes marches en faveur de Khomeyni, qui fait à présent figure de chef charismatique unique d'une révolution considérée par beaucoup comme authentique, romantique et démocratique. Les 11 et 12, jours de Tassoua et d'Achoura – deuils chi'ites –, des centaines de milliers de personnes défilent dans Téhéran en faveur de l'ayatollah. L'armée avait voulu interdire ces deux manifestations et les généraux Oveyssi, Rahimi et Khosrodad avaient pris contact avec les opposants pour les prévenir des risques qu'ils couraient. Des unités de chars lourds avaient commencé leur mouvement vers Téhéran. On avait même répandu la rumeur que la brigade des parachutistes de Shiraz allait sauter sur la capitale. Aussi les chefs de l'opposition avaient-ils accepté d'annuler leurs deux marches, tout en protestant vivement. Mais soudain, sur intervention de quelques « personnalités » soucieuses d'apaisement, et surtout des ambassadeurs des Etats-Unis et de Grande-Bretagne, l'ordre d'interdiction est levé à la dernière minute, l'armée n'osant pas désobéir. Le shah vient de reculer une nouvelle fois. « Encore une erreur qu'on n'aurait pas dû faire[32] », dira-t-il plus tard.

Certes, il est soumis à de rudes pressions, la propagande universelle s'étant attachée à promouvoir le mirage que constitue Khomeyni. Le monde politique occidental a été rejoint, souvent précédé dans ses calculs et surtout dans son aveuglement, par l'intelligentsia européenne, en particulier française. Cette dernière s'est mobilisée en faveur de l'ayatollah et de son discours, qu'elle n'appelle pas encore « islamiste », contre celui qu'elle qualifie de « dictateur iranien ». A Paris, des comités de soutien se sont constitués dès janvier 1978 sous la houlette de Jean-Paul Sartre, Simone de Beauvoir et Michel Foucault.

Celui-ci[33], à l'enthousiasme pathétique, constitue un cas d'école parmi les intellectuels. Bien qu'il ait rencontré une fois Khomeyni à Neauphle-le-Château[34], il ne perce pas les présupposés de sa propagande. Sous l'emprise d'un néo-romantisme teinté de nietzschéisme et de heideggérisme superposant les images lyriques d'une révolution idéale où un peuple prend en main son destin, il se rend en Iran du 16 au 24 septembre, puis du 9 au 15 novembre 1978 pour le compte du *Corriere della Sera*, y jouant le rôle du philosophe-journaliste appliqué à commenter la chute annoncée du shah et la montée en puissance d'une révolution « populaire » à forme religieuse. Pour lui, l'occidentalisation prônée par le shah est un choix erroné : « Oui, la modernisation comme projet politique et comme principe de transformation sociale est en Iran une chose du passé[35]. » Les Iraniens doivent retrouver « cette chose dont nous avons, nous autres, oublié la possibilité depuis la Renaissance et les grandes crises du christianisme : une spiritualité politique. J'entends déjà des Français qui rient, mais je sais qu'ils ont tort[36] ». Cet apparent retour aux valeurs spirituelles lui fera croire dans un premier temps que, « la religion [ayant] joué son rôle [en] lever de rideau, les mollahs maintenant vont se disperser dans un grand envol de robes noires et blanches. La scène change. L'acte principal va commencer : celui de la lutte des classes, des avant-gardes armées, du parti qui organise les masses populaires, etc[37]. »

Fort de ce constat, il encense Khomeyni, qu'il qualifie, dans un article paru dans *Le Monde,* de « saint homme exilé à Paris ». Lors de son second séjour en Iran, Foucault reste persuadé que Khomeyni « n'est pas un homme politique : il n'y aura pas de parti Khomeyni, il n'y aura pas de gouvernement Khomeyni[38] », estimant que l'ayatollah n'est que la face visible de forces supérieures. Enthousiasmé par le chi'isme, qu'il découvre, il se pose en spécialiste. Sa tribune, publiée dans *Le Nouvel Observateur*, « L'Iran ou comment introduire dans la vie politique une dimension spirituelle », est significative sur ce point[39]. Et lorsque Maxime Rodinson, un authentique spécialiste de l'islam, osera dans *Le Monde* quelques remarques critiques à son égard et un rapprochement audacieux entre « le réveil du fondamentalisme islamique » et la tentation d'un « type de fascisme archaïque », le philosophe restera évasif[40].

Ses positions, en lui assurant une visibilité énorme auprès des intellectuels français, contribueront cependant à décrédibiliser encore plus le régime iranien et à consacrer une image mythique de l'ayatollah. Après l'arrivée au pouvoir de Khomeyni, Foucault émettra cependant quelques doutes sur la révolution islamique : « Sa singularité qui a fait aujourd'hui sa force risque bien de faire par la suite sa puissance d'expansion. C'est bien en effet comme mouvement "islamique" qu'[elle] peut incendier toute la région, renverser les régimes les plus instables et inquiéter les plus solides. L'islam – qui n'est pas simplement une religion, mais un mode de vie, une appartenance à une histoire et à une civilisation – risque de constituer une gigantesque poudrière à l'échelle de centaines de millions d'hommes. Depuis hier, tout Etat musulman peut être révolutionné de l'intérieur, à partir de ses traditions séculaires[41]. » Foucault a vu juste sur ces derniers points. Il saura bientôt se taire, sans doute déçu que les peuples ne prennent pas le pas sur les religieux.

Il n'est pas le seul intellectuel français à faire le voyage de Téhéran. Simone de Beauvoir le fera aussi pour soutenir l'ayatollah et le mouvement islamiste. Plus tard, lorsque le pouvoir khomeyniste décidera « d'imposer le *hidjab* aux Iraniennes, de supprimer la mixité, d'interdire la pilule, de restaurer la répudiation, d'abaisser l'âge du mariage pour les filles à neuf ans, de criminaliser l'adultère et l'homosexualité, sans parler des lapidations, vitriolage des femmes non voilées, flagellations publiques... », l'auteur du *Deuxième sexe* patronnera le voyage d'une grande délégation féministe en Iran, conduite par Claude Servan-Schreiber et Françoise Gaspard. Khomeyni en recevra à Qôm une partie, qui exposera ses inquiétudes. A-t-on bien traduit les propos tenus ? L'ayatollah en tout cas la congédiera sans un mot. Simone de Beauvoir rectifiera dès lors sa position et, comme Jean-Paul Sartre, préférera le silence[42].

Dans le sillage de ces idéologues, d'autres suivront : Roger Garaudy[43], Darioush Shayégan, qui comparera Khomeyni à Gandhi[44], etc. Du côté des journalistes, même bévue : André Fontaine, alors rédacteur en chef du *Monde*, souhaite, dans un éditorial, une rencontre entre l'ayatollah et le pape Jean-Paul II, « les esprits forts ayant échoué, pour la paix dans le monde[45] ». De la même eau, l'article du *Monde,* au lendemain du retour de Khomeyni à Téhéran, intitulé « Le retour du divin » et traduit en persan, trouve un grand retentissement en Iran dans les milieux intellectuels. Jacques Madaule renchérit, voyant dans le mouvement khomeyniste « une clameur venue du fond des temps [...]. Qui sait, après tout, si la passion du peuple iranien n'ouvre pas à l'humain la porte de l'avenir[46] ». On pourrait multiplier exemples et citations. Avec le recul de l'Histoire, le décalage des propos est évident, mais à l'époque, l'hallali du régime impérial avait sonné.

Le vent a tourné cependant, et les journalistes ont tiré quelque apprentissage de leurs mauvais choix : trente ans plus tard, le numéro spécial 20 000 du *Monde* (15 mai 2009), reprenant les grands événements traités dans le quotidien depuis sa création, passe sous silence la révolution iranienne.

Le 31 décembre donc, Bakhtiar triomphe, tandis que la rumeur s'amplifie d'un départ imminent du shah, ce que confirme le département d'Etat américain et que ressasse la BBC.

Le 6 janvier, il s'adresse à la nation dans un beau message, très critique envers le shah, et dont le style rappelle étonnamment le fameux : « J'ai entendu la voix de votre révolution. » Il présente ensuite ses ministres au souverain dans une ambiance tendue[47]. Les ministres auraient été priés d'être en costume de ville, et non en jaquette, de ne pas s'incliner trop devant le shah, et surtout de ne pas lui baiser la main, comme c'est la coutume. Bakhtiar quant à lui évite de regarder le shah devant les caméras afin de montrer sa distance avec lui. Mohammad Réza Pahlavi, qui désire s'exprimer, demande à trois reprises que l'on convoque les envoyés de la radio-télévision. Personne n'y prête attention[48]. Son rôle est terminé : « on » ne veut plus qu'il soit entendu. D'où la défiance du shah envers celui qu'il ne désignera plus que comme le « dernier Premier ministre de l'Empire », cependant que le cercle qui entoure la shahbanou, à l'origine de sa promotion, l'appelle « le cousin ». L'une des premières mesures du « cousin » sera d'ailleurs d'ordonner que l'on enlève les portraits du shah des bureaux officiels et des ambassades ou missions de l'Iran à l'étranger[49].

Malgré ces brimades, Mohammad Réza Pahlavi reste digne et fidèle à ce qu'il croit être son devoir. Il convie les bureaux des deux Chambres au palais afin de préparer le vote de confiance du Parlement envers le nouveau Premier ministre. Dans la salle de conférence attenante à son cabinet, il leur explique les raisons de son choix : il doit quitter l'Iran pour « se soigner et prendre du recul », ce que, seul parmi les hommes politiques sollicités,

Bakhtiar a accepté. La plupart des députés expriment leurs doutes sur ce dernier, que beaucoup ne connaissent même pas[50].

Le 10 janvier, c'est la présentation du cabinet à la Chambre, dans une atmosphère houleuse. Comme le 6 janvier, le discours de Bakhtiar est surtout une charge contre le shah et le régime. Son but est clair : plaire aux opposants radicaux, et en premier lieu à l'ayatollah Khomeyni. Abandonné par ses anciens amis du Front national, Bakhtiar croit à ses forces, aveuglé par son ambition, confiant dans son destin qui le place aujourd'hui dans la lumière. Il est vrai qu'il aurait pu utiliser les atouts qu'il a encore en main, l'armée iranienne surtout – il ne saura pas, ne pourra pas ou ne voudra pas s'en servir –, une large partie du clergé – il s'en méfie – et les « royalistes » – il les déteste. Il ignore alors que son entreprise est vouée à l'échec et que l'avenir de l'Iran ne dépendra pas de lui.

Juste avant qu'à Téhéran ne se déroulent ces événements majeurs, la conférence de la Guadeloupe s'est en effet ouverte le 5 janvier et a déjà scellé le sort du pays. Valéry Giscard d'Estaing y a convié « ses trois grands partenaires occidentaux[51] » : Jimmy Carter, Helmut Schmidt et James Callaghan. Avant la conférence, le 27 décembre 1978, il avait envoyé à Téhéran son homme de confiance, Michel Poniatowski, pour une ultime évaluation de la situation. Celui-ci avait écrit dans son rapport de mission : « J'ai trouvé le shah très digne et lucide, mais triste, fatigué et désabusé », et avait informé ce dernier que la question iranienne serait « réglée » par la prochaine conférence de la Guadeloupe. Mohammad Réza, toujours inquiet pour son pays, avait demandé que, lors de ce sommet, « un message soit envoyé à Moscou afin que l'URSS n'intervienne pas en Iran[52] ». Lors de la conférence, la prise de parole du président français aurait surpris certains observateurs par sa virulence[53], alors qu'il note lui-même dans un de ses ouvrages : « Dans l'immédiat, il faut soutenir le shah car, même s'il est isolé et affaibli, il a une vue réaliste des choses et garde en main la seule force qui existe en dehors des religieux, c'est-à-dire l'armée[54]. » Le président Carter, pour sa part, aurait été très rassurant quant à la déposition du shah. Pas d'inquiétude, les Etats-Unis contrôlent la situation : ils ont déjà engagé plus de 150 millions de dollars[55] en faveur de la révolution, finançant l'opération « Neauphle-le-Château » et la majeure partie des manifestations à Téhéran et dans les grandes villes, comptent des « amis » parmi les opposants et ne doutent pas de recueillir les fruits de leurs investissements.

Tandis qu'à Téhéran, les diplomates américains préparent déjà le retour de Khomeyni[56], la conférence s'achève sur un accord relatif au départ du shah et à la prise de pouvoir de l'ayatollah. Le général américain Robert E. Huyser, commandant en chef des forces de l'Otan, se voit confier l'organisation de cette « phase finale » du plan. Carter est pressé d'en finir !

Huyser, habitué de l'Iran, débarque donc à Téhéran où il est logé sur la base de Dowchantapeh chez le général Rabiï, commandant en chef de l'armée de l'air. Il se présente comme mandataire « de l'ensemble de l'alliance occidentale » et produit à ses interlocuteurs « une copie des délibérations de Guadeloupe[57] ».

Mohammad Réza, mis au courant de son arrivée, ne réagit même pas. Ardéshir Zahédi lui suggère pourtant de le faire arrêter puis expulser avec fracas pour entrée illégale sur le territoire national[58], mais il s'y oppose. « Le véritable maître de l'Iran fut pendant cette courte période le général Huyser, qui organisait l'arrivée de Khomeyni », commente Gholam Réza Pahlavi[59].

Huyser, accompagné de l'ambassadeur des Etats-Unis, daigne enfin rendre visite au shah : « Ce qui les préoccupait l'un comme l'autre, c'était de savoir quel jour et à quelle heure je partirais. » Il ne demande même pas à rencontrer Shapour Bakhtiar, qui déclarera n'avoir jamais entendu parler de lui[60]. Il est vrai qu'il ne compte pas et n'est au courant de rien.

A Téhéran, un groupe d'opposants à la révolution, mené par le professeur Mohammad Bahéri, tente d'occuper le palais pour empêcher le couple impérial de quitter l'Iran, avec l'appui d'un grand ayatollah de la capitale, Ahmad Khonsari. Il en est empêché.

11 janvier 1979. Le secrétaire d'Etat Cyrus Vance annonce officiellement le départ imminent du shah, tout en ajoutant que la date en est gardée secrète pour des questions de sécurité. Le jour du départ est enfin fixé au 16 janvier. Après une courte escale en Egypte, Mohammad Réza Pahlavi veut se rendre seul aux Etats-Unis, la shahbanou ayant souhaité résider provisoirement en France. Il désire négocier avec les Américains – le président, le Sénat, la CIA – afin de les alerter du danger islamiste et de les dissuader de ramener Khomeyni en Iran[61]. On ne lui dit pas non. Il faut lui laisser quelque espoir, pour qu'il décroche enfin. Un procédé peu élégant.

16 janvier. Le shah arrive, toujours ponctuel, à son bureau, signe des papiers. Froid, distant, parfaitement maître de lui-même. Il reçoit son seul et dernier visiteur, l'infatigable Bahéri, obstiné à lui demander de rester. « Rien n'est fixé encore », lui dit le shah, qui le remercie pour sa fidélité et son action. Bahéri parti, il demande une tasse de thé, qu'il boit debout, appelle Manoutchehr Sanéï, son chambellan, puis jette un dernier regard circulaire autour de lui. « Allons-y ! » Amir Aslan Afshar l'attend à l'extérieur.

Le palais est à présent presque vide, déserté par les courtisans. Tous les quarts d'heure, le téléphone sonne : l'ambassade des Etats-Unis s'inquiète de savoir s'« il » est déjà parti[62].

La shahbanou, venue du palais résidentiel, retrouve son mari dans le jardin. Le petit personnel de la Cour, gardes, employés, officiers – une bonne centaine –, est là aussi, en pleurs[63]. Le shah serre des mains : « Nous reviendrons. » Le couple gagne l'héliport du palais. Pour des raisons de sécurité, chacun prend un hélicoptère différent : le roi avec Afshar et le colonel Djahanbini, la reine avec le professeur Pirnia et le colonel Yazdan Nevissi, son officier de sécurité. Pas un mot durant le trajet jusqu'à l'aéroport international, fermé depuis quelques minutes. Déjà, dans la capitale, des manifestants brûlent des billets de banque portant l'image du shah, brandissent des portraits de Khomeyni en signe de victoire, déboulonnent des statues...

Un petit groupe attend le shah. Aucun ambassadeur étranger, aucun ministre. Le président de la Chambre est présent ; il sera bientôt fusillé. Celui du Sénat, déjà ministre sous Réza shah, est absent ; il sera épargné après la révolution, mais pas seulement en raison de cette absence.

Un vent glacial souffle sur l'aéroport. Mohammad Réza Pahlavi, visage figé, ému, apparaît, altier, dans un costume gris foncé, cravate à fines rayures, pardessus de cachemire bleu nuit. La shahbanou, si elle a un vague espoir de retour et peut-être encore quelques illusions sur le « cousin », ne doute pas qu'elle participe à son dernier acte officiel en compagnie de son époux. Elle sait aussi que le monde entier guette et enregistre la sortie de scène du dernier shah d'Iran. Elle est pour sa part d'une grande élégance : tailleur sobre, manteau de lainage beige au col bordé de fourrure, toque assortie et bottes vernies. La griffe Valentino.

Shapour Bakhtiar se fait attendre un quart d'heure. Lorsqu'il arrive en hélicoptère, le shah, indifférent en apparence, le reçoit dans le pavillon impérial. Il lui demande « d'assurer la sécurité des personnalités du régime et, si cela s'avère nécessaire, de faciliter leur départ[64] ». Selon ses propres écrits[65], le Premier ministre affirme ne lui avoir rien promis, ajoutant que la reine est intervenue pour dire : « Bakhtiar fait un sacrifice. Il faut avoir confiance en lui. »

C'est le moment des adieux. Beaucoup des personnalités présentes, les militaires surtout, supplient une dernière fois le shah de rester. Le général Badréï, géant de presque deux mètres, nouvellement promu chef de l'armée de terre, s'agenouille devant lui et, selon un vieil usage tribal, en larmes, lui baise les genoux : « Ne nous abandonnez pas, Sire. » Le shah enlève ses lunettes, le relève et le remercie. On voit ses larmes pour la première fois. Des larmes que les caméras et photographes immortaliseront. Le shah a ôté son masque, enfin.

Dans l'avion, il convoque de nouveau Bakhtiar pour lui faire d'ultimes recommandations : « Je vous confie l'Iran et vous remets entre les mains de Dieu. » Le Premier ministre craque lui aussi et lui baise les mains.

Cap sur Assouan, Egypte.

L'errance et le calvaire

La porte du *Shahine* (L'Aigle), le Boeing impérial, se referme. A son bord, le shah, la shahbanou, le Dr Lucie Pirnia et Amir Aslan Afshar ont pris place dans la suite impériale. Dans une autre partie de l'appareil se sont installés les deux responsables de la sécurité du couple, deux valets du shah, le chef cuisinier du palais et deux gardes du corps.

Mohammad Réza Pahlavi, qui a demandé au colonel Béhzad Moezzi – son pilote habituel – de lui servir de copilote, se met aux commandes. Son attitude est déconcertante, tant il se sent mal physiquement et psychologiquement. Aussi, dès que l'avion quitte l'espace aérien iranien pour pénétrer en Arabie saoudite, cède-t-il sa place dans la cabine de pilotage.

« Je suis épuisé, déclare-t-il, effondré sur son siège.

— Pourquoi vous êtes-vous donné toute cette peine pour piloter l'avion ? interroge Afshar.

— Par sécurité », conclut le shah en fermant les yeux, marquant ainsi son désir de ne plus être dérangé.

On saura par la suite qu'il avait en tête le « putsch des aviateurs », coup d'État tenté le 16 août 1972 par le général Mohamed Oufkir contre Hassan II du Maroc de retour de Paris dans son Boeing 747. En demeurant aux commandes, il entendait rester maître de son appareil si pareil événement se produisait.

Durant le trajet, qui dure plus de trois heures, il garde le silence, les yeux toujours fermés. Lorsque l'avion atterrit à Assouan, il sort de sa torpeur pour redevenir le shah d'Iran. Le président Sadate, accompagné de Jehan, son épouse, et de quelques personnalités, l'accueille. Tous deux s'étreignent avec émotion. « Soyez assuré, Sire, déclare le raïs, que ce pays est le vôtre, que nous sommes frères de votre peuple. » Les honneurs militaires rendus, vingt et un coups de canon sont tirés. Les Sadate conduisent le couple impérial à l'hôtel Oberoï, situé à l'abri dans le delta du Nil : un dîner les y attend. Tout le long du parcours ont été placés des portraits du shah et des drapeaux iraniens.

Après une excursion à Abou Simbel, la politique reprend le dessus. Le shah, qui souhaite toujours partir pour les Etats-Unis, veut dissuader les Américains de soutenir la révolution – qu'il a lui-même reconnue ! Dans cette perspective, il fait intervenir quelques amis américains pour faire pression sur la Maison-Blanche et le département d'Etat, et concrétiser une vague promesse de l'ambassadeur Sullivan. Seul Ardéshir Zahédi, qui vient de quitter Téhéran, est sans illusion sur sa démarche. Il le lui fait savoir avant de le rejoindre.

Abbas Nayeri, ambassadeur d'Iran au Caire, et son épouse, ayant appris l'arrivée du couple impérial, et malgré les ordres reçus de Téhéran, viennent le saluer. Le shah les retient à déjeuner. Durant le repas, il ne peut s'empêcher de rappeler son autre départ précipité, le 16 août 1953, à l'époque de Mossadegh[1], et l'indélicatesse des ambassadeurs d'Iran en Irak et en Italie. Son propos vise à remercier Nayeri pour son courage, ignorant alors que Mme Nayeri est la fille de l'ambassadeur d'Iran qui fut si grossier en Italie. Mis au courant, il se fera excuser auprès d'elle.

Bien que sans réponse officielle de la Maison-Blanche[2], il demande à Afshar de contacter l'ambassadeur des Etats-Unis au Caire pour fixer éventuellement la date de son départ vers l'Amérique. Une réponse – laconique – lui parvient le lendemain : « Le gouvernement des Etats-Unis est au regret de ne pouvoir accueillir le shah sur le territoire américain. » Comment Mohammad Réza Pahlavi a-t-il pu être aussi aveugle sur les intentions américaines, lui si aguerri aux problèmes géopolitiques ?

Mais que faire à présent ? Par égard pour son hôte, il ne veut pas s'attarder en Egypte. Le président égyptien doit en outre partir pour l'étranger et les mesures de sécurité qu'il a déployées sont un repoussoir pour le tourisme. C'est alors qu'Ardéshir Zahédi, arrivé entre-temps à Assouan, prend les choses en main et appelle personnellement le roi du Maroc. Hassan II invite immédiatement le couple impérial à séjourner dans son pays. Le 22 janvier 1979, les Pahlavis s'envolent pour Marrakech.

Au Maroc, le shah se rend très vite compte que son départ d'Iran a sonné le glas de son règne. Si, à son arrivée, le roi Hassan II est bien présent pour l'accueillir à sa descente d'avion, il n'a droit ni aux honneurs militaires ni aux caméras. Et si le couple impérial est installé dans l'un des nombreux palais du roi, le Jiran el-Kabir, situé à l'extérieur de Marrakech, donc facile à protéger, la presse locale est priée de passer sous silence cet événement « strictement privé ». Hassan II reçoit en fait le shah autant par amitié que par reconnaissance pour l'aide que l'Iran impérial a apportée à son pays. Néanmoins, les autorités marocaines font rapidement comprendre à son entourage que ce séjour doit être provisoire. En effet, le danger plane sur le régime marocain aussi, et la shahbanou l'écrira plus tard, « d'après Alexandre de Marenches, l'ayatollah Khomeyni avait ordonné à ses fanatiques d'enlever les membres de la famille royale [marocaine] pour les échanger ensuite contre nos propres personnes[3] ».

Tout échappe à présent au souverain « presque » déchu. La vie à Marrakech, où il reçoit de rares visiteurs – par deux fois, le professeur Safavian –, diffère complètement de celle qu'il menait naguère. Quelques jours après son arrivée, le couple est invité à partir pour Rabat, où il est installé dans un autre palais royal : le Dar el-Salam. Le jardin y étant magnifique, le shah aime s'y promener avec Afshar. Sa vie s'écoule ainsi, quasi monacale. Il parle peu, parcourt surtout la presse internationale, lit. Sur le conseil de Hassan II, il s'initie au golf. L'ambassadeur d'Iran au Maroc tente lui aussi d'agrémenter son séjour. La shahbanou, de son côté, reçoit beaucoup. Des amis que le shah préfère éviter, allant jusqu'à prendre ses repas en compagnie du seul Afshar.

La presse internationale s'intéresse encore à lui. Il se prête à deux reprises à des séances photos, accorde une interview au *Daily Telegraph*, un des rares grands journaux occidentaux qui ne l'ait pas condamné *a priori*. Il reçoit aussi Pierre Salinger, ancien conseiller du président Kennedy, et Edouard Sablier, grand journaliste, tous deux à titre informel. Enfin, il accorde une entrevue au journaliste franco-iranien Freidoune Sahébjam, dont il connaît l'honnêteté. L'entretien, enregistré, sera publié à titre posthume.

Hassan II l'encourage alors à écrire ses *Mémoires* pour donner sa version des événements. Le shah est perplexe, sa plume – Chafa – n'étant pas là. Le roi du Maroc lui conseille de s'adresser aux éditions Albin Michel, qui l'ont déjà publié, et surtout à Henry Bonnier – alors directeur littéraire. Ce dernier est convié à Rabat. Une relation de confiance naît entre Mohammad Réza et l'éditeur. La rédaction du livre *Réponse à l'Histoire* s'engage.

Dans cette nouvelle vie, le shah trouve aussi quelque réconfort dans l'arrivée à Rabat d'Ardéshir Zahédi qui vient d'être démis par Shapour Bakhtiar. C'est à ce moment aussi qu'il entame une relation épistolaire avec l'ex-impératrice Soraya, qui n'a cessé d'occuper ses pensées[4]. Bakhtiar, pour sa part, lui téléphonera une seule fois pour lui « demander des nouvelles de sa santé ». Dans un premier temps, le shah refusera de lui répondre, puis, poussé par son entourage, il consacrera au Premier ministre moins d'une minute. Lorsque Valéry Giscard d'Estaing l'appellera à son tour, il refusera cette fois fermement de lui parler.

Pendant ce temps, les événements se précipitent en Iran. Bakhtiar a coupé tout contact avec l'armée dont il se méfie bien plus que des révolutionnaires radicaux. C'est vers ces derniers qu'il multiplie les signes de rapprochement, tentant même de se rallier à Khomeyni, voire à devenir son Premier ministre en échange de l'abdication du shah... sans succès. De leur côté, les militaires intensifient leurs appels au shah pour qu'il les autorise à rétablir l'ordre. Seul le général Abbas Gharabaghi, que Mohammad Réza avait nommé chef de l'état-major, reste silencieux ; il a déjà retourné sa veste. En revanche, les trois commandants en chef ainsi que les chefs de la puissante division aéroportée et de la Garde élaborent un plan de « salut national ». Ce plan consiste à frapper durement l'opposition radicale et à instaurer un gouvernement militaire autour du général Badréï, quitte à passer outre à l'autorité de Bakhtiar et du Conseil de régence fantoche qui a été établi[5]. Un véritable coup d'Etat qui aurait sans doute fait couler beaucoup de sang. Formés qu'ils sont à attendre l'aval du shah ou de Gharabaghi, ils ne concrétiseront pas leur projet, car rien ne viendra d'aucun des deux.

L'armée n'est cependant pas la seule force contre-révolutionnaire sur laquelle le shah aurait pu compter après son départ. Celui-ci en a libéré d'autres qui, bridées jusque-là par « crainte de la guerre civile » ou peur d'être dépassées par la situation, veulent à présent organiser une résistance antikhomeyniste. De petites publications clandestines voient le jour. Un grand hebdomadaire, pourtant d'ordinaire critique envers le pouvoir, publie même des articles et des poèmes nostalgiques à l'égard du souverain en exil[6]. Le polémiste Mehdi Bahar, lui aussi adversaire déclaré du shah et de son pouvoir, compose un pamphlet contre l'intégrisme islamique, vendu bientôt à des milliers d'exemplaires. Des réunions se tiennent également pour organiser la « résistance », mobiliser des forces, mettre en place des réseaux. Malgré l'opposition du gouvernement Bakhtiar, un comité *ad hoc*, profitant de l'anarchie générale, prend, au cœur de Téhéran, le contrôle du complexe sportif d'Amdjadiéh, nouveau quartier général de la contre-révolution, des « Constitutionnalistes », comme ses membres se nomment. S'y rallient des clubs sportifs, des syndicats, des associations de quartier et une coopérative agricole de banlieue. Un comité de coordination est créé. Mohammad-Réza Taghi-zadeh[7], son secrétaire général, décide d'organiser le 25 janvier une manifestation sur la voie publique pour « la défense de la Constitution ». Ses membres se heurtent à de sérieuses réserves de la part de Bakhtiar chez qui ils se rendent : « Vous aggravez les divisions… vous ne réunirez même pas 2 000 personnes[8]. » Le Premier ministre déclare ensuite qu'ils ne doivent attendre de lui ni aide ni soutien[9]. Il les prie d'éviter tout slogan en faveur du shah, de se borner à la défense de la Constitution – ce qu'ils acceptent – et fait concomitamment diffuser sur les ondes des communiqués officiels destinés à dissuader la population de participer à cet événement.

Malgré ces réserves, le 25 janvier, parties de douze endroits différents, des colonnes de manifestants convergent vers la place Baharestan, siège du Parlement.

Leur nombre sera évalué le lendemain par la presse, pourtant sous contrôle des comités révolutionnaires, entre 150 000 et 300 000 participants, et ce bien que 50 000 ouvriers, venus des usines de l'ouest de Téhéran, aient été bloqués par la police sur ordre de Bakhtiar. Sur la place, l'*hodjatoleslam* Béhbahani[10] exhorte la foule à défendre la patrie, puis Mohammad-Réza Taghi-zadeh donne lecture de la résolution du comité. La manifestation prend alors un tour inattendu. Quelqu'un dans l'assistance crie « Vive le roi ! », un cri repris par quelques manifestants, puis, en vagues successives, par toute la foule. Bakhtiar, informé du « dérapage » du rassemblement, inquiet, le survole en hélicoptère. Le soir même, le comité, tirant les leçons de la journée, décide d'organiser une nouvelle démonstration de force deux semaines plus tard, avec pour objectif affiché de réunir autant de monde qu'ont pu le faire, quelques jours auparavant, les partisans de Khomeyni.

L'Histoire s'accélère cependant. Le 1er février, l'ayatollah arrive à Téhéran, après bien des hésitations. Il avait mis pour condition à sa venue le départ du shah... et avait obtenu satisfaction. Reste l'armée, dont il se méfie, car il craint un coup d'Etat. Les Américains et les Français s'emploient à le rassurer. Le voici donc, encore dubitatif, dans un Boeing 747, un charter de la compagnie Air France baptisé *Liberté*[11]. A Peter Jennings, journaliste à la chaîne américaine *ABC News* présent dans l'avion, qui lui demande ce qu'il ressent lors de ce retour en Iran, il répond : « *Hichi*[12] ! » (« Que dalle ! »)

L'accueil que Téhéran lui réserve, relayé par les télévisions du monde entier, est impressionnant. Au journal du soir sur TF1, les mots manquent aux présentateurs français pour le qualifier : Roger Gicquel parle de « délire collectif », « un fait sans précédent » ; Jean-Loup Demigneux surenchérit : « des visages souriants, inondés de joie », « une débauche de délire populaire », et qualifie l'ayatollah de « mythe[13] ». Partout, on évoque une foule évaluée de 4 à 5 millions de personnes, voire 6 millions pour *ABC News*. Le premier discours de Khomeyni a pour cadre le cimetière de Béhécht-zahra, là où ont été enterrées les victimes révolutionnaires des derniers mois. Il y déclare : « La dynastie des Pahlavis, dès le début, était irrégulière, illégale. L'assemblée constituante de la dynastie Pahlavi a été créée à la pointe des baïonnettes. [...] Un tel Parlement n'est-il pas illégal ? Le Sénat est illégal. Le shah est illégal. Le Parlement est illégal. [...] C'est moi qui vais désormais nommer un gouvernement. Je frapperai à la figure du gouvernement actuel. Je ferai passer tous ces gens en justice et les traduirai devant des tribunaux que je formerai. Ce monsieur[14] n'est accepté ni par ses anciens camarades [du Front national] ni par l'armée. Les militaires le soutiennent seulement sur l'ordre des Etats-Unis et de la Grande-Bretagne. Ce monsieur a dit qu'il ne peut y avoir deux gouvernements dans un pays. Eh bien ! A lui de partir et d'aller s'asseoir à sa place[15]. »

L'armée ne se tient néanmoins pas pour battue. La Garde impériale, sur l'initiative de son commandant, le général Ali Néshat, organise un autre défilé dans la capitale. Elle y déploie ses blindés, montre sa puissance de feu, affiche sur ses camions la multitude de ses soldats, majoritairement de métier. Bakhtiar avait tenté de l'empêcher ; le général Gharabaghi aussi. Mais le général Badréï avait donné son aval... L'armée veut en effet faire une démonstration de force. Mais pour quoi ? Pour qui ? La confusion règne partout. Dans de nombreux quartiers, les soldats sont applaudis ; dans d'autres, des jets de pierre les accueillent. Dans les provinces, d'autres manifestations pro et anti-khomeynistes se déroulent, générant parfois des affrontements violents.

L'ayatollah Khomeyni, installé dans les bâtiments d'un lycée islamique, devient le centre d'un pouvoir révolutionnaire naissant. Le 5 février, par ordonnance, il choisit Mehdi Bazargan, islamiste « modéré », ancien compagnon de Mossadegh, comme Premier ministre. Ce dernier cohabite quelques jours avec Shapour Bakhtiar, lequel déclare qu'il résistera « jusqu'à la dernière minute », comme Salvador Allende.

Plus réalistement, il s'agit à présent d'organiser la passation de pouvoir de l'un à l'autre. Les Américains s'y attellent. Le général Huyser, maître d'œuvre de l'opération, s'entretient durant des heures avec les chefs de l'armée. Soufflant le chaud et le froid, il alterne menaces et promesses. Il prend également le temps de se concilier les chefs de l'opposition radicale : une de ces réunions durera dix heures. L'urgence pour lui est de lever l'hypothèque d'une intervention de l'armée. L'existence – semi-fictive – du cabinet Bakhtiar ne constitue guère un obstacle. Quant aux politiques américains, ils ne s'opposent pas au bon déroulement du plan du général Huyser malgré quelques tensions internes, par exemple celle du futur vice-président puis président des Etats-Unis, George Bush, qui déclare le 25 janvier 1979 au *Washington Post* que « la mission du général Huyser pour paralyser l'armée iranienne était une erreur », ou celle du général Alexander Haig[16], supérieur hiérarchique de Huyser, qui démissionne, un signe fort de désaccord avec le président Carter. L'opposition iranienne a les mains libres.

Dans un document cosigné, les généraux Gharabaghi et Fardoust – qui n'a aucune fonction dans l'armée –, ainsi que le gendre de Khomeyni, Agha Chahab Echraghi, attestent du « ralliement » des forces armées au nouvel imam[17]. Ce texte n'engageant que ceux qui l'ont signé, un « Conseil supérieur *ad hoc* des forces armées » est convoqué le 11 février au matin ; 27 généraux y assistent et signent, à l'exception du général Djafar Chaféghât[18], un procès-verbal attestant « la neutralité de l'armée » dans « le conflit qui oppose le peuple au pouvoir ». Cette déclaration est diffusée à 14 heures à la radio. Alors que le chef de l'état-major aurait donc pu *a minima* consigner les unités dans leurs casernes, il décide d'aller au-delà et ordonne aux soldats de quitter leurs quartiers sans armes et de se disperser jusqu'à nouvel ordre. Le Premier ministre n'a pas même été consulté. La scène d'août 1941[19] se reproduit avec la dislocation de l'armée, mettant un terme au régime impérial[20].

Mohammad Réza Pahlavi et surtout la shahbanou et ses amis suivent ces événements sur plusieurs postes de radio, sans plus de contact avec Téhéran. Même l'ambassadeur Sépahbodi, resté fidèle, n'a pas de nouvelles, le ministère des Affaires étrangères ne fonctionnant plus. L'ambiance est au chagrin, à la stupéfaction, aux remords aussi. Le shah, dans un état second, sait qu'à présent tout est fini, que son rêve du retour à la « grande civilisation » s'éloigne à jamais, que Bakhtiar a été impuissant, aveuglé par sa méfiance envers l'armée qui, manipulée, s'est laissé neutraliser. Les radios étrangères accroissent son désarroi : elles rapportent, dans la nuit du 11 au 12 février, que de nombreux généraux ont été abattus sans procès par les révolutionnaires, que les casernes, mises par Gharabaghi « sous la protection du peuple », ont été pillées de leurs armes légères. Il sait désormais que, pour l'Histoire, il sera « le dernier shah d'Iran ».

Au matin de ce 12 février, Mohammad Réza sort de sa léthargie pour évoquer le Boeing impérial et, contre l'avis de certains membres de son entourage, déclare, irrité : « Il n'est pas à nous. C'est un avion des forces aériennes iraniennes. Il faut le renvoyer. » Il omet à dessein d'employer les termes usuels « avion des forces impériales ». Ce point réglé, il tient personnellement à octroyer une gratification au colonel Moezzi[21], son pilote depuis quelques années, et au personnel de bord. A cette fin, il demande à Afshar de donner à chacun une somme importante en rials, la monnaie iranienne, plutôt qu'en devises étrangères : « De ce fait, si on les interroge à leur arrivée sur la provenance de l'argent, ils pourront dire que cela leur appartenait. » Mais comment trouver des rials au Maroc ? Chacun met à disposition ses ressources personnelles. Afshar de son côté en possède en quantité car, avant de partir, il avait demandé à être réglé des douze mois de salaire qu'on lui devait. Djafar Béhbahanian, gestionnaire du patrimoine du couple impérial, qui vient d'arriver au Maroc, dispose pour sa part de dollars. Echange est donc fait et Afshar peut bientôt remettre à chacun selon son grade une enveloppe « de la part de Sa Majesté ». Le shah, toujours attentif, demande que l'on obtienne des autorités marocaines l'autorisation de décollage tard dans la nuit. « Si l'on exige des explications à Téhéran, ajoute-t-il, ils pourront avancer être partis d'ici sans notre permission et nuitamment. » A 20 heures, il reçoit les navigants et les remercie avec émotion. Moezzi, s'agenouillant devant lui, déclare : « Sire, je te vengerai ! »

Les jours suivants, la plupart des pays du monde, à commencer par les Etats-Unis, reconnaissent le nouveau régime de Téhéran. Mohammad Réza Pahlavi n'est plus qu'un souverain déchu et encombrant. Lui qui avait reçu et secouru, dans la plus grande discrétion, tant de chefs d'Etat en fonction ou en exil, il ne trouve personne pour l'accueillir.

Il aurait souhaité séjourner plus longtemps à Rabat. Hassan II cependant, derrière une façade de parfaite courtoisie, est pressé de le voir partir. Une conférence islamique devant se tenir bientôt au Maroc, des manifestations contre le shah sont à craindre. Officiellement, personne n'en dit mot à ce dernier, lequel fait semblant de ne se douter de rien. Ardéshir Zahédi, sensible au non-dit, use alors de toutes ses relations pour faciliter le départ. La Suisse, sollicitée, s'excuse. Paris refuse sans tarder. La principauté de Monaco accepte à condition que Paris n'y mette pas son *veto*. Londres dit non. N'avait-il pas refusé l'asile à Nicolas II et à sa famille, alors même que George V et le tsar étaient cousins germains ? Contactée par Zahédi, Margaret Thatcher promet cependant que, si elle gagne les prochaines élections, elle accueillera volontiers la famille impériale.

Même attitude du côté américain : l'ambassadeur Richard Parker, envoyé de la CIA, ainsi que l'ancien sous-secrétaire au Commerce de Lindon Johnson, Don Agger, font le voyage jusqu'à Rabat pour informer le shah des inquiétudes marocaines relatives à sa présence dans le pays et réitérer le refus de Jimmy Carter de le recevoir aux Etats-Unis.

Le monde semble ainsi se fermer devant l'exilé. A ce moment intervient Alexandre de Marenches, venu signifier au shah, à la demande expresse de Hassan II, qu'il doit partir. « Ce fut l'un des entretiens les plus tragiques de mon existence [...]. Les deux souverains m'honoraient de leur confiance. Je faisais pour le mieux dans l'intérêt général[22]. » Après sa visite, le shah exprime ouvertement son intention de quitter le Maroc. Les Américains lui proposent le Paraguay, puis l'Afrique du Sud qui fut amie de l'Iran impérial. C'est malheureusement le pays de la ségrégation raciale que l'Iran et le shah ont toujours condamnée. Quelques hésitations cependant avant de donner une réponse, car chacun a en mémoire l'exil et la mort de Réza shah dans ce pays. Mohammad Réza sait qu'il y serait bien accueilli, que sa sécurité y serait assurée, et que les soins médicaux y sont convenables.

Les choses se précipitent soudain. Le samedi 24 mars, le shah reçoit Don Agger : « Majesté, je suis seulement autorisé à vous dire que l'avion sera prêt vendredi prochain. » Le coup est rude, l'expulsion du Maroc prononcée sans la moindre élégance diplomatique.

Le 30 mars au matin, le couple impérial, le colonel Djahanbini, le docteur Pirnia et les deux valets personnels du shah sont en route pour l'aéroport de Rabat. Le Boeing 747 de Hassan II les y attend. Le plan de vol initial avait été établi pour l'Afrique du Sud. Depuis trois jours cependant, les efforts conjugués de la princesse Ashraf, de l'infatigable Ardéshir Zahédi, de David Rockefeller et de Henry Kissinger[23] ont bouleversé les cartes. Un accord vient d'être conclu pour une destination improbable : les Bahamas. Un nouveau plan de vol est donc établi vers l'aéroport de Nassau. Le shah s'en trouve conforté : il vient de dire à Zahédi qu'il voudrait, le cas échéant, s'établir au Mexique. Le gouvernement mexicain, sondé, devrait donner sa réponse prochainement.

Le séjour marocain du shah a duré neuf semaines et se termine dans une ambiance plutôt glaciale, même si les apparences sont sauves jusqu'à la dernière seconde.

Robert Armao, mince et élégant comme le sont les « professionnels américains » de la banque et de la communication, directeur d'une très discrète agence de relations publiques évoluant dans le sillage de la Chase-Manhattan Bank et des frères Rockefeller, attend, avec son assistant Mark Morse, le Boeing marocain à l'aéroport de Nassau. Sitôt arrivé, le couple impérial est transféré par hélicoptère sur Paradise Island, l'une des 700 îles composant l'archipel des Bahamas. Armao y a loué une bâtisse inconfortable, les pieds dans l'eau. Pour les autres accompagnateurs ou visiteurs, des chambres ont été louées à 250 dollars par jour sur une autre île.

Les autorités locales ont mis leurs conditions à la venue du shah : qu'il ne quitte pas l'île, ne reçoive pas la presse ni des personnalités politiques. Une sorte d'assignation à résidence. De ce fait, le huis clos lourd de silence, malgré les sables blancs de cette île dite paradisiaque, est pénible. On lit ou fait semblant de lire. Les nouvelles sont affligeantes, toujours les mêmes : des assassinats de personnes connues ou proches, par centaines : Hoveyda, des généraux, un directeur centenaire d'une école coranique, des intellectuels, des médecins, des hommes de la rue. La tristesse s'incruste sur l'île devant le spectacle présumé d'un Iran vacillant sur des bases patiemment édifiées. Le shah s'isole, regardant inlassablement la mer ; la shahbanou fume à longueur de journée, contrairement à ses habitudes, entraînant son époux, qui avait abandonné la cigarette depuis longtemps.

En outre, le couple impérial ne se sent pas en sécurité. Il est vrai que la police locale n'est pas habituée à une telle situation, d'autant plus que les autorités de Téhéran et Yasser Arafat profèrent des menaces de mort à l'encontre du shah. Elle a affecté quelques hommes supplémentaires à la protection de la villa, rien de plus. Robert Armao, se sentant responsable, prend les choses en main... à l'américaine. Il fait mettre en place une trentaine d'agents de sécurité par une société spécialisée américaine, équipés d'appareils sophistiqués. Le geste, s'il est rassurant, renforce l'impression carcérale ressentie par le shah. L'isolement du couple devient quasi total. L'état de santé du shah s'en ressent. La shahbanou appelle à la rescousse le docteur Flandrin, assistant du professeur Jean Bernard. Visite discrète et prescription de quelques soins supplémentaires.

Les distractions sont rares. La visite des enfants impériaux permet de donner le change : on joue à s'amuser devant eux. Un peu plus tard, la shahbanou accorde une interview à *Paris Match* et se raconte. Son récit est émouvant. La lettre de protestation officielle du gouvernement local à la suite de la fuite du petit chien du couple fait diversion : tant de futilité en un moment si tragique finit par faire rire. D'autant plus que le chien rentre à la maison ! Et puis il y a la visite inattendue de sir Denis Wright, ancien ambassadeur de Grande-Bretagne à Téhéran, désormais numéro 2 de la diplomatie britannique. Il voyage sous un nom d'emprunt, Edward Wilson, affublé, dit-on, d'une fausse barbe[24]. Descendu à l'Ocean Club, il se fait connaître sous son vrai nom et demande audience. Le shah la lui fixe quarante-huit heures plus tard, histoire de rappeler les convenances. Sir Denis est un fin connaisseur de l'Iran, qu'il aime à sa manière, imbu qu'il est encore des préjugés de l'ancien Empire britannique.

Le 20 mai à 18 heures, ponctuel, il se présente à la résidence du shah. Il lui explique que le gouvernement britannique ne peut lui accorder l'asile politique, qu'il espère que le shah comprend et accepte cette position. En réalité, sa démarche fait suite à l'arrivée au pouvoir de Margaret Thatcher qui avait promis au shah de le recevoir au Royaume-Uni lorsqu'elle était dans l'opposition. Mohammad Réza détourne la conversation en parlant d'archéologie et d'histoire. Sir Denis, rompu aux habitudes iraniennes, se prête au jeu. Une heure se passe, et il revient sur le sujet. La réaction du shah est alors fort peu diplomatique. Il accuse l'Occident d'être responsable de la crise et se lance dans des explications sur les dangers du radicalisme islamique pour le monde. Sir Denis écoute, mais réitère sa demande : le shah accepte-t-il la position britannique ? Mohammad Réza Pahlavi rétorque avec sarcasme qu'il ne peut que se résigner à l'accepter, mais qu'une chose lui échappe : il n'a jamais demandé à se rendre en Grande-Bretagne ! Il exige donc que sir Denis le reconnaisse formellement ainsi que, par voie de conséquence, le fait que sa démarche, sans objet, n'a pas lieu d'être. Sir Denis accepte. Le shah vient de remporter une victoire diplomatique dérisoire, la dernière. Les Britanniques sont satisfaits. On ne parlera plus de l'installation des Pahlavis en Grande-Bretagne, même à titre privé.

Le shah, à présent, a les yeux tournés vers le Mexique.

Les demandes émises par les Rockefeller et la princesse Ashraf, bien que n'ayant pas suscité de réaction défavorable, restent sans réponse. Ardéshir Zahédi décide d'agir : il se rend à Mexico, rencontre le président José Lopez Portillo, qui l'invite à dîner et lui signifie par écrit l'accord de son pays pour recevoir le shah.

C'est ainsi que, le 10 juin 1979, le couple impérial et ses accompagnateurs atterrissent au Mexique dans un jet privé de location. « L'étape la plus pénible de l'exil », écrira Mohammad Réza Pahlavi, prend fin. Du moins le croit-il à ce moment. Destination Cuernavaca. Cette cité, située à une centaine de kilomètres de Mexico, à la mode depuis le règne de l'empereur Maximilien, a vu défiler depuis la guerre artistes et intellectuels : Aldous Huxley, Richard Burton et Liz Taylor, Ivan Illich ou Gabriel García Márquez. Zahédi y a loué, sur les conseils du président et des autorités mexicaines, trois villas, avenue Palmira, pour 10 000 dollars mensuels[25]. Les Pahlavis s'installent dans la villa des Roses, bâtisse bourgeoise agrémentée d'une large terrasse, d'un jardin fourmillant de roses et d'un plan d'eau. Tout près, dans la même impasse, une deuxième villa est réservée aux invités et visiteurs de marque, la troisième villa abritant non loin le personnel et les gardes. A quelques centaines de mètres, la princesse Shams et son époux Méhrad Pahlbod ont loué une maison où habite également la reine mère, très perturbée.

Le shah se sent enfin en sécurité. Son état de santé s'améliore dans un premier temps. Il lit beaucoup, se promène dans le jardin, joue même au tennis avec son beau-frère. Il s'occupe de la rédaction de ses *Mémoires,* consignant plusieurs heures par jour ses réflexions sur un dictaphone. Les documentalistes de son éditeur font ensuite des recherches pour compléter son texte. Mohammad Réza est très attentif à l'évolution du manuscrit, rédigé en français, modifiant souvent son contenu. A la mi-septembre, le texte est terminé. La version persane suit rapidement. Il en contrôle méticuleusement chaque phrase, puis chaque page, qu'il revêt de son parafe. L'édition américaine ne sera pour sa part terminée que lors de l'ultime séjour égyptien au Caire. La version française en format de poche intégrera alors les ajouts apportés à cette occasion, en particulier les critiques à l'égard de la politique américaine que le shah avait préféré taire tant qu'il était au Mexique. *Réponse à l'Histoire* en français sort en décembre 1979, suivi trois semaines plus tard de la version persane, publiée grâce à Azadeh Chafik, la nièce du shah, qui anime avec son frère Chahriar un mouvement de résistance contre le régime islamique[26].

Le shah, ayant retrouvé une certaine sérénité, reprend ses audiences. Il reçoit ainsi son ami David Rockefeller et Joseph Reed, son adjoint à la Chase Manhattan Bank, bientôt nommé ambassadeur au Maroc sous Ronald Reagan, mais aussi Henry Kissinger, secrétaire d'Etat dans les gouvernements Nixon et Ford, dont on ignorait alors les prises de position en 1974 au Conseil national de Sécurité américain, et surtout Richard Nixon, qui séjournera plus de vingt-quatre heures à Cuernavaca. Ardéshir Zahédi, pour sa part, fait la navette entre la Suisse, où sa mère se meurt d'un cancer, et le Mexique. Ayant été ambassadeur accrédité à Mexico, il peut veiller lui aussi efficacement à ce que tout se passe bien pour le couple impérial. Houchang Nahavandi, après avoir fui l'Iran en juillet 1979, rend visite au couple impérial du 18 au 23 septembre. Comme il est le premier visiteur arrivé d'Iran après la révolution, ses conversations avec le shah sur les causes de l'accession au pouvoir de Khomeyni sont longues. En outre, Mohammad Réza lui fait lire son manuscrit, écoute ses remarques, n'en retenant que certains détails.

Depuis sa retraite, il reste très actif. N'ayant pas la moindre confiance en Shapour Bakhtiar, qui commence d'ailleurs à passer pour un opposant au régime islamique, il encourage à distance le général Oveyssi – « le seul qui puisse faire quelque chose en ce moment » – à prendre la tête du mouvement contre-révolutionnaire, tant matériellement que politiquement. On peut seulement se demander pourquoi il ne lui a pas fait confiance auparavant, alors qu'il en était encore temps[27]. Sur le plan privé, un seul incident perturbera sa relative « quiétude » : le vol d'un hélicoptère tout près de la villa, faisant craindre un attentat. Les gardes tireront d'ailleurs quelques balles de sommation. On s'apercevra peu après qu'il ne s'agissait que d'une plaisanterie du prince Réza qui, venant d'arriver au Mexique, voulait faire une surprise à ses parents ! Le shah aurait très mal pris ladite « plaisanterie ». Quoi qu'il en soit, le dispositif de sécurité reste assez léger, et surtout discret. Et lorsque Mohammad Réza se déplace en ville au volant de sa Chevrolet, un seul véhicule de police banalisé l'accompagne.

Le dimanche 23 septembre, le couple impérial et ses amis sont invités par le chef de la police à un déjeuner en plein air au Club de la police. Bien que le shah craigne de n'avoir pas la patience d'y assister, il finit par accepter. Durant le déjeuner, les policiers poussent la délicatesse jusqu'à faire exécuter par l'orchestre des airs et chansons iraniens. Le shah, peu habitué à ce public et contraint durant quelques heures de paraître celui qu'il n'est plus, est vite épuisé. A la fin du repas, le visage rougi, il jette l'éponge et demande à rentrer. A la shahbanou qui propose de l'accompagner, il répond : « Ils seront chagrinés. » Il se retire donc avec le Dr Pirnia. Durant ces trois derniers mois, son état n'avait pas été inquiétant. Le professeur Milliez, venu discrètement, n'avait rien décelé d'alarmant.

Houchang Nahavandi, qui doit rentrer en France tôt le lendemain, demande à voir le shah pour prendre congé. Il le trouve dans son lit, fiévreux : « Je comprends votre fatigue, Sire, toutes ces conversations... – Non, ce sont de très braves gens... J'ai eu un vrai malaise... Je suis vraiment malade. » Le « nous » de majesté a disparu. En fait, ce 23 septembre, la dernière phase de la maladie qui emportera le shah et qui restera encore secrète durant quelque temps s'est déclarée.

Selon plusieurs médecins mexicains qui suivirent l'affaire sans en connaître tous les antécédents, « durant son séjour au Mexique, le shah développa un ictère [une jaunisse] accompagné d'une forte fièvre et subit une perte de poids. Ses médecins personnels, une pédiatre iranienne [Dr Pirnia] et un médecin généraliste français [Flandrin], considérant les symptômes de fièvre et d'ictère, et le fait qu'il se trouvait dans un lieu semi-tropical, diagnostiquèrent le paludisme et commencèrent le traitement. Celui-ci étant inopérant, le shah demande de l'aide à son ami David Rockefeller, qui lui envoie le docteur Benjamin H. Kean, spécialiste des maladies tropicales au New York Hospital[28] ». Ces informations ne sont cependant pas tout à fait exactes[29] car lorsque Kean, médecin très médiatisé, débarque à Cuernavaca le 29 septembre, Mohammad Réza, surpris, proteste, alléguant qu'il a confiance en ses médecins français et préfère être soigné par eux. Kean s'entête et lui demande de faire un examen de sang. Le shah refuse, ne voulant même pas lui indiquer les médicaments qu'il prend. Kean, furieux, rentre à New York, après lui avoir dit qu'il a besoin de soins plus sophistiqués que ceux qui lui sont prodigués au Mexique.

Le docteur Flandrin, appelé en urgence par la shahbanou, conclut à la nécessité d'une hospitalisation rapide et d'un examen complet. Aux Etats-Unis ? « Après ce qu'ils

m'ont fait, je ne m'y rendrai jamais, même s'ils me sup-
pliaient à genoux », rétorque le shah. Ardéshir Zahédi et
le prince Réza abondent dans le même sens. La princesse
Ashraf, arrivée entre-temps, plaide au contraire pour la
médecine américaine et demande à ce que son jumeau
soit transporté de toute urgence dans un hôpital américain. Le shah a une autre idée dont il s'ouvre, début
octobre, sans autre précision, à Houchang Nahavandi. Il
le charge en effet de « sonder en son propre nom et en
toute discrétion » le gouvernement français, pour savoir
s'il peut être soigné en France. Avec la discrétion deman-
dée, Alain Peyrefitte, alors garde des Sceaux, est approché. Après avoir critiqué la bévue qui avait consisté à
accueillir « le vieillard sénile » – Khomeyni – en France, il
affirme qu'il posera la question à l'Elysée, seul à pouvoir
prendre une telle décision.

Pendant ce temps, les docteurs Pirnia et Flandrin
visitent quelques cliniques et hôpitaux mexicains et suggèrent que le shah, atteint en fait de la maladie de Waldenström[30], une affection rare de la moelle osseuse, soit
hospitalisé dans le service de cancérologie d'un hôpital
universitaire de Mexico dirigé par un spécialiste de formation française. Faute de réponse de l', Mohammad
Réza est tenté par cette dernière solution. Sur ces entrefaites, Armao rentre de New York, rencontre Flandrin
et apprend qu'il est l'assistant de Jean Bernard, ce dont
il informe Kean. A l'énoncé du nom de Bernard, à la
réputation mondiale, Kean situe immédiatement le type
de maladie dont le shah est atteint et comprend pourquoi on a opposé un refus à ses demandes d'investigations, « pour raisons d'Etat ». Il s'en répand auprès de ses
contacts : quelques jours plus tard, la maladie du shah
est devenue un sujet largement médiatisé.

Les jeux d'influence battent alors leur plein. Kean et
Armao s'opposent à une hospitalisation à Mexico. Mohammad Réza pour sa part, déçu de ne pas avoir encore

de réponse de l'Elysée, refuse toujours de se rendre aux Etats-Unis. Sans sourciller, le clan américain entreprend malgré tout des démarches pour y faire admettre le shah, dans un hôpital dépendant de l'université Cornell.

Flandrin et Kean se querellent. La bataille est inégale : Flandrin parle un anglais trop élémentaire ; Kean ne parle pas un mot de français et, comme il arrive souvent avec certains Américains, il ne peut imaginer qu'un non-anglophone ait une opinion défendable. Les deux médecins tombent cependant d'accord sur un point : le shah doit être hospitalisé pour une opération de la vésicule biliaire d'abord, de la rate ensuite.

> L'ambassade des Etats-Unis au Mexique se rapproche alors du docteur Jorge Cervantès, qui avait analysé les symptômes du shah et diagnostiqué une lithiase biliaire [des calculs biliaires]. Il avait fait préparer tout un étage à l'hôpital ABC de Mexico pour recevoir le shah et pratiquer l'opération urgemment. Le docteur Eben Dustin, sous-secrétaire d'Etat américain pour les relations médicales [...], lui demande si l'hôpital dispose d'un scanner axial. Le docteur Cervantès lui répond que non, mais que les techniques d'ultrason sont nettement suffisantes pour traiter le patient. Lorsque le docteur Dustin rapporte sa réponse aux collaborateurs du président Carter, ceux-ci insistent pour que le shah soit immédiatement accueilli aux Etats-Unis, dans la mesure où le Mexique ne dispose pas des outils propres à son opération[31].

L'information donnée au président Carter est partiellement fausse, car incomplète. Elle méconnaît qu'en 1974 Bernard et Flandrin avaient constaté l'existence d'une tumeur cancéreuse dans le cou du shah et diagnostiqué un lymphome qu'ils avaient traité avec du Clorambucil et une radiothérapie adéquate. Durant le séjour aux Bahamas, si l'affaire semblait circonscrite, ils avaient cependant constaté l'existence de nouveaux ganglions dans le cou. Cependant, rien n'avait filtré, « pour raisons d'Etat ».

Quoi qu'il en soit, l'inadéquation supposée entre la maladie du shah et les moyens des services médicaux mexicains permettent aux Etats-Unis de croire qu'ils vont continuer à contrôler le patient, dans une situation devenue problématique. Cependant, à la lumière des événements qui se sont déroulés ensuite, on peut avancer sans la moindre hésitation que l'abandon de l'option mexicaine a précipité la perte du shah, tout en constituant une erreur politique et diplomatique pour les Américains qui échoueront lamentablement sur tous les plans.

Jimmy Carter et son département d'Etat s'étaient longtemps opposés à la venue et à l'hospitalisation du shah, à l'écoute des puissants lobbies internes opposés au régime iranien. Cependant, sous la pression des Rockefeller, de Joseph Reed et de nombreuses personnalités, Washington charge son ambassadeur à Téhéran d'interroger le gouvernement iranien. Mehdi Bazargan et Ibrahim Yazdi, ministre des Affaires étrangères, font part de leur opposition. Mal renseignés sur la maladie du shah, qu'ils pensent être un leurre, ils craignent qu'une fois aux Etats-Unis, Mohammad Réza Pahlavi ne parvienne à retourner leurs « bienfaiteurs » contre eux. Pour résoudre le « problème », le département d'Etat mandate « son » équipe médicale pour examiner le patient, renvoyant en France le docteur Flandrin. Le couple impérial, broyé par la machine américaine, se laisse faire – ou manipuler. L'« affaire » s'étale à présent dans toute la presse sous la forme d'un feuilleton qui ajoute à l'humiliation du shah. Voilà un souverain déchu, exilé, errant à la recherche d'un hôpital où se faire soigner !

Carter, accusé par les républicains de laisser mourir celui qui fut un grand ami des Etats-Unis, voire de provoquer sa mort, fait marche arrière et accorde son autorisation pour un « court séjour à caractère purement médical ». Le shah, au plus mal, se laisse convaincre, non sans avoir obtenu du président Portillo l'assurance qu'il pourrait rentrer au Mexique sitôt son traitement fini. Dans la nuit du 22 octobre, il quitte donc la relative quiétude de Cuernavaca à bord d'un jet de location à destination de New York. Bien qu'il puisse à peine se soutenir, il refuse de s'allonger dans l'avion, tentant de garder la tête haute.

Première fausse note. Sur ordre de Washington, l'avion atterrit dans un petit aéroport de Floride où personne n'a été prévenu. Les passagers ne sont donc pas autorisés à quitter l'appareil, malgré une chaleur étouffante. Les formalités de police sont longues – plus d'une heure – et absurdes : un inspecteur de l'Agriculture vient s'assurer qu'il n'y a pas de plantes illicites à bord et contrôler que des déchets ne seront pas déversés sur le sol états-unien. L'autorisation de décollage est enfin accordée. Au petit matin du 23, l'avion atteint l'aéroport new-yorkais de La Guardia. L'arrivée du shah étant supposée secrète, les passagers descendent discrètement de l'avion et montent dans les voitures qui les attendent au pied de la passerelle. Destination : la résidence de la princesse Ashraf, dans l'East Side.

Deuxième fausse note. Quelques centaines de mètres avant d'y parvenir, les passagers sont prévenus qu'une meute de photographes et de journalistes du monde entier les attend. Changement de destination : les voitures se dirigent à présent vers le New York Hospital. Mohammad Réza y est admis sous le nom de David Newsome, haut fonctionnaire du département d'Etat.

Troisième fausse note. Dans les minutes qui suivent son admission, la presse est alertée : elle campera désormais en permanence devant l'hôpital. Le 24 octobre, jour où le shah est opéré, des manifestations hostiles, autorisées par la police, se déroulent devant l'hôpital. Des partisans du shah, qui tentent de se regrouper un peu plus loin, sont dispersés sans ménagement. Tout est fait pour que le gouvernement Carter ne soit pas accusé de complaisance envers l'ancien régime iranien. Même les bouquets de fleurs envoyés à l'hôpital sont retenus par la police. Malgré sa vigilance, un petit monomoteur à hélices apparaît soudain dans le ciel et déploie une banderole en faveur du shah. On saura bientôt que son pilote est un chef du clan beloutche, officier de l'armée de l'air iranienne.

A présent, le traitement du shah échappe totalement autant à l'intéressé lui-même qu'à sa famille. Le docteur Kean et l'équipe d'Armao prennent tout en main. Le docteur Flandrin est écarté, les analyses sont refaites, puis le docteur Morton Colman, spécialiste de renom, est prié d'opérer. Au milieu d'une tempête médiatique, le praticien a pour mission de traiter la vésicule biliaire et d'enlever la rate. La presse du monde entier suit l'affaire heure par heure : déclarations officielles ou officieuses, enquêtes « de terrain », indiscrétions, suppositions s'enchaînent inlassablement. Le secret médical et la discrétion de l'équipe française ne sont plus que de lointains souvenirs. Tout est à présent étalé sur la place publique. Les médias font état de calculs et d'une rate trois fois plus grosse que la normale.

Après s'être assuré que son patient souffre effectivement de la maladie de Waldenström ou d'une pathologie voisine, le précautionneux docteur Colman décide d'opérer. Mais quelle n'est pas sa surprise lorsqu'il découvre, à son arrivée à l'hôpital, qu'une équipe de « secondes mains » s'est passée de lui ! Erreur fatale selon les spécialistes : elle n'a pas enlevé la rate. De qui et d'où la décision est-elle venue ? Le mystère demeure. Une semaine plus tard, la radiologie de contrôle révèle qu'il subsiste encore un calcul et que le canal biliaire est toujours obstrué. L'opération s'est donc conclue par un échec. Or, vu l'état du patient, il est inenvisageable d'en tenter une nouvelle.

Décision est cependant prise de poursuivre le traitement dans un centre voisin, le Memorial Sloan-Kettering, relié à l'hôpital par un tunnel. Des années auparavant, la reine mère y avait été soignée et, pour remercier le centre, le shah avait fait un don d'un million de dollars. Certains praticiens, oublieux de leur serment d'Hippocrate, déclarent refuser de le soigner. Armao menace alors de révéler à la presse les gratifications qu'ils ont reçues. Un accord est enfin conclu pour que les dix séances de radiothérapie prescrites se déroulent de nuit et s'achèvent au plus tard à 5 heures du matin. Un procédé inhabituel, épuisant mais aussi humiliant, encore une fois. Pour chaque séance, le shah est contraint de descendre par l'ascenseur, installé dans un fauteuil roulant, entouré de policiers, comme un criminel. La shahbanou court derrière la chaise pour ne pas le laisser seul.

Ironie du sort, le 15 novembre, la réponse française, délivrée par Alain Peyrefitte, parvient à Houchang Nahavandi. Elle est négative, se concluant par une phrase explicite : « Je suis comme vous terrifié par ce qui se passe. » Sans doute le vieux compagnon du général de Gaulle voulait-il marquer ainsi devant l'Histoire que le président français se fourvoyait et qu'il ne partageait pas son point de vue.

Le gouvernement iranien est furieux en voyant que les Etats-Unis soignent le shah malgré son opposition officiellement déclarée. Le 23 octobre, 30 000 Iraniens manifestent devant l'ambassade des Etats-Unis à Téhéran. Un signe avant-coureur, car le 4 novembre, alors que l'état du shah se stabilise, un groupe d'extrémistes de gauche – baptisé pour l'occasion « étudiants » et épousant les idées de Khomeyni – occupent l'ambassade des Etats-Unis, au mépris de tous les traités internationaux, et prennent 52 diplomates et membres du personnel en otages. Ainsi commence la première opération de prises d'otages réalisée par un Etat dans l'histoire des relations internationales. Elle durera 444 jours exactement, tiendra le monde en haleine et, surtout, marquera l'histoire des Etats-Unis. Elle montrera en outre au monde entier le vrai visage du régime iranien. Les leaders du mouvement, qui menacent d'exécuter un otage toutes les vingt-quatre heures, réclament en échange de la libération de leurs prisonniers, la restitution de la fortune du shah ainsi que son extradition vers l'Iran[32].

La fortune des Pahlavis a en effet nourri de nombreux fantasmes chez les partisans de l'ayatollah, lesquels confondaient fortune personnelle et investissements de l'Iran impérial. A partir des années 1970, l'Iran a effectivement réalisé d'importants investissements à l'étranger avec ce que l'on appellerait aujourd'hui des « fonds souverains ». Leur montant total dépassera 20 milliards de dollars à la veille de la révolution. L'opération visait d'abord à donner au pays des ressources substantielles en devises et à le mettre à l'abri de l'épuisement annoncé de la manne pétrolière. Elle visait aussi à lui faire acquérir une technologie avancée et à lui permettre de peser sur la scène internationale. Ces acquisitions étaient coordonnées par la présidence du Conseil à Téhéran et suivies par une petite équipe au Luxembourg. Pour le shah, qui les a toujours approuvées, elles relevaient d'une vision économique à long terme, et non d'un enrichissement personnel. Chacune d'elles était cependant présentée comme une réalisation du shah, d'où l'amalgame entre sa fortune et celle de l'Iran[33]. Les idées reçues persistant, un chiffre « officiel » a couru dans les rangs des révolutionnaires : 22 milliards de dollars ! Cette rumeur trouve une explication dans les propos de Behzad Nabavi, l'un des principaux leaders de la révolution, négociateur en chef dans l'affaire des otages : « Quelqu'un nous avait dit avoir lu quelque part dans un journal que le shah possédait une fortune de 22 milliards de dollars. Alors, nous avons déclaré que cela ne coûterait rien de le dire officiellement et de réclamer une telle somme. Nous n'avions aucun document, aucune preuve. Nous n'avons rien pu trouver sur la fortune du shah à l'étranger[34]. » Certes, la famille impériale est loin d'être pauvre, le shah ayant lui-même déclaré lors d'une interview à la journaliste américaine Barbara Walters « qu'il n'était pas pauvre, mais probablement pas plus riche que certains Américains ». Nous nous garderons cependant d'avancer un chiffre fantaisiste sur ce point. La fortune du shah ne restera d'ailleurs pas longtemps un sujet majeur en Iran à ce moment. C'est son extradition qui deviendra l'enjeu primordial.

Aux Etats-Unis, ce point constituera aussi une pomme de discorde pour des raisons de politique autant intérieure qu'extérieure, une partie de l'opinion soutenant le shah. Ce dernier reçoit par milliers des lettres et des cartes de soutien, non seulement des Iraniens de la diaspora, mais aussi de nombreux Américains. De nouveau, des centaines de bouquets de fleurs parviennent à l'hôpital, au point que la police ne peut plus les escamoter. Des célébrités s'en mêlent. Frank Sinatra entre autres, dans une déclaration publique qui fera sensation, flétrit l'attitude de l'administration Carter et invite le shah à venir habiter sa maison de Palm Springs pour sa convalescence. Ronald Reagan, déjà en campagne pour l'investiture républicaine, lui fait parvenir un message de soutien et de sympathie qu'il rend public.

Fin novembre, Mohammad Réza, dont l'état de santé semble enfin stabilisé, envisage de rentrer à Cuernavaca. Mark Morse y est envoyé pour préparer la villa des Roses. Coup de théâtre : contrairement à ce qui avait été convenu avant le départ du shah, les autorités mexicaines traînent des pieds pour donner leur accord et déclarent *in fine* le shah indésirable dans leur pays. Une fois de plus, Mohammad Réza ne sait plus où poser ses pas. Il aurait souhaité s'installer provisoirement chez sa sœur à New York. Or Jimmy Carter, déjà engagé dans la campagne pour sa réélection, y met son *veto*. Il dépêche un émissaire qui « suggère » que le shah se rende sur la base aérienne de Lackland, au Texas... sans tarder. Cette base est dotée d'un hôpital bien équipé où il pourrait être soigné, le cas échéant. Sa sécurité y serait assurée le temps de trouver un pays d'accueil. Mohammad Réza s'y résigne. Son départ se déroule dans la nuit, pour éviter toute manifestation ou tout incident.

Le 1ᵉʳ décembre, peu avant minuit, le personnel de sécurité l'installe dans un fauteuil roulant et le pousse dans les couloirs de l'hôpital. Au sous-sol, dans le garage, le fauteuil est hissé dans une ambulance en présence de dizaines d'agents du FBI armés jusqu'aux dents. Le transport n'est guère discret : l'ambulance, toutes sirènes hurlantes, escortée de plusieurs voitures de police, fend la nuit jusqu'à l'aéroport. La shahbanou, prévenue par son époux, a préparé une valise et attend qu'on vienne la chercher dans la demeure d'Ashraf, à Beekman Place. Lorsque les policiers arrivent, le FBI l'installe dans une voiture, deux agents à ses côtés. Le vacarme occasionné par ce remue-ménage réveille la petite princesse Leila, neuf ans, que le couple impérial a préféré laisser avec sa tante tant que durerait le transfert. Elle court retrouver sa mère déjà partie, crie à la fenêtre, pleure. La violence de son traumatisme aurait eu de terribles répercussions : dépression chronique et bientôt fatale.

Les deux convois se rejoignent à La Guardia. Un DC 9 militaire, entouré d'hommes armés de mitraillettes, vêtus de gilets pare-balles, les attend. Sans le moindre ménagement, le couple est hissé dans l'avion qui s'envole vers le Texas. Il atterrit en début de matinée. On pousse le couple dans une ambulance-fourgon cellulaire. « Assis tous les deux dans des conditions très inconfortables, [ils] sont secoués de manière incroyable par un chauffeur qui roule très vite sur des routes en mauvais état[35]. » Les Pahlavis, dirigés vers l'hôpital psychiatrique de la base, sont enfermés dans une chambre aux fenêtres closes et grillagées, aux volets bloqués qui empêchent la lumière naturelle de pénétrer dans la pièce, et à la porte, côté intérieur, dépourvue de poignée. C'est une cellule pour malades mentaux !

Mohammad Réza est silencieux, tout à sa souffrance. Eprouve-t-il du remords d'avoir quitté l'Iran ? D'avoir cédé aux Occidentaux ? D'avoir fait confiance à de faux amis ? La shahbanou, elle, explose et proteste énergiquement. On lui rétorque que l'endroit est le plus sûr de la base. Mais que risque-t-on dans une base militaire si loin de tout et surprotégée ? Les heures passent. Enfin, pour calmer la shahbanou, on lui permet de passer un ou deux coups de téléphone. Elle parvient à alerter ses amis à New York et fait état de leurs conditions de « détention ». On sait désormais à l'extérieur où se trouve le couple. C'est une garantie de sécurité. Dès le lendemain, grâce à quelques interventions externes, le séjour des Pahlavis s'améliore. Ils sont installés dans une petite villa de trois pièces, avec pour seul luxe un canapé en vinyle. Le général Acker, commandant de la base, se présente enfin. Il commence par s'excuser à plusieurs reprises de l'inconfort qui leur a été infligé « sur ordre » et les assure de son désaccord avec la politique de l'administration. L'honneur a encore un sens pour lui, ainsi que pour de nombreux militaires américains.

La vie du couple se normalise. Au début, le shah est prié de ne pas sortir. Il finit cependant par vouloir faire quelques pas alentour. Des officiers pilotes le reconnaissent ; certains l'applaudissent, demandent des autographes, évoquent des souvenirs avec leurs homologues iraniens venus suivre des stages sur leur base. Le shah commence à mieux respirer. Lackland n'étant cependant qu'une étape provisoire, le problème reste entier : où aller ? L'Afrique du Sud est toujours disposée à l'accueillir. Quelques amis suggèrent aussi le Chili ou Taiwan. Une invitation arrive également de la part de Nicolae Ceausescu. Le shah, qui désire aller dans un pays non soumis à dictature, refuse. Or les portes des démocraties se sont fermées devant lui. Nul ne pardonne aux vaincus. Il ne lui reste que quelques pays d'Amérique centrale comme solution possible. Connaîtra-t-il le sort réservé à Nicolas II ?

Apparemment, l'idée d'installer le shah au Panama serait venue de l'homme fort du pays, le général Omar Torrijos. Ami de Fidel Castro, il a une dette envers Carter : l'évacuation de la zone du canal de Panama. Ayant appris les difficultés de l'administration américaine pour trouver un asile aux Pahlavis, il suggère discrètement son pays. Le shah, après avoir hésité, accepte. A-t-il d'ailleurs le choix ? Bien que le docteur Kean, devenu son confident, lui déconseille « cet étrange pays[36] », le départ s'organise. Une fois de plus, Ardéshir Zahédi intervient. Il connaît bien Aristides Royo, le président du Panama élu le 11 octobre 1978, un docteur en droit dépourvu de pouvoirs réels, et se rend en éclaireur à Panama, la capitale, en compagnie du prince Réza. Lors de l'incontournable dîner chez le président, le général Torrijos fait irruption : « Je ne comprends pas comment votre roi, avec une armée fidèle de 550 000 hommes, une police puissante et tant de personnes qui lui étaient acquises, a abandonné son pays ! Mais dites-lui que nous le recevrons ici à bras ouverts[37]. » Zahédi loue à un autre ami, l'ambassadeur Gabriel Lewis, une belle villa sur l'île de Contadora, située à 50 kilomètres de Panama City. Lewis pousse même l'obligeance jusqu'à mettre à disposition du shah son avion personnel, au cas où...

Le 15 décembre, le transfert du couple et de leurs proches a lieu. Au début, la vie est calme à Contadora. Le shah lit beaucoup, ou en donne l'impression pour qu'on le laisse tranquille, des biographies essentiellement. Le général Torrijos, qui vient souvent lui rendre visite, l'appelle « *Señor Shah* », ce qui l'irrite profondément. Les visites du président Royo sont plus conformes à l'étiquette. Les élections américaines étant en vue, le sort des otages de l'ambassade américaine et la haine d'une partie de l'entourage de Carter poussent Washington à engager des négociations secrètes avec Téhéran dont l'objectif est de livrer le shah. Dans la capitale américaine, rien ne reste longtemps secret. Torrijos et son second, le général Manuel Noriega[38] – qui multiplie les envois de fleurs à la shahbanou, qu'il trouve à son goût – ont vent de l'affaire. Ils ordonnent immédiatement que 200 policiers et soldats encerclent la villa. Les téléphones sont mis sur écoute, le courrier est ouvert et photocopié avant d'être remis... ou retenu. Le couple impérial reçoit néanmoins des visites : ses enfants, la princesse Ashraf, Ardéshir Zahédi, quelques journalistes.

Washington négocie désormais ouvertement l'affaire. Des émissaires venus de Téhéran font la navette entre le Panama et les Etats-Unis, avec parfois une halte à Paris. La presse les suit à la trace. Le marché est clair : le shah contre les otages, avec Hamilton Jordan, secrétaire général de la Maison-Blanche, comme pivot des tractations. A toutes fins utiles, Mohammad Réza consulte le juriste britannique lord Hartley Shawcross, ancien juge à Nuremberg, président des « Amitiés irano-britanniques », en qui il a grande confiance. Ce dernier croit inconcevable qu'une action soit enclenchée pour le livrer aux autorités iraniennes. Si c'était malgré tout le cas, il se chargerait de faire échouer la manœuvre. Quelques jours plus tard, il rappelle cependant le shah, lui confirme son point de vue, mais ajoute avec regret qu'il sera dans l'impossibilité de défendre ses intérêts « pour des raisons politiques que Votre Majesté devine[39] ». Londres est probablement impliqué. La princesse Azadeh Chafik, nièce du shah, consulte alors deux avocats français, qui acceptent sans condition de s'occuper du dossier.

Pendant ce temps, Hamilton Jordan harcèle le shah, l'incitant à demander l'asile politique au Panama, car il sait que la demande d'asile sera rejetée et rendra juridiquement possible son extradition vers l'Iran[40]. Il recueille un refus net du shah. Il lui propose ensuite de se livrer à la police pour permettre la libération des otages, en contrepartie de quoi Washington s'engagerait à le faire libérer immédiatement. Il demande enfin au shah d'abdiquer et de renoncer à ses droits sur le trône pour rassurer Téhéran. Nouveau refus du shah.

Vers la fin mars, Mohammad Réza se voit interdire de quitter sa villa. On le prévient de tous côtés que son arrestation et son extradition sont imminentes. Aussi désire-t-il partir vite, à n'importe quel prix. Sa santé s'en trouve altérée. Son problème de rate qui aurait dû être enlevée à New York ressurgit, au point que le docteur Kean suggère une opération d'urgence. Morton Coleman est appelé. Washington dépêche le professeur Mickael De Bakey, chirurgien cardiovasculaire estimé, lequel accepte d'intervenir à l'hôpital Gorgas, un centre nordaméricain dans la zone du Canal. Torrijos et Noriega s'y opposent. Pour eux, l'opération doit être réalisée par des Panaméens dans le centre médical de Paitilla, un hôpital privé de Panama City. De Bakey pourrait servir d'assistant. On demande au shah de trancher. Il écoute avec calme, se lève et, avant de quitter la pièce, dit simplement : « Messieurs, bonne journée. » Puis, au docteur Kean, qui lui a emboîté le pas : « Il faut partir dans la demi-heure si possible. »

Le 19 mars, Jordan reçoit l'ordre de se rendre de nouveau à Cantadora pour empêcher le shah de partir. Il rencontre d'abord De Bakey, resté sur place, et lui transmet le souhait de Carter. De Bakey est formel : « Je doute que quelqu'un puisse persuader le shah de se laisser opérer ici. » Devant l'insistance de Jordan, il ajoute : « C'est votre problème et celui du président. Le mien, c'est la santé du shah. »

Soudainement, l'opération n'est plus à l'ordre du jour. En effet, informée par la CIA que le départ du couple est imminent, la Maison-Blanche demande à Torrijos de l'en empêcher, sans brutalité toutefois, car elle craint des manifestations violentes aux Etats-Unis – Reagan ayant fait de l'affaire un de ses thèmes de campagne. Carter appelle en toute hâte Sadate, en Egypte. Il sait que le président égyptien a réitéré son invitation au shah, lui proposant même d'utiliser son avion personnel.

« Il ne doit en aucun cas se rendre au Caire, dit-il au raïs.

— Ne vous faites pas de souci pour l'Egypte. Occupez-vous des otages. Je veux le shah tout de suite, et vivant », lui rétorque Sadate.

Essuyant échec sur échec, mis dans l'impossibilité d'employer la force pour enlever le shah et le livrer à Téhéran où son arrestation est présentée comme imminente, la cage pour le promener à travers la ville étant même déjà construite, Carter décide en dernier recours d'envoyer au shah une délégation dirigée par Lloyd Cutler avec Hamilton Jordan. Lorsqu'elle arrive chez lui, elle peut constater que les préparatifs pour le départ sont presque terminés. Elle sait par la CIA que toutes les factures ont été acquittées. Face au shah, Cutler reprend les argumentations précédentes et évoque avec un profond sérieux l'amitié de son président pour lui. Il laisse même entrevoir la possibilité pour le shah de revenir aux Etats-Unis pour se soigner… si au moins il acceptait d'abdiquer. Mohammad Réza Pahlavi écoute, de marbre, et répond : « Je me sentirai mieux parmi mes amis. Je sais que je suis mourant, mais je veux mourir dans la dignité. »

La mission Cutler a échoué. L'enlèvement par la force exclu, reste à retarder le plus possible le départ du shah pour l'Egypte. La famille impériale n'a plus qu'une issue : fuir. Mais comment ? Le président Sadate continue à proposer son avion, mais cette solution aurait pris au moins quarante-huit heures et attiré l'attention des autorités. Mieux vaut tenter de louer un avion privé prêt à décoller sur l'aéroport international de Panama City. Mais pour cela, il faut déjà quitter Contadora. Trois petits avions sont donc loués successivement. Mais aucun ne se présente. Les journées du 21 mars – nouvel an iranien (*Nowrouz*) – et du 22 mars se passent dans l'angoisse de l'attente. Enfin, le 23, un petit avion envoyé par David Rockefeller atterrit. La CIA n'a pu l'intercepter. Le couple impérial, le docteur Pirnia, les colonels Djahanbini et Névissi, le fidèle valet Amir Pour-Shodja, mais aussi Robert Armao et Mark Morse embarquent à son bord. L'avion se pose près de l'appareil loué pour le grand départ vers l'Egypte. Le shah court littéralement vers ce dernier refuge, malgré son état de santé. Un quart d'heure plus tard, c'est le décollage. La presse, prévenue, est déjà là, mais ni les Américains ni les Panaméens n'ont de moyen légal pour empêcher la fuite des Pahlavis. Il est alors 14 heures, ce 23 mars 1980. Le séjour panaméen aura duré trois mois.

Mohammad Réza reste soucieux : un détournement d'avion est possible. Il donne l'ordre au colonel Névissi de s'installer dans la cabine de pilotage. Il obtempère sans comprendre. Le shah lui dira plus tard que c'était pour que l'équipage se sente surveillé. Lui peut enfin se reposer.

Lors de l'escale aux Açores, sur un aéroport partiellement sous contrôle américain, un groupe d'officiels portugais vient saluer le shah. L'avion fait le plein et, lorsqu'il s'apprête à repartir, refus d'autorisation de décollage. Jordan et Torrijos sont intervenus auprès du département de la Défense pour bloquer l'appareil. Téhéran avait fait miroiter aux yeux des Américains que, sitôt le shah arrêté, les otages seraient rassemblés et mis à disposition d'une ambassade neutre. Durant deux heures, l'angoisse monte. Il est très tard : c'est la nuit à Téhéran, et personne n'ose réveiller le président de la République islamique. En fait, les Américains ne trouvent à cette heure aucun interlocuteur dans la capitale iranienne. Ils ne peuvent donc pas décemment bloquer plus de deux heures un avion attendu par le président égyptien sans craindre un incident diplomatique. Sadate marque déjà son impatience. L'avion décolle enfin. Le shah respire : il sait qu'à présent, il finira sa vie en terre amie.

4

Des amis, enfin !

A la surprise de Mohammad Réza Pahlavi, le couple présidentiel égyptien est là pour l'accueillir. Dès que le shah en est informé, il descend en toute hâte de l'avion. Le raïs le prend dans ses bras, en ami, en frère, en homme d'honneur. Tous montent dans l'hélicoptère de Sadate qui les dépose devant l'imposant palais rose de Koubbeh, construit dans un « style versaillais » au XIXe siècle pour le khédive Ismaïl, à quelques kilomètres au nord du centre du Caire. Le raïs veut montrer par ce choix que l'Egypte reçoit toujours ses hôtes avec les plus grandes prévenances et qu'elle n'a pas oublié les prises de position du shah et de l'Iran lors du dernier conflit israélo-arabe. En outre, le palais de Koubbeh n'est pas inconnu pour le shah : c'est dans son enceinte qu'il a rencontré en 1939 la princesse Fawzieh, sœur de Farouk Ier, qui a été son épouse jusqu'en 1948.

Après une pause d'une dizaine de minutes pour prendre le thé, l'hélicoptère décolle de nouveau en direction de l'hôpital de Ma'âdi. L'équipe médicale affectée au shah est réunie : les docteurs Flandrin et Kean, le professeur De Bakey et trois éminents praticiens égyptiens. Le 28 mars 1980, l'ablation de la rate est réalisée sans que l'on touche au pancréas. Le shah refuse qu'on lui place un drain, ce dont il peut effectivement se passer.

Succès total. Lorsque le raïs reçoit le rapport de l'opération, magnanime, il décore l'ensemble de l'équipe. Les analyses qui suivent montrent cependant que le foie est aussi touché. La fin est proche, commence-t-on à penser. Le shah le comprend aussi. Néanmoins, De Bakey est d'avis qu'un nouveau traitement de chimiothérapie pourrait retarder l'issue fatale. Optimiste, il s'en ouvre lors d'une conférence de presse.

Mohammad Réza reste en observation dix jours à l'hôpital avant de regagner le palais Koubbeh. La vie y reprend, normale, calme, sécurisante. Il va mieux. Les visites sont cependant rares : la princesse Ashraf, Ardéshir Zahédi, quelques personnalités iraniennes. Les « amis » de la shahbanou sont évités. Le raïs et son épouse viennent régulièrement. Souvent les deux hommes s'isolent, parlent politique.

Le 25 avril, une nouvelle tombe : la rocambolesque opération de l'armée américaine pour sauver les otages. A partir du golfe Persique, avions et hélicoptères avaient tenté d'atterrir dans le désert, à proximité de l'oasis de Tabas. Malgré leurs informations, les Américains ignoraient que l'aéroport, inutilisé, était recouvert de sable… si bien que trois hélicoptères géants s'y étaient ensablés, un autre avait percuté un avion et explosé. Huit morts. Les rescapés avaient reçu l'ordre de rentrer. Tout cela à 500 kilomètres du lieu où les otages étaient emprisonnés ! Un fiasco complet, humiliant pour la première armée du monde.

Vers la fin avril, l'état de santé du shah s'aggrave brusquement. De Bakey et son équipe, le docteur Coleman, appelé par la princesse Ashraf, le docteur Flandrin, appelé par Farah, accourent. Ils ne s'accordent sur rien. Décision est prise de demander l'arbitrage de « Sa Majesté ». Habillé, cravaté, le shah les reçoit en souriant, se moque quelque peu des praticiens. Après avoir discuté, modifié le dosage de certains médicaments, on se sépare. Le shah connaît alors une certaine rémission. La vie reprend, les visiteurs reviennent : Mme Diba, des amis, des avocats, des banquiers américains pour les problèmes de succession.

Mohammad Réza donne le change : il se promène souvent dès le matin dans le vaste jardin du palais d'où il ne sort plus. Il retrouve l'appétit, fait la sieste, lit, joue avant le dîner aux cartes avec les résidents. Mme Pirnia, souriante, méticuleuse et dévouée, veille sur son patient, participe aux jeux, bien qu'elle n'aime pas jouer. Après un dîner léger, le shah regarde un film avant de se coucher, jamais après 22 heures. Un somnifère aidant, il a retrouvé le sommeil.

La stabilisation de l'état de son mari permet à la shahbanou d'aller se reposer quelques jours en Jordanie. Le mois de mai se déroule ainsi dans une certaine quiétude. Début juin cependant, le shah doit s'aliter. La shahbanou alerte Flandrin, qui appelle une équipe de chirurgiens français, le professeur De Bakey n'étant plus disponible. Ashraf, toujours proaméricaine, rappelle le docteur Coleman et son équipe. Français et Egyptiens d'un côté, Américains de l'autre se disputent de nouveau sur la conduite à tenir. Ils appellent Farah et Sadate à l'arbitrage, lesquels donnent raison aux Franco-Egyptiens. Le 30 juin, les débris pancréatiques sont enlevés. L'équipe américaine rentre chez elle.

Court répit, puis, de nouveau, aggravation. Le shah, admis en soins intensifs, n'en retouche pas moins la dernière version de *Réponse à l'Histoire*. D'une parfaite sérénité, croyant mais guère pratiquant, mystique plutôt, il se dit entre les mains du Tout-Puissant. A Afshar, de nouveau présent auprès de lui à l'hôpital, il exprime ses inquiétudes sur le sort de l'Iran, entre autres. Avec Ardéshir Zahédi[1], il évoque surtout des souvenirs personnels, parle de Soraya.

A partir du 25 juillet, la fin n'est plus qu'une question d'heures. Des Iraniens arrivent au Caire. Réza Ghotbi et des proches de la shahbanou en font partie. Quelques-uns organisent des réunions destinées à préparer un testament politique qu'ils espèrent pouvoir faire approuver ensuite par le shah. Zahédi les menace d'un procès, fait couper les lignes de téléphone reliées à l'appartement où expire Mohammad Réza Pahlavi.

Dans la nuit du 25 au 26 juillet, les enfants du shah, encore à Alexandrie, sont prévenus et rentrent au Caire.

Le 26, les équipes médicales décident de cesser tout acharnement thérapeutique. Les appareils débranchés, le shah entre dans un profond coma, le jour même de l'anniversaire du décès de son père.

Le dimanche 27, en début de matinée, plusieurs longues respirations, puis une dernière profonde inspiration. C'est fini : le shah d'Iran est mort.

Le docteur Pirnia ôte de son doigt l'anneau qu'elle remet à la shahbanou. Ardéshir Zahédi et une infirmière lui ferment les yeux.

A 9 h 56, le décès est annoncé officiellement au monde entier.

ÉPILOGUE

Le Caire, 29 juillet 1980

Mohammad Réza Pahlavi est le dernier des quatre shahs d'Iran morts en exil, les deux derniers Qâdjârs reposant à Karbala, en Irak[1]. Il avait fait transférer le cercueil de son père en Iran et, peu avant la révolution, l'avait mis à l'abri dans un lieu connu de peu de gens. Au cours des dernières semaines de sa vie, il confia à quelques rares personnes qu'il souhaiterait, une fois l'Iran libéré, être enterré avec les soldats et officiers suppliciés par les révolutionnaires dans un endroit qu'il leur désigna. On peut supposer qu'il s'agit du même lieu qu'il avait choisi pour cacher la dépouille de son père.

Les 27 et 28 juillet cependant, au moment où se décident les modalités des funérailles, ces préoccupations ne sont pas à l'ordre du jour. Une fois de plus, le clan de la shahbanou affronte celui d'Ashraf sur les détails de la cérémonie. Sadate, Zahédi et Afshar se posent en arbitres, le second tranchant en passant les appels utiles pour régler les problèmes diplomatiques.

Le président Sadate décide courageusement d'organiser des funérailles grandioses pour son ami défunt. « Laissons à l'Histoire, déclare-t-il, le soin de juger Mohamad Réza Pahlavi en tant que gouvernant. Mais nous, en Egypte musulmane, nous lui témoignerons respect et

reconnaissance comme homme et comme musulman. »
Sur son ordre, la tombe a été préparée dans la grande
mosquée El-Rifaï, là même où la dépouille de Réza shah
avait reposé avant qu'elle ne soit transférée en Iran.
Mohammad Réza Pahlavi y repose toujours aujourd'hui.

Afshar et son homologue égyptien Teymour règlent
les problèmes protocolaires, rédigent les réponses aux
multiples messages de condoléances et les font signer par
la shahbanou. Parmi les messages reçus, si certains sont
chaleureux et courageux, comme ceux des souverains
belge et monégasque, du comte de Paris, d'autres sont
plus précautionneux. Ainsi celui de Carter, un simple
communiqué, ou celui du président français, où le nom
et les titres du défunt pas plus que les relations franco-
iraniennes ne sont évoqués. Soraya, pour sa part, aurait
souhaité être là, mais Ardéshir Zahédi l'en a dissuadée.
Elle envoie donc une splendide couronne de fleurs pour
être présente symboliquement[2].

Avant qu'il ne quitte le palais de Abdine et ne soit
enveloppé dans le linceul, le corps de Mohammad Réza
Pahlavi y est lavé rituellement[3] dans le sous-sol. Ardéshir
Zahédi a été choisi pour présider à cette ablution, en présence du « frère » Anouar el-Sadate. Le linceul est ensuite
déposé dans le cercueil, lequel, recouvert du drapeau
impérial, est à son tour hissé sur un affût d'artillerie tiré
par des chevaux.

« Des centaines d'étudiants de notre Académie militaire
conduisaient la procession, en uniforme blanc, jaune et
noir selon leur rang, jouant de leurs instruments. Derrière marchaient les soldats arborant des couronnes de
roses et d'iris, accompagnés par les officiers à cheval[4]. »
Précédant aussi le cercueil, trois officiers portent chacun
un coussin sur lequel est posée une décoration. Certes,
le shah avait reçu les plus hautes décorations de presque
tous les ordres importants du monde, que Pour-Shodja,
le fidèle valet, avait rassemblées dans une valise qui ne le

quittait pas. Pour certains, il aurait fallu porter chacune sur un coussin devant le cortège, comme c'est l'usage pour les funérailles nationales. On ferait ainsi honte aux faux amis accourus à Persépolis et qui, une fois les lumières éteintes, s'étaient détournés du shah. Mais il aurait été peu moral d'exhiber les décorations de pays qui avaient refusé l'asile et l'amitié à un souverain, déchu certes, mais très malade. Seules trois décorations seront finalement exposées : deux iraniennes – les insignes de Grand Maître de Zolfaghar, un ordre militaire fondé en 1856 et repris par Réza shah en 1925, et le Grand Collier en or et platine représentant le Grand Maître des trois grands ordres impériaux Pahlavi, Tadj et Humayoun – et une égyptienne.

Derrière le cercueil, le président Sadate conduit le cortège avec son épouse Jehan, la shahbanou et quatre enfants du shah – la princesse Shahnaz étant absente. Suit la famille impériale presque au complet, à l'exception des princesses Fatmeh et Shams. Cette dernière a été priée de ne pas venir afin de ne pas indisposer la reine mère qui vit chez elle et ignore le décès de son fils : le choc aurait pu lui être fatal. De nombreux Iraniens auraient souhaité être présents ce jour-là, mais le délai entre le décès du shah et ses funérailles – quarante-huit heures – était trop court pour qu'ils arrivent à temps de leurs terres d'exil. Beaucoup d'ailleurs ne disposaient pas encore de papiers en règle. D'où leur nombre restreint ce jour-là.

Parmi les « grands » de ce monde, seul l'ex-président Richard Nixon est présent. « Je pense, déclarera-t-il à la presse, que la façon dont notre gouvernement s'est comporté dans cette situation marquera une page noire de l'histoire américaine. » Aucune autre personnalité étrangère, aucune tête couronnée ou ex-souverain, hormis Constantin de Grèce et la reine Anne-Marie, ainsi que le prince Victor-Emmanuel de Savoie, ne s'est dérangée.

Cinq ambassadeurs représentent leur pays : ceux des Etats-Unis, d'Allemagne fédérale, d'Australie, d'Israël et de France. La Grande-Bretagne et le Maroc ont délégué un diplomate. Le roi Hussein de Jordanie a envoyé une couronne, tout comme quelques autres chefs d'Etat.

Le cortège est impressionnant : plus de trois millions d'Egyptiens rendent hommage au shah d'Iran, dans un silence respectueux. Sur son parcours jusqu'à la mosquée El-Rifaï, 5 000 soldats forment une haie d'honneur.

L'enterrement se fait cependant dans l'intimité. Quelques poignées de terre sont jetées sur le cercueil avant qu'il ne disparaisse dans les profondeurs de la tombe.

Notes

PREMIÈRE PARTIE

Le père et le fils. La naissance d'une dynastie

1. Le cosaque

1. Poète persan (vers 940-vers 1020), auteur de la plus grande épopée persane, le *Shâh Nâmeh* (Livres des Rois).

2. Sur le traité de Turkmanchai, voir chap. « Le généralissime », p. 26.

3. Elle s'éteindra en 1992.

4. Voir chapitre « Soraya », p. 200.

5. Voir p. 46.

6. Touran gagna Paris peu avant la révolution, avec son fils, le prince Gholam Réza : elle y décéda en 1995. Esmat resta en Iran après la chute de la monarchie ; dépossédée de ses biens, logée par les autorités du nouveau régime dans la chambre d'un modeste hôtel, elle mourut la même année que Touran. Tadj-ol-Molouk, après avoir habité un temps à Cuernavaca (Mexique) chez la princesse Shams, décéda à Los Angeles le 10 mars 1982, sept jours avant son 86e anniversaire, des suites d'une longue maladie qui lui fit perdre la mémoire. Tous les princes et princesses de la famille Pahlavi quittèrent l'Iran avant la révolution et s'installèrent en Europe ou aux Etats-Unis. Seul Hamid Réza, bien que descendant des Qâdjârs, à qui son demi-frère avait retiré le titre de prince à la suite d'incartades diverses, resta sur place et fut incarcéré. Edenté et vieilli, souvent exhibé à la télévision, il mourut

dans la prison de Téhéran le 27 juillet 1992. Quant au fils du prince Ali Réza, il connut un étrange destin. Comme il avait frayé avec un groupe d'opposants, tous issus de la grande bourgeoisie, son oncle le fit incarcérer quelques jours, puis lui interdit de porter le nom de Pahlavi. Il se fit alors appeler Pahlavi-é-eslami. Après la révolution, il resta quelques mois en Iran puis quitta le pays, dépossédé de son héritage. Mystique, il vit modestement en Suisse.

Sur l'histoire intime des Pahlavi, voir Soleiman Behboudi, *Mémoires,* Tarheno, Téhéran, novembre 1994.

2. Le généralissime

1. Il y laissa aussi des souvenirs sanglants, poussant les chrétiens à s'allier à la Russie.

2. La dynastie safavide régna sur l'Iran de 1501 à 1736. Elle connut son apogée sous shah Abbas Ier (1587-1629).

3. Rivière qui constitue toujours la frontière du pays avec les républiques caucasiennes issues de l'Empire russe puis de l'Union soviétique.

4. Une somme d'argent était accordée officiellement au souverain pour couvrir ses besoins personnels et ceux de sa maison.

5. Les frontières actuelles de l'Iran avec la Turquie et l'Irak datent de cette époque.

6. Les baha'is, influents sous le règne de Mohammad Réza Pahlavi, pratiquent une religion monothéiste fondée en 1863 par l'Iranien Mirza Hossein 'Alî, dit Baha'-Allah (« Gloire de Dieu ») [Téhéran 1817-Saint-Jean-d'Acre 1892]. Le baha'isme, « secte maudite » pour le clergé musulman, ne reconnaît ni culte public ni sacrement, pense que toutes les religions et tous leurs représentants sont des manifestations de Dieu. Moïse, Jésus, Mahomet, Krishna, Zoroastre ou Bouddha s'équivalent donc, ce qui est inacceptable pour l'islam. Les baha'is forment aujourd'hui une communauté puissante et nombreuse (quelque sept millions d'adeptes dans 189 pays) à travers le monde, persécutée depuis la révolution en Iran, où aucun droit ne leur est reconnu : les jeunes baha'is, par exemple, ne peuvent pas même s'inscrire dans une université.

Voir en persan l'ouvrage de F. Vahman (professeur à l'université de Copenhague, baha'i lui même), *Cent soixante ans* de lutte contre le baha'isme. *Fragments de l'histoire sociale et religieuse de l'Iran à l'époque contemporaine*, éd. Bârân, 2010. Voir aussi Freidoune Sahebjam, *Un procès sans appel*, éd. Grasset et Fasquelle, Paris, 1992, sur le sort qui fut réservé par la Révolution islamique au baha'i Rahmat Daneshvar.

7. On lui doit la subtile pensée : « L'Angleterre n'a pas d'amis ou d'ennemis permanents, elle n'a que des intérêts permanents. »

8. En terre d'Islam, condition sociale et juridique des non-musulmans, mais appartenant à une des religions de la Bible. Pananayotis J. Vatikiotis (*L'Islam et l'État au milieu du XIIIe siècle*, Paris, Gallimard, *Le Débat*, 1992, p. 138) rappelle qu'au XIIIe siècle, « même si les *dhimmi* pouvaient jouir d'une grande prospérité, ils n'étaient toujours que tolérés, exposés aux caprices des gouvernants et aux passions de la foule ».

9. Cette université existe toujours et est devenue l'université de Téhéran. Le bâtiment initial est intact, avenue Nasser-Khosrow à Téhéran ; on l'avait transformé en grand lycée. Amir Kabir, pour sa part, a donné son nom à l'université de technologie qui fut au cœur des récentes manifestations étudiantes.

10. Les Russes lui auraient offert refuge chez eux, ce qu'il aurait refusé.

11. Voir chapitre « Le diplomate et le chef des armées », p. 526.

12. On retrouvera, sous le règne de Mohammad Réza Pahlavi, Foroughi et Ghavam à des positions éminentes.

13. En général, on dit *Majlis* pour la Chambre basse (celle des députés), et *Majlesseyn* lorsque l'on parle des deux chambres (députés et Sénat).

14. L'Iran fut cependant le premier Etat à reconnaître le nouveau pouvoir russe.

15. Voir « Le cosaque », p. 25.

3. Le shah-in-shah

1. Voir p. 42.

2. Homayoun Katouzian (*Musaddiq's Memoirs : The End of the British Empire in Iran*, éd. Homa Katouzian, Londres, Jebhe, 1988) cite Mossadegh : « Réza Khan gouverne très bien le pays et il faut donc qu'il continue à le faire. Pour cela, il

doit rester Premier ministre. S'il devient roi, et s'il respecte le principe de monarchie démocratique, constitutionnelle, il ne doit pas gouverner, et cela serait dommage. En revanche, s'il se décide à gouverner en tant que roi, il deviendra par définition un dictateur, et nous ne nous sommes pas tant battus en faveur de la démocratie pour avoir encore une fois un roi dictateur. »

3. Ce poids est une évaluation. En effet, il serait périlleux pour ce diamant d'être extrait du cadre somptueux – sorte de broche – dans lequel il est enchâssé : surmonté de l'emblème impérial iranien du Lion et du Soleil, il est entouré de cent cinquante-sept diamants et de quatre rubis. Mohammad Réza Pahlavi le portera également lors de son couronnement.

4. Si l'on en croit de récentes études, le Darya-i-Noor aurait fait partie d'un diamant rose pâle bien plus gros encore, monté sur le fameux trône. Ce diamant colossal, que le joaillier et aventurier français Jean-Baptiste Tavernier nomma en 1642 « Diamanta Grande Table », aurait été taillé pour donner naissance au Darya-i-Noor et au Noor-ol-Ein (de 60 carats), aujourd'hui enchâssé dans un diadème du Trésor impérial.

5. Réza fait sans doute allusion à un autre diamant, rapporté également par Nader shah : le Kho-i-Noor (« Montagne de lumière »), un temps monté lui aussi sur le trône du Paon et dont la légende dit que « qui le posséderait dominerait le monde ». Après avoir appartenu aux Moghols puis aux Iraniens, il entra dans les trésors de la Couronne afghane puis du royaume sikh du Pendjab. Les Britanniques le confisquèrent en 1849 et le donnèrent à la reine Victoria en 1850. Jugé trop peu brillant, il fut retaillé et ne compta plus que 108 carats – au lieu des 186 initiaux. Il fut alors installé sur la couronne de la reine Elisabeth, l'épouse de George VI, en 1936. Conservé parmi les joyaux de la couronne britannique, dans la Tour de Londres, il est toujours revendiqué par l'Inde.

6. Voir « Foroughi, "le faiseur de roi" », p. 114.

7. Le mausolée actuel de Saadi, construit lui aussi à Shiraz, date de 1952, remplaçant une structure plus modeste.

8. Karbala, située aujourd'hui en Irak, faisait partie de l'ancienne Perse.

4. « Faites-en des hommes ! »

1. Parmi eux, Hossein Fardoust, fils d'un sous-officier de la Garde, se lie d'amitié avec Mohammad Réza. Il occupera de hautes fonctions stratégiques, mais trahira le roi à la fin. Voir « La solitude du pouvoir », p. 420.

2. Elle décédera à Paris en 1958.

3. L'acte d'acquisition notarial précisait que l'achat était fait au bénéfice de son fils : « S. Exc. le général Réza Khan, ministre de la Guerre, pour "la lumière de ses yeux" [*Nourétchéchmi*], Mohammad Réza Khan », la famille n'ayant pas encore opté pour le nom de Pahlavi. Réza shah y avait fait faire des travaux d'agrandissement. Mohammad Réza Pahlavi l'offrira à l'université de la province en 1975.

4. Son titre du temps des Qâdjârs.

5. Il le fera venir à la Cour dès 1936, malgré les réticences de Réza shah qui appréciait peu le personnage, son homosexualité et ses fantaisies. Monté sur le trône, il le nommera en 1943 « secrétaire particulier de Sa Majesté impériale », mais le renverra à la suite de son échec lors d'une négociation devant rester secrète avec Londres à la suite de la rupture des relations entre les deux pays, en décembre 1953.

6. Scène rapportée par des ministres présents.

7. Incident rapporté à H. Nahavandi par Ali-Patrick lui-même.

8. H. Nahavandi et son épouse étaient présents à ce dîner.

5. Fawzieh, la princesse oubliée

1. En plus des témoignages recueillis et des sources citées, voir le VIIe vol. des *Mémoires, notes et carnets* (Ithaca Press, Londres, 1982) du professeur Ghassem Ghani, universitaire, homme de lettres, député, futur ambassadeur et ministre, qui a participé aux préparations du mariage, connu ses péripéties, puis, comme ambassadeur au Caire, a été chargé de négocier le retour de Fawzieh et son divorce.

2. On notera l'euphémisme, qui permet d'évoquer un problème de façon indirecte.

3. Fawzieh n'eut que peu de rapports avec son père, décédé alors qu'elle avait quinze ans.

4. Confidence du roi à H. Nahavandi qui, après le décès de Nasser (1970) et avant même que les relations diplomatiques entre les deux pays, rompues en raison de ses déclarations, ne soient rétablies, s'était rendu en Egypte en tant que recteur de l'université de Téhéran, pour une mission universitaire. A son retour, il avait été interrogé sur la situation de ce pays, alors visiblement en crise, cependant que l'Iran était devenu prospère.

5. Princesse Ashraf Pahlavi, *Visages dans un miroir*, Robert Laffont, 1980, photo dans l'encart central.

6. Témoignage de M. Ali Amini, fils de la princesse et futur Premier ministre du shah Mohammad Réza Pahlavi.

7. Sur ces journées, et bien d'autres sujets, voir les *Mémoires* de hadj Mokhber-ol-Saltaneh Hedayat, qui fut pendant six ans Premier ministre de Réza shah et avait l'habitude de tout noter. Ils ont été publiés après le départ de Mohammad Réza Pahlavi : Hadj Mokhber-ol-Saltaneh Hedayat, *Souvenirs et dangers, ma vie sous six shahs*, 3e éd., Zavar, Téhéran.

8. Nasrollah Entézam, diplomate de formation française, était chef du Protocole au ministère et cumulait ce poste avec la fonction de chef du Protocole impérial. Après la révolution islamique, bien que nonagénaire, il fut arrêté et mourut en prison à la suite des humiliations subies. Les Archives nationales iraniennes n'en publièrent pas moins ses *Mémoires* en 1993, apparemment sans coupure ni censure. Nasrollah Entézam, *Mémoires*, Archives nationales iraniennes, Téhéran, 1999. Ils relatent longuement les relations de Réza shah avec sa belle-fille. Voir aussi un ouvrage, constitué de biographies et de témoignages autorisés par les survivants de la famille royale égyptienne : Caroline Gaultier-Kurhan, *Princesses d'Egypte*, préface de la princesse Aziz Toussoun, Rive Neuve, Paris, 2009. Les témoignages recueillis en exclusivité pour notre ouvrage ont complété utilement les éléments disponibles à ce jour.

9. Ce sera la seule enfant du couple. Mariée une première fois à Ardéshir Zahédi, fils du général qui succéda à Mossadegh, puis remariée en 1971 à Khosrow Djahanbani, prince qâdjâr, elle vit actuellement avec son mari en Suisse. Elle a eu en 1958 une fille, Mahnaz, de son premier mariage, puis en 1971 un fils, Keykhosrow, et en 1973 une fille, Fawzieh, de son second mariage.

10. Voir chapitre « Ghavam, le vainqueur de Staline », p. 137.

11. Informations délivrées sur le site de l'athénée Léonie-de-Waha.

12. Elle en divorcera en 1964.

DEUXIÈME PARTIE

A l'ombre des Grands Hommes

1. Foroughi, « le faiseur de roi »

1. Voir Ahmad Motamedi (un des fondateurs de la radio iranienne), *Mémoires*, éd. Kolbe Ketab, Los Angeles, 2009.

2. On leur doit la seule liaison aérienne entre Téhéran et l'Europe.

3. Hélène Carrère d'Encausse, « L'Iran en quête d'un équilibre », in *Revue française de sciences politiques*, 17e année, n° 2, 1967, p. 216.

4. Les Britanniques l'arrêteront après l'invasion de l'Iran et le retiendront prisonnier pendant la guerre.

5. Voir Nasrollah Entézam, *Mémoires,* Archives nationales iraniennes, Téhéran, 1993. Voir aussi Béhbouadi, *Mémoires.*

6. Cette initiative était-elle inspirée par les Alliés pour prévenir toute résistance de Téhéran à l'approche des armées des deux puissances ? Ahmad Nakhdjavan, réhabilité par la suite, ne recevra plus aucune affectation et ne donnera aucune explication à son étrange décision. Trente-sept ans plus tard, une décision semblable, inspirée par les Américains, sera initiée par deux généraux félons. Elle provoquera la quasi-dissolution de l'armée iranienne et mettra fin au régime de Mohammad Réza Pahlavi (voir « L'errance et le calvaire », p. 695).

7. Voir « Ghavam, le vainqueur de Staline », p. 159.

8. Deux jours après ce début d'accord, le président des Etats-Unis envoie à Réza shah un message très chaleureux, le félicitant des arrangements conclus et lui promettant son soutien pour la sauvegarde de l'indépendance et de l'intégrité de l'Iran.

9. Ces programmes en persan destinés à être captés en Iran constituent une arme nouvelle pour les propagandes

britannique et soviétique dans leur pénétration de l'opinion iranienne.

10. La France du second Empire propulsa ainsi Maximilien de Habsbourg sur le trône hypothétique du Mexique.

11. Dans sa précipitation, on rapporte même qu'il en aurait oublié de mettre ses bretelles (*Ayandeh,* vol. 16, 9-12, Téhéran, 1990). Fernande Foroughi, veuve du fils cadet de Mohammad Ali Foroughi, a rédigé à l'intention de sa famille et de quelques proches un récit de sa vie. Nous remercions Mme Séda Aghassian de nous avoir avoir transmis ce document rare.

12. Princesse Ashraf Pahlavi, *op. cit.*, p. 56.

13. Voir les *Mémoires* de la princesse Shams et de Ali Izadi, publiés à Téhéran, quinze ans après la révolution. M. Méhrad Pahlbod, l'époux de la princesse, les ayant lus auparavant, nous a certifié qu'ils n'avaient été ni censurés ni modifiés.

14. Serment de fidélité à la Constitution, prononcé devant le Parlement, condition pour accéder au trône.

15. Récit de Ali Soheili à Méftah, *Mémoires politiques,* éd. Parang, Levallois, 1984. Les documents britanniques confirment la version de Soheili.

2. Ghavam, le vainqueur de Staline

1. Ordonnance impériale de nomination.

2. Après les deux Nakhdjavan, c'est Amir Ahmadi qui remplira cette fonction, et ce pratiquement jusqu'à la fin du conflit mondial. Un homme sur qui les Premiers ministres successifs pourront toujours compter.

3. Dr Ghassem Ghani, *op. cit.*, vol. III.

4. C'est en 1918 que le Parti bolchevik prend le nom de « Parti communiste panrusse ».

5. Fin juillet 1944, l'Iran reconnaîtra officiellement la France libre. De 1942 à 1944, Pierre Laffont est nommé représentant officiel du général de Gaulle à Téhéran ; bientôt ministre plénipotentiaire, il sera par la suite son ambassadeur.

6. Voir Abbas Milani, *Eminent Persians : the Men and Women who Made Modern Iran*, vol. 2, Syracuse University Press, New York, 2008, p. 152. Ces rumeurs font partie de la légende noire de Ghavam.

7. Anecdote rapportée par Amir Khosrow Afshar, alors conseiller diplomatique de Ghavam.

8. Princesse Ashraf Pahlavi, *op. cit.*, p. 95.

9. Mohammad Réza Pahlavi, *Réponse à l'Histoire*, Albin Michel, Paris, 1979.

10. Princesse Ashraf Pahlavi, *op. cit.*, p. 58 *sq.*

11. La première fois, ce fut lorsqu'il fut destitué du gouvernement du Khorassan après le coup d'Etat de 1921 ; la deuxième fois en 1923, lorsqu'on l'accusa d'avoir trempé dans le complot contre le général Réza Khan. Enfin, en juillet 1952, sa résidence sera de nouveau mise à sac.

12. Né à Touss dans le Khorassan, vers 940 ; mort vers 1020. Une université fondée à Mashhad en 1949 porte son nom.

13. Arthur Schlesinger, *L'Ère de Roosevelt : la crise de l'ordre ancien 1919-1933*, Denoël (1ʳᵉ éd. 1956), p. 215.

14. Mohammad Réza Pahlavi, *op. cit.*

15. De style Napoléon III, l'ambassade est située sur la même avenue que les ambassades de Grande-Bretagne, d'URSS, d'Italie et du Vatican.

16. *Mémoires d'espoir*, Plon, Paris.

17. Mohammad Réza Pahlavi, *op. cit.*, p. 180-181. Les deux hommes se reverront souvent et entretiendront une correspondance nourrie. Lorsque le shah se rendra à Paris pour assister au service religieux célébré à Notre-Dame après la mort du général en 1970, il sera le seul à être reçu en privé par madame de Gaulle à Colombey. Il en retirera une réelle fierté.

18. *Mémoires, Témoignages sur l'Iran d'hier,* t. I, Godefroy de Bouillon, Paris, 2009, préface.

19. Médecin formé en France, il avait été, à son retour en Iran au début du XXᵉ siècle, le médecin personnel de Mozafar-ol-Din. Le roi, disait-on, n'ayant pas été satisfait de ses services, il s'était retiré de la vie publique, cessant même d'exercer sa profession. Relativement fortuné, il avait vécu de ses rentes, apparaissant peu sur le devant de la scène. Réputé pour son intégrité et connu pour son conservatisme politique et social, il est aussi une éminence de la maçonnerie iranienne. Dans ses *Mémoires*, le shah le dit proche des Britanniques, sans toutefois en fournir de preuve.

20. Cité dans Xenia Joukoff-Eudin, Robert C. North, *Soviet Russia and the East : 1920-1927*, Stanford, Stanford University Press, 1957, p. 29, et repris par Hélène Carrère d'Encausse, art. cité, p. 213-236.

21. Selon Hélène Carrère d'Encausse (art. cité, p. 218, n. 10), aux élections de 1944, il remporte un franc succès, neuf de ses candidats étant élus avec 120 000 voix sur les 150 000 votants de leur circonscription (*i.e.* dans la zone de contrôle soviétique). Sur l'ensemble de l'Iran, il aurait obtenu 1/5e des voix, entrant uni et fort au Parlement.

22. L'Iran céda à la Russie, lors des traités de Golestân (1813) et de Turkmantchai (1828), ses provinces situées au nord de l'Araxe. D'où la naissance de deux Azerbaïdjan, l'un sous domination tsariste, l'autre persane.

23. Appelée aussi République du Kurdistan.

24. *Le Monde diplomatique. Tempête sur l'Iran*, n° 93, juin-juillet 2007, numéro coordonné par Alain Gresh. Voir aussi Hélène Carrère d'Encausse, art. cité, p. 219 : « On ne peut nier la force des mouvements séparatistes qui travaillaient alors le nord du pays, pas plus qu'on ne doit minimiser la force des aspirations des Kurdes qui craignaient, après la sécession de l'Azerbaïdjan, d'être réduits à l'état de minorité dans une nation turque homogène, situation infiniment plus redoutable que celle de minoritaires dans un pays pluriethnique comme l'Iran. »

25. Le procédé n'est pas nouveau : cinq ans auparavant, un autre général, Ahmad Nakhjavan, ministre de la Guerre, avait fait de même aux derniers jours de Réza shah. De retour à Téhéran, Dérakhchani, traduit devant une cour martiale pour désobéissance aux ordres en temps de guerre, sera condamné à mort. Le shah réduira sa peine à quinze ans de prison. Bénéficiant de plusieurs remises de peine, il sera libéré au cours des années 1960, suscitant dans la presse une polémique sur son rôle.

26. Anecdote rapportée par le père d'H. Nahavandi, industriel à Resht et ancien professeur de russe ayant connu la Russie impériale.

27. Princesse Ashraf Pahlavi, *op. cit.*, p. 65.

28. Confidences faites à son jeune conseiller diplomatique, Amir Khosrow Afshar.

29. Récit de Djahangir Taffazoli, journaliste faisant partie de la délégation, Ayandeh, Téhéran, 1990.

30. Hélène Carrère d'Encausse, art. cité, p. 219 : « En 1944, alors que les troupes soviétiques occupaient encore le nord du

pays, l'URSS demanda à l'Iran une concession pour la prospection et l'exploitation du pétrole dans les provinces du Nord, concession qu'elle détenait en 1917 et à laquelle elle avait renoncé en 1921. [...] La demande de concession est repoussée, grâce à la loi préparée par le docteur Mossadegh et votée le 2 décembre 1944 (loi qui stipule qu'aucune concession ne peut être accordée tant que des troupes étrangères stationnent sur le sol iranien). »

31. Lequel n'a cependant plus d'existence légale, si bien qu'il fallait procéder à de nouvelles élections.

32. Voir les *Mémoires politiques* du Dr F. Kechavarz, ministre de l'Education nationale, Téhéran, 1978, et du prince (qâdjâr) Iradj Escandari, nommé à l'Industrie et au Commerce, vol. II, Paris, 1998.

33. Conseiller diplomatique du Premier ministre.

34. Abdolhassan Ebtéhadj, *Mémoires*, t. I, Londres, 1991.

35. Saint-cyrien érudit connu pour son efficacité, la finesse de sa stratégie et ses talents d'organisateur. Auteur d'une monumentale *Géographie de l'Iran* en huit volumes, travailleur infatigable ne dormant que quatre heures par jour.

36. Hélène Carrère d'Encausse, art. cité, p. 220, note 13.

37. Voir chapitre « Ghavam, le vainqueur de Staline », p. 143.

38. Rapport de George Allen au département d'Etat, 6 septembre 1946.

39. Voir Nosratollah Djahanchahlou Afshar (vice-président du gouvernement séparatiste), *Mémoires politiques. Nous et les étrangers*, publiés à Berlin-Ouest lorsqu'il a quitté les pays du bloc soviétique, vers la fin de la décennie 1970. Ce document a été republié en juillet 2004 par Ketab Co, à Los Angeles.

40. Son épouse resta vivre en Union soviétique dans des conditions misérables. Des années plus tard, elle fit parvenir au shah, en visite d'Etat à Moscou, une demande afin d'organiser son retour à Téhéran. Après que le shah en eut discuté avec les dirigeants soviétiques, un avion militaire iranien la ramena en Iran. Le couple Pishévari avait un seul fils, Darius. Confié à son oncle paternel, médecin capitaine de l'armée Rouge, il vécut, étudia et se maria à Bakou où il eut deux enfants. Ils se réfugièrent plus tard à l'Ouest, où l'on perdit leur trace. (Sur le destin de Darius Pishévari, voir le livre de

Djamil Hassanli, paru à Bakou, traduit en persan et publié à Londres en 2005 dans le journal *Keyhan*.) Plus de 30 000 personnes ont fui l'Azerbaïdjan après la débâcle des séparatistes. Presque tous ont été déportés en Sibérie ou dans de lointaines républiques d'Asie centrale. Leur histoire est racontée dans *L'Immigration socialiste*, écrit par deux des leurs et paru à Téhéran, éd. Payem Emrouz.

41. Hélène Carrère d'Encausse, art. cité, p. 221.

42. Edouard Sablier, *La Création du monde*, Plon, 1984.

43. On s'en convaincra en lisant comment le shah se met seul en scène pour traiter de l'issue du conflit en Azerbaïdjan – en ne citant qu'une fois Ghavam : in *op. cit.*, « Reconquête de l'Azerbaïdjan », p. 55-56.

44. Voir chapitre « Le plan Ajax », p. 241.

45. Il les évoquait au Caire lors d'un entretien avec H. Nahavandi.

46. De 1555 à 1597.

47. Voir chapitre « Mossadegh », p. 209.

3. *Soraya, le grand amour*

1. Après l'échec des tentatives séparatistes en Azerbaïdjan et au Kurdistan, le Parti communiste, tout en continuant ses activités de façade, s'est lancé dans des attentats terroristes pilotés par un « comité de terreur ». Depuis quelques décennies, tous ses dirigeants – le Dr F. Kechavaraz, Iradj Eskandari, le Dr Kianouri, Anvar Khaméneï... – l'ont reconnu dans leurs *Mémoires*, s'accusant les uns les autres d'en avoir été les initiateurs. A partir de ce moment, le parti Toudeh fut déclaré illégal.

2. Princesse Ashraf Pahlavi, *op. cit.*, p. 126-127.

3. Quelques anecdotes de ces paragraphes sont empruntées aux Mémoires de l'impératrice Soraya, *Le Palais des solitudes*, Editions n° 1, Michel Lafon, Paris, 1991.

4. D'après le témoignage de Marie Meghadi, la fille de Forough Zafar.

5. Sardar Assad est un titre, *sardar* signifiant « général ».

6. Voir le chapitre suivant.

7. Princesse Ashraf, *op. cit.*, p. 136.

8. Princesse Ashraf, *op. cit.* La robe, incrustée de 6 000 diamants, a été créée par Christian Dior.

9. Auteur français (1885-1973) de *La Madone des sleepings* (1925) et de *Macao, enfer du jeu* (1938).

10. Voir chapitre « Mossadegh », p. 220.

11. Créée en 1880 à Paris par le Hollandais Jean-Henri Jansen, consacrée lors de l'Exposition universelle de 1889, cette maison de décoration – unissant les styles hollywoodien, XVIIIe siècle français et campagnard – s'inscrit dans le carré des Grands. Elle réaménagea entre autres la Maison-Blanche pour les Kennedy.

12. Sur ces périples, on dispose de deux témoignages directs : les Mémoires de Soraya elle-même (*op. cit.*) et ceux d'Ardéshir Zahédi, *Témoignages sur l'Iran d'hier*, t. 1, Godefroy de Bouillon, Paris, 2009. Le fils du général Zahédi, futur gendre du shah, était de ces voyages en tant qu'aide de camp civil.

13. Après le divorce du couple impérial, toute référence à Soraya a été supprimée des publications officielles. Comme pour Fawzieh (voir les deux premiers volumes, sur cinq, de la *Chronologie* officielle des cinquante ans du règne de la dynastie), Soraya n'aurait donc pas été du voyage !

14. Archives d'Ardéshir Zahédi.

15. Ardéshir Zahédi était du voyage, comme il sera de ceux en Union soviétique et en Turquie. La chronologie officielle des cinquante ans du règne en traite pratiquement heure par heure. Soraya n'y existe toujours pas. Voir chapitre « "Xerxès et Fidel Castro" », p. 199

16. Voir chapitre « "Enfin, je vais prendre les choses en main" », p. 317.

17. Voir chapitre suivant. Mossadegh a été Premier ministre du 21 juillet 1952 au 19 août 1953 ; Zahédi du 19 août 1953 au 7 avril 1955.

18. Episode longuement relaté par Abdolhossein Méftah (*op. cit.*). Méftah garde un très mauvais souvenir de cette étape de sa carrière.

19. Il a épousé en 1957 la princesse Shahnaz, fille unique du shah et de l'ex-reine Fawzieh.

20. Source *Point de vue*.

21. AFP, 03.06.2002 pour la vente aux enchères Soraya à Drouot-Montaigne.

22. Témoignage direct d'Ardéshir Zahédi.

23. Les 6 millions d'euros récoltés ont été répartis à parts égales entre les trois œuvres de charité que Soraya préférait.

4. Mossadegh, le monstre sacré

1. Voir Soraya, *Le Palais des solitudes*, op. cit., p. 88.

2. Abbas Milani, *op. cit.*, p. 163. Selon la presse iranienne de la diaspora, les notes de Ghavam sur cette période seraient en passe d'être publiées.

3. Mohammad Réza Pahlavi, *Réponse à l'Histoire*, op. cit., p. 60.

4. Hélène Carrère d'Encausse, « L'Iran en quête d'un équilibre », art. cité, p. 222.

5. Allusion aux séparatistes d'Azerbaïdjan et du Kurdistan.

6. Voir chapitre « Ghavam », p. 172.

7. L'Anglo-Iranian Oil Company, filiale de la British Petroleum (BP), détenue majoritairement par l'Etat britannique.

8. Voir chapitre « Le shah-in-shah », p. 49.

9. Arthur Conte, « Réveil de l'Islam », *Paris Match*, 23 septembre 1983.

10. Claude Semnoz, *L'Iran,* coll. « Mondes et voyages », Larousse, 1976, p. 39

11. Voir l'article de Jalal Matini dans *Iranshenasi, Journal of Iranian Studies*, vol. XXII, n° 4, hiver 2011. L'auteur se fonde sur des documents tant iraniens qu'anglo-saxons, inexploités jusque-là.

12. Mohammad Mossadegh (1881-1967).

13. Lettre adressée en octobre 1949 par Mossadegh au shah. Voir Ahmad Maléki, *Histoire du Front national*, Arash, Stockholm, 2005.

14. Il sera jugé et exécuté après la chute de Mossadegh pour ces deux actes.

15. Publié par Mostafa Alamouti, *Les Acteurs de la vie politique iranienne*, vol. II., Peka, Londres, 1995.

16. Hélène Carrère d'Encausse, art. cité, p. 222.

17. Paul Balta, *Le Monde,* 18-19 décembre 1983.

18. Sur ces points, Jalal Matini, « Qui est à l'origine de l'idée de nationalisation du pétrole », dans sa biographie de Mossadegh, 1re éd, Ketab Co, Los Angeles, 2005, p. 228-236.

19. L'assassin, Khalil Tashmaspi, se laisse arrêter sans résister. Quelques mois plus tard, il sera libéré sous le gouverne-

ment Mossadegh par une décision parlementaire, puis, arrêté de nouveau, jugé et exécuté après la chute de Mossadegh. Dix jours plus tard, un autre terroriste abattra le doyen de la faculté de droit de Téhéran, ancien ministre de l'Education, accusé d'être un agent anglais. Au moment de l'assassinat de Razmara, le couple impérial faisait un voyage d'agrément en province.

20. Voir les Mémoires de l'ancien secrétaire général du parti, Iradj Eskandari, et de son idéologue Anwar Khaméi. Iradj Eskandari (1908-1985), prince qâdjâr, a été secrétaire du Toudeh et membre du Parlement. En 1946, il a été aussi ministre du Commerce et de l'Industrie dans le gouvernement Ghavam.

21. Le Toudeh souhaite que le pétrole du Sud soit sous contrôle britannique, et que celui du Nord ainsi que les pêcheries passent sous contrôle soviétique. Les Américains, à ce moment-là, soutiennent les nationalistes.

22. Mohammad Réza Pahlavi, *op. cit.*, p. 64.

23. Expression employée par Mossadegh lui-même dans ses Mémoires, *Souvenirs et douleurs*, p. 177-178.

24. Cette nouvelle loi précisait les contours de la loi de nationalisation que le shah avait signée le 19 et qui énonçait un principe.

25. Lettre de Mossadegh à Maryam Firouz, 30 août 1965 : « Nous avons été mariés plus de soixante-quatre ans et elle a supporté tout ce qui m'est arrivé. Nous étions de la même étoffe et partagions les mêmes opinions. » Zia-os-Saltaneh mourut en 1965.

26. Voir « Le shah-in-shah », p. 59.

27. Voir chapitre « Foroughi, "le faiseur de roi" », p. 116-117.

28. *Mamouriat barayé vatanam*, (« Mission pour ma patrie »), Téhéran, 3ᵉ édition, p. 109-110.

29. Mohammad Réza Pahlavi, *op. cit.*, p. 64-65.

30. Connue aussi sous l'appellation de National Iranian Oil Company.

31. Surnom qui sera désormais dédié à Mossadegh.

32. Mohammad Réza Pahlavi, *op. cit.*, p. 68.

33. « Il faut vous méfier de lui », lui aurait-il murmuré lorsqu'elle vint le voir sur son lit de mort (Princesse Ashraf Pahlavi, *op. cit.*, p. 125).

34. Grâce à Vernon Walters, nous disposons, en plus des documents officiels, d'un récit parfois pittoresque de toutes les négociations où les Américains furent impliqués (*Services discrets,* Plon, Paris, 1979).

35. Voir « Une journée du roi », p. 433.

36. *Le Monde,* 18-19 décembre 1983.

37. Princesse Ashraf Pahlavi, *op. cit.,* p. 146 : « Mossadegh fondait constamment en larmes, séchait ses pleurs avec des mouchoirs qui furent aussitôt baptisés "Old Mossie" et devinrent son image de marque. »

38. *New York Times,* 6 octobre 1951.

39. Lorsque les deux hommes se brouilleront et que Mossadegh sera écarté du pouvoir, ces deux textes disparaîtront de l'historiographie officielle de la dynastie Pahlavi.

40. Mossadegh les apprécie beaucoup et dira qu'il les considère « comme des frères ».

41. Sur le séjour de Mossadegh aux Etats-Unis, voir Fereydoun Zand-Fard, *L'Iran dans un monde troublé,* éd. Abi, Téhéran, 2005. Il était alors jeune diplomate à la délégation iranienne aux Nations unies, il finira sa carrière comme ambassadeur, notamment en Irak, où il sera maintenu après la révolution. Voir aussi Jim Newton, *Eisenhower, The White House Years,* Knopf Doubleday Publishing Group, New York, 2011.

42. Un épisode relaté par Vernon Walters, *op. cit.,* venu revoir à La Haye son vieil ami Mossadegh.

43. Abdolhossein Méftah, *op. cit.*

44. Mohammad Réza Pahlavi, *op. cit.,* p. 66.

45. Mohammad Réza Pahlavi, *op. cit.,* p. 67 : « La majorité parlementaire m'a imposé le très vieux Ghavam Saltaneh. » Ahmad Ghavam a dépassé soixante-quinze ans.

5. Le plan Ajax

1. Sur ces points, les chroniqueurs s'accordent tous, notamment Assadollah Alam dans ses *Mémoires* et Hassan Arsandjani, journaliste, avocat puis secrétaire d'Etat nommé par Ghavam, in *Mémoires politiques,* parus d'abord du 11 septembre au 4 décembre 1980 dans l'hebdomadaire *Iran-é-Azad* publié à Paris, puis en librairie.

2. Au printemps 1978, Houchang Nahavandi, qui supervisait la création à Téhéran du Musée national de la verrerie et

d'un centre culturel attenant – espaces installés dans un palais ayant appartenu naguère à Ghavam –, demanda au shah s'il accepterait de les inaugurer. « Naturellement, avec plaisir », fut la réponse. La conversation se poursuivant, à la question relative à la réalisation d'un panneau rappelant l'appartenance du bâtiment à l'« ancien Premier ministre de Sa Majesté », la réponse, rapide, fut brutale : « Jamais de la vie ! »

3. Une partie de ses archives sont entre les mains de son petit-fils, le docteur Mohammad Hassan Salémi, qui vit en Espagne. Grâce à sa courtoisie, nous avons pu avoir accès à de nombreux documents inédits. Il a également publié une volumineuse biographie de son grand-père.

4. Mohammad Réza Pahlavi, *op. cit.* Voir aussi la biographie que Hamid Shokat a consacrée à Ghavam (Akhtaran, Téhéran, 2008).

5. Témoignage du prince Abdolaziz Farmanfarmaïam, alors présent aux côtés de sa mère.

6. Paul Balta, *Le Monde,* 18-19 décembre 1983.

7. Princesse Ashraf Pahlavi, *op. cit.,* p. 146 : « L'assurance de Mossadegh ne connut plus de bornes et mon frère devint virtuellement prisonnier dans son propre palais. Mossadegh alla jusqu'à placer le téléphone du shah sur table d'écoute et à peupler de mouchards la Cour royale. » Soupçonnée d'agitation, mais toujours exilée en Europe et privée du passeport diplomatique auquel elle aurait pu prétendre, la princesse n'est pas autorisée à rentrer en Iran.

8. Nom donné aux marchands des bazars, marchés traditionnels de l'Iran. Kader Abdollah, *La Maison de la mosquée,* éd. Gallimard, 2008, p. 55 : « Le bazar a toujours été au cœur de la politique. [...] Les bazars ont, depuis deux cents ans, joué un rôle déterminant et les imams ont toujours été une arme entre leurs mains. Lorsque les commerçants ferment le bazar, c'est signe qu'il se passe quelque chose d'inhabituel, quelque chose d'important... »

9. Cet épisode de la vie de l'ayatollah Khomeyni, alors mollah de base, bien que largement rapporté dans la presse de l'époque, est occulté dans sa biographie officielle.

10. Elle continue à exister, bien qu'aucune loi n'y soit plus votée depuis que les pleins pouvoirs ont été accordés au Premier ministre.

11. Notamment l'ex-ministre et juriste Karim Sandjabi et le numéro 2 du gouvernement, Gholam-Hossein Sadighi, ministre de l'Intérieur.

12. Durant le premier semestre 1952, les échanges commerciaux avec l'URSS augmentent de 60 %, alors que ceux avec le Royaume Uni diminuent de 65 %.

13. Voir *Foreign Relations of the United States, 1952-1954*, vol. X, Iran, 1951-1954, Editor in chief P. Glemmon, Department of State, Washington, 1989 ; Darioush Bayandor, *Iran and the CIA. The Fall of Mossadegh Revisited,* Palgrave Macmillan, New York, 2010, ainsi que les rapports secrets de Allahyar Saleh, ambassadeur d'Iran à Washington, adressés à Mossadegh, *Iranhenasi,* automne 2007.

14. Mohammad Réza Pahlavi, *op. cit.*

15. Voir l'ouvrage aux informations parfois peu vérifiées sinon imaginaires de Ryszard Kapuscinski, *Le Shah*, éd. Gallimard, Paris, 2010, p. 59 (1re éd. *Szachinszach*, Czytelnik, Varsovie, 1982).

16. Hélène Carrère d'Encausse, « L'Iran enquête d'un équilibre », art. cité, p. 225 : « Ce que les Etats-Unis comprennent moins, au demeurant, c'est que l'Iran ne bascule vers l'URSS que par suite des refus occidentaux, que Mossadegh est prisonnier d'un mouvement déclenché par l'intransigeance occidentale, que, jusqu'à la fin, il tente de freiner. »

17. Le récit de la princesse Ashraf est faux sur certains points. Ainsi, en tant qu'Iranienne, elle n'a pas besoin de visa. De même, plus loin, elle assure qu'elle évite la douane grâce à ses amis, ce qui n'est pas avéré.

18. Fils du ministre de la Cour du roi Farouk.

19. Selon l'impératrice Soraya, ce voyage à Téhéran et ces contacts avec les Américains auraient eu lieu sans l'assentiment du shah et sans même qu'il soit prévu (*Le Palais des solitudes, op. cit.*).

20. Jeune frère de John Foster Dulles, secrétaire d'Etat dans le gouvernement Eisenhower de 1953 à 1959, il déclarait devant des politiciens à Washington en 1953 : « C'est ainsi que nous nous débarrasserons de ce fou de Mossadegh en Iran. »

21. Petit-fils de Theodore Roosevelt et lointain cousin de Franklin Delano Roosevelt.

22. De 1951 à 1952, il travailla à l'ambassade de Grande-Bretagne à Téhéran, où il fut donc impliqué dans le « coup d'Etat ». Ensuite, il dirigea jusqu'en 1955 le Royal Institute of International Affairs. En 1998, il obtint le titre de baron Terrington à la mort de son frère.

23. Kermit Roosevelt, *Countercoup. The Struggle for the Control of Iran*, Mc Graw Hill, New York, 1979. Ce livre écrit un quart de siècle après les événements, au moment où le shah est quasi mourant, est considéré par bon nombre d'historiens comme destiné à discréditer Mohammad Réza Pahlavi, alors cible de la CIA. Voir également le témoignage d'un autre cadre de la CIA chargé de cette opération et qui contredit sur de nombreux points K. Roosevelt : Donald N. Wilbert, *Adventures in the Middle East – Excursions and Incursions*, Darwin Press, Princeton, 1986. Wilbert avait l'avantage sur K. Roosevelt de connaître l'Iran et le persan.

24. La CIA a prétendu des années plus tard que l'ensemble des documents concernant ces événements avaient brûlé. En revanche, tous les rapports et documents diplomatiques sur cette période sont désormais accessibles. Le livre de Kim Roosevelt reste la seule référence des tenants de la version du coup d'Etat du général Zahédi, laquelle mérite d'être sérieusement nuancée.

25. Par exemple, Ryszard Kapuscinski (*op. cit.*, p. 52) : « Le shah hésite longuement à franchir le pas décisif qui brûlera les ponts déjà fragiles qui le lient au Premier ministre (tous deux sont empêtrés dans une lutte qui ne peut se résoudre à l'amiable, car il s'agit d'un conflit entre le pouvoir absolu, représenté par le shah, et la démocratie, prônée par Mossadegh). Les tergiversations du shah s'expliquent peut-être par le respect qu'il éprouve à l'égard du docteur. Il se peut aussi que le shah manque tout simplement de courage. » Une analyse sommaire, sinon erronée, où les vrais problèmes ne sont pas même évoqués.

26. Voir chapitre « Le shah-in-shah », p. 52.

27. Dans ses Mémoires, le shah indique qu'il avait chargé le commandant de sa garde de cette mission, sans autre détail. Fort heureusement pour la reconstitution de l'épisode, plusieurs témoins ont rapporté, écrit et confirmé les instructions du général Zahédi et la notification faite à Nassiri de

se présenter à 23 heures précises. Pour la suite des événements de cette nuit, nous nous fondons exclusivement sur les récits de Mossadegh lui-même (*Souvenirs et douleurs, op. cit.*), sur ses explications au cours de son procès, sur les récits du professeur Sadighi, ministre de l'Intérieur et numéro 2 du gouvernement, du général Riahi, chef de l'état-major général, et de Ali Asghar Bachir Farahmand, sous-secrétaire d'Etat, directeur de la radio nationale et fidèle, jusqu'à la fin de sa vie, à Mossadegh.

28. On peut y monter une mitrailleuse ou un canon léger.

29. Riahi prétendra plus tard que les soldats envoyés par Nassiri ont à cette occasion volé l'argenterie de son domicile, ce qu'aucun récit ne corrobore.

30. Conversation avec l'ambassadeur Loy Henderson qui en rendra compte au Département d'Etat.

6. Le général et la « source d'imitation »

1. L'impératrice Soraya, seul témoin de cet événement, en fait un récit détaillé dans *Le Palais des solitudes, op. cit.*

2. Âtâbaï et Khatam seront logés dans des chambres plus modestes.

3. Il a témoigné au procès de Mossadegh, puis a publié après la Révolution islamique ses *Mémoires*, le seul récit direct du déroulement de ces heures décisives chez Mossadegh.

4. Récit du général Riahi.

5. *Foreign Relations, op. cit.*

6. Le jour suivant, alors que le destin du pays basculera, ils seront en train de pique-niquer sur les bords du Djadjroud, une rivière au nord de Téhéran.

7. *Foreign Relations, op. cit.*

8. D'après ses propres archives (*cf.* chapitre « Le plan Ajax ».

9. Le Docteur Hassan Salémi, petit-fils et détenteur des archives de l'ayatollah Kachani, donne une excellente description de la confusion qui régnait alors dans la capitale. Voir *Yad-bad (Souvenirs)*, Sayeh Publishing Corporation, Scottsdale (USA), 2012, p.111 *sq.*

10. Sur l'attitude de Mossadegh et le déroulement des événements vus par ses proches, nous nous fondons pour l'essentiel sur les écrits du professeur Sadighi lui-même, personnalité

intègre et, malgré sa position, d'une grande objectivité universitaire.

11. Ali Akbar Déhkhodâ (1889-1955) est l'un des plus grands hommes de la littérature iranienne. Franc-maçon, francophile, il est l'auteur entre autres de l'*Encyclopédie Déhkhodâ*, en 222 tomes, à laquelle il travailla durant cinquante ans, dont le premier tome parut en 1940 et le dernier trente-trois ans plus tard.

12. Neveu de Mossadegh.

13. Dans les *Mémoires politiques* de Abdolhossein Méftah, *op. cit.*

14. Expression du professeur Ebrahim Âlami, ministre du Travail et conseiller de Mossadegh, dans un entretien au journal *Chahed*, alors principal quotidien du matin de Téhéran.

15. Darioush Bayandor, *Iran and the CIA, The Fall of Mossadeq Revisited,* Londres, Palgrave Macmillan, 2010.

16. Darioush Bayandor a produit une analyse très fouillée de ces documents américains dans *The Shah, the Islamic Revolution and the United States*, Londres, Palgrave Macmillan, 2018.

17. Trois documents de la CIA la reconnaissent.

18. Un récent ouvrage, publié à Téhéran, confirme ces éléments malgré la censure : Mesbah Khosravi, *Toufan... (L'orage arrive)*, Ed. Peyvasteh, p. 301-328. Les documents de la CIA le confirment aussi : Ali Mirfetros, *L'événement du 28 mordad (19 août) à la lumière des nouveaux documents (de la CIA)*. Cet auteur est un historien iranien très respecté.

19. M. R. Pahlavi, *Réponse à l'histoire*, Albin Michel, Paris, 1980, p. 68.

20. Mohammad Réza Pahlavi, *op. cit.*

21. D'après le récit de Soraya.

22. Nous croisons ici les récits du professeur Sadighi et d'Ardéshir Zahédi, le fils et bras droit du général. Ils se complètent sans se contredire.

23. Zahédi avait dit à cette occasion à Nassiri qu'il méritait d'être passé par les armes en raison de son attitude inqualifiable, mais qu'il lui donnait sa promotion parce que les « autres » auraient pu le fusiller.

24. Scène rapportée dans les *Mémoires* de Hessam Dowlat Abadi, secrétaire d'Etat à la présidence du cabinet Zahédi, présent dans la pièce.

25. Le 18 septembre, lors d'une nouvelle audience, l'ambassadeur Henderson évoquera « les rumeurs de la ville » sur les divergences de vues entre les deux hommes. Le shah rétorquera que le chef du gouvernement devrait comprendre que, restant un « civil » dans sa fonction, il n'a pas le droit de s'ingérer dans les affaires afférentes à l'armée, domaine réservé au shah, et que, s'il respecte cette règle, il n'y aura aucun problème.

26. Il avait été le ministre de l'Intérieur de Mossadegh durant plusieurs mois.

27. Selon Nour-Mohammad Askari, *Shah, Mossadegh, le général Zahédi*, Arash, Stockholm, 2001, alors jeune journaliste au *Bakhtar Emrouz*, dirigé par Hossein Fatemi.

28. Les minutes du procès (première instance et appel) ont été publiées sans censure peu après la révolution islamique à Téhéran sous la direction de son avocat, Djalil Bozorgmehr, puis retirées de la vente avant d'être republiées plus tard aux Etats-Unis (éd. Ketab Co). Voir aussi les Mémoires du général Hossein Azmoudeh dans *Partow Iran*, Canada, n° 68-71, 1997-1998.

29. Elle aurait pu rendre Mossadegh passible de la peine de mort, mais elle ne lui aurait pas été appliquée car à cette époque, en Iran, on n'exécutait ni les femmes ni les personnes âgées de plus de soixante ans.

30. Sur cette période, en plus de ses propres Mémoires (*op. cit.*) et de ceux de son fils, Gholam Hossein Mossadegh, voir aussi Chirine Samii (*Sous le règne du Shah*, L'Harmattan, 2005), épouse de son petit-fils Mahmoud Mossadegh (*Dans l'intimité de Mossadegh,* en persan, Ketab Co, Los Angeles, 2006).

31. Yann Richard, *L'Iran au XXᵉ siècle. Entre nationalisme, islam et mondialisation*, Fayard, 2007, p. 264.

TROISIÈME PARTIE
L'émancipation

1. « *Enfin, je vais prendre les choses en main* »

1. Les Qashqais, fédérant un grand nombre de plus petites tribus, sont un peuple nomade parlant leur propre langue et vivant essentiellement dans le Fars – surtout autour de la ville de Shiraz – et dans le Kouzistan.

2. Un contentieux allumé sous Réza shah. Voir chapitre « Le shah-in-shah », p. 55.

3. 34e président des Etats-Unis, qui obtint deux mandats du 20 janvier 1953 au 20 janvier 1961. Voir Jim Newton, The White-House Years, *op. cit.*

4. Voir *id., ibid.,* p. 242.

5. Voir chapitre « Foroughi », p. 125.

6. Voir chapitre « La Savak », p. 329-330.

7. Mohammad Réza Pahlavi, *op. cit.*, p. 70 : « J'ai vu imprimés les timbres-poste de la République populaire iranienne qui devait être proclamée. »

8. Le général Hossein Azmoudeh, qui avait supervisé l'opération, a raconté à H. Nahavandi ces détails, le 7 novembre 1985.

9. Bien plus tard, Babak Amir Khosravi, un des derniers secrétaires généraux du Toudeh, en racontera quelques détails supplémentaires : alors que tous les officiers condamnés à la prison seront progressivement graciés, certains trouveront de nouveaux postes dans l'administration, voire dans la politique, d'autres prendront avec leur famille le chemin de l'Union soviétique, où leur sort sera tragique.

10. *Mémoires* du Dr Fereydoun Kéchavarg, un des leaders politiques historiques du Toudeh.

11. L'historien N.M. Asgari s'est penché sur cet épisode. Ses conclusions sont confirmées dans leurs grandes lignes par Ardéshir Zahédi dans ses *Mémoires* (t. IV), *op. cit.*.

12. Témoignage direct d'Ardéshir Zahédi à H. Nahavandi.

13. *Op. cit.*, n° 398.

14. Réunion du Conseil national de sécurité, *ibid., supra,* 3 janvier 1954.

15. En outre, le Royaume-Uni y adhère le 4 mars, le Pakistan le 23 septembre. C'est un traité de défense commune dans le contexte de la guerre froide. L'Irak s'en retirera le 24 mars 1959, cependant que les Etats-Unis y adhéreront. Les pays restants formeront alors la Central Treaty Organization (CENto), établissant ses bureaux à Ankara. La CENto disparaîtra en 1979, après la chute de la monarchie en Iran.

16. Voir Mehdi Mozafari, « Les nouvelles dimensions de la politique étrangère de l'Iran », in *Politique étrangère*, n° 2, 1975, 40ᵉ année, p. 141-159.

17. Voir chapitre « Soraya », p. 195. Après les Etats-Unis, ce seront la Grande-Bretagne puis l'Allemagne.

18. Fort heureusement pour lui, sans qu'il ait besoin d'y répondre, d'autres parlementaires qui lui sont acquis les combattent directement. Voir les biographies consacrées à Zahédi ainsi que les *Mémoires* de son fils Ardéshir, *op. cit.*, t. 1.

19. Toujours commandant de la Garde.

20. Ministre de la Cour, mais aussi beau-frère de Gharagozlou.

21. Lorsque, avant le déjeuner, le shah lui confie : « Zahédi devient un peu trop encombrant. Il faut que je m'en débarrasse », elle ne peut s'empêcher de penser : « Comment pouvait-il décider de bannir l'homme auquel il devait tout, l'ami de chaque instant, son fidèle Premier ministre, le général Zahédi, le héros national ? »

22. La plupart des lettres écrites par le général à son fils et retrouvées dans sa résidence de Téhéran ont été publiées parmi les *Iranian Contemporary Historical Studies* du ministère des Affaires étrangères de la République islamique, vol. 2, n° 17, 1998.

2. La Savak, un instrument du pouvoir ?

1. Ervand Abrahamian, *Iran Between Two Revolutions*, Limited Paperback Editions, Princeton University, 1982, p. 499 ; P. Jacobson, « Torture in Iran », *Sunday Times*, 19 janvier 1975. Amnesty International dans son *Rapport annuel* de 1975 range l'Iran parmi *the worst violators of human rights* (« les pires violateurs des droits de l'homme »). Ces éléments datent de l'époque où une campagne contre le shah commence, son éviction étant déjà envisagée par Washington. Sur

la Savak, voir Christian Delannoy, *Savak*, Paris, Stock, 1990. Siavash Bashiri, *Ghésséyé Savak* (« Histoire de la Savak »), Parang, Levallois, 1987 (ouvrage en persan).

2. François Derivery, « Massacres et répression en Iran » in *Le Livre noir du capitalisme*, éd. Le Temps des cerises, 1998.

3. Certaines publications avancent la date du 18 octobre, à tort nous semble-t-il.

4. Préfet Yves Bonnet, directeur de la DST de 1982 à 1985, dans *VEVAK au service des ayatollahs. Histoire des Services secrets iraniens*, Timée Editions, Paris, 2009, p. 54. Cet ouvrage fourmille d'informations, surtout sur la période post-révolutionnaire, avec, cependant, des erreurs et des approximations.

5. Certains feront une brillante carrière politique ou diplomatique ; l'un sera même parachuté recteur d'une grande université par le Premier ministre Hoveyda.

6. Voir chapitre « "Enfin, je vais prendre les choses en main" », p. 311.

7. Ce coup d'Etat au Sud-Vietnam avait été préparé le 29 octobre 1963, à la Maison-Blanche, directement avec le président Kennedy et son frère Bobby (source *National Security Archive, The George Washington University* : http://www.gwu.edu/~nsarchiv/NSAEBB/NSAEBB101/index.htm).

8. Elu le 8 novembre 1960, il prend ses fonctions le 20 janvier 1961.

9. Voir chapitre « L'âge d'or », p. 464.

10. Voir chapitre « L'âge d'or », p. 466 et les *Mémoires* d'Amir Assadollah Alam.

11. Freidoune Sahebjam, *Le Monde*, 10 avril 1989, rubrique « Témoignage » : « Le 10 avril, en pleine nuit, il fut extirpé de sa cellule et conduit au poteau d'exécution. Quand le corps de son père fut rendu à Karim Pakravan, Ahmad Khomeyni eut cette phrase terrible : *Il était pour nous plus dangereux vivant que mort*. Interdiction fut faite aux cimetières iraniens d'accepter le corps du martyr, qui n'avait pas le droit à une sépulture décente. Pendant trois jours et trois nuits, le fils promena le corps de son père de village en bourgade, à la recherche d'un lieu d'ensevelissement. Finalement, loin des yeux indiscrets, aux portes du désert, sous un arbre, le fils ensevelit son père. »

12. Voir chapitre « La Révolution blanche... », p. 414.

13. Voir chapitre « Le plan Ajax », p. 260.

14. Ministre de l'Information et du Tourisme dans le cabinet de Djamchid Amouzegar.

15. *Dans le secret des princes,* entretien avec Christine Ockrent, Stock, Paris, 1986. Le comte Alexandre de Marenches, officier français, a dirigé à partir de 1970 le Service de documentation extérieure et de contre-espionnage (SDECE), remplacé en 1982 par la Direction générale de la sécurité extérieure (DGSE).

16. Parviz Sabéti, *Mémoires*, Ketab Co, Los Angeles, 2012.

17. Voir note 6, p. 732.

18. Voir Parviz Sabéti, *op. cit.*

19. Mohammad Réza Pahlavi, *op. cit.*, p. 228 : « Dans les derniers mois de 1978, la procédure d'interrogatoire fut modifiée sur les conseils des commissions de juristes internationaux et ces interrogatoires eurent lieu en présence d'avocats. »

20. Sur les péripéties de cette nomination, voir F. Zand-Fard, *op. cit.*, qui était alors ambassadeur au Pakistan.

21. Sur les péripéties de cette nomination, voir chapitre « Comment la Savak se permet-elle de me dicter ma conduite ? », p. 602.

22. Certains rapports sont consultables aujourd'hui : par exemple, *Savak va rouhaniyat : bulletin'ha-ye Savak az tarikh-e 49/12/25 ta 57/6/30* (« La Savak et le clergé », *Bulletin périodique de la Savak* du 16 mars 1971 au 19 septembre 1978), Téhéran, *Howzeh-ye honari-e sazman-e tablighat-e eslami ; Daftar-e adabiyat-e enqelab-e eslami*, 1992. Selon les experts, ils sont en partie fiables. Certains sont censurés par les autorités de la République islamique ; d'autres fabriqués.

23. Son directeur est passé par la suite au service de la République islamique, puis de services étrangers, et a acquis une certaine célébrité dans le commerce controversé des armes.

24. La Savak n'assure pas cette charge.

25. Voir chapitre « "Faites-en des hommes !" », p. 82.

26. Voir note 20, p. 793.

27. Amnesty International, *Annual Report 1974-1975*, Londres, 1975.

28. Cité par Mohammad Réza Pahlavi, *op. cit.*, p. 229.

29. Publié dans toute la presse (voir aussi Edouard Sablier, *op. cit.*, p. 73).

30. Ervand Abrahamian, *op. cit.*, p. 481 *sq.*

31. Date de l'« incident de Siakal », attaque de trente jeunes rebelles contre la gendarmerie de Siakal, village près des forêts caspiennes.

32. Ervand Abrahamian, *op. cit.* : « *172 (50 percent) belonged to the Feda'i ; 73 (21 percent) to the Islamic Mujahedin ; 38 (11 percent) to the small Marxist groups ; 30 (9 percent) to the Marxist Mujahedin and 28 (percent) to the small Islamic groups.* »

33. Téhéran, 18 mars 1979.

34. Organe d'action à la différence du « Bureau spécial », le *Dafta-é-Vigeh*, qui est plutôt spécialisé dans le contrôle.

35. Mémorandum de la Savak du 6 novembre 1977, relatant les rumeurs de l'implication de ladite Savak, dans *Enqebad-e eslami be ravayet-e asnad-e Savak* (« La révolution iranienne selon les documents de la Savak »), Téhéran : Sorush, cité par Charles Kuzman, « Une déploration pour Mustafa – les bases quotidiennes de l'activisme politique », in *Résistances et protestations dans les sociétés musulmanes,* chap. 3, sous la direction de Mounia Bennani-Chraïbi et Olivier Fillieule, Presse de Sciences Po, Paris, 2003.

36. *Mémoires,* vol. VI plus particulièrement.

37. Voir chapitre « Les fêtes de Persépolis », p. 512 *sq.*

38. H. Nahavandi, à cette époque.

39. In *Weltpolitik in Glasspalast,* Düsseldorf, 1985, cité par Ch. Chafa, *Crimes et châtiments*, Paris, 1986, t. 1.

40. Cité dans l'enquête très fouillée de Pierre Salinger, ancien conseiller du président Kennedy, in *Otages. Négociations secrètes de Téhéran,* Buchet-Chastel, Paris, 1981, p. 168.

41. *Ibid.*, p. 119.

42. Mohammad Réza Pahlavi, *op. cit.*, p. 229.

43. Le diplomate sort immédiatement la carte qui lui assure l'immunité. Il est conduit nuitamment à son ambassade, puis expulsé en quarante-huit heures.

44. Voir chapitre « Ghavam », p. 160.

45. Shapour Bakhtiar, *Ma fidélité,* Albin Michel, 1982.

3. Farah, la shahbanou

1. Elle porte jusqu'à cette date le titre de *Maleke* (reine).

2. *Tabatabaï* indiquant que le père comme la mère sont *Sayed, Diba* signifiant « soie ».

3. En fait, cette confédération était financée par des fonds américains, ce que l'on ignorait à l'époque.

4. Farah Pahlavi, *Mémoires*, Paris, éd. XO, 2003, p. 74

5. Version officielle retenue à l'époque en Iran et qui continue aujourd'hui d'alimenter les magazines populaires.

6. Il se suicidera à Boston le 4 janvier 2011.

7. Elle décédera dans un palace de Londres d'une surdose de somnifères, le 10 juin 2001.

8. Voir chapitre « Une journée du roi », p. 438 *sq.*

9. Souvenir personnel d'H. Nahavandi, alors directeur du cabinet de l'impératrice.

10. C'est une formule consacrée en Iran dans cette circonstance.

11. Voir Amir-Assadollah Alam, *Mémoires, op. cit.*, même s'il faut parfois relativiser ses positions.

12. Voir chapitre « J'ai entendu la voix de votre révolution », p. 663.

13. Farah Pahlavi, *op. cit.*, p. 154.

14. *Ibid.*

4. « *Xerxès et Fidel Castro* »

1. Roi le plus fastueux des Achéménides, fils de Darius le Grand et petit-fils par sa mère de Cyrus le Grand, il vécut de 519 à 465 av. J.-C. La formule est du professeur Mohammad Nassiri, ancien compagnon de Mossadegh.

2. Ce sera le cas jusqu'à sa chute.

3. Son beau-père avait été régent lors du règne d'Ahmad shah avant qu'il n'atteigne ses vingt ans.

4. Ces procès se sont déroulés d'août 1936 à mars 1938. Spectaculaires et truqués, ils ont permis à Staline d'éliminer les derniers bolcheviks (Boukharine, Radek, Kamenev, etc.).

5. Voir article « *Iran : Vindication for Ebtehaj* », *Time Magazine*, 28 février 1964 (http://www.time. com/time/magazine/article/0,9171, 873824,00.html#ixzz1a82HaBrF). Voir aussi ses *Mémoires*, publiés en deux volumes à Londres, *op. cit.*

6. Ces consignes de bon sens ne seront pas respectées à l'automne 1971, lors des fêtes de Persépolis, et les conséquences pour le régime seront lourdes.

7. Lors de la visite du roi Fayçal d'Arabie, homme strict et pudique, il n'en sera pas ainsi, sur aucun plan.

8. Né à Mashhad le 14 octobre 1909, mort à Téhéran le 25 novembre 1977.

9. Il sera décoré de la grand-croix de la Légion d'honneur, selon le désir du général de Gaulle, décoration qui lui sera remise par Michel Debré.

10. Lorsqu'il sera nommé ministre du Travail puis du Commerce, il continuera à diriger ce petit noyau d'où sortiront de nombreux ministres et hauts dignitaires jusqu'à la révolution. A ne pas confondre avec Ali Mansour, Premier ministre en 1950.

11. Ce Conseil sera néanmoins dissous sous le gouvernement Amini (1961-1962), par « mesure d'économie ».

12. Il sera élu plus tard président de l'Ordre des médecins.

13. Document désormais accessible dans les archives britanniques et daté du 25 février 1961.

14. Elu le 8 novembre 1960, il entre en fonction le 20 janvier 1961.

15. Voyage et incident rapportés par Ardéshir Zahédi dans ses *Mémoires*, t. II.

16. Voir chapitre « Soraya », p. 194 *sq*., sur l'ensemble de ces voyages.

17. Sa famille était originaire d'Asie centrale, région devenue russe au XIXe siècle, puis soviétique.

18. Ville d'où il est originaire et où se trouve le bureau en question, particulièrement vétuste, quasi en ruine.

19. Anecdote racontée par le shah lui-même lors d'une séance du Conseil supérieur économique à laquelle H. Nahavandi était présent.

20. Interprète soviétique, ancien attaché culturel à Téhéran.

21. Chine nationaliste appelée aussi Formose ou Taiwan. La Chine communiste attaque les îles de Quemoy et de Matsu dans le détroit de Taiwan.

22. Plusieurs versions des exécutions de la famille royale ont circulé, dont celle de *Time Magazine*, « *Revolt in Bagdad* », 21 juillet 1958 : « Le peuple traîna le corps d'Abd al-Ilah dans la rue [al-Rashid] comme celui d'un chien et le déchira membre par membre. »

23. On apprendra sa capture et son assassinat le lendemain. Quelques années plus tard, sous Saddam Hussein, son

palais sera mis à la disposition du général Teymour Bakhtiar, après son éviction de la Savak.

24. Second président de la République du Liban du 23 septembre 1952 au 22 septembre 1958.

25. Les Britanniques et les Français en détenaient 44 %.

26. Tous les messages sont conservés dans les archives d'Ardéshir Zahédi, à Montreux.

27. Sur Derakhshesh, voir Joe Holley, « *Iranian Activist Mohammad Derakhshesh Dies* », *Washington Post Staff Writer*, mardi 9 juin 2005.

28. Voir chapitre « La Savak », p. 330 *sq.*

29. Mohammad Réza Pahlavi, *op. cit.* La conversation est sans doute vraie, mais Amini était déjà au pouvoir et les pressions des Etats-Unis – réelles – étaient antérieures.

30. L'ensemble des interviews de presse du shah ont été publiées en deux volumes par le chercheur et analyste Siavash Bashini, *Hochdarhayé Nachanideh* (« Avertissements non écoutés »), éd. Zoroastre, 1981 ; *Dobareh békhanim* (« Relisons »), Parang, Levallois, 1988. Cette interview est intégralement publiée dans le premier titre.

31. Discours diffusé à la radio le 14 mai 1961.

32. « *Iran : Vindication for Ebtehaj* », *Times Magazine*, 28 février 1964.

5. La « *Révolution blanche* » et la « *réaction noire* »

1. Frédy Bémont, *L'Iran d'avant le progrès*, Paris, PUF, 1964, p. 127.

2. Mohammad Réza Pahlavi, *op. cit.*, p. 94-95.

3. Sébastien Fath, « De Gaulle en Iran (octobre 1963) : le voyage oublié », dernière version avant publication dans la revue *Espoir,* revue de la fondation Charles-de-Gaulle, n° 125, décembre 2000, p. 109-121. Ce texte est fondé sur le *Dossier de préparation du voyage du général de Gaulle en Iran,* fiche « La politique intérieure », élaborée par l'ambassade de France en Iran, p. 2.

4. Grade inférieur à celui d'*ayatollah*, signifiant « preuve de l'islam » ou « autorité sur l'islam », qui peut être conféré à un clerc chi'ite capable de donner une interprétation personnelle d'un point de droit dans l'islam.

5. *Oulémas* ou *ulémas* : dignitaires religieux. Le terme signifie en arabe « savants » (pluriel de *'âlim*).

6. Traduction littérale.

7. Crainte qui sera souvent justifiée dans l'avenir.

8. Terme emprunté au vocabulaire gaullien.

9. Mohammad Réza Pahlavi est un fervent partisan du mouvement coopératif.

10. La mise en œuvre de cette réforme, la remise des titres de propriété aux paysans, comptera parmi les occupations favorites de Mohammad Réza Pahlavi.

11. Voir chapitre « Le plan Ajax », p. 257 *sq.*

12. Ce qu'abolira la révolution islamique.

13. Voir note 4 *supra*.

14. Certaines sources avancent la date de 1902. Nous garderons 1900, car c'est la date de naissance qui figure sur ses trois cartes d'identité.

15. Nom d'un genre lyrique dans la poésie persane.

16. Quatre-vingts ans plus tard, Khomeyni, au pouvoir, se venge, bien que le criminel ait payé son forfait de sa vie. Hossein Bahrami, le petit-fils de Bahram Khan, alors président du conseil municipal de Khomeyn, est arrêté pour « corruption sur la terre », torturé, fouetté en public et pendu. Ses biens sont confisqués et livrés au pillage.

17. *Moharram*, premier mois du calendrier musulman, en est un des plus importants, notamment pour les chi'ites.

18. Selon certaines sources en ligne, elle serait née en 1913. Elle mourra le 21 mars 2009 à Téhéran.

19. Une fois au pouvoir, il rétablira la polygamie et fixera l'âge minimum du mariage pour les filles à neuf ans : « Faites en sorte que vos filles ne voient pas couler leur premier sang dans votre maison. »

20. Voir chapitre « Le plan Ajax », p. 247.

21. Les textes de l'ayatollah Khomeyni cités ici sont repris des publications officielles : livres, interviews, documents (voir « Bibliographie »). Les traductions du persan en français sont littérales.

22. Pour Sébastien Fath (art. cité), on compte plus de 100 morts et 300 blessés à Téhéran. Dans les *Cahiers de l'Orient contemporain* n° 52, mai-août 1963, on parle de « quatre cents personnes arrêtées » dans le pays (p. 209).

Barry Rubin, dans *Paved With Good Intentions, The American Experience and Iran*, New York, Oxford University Press, 1980, p. 109, évoque 3 000 dissidents tués (p. 109).

23. In *Khomeyni et sa révolution,* Editions Jeune Afrique, Paris, 1983.

24. Sur les péripéties de cet épisode, voir les *Mémoires* d'Ardéshir Zahédi, *op. cit.*, t. II.

6. *La solitude du pouvoir*

1. Voir Yves Bomati et Houchang Nahavandi, *Shah Abbas, empereur de Perse,* Perrin, 1998.

2. Mohammad Réza Pahlavi, *Le Lion et le Soleil*, entretien avec Olivier Warin, Stock, 1976.

3. Interview au journal *Keyhan*, 10 septembre 1976.

4. Certains de ses amis, hommes d'affaires, ont obtenu de juteux contrats ; ses liaisons avec quelques Iraniennes et surtout des non-Iraniennes font beaucoup jaser. Quant à Charles Auguste Louis Joseph de Morny, dit comte de Morny – devenu duc de Morny (1811-1865) –, il fut un influent financier et homme politique de la monarchie de Juillet au second Empire. Comme Alam, il aimait les aventures féminines et l'argent.

5. Marque rare d'intimité, car le shah n'avait pas coutume d'appeler les gens par leur prénom ou de les tutoyer.

6. H. Nahavandi n'a pas connu personnellement Hossein Fardoust. Les anecdotes mentionnées ici lui ont été rapportées par des témoins dignes de foi.

7. Voir chapitre « La Savak », p. 342.

8. Voir note 20, p. 793.

9. Abbas Milani, *Eminent Persvans...*, *op. cit.*, t. II, p. 22

10. Dans une interview de la télévision suisse pour l'émission documentaire *Temps présent* en 1978, disponible en ligne http://vimeo.com/2871203.

11. Fils d'un compositeur qui a fondé le Conservatoire de musique de Téhéran sous Réza shah et composé l'hymne impérial.

12. Premier ministre de 1965 à 1977.

13. Voir chapitre « "Que leur ai-je donc fait ?" », p. 609.

14. Voir son ouvrage, en collaboration avec Iman Ansari et Patrick Germain, *Mon père, mon frère, les shahs d'Iran*, Paris, Norman, 2004.

15. Par exemple, la vice-présidente de la République, présidente de l'Organisation pour la protection de l'environnement, poste plutôt honorifique, est en 2011 Fatémeh Djavadi. En Islam intégriste, les femmes ne peuvent détenir des fonctions de commandement. Il n'y a donc ni magistrat ni officier ni diplomate ni recteur *responsables...* parmi elles.

16. Voir chapitre « Une journée du roi », p. 438 *sq.*

17. Ardéshir Zahédi, *Mémoires, op. cit.*, vol. II.

18. Réza Pahlavi, *Le Fils du shah. De l'exil à la reconquête,* entretien avec Christian Malar et Alain Rodier, Plon, 1986.

19. A. A. Alam, *Mémoires, op. cit.*, vol. V et VI.

20. AFP, 11 janvier 1979.

21. De formation française, ancien interne des Hôpitaux de Paris, agrégé de médecine, doyen de la faculté de médecine puis recteur de l'université Melli, seconde université de Téhéran.

22. *Le Fil de l'épée*, Berger-Levrault, 1932.

QUATRIÈME PARTIE
Le « Grand Roi »

1. Une journée du roi

1. L'été, le shah ne supporte guère de vivre enfermé à Niavaran : il a besoin d'air et se croit allergique à la climatisation, le palais en possédant une fort défectueuse et servant peu, à vrai dire. Dès la fin de l'année scolaire (les enfants impériaux vont dans une « école spéciale » qui n'est pas loin du palais de Niavaran), la famille s'installe à Saad-Abad dans le palais blanc, bien plus modeste que Niavaran. La salle à manger ne peut pas accueillir plus de quarante convives. En revanche, le bureau du shah, au rez-de-chaussée surélevé, et celui de la shahbanou, qui se trouve à l'étage et auquel on accède par un large escalier couvert de tapis, sont spacieux.

2. Voir note 11, p. 743.

3. Diplômée de l'Ecole nationale supérieure des Arts décoratifs de Paris.

4. Souvenir personnel d'H. Nahavandi.

5. Les deux dernières années cependant, Alam a souvent été absent car souffrant.

6. Voir chapitre « La solitude du pouvoir », p. 421.

7. Emission documentaire *Temps présent* en 1978, disponible en ligne http://vimeo.com/2871203.

8. Marie Lebey, *Dix-sept ans, porte 57*, Balland, 1986, p. 19-22.

9. Toile artisanale dans des teintes naturelles, minérales ou végétales.

10. Rien ne subsista de ce décor à la révolution. Bien connue, la résidence fut investie, pillée et son personnel (deux gardiens et deux bergers allemands) fut abattu séance tenante, en signe de victoire.

11. L'un se présentait comme prince qâdjâr sans l'être vraiment. Il aurait organisé aussi, avec son épouse, la rencontre avec Marie Lebey.

12. Mariage à durée limitée reconnu chez les chi'ites depuis plusieurs siècles.

2. L'âge d'or

1. Voir Mohammad Gholi Majd, *Resistance to the Shah, Landowners and Ulema in Iran*, University Press of Florida, 31 mai 2000, p. 118. Arsandjani sera nommé ambassadeur à Rome.

2. Voir chapitre « La "Révolution blanche" et la "réaction noire" », p. 414.

3. *Encyclopédie de l'Islam,* Leyde, Maisonneuve et Larose, 1977, article « Iran », p. 44.

4. Sébastien Fath, art. cité, p. 109-121.

5. Oublié dans la biographie de Jean Lacouture, il apparaît dans celle, plus récente, d'Eric Roussel, *Charles de Gaulle*, éd. Gallimard, 2002.

6. Sébastien Fath, art. cité.

7. Charles de Gaulle, allocution et toast lors de la visite du shah, 11 octobre 1961, *Discours et messages*, t. 3, *Le Renouveau,* Plon, 1970, p. 335.

8. *Cahiers de l'Orient contemporain,* n° 49, mai-août 1963, p. 60.

9. Denis Perrier-Daville, *Le Figaro,* 17 octobre 1963, p. 7.

10. Mohammad Réza Pahlavi, toast du 16 octobre 1963, *Le Figaro*, 17 octobre 1963.

11. *Le Canard enchaîné,* 19 octobre 1963, p. 3. Gaston Monnerville était alors président du Sénat.

12. Charles de Gaulle, discours de politique générale devant le Parlement iranien réuni en séance extraordinaire, 17 octobre 1963, *Discours et messages,* t. 4, Plon, p. 145-147.

13. *Le Monde,* 18 octobre 1963, p. 1.

14. Sébastien Fath, art. cité.

15. La grand-croix est réservée par la loi à dix personnes seulement. Alam avait déjà reçu la grand-croix de Homayoun.

16. Voir aussi Houchang Nahavandi, *La Révolution iranienne : vérités et mensonges,* L'Âge d'homme, Paris, 1999, p. 73 *sq.*

17. Une première fois sous Réza shah (26 juin 1940-27 août 1941) : voir chapitre « Foroughi, "le faiseur de roi" », p. 116 ; une seconde fois sous Mohammad Réza Pahlavi (23 mai-26 juin 1950), voir chapitre « Mossadegh, le monstre sacré », p. 217.

18. Premier ministre de 1957 à 1960, voir chap. « "Xerxès et Fidel Castro" », p. 376.

19. Voir chapitre « La Savak », p. 332.

20. Il n'a aucun lien avec le personnage du même nom qui dirigera la Savak.

21. Djamchid Benham et Mehdi Amani, *La Population de l'Iran,* World Population Year, CICRED Series, 1974, p. 15

22. Ministre du Travail et des Affaires sociales.

23. En près de trois ans, trois barrages ont déjà été inaugurés sur le fleuve Séfid Roud, sur la rivière Karadj, au nord de Téhéran – on l'avait baptisé Amir Kabir – et à Dez, dans le Sud, au Khouzistan, le cinquième plus important du monde. Deux de ces barrages ont été construits par des entreprises françaises.

24. Une coquette villa, bâtie sur le lac de barrage, accueillera bientôt ses « escapades ».

25. Amir Nasser Badie, architecte de formation française, les dessine avec l'aide de paysagistes parisiens. Le chef de l'équipe opérationnelle est un jeune ingénieur, Hachem Sabaghian, futur ministre de l'Intérieur de Khomeyni.

26. Cette exposition, organisée par la Smithsonian Institution de Washington, tournera dans huit musées américains en 1964 et 1965. Voir l'ouvrage : *7 000 Years of Iranian Art,* circulated by the Smithsonian Institution, vol. in 4°, 183 pages, Smithsonian n° 4535, Washington, 1964.

27. Dans son testament, Pope avait exprimé le souhait d'être inhumé à Ispahan. Un très beau mausolée, dessiné par Mohsen Foroughi, lui fut construit. Il y repose aux côtés de son épouse.

28. Mohammad Nassiri, ministre d'Etat, le général Riahi, qui, avec lyrisme, évoque les paysans « libérés » qui ne pourraient plus même s'éclairer avec « une pauvre lampe à huile », le ministre de la Culture Méhrdad Pahlbod et le ministre du Développement et du Logement, Houchang Nahavandi. Le ministre de la Guerre s'abstient.

29. L'anniversaire du shah coïncide avec la date anniversaire de la naissance de Fatima, la fille du prophète Mahomet.

30. Traduction littérale.

31. Il appartenait à une célèbre famille de dignitaires religieux, son oncle étant un des plus grands théologiens du xxᵉ siècle que Khomeyni respectait.

32. Témoignage de Seyf Assar lui-même, publié dans divers journaux persans de la diaspora après la révolution.

33. Le professeur Nassiri lui-même a raconté l'entretien à la même époque à H. Nahavandi.

34. Aucun lien de parenté avec le ministre d'Etat homonyme. Voir chapitre « La Savak », p. 335 *sq.*

35. Voir la biographie d'Abbas Milani, *The Persian Sphinx*, Mage Publishers, Washington, 2004.

36. Voir chapitre « "J'ai entendu les voix de votre révolution" », p. 666 *sq.*

37. Houchang Nahavandi dirigeait le premier ; Mansour Rohani le second.

38. Voir chapitre « Le diplomate et le chef des armées », p. 517 *sq.*

39. C'est le shah lui-même qui, quelques heures plus tard, a raconté l'attentat tel que rapporté ici à certains ministres, dont Houchang Nahavandi, avant une réunion de travail.

40. Anecdote rapportée par le comte Alexandre de Marenches, *op. cit.*

41. Récit complet de cet épisode dans les *Mémoires* d'Ardéshir Zahédi, *op. cit.*, vol. II.

42. Nik-Khah sera arrêté et mis à mort après la révolution pour avoir bénéficié d'une mesure de clémence du shah. Le

conseiller culturel sera éloigné de l'entourage de la shahbanou en 1977.

43. Jean-Marie Bastien-Thiry, dit Jean Bastien-Thiry, fusillé le 11 mars 1963, chef d'un commando connu pour avoir organisé l'attentat du Petit-Clamart, le 22 août 1962, visant à assassiner de Gaulle.

44. Voir la vidéo où figurent les images du couronnement de 1967 : http://www.ina.fr/economie-et-societe/vie-sociale/video/CPD11001871/1971-les-fastes-du-shah-d-iran-a-persepolis.fr.html

45. Voir chapitre « Le shah-in-shah », p. 57.

46. Farah Pahlavi, *Mémoires, op. cit.*, p. 161.

47. Elle domina l'Iran de 875 à 999.

3. *Les fêtes de Persépolis*

1. Inauguré le 21 octobre 1971.

2. Voir chapitre « Le diplomate et le chef des armées », p. 532.

3. Princesse Ashraf Pahlavi, *op. cit.*, p. 199 : « [Il] le fit passer d'environ 3 à 12 dollars le baril. » Voir aussi Andrew Scott Cooper, *The Oil Kings : How the US, Iran, and Saudi Arabia Changed the Balance of Power in the Middle East,* Simon and Schuster, New York, 2011 ; Trita Parsi, *Treacherous Alliance,* Yale University Press, 2007.

4. Année de commémoration du Grand Roi Cyrus : du 21 mars 1971 au 21 mars 1972.

5. Monument carré de six degrés menant au sépulcre proprement dit, sorte de maison à pignons construite en 540-530 av. J.-C.

6. L'empire d'Iran a été fondé par la réunion des royaumes de Perse, de Médie, de Lydie, de Babylone...

7. Gérard Israël, *Cyrus le Grand, fondateur de l'Empire perse,* Fayard, 1987.

8. Le « Rouleau de Cyrus » qui servit de *logo* aux fêtes de Persépolis, fut découvert en mars 1879 sur le site de l'antique Babylone par Hormuzd Rassam. C'est une argile datée de 539 av. J.-C., conservée au British Museum. Pour certains commentateurs, il s'agirait d'un simple document de propagande (cf. Estelle Villeneuve, « Le cylindre de Cyrus », *Le Monde de la Bible*, n° 199 bis, décembre 2011). Il n'empêche

que son effet est visible dans les faits et dans le texte même de la Bible qui traite des exilés judéens autorisés à rentrer chez eux par les Iraniens (Esdras, 1, 1-4).

9. Alexandre, au cours d'une orgie, rapporte Diodore de Sicile, aurait laissé le brasier se propager. L'aurait-il fait exprès pour venger l'incendie d'Athènes perpétré en 480 par le roi perse Xerxès ? Se serait-il au contraire laissé entraîner à la suite de la danseuse Thaïs, comme le rapporte une autre source ?

10. Bertrand de Castelbajac, *L'Homme qui voulait être Cyrus,* Albatros, 1987.

11. Denise Aigle, *Figures mythiques des mondes musulmans,* n° 89-90, juillet 2000, Aix-en-Provence, p. 7-38.

12. Il ne dira pas par qui.

13. Le calendrier solaire, établi par Omar Khayyâm, part de l'Hégire. Les musulmans arabes emploient le calendrier lunaire, partant lui aussi de l'Hégire.

14. Son président d'honneur, Pierre Delbee, âgé de soixante-dix ans, aurait aussi poussé la shahbanou à approuver l'idée d'un camp plutôt que d'hôtels luxueux pour ces festivités.

15. Victor Franco, « Comment je me suis invité au dîner des rois de Persépolis », 14 octobre 1971, article repris dans *Grands reporters prix Albert-Londres : 100 reportages d'exception de 1950 à aujourd'hui,* éd. Les Arènes, novembre 2010.

16. François Pédron, « Persépolis. Le shah, maître du monde », *Paris Match,* octobre 1971, article repris en ligne le 18 octobre 2011.

17. Victor Franco, art. cité.

18. *Ibid.*

19. *Ibid.*

20. Voir la vidéo de l'Institut national de l'audiovisuel (INA) sur *live2times.com* et *INA.fr*

21. Elles seront revendues avec profit pour le Trésor public après les cérémonies.

22. Une salle propre à abriter un Coran avait été construite au-dessus de la porte, d'où son nom.

23. Alain Chenal, *Les Socialistes français et l'Iran (1975-1985),* préface de Lionel Jospin, fondation Jean-Jaurès, Paris, 2012, p. 19 : « C'est une victoire politique des opposants iraniens qui ont mené dans toute l'Europe une vigoureuse

campagne de boycott contre ces manifestations follement dispendieuses et indécentes et de leurs amis de gauche », et p. 24 *sq.*

24. Le couple français fera les honneurs de la couverture de *Jours de France*, magazine très populaire à l'époque, dédié aux célébrités : « M. ET MME CHABAN-DELMAS À PERSÉPOLIS », n° 880, 2 novembre 1971.

25. Alain Chenal, *op. cit.*, p. 19, ajoute : « Michel Poniatowski, son ami et ministre de l'Intérieur à poigne, harcèle les opposants, tout en fermant les yeux sur les turpitudes impériales et les faits divers opiacés, dont la princesse Ashraf est, si l'on peut dire, l'héroïne sur la Côte d'Azur. »

26. Cet épisode est inspiré du *Shâhnâmeh (Le Livre des rois)* de Ferdowsi. Il présente beaucoup de similitudes avec l'histoire de Jeanne d'Arc.

27. Aujourd'hui, les uniformes, costumes, armes anciennes ou copies, conservés par l'armée, sont exposés dans un palais de Saad-Abad, au nord de Téhéran.

28. Commentaires de Léon Zitrone, pour le film réalisé pour l'INA.

29. *Bourgogne,* Edition Arthaud, 1990.

30. Notes issues de la visite qu'y a faite Yves Bomati.

31. Jean-Paul Roux, *Histoire de l'Iran et des Iraniens, des origines à nos jours*, Fayard, 2006.

32. Architecte qui a également réalisé le palais de Niavaran, le Musée national du tapis et la mosquée de l'université de Téhéran.

33. Après un temps d'arrêt lors de la Révolution, les travaux ont repris ; certains sont achevés à ce jour.

34. Houchang Nahavandi a été nommé à ce poste depuis le mois de juillet.

35. Henri Corbin, article « Perse », *Encyclopædia Universalis*, 1995.

36. *Commémoration Cyrus. Actes du congrès de Shiraz 1971, et autres études rédigées à l'occasion du 2500ᵉ anniversaire de la fondation de l'Empire perse*, trois vol. publiés en italien, allemand, anglais, français ; Téhéran : Bibliothèque Pahlavi ; Leiden : diffusion E. J. Brill, 1974. En 1978, la Bibliothèque Pahlavi publiait encore des *Acta iranica*, avec en sous-titre *Encyclopédie permanente des études iraniennes,* ouvrages impri-

més à Liège en Belgique, la direction étant assurée par le Conseil culturel impérial et le directeur de la Bibliothèque Pahlavi, avec pour rédacteur en chef le professeur honoraire belge J. Duchesne-Guillemin.

37. www.archive.org/details/lelouch_iran_1971

4. Le diplomate et le chef des armées

1. Voir chapitre « "Enfin, je vais prendre les choses en main" », p. 316.

2. Terme inventé trois ans plus tôt par Alfred Sauvy pour désigner les pays pauvres. On y retrouve l'Inde de Nehru, la Chine de Mao et Zhou En-lai, l'Egypte de Nasser, le Cambodge de Sihanouk...

3. « Communiqué final de la conférence afro-asiatique de Bandoeng » (24 avril 1955), *Annuaire français de droit international*, vol. 1, 1955, p. 723-728 : « C.3. Considérant la tension existant au Moyen-Orient, tension qui est causée par la situation en Palestine, et considérant le danger que cette tension constitue pour la paix mondiale, la Conférence afro-asiatique déclare appuyer les droits du peuple arabe de Palestine et demande l'application des résolutions des Nations unies sur la Palestine et la réalisation d'une solution pacifique du problème palestinien. »

4. Les Indiens et les Pakistanais s'opposeront trois fois : en 1947, en 1965 et en 1971.

5. Deux hommes d'Etat, président ou Premier ministre pakistanais, Iskander Mirza (1956-1958) et Ali Bhutto, ont eu des épouses iraniennes. Ali Bhutto a été président de 1971 à 1973, puis Premier ministre de 1973 à 1977 après l'adoption d'une nouvelle Constitution en 1973 conférant au Premier ministre le pouvoir exécutif. Il a été tué par pendaison en 1979, à la suite du coup d'Etat du 5 juillet 1977.

6. Ce témoignage ainsi que ceux qui vont suivre sont issus des archives diplomatiques officielles américaines publiées depuis lors.

7. Mohammad Réza Pahlavi, *Le Lion et le Soleil, op. cit.,* p. 223.

8. Mossadegh suspendra ces relations le 7 juillet 1951, convaincu qu'Israël faisait le jeu politique de la Grande-Bretagne au Moyen-Orient. Les relations cordiales reprirent en 1953 après son éviction.

9. Témoignage direct de Amir Aslan Afshar (qui deviendra Grand Maître du Protocole).

10. On dira peu après aux Américains que le ministre des Affaires étrangères étant absent de Téhéran, son intérimaire avait mal interprété les instructions reçues. On répandra même la rumeur qu'il avait trop bu lors de son entretien avec l'ambassadeur soviétique ! Bien entendu, l'ordre donné aux autorités militaires ne pouvait venir que du shah en personne. Il n'empêche que le personnage – bouc émissaire de l'affaire – paya les pots cassés et fut déchargé de sa fonction. La mise en scène, grossière, ne trompa personne.

11. *Mémoires, op. cit.*, vol. V et VI.

12. *Shah of Iran on Persian Golf and American Jewish Zionist Lobby*, video, http://www.youtube.com/watch?v=xbt_YzXTQtY

13. Dans un article à *Yediot Aharonot,* 12 janvier 1979.

14. Confidence directe du shah à H. Nahavandi au Caire, mai 1980.

15. Voir les *Mémoires* de Nazir Fansa, homme politique et publiciste syrien qui résida en Iran durant vingt-trois ans, fut conseiller et interprète du sénateur, sur les relations de l'Iran avec le monde arabe : *Téhéran, destin de l'Occident*, Paris, Pierre Saurat éditeur, 1987.

16. Sur les points de droit et sur l'attitude des Nations unies, outre les témoignages directs, notamment les *Mémoires* d'Ardéshir Zahédi, *op. cit.*, t. II et t. III (en persan) encore non publiés ni traduits, nous nous sommes appuyés sur l'article de Jacqueline Morand-Devilliers, « Autodétermination en Irian occidental et à Bahreïn », *Annuaire français de droit international*, vol. 17, 1971, pp. 513-540. Voir aussi les *Mémoires* et documents politiques de l'ambassadeur F. Zand-Fard, *L'Iran dans un monde troublé, op. cit.*

17. Pour les Anglais, Bahreïn est « un Etat arabe souverain avec lequel le gouvernement du Royaume-Uni a des relations conventionnelles spéciales », alors que pour les Iraniens le territoire fait partie de l'Iran. On peut aussi rappeler la protestation iranienne du 22 novembre 1922 contre le traité entre le gouvernement britannique et Ibn Saoud, aux termes duquel Bahreïn est considéré comme territoire dépendant de l'Angleterre.

18. Voir *Keyhan international,* 6 janvier 1969, cité par Mehdi Mozafari, *op. cit.,* p. 155 et note 26.

19. Voir Ch. Rousseau, *Revue générale de droit international public,* éd. A. Pedone, Paris, 1969, p. 1142.

20. Fatémeh Ghadimipour, « Les relations régionales de l'Iran avec les pays non arabes », *Politique étrangère,* n° 2, 1976, 41e année, p. 161 : « Mais lorsque les Anglais annoncèrent qu'ils se retiraient du golfe Persique, l'Iran prit conscience du rôle utile que l'Inde pouvait jouer dans la politique du Golfe. C'est pourquoi, avant de se rendre à Koweït et en Arabie saoudite, le souverain iranien visita l'Inde, et choisit la Nouvelle Delhi pour annoncer la position de l'Iran sur l'île de Bahreïn. »

21. Voir F. Zand-Fard, *op. cit.*

22. S/9772, 30 avril 1970.

23. Une minorité de la population, particulièrement dans l'élite urbaine, préférerait le rattachement à l'Iran, face à cette « nette majorité » qui opterait pour l'indépendance et un « Etat arabe ».

24. La professeure Morand-Devilliers rappelle que la République populaire et démocratique du Yémen avait fait exception en dénonçant « cette proclamation de l'indépendance de Bahreïn comme un complot réactionnaire et impérialiste préparé par la Grande-Bretagne et les USA ».

25. Universitaire et haut fonctionnaire (1913-1994), il fut, entre autres, représentant permanent de la France aux Nations unies à New York de 1970 à 1972.

26. Jacqueline Morand-Devilliers, art. cité, p. 525.

27. Philippe Boulanger, « L'Iran et le golfe Arabo-Persique », *Outre-Terre,* 2010/2, n° 25-26, p. 406 *sq.*

28. Actuellement environ 40 %. Dans un reportage diffusé le 29 novembre 1979, *Ormuz, la gorge de l'Occident,* (cf. http://www.ina.fr/economie-et-societe/viesociale/video/CAA7902083601/ormuz-le-goulet-d-etranglement.fr.html), Jean-François Delassus établit à 1 milliard de tonnes de pétrole le trafic annuel transitant par le détroit et ses fjords, soit un tanker toutes les 40 minutes, ce qui constituerait 60 % de l'approvisionnement européen, 20 % de celui des USA et 90 % de celui du Japon.

29. Voir Frauke Heard-Bey, *Les Émirats arabes unis,* trad. française de Marie-Hélène Colin de Verdière, éd. Karthala,

Paris, 1999, p. 400 *sq.* Une analyse parfois lacunaire de l'histoire, mais un bon résumé du problème.

30. Voir F. Zand-Fard, *op. cit.*

31. Anecdote rapportée par plusieurs sources, dont F. Zand-Fard, et confirmée par le principal acteur. Andrew Scott Cooper, *The Oil Kings, op. cit.*

32. Olivier Da Lage, « L'Arabie et ses voisins », *Outre-Terre*, 2006/1, n° 14, p. 300.

33. Voir chapitre « Les "stratégies aveugles" », p. 569.

34. Le budget de défense de l'Iran quadruple en 1973.

35. A la chute du shah cependant, ses griefs et ressentiments contre les « Perses » referont surface. Encouragé par Washington englué dans l'affaire des otages dès novembre 1979, il entreprendra, après le décès du shah, de septembre 1980 à août 1988, la désastreuse guerre contre l'Iran qu'il croira alors affaibli, à juste titre sans doute, mais pas au point d'être écrasé. Jusqu'à sa condamnation à mort par pendaison pour crime contre l'humanité, le 5 novembre 2006, et son exécution le 30 décembre, il ne cessera de maudire ses ennemis ancestraux.

36. Par exemple, l'affaire du transfert de l'or : voir chapitre « "Enfin, je vais prendre les choses en main" », p. 310.

37. Hélène Carrère d'Encausse, art. cité, p. 234, citant les journaux *Kayhan,* 11 octobre 1962, et *Pravda,* 10 octobre 1962.

38. *Ibid.*

39. Les machines de la première aciérie iranienne avaient été saisies à Aden par les Britanniques à la veille de la Seconde Guerre mondiale. La seconde tentative iranienne pour se doter d'une industrie lourde à la suite d'un accord avec Krupp s'était aussi écroulée devant les vetos de Washington, du FMI et de la Banque mondiale. Des échecs cuisants dont les Iraniens ne s'étaient pas remis, d'où le succès retentissant du shah dans les années 1970. Parallèlement, un secteur privé d'aciérie est lancé par les frères Rézaï, du groupe Shahryar, dont la production atteindra 600 000 tonnes à la veille de la révolution sur le site d'Ahwaz.

40. L'Iran acquerra 25 % du capital de Krupp, sa « revanche ».

41. A la veille de la révolution, le secteur public produisait environ 1 200 000 tonnes d'acier et le secteur privé (le groupe Shahriar des frères Rézaï à Ahwaz) environ un demi-million.

42. Sa direction a déjà obtenu des licences de fabrication d'une dizaine de pays, dont les Etats-Unis, la France, la Grande-Bretagne et la Pologne.

43. Voir Mohammad Réza Djalili et Thierry Kellner, « L'Iran, la Chine et la crise du nucléaire », *Journal d'étude des relations internationales au Moyen-Orient*, vol. 1, n° 1 (juillet 2006), p. 13-15 ; Thierry Kellner, « Le "Dragon" et le "Simorgh" : une alliance en formation ? », article en ligne de l'Université libre de Bruxelles, dev.ulb.ac.be/sciencespo/dossiers…/kellner-thierry-publication49.pdf

44. Pékin dénonce entre autres l'adhésion de l'Iran au pacte de Bagdad. De son côté, l'Iran établit en 1956 des relations diplomatiques avec Taipei.

45. Mohammad Réza Pahlavi, *op. cit.*, p. 190. En fait, il semble que les Chinois conseillaient alors au shah d'agir avec une grande fermeté face aux troubles dont ils devinaient l'encouragement venu de Washington (confidence du shah à H. Nahavandi lors de son exil au Mexique en septembre 1979).

46. Putsch du Parti populaire démocrate afghan (PPDA), avec le soutien soviétique.

47. Mohammad Réza Pahlavi, *op. cit.*

48. Nasser Amini, ancien diplomate, aujourd'hui chroniqueur.

49. Comme tant d'autres, il eut le choix de quitter l'Iran. N'ayant rien à se reprocher, il choisit de rester et mena une vie discrète. Les révolutionnaires vinrent l'arrêter chez lui ; son épouse eut le droit de partir avec une seule valise. Lui fut emprisonné, maltraité et, comme tant d'autres, assassiné sur l'ordre de Khomeyni.

50. Les Tomcat coûtèrent chacun 30 millions de dollars ; les Phantom, 5 millions chacun ; les F-16, 3,16 milliards en tout.

51. Mohammad Réza Pahlavi, *op. cit.*, p. 168.

52. Mohammad Réza Pahlavi, *ibid*. Sur le nucléaire, voir note 18, p. 779.

CINQUIÈME PARTIE
La chute

1. La maladie du pouvoir

1. Nous remercions l'historien Nour Mohamad Asgari, résidant en Suède, d'avoir mis à notre disposition l'enregistrement sonore de la réunion.

2. http://www.senat.fr/rap/r05-105/r05-1051.html

3. C'est à cette époque une rumeur qui circule dans le microcosme politique et que l'auteur confirmera dans ses *Mémoires*.

4. Confidences faites par deux ministres présents lors de la réunion.

5. H. Nahavandi, qui accompagnait le couple impérial, a été témoin de cette scène.

6. Il restera à ce poste treize mois, avant d'être arrêté avec la bénédiction – sinon sur l'ordre – du shah et de la shahbanou, le 8 novembre 1978, à la suite des émeutes populaires qui éclateront dès le 5 novembre. Voir chapitre « J'ai entendu la voix de votre révolution », p. 664 *sq.*

7. H. Nahavandi, recteur de l'université de Téhéran, sera le président et rapporteur du Groupe.

8. Certains de ses rapports à dominante technique ont été publiés dans sa revue trimestrielle *La Nouvelle société*, ses documents plus politiques n'étant destinés qu'au roi, qui s'en est vite lassé.

9. Pierre Salinger (*op. cit.*) en parlera plus tard comme de « l'opposition de Sa Majesté ».

10. Aucun des signataires du rapport qui en ont parafé chaque page ne sera inquiété.

11. Maladie de la moelle osseuse.

12. Ces propos ont été confirmés à H. Nahavandi par le professeur Safavian qui, par respect du secret médical, n'a donné aucune autre information. A partir de 1979, tout s'est déroulé sur la place publique.

2. Les « stratégies aveugles »

1. Président de l'Agip, compagnie nationale pétrolière italienne, dont l'avion explosa lors d'un déplacement. Sa politique contrariait celle des grandes compagnies pétrolières.

2. Témoignage (écrit) de l'ambassadeur Amir Aslan Afshar, dernier Grand Maître du Protocole impérial, qui accompagnait le shah lors de cette seconde étape de son exil.

3. Interview au *Washington Post*, publiée également dans l'*Iran Times* (de Washington), 30 mai 1980.

4. Sur l'attitude moins connue de Rogers, voir Ardéshir Zahédi, *Mémoires, op. cit.*, vol. II, Annexe.

5. Alain Chenal, *Les Socialistes français et l'Iran, op. cit.*, p. 19.

6. Gerald Ford succéda à Richard Nixon, après sa démission à la suite du Watergate. Il fut battu par Jimmy Carter au mois de novembre 1976. Carter entra en fonction en janvier 1977.

7. Il est vrai que le shah avait lui-même souhaité depuis le début des années 1970 une collaboration avec les pays de l'Est... et marqué son désir de faire jouer la concurrence entre les deux blocs rivaux.

8. C'est particulièrement cette dernière phrase d'une analyse typiquement kissingerienne que retiennent et citent de nombreux auteurs : *Bulletin du Centre européen d'information (CEI)*, 16 octobre 1980 ; voir aussi Alain Vernay, « Giscard, Kissinger et le shah », *Le Figaro*, 2 mai 1975 ; George Ball, in *The Economist*, 24 février 1979 ; Jean Lacouture, in *Le Nouvel Observateur*, 3 novembre 1980, etc.

9. Rapport dont la teneur a été révélée par la presse américaine en juillet 1975. Voir *Le Monde*, 29 juillet 1980.

10. Cité par William Shawcross, *Le shah. Exil et mort d'un personnage encombrant*, Stock, 1989.

11. Comme le note Amir Assadollah Alam dans ses *Mémoires, op. cit.*, vol. VI.

12. *Dans le secret des princes*.

13. Déclaration du shah citée par William Shawcross, *op. cit.*

14. Voir Mike Evans, *Jimmy Carter, The Liberal Left and World Chaos*, Times Worthy Books, Phoenix Arizona, 2009, un ouvrage partisan mais très documenté.

15. Conversation avec H. Nahavandi.

16. Pierre Salinger, *Otages, op. cit.*, qui commence son ouvrage par ce récit, était un des quatre journalistes invités, envoyé par l'hebdomadaire français *L'Express,* alors que les trois autres appartenaient à des supports américains.

17. *Op. cit.,* vol. VI.

18. Pierre Salinger, *op. cit.*

19. A ce moment, Houchang Nahavandi en remplit les fonctions.

20. Le shah, dans ses *Mémoires,* cite George Lambrakis, secrétaire politique de l'ambassade. Selon les *Documents de l'ambassade des États-Unis*, vol. 20 notamment, certaines rencontres se déroulaient dans le bar et salon de thé de l'hôtel Caspienne, à quelques pas de l'ambassade des Etats-Unis.

21. Christian Delannoy, Jean Pichard, *Khomeyni, la révolution trahie,* Carrère, 1988 : « Les commandes que l'on passa à la hâte à l'Angleterre ne furent livrées qu'après la révolution. »

22. Interview accordée à Jean-Pierre Elkabbach, Europe 1, 2009, pour le trentième anniversaire de la révolution. Voir aussi Nazir Fansa, *op. cit.*

23. Dans ses documentaires aussi comme *Le Dernier Shah d'Iran,* elle répand l'idée de la *West toxification* (l'intoxication occidentale) et promeut toutes les critiques comme celle de l'ayatollah Zanjani : « Le shah a un devoir de protéger et de répandre le chi'isme. Imaginez à présent ce qui arrive quand le protecteur de la tradition adopte le style de vie dont chaque élément offense cette culture. Les gens pouvaient voir ces choses. Ils n'osaient pas parler mais ils osaient penser. »

24. Ardéshir Zahédi, en réponse à William Shawcross (*op. cit.*).

25. Valéry Giscard d'Estaing, *Le Pouvoir et la vie,* Compagnie 12, Paris, 1988.

26. Gholam Réza Pahlavi, *Mon père, mon frère le shah d'Iran*, Normant, Nantes, 2004.

27. Entretien avec Fereydoun Sahebjam, enregistré et publié après la mort du shah, *Le Monde,* 4-5 août 1985.

28. Voir sur ce point la journaliste à *Libération* Dominique Lorentz, *Une guerre,* Les Arènes, 1997.

29. *Ibid.*, p. 32 *sq.*

30. Ronald Reagan dans un face-à-face télévisé avec Walter Mondale, novembre 1984. Mondale fut vice-président sous Carter et l'un des partisans déclarés de l'accession au pouvoir de l'ayatollah Khomeyni.

31. Jacques Duquesne, *La Croix-L'Événement,* 30 décembre 1998.

32. Elle fut ambassadeur des Etats-Unis à l'Onu avec rang de ministre sous l'administration Reagan.

33. *Dans le secret des princes, op. cit.*

34. « Les stratégies aveugles », *Le Figaro*, 12 novembre 2004, art. cité.

3. « Comment la Savak se permet-elle de me dicter ma conduite ? »

1. Shariat-Madari (1905-1986) est devenu la plus haute autorité en Iran après la mort du grand ayatollah Boroudjerdi en 1962. D'une très large audience, érudit, il était en faveur d'un chi'isme traditionnel et s'opposera après la révolution à l'ayatollah Khomeyni.

2. Voir note 6, p. 732.

3. Voir chapitre « La maladie du pouvoir », p. 558.

4. La suppression des fonds destinés aux mollahs est rapportée par presque tous les auteurs, mais ce *petit* détail, le transfert d'une partie des fonds au ministère de la Cour, n'a pratiquement jamais été évoqué. Nous en avons acquis la certitude par notre enquête auprès de certains acteurs de l'époque.

5. La rumeur s'était répandue qu'il avait été assassiné par des agents de la Savak, rumeur non fondée. Khomeyni la démentira lui-même à trois reprises. Le régime islamique n'en accordera pas moins à Mostafa le titre de « martyr ».

6. Fereydoun Hoveyda, *La Chute du shah,* Buchet-Chastel, Paris, 1980, p. 21

7. Darioush Homayoun, *Dirouz va fard* (« Aujourd'hui et demain »), ouvrage publié aux Etats-Unis en 1981.

8. Hodjatoleslam Ali Davani, *Le Mouvement du clergé iranien,* ouvrage en persan, éd. Bongah Farhangui Emam Réza, t. VII. Il s'agit de l'historiographe officiel de la République islamique.

9. Il le dira directement à H. Nahavandi.

10. A l'issue d'une même manifestation, des opposants incendient le siège du Rastakhiz et quelques agences bancaires.

11. Voir Hossein Moussavi, *Yadnaméha...*, *Souvenirs d'un monde qui n'est plus*, Cologne, 2004. L'auteur, avocat, était sénateur de Tabriz, numéro 2 de Rastakhiz.

12. Outre le président du Groupe, son récent médecin personnel, le professeur Abbas Safavian, et deux jeunes recteurs d'université, Farhad Riahi et Shahrokh Amir Ardjomand, proches de la shahbanou.

13. Ville de l'ancienne Tchécoslovaquie, actuellement capitale de la Slovaquie.

14. H. Nahavandi assistait à cet échange. Au mois de février déjà, le shah, visitant les 40 000 hectares de conifères plantés à l'ouest de la capitale, dit au ministre de l'Agriculture et de l'Environnement : « Prenez bien soin de ces arbres. Nous espérons que nous serons encore en vie pour voir une belle forêt ici » (témoignage du ministre Hadi Hédayati, alors présent).

15. Ryszak Kapuscinski, dans sa biographie souvent imaginaire, mais souvent citée (*Le Shah*, Flammarion, 2010), parle de 500 personnes mises à mort par la Savak dans la cour même de la résidence du grand ayatollah. Dans une biographie fouillée de Kapuscinski, l'auteur polonais Artur Domslavaski (*Kapuscinski : la vérité par le mensonge*, Les Arènes, 2011), qui a eu accès à toutes ses archives, fait la part des choses dans les écrits de Kapuscinski, agent des services spéciaux polonais communistes de l'époque, dont il reconnaît certes le talent de narrateur, mais pas forcément la fidélité des informations. La veuve de Kapuscinski a vainement tenté de s'opposer à la publication de son livre.

16. A. Alam, *Mémoires*, *op. cit.*

17. Statistiques concernant en fait 1975.

18. Les ambitions nucléaires de l'Iran remontent aux années 1960, la France se déclarant prête à aider l'Iran à se doter de centrales destinées à la production d'électricité. « Dès 1953, un programme nucléaire iranien est développé par le shah Mohammad Réza Pahlavi avec l'aide des Etats-Unis, dont le président Eisenhower a lancé en 1953 le programme "Atomes contre paix". Un programme qui donnera lieu à la création, en 1957, de l'Agence internationale de l'énergie atomique (AIEA).

Devenu membre de l'AIEA, le 16 septembre 1959, l'Iran signe, en juillet 1968, le traité de non-prolifération nucléaire (TNP), adopté par les Nations unies le 12 juin 1968 et devenu effectif le 5 mars 1970. Toutefois, l'Iran, de même qu'Israël et le Pakistan dans la région, n'ont pas parafé le texte qui impose à ses signataires des restrictions en matière de recherches dans le domaine de l'armement nucléaire » (*Le Monde*, « L'évolution du programme nucléaire iranien depuis 1953 », 8 novembre 2011).

19. Dirigée par Mir Hossein Moussavi, homologue du sénateur précité, futur Premier ministre de l'ayatollah Khomeyni.

20. Le quartier autour de la mosquée avait été rénové et le musée du mausolée agrandi et restauré. Le shah voulait faire de Mashhad le Vatican du chi'isme.

21. Ce palais n'est pas une résidence royale, contrairement à ce qui est souvent écrit. Il appartient, comme une grande partie de la ville, à Iman Réza, le huitième imam, et non à la Couronne ou à l'Etat.

22. Aucun lien de parenté avec le Premier ministre.

23. Nous devons ce récit au professeur Parviz Amouzegar lui-même, qui vit et travaille aujourd'hui en France. Le récit des conversations dans l'hélicoptère a pour source le sénateur du Khorassan Ali-Rézaï, célèbre homme d'affaires, surnommé « le roi de l'acier ». Avant son décès, survenu en 2011 au Costa Rica, il a fait parvenir ses archives au coauteur iranien de cet ouvrage.

24. Par l'entremise de Houchang Nahavandi, prié de le transmettre à Farah Diba afin qu'elle le remette à son tour au shah.

25. Nous devons ce récit à l'une des personnes présentes, actuellement aux Etats-Unis. Nassiri sera nommé ambassadeur au Pakistan, Motazed en Syrie, ce qui lui sauvera la vie lors de la révolution et d'où il partira pour la Grande-Bretagne, où l'asile politique lui sera accordé.

26. Interview, *Newsweek*, 26 juin 1978.

27. Hossein Moussavi, *op. cit.*

28. Sir Eldon Griffiths, *Turbulent Iran,* Locks Press, Santa Anna (California USA), 2006.

4. « Mais que leur ai-je donc fait ? »

1. Le mausolée de Fatmeh Masoumeh, sœur cadette de l'iman Réza, se trouve à Qôm. C'est un lieu particulièrement vénéré par les chi'ites. En outre, Qôm a toujours été considérée comme la rivale de Mashhad.

2. Par discrétion, le colonel restera dans la voiture et le professeur se retirera après avoir pris une tasse de thé.

3. Voir chapitre « La maladie du pouvoir », p. 566.

4. Voir note 6, p. 732.

5. Certains collaborateurs de Nassiri, ayant pu s'échapper d'Iran, ont reproché par la suite à Moghaddam d'avoir contribué à « détruire psychologiquement » le shah en lui soumettant des rapports pessimistes.

6. Les *Mémoires* de Alam et certains passages de ceux d'Ardéshir Zahédi le prouvent *a posteriori*.

7. L'ensemble des paroles de Shariat-Madari ont été consignées scrupuleusement par Houchang Nahavandi. Ce texte est donc de première main.

8. Voir chapitre « "Xerxès et Fidel Castro" », p. 394 *sq*.

9. Il fera partie des quatre généraux fusillés au début de la révolution sur ordre de Khomeyni. Homme très pieux, il demandera à Allah de pardonner à ses assassins.

10. Dilip Hiro, *Iran Under the Ayatollahs*, Paperback Editions, Londres, 1985.

11. Farah Pahlavi, *Mémoires, op. cit.*

12. *Ibid.*, p. 264.

13. H. Nahavandi était présent.

14. Ancien ministre puis ambassadeur au Caire et à Beyrouth, il est l'auteur d'une biographie de Mahomet, jugée blasphématoire après la révolution qui lui vaudra d'être torturé et mis à mort, sa dépouille ayant été ensuite jetée dans les caniveaux devant sa maison.

15. Texte complet dans Ali Davani, *Le Mouvement du clergé iranien, op. cit.*, t. VII, p. 225.

16. Il revendiquera plus tard l'assassinat de Amir Abbas Hoveyda, tué d'une balle dans la nuque.

17. Mohsen Rézaï, *Tactiques et techniques de révolution*, publication officielle des Gardiens de la révolution, Téhéran, 1982.

18. Miriam Rosen, « Perspectives : Cinéma iranien. Après la révolution : le cinéma aujourd'hui », *Ciné-Bulles*, vol. 13, n° 4, 1994, p. 22.

19. Roy Mottahedeh, *The Mantle of the Prophet : Religion and Politics in Iran,* Paperback Editions, Londres, 2004, p. 375.

20. C'est son second mandat en tant que Premier ministre, le premier ayant été exercé du 31 août 1960 au 4 mai 1961. Voir chapitre « "Xerxès et Fidel Castro" ».

21. Personne n'ignore à Téhéran que le shah a manœuvré pour l'imposer à cette fonction.

22. Rapporté par Farah Pahlavi, *op. cit.* Gholam Réza Pahlavi, *Mon père, mon frère le shah d'Iran, op. cit.*, écrira : « Le shah n'eut pas la main heureuse. » Ce choix se révélera désastreux – Sharif-Emami lui-même l'admettra.

23. Dans ses souvenirs publiés en persan, l'ambassadeur Parviz Adl fait une analyse détaillée des documents et de l'affaire : *Kanehé ma dar...* (« Our house in Fisher Abad »), Ketab Co, Los Angeles, 2004. Tout le dossier se trouverait actuellement dans un lieu sécurisé aux Etats-Unis.

24. A partir de 622, départ du Prophète pour Médine.

25. Voir chapitre « Les fêtes de Persépolis », p. 491.

26. La prise du décret permettait la mise en œuvre immédiate de la loi, l'interdiction des rassemblements, les arrestations préventives de « fauteurs de troubles » et leur comparution devant des tribunaux militaires...

27. Témoignage d'Ardéshir Zahédi qui assistait à la conversation : *Untold Secrets*, Los Angeles, 2002.

28. Le général Djafar Sanéï, adjoint d'Oveyssi, résidant actuellement au Canada, a mis à notre disposition son journal de notes.

29. Téhéran compte alors un peu plus de 3 millions d'habitants.

30. On dira plus tard qu'il s'agissait de « Palestiniens », accusation au demeurant invérifiable, mais vraisemblable.

31. Hossein Boroudjerdi, *Pochté...*, ouvrage en persan publié en Allemagne, éditions Nima, 2002. Ce livre contient des souvenirs des événements d'avant, pendant et après la révolution jusqu'en 1980, date à laquelle l'auteur est passé à l'Occident.

32. Claire Brière, Pierre Blachet, *La Révolution au nom de Dieu*, Seuil, 1979.

33. *Le Monde, dossiers et documents*, « L'Histoire au jour le jour – 1974-1985 », octobre 1986.

34. A l'occasion du 20ᵉ anniversaire de la révolution, il revendiquera avec fierté son rôle au cours de cette journée funeste : *Iran-é-Farda,* publication officielle n° 51, février-mars 1999, Téhéran. Son récit devrait mettre fin aux polémiques sur cette journée.

35. Alexandre de Marenches, *Dans le secret des princes, op. cit.*

36. Témoignage de Amir Aslan Afshar, présent lors de cette conversation.

5. *Du « mollah pouilleux » au nouvel « imam »*

1. Michael Ledeen et William Lewis, *Débâcle, l'échec américain en Iran,* trad. française, Albin Michel, 1981.

2. Manoutchehr Azemoun. Voir les notes quotidiennes du général Sanéï, mentionnées plus haut.

3. Cette expression, comme celles qui suivent, est de Mohsen Rézaï (*Tactiques et techniques de la révolution*). Pour le rôle de ce personnage, voir Yves Bonnet, *op. cit.* Le livre de Mohsen Rézaï a fait l'objet d'une analyse de Robert Lacontre, « Le catéchisme des terroristes de Khomeyni », *Le Figaro magazine*, 4 février 1989. Voir aussi Houchang Nahavandi, *Le Grand Mensonge, Dossier noir de l'intégrisme islamique*, Nouvelles Editions Debresse, 1984.

4. Houchang Nahavandi occupait ce poste. Dans sa lettre de démission, récemment retrouvée à Téhéran et publiée, il recense les erreurs commises, rappelant que, bien que l'entrée dans le cabinet lui ait été imposée par le couple impérial, il ne peut plus cautionner une politique contraire à ses principes. Avant de l'expédier, il demande audience au shah, qui lui déclare avec tristesse : « Vous avez beaucoup de courage d'écrire cette lettre », et ajoute : « Au moins, il [le Premier ministre] dirige bien les séances du Conseil des ministres. »

5. Vincent Nouzille, *Des secrets bien gardés. Les dossiers de la Maison-Blanche et de la CIA sur la France et les présidents,* Fayard, 2009. Un chapitre contient des documents secrets sur le séjour de l'ayatollah Khomeyni en France.

6. Quelques mois plus tard, après le triomphe de la révolution, lorsque Yazdi deviendra vice-Premier ministre puis ministre des Affaires étrangères, le *New York Times* fera remarquer qu'un citoyen américain n'a pas le droit de travailler pour un gouvernement étranger sans se faire enregistrer, et même sans obtenir une autorisation du ministre de la Justice et, dans certains cas, l'accord de la CIA.

7. Voir F. Zand-Fard, *op. cit.* Après avoir été ambassadeur au Pakistan, Zand-Fard ira à Bagdad où il connaîtra l'épisode de la fin du séjour de l'ayatollah Khomeyni en Irak.

8. Alexandre de Marenches, *Dans le secret des princes*. Plus de trente ans plus tard, l'entrée en France de Khomeyni continue de susciter des controverses. Titulaire d'un passeport iranien en règle, l'ayatollah n'a pas besoin de visa pour entrer en France. Mais il est considéré juridiquement comme un touriste, et son séjour ne peut dépasser trois mois. Lorsque les événements ont pris la tournure que l'on sait, le président Giscard d'Estaing a rappelé ce statut (*op. cit.*, p. 95-117). Certains avancent une autre thèse : Khomeyni aurait demandé l'asile politique (*Le Vif-Express* – version belge de *l'Express* –, 29 janvier-4 février 1999), ce qui est faux (*cf.* Vincent Nouzille, *op. cit.*). La question ne se posera vraiment que trois mois après son arrivée. Mais entre-temps, la situation ayant changé, on fermera les yeux sur l'illégalité de son séjour.

9. Edouard Sablier, *Iran la poudrière. Les secrets de la révolution islamique*, éd. Robert Laffont, 1980. Ce dernier point est confirmé par Ibrahim Yazdi dans ses *Mémoires* (éd. Ghalam, Téhéran, 2ᵉ édition, 1983) qui ajoute qu'il n'était pas au courant de tout cela, dans les débuts.

10. Témoignage du colonel Hassan Aghilipour à H. Nahavandi.

11. Hassan Nazih était bâtonnier de l'ordre des avocats. Voir *Le Monde*, 31 janvier 1979. Sur sa mise à l'écart, voir son interview au *Figaro Magazine*, 4 octobre 1980, et l'article de Hassan Nazih, « Fanatisme. L'Iran et le droit », *Le Monde,* 28 février 1989 : « Pour avoir déclaré publiquement que, dans le monde actuel, la construction d'un cadre islamique pour la résolution des grands problèmes politiques, économiques et juridiques, n'était ni utile ni nécessaire, je fus le premier des

dirigeants de la révolution iranienne à être considéré comme *renégat* par Khomeyni, et condamné en conséquence. »

12. Voir chapitre « La "Révolution blanche" et la "réaction noire" », p. 407 *sq.*

13. Ibrahim Yazdi, *Iran-é-Farda,* numéro spécial à l'occasion du 20ᵉ anniversaire de la révolution, février-mars 1999.

14. Mehdî Bazargan, *Révolution iranienne en deux mouvements* (ouvrage en persan), 3ᵉ édition, Téhéran, 1983.

15. Ancien étudiant en maîtrise de sciences sociales à l'université de Téhéran, puis pendant une quinzaine d'années à la Sorbonne, sans y obtenir de diplôme, il sera proclamé « fils spirituel de l'imam ». Premier président de la République islamique, il dirigera le pays durant les premiers mois de la guerre avec l'Irak, avant d'être contraint à fuir l'Iran. Voir ses Mémoires : *Espérance trahie,* éd. Papyrus, 1982.

16. Il sera directeur de la radio-télévision nationale, puis un puissant ministre des Affaires étrangères. Accusé de complot contre la République islamique en 1982, il sera fusillé sur ordre de Khomeyni.

17. Ses ennemis se ligueront contre lui après le décès de Khomeyni, le 4 juin 1989. Sous prétexte qu'il aurait tenu des propos critiques à l'endroit de son successeur, Ali Khaménéï, les nouveaux dirigeants donneront l'ordre de l'éliminer. Ce qui sera fait en 1995. Les procès-verbaux des réunions et de l'ordre donné à son assassin présumé ont récemment été publiés à Téhéran (*Keyhan,* jeudi 29 mars 2012). Le donneur d'ordre serait l'ayatollah Fallahian, ministre de la Sécurité à l'époque, qui fait l'objet d'un mandat d'arrêt international pour avoir commandité plusieurs meurtres en Allemagne.

18. Selon un texte volumineux signé Djafar Charif-Zadeh, Gardien de la révolution, faisant alors partie de la garde de protection de l'ayatollah. L'authenticité du récit mériterait cependant vérification. Peut-être s'agit-il en fait de Hossein Boroudjerdi, déjà cité. Ce texte contient des détails sur les relations de l'entourage de Khomeyni avec les services spéciaux étrangers (que les archives américaines confirment).

19. Danièle Martin, *Monde et vie,* 17 novembre 1978 : « La France marche à la traîne en se croyant à l'avant-garde, quitte à déplorer demain le sang qui coulera à Téhéran. »

20. *Communiqué* du Comité directeur du PS, 6 janvier 1979.

21. Cité par Michael Ledeen et William Lewis, *op. cit.*

22. In *New York Times*, cité par Ch. Chafa, *Une renaissance* (ouvrage en persan), Paris, 1999.

23. Voir S.V. Vilanilam, *Reporting a Revolution*, Sage Publications, New Delhi, 1999.

SIXIÈME PARTIE

Le chant du cygne

1. « A quoi jouons-nous ? »

1. Officiellement, six lignes téléphoniques et deux télex mis à disposition par le bureau de poste local. En fait, beaucoup plus. Pierre de Villemarest a été le premier journaliste à interviewer Khomeyni grâce à ses « relations » américaines. Après avoir vu, au lendemain de l'installation de l'ayatollah à Neauphle, des « antennes puissantes » capables d'émettre vers l'étranger, il se rend au ministère de l'Intérieur pour le signaler. Il y est prié de « s'occuper d'autre chose ». Voir *La Vie française*, 26 mars-1er avril 1984. Voir aussi Thierry P. Millerman, *La Face cachée du monde occidental,* éd. Osmondes, 2005.

2. Témoignage d'Afshar.

3. Parviz Adl, *op. cit.* Abbas Samakar, un des chefs des réseaux terroristes d'ultra-gauche employé à la télévision, rapporte dans ses Mémoires (ouvrage en persan, Ketab Co, Los Angeles, 2001) que l'on pouvait cacher des armes dans les bâtiments de la radio-télévision, qui jouissait d'une immunité de fait par la position de son directeur.

4. Témoignage direct d'Afshar.

5. En raison des événements, elle avait été retardée de quinze jours.

6. Lieu d'exécution publique dans le temps.

7. Episode dit de « Septembre noir ».

8. Témoignage direct d'Afshar.

9. Abdolmadjid Madjidi et Houchang Nahavandi qui venait de démissionner du cabinet.

10. Amir Assadollah Alam, *Mémoires, op. cit.*, t. VI. Voir aussi la biographie de Ali Amini par Iradj Amini, son fils, et la totalité des notes qu'il avait prises durant la crise (ouvrage en persan, éd. Mahi, Téhéran, 2010).

11. Ces deux lieux sont au centre de la ville.

12. Nous devons ces précisions au général Djavad Moïnzadeh, chef du renseignement de l'armée de terre, et au chef des forces spéciales. Tous deux appartenaient au comité de préparation que présidait le général Houchang Hatam, numéro 2 de l'état-major général. Ibrahim Yazdi donne dans ses *Mémoires* des fragments de ce plan, expurgés, extraits des interrogatoires pratiqués sur les officiers arrêtés qui seront bientôt mis à mort.

13. En plus du témoignage écrit à notre intention par Amir Aslan Afshar sur lequel nous nous fondons, voir ses « Fragments de mémoire », *Partow-Iran*, mensuel publié au Canada, n° 65, février 1988 ; également l'interview au journal *Ara,* 11 septembre 1987.

14. Farah Pahlavi, *Mémoires, op. cit.*, p. 283. Vincent Meylan, *La Véritable Farah,* Pygmalion, 2000, p. 248 : « Farah a toujours prêché pour la modération. » Depuis lors, elle ne s'est jamais expliquée sur ses motivations.

15. Parviz Sabéti, *Mémoires, op. cit.,* détaille les ordres reçus par ses services de ne pas réagir.

16. Au mois de novembre 1978, l'adjoint aux Droits de l'homme du département d'Etat s'était rendu à Téhéran pour demander qu'aucune action brutale ne soit entreprise contre les opposants (« *Desastrous Years* », Encounter, novembre 1984). Selon Zbigniew Brézzinski (*Power and Principles*, Mc Graw Hill, 1984, p. 355), alors président du Conseil national de sécurité, en octobre 1978, le même département d'Etat et l'ambassadeur des Etats-Unis à Téhéran s'étaient opposés à la livraison d'armes antiémeutes à l'Iran.

17. Interview publié par l'*Iran Times,* Washington, 30 mai 1980.

18. Gholam Réza Pahlavi, *Mon père, mon frère, les shahs d'Iran,* p. 282.

2. « *J'ai entendu la voix de votre révolution* »

1. Le récit qui suit est fondé sur son témoignage direct ainsi que sur celui de Amir Aslan Afshar (*Mémoires*, éd. Farhang, Montréal), les deux seuls témoins de ces heures décisives.

2. Cousin germain de la shahbanou, patron de la radio-télévision jusqu'à quelques jours auparavant.

3. Son directeur de cabinet.

4. *Mon père, mon frère…, op. cit.*, p. 282.

5. Sir Anthony Parsons, *The Pride and the Fall, 1974-1979*, traduction persane, p. 154-159.

6. Abbas Milani, in *Persian Heritage*, trimestriel bilingue publié aux Etats-Unis, n° 43, automne 2007. Voir aussi son interview dans *Rah-E-Zendezi*, hebdomadaire persan, Los Angeles, n° 1234, 13 avril 2012.

7. Voir une analyse complète de ces interviews dans *Irans-hénasi. A Journal of Iranian Studies,* trimestriel publié aux Etats-Unis, numéro du printemps 2010.

8. Voir Aslan Afshar, Hossein Nasr, Abbas Milani.

9. Notamment lors de ses conversations avec H. Nahavandi durant son exil à Cuernavaca. L'écrivain et chercheur Sadr-ol-Dine Elahi confirme également ces faits (*Keyhan,* 10-16 mai 2012).

10. Kurde, presque octogénaire, appartenant à une famille remontant aux Sassanides – du moins les Ardalan le prétendaient-ils. Polyglotte, cultivé, ancien ambassadeur, ancien ministre des Affaires étrangères, arraché à sa paisible retraite dorée car on désirait un ministre de la Cour parfaitement irréprochable – sa seule qualité d'ailleurs –, son action sera quasiment nulle.

11. Le soir du 11 au 12 février 1979, à la chute du régime, le personnel de la villa ayant déserté, il aurait pu s'enfuir et se cacher. Il ne le fera pas et sera arrêté le lendemain.

12. Il sera, quelques jours plus tard, le chef de l'insurrection intérieure, puis l'homme fort de l'Iran avant d'être assassiné au cours d'un attentat-règlement de comptes intérieur.

13. Témoignage écrit du professeur Abolghassem Banihachémi, vice-doyen d'une des quatre facultés de médecine de l'université de Téhéran, qui se trouvait dans l'avion.

14. Témoignage de M. Iradj Mobacher, chambellan de la Cour, un des rares resté à son poste jusqu'à la fin. Sur Fardoust, voir chapitre « La solitude du pouvoir », p. 420.

15. Confidence de Sadighi à H. Nahavandi au lendemain de l'audience.

16. L'universitaire tentera de le fléchir quatre jours avant qu'il ne quitte le pays. « Je savais que c'était inutile. Mais j'aurai fait mon devoir », confiera-t-il juste après son départ du palais.

17. Nous devons ces détails au Dr Shirvani lui-même et à Ardéshir Zahédi.

18. Sur l'option Zahédi, voir Gene E. Bradley, *The Story of the One Main Journey in Faith*, Xulon Press, 2003 ; Michel Ledeen et William Lewis, *Débâcle*, *op. cit.* ; sir Eldon Griffiths, *op. cit.* ; Mike Evans, *Jimmy Carter…*, *op. cit.*

19. Sur bien des points, ces éléments rappellent ceux qui avaient mené son père au pouvoir ; avec l'appui décisif du grand ayatollah Boroudjerdi, alors « source d'imitation ».

20. Descendant de l'imam Hassan, fils de Ali, mort au IXe siècle.

21. Michel Ledeen et William Lewis, *op. cit.*, p. 204 : « Zahédi avait la meilleure chance de tout sauver. »

22. Shapour Bakhtiar, *Ma fidélité, op. cit.*, p. 97.

23. Le couple divorcera ensuite.

24. *Keyhan,* n° 1062, 30 juin-6 juillet 2005.

25. Farah Pahlavi, *Mémoires, op. cit.*, p. 288.

26. *BBC*, 10 août 2011, blog.

27. Shapour Bakhtiar, *op. cit.*, p. 96

28. Voir *Documents de l'ambassade des États-Unis*, vol. 20.

29. Témoignage d'Afshar qui a remis la lettre au shah, *Keyhan*, n° 1061, 23-29 juin 2005.

30. Témoignages concordants de M.A. Ghotbi et de M. Sanéï.

31. Sir Anthony Parsons, *op. cit.,* p. 175. Les accusations d'accointances de Bakhtiar avec les Britanniques l'ont poursuivi toute sa carrière. D'abord sur la foi de documents saisis à la résidence du président de la BP (AIOC) lors de la nationalisation du pétrole iranien par Mossadegh (*Bongahé Tardjoméh va nachré ketab*, Téhéran, 1979) ; puis dans l'ouvrage de Mozaffar Baghaï, *Connaissance de la vérité,*

Téhéran, publié avant l'arrestation de l'auteur à la révolution. Shirvani a soulevé cette question lors du débat sur son programme à la Chambre. Bakhtiar n'a pas réagi à ses accusations.

32. Confidence du shah à H. Nahavandi, au Caire.

33. Michel Foucault, *Dits et écrits*, t. II, 1976-1978, Gallimard, coll. « Quarto », 2001.

34. Janet Afari et Kevin B. Anderson, *Foucault and the Iranian Revolution : Gender and the Seductions of Islamism*, University of Chicago Press, Chicago, 2005.

35. *Ibid.*, p. 680.

36. Michel Foucault, *Dits et écrits*, t. III, 1976-1979, Gallimard, Paris, 1994, p. 694.

37. Michel Foucault, « Une poudrière appelée Iran », *Corriere della Sera*, 13 février 1979 (Centre Michel-Foucault, michel-foucault-archives.org/un-reportage-d-idées-en-Iran-1978)

38. « Le chef mythique de la révolution », *Corriere della Sera*, 26 novembre 1978.

39. Voir en particulier *Le Nouvel Observateur,* n° 723, 727 (16-22 octobre 1978), n° 745.

40. Voir Janet Afary and Kevin B. Anderson, *Foucault and the Iranian Revolution : Gender and the Seductions of Islamism*, *op. cit.*

41. Art. cité.

42. Sur ce voyage et les membres de la délégation, voir Louis Chagnon, *La Dhimmitude du deuxième sexe*, Reconquête, mars 2011.

43. Converti à l'islam, auteur en 1981 de *L'islam habite notre avenir*.

44. *Nouvelles littéraires*, 7-14 décembre, 1978.

45. *Le Monde*, 2 février 1979.

46. *Le Monde,* 13 janvier 1979.

47. Récit d'Afshar, *Keyhan*, n° 1062, 30 juin-6 juillet 2005.

48. Cyrus Amouzegar, ministre de l'Information du cabinet Bakhtiar, *Rahâvard,* 30ᵉ année, n° 96, automne 2011.

49. Témoignage de l'ambassadeur Réza Ghassemi qui reçut de son ministre l'ordre de transmettre cette disposition à toutes les ambassades et missions (*Keyhan,* n° 1062, 30 juin-6 juillet

2005) et de Minou Méftah, diplomate, témoin de cet enlèvement (*Keyhan,* n° 1072, 8-14 septembre 2005).

50. Récit de Mostafa Alamouti, premier vice-président de
la Chambre, *Rahâvard,* n° 53, automne 2000.

51. Valéry Giscard d'Estaing, *Le Pouvoir et la vie, op. cit.*,
p. 109.

52. Texte complet du rapport et autres citations dans
Vincent Nouzille, *Des secrets biens gardés, op. cit.*, p. 449-452.

53. William Shawcross, *Le Shah..., op. cit.*, p. 140.

54. Valéry Giscard d'Estaing, *op. cit.*, p. 110.

55. Mike Evans, *op. cit.* Montant jamais démenti, auquel il
faudrait ajouter celui fourni par la Libye et, subsidiairement,
par les partisans de l'ayatollah.

56. *Documents de l'ambassade des États-Unis à Téhéran*,
vol. 27.

57. Mike Evans, *op. cit.*

58. Ardéshir Zahédi, *Untold Secrets,* p. 9.

59. *Op. cit.*, p. 290. Voir Alexandre de Marenches, *Dans
le secret des princes, op. cit.* : « L'administration Carter, dans
son désir imbécile de changer le système politique en Iran,
dépêche le général qui, au cours d'une tournée des popotes,
prévient les forces armées iraniennes, les meilleures et les
mieux équipées de la région, entièrement fournies en matériels américains, qu'elles n'auraient plus une pièce détachée
au cas où elles voudraient réagir. Ainsi, on mit au pouvoir
Khomeyni et déclencha la révolution. »

60. Déclaration à l'AFP, 11 janvier 1979, cité par la presse
locale.

61. Témoignage de Amir Aslan Afshar qui le détaille dans
ses *Mémoires*, Farhang, Montréal, 2012.

62. Gholam Réza Pahlavi, *op. cit.*, p. 284.

63. Janine Dowlatshahi, bibliothécaire du palais, *La Reine
et moi*, éd. J.M.D., Genève, 1980. Cyrus Khiltach, chef du renseignement de la Garde impériale, présent, a confirmé ces
éléments auprès de H. Nahavandi.

64. Confidences faites à H. Nahavandi à Cuernavaca, le
29 septembre 1979.

65. Shapour Bakhtiar, *op. cit.*, p. 151.

3. L'errance et le calvaire

1. Voir chapitre « Le général et la "source d'imitation" », p. 263.

2. L'ancien président Gerald Ford, également à Assouan, rencontre le shah à deux reprises, dont une fois durant trois heures.

3. Farah Pahlavi, *Mémoires, op. cit.*, p. 305.

4. Leurs lettres, toujours confiées à des personnes sûres, ne seront jamais retrouvées.

5. Ce conseil ne s'était réuni qu'une fois et son président venait de se rallier à Khomeyni.

6. Son directeur, Ali Asghar Amirani, sera fusillé peu après.

7. Jeune journaliste, conseiller municipal de Téhéran, il sera incarcéré durant quelques années. Il est aujourd'hui professeur dans une université britannique et conférencier international.

8. Témoignage de Mohammad Réza Taghi-zadeh. Voir aussi Minou Méftah, membre de ce comité, *Keyhan*, n° 1072, 8-14 septembre 2005.

9. Ce que Bakhtiar confirme dans son livre (en persan), *Trente-sept jours après trente-sept ans*, éd. Entecharate Radio-Iran, Paris, p. 71. (Editions disparues après l'assassinat de Bakhtiar.)

10. Il sera abattu au lendemain de la révolution.

11. La note sera réglée par la Coface.

12. Expression familière correspondant au français « Que dalle ! » ; http://www.youtube.com/watch?v=ZPpB-r5mMCI.

13. http://www.ina.fr/economie-et-societe/vie-sociale/video/CAA7900405401/retour-ayatollah-teheran.fr.html

14. Shapour Bakhtiar.

15. *Les 100 discours qui ont marqué le XXe siècle*, choisis et présentés par Hervé Broquet, Catherine Lanneau et Simon Petermann, André Versaille éditeur, Paris, 2008. Bakhtiar répondra d'ailleurs à ce discours : « Ne vous inquiétez pas. C'est Khomeyni. Il est libre de parler mais pas d'agir. »

16. Haig, qui n'approuve pas le sort réservé au shah et à son régime, sera secrétaire d'Etat de Ronald Reagan.

17. Document publié par Amir Aslan Afshar, *Mémoires politiques, op. cit.*, p. 501-502.

18. Officier de formation française, ministre de la Guerre.

19. Voir chapitre « Foroughi, "le faiseur de roi" », p. 123.

20. Fardoust, théoriquement emprisonné, participera à la création des services spéciaux du nouveau régime, la Savama, nouvelle Savak. Il écrira aussi des ouvrages injurieux sur le shah et sa famille. Cinq ans plus tard, son décès sera annoncé. Il aurait été exfiltré vers l'Union soviétique dont il n'aurait jamais cessé d'être un agent, selon certains. Gharabaghi restera en Iran sans être inquiété avant de partir pour Paris. Selon un fac-similé authentifié en notre possession, avant son départ, l'« imam » Khomeyni ordonnera de rétablir sa pension, d'« assurer son bien-être » ainsi que de « le laisser quitter le pays » s'il le souhaite. Le général Neshaht sera mis à mort. Le général Badréï s'opposera à Fardoust et Gharabaghi à la fin du « Conseil supérieur *ad hoc* » : « Il serait intolérable que l'armée cède devant un Khomeyni [...]. J'empêcherai le pays d'être précipité dans une anarchie sanglante. » Il sera abattu. Shapour Bakhtiar, arrêté puis relâché, quittera l'Iran pour Paris. L'aile radicale du régime accusera Bazargan, Béhéchti et Sandjabi d'avoir organisé sa fuite. Ayant lancé un mouvement d'opposition au régime islamique, il sera égorgé à Paris le 6 août 1991.

21. Récit dû à Afshar. Le colonel ne sera pas inquiété à son retour à Téhéran. Il deviendra le pilote de l'avion présidentiel, avec lequel Abolhassan Bani-Sadr, premier président de la République islamique, s'enfuira plus tard d'Iran. Moezzi rejoindra les Moudjahidin du peuple, mouvement islamo-marxiste d'opposition à la République islamique, après en avoir été le fer de lance.

22. Alexandre de Marenches, *Dans le secret des princes, op. cit.*

23. On a pu dire que ces deux derniers ne voulaient pas que le contrôle du shah leur échappe.

24. Afshar (voir *Mémoires*) l'a entendu dire.

25. Dr. José Asz Sigall, Dr Gerardo Fernández Sobrino, Dr Jorge Cervantes Castro, *México y la crisis política por la enfermedad del Sha de Irán*, Cirujano General, Vol. 27, Núm. 1, México, 2005.

26. L'ouvrage, malgré la prudence de son auteur – « Je ne veux pas entamer des polémiques qui puissent gêner le gouvernement mexicain ou provoquer des incidents » –, connaît un grand succès de presse et de librairie. Des années plus tard, dans sa campagne contre le shah, le régime révolutionnaire produira une traduction persane de la version anglaise avec de notables modifications et des notes désobligeantes. Ce texte truqué sera diffusé même à l'étranger, ce qui générera une certaine confusion, les ayant droits ne s'y étant pas opposés.

27. Le 7 février 1984, il fut assassiné à Paris à l'âge de soixante-quatre ans, alors qu'il quittait son appartement avec son frère, par un groupe qui, à Londres, se faisait appeler « Islamic Jihad ».

28. Dr José Asz Sigall, Dr Gerardo Fernández Sobrino, Dr Jorge Cervantes Castro, art. cité (traduction personnelle).

29. En fait, Mark Morse appelle Robert Armao, à New York. Ce dernier décide, avec les Rockefeller et sans doute les autorités américaines, que le shah soit traité par des praticiens américains. Sans l'aval du shah, il fait appel au docteur Kean, professeur, chercheur et praticien spécialiste des maladies tropicales.

30. Farah Pahlavi, *Mémoires*, op. cit.

31. Dr José Asz Sigall, Dr Gerardo Fernández Sobrino, Dr Jorge Cervantes Castro, art. cité (traduction personnelle). Voir aussi M. Bloom, « The Pahlavi problem : a superficial diagnosis brought the Shah into the United States », *Science Magazine*, 18 janvier, 282-4, 286-7, Washington, 1980 ; National Desk (no by-line) ; « Shah's Admission to the US Linked to Misinformation on His Sickness », *New York Times*, 13 May 1981 ; Bernard Gwertzman, « US Decision to Admit the Shah ; Key Events in 8 Months of Debate », *Washington Post*, 18 novembre 1979.

32. Faisant allusion à l'affaire des otages, M. Behzad Nabavi déclare : « C'était un mouvement révolutionnaire sans précédent. Son but était d'empêcher tout rapprochement avec les Etats-Unis. »

33. Ces acquisitions ont d'ailleurs toutes été récupérées par la République islamique. Il en est de même de la Fondation Pahlavi – qui deviendra après la révolution la Fondation

Alavi –, personne morale parapublique. Ses avoirs, dont un gratte-ciel de trente-six étages à New York, ont été transférés à l'Etat islamique, ce qui n'a empêché personne de continuer à parler du « gratte-ciel du shah ».

34. Déclaration de Béhzad Nabavi, publiée par *SAF*, organe officiel des forces armées de la République islamique d'Iran, n° 35, *aban* 1361 (21 octobre-21 novembre 1982) [traduction littérale].

35. Christian Malar et Alain Rodier, *Réza Pahlavi, op. cit.*

36. *American Medical News*, 7 août 1981.

37. Témoignage direct d'Ardéshir Zahédi.

38. A la suite de la mort de Torrijos dans un accident d'avion, Noriega accédera au pouvoir, avec l'appui américain, avant d'être impliqué dans le narcotrafic, enlevé par des commandos américains et traduit en justice.

39. Confidence du shah, Le Caire, mai 1980.

40. Hamilton Jordan, *Crisis. The Last Year of the Carter Presidency*, éd. Putnam, New York, 1982.

4. Des amis, enfin !

1. Témoignages recoupés d'Ardéshir Zahédi et de H. Nahavandi, qui a passé quelques jours en mai au palais Koubbeh.

Epilogue

1. Comme en témoigne le prince Soltân 'Ali Mirzâ Kâdjâr : « Le tombeau de ma famille à Karbala occupe un emplacement exceptionnel, partageant avec celui de l'imam Hossein, l'espace situé sous la coupole » (http://www.teheran.ir/spip.php?article1592).

2. Voir chapitre « Soraya, le grand amour », p. 206.

3. http://www.albouraq.org/bibliotheque/livres/guide_musulman_khoei.htm#Le%20lavage%20du%20mort, document réalisé à partir entre autres des écrits validés par l'ayatollah A. Q. Khoï.

4. Jehan Sadate, *Une femme d'Égypte : mémoires*, Presses de la Renaissance, Paris, 1987, citée dans Farah Pahlavi, *Mémoires, op. cit.*, p. 382.

Liste des trente-quatre Premiers ministres de Mohammad Réza Pahlavi

17 septembre 1941	Mohammad Ali Foroughi
9 mars 1942	Ali Soheili
9 août 1942	Ahmad Ghavam
17 février 1943	Ali Soheili
24 mars 1944	Mohammad Saèd
14 novembre 1944	Mohammad Mossadegh (renonce au bout de deux jours)
25 novembre 1944	Morteza Gholi Bayât
10 mai 1945	Ebrahim Hakimi
6 juin 1945	Mohsen Sadr
1er novembre 1945	Ebrahim Hakimi
14 février 1946	Ahmad Ghavam
18 décembre 1947	Réza Hekmat (renonce au bout de dix jours)
28 décembre 1947	Ebrahim Hakimi
20 juin 1948	Abdolhossein Hajir
16 novembre 1948	Mohammad Saèd
28 mars 1950	Ali Mansour
27 juin 1950	Général Ali Razmara
7 mars 1951	Khalil Fahimi (renonce au bout de trois jours)
13 mars 1951	Hossein Ala'
2 mai 1951	Mohammad Mossadegh
17 juillet 1952	Ahmad Ghavam

22 juillet 1952	Mohammad Mossadegh
13 août 1953	Général Fazlollah Zahédi
5 avril 1955	Hossein Ala'
4 avril 1957	Manoutchehr Eghbal
31 août 1960	Djafar Sharif-Emami
11 mai 1961	Ali Amini
19 juillet 1962	Amir Assadollah Alam
7 mars 1964	Hassan Ali Mansour
25 janvier 1965	Amir Abbas Hoveyda
6 août 1977	Djamchid Amouzegar
27 août 1978	Djafar Sharif-Emami
6 novembre 1978	Général Gholam Réza Azhari
31 décembre 1978	Shapour Bakhtiar

Le 5 février 1979, l'ayatollah Khomeyni, qui n'a aucune fonction officielle, charge Mehdi Bazargan de former le premier gouvernement islamique. Du 5 au 11 février, les deux Premiers ministres – Bakhtiar et Bazargan – cohabitent.

Dans la nuit du 11 au 12 février 1979, les islamistes prennent le pouvoir. Chute officielle de la monarchie.

Bibliographie

Abrahamian Ervand, *Iran between Two Revolutions*, Princeton University, Princeton, 1982.

Adamyat Féreydoun, *Amir Kabir et l'Iran*, 3ᵉ édition, Kharazmi, Téhéran, 1967.

Adl Parviz, *Kanehé ma dar...* (*Notre maison à Fisher Abad*), Ketab Co, Los Angeles, 2007.

Adler Alexandre, *Rendez-vous avec l'islam*, Grasset et Fasquelle, Paris, 2005.

Afary Janet, Anderson Kevin B., *Foucault and the Iranian Revolution*, University of Chicago Press, Chicago, 2005.

Afshar Amir Aslan, *Mémoires*, éd. Farhang, Montréal, 2012.

Afshar Iradj, *Mossadegh et les problèmes de droit et de politique* (écrits, articles et traductions de Mossadegh), Zamineh, Téhéran, 1979.

Alam Amir Assadolah, *Mémoires*, 6 vol., Ibex, Washington D.C., dernier vol. 2010.

Alamouti Mostafa, *L'Iran des Pahlavis*, Peka, Londres, 1995.

Alamouti Mostafa, *Les Acteurs de la vie politique iranienne*, vol. II, Peka, Londres, 1995.

Alir Khosrvi, Babak et Heydarian Mohsen, *L'Émigration socialiste et le destin des Iraniens*, Payam, Emrouz, Téhéran, 2001.

Amini Iradj, *Barbalé...* (*Biographie de Ali Amini et ses notes*), Mahi, Téhéran, 2010.

Amini Nasser, *Les Jours et les années, Mémoires*, Abnousse, Paris, 2000.

Amnesty International, *Annual Report for 1974-1975*, Londres, 1975.

Arsandjani Hassan, *Mémoires politiques*, Iran-e-Azad, n° 116 à 128, Paris, 1980 à 1982, puis publiés par Ketab Co, Los Angeles, 2005.

Asagari N.-M., *Les Sommets du pouvoir au cours de la dernière décennie de la dynastie Pahlavis*, Béh-Afarine, Téhéran, 2002.

Asgari N.-M., *Shah, Mossadegh et le général Zahédi*, Arash, Stockholm, 2001.

Asz Sigall Dr. José, Dr. Fernández Sobrino Gerardo, Dr. Cervantes Castro Jorge, *México y la crisis política por la enfermedad del Sha de Irán*, Cirujano General, vol. 27, n° 1, Mexico, 2005.

Bakhtiar Shapour, *Ma fidélité,* Albin Michel, 1982.

Bakthiar Shapour, *Trente-sept jours après trente-sept ans,* éd. Entecharate Radio-Iran, Paris.

Banani Amin, *The Modernisation of Iran, 1921-1941*, Stanford University Press, Stanford, 1961.

Bani-Sadr Abolhassan, *Espérance trahie*, éd. Papyrus, Paris, 1982.

Bashiri Siavash, *Histoire de la Savak*, Parang, Levallois, 1987.

Bashiri Siavash, *Le Feu de l'Azerbaïdjan*, Parang, Levallois, 1987.

Bashiri Siavash, *Orage de 1357*, Parang, Levallois, 1987.

Bashiri Siavash, *Sardar, La vie politique de Réza shah*, Parang, Levallois, 1991.

Bashiri Siavash, *Shah-in-Shah*, Parang, Levallois, 1990.

Bayandor Darioush, *The Shah, the Islamic Revolution and the United States*, Londres, Palgrave Macmillan, Londres, 2018.

Bayandor Darioush, *Iran and the CIA, The Fall of Mosaddeq Revisited*, Palgrave Macmillan, Londres, 2010.

Bazargan Mehdi, *Révolution iranienne en deux mouvements* (ouvrage en persan), auto-édition, Téhéran, 1983.

Beaufils Gérard, *Tous otages de Khomeyni*, Séguier, Paris, 1987.

Béhboudi Soleyman, *Mémoires*, Tarhé Now, Téhéran, 1992.

Blanch Lesley, *Farah, Shabanou of Iran*, Collins, Londres, 1978.

Bomati Yves et Nahavandi Houchang, *Shah Abbas, empereur de Perse*, Perrin, Paris, 1998.

Bonnet Yves, *Vevak au service des ayatollahs. Histoire des services secrets iraniens*, éditions Timée, Paris, 2009.

Boroudjerdi Hossein, *Confessions*, ouvrage en persan, Nima, Essen, 2002.

Boulanger Philippe, « L'Iran et le golfe Arabo-Persique », *Outre-Terre*, 2010/2, n° 25-26, p. 406 *sq.*

Bradley Gene E., *The Story of One Man's Journey in Faith*, Xulon Press, Maitland, 2003.

Brémont Frédy, *L'Iran d'avant le progrès*, PUF, Paris, 1964.

Brzezinski Zbigniew, *Power and Principles*, Mc Graw Hill, New York, 1984.

Briant Pierre, *Darius, les Perses et l'empire*, Gallimard, Paris, 1992.

Brière Claire, Blachet Pierre, *La Révolution au nom de Dieu*, Seuil, Paris, 1979.

Carrère d'Encausse Hélène, « L'Iran en quête d'un équilibre », in *Revue française de science politique*, 17e année, n° 2, 1967.

Carter Jimmy, *Keeping Faith, Memoirs of a President*, Bentam Books, New York, 1982.

Castelbajac Bertrand de, *L'Homme qui voulait être Cyrus,* Albatros, Paris, 1987.

Chafa Ch., *Crimes et châtiments*, s.d., Paris, 1986, t. I.

Chagnon Louis, *La Dhimmitude du deuxième sexe,* Reconquête, Paris, 2011.

Chamchiri Mehdi, *Le Chemin de fer transiranien, Mossadegh et Réza shah,* Pars, Houston, 2005.

Chamchiri Mehdi, *Les Non-dits sur Rouhollah Khomeyni,* Pars, Houston, 2002.

Chamimi Ali Asghar, *Histoire de l'Iran sous la dynastie qâdjâre,* 2e édition, Elmi, Téhéran, 1990.

Chenal Alain, *Les Socialistes français et l'Iran (1975-1985)*, préface de Lionel Jospin, Fondation Jean-Jaurès, Paris, 2012.

Chokat Hamid, *La Vie politique de Ghavam-ol-Saltaneh,* Akhtaran, Téhéran, 2008.

Choubine Bahram, *Dr Mossadegh et les Bahaïs,* Ketab Co, Los Angeles, 2002.

Chronologie de l'histoire de la dynastie Pahlavi, 5 vol., Soheil, Paris, 1982.

Conte Arthur, « Réveil de l'Islam », *Paris Match*, Paris, 23 septembre 1983.

Cooley John K., *CIA et Jihad, 1950-2001*, Autrement, Paris, 2002.

Cooper Andrew Scott, *The Oil Kings : How the US, Iran, and Saudi Arabia changed the Balance of Power in the Middle East*, Simon and Schuster, New York, 2011.

Corbin Henri, article « Perse », *Encyclopædia Universalis*, 1995.

Da Large Olivier, « L'Arabie et ses voisins », *Outre-Terre*, 2006/1, n° 14, p. 300.

Davani Ali, *Le Mouvement du clergé iranien*, t. VII, ouvrage en persan, éd. Bongah Farhangui Emam Réza, Téhéran.

Del Valle Alexandre, *L'Islamisme et les États-Unis, une alliance contre l'Europe*, L'Âge d'homme, Lausanne, 1997.

Delannoy Christian, Jean Pichard, *Khomeyni, la révolution trahie*, Carrière, Paris, 1988.

Delannoy Christian, *Savak*, Stock, Paris, 1990.

Derivery François, « Massacres et répression en Iran », in *Le Livre noir du capitalisme*, éd. Le Temps des cerises, Paris, 1998.

Djahanchahlou Afshar Nosratollah, *Mémoires politiques. Nous et les étrangers*, Ketab Co, Los Angeles, 2004.

Djalili Mohammad-Réza et Kellner Thierry, « L'Iran, la Chine et la crise du nucléaire », in *Journal d'étude des relations internationales au Moyen-Orient*, vol. 1, n° 1 (juillet 2006).

Documents de l'ambassade des États-Unis à Téhéran, 40 vol.

Domslavaski Artur, *Kapuscinski : la vérité par le mensonge*, Les Arènes, Paris, 2011.

Dowlatshahi Janine, *La Reine et moi*, éd. J.M.D., Genève, 1980.

Dreyfus Robert, *Hostages to Khomeyni*, New Benjamin Franklin House Publishing Company Inc., New York, 1980.

Ebtéhadj Abolhassan, *Mémoires*, 2 vol., auto-édition, Londres, 1991.

Elahi Sadroldine, *Sayed Zia*, Ketab Co, Los Angeles, 2011.

Entezam Nasrollah, *Mémoires*, Archives nationales iraniennes, Téhéran, 1993.

Eskandari prince Iradj, *Mémoires politiques*, 3 vol., Rivero, Saint-Cloud, 1987.

Evans Mike, *Jimmy Carter, The Liberal Left and World Chaos*, Times Worthy Books, Phoenix, 2009.

Fansa Nazir, *Téhéran, destin de l'Occident*, Pierre Saurat Editeur, Paris, 1987.

Fath Sébastien, « De Gaulle en Iran (octobre 1963) : le voyage oublié », dernière version avant publication dans la revue *Espoir*, revue de la Fondation Charles-de-Gaulle, n° 125, décembre 2000.

Fontaine André, *Histoire de la guerre froide*, Fayard, Paris, 1965.

Foreign Relations of the United States, 1952-1954, vol. X, Iran, 1951-1954, Editor P. Glemmon, Department of State, Washington, 1989.

Foucault Michel, « Une poudrière appelée Iran », in *Corriere della Sera*, 13 février 1979.

Foucault Michel, *Dits et écrits, 1976-1979*, Gallimard, Paris, 1994.

Franco Victor, « Comment je me suis invité au dîner des rois de Persépolis », 14 octobre 1971, article repris dans *Grands reporters Prix Albert-Londres : 100 reportages d'exception de 1950 à aujourd'hui*, Les Arènes, Paris, 2010.

Gasiorovski Mark Y., *Mohammad Mossadegh and the 1953 Coup in Iran,* Syracuse University Press, 2004.

Gaulle Charles de, *Le Fil de l'épée*, Berger-Levrault, 1932, rééd. Omnibus, Paris, 1999.

Gaulle Charles de, *Mémoires d'espoir*, Plon, Paris, 1970-1971.

Gaultier-Kurhan Caroline, *Princesses d'Égypte,* préface de la princesse Aziz Toussoun, Rive neuve, Paris, 2009.

Ghadimipour Fatémeh, « Les relations régionales de l'Iran avec les pays non arabes », *Politique étrangère*, n° 2, 1976, 41e année.

Ghani Cyrus, *Iran and the Rise of Reza Shah*, Tauris, Londres, 1998.

Ghani Ghassem, *Mémoires, notes et carnets du Dr. Ghassem Ghani*, 12 vol., Ithaca Press, Londres, 1980-1984.

Giscard d'Estaing Valéry, *Le Pouvoir et la vie,* Compagnie 12, Paris, 1988.

Graz Liesel, *Les Omanis, nouveaux gardiens du Golfe*, Albin Michel, Paris, 1981.

Griffiths Eldon (sir), *Turbulent Iran*, Locks Press, Santa Anna, 2006.

Gwertzman Bernard, « US Decision to Admit the Shah ; Key Events in 8 Months of Debate », *Washington Post*, 18 novembre 1979.

Heard-Bey Frauke, *Les Émirats arabes unis*, trad. française de M.-H. Colin de Verdière, éd. Karthala, Paris, 1999.

Hedayat Hadj Mokhber-ol-Saltaneh, *Souvenirs et dangers, ma vie sous six shahs*, 3ᵉ éd., Zavar, Téhéran, 1981.

Heykal Mohammad H., *Khomeyni et sa révolution*, Jeune Afrique, Paris, 1983.

Heykal Mohammad H., *The Return of the Ayatollah*, André Deutch, Londres, 1981.

Hiro Dilip, *Iran Under the Ayatollahs*, Routledge & K. Paul, Londres, 1985.

Hodjati Abolmadjd, *Mossadegh, l'homme de l'année, du siècle et du millénaire*, Simayé Farhang, Téhéran, 2005.

Homayoun Darioush, *Hier et demain*, publié aux Etats-Unis.

Homayoun Katouzian, *Musaddiq's Memoirs : The End of the British Empire in Iran*, Homa Katouzian, Londres, Jebhe, 1988.

Homayounfar Ezatollah, *Biographie du général Zahédi, du métier des armes à la vie de l'homme d'État*, Abnous, Genève, 1997.

Hoveyda Fereydoun, *La Chute du Shah*, Buchet-Chastel, Paris, 1980.

Israël Gérard, *Cyrus le Grand, fondateur de l'empire perse*, Fayard, Paris, 1987.

Izadi Ali, *Mémoires. La Mort de Réza shah*, Tarhé Now, Téhéran, 1994.

Jacobson P., « Torture in Iran », *Sunday Times*, 19 janvier 1975.

Jordan Hamilton, *Crisis. The Last Year of the Carter Presidency*, éd. Putnam, New York, 1982.

Joukoff Eudin Xenia, Robert C. North, *Soviet Russia and the East. 1920-1927*, Stanford University Press, Stanford, 1957.

Kâdjâr Soltân 'Ali Mirzâ (prince), *Les Rois oubliés, épopée de la dynastie Kadjar*, éd. n° 1, Paris, 1992.

Kapuscinski Ryszard, *Le Shah*, Flammarion, Paris, 2010 (1ʳᵉ éd. *Szachinszach*, Czytelnik, Varsovie, 1982).

Katouzian Homayoun, *Musaddig Abd the Struggle for Power in Iran*, Tauris, Londres, 1999.

Kéchavarg Fereydoun, *Mémoires*, Téhéran, 1978.

Khaméï Anwar, *Mémoires*, 7 vol., Hafteh, Téhéran, s.d.

Labévière Richard, *Les Dollars de la terreur, Les États-Unis et les islamistes,* Grasset, Paris, 1999.

Le Monde diplomatique, Tempête sur l'Iran, n° 93, juin-juillet 2007, numéro coordonné par Alain Gresh.

Lebey Marie, *Dix-sept ans, porte 57*, Balland, Paris, 1986.

Ledeen Michaël, Lewis William, *Débâcle, l'échec américain en Iran*, trad. française, Albin Michel, Paris, 1981.

Legrand Catherine et Jean, *Le Chah d'Iran*, Chronique de l'histoire, 20, Bertelsman, 1998.

Lorentz Dominique, *Une guerre*, Arènes, Paris, 1997.

Majd Mohammad Gholi, *Resistance to the Shah, Landowners ans Ulema in Iran*, University Press of Florida, Gainesville, 31 mai 2000.

Maléki Ahmad, *Histoire du Front national. Pourquoi a-t-il été créé ? Comment a-t-il été dissous ?,* Arash, Stockholm, 2005.

Marenches Alexandre de, *Dans le secret des princes,* entretien avec Christine Ockrent, Stock, Paris, 1986.

Matini Jalal, *Regard sur le bilan politique du Dr Mohammad Mossadegh,* Ketab Co, Los Angeles, 2005.

Méftah Abdolhossein, *Iran, pont de la victoire*, Mardé Emrouz, Londres, 1987.

Méftah Abdolhossein, *La vérité n'a pas de couleur. Mémoires politiques*, éd. Parang, Levallois, 1984.

Méftah Abdolhossein, *Le Rêve iranien,* Houman, Londres, 1981.

Meylan Vincent, *La Véritable Farah,* Pygmalion, Paris, 2000.

Milani Abbas, *Eminent Persians : the Men and Women who Made Modern Iran*, Syracuse University Press and Persian World Press, New York, 2008.

Milani Abbas, *The Persian Sphinx, Amir Abbas Hoveyda,* Mage Publishers, Washington, 2004.

Milani Abbas, *The Shah,* Palgrave Mac Millan, New York, 2011.

Millerman Thierry P., *La Face cachée du monde occidental,* Osmondes, Paris, 2005.

Mir-Fétros Ali, *Mossadeq : Pathology of a failure*, Farhang, Montréal, 2011.

Moghtader Mohammad Réza, *Paradise, Gardens of Persia*, Mage, Washington, 1996.

Morand-Devilliers Jacqueline, *Autodétermination en Iran occidental et à Bahreïn*, Annuaire français de droit international, vol. 17, 1971.

Mossadegh Mohammad, *Mémoires. Souvenirs et douleurs*, Elmi, Téhéran, 7ᵉ éd., 1981.

Mossadegh Mohammad, *Minutes du procès devant le tribunal militaire*, édité par son avocat Djalil Bozorgmehr, 1980, retiré de la vente puis réédité aux Etats-Unis.

Motamédi Ahmad, *Mémoires*, éd. Kolbe Ketab, Los Angeles, 2009.

Mottahedeh Roy, *The Mantle of the Prophet : Religion and Politics in Iran*, Pantheon Books, New York, 1985.

Moussavi Hossein, *Souvenirs d'un monde qui n'est plus*, Méhrégan, Cologne, 2004.

Mozafari Mehdi, « Les nouvelles dimensions de la politique étrangère de l'Iran », *Politique étrangère*, n° 2, 1975, 40ᵉ année.

Nahavandi Firouzeh, *Aux sources de la révolution iranienne*, L'Harmattan, Paris, 1988.

Nahavandi Houchang, *La Révolution iranienne : vérités et mensonges*, L'Âge d'homme, Paris, 1999.

Nahavandi Houchang, *Le Grand Mensonge. Dossier noir de l'intégrisme islamique*, Nouvelles Editions Debresse, 1984.

Newton Jim, *Eisenhower, The White House Years*, Knopf, New York, 2011.

Niazmand Réza, *Réza shah, de la naissance au couronnement*, Fondation d'études iraniennes, Londres, 1997.

Nouzille Vincent, *Des secrets bien gardés. Les dossiers de la Maison-Blanche et de la CIA sur la France et les présidents*, Fayard, Paris, 2009.

Pahlavi Ali-Patrick, *Sentinelle*, Osmondes, Paris, 1999.

Pahlavi Ashraf (princesse), *Visages dans un miroir*, Robert Laffont, Paris, 1980, photo dans l'encart central.

Pahlavi Farah, *Mémoires*, XO, Paris, 2003.

Pahlavi Farah, *Mes mille et un jours*, Stock, Paris, 1978.

Pahlavi Gholam Réza, *Mon père, mon frère, les shahs d'Iran,* Normant, Nantes, 2004.

Pahlavi Mohammad Réza, *Le Lion et le Soleil,* entretien avec Olivier Warin, Stock, Paris, 1976.

Pahlavi Mohammad Réza, *Mission pour ma patrie,* réédition en persan, Parang, Levallois-Perret, 1987.

Pahlavi Mohammad Réza, *Réponse à l'Histoire,* Albin Michel, Paris, 1979.

Pahlavi Réza, *Le Fils du shah, de l'exil à la reconquête,* entretien avec Christian Malar et Alain Rodier, Plon, Paris, 1986.

Pahlavi Shams, *Mémoires,* Tarhé Now, Téhéran, 1994.

Pakravan E., *Abbas Mirza,* éditions de l'institut franco-iranien, Téhéran, 1954.

Pakravan E., *Téhéran de jadis,* Nagel, Genève, 1971.

Parham Ramin et Taubmann Michel, *Histoire secrète de la révolution iranienne,* Denoël, Paris, 2009.

Parsi Trita, *Tracherous Alliance,* Yale University Press, Londres, 2008.

Parsons Anthony (sir), *The Pride and the Fall. 1974-1979,* traduction persane, Hafteh, Téhéran, 1982.

Pedrazzani Jean-Michel, *L'Impératrice d'Iran, le mythe et la réalité,* Publimonde, Paris, 1977.

Péymai Nader, *Mohammad Réza shah et les acteurs de son règne,* Los Angeles, 2005.

Pirasteh Mehdi, *Mémoires,* 2 vol., Arash, Stockholm, 2005.

Rézaï Mohsen, *Tactiques et techniques de révolution,* Editions des Gardiens de la révolution, Téhéran, 1982.

Richard Yann, *L'Iran au XXe siècle. Entre nationalisme, islam et mondialisation,* Fayard, Paris, 2007.

Rohani Fouad, *La Biographie politique de Mossadegh,* éd. du Mouvement national de la résistance iranienne, Londres, 1983.

Roosevelt Kermit, *Countercoup. The Struggle for the Control of Iran,* Mc Graw Hill, New York, 1979.

Roux Jean-Paul, *Histoire de l'Iran et des Iraniens des origines à nos jours,* Fayard, Paris, 2006.

Rubin Barry, *Paved With Good Intentions. The American experience and Iran,* Oxford University Press, New York, 1980.

Sabéti Parviz, *Mémoires,* entretien avec E. Ghanéï-Fard, Ketab Co, Los Angeles, 2012.

Sablier Edouard, *Iran, la poudrière : les secrets de la révolution islamique*, Robert Laffont, Paris, 1980.

Sablier Edouard, *Le Fil rouge. Histoire secrète du terrorisme international*, Plon, Paris, 1983.

Sadate Jehan, *Une femme d'Égypte. Mémoires*, Presses de la Renaissance, Paris, 1987.

Sadighi Gholam-Hossein, « Récit de la chute de Mossadegh », *Ayandeh 3-5*, 1988.

Safaï Ebrahim, *La Vie du général Zahédi*, Elmi, Téhéran, 1995.

Safaï Ebrahim, *Réza shah*, Elmi, Téhéran, 1977.

Sahebjam Freidoune, *L'Iran vers l'an 2000*, préface de Mohammad Réza Pahlavi, J.-C. Lattès, Paris, 1992.

Sahebjam Freidoune, *Mohammad Réza Pahlavi, shah d'Iran*, Berger-Levrault, Paris, 1971.

Sahebjam Freidoune, *Un procès sans appel*, Grasset, Paris, 1992.

Saïkal Amine, *The Rise and the Fall of the Shah*, Princeton University Press, Princeton, 1979.

Salemi M. H., *Histoire de la nationalisation du pétrole. Nouveau regard*, Centre de documentation de la révolution islamique, Téhéran, 2009.

Salemi M. H., *Souvenirs*, Sayed Publishing Corp, Scottsdale, 2012.

Salinger Pierre, *Otages, Négociations secrètes de Téhéran*, Buchet-Chastel, Paris, 1981.

Samakar Abbas, *Mémoires*, Ketab Co, Los Angeles, 2001.

Sami'i Chirine, *Dans l'intimité de Mossadegh*, Ketab Co, Los Angeles, 2006.

Sami'i Chirine, *Shah-in-Shah*, Ketab Co, Los Angeles, 2008.

Sami'i Chirine, *Sous le règne du Shah*, L'Harmattan, Paris, 2005.

Sandjar Mohammad, *Ma princesse bien-aimée* [sur la princesse Shams], Alik, Los Angeles, sans date d'édition.

Schlesinger Arthur, *L'Ere de Roosevelt : la crise de l'ordre ancien 1919-1933*, Denoël, Paris, 1re éd. 1956.

Shawcross William, *Le Shah. Exil et mort d'un personnage encombrant*, Stock, Paris, 1989.

Soraya, *Le Palais des solitudes*, Editions n° 1, Michel Lafon, Paris, 1991.

Stadelhofen Henri de, *Soraya, la malédiction des étoiles*, Pierre Marcel Favre, Paris, 1983.

Sulivan William H., *Mission to Iran*, Morton and Co, New York, 1981.

Tahéri Amir, *Khomeyni,* Balland, Paris, 1988.

Tahéri Amir, *The Persian Night. Iran under the Khomeinist Revolution*, Encounter Books, New York, 2009.

Vadi'i Kazem, *Témoin d'un temps. Mémoires politiques*, 2 vol., Mina, Paris, 2007.

Vahman F., *Cent soixante ans de lutte contre le baha'isme. Fragments de l'histoire sociale et religieuse de l'Iran à l'époque contemporaine*, éd. Bârân, Stockholm, 2010.

Vernay Alain, « Giscard, Kissinger et le shah », *Le Figaro*, 2 mai 1975.

Vilanilam S. V., *Reporting a Revolution*, Sage Publications, New Delhi, 1999.

Villemarest Pierre Faillant de, *Exploits et bavures de l'espionnage américain. Les espions du Président, l'O.S.S., la C.I.A.*, Famot, Beauval, 1978.

Villiers Gérard de, *L'Irrésistible Ascension de Mohammad Réza, shah d'Iran*, Plon, Paris, 1975.

Volkoff Vladimir, *Petite histoire de la désinformation*, Rocher, Paris, 1999.

Walters Vernon, *Services discrets*, Plon, Paris, 1979.

Wilbert Donald N., *Adventures in the Middle East – Excursions and Incursions,* Darwin Press, Princeton, 1986.

Yazdi Ibrahim, *Iran-é-Farda,* numéro spécial à l'occasion du 20e anniversaire de la révolution, février-mars 1999.

Yazdi Ibrahim, *Mémoires*, Ghalam, Téhéran, 2e éd., 1983.

Yeganeh Mohammad, *Mémoires,* Saless, Téhéran.

Zahédi Ardéshir, *Intold Secrets,* Rohé-Zendegi, Los Angeles, 2002.

Zahédi Ardéshir, *Mémoires, Témoignages sur l'Iran d'hier,* 2 t., Godefroy de Bouillon, 2009-2012.

Zahédi Ardéshir, *Major Speeches and Interviews,* Imperial Embassy of Iran, Washington, 1978.

Zand-Fard Féréydoun, *L'Iran dans le monde,* Abi, Téhéran, 2005.

Zand-Fard Féréydoun, *Mémoires,* Abi, Téhéran, 2011.

Index

Table

PREMIÈRE PARTIE
Le père et le fils. La naissance d'une dynastie
(1919-1941)

DEUXIÈME PARTIE
A l'ombre des Grands Hommes
(1941-1953)

TROISIÈME PARTIE
L'émancipation
(1953-1963)

QUATRIÈME PARTIE
Le « Grand Roi »
(1963-1978)

CINQUIÈME PARTIE
La chute
(1er janvier 1978-8 septembre 1978)

collection tempus
Perrin

Déjà paru

611. *Trotski* – Robert Service.

612. *La bataille du Vatican* – Christine Pedotti.

613. *La bataille de Verdun* – Philippe Pétain.

614. *Des hommes irréguliers* – Étienne de Montety.

615. *Lauzun* – Jean-Christian Petitfils.

616. *Les voix de la foi* – François Huguenin.

617. *L'Europe barbare* – Keith Lowe.

618. *1914* – Jean-Yves Le Naour.

619. *Mahomet et Charlemagne* – Henri Pirenne.

620. *La guerre de Corée* – Ivan Cadeau.

621. *La seconde gloire de Rome* – Jean Delumeau.

622. *Biribi* – Dominique Kalifa.

623. *Joffre* – Rémy Porte.

624. *Paroles de Verdun* – Jean-Pierre Guéno.

625. *Le salaire de la destruction* – Adam Tooze.

626. *Le dernier des cathares, Pèire Autier* – Anne Brenon.

627. *Maurice et Jeannette, biographie du couple Thorez* – Annette Wieviorka.

628. *La dynastie rouge* – Pascal Dayez-Burgeon.

629. *Les secrets du Gotha* – Ghislain de Diesbach.

630. *Notre jeunesse* – Charles Péguy.

631. *Une histoire du Liban* – David Hirst.

632. *Aristide Briand* – Bernard Oudin.

633. *Boni de Castellane* – Eric Mension-Rigau.

634. *La grande histoire de la Belgique* – Patrick Weber.

635. *La police des mœurs* – Jean-Marc Berlière.

636. *Joseph II* – François Fejtö.

637. *Considérations sur Hitler* – Sebastian Haffner.

638. *Les batailles qui ont changé l'histoire* – Arnaud Blin.

639. *Entretiens avec Mussolini* – Emil Ludwig.

640. *Grandeurs et misères d'une victoire* – Georges Clemenceau.

641. *Les couples royaux dans l'histoire* – Jean-François Solnon.

642. *Roger II de Sicile* – Pierre Aubé.

643. *Carrier et la Terreur nantaise* – Jean-Joël Brégeon.

644. *C'était le XXᵉ siècle*, tome I – Alain Decaux.

645. *C'était le XXᵉ siècle*, tome II – Alain Decaux.

646. *Reines d'Afrique* – Vincent Hugeux.

647. *Ducs et duchesses de Bretagne* – Philippe Tourault.

648. *L'âme romaine* – Pierre Grimal.